Rainer Metzner

Das Verständnis der Sünde im Johannesevangelium

Mohr Siebeck

RAINER METZNER, geboren 1964; 1983–88 Studium der evangelischen Theologie in Berlin; 1988–90 Vikariat in Templin und Brandenburg; 1991–93 Repetent am Theologischen Konvikt in Berlin; 1994–96 Assistent an der Humboldt-Universität zu Berlin; 1994 Promotion zum Dr. theol.; 1997–99 Forschungsstipendium der DFG; 1999 Habilitation im Fach „Neues Testament"; seit 1999 Pfarrer der Evangelischen Kirche in Berlin-Brandenburg und Privatdozent an der Humboldt-Universität zu Berlin.

Die Deutsche Bibliothek – CIP-Einheitsaufnahme

Metzner, Rainer:
Das Verständnis der Sünde im Johannesevangelium / Rainer Metzner. –
Tübingen : Mohr Siebeck, 2000
  (Wissenschaftliche Untersuchungen zum Neuen Testament ; 122)
  ISBN 3-16-147288-8

© 2000 J. C. B. Mohr (Paul Siebeck) Tübingen.

Das Buch wurde von Gulde-Druck in Tübingen auf alterungsbeständiges Werkdruckpapier der Papierfabrik Niefern gedruckt und von der Großbuchbinderei Heinr. Koch in Tübingen gebunden.

ISSN 0512-1604

Wissenschaftliche Untersuchungen
zum Neuen Testament

Herausgegeben von
Martin Hengel und Otfried Hofius

122

Meinen Kindern
Jonathan und Olivia

Vorwort

Die vorliegende Arbeit wurde im Sommersemester 1998 an der Theologischen Fakultät der Humboldt-Universität zu Berlin als Habilitationsschrift eingereicht und im Wintersemester 1998/99 angenommen. Für den Druck wurde sie leicht überarbeitet und um neuere Literatur ergänzt.

Zu danken habe ich an erster Stelle meinem Lehrer Professor Christian Wolff (Berlin), der die Untersuchung zu dem Thema anregte, kontinuierlich begleitete und durch wertvolle Hinweise förderte. Bereits auf dem Weg zur Promotion stand er mir hilfreich zur Seite. Des weiteren danke ich den Professoren Cilliers Breytenbach (Berlin) und Udo Schnelle (Halle/Saale), die die weiteren Gutachten erstellten. Die Herausgeber Professor Martin Hengel und Professor Otfried Hofius sowie der Verlag Mohr-Siebeck haben die Studie freundlicherweise in die Reihe der „Wissenschaftlichen Untersuchungen zum Neuen Testament" aufgenommen. Dank gilt schließlich auch der Deutschen Forschungsgemeinschaft in Bonn, mit deren Unterstützung durch ein zweijähriges Stipendium die begonnene Arbeit fertiggestellt werden konnte.

Das Buch ist den beiden Menschen gewidmet, die die Arbeit ihres Vaters aus kindlicher Perspektive begleitet haben.

Im Oktober 1999   Rainer Metzner

Inhaltsverzeichnis

Abkürzungen XIII

1. Einleitung 1
1.1. Problemanzeige 1
1.2. Sprachlicher Befund 23
1.3. Methodische Voraussetzungen 26

2. Die Stellung der Sündenthematik im Gesamtaufriß
des Evangeliums 30

3. Der Sündenbegriff in den Wundergeschichten
Joh 5 und Joh 9 34
3.1. Die Texte der Wundergeschichten 34
3.2. Die Heilung des Lahmen: Joh 5,1-18 40
3.2.1. Tradition und Redaktion 40
3.2.2. Das Sündenverständnis der Tradition Joh 5,2-16 44
3.2.2.1. Die Funktion von Joh 5,14 im Kontext von Joh 5,9c-16 44
3.2.2.2. Die Bedeutung von χεῖρόν τι in Joh 5,14 48
3.2.3. Joh 5,14 im Kontext des Johannesevangeliums 52
3.2.4. Sündenvergebung? 57
3.2.5. Zusammenfassung 61
3.3. Die Heilung des Blindgeborenen: Joh 9,1-41 62
3.3.1. Tradition und Redaktion 62
3.3.2. Die Position des pharisäischen Judentums 69
3.3.2.1. Sünde und Gesetz 70
3.3.2.2. Die Sünde des einzelnen Menschen 74
3.3.2.3. Die Frage nach dem Woher und den Folgen der Sünde ... 75
3.3.2.4. Die urchristliche Tradition von Joh 9, Pharisäer
und Gesetz 76
3.3.3. Die Position des Evangelisten 78
3.3.3.1. Sprachgebrauch 78
3.3.3.2. Die Stellung des Evangelisten zur Tradition 78

3.3.3.3. Die Auseinandersetzung mit dem pharisäischen
Judentum... 79
3.3.3.3.1. Sünde und Krankheit 82
3.3.3.3.2. Der Streit um die Legitimation Jesu.............. 83
3.3.3.3.3. Der Blick auf das Wesen der Sünde.............. 86
3.3.3.4. Sünde als Blindheit: Joh 9,39-41 91
3.3.3.5. Sünde im Urteil des Richters 102
3.3.3.6. Sündenvergebung? 107
3.3.4. Zusammenfassung 112

4. Die Konfrontation von Gott und Sünde durch
das Gotteslamm (Joh 1,29.36) 115
4.1. Literarkritische Überlegungen zu Joh 1,19-34....................115
4.2. Der Rechtscharakter des Täuferzeugnisses........................124
4.3. Die Überwindung der Sünde durch den stellvertretenden
Sühnetod des Gotteslammes...128
4.3.1. Die Beseitigung der Sünde (αἴρειν τὴν ἁμαρτίαν) 128
4.3.2. Der Bezug auf das Kreuz..133
4.3.3. Die Konfrontation von Gott und Welt 140
4.4. ὁ ἀμνὸς τοῦ θεοῦ = das Passalamm................................143
4.5. Zusammenfassung...156

5. Das Sündenverständnis von Joh 8,12-59 159
5.1. Die Offenbarungsrede Joh 8,12-59.....................................159
5.2. Die ἁμαρτία von Joh 8,21.24..161
5.2.1. Die Rede Joh 8,21-30 161
5.2.2. Der Begriff ἁμαρτία (ἁμαρτίαι)...................................162
5.2.3. Sünde als Verdrängung...165
5.2.4. Sünde und Tod 169
5.2.5. Sünde und Welt 171
5.3. Die Sünde als Knechtschaft (Joh 8,34)...............................174
5.3.1. Die Rede Joh 8,31-36 174
5.3.2. Der Begriff der Knechtschaft im jüdischen Kontext 175
5.3.3. Der Knechtschaftsbegriff bei Johannes.....................177
5.3.4. Sünde und Kindschaft...181
5.4. Die Sündlosigkeit Jesu: Joh 8,46; 7,18..............................186
5.4.1. Der Vorwurf der Anmaßung.......................................187
5.4.2. Die Sündlosigkeit Jesu als Erweis der Ehre Gottes..........192
5.4.3. Der Rechtsstreit um die Sünde...................................194
5.5. Zusammenfassung...201

6. Der Sündenbegriff in den Abschiedsreden
(Joh 15,22-25; 16,8-11)..205
  6.1. Die Abschiedsrede Joh 15,1-16,33.................................205
    6.1.1. Die literarische Einheit von Joh 13,31-17,26...............205
    6.1.2. Der Aufbau der Abschiedsrede Joh 15,1-16,33...............209
  6.2. Die Sünde als Haß der Welt gegen den Offenbarer
       und seine Gemeinde (Joh 15,22-25) 211
  6.3. Das Zeugnis für Jesus (Joh 15,26f.) 219
  6.4. Die Sünde als Eigenliebe der Welt.................................224
  6.5. Sünde als Sich-Entziehen aus der Liebe Gottes...................229
  6.6. Sünde als Verlust der Gottesherrlichkeit und als Störung
       der Gottesbeziehung...231
  6.7. Der Parakletspruch Joh 16,8-11 232
  6.8. Zusammenfassung...244

7. Die „größere Sünde" von Joh 19,11..................................248
  7.1. Joh 19,11 im Kontext der Verhörszene Joh 18,28-19,16a...........248
  7.2. Textprobleme..250
  7.3. Die μείζων ἁμαρτία und der Rechtsstreit Jesu
       mit den Ἰουδαῖοι 254
  7.4. Zusammenfassung...261

8. Die sündenvergebende und -behaltende Vollmacht
   der Gemeinde (Joh 20,23)..262
  8.1. Tradition und Redaktion in Joh 20,19-23 262
  8.2. Joh 20,23 im Kontext des Johannesevangeliums....................267
  8.3. Die Fortsetzung des eschatologischen Offenbarungs-
       werkes Jesu im Wirken der Gemeinde.............................270
  8.4. Zusammenfassung...281

9. Der theologische Standort des Johannesevangeliums.................283
  9.1. Das Johannesevangelium und der 1. Johannesbrief.................284
    9.1.1. Sprachlicher Befund 284
    9.1.2. Parallelen zwischen dem 1. Johannesbrief
           und dem Johannesevangelium 287
    9.1.3. Gemeinsamkeiten 289
    9.1.4. Unterschiede...291
    Exkurs: Der Begriff κόσμος im 1. Johannesbrief....................306
    9.1.5. Schlußfolgerungen für das literarische Verhältnis
           beider Schriften 314

9.1.6. Zusammenfassung 325
9.2. Das Johannesevangelium und Paulus 328
9.2.1. Die johanneische und die paulinische Schule 328
9.2.2. Der paulinische und johanneische Sündenbegriff
im Vergleich..334
9.2.2.1. Gemeinsamkeiten 334
9.2.2.2. Entwicklungstendenzen von Paulus zu Johannes 342
9.2.3. Zusammenfassung 349

10. Ergebnis..351

Literaturverzeichnis 359

Stellenregister...387

Namen- und Sachregister 402

Abkürzungen

Die Abkürzungen folgen den Verzeichnissen von H. Balz/G. Schneider (Hg.), Exegetisches Wörterbuch zum Neuen Testament I, Stuttgart-Berlin-Köln-Mainz 1980, XIIff., und S.M. Schwertner, Internationales Abkürzungsverzeichnis für Theologie und Grenzgebiete (TRE. Abkürzungsverzeichnis), Berlin-New York [2]1992.

1. Einleitung

1.1. Problemanzeige

In einer Zeit, in der der Perspektivenpluralismus zum Grundwert der Welt-
und Selbsterfahrung geworden ist[1], scheint es unangemessen, nach dem zu
fragen, was in der Perspektive des christlichen Glaubens, die nach Überzeugung der Glaubenden Gottes Perspektive selbst ist, als „Sünde" bezeichnet worden ist. Der Mensch, der sich seit der Aufklärung seiner
„selbstverschuldeten Unmündigkeit" (I. Kant) bewußt geworden ist, um
sich ihr zu entziehen, hat die Perspektivenvielfalt einer ihm verfügbaren
Welt entdeckt. Er will sie nicht mehr gegen die *eine*, seiner Meinung nach
entmündigende Gottesperspektive eintauschen, von der er sich endgültig
entbunden weiß. Ihm gilt das Motto: „Nichts ist wahr, alles ist erlaubt" (F.
Nietzsche)![2] Dieser Grundsatz des modernen Perspektivenpluralismus läßt
eine Bewertung von „gut" und „böse" nicht mehr zu, weil *jede* Perspektive
zunächst an und für sich als legitim gilt. Eine derartige „Freiheit" in der
Bewertung der menschlichen Möglichkeiten (Moralrelativismus) ist jedoch teuer erkauft. Der Perspektivenpluralismus gibt sich tolerant. Faktisch jedoch verdrängt der aus der Vielfalt der Sichtweisen auswählende
und ausgrenzende Mensch das, was er nicht sehen will. Er schneidet sich
nach dem Kosten-Nutzen-Kalkül seine Sichtweisen aus der Vielzahl
wahrnehmbarer Möglichkeiten der Welt- und Selbsterfahrung heraus. Dabei verdrängt er andere Perspektiven, setzt sich selbst absolut und agiert
rücksichtslos unter Mißachtung der Nebenwirkungen für andere und anderes und beutet andere und anderes aus. Die Perspektive der Macher und
Gewinner setzt sich gegen die Perspektive der Verlierer und Opfer durch. -
Diese eindrucksvolle Beschreibung der „Sünde" aus dem Blickfeld der
Grunderfahrungen des modernen Menschen hat *J. Werbick* mit der biblischen Grunderfahrung von Gott und Mensch in Beziehung gesetzt. Es ist

---

[1] Zum folgenden vgl. die erhellenden Ausführungen von J. WERBICK, Die biblische
Rede von Sünde und Erlösung im Horizont der Grunderfahrungen des modernen Men-
schen, in: H. FRANKEMÖLLE (Hg.), Sünde und Erlösung im Neuen Testament (QD 161),
Freiburg u.a. 1996, 164-184.

[2] A.a.O., 170f., zur Bewertung des Nietzsche-Zitates aus der „Genealogie der Moral".

die in den Schöpfungs- und Sündenfallüberlieferungen beschriebene Zwiespältigkeit menschlicher Autonomie, in der die eigene Kreativität des
Menschen zur ratio essendi alles Seienden wird, zugleich aber sich selbst
absolut setzt und Gott, in dem die Güte alles Seienden garantiert ist, *verdrängt*. Es ist die Ursünde des Menschen, in der er sich selbst zum Kriterium des Daseins macht, andere und anderes verdrängt, sich selbst in seiner Absolutsetzung verfängt und so einer ihn überwältigenden Macht der
Sünde erliegt.[3] Aus der Perspektive des heilsamen Gotteswillens gilt es
daher, die Option für Verdrängte und Verdrängtes zur Geltung zu bringen,
die in der vorgängigen Option Gottes für den verdrängten Menschen und
das verdrängte Geschöpf begründet ist. Es ist die biblische Rede von Heil
und Erlösung, die hier ihr Recht erfährt. „*Erlösung* wäre in diesem Kontext zur Sprache zu bringen als 'Auslösung' aus dem Herrschaftsbereich
jener Macht, die Menschen im Tiefsten zu Gefangenen und nicht zuletzt
zu Gefangenen ihrer selbst macht: der ausgrenzenden, die eigene Mittel-
Zweck-Hierarchie durchsetzenden gegengöttlichen Definitionsmacht."[4]

Angesichts solcher Überlegungen scheint es angemessen zu sein, die
biblische Rede von Sünde und Erlösung erneut (und immer wieder) in das
Bewußtsein einer Zeit zu rücken, in der „Sünde" allenfalls noch als Lap-
palie eines „Verkehrssünders", als Verführung durch eine schöne Frau
oder durch Genußmittel der Lebensmittelbranche begegnet. Solch eine
Verniedlichung und Verharmlosung der Sünde[5] verdeckt die wirklichen
Gefahren, die das Sein des Menschen im Grundsätzlichen bedrohen. Es ist
die Sünde des sich selbst setzenden Menschen, der den Anspruch Gottes
nicht mehr vernehmen kann oder will, andere und anderes verdrängt und
opfert und einer in seiner Absolutsetzung selbst gestifteten, ihn überwältigenden Macht unterliegt. Auch das Johannesevangelium, dem wir uns im

---

[3] J. WERBICK, a.a.O., 176f., nimmt hier das Anliegen der altüberlieferten Lehre von
der „Erbsünde" auf.

[4] A.a.O., 183 (Hervorhebung J.W.).

[5] Sie begegnet vorwiegend in der Werbebranche. Dem Konsument wird eingeredet,
er könne sich hier und da eine kleine „Sünde" erlauben, eine „Sünde", die das Produkt,
das gekauft werden soll, bietet. Man rechnet damit, daß der Konsument sich gern auf
eine solche „Versuchung" einlassen wird. Ein Beispiel soll genannt werden. Ein neuer
Fernsehwerbespot für ein alkoholisches Getränk präsentiert eine Gruppe von jungen
Menschen, die in heiterer Gesellschaft versammelt sind. Ein junger, gutaussehender
Mann stellt einer jungen, gutaussehenden Frau die Frage: „Welche Sünde würdest Du am
liebsten begehen?" Zur Verstärkung wird die Frage wiederholt. Die junge Frau antwor-
tet: „Alle." Die Beteiligten geraten in Gelächter wegen dieser vermeintlich „cleveren"
Antwort. - Die Werbung suggeriert eine „Freiheit" für Lust und Spaß am Leben. Die
„Sünde" wird zu den vielen kleinen „Sünden" eines an Spaß und Abwechslung orientierten Lebens degradiert. Sie wird salonfähig. Ihr Ernst geht verloren.

folgenden widmen wollen, weiß von dieser Gefahr, wenn es die Sünde als Unglaube, d.h. als *Verdrängung* der in Jesus Christus zur Geltung kommenden Offenbarung Gottes, ja als - zur Tötungsabsicht der „Juden" gesteigerte - Verdrängung des Leben gewährenden Offenbarers selbst bestimmt und von einer durch Jesus Christus bewirkten Befreiung des Menschen aus der Sklaverei (der Macht) der Sünde redet (Joh 8,31ff.). Freilich ist damit das Sündenverständnis des 4. Evangeliums noch nicht zureichend beschrieben. Es gilt darum, seine verschiedenen Aspekte zu verdeutlichen.

Der Begriff der Sünde spielt eine wesentliche Rolle im Johannesevangelium. Die christologische und soteriologische Konzeption des 4. Evangelisten ist ohne ihn nicht denkbar. Um so erstaunlicher ist es, daß im Verhältnis zum Sündenbegriff bei Paulus[6] der Sündenthematik des Johannesevangeliums in den letzten Jahrzehnten nicht im gleichen Maße Aufmerksamkeit gewidmet worden ist.[7] Selbst R. Bultmann, für den Paulus und Johannes bekanntlich *die* exponierten Zeugen des Neuen Testaments sind, hat in seiner „Theologie des Neuen Testaments" wohl den paulinischen Sündenbegriff intensiv behandelt,[8] kommt jedoch bei Johannes nur im Zusammenhang des größeren Komplexes zum johanneischen Dualismus[9] auf die Sünde zu sprechen.[10] Vereinzelt haben ältere Arbeiten dieses Jahrhunderts - mehr oder weniger instruktiv - einen Blick auf das Sündenthe-

---

[6] Die Literatur dazu ist ziemlich umfangreich. Vgl. u.a. J. BECKER, Paulus, 409-423; G. BORNKAMM, Paulus, 131-139.143f.; ders., Sünde, 51-69; E. BRANDENBURGER, Adam und Christus 1962; ders., Fleisch und Geist 1968; G. EICHHOLZ, Paulus, 63-100.172-188; J. GNILKA, Theologie, 58ff.; ders., Paulus, 216-228; W. GRUNDMANN, Art. ἁμαρτάνω κτλ. F. Die Sünde im NT, 305-320 (311-317); K. KERTELGE, Grundthemen, 161-183; W.G. KÜMMEL, Römer 7 1974; ders., Theologie, 153-165; E. LOHMEYER, Sünde, 75ff.; S. LYONNET/L. SABOURIN, Sin, 46-57; H. MERKLEIN, Paulus, 123-163; G. RÖHSER, Sünde 1987; K.H. SCHELKLE, Theologie I, 122ff.; III, 61-63; H. SCHLIER, Grundzüge, 64-121; W. SCHMITHALS, Anthropologie, 34-83; G. STRECKER, Theologie, 124-147; A. STROBEL, Erkenntnis, 47-55; P. STUHLMACHER, Theologie I, 268-283.

[7] Sprechendes Beispiel ist der Lexikonartikel von P. FIEDLER, Art. ἁμαρτία κτλ., EWNT I, 157-165. Während der Darstellung des Sündenbegriffs bei Paulus gut zwei Spalten gewidmet werden, begnügt man sich für das Johannesevangelium mit einer halben Spalte!

[8] § 21-27.

[9] § 42-44.

[10] A.a.O., explizit 368f.377f.384. Bei BULTMANNS Darstellung ist freilich zu berücksichtigen, daß er die Sünde in dem größeren Zusammenhang der verfehlten Existenz von Welt und Mensch interpretiert. Insofern ist die gesamte Auslegung von § 42-44 für das joh Sündenverständnis relevant (s.u.).

ma in der joh Literatur geworfen,[11] hier und da auch in neuerer Zeit.[12] Erst in jüngster Vergangenheit ist man sich der Sündenproblematik im Johannesevangelium wieder bewußt geworden.[13] Abgesehen davon ist die Bearbeitung des Themas in Lexikonartikeln, Teilabschnitten in Monographien oder Darstellungen in weiteren „Theologien zum Neuen Testament" trotz vielfach wichtiger Einsichten meist zu knapp gehalten oder blendet bestimmte Aspekte aus. Die umfassende Problematik des joh Sündenbegriffs kommt in der Regel nicht zum Tragen. Nur wenige Arbeiten widmen sich dem Thema in der Weise, daß sie einen tieferen Einblick in den zu untersuchenden Gegenstand gewähren. Es gilt an dieser Stelle, einige repräsentative Positionen vorzustellen, um einen Einstieg in das Problem zu ermöglichen. (Ich gehe chronologisch vor.)

Zuvor seien zwei Autoren genannt, deren Behandlung des Themas m.E. zu kurz greift: (1) *N. Lazure*[14] widmet Joh 1,29; 9,41; 15,22-24; 16,8f.; 19,11 und 20,23 im ganzen zu wenig Aufmerksamkeit. Die Ausführungen sind zu knapp, um ein zureichendes Verständnis des joh Sündenbegriffs zu ermöglichen. Die sich daran anschließenden summarischen Erwägungen zur Überschreitung des göttlichen Willens, zur boshaften Ablehnung des Lichtes, zur geistlichen Selbstgefälligkeit (der Pharisäer) und zur satanischen Macht der Sünde (301-304) gewähren dagegen schon eher einen Einblick in einige Aspekte des joh Sündenbegriffs. - (2) Kaum überzeugend ist die Darstellung von *S. Lyonnet*[15] trotz des vielversprechenden Titels „The Notion of Sin in the Johannine Wri-

---

[11] Es handelt sich um Untersuchungen bis ca. zur Mitte dieses Jahrhunderts. Johannesevangelium und 1. Johannesbrief hat man dabei des öfteren ohne Unterschied behandelt. Hier sind etwa die Arbeiten von W.D. CHAMBERLAIN, Need, 157-166; W.F. HOWARD, Christianity, 81-105; A. KLÖPPER, Sünde, 585-602; E.K. LEE, Thought, 109-127; J.W. McCLENDON, Sin, passim; W. NAUCK, Tradition, 98-122; O. PRUNET, Morale, 87-94; R. SEEBERG, Sünden, 19-31; V. TAYLOR, Atonement, 130-161 (143ff.), und H. WINDISCH, Taufe, 256-280, zu nennen. Allgemeiner zum Thema der Sünde und Sündenvergebung im biblischen Verständnis vgl. A. DESCAMPS, Le péché, 49-124; J. HAAS, Stellung, passim; A. KIRCHGÄSSNER, Erlösung, passim; K.G. KUHN, Peirasmos, 200-222; C.R. SMITH, Sin, passim; T. WORDEN, Meaning, 44-53; ders., Remission I, 65-79; II, 115-127, und (in den 70iger Jahren) K.H. SCHELKLE, Theologie II §8; III §3. Weitere Literatur findet sich bei N. LAZURE, Valeurs, 285f., aufgelistet.

[12] Gemeint sind Untersuchungen ab der Mitte dieses Jahrhunderts bis Ende der 80iger Jahre (N. LAZURE; S. LYONNET; J.T. FORESTELL; J. BOGART). Vgl. dazu den folgenden Forschungsüberblick. Einen knappen, aber instruktiven Einblick in das joh Verständnis von Welt, Sünde und Tod gewährt W.G. KÜMMEL, Theologie, 256-265.

[13] Vgl. dazu die unten genannten Werke von M. HASITSCHKA (1989) und TH. KNÖPPLER (1994) sowie die beiden Beiträge von M. HASITSCHKA und A. STIMPFLE in dem von H. FRANKEMÖLLE herausgegebenen Sammelband: „Sünde und Erlösung im Neuen Testament" (QD 161), Freiburg u.a. 1996, 92-107 (M. HASITSCHKA); 108-122 (A. STIMPFLE).

[14] Valeurs, 285-304.

[15] Sin, 38-45.

tings". Der Verf. bietet keine systematische Darstellung des joh Sündenbegriffs. Es werden nur einzelne Aspekte sporadisch bedacht: der Zusammenhang von Sündenvergebung und Geistmitteilung (Joh 1,29.33); das Wirken des Geistes zur Befreiung von Sünde; Sünde als Trennung von Gott (1.Joh); die Sünde als Anomia = Ungerechtigkeit (1.Joh 3,4); die Todsünde als Verwerfung Christi und endgültige Trennung von Gott (1.Joh 5,16); die Sünde als Herrschaft des Teufels (Joh 8,34.44; 1.Joh 3,8.10). Eine Differenzierung zwischen Johannesevangelium und 1. Johannesbrief findet nicht statt. Der größte Teil der Belege zur Sünde bei Joh bleibt unbedacht oder sogar unerwähnt (Joh 5,14; 8,21.24.34.46; 9,2f.16.24.25.34.39-41; 15,22-24; 16,8-11; 19,11; 20,23). Traditionsgeschichtliche Fragen spielen keine Rolle.

(1) *W. Grundmann* hat in seinem Wörterbuchartikel zum ThWNT[16] eine kurze Skizze des joh Sündenbegriffs geboten. Er führt die einschlägigen Belege aus dem Johannesevangelium und dem 1. Johannesbrief an und entwirft ein geschlossenes Bild. Grundlegend ist für ihn das Motiv der *Sühne*.

Die Sendung Jesu hat die Überwindung der Sünde zum Ziel. Das Opferlamm sühnt die Sünde der Welt, indem es die Sünde auf sich nimmt und wegträgt (Joh 1,29; 1.Joh 1,7; 2,2; 3,5; 4,10) (308f.)[17]. Die Voraussetzung für diese Sendung Jesu besteht in seiner Sündlosigkeit (Joh 8,46; 1.Joh 3,5), „in der er der Mensch nach Gottes Willen ist, der mit dem Vater eins ist und darum der Sohn ist" (309). Sünde ist der „Widerspruch gegen das Recht und darin zugleich Widerspruch gegen den göttlichen Willen" (1.Joh 3,4; 5,17) (ebd.). Darin ist sie „menschliche Schuld und bedingt die Trennung von Gott" (Joh 9,31) (ebd.). Sie hat dämonischen Charakter (1.Joh 3,8). Im Lichte Jesu entsteht die Erkenntnis, daß der Sünder unter dämonischer Macht geknechtet (Joh 8,34) und von Gott völlig getrennt ist. Durch die Sendung Jesu wird die κρίσις = Scheidung und Entscheidung hervorgerufen (Joh 9,41; 8,24) und die Sünde als Gotteshaß offenbar (Joh 15,22-24). Die Sünde entsteht vor Jesus und wird Sünde zum Tode (1.Joh 5,16) (310). Die Juden realisieren diese Möglichkeit. Die andere Möglichkeit ist der Glaube und das Bekenntnis zur Sünde, um Vergebung zu empfangen (1.Joh 1,9). Im Wirken des Parakleten wird diese Scheidung fortgesetzt und ist weiterhin gültig (Joh 16,8f.). - Im Folgenden skizziert Grundmann das Verhältnis von Sünde und Sündlosigkeit im 1.Joh (310f.). „Die Sendung des Christus zum αἴρειν τὰς ἁμαρτίας kommt zum Ziel in der Gemeinde, die der Sünde entnommen ist" (310). Durch den Glauben und die Geburt aus Gott wird die Sündlosigkeit möglich. Ein Widerspruch besteht jedoch zur „Wirklichkeit der christlichen Gemeinde, die praktisch nicht sündlos ist" (310f.). Der Verf. sieht darin ein Problem, über das Johannes nicht reflektiert. Weil die Gemeinde einen Parakleten hat (1.Joh 2,1f.), kann sie in dieser Spannung existieren. Zum anderen hilft das Gebet der Fürbitte „in der problematischen und spannungsvollen Lage" (311). Abschließend resümiert der Verf.: „Diese Betrachtung zeigt, wie ernst bei Johannes die Sünde genommen wird und wie sie im Lichte des Christus deutlich wird in ihrer entscheidungsvollen Bedeutung für die Menschheit" (ebd.).

---

[16] Art. ἁμαρτάνω κτλ. F. Die Sünde im NT, ThWNT I, 308-311.

[17] Die in Klammern gesetzten Zahlen beziehen sich hier wie im folgenden auf die entsprechenden Seitenzahlen der Monographien, Aufsätze und Artikel der aufgeführten Autoren.

Grundmann hat zwei wichtige Punkte benannt: 1. Sünde wird bei Johannes unter dem Blickwinkel der durch Christus erwirkten *Sühne* der Sünde, d.h. der „Überwindung der Sünde der Welt" betrachtet (308). Sünde ist daher immer erst als überwundene Sünde verifizierbar. 2. Die Erkenntnis der Sünde entsteht „im Lichte des Christus" (309.311), d.h. die Sünde ist von der Christologie her zu bestimmen. Damit sind zwei wesentliche Aspekte benannt, die uns im Laufe der Arbeit weiter beschäftigen werden. Im ganzen ist die Skizze freilich zu kurz, um den vielfältigen Perspektiven des joh Sündenbegriffs gerecht zu werden. Sie kann nur als Überblick gelten. Traditionsgeschichtliche Probleme spielen keine Rolle (vgl. zu Joh 5 und 9). Problematisch ist die undifferenzierte Behandlung von Johannesevangelium und 1. Johannesbrief. Unsere Studie wird zeigen, daß es trotz vieler Gemeinsamkeiten auch erhebliche Unterschiede im Sündenbegriff gibt. Schließlich bleiben wichtige Belege ungenannt (Joh 19,11: die Sünde des παραδούς; Joh 20,23: die ekklesiologische Vollmacht der Jüngergemeinde). Der Zusammenhang von Joh 1,29 und 20,23 (Sündenvergebung) wird nicht bedacht.

(2) *R. Bultmann* hat in seiner „Theologie des Neuen Testaments"[18] Paulus und Johannes als die bedeutendsten Zeugen urchristlicher Theologie verstanden. Die Darstellung ihrer Theologie nimmt den größten Raum ein. An ihnen konnte der Verf. seine existentiale Interpretation besonders deutlich machen. Insofern ist es notwendig, auch Bultmanns Deutung zu vergegenwärtigen. Wie bereits erwähnt, hat er dem Begriff ἁμαρτία bei Johannes im Unterschied zu Paulus kein eigenes Kapitel gewidmet. Der johanneische Dualismus ist der größere Zusammenhang, in welchem er die Sündenthematik erörtert hat (§42-44).

Zunächst bestimmt er das Wesen des Kosmos. Dieses Wesen ist nicht ein äußeres Verhängnis, sondern das der Welt eigene, „von ihr selbst zu eigen gemachte" Wesen (368), das näherhin als Finsternis, Lüge und Knechtschaft bestimmt wird (367f.). In diesem Zusammenhang nennt Bultmann die Sünde, die nach Joh 8,34-36 als „Knechtschaft unter der Sünde" definiert wird (368). Mit ihr sind Begriffe wie „Böses tun" (3,19f.), blind sein (9,41), Tod (8,21.24) und Bruderhaß (1.Joh 3,15) verbunden. Der Teufel repräsentiert die Macht, „in deren Herrschaft die Welt sich selbst begeben hat, die Macht der Finsternis und der Lüge, die Macht der Sünde und des Todes" (369). Der Begriff „Sünde" gehört in den Zusammenhang des joh Dualismus: Licht und Finsternis, Wahrheit und Lüge, Freiheit und Knechtschaft, Leben und Tod. Bultmann interpretiert diesen seiner Meinung nach aus der Gnosis stammenden Dualismus existential, insofern die joh Theologie zu dieser Interpretation selbst Anlaß gibt. Wenn das „Licht" die „Erhelltheit des Daseins (ist), in der es sich selbst versteht, in der der Mensch ein Selbstverständnis

---

[18] Theologie des Neuen Testaments, Tübingen [4]1961.

gewinnt" (370), dann ist deutlich, daß Finsternis und Sünde diese Möglichkeit eines echten Selbstverständnisses verfehlen. Dem echten Selbstverständnis des Lichtes, in dem es sich als Schöpfung Gottes versteht, steht das illusionäre Selbstverständnis der Finsternis, in der es sich die Selbstherrlichkeit des Schöpfers anmaßt, gegenüber (ebd.). Es ist wie die Sünde „das Sich-verschließen gegen das Licht" (ebd.). Es ist in der Lüge, weil es die Illusion hat, dem Schöpfer gegenüber selbständig sein zu können.

Der Gedankengang macht deutlich, daß Bultmann das Phänomen der Sünde, das er mit Komplementärbegriffen wie Finsternis, Lüge, Knechtschaft und Tod erfaßt, einerseits „existential" als verfehltes Selbstverständnis, andererseits „theologisch" als verfehlte Schöpfung definiert. Der Zusammenhang besteht darin, daß für Bultmann der Schöpfergott die Eigentlichkeit des Daseins gewährt, indem er das Licht in der Welt leuchten läßt. Die Sünde ist daher kein unmoralisches Verhalten - sie ist überhaupt nicht ethisch zu definieren -, sondern in tiefstem Sinn „Empörung gegen Gott" (370). Ihr Ursprung wird nicht mythologisch, sondern offenbarungstheologisch erklärt. „Denn die Möglichkeit der Finsternis - des illusionären Selbstverständnisses - ist mit der Möglichkeit des Lichtes - des echten Selbstverständnisses - gegeben. Nur weil es Offenbarung gibt, gibt es Feindschaft gegen Gott. Nur weil es Licht gibt, gibt es Finsternis" (ebd.). Bultmanns existiale Interpretation des joh Dualismus beinhaltet, daß zwei Möglichkeiten der menschlichen Existenz gegenüberstehen: „entweder von Gott her oder vom Menschen selbst her" (373). Durch die Offenbarung Gottes in Jesus wird der Mensch vor die Entscheidung gestellt. „Aus dem kosmologischen Dualismus der Gnosis ist bei Johannes ein *Entscheidungsdualismus* geworden" (ebd.).[19] Er besagt, daß das Sein des Menschen nicht auf eine verhängnisvolle Erbschaft zurückzuführen ist, sondern: „In der Entscheidung des Glaubens oder des Unglaubens konstituiert sich definitiv das Sein des Menschen..." (377f.). Durch die Verweigerung des Glaubens legen sich die „Juden" auf ihre Sünde fest (Joh 8,44). „In ihrem Widerspruch gegen den Offenbarer konstituiert sich die 'Welt' definitiv als 'Welt' ..." (378). Im Glauben wird dem Menschen dagegen die Möglichkeit angeboten, sein bisheriges Selbstverständnis preiszugeben und „die Erleuchtung der Existenz im echten Selbstverständnis" zu gewinnen.[20] Der Glaube gewährt die Freiheit (Joh 8,31-36) als Freiwerden des Menschen von sich selbst, von seiner Vergangenheit, von der „Welt", die er mitkonstituiert.[21] Bultmann interpretiert daher die Sünde bei Johannes m.E. zu Recht als ein Phänomen menschlicher Entscheidung. Sie ist eine „Tatsache" (377). Sie liegt nicht *vor* dem Menschen - begründet in einem mythischen Ursprung -, sondern vollzieht sich *in* der menschlichen Entscheidung. *In* der Verweigerung des Glaubens konstituiert sich das verfehlte Sein des Menschen.[22] Insofern gibt es für Johannes keinen Dualismus, der der Entscheidung des Menschen vorausgeht, sondern einen Dualismus, der sich erst *in* der Entscheidung konstituiert. Zwar ist vor dem Kommen des Lichts die Welt in der Finsternis und im Tod (ebd.). Aber durch das Kommen des Lichts wird die Welt in den Zustand der „Schwebe" gebracht (ebd.), „bis sich angesichts der Sendung des Sohnes die Menschen entweder im Unglauben auf ihr altes Sein festgelegt oder im Glauben die neue Möglichkeit des Seins ergriffen haben" (378).[23]

---

[19] Hervorhebung R.B. Vgl. ders., Art. Johannesevangelium, [3]RGG III, 848.

[20] Ders., Komm., 333.

[21] A.a.O., 335.

[22] A.a.O., 240.

[23] BULTMANN äußert sich nicht eindeutig, ob der Zustand der Welt vor der Sendung Christi auch schon als „Sünde" bezeichnet werden kann. Seinem eigenen Ansatz des

Im Folgenden (§44. Die Verkehrung der Schöpfung zur Welt) präzisiert Bultmann die Sünde als verfehltes Selbstverständnis, das in der Religion zur Geltung kommt. In ihr, der jüdischen Religion, erkennt Bultmann, „wie der menschliche Sicherungswille das Wissen um Gott verdreht, wie er aus Gottes Forderung und Verheißung einen Besitz macht und sich so gegen Gott verschließt" (380). „Die Sünde der 'Juden' ist ... ihre Verschlossenheit gegen die ihre Sicherheit in Frage stellende Offenbarung" (ebd.). Durch ihre permanente Ablehnung Jesu als des Gesandten Gottes erweisen sie ihre Sünde, den Unglauben, „in dem sich die Welt auf sich selbst festlegt" (384).

Ohne Zweifel hat Bultmann ein imposantes und in sich konsequentes Bild von der verfehlten Existenz des Menschen (= Sünde) gezeichnet. Auf die theologiegeschichtlichen und philosophischen Hintergründe der Bultmannschen Theologie kann hier nicht eingegangen werden. Sie sind weitestgehend bekannt.[24] Am wirkungsvollsten ist das Modell der existentialen Interpretation geworden.[25] Auch der Begriff der Sünde wird in dieses Modell einbezogen. Die Frage ist jedoch, ob das neutestamentliche und v.a. johanneische Menschenbild mit Hilfe der Existentialien eines eigentlichen oder verfehlten Selbstverständisses zureichend erfaßt ist. Kritische Anfragen sind mehrfach geäußert worden.[26] Überindividuelle, dem einzelnen Glaubensentscheid des Menschen vorausgehende Faktoren des Handelns Gottes sowie soziale und kollektive Dimensionen des Glaubens sind stärker zu berücksichtigen, als dies Bultmann getan hat. Auch

---

Entscheidungsdualismus nach wäre diese Annahme ausgeschlossen. Er zitiert im Zusammenhang der Rede von der „Schwebe" Joh 15,22. Danach gibt es „Sünde" im definitiven Sinn erst mit dem Kommen Christi. Hier wäre an Bultmann die Frage zu stellen, in welcher Weise der Zustand der Welt als Finsternis vor dem Kommen Jesu von der verweigerten Glaubensentscheidung der Welt nach dem Kommen Jesu - ein Zustand, der ebenfalls als „Finsternis" bezeichnet wird - zu unterscheiden ist. Man müßte im Sinne Bultmanns auf den Gerichtsgedanken verweisen. Während der Glaube aus der Finsternis entnommen ist und nicht gerichtet wird, *bleibt* der Unglaube in der Finsternis. Mit dem Kommen des Offenbarers werden Finsternis und Welt gerichtet (Joh 3,18) (390). Vorher sind sie nicht gerichtet. Jetzt aber ist ihre Macht über den Menschen gebrochen (vgl. 12,31; 16,11).

[24] Vgl. W. SCHMITHALS, Art. Rudolf Bultmann, in: TRE 7 (1981), 387-396; jetzt v.a. J. FREY, Eschatologie I, 88ff., hinsichtlich der Rezeption von Heideggers Existential- und Daseinsanalyse.

[25] Für das Johannesevangelium vgl. R. BULTMANN, Art. Johannesevangelium, ³RGG III, 847f.; Darstellung und Beurteilung bei J. FREY, a.a.O, sowie G.R. O'DAY, Revelation, 38ff.; J. PAINTER, Inclined to God, 350ff.; J. RAHNER, Tempel, 12-26.

[26] Vgl. z.B. P. ALTHAUS, Kritik, 236-265; H. DIEM, Dogmatik, 60-75; G.R. O'DAY, ebd.; P. STUHLMACHER, Theologie I, 15-19. Zur Diskussion um Bultmanns Theologie vgl. G. BORNKAMM, Die Theologie Rudolf Bultmanns in der neueren Diskussion. Zum Problem der Entmythologisierung und Hermeneutik, ThR 29 (1963), 33-141 (125-131 zu Anfragen an Bultmanns Hermeneutik und existentialer Interpretation); J. FREY, a.a.O., 85-157, zu Bultmanns Johannes-Interpretation.

die Sünde ist bei Johannes nicht nur ein Phänomen der Entscheidung des einzelnen Individuums, sondern darüber hinaus - und das grundlegend - eine Folge der Konfrontation Gottes mit der Welt, ein Phänomen, das durch das Offenbarungshandeln Gottes an seinem Sohn als defizitäres Sein der *Welt* offenbar wird. Es gebührt Bultmann jedoch das Verdienst, den joh Sündenbegriff ganz im Sinn des Evangelisten deutlich offenbarungstheologisch erfaßt zu haben. Sünde ist kein Aspekt menschlicher Ethik und Moral, sondern allein „Unglaube" als „Empörung gegen Gott" (370). Mythologische Erklärungen des joh Dualismus sind unzureichend. Sünde ist konkret Entscheidung gegen Gott. Erst *in* dieser Entscheidung konstituiert sich das Schicksal des Menschen. Erst *in* der Begegnung mit dem Offenbarer kann Sünde definitiv als „Sünde" erkannt und verstanden werden. Bultmann hat hier wesentliche Akzente gesetzt, die auch für unsere Auslegung von Bedeutung sein werden.

(3) *R. Schnackenburg* hat sich in zwei Aufsätzen zu dem Thema der Sünde bei Johannes geäußert.[27] Allerdings behandeln sie nur das Problem der *christlichen Sünde* im *1. Johannesbrief*. Sie können daher für unseren Zweck an dieser Stelle unberücksichtigt bleiben. Auf die Sünde im 1. Johannesbrief wird am gegebenen Ort eingegangen. Dort sind dann auch die entsprechenden Positionen Schnackenburgs zu berücksichtigen, soweit sie für den Zusammenhang des Vergleichs mit dem Johannesevangelium notwendig sind.

(4) Die 1974 erschienene Dissertation von *J.T. Forestell*[28] entfaltet die These, daß der Tod Jesu als *Offenbarung* (revelation) der Herrlichkeit Gottes in der Welt zu verstehen ist. Durch diese Offenbarung wird die *Rettung* (salvation) im Glauben als Gabe des ewigen Lebens gewährt. In diesem Zusammenhang kommt der Verf. auf die Rettung von der Sünde zu sprechen.[29] Er meint, daß das eigentliche joh Verständnis der Sünde und der Befreiung von ihr in Joh 8 entfaltet wird, insofern hier die Kategorien von Offenbarung und Rettung zur Geltung kommen. Daher erfolgt die Behandlung des Themas ungleichgewichtig. Während der Deutung von Joh 8,31ff.37ff. (und 1,29) größere Aufmerksamkeit gewidmet wird, bleiben Joh 9; 15f. und 19,11 unberücksichtigt und werden nur kurz im Zusammenhang und zur Bestätigung der Analyse von Joh 8 erwähnt. Die

---

[27] R. SCHNACKENBURG, Christ und Sünde nach Johannes, in: ders., Christliche Existenz nach dem Neuen Testament, Bd. 2, München 1968, 97-122; ders., Christ und Sünde (nach Johannes), in: ders., Die sittliche Botschaft des Neuen Testaments, Bd. 2, Freiburg u.a., 1988, 181-192.

[28] The Word of the Cross. Salvation as Revelation in the Fourth Gospel (AnBib 57), Rom 1974.

[29] A.a.O., 147-166.193-195.

These des Verf. beinhaltet die Schlußfolgerung, daß der Tod Jesu und das damit verbundene Heilswerk mit den traditionellen Kategorien von Stellvertretung und Sühne nicht zureichend erfaßt werden können. Joh 1,29 ist daher für das joh Verständnis nicht konstitutiv, sondern bringt den Opfer- und Sühnegedanken sekundär aus der an kirchlich-pastoralen Fragen interessierten Sicht des Verf. des 1.Joh ein, der als Endredaktor des Johannesevangeliums ausgegeben wird.[30] Joh 8 (und Joh 5,14) benennt der Verf. dagegen als genuinen Ausdruck joh Sündenverständnisses: Die Befreiung von der Sünde erfolgt nicht durch Sündenvergebung, d.h. durch einen rechtlichen Akt der Erklärung der Schuldvergebung - Joh 20,23 sei daher ebenso wie 1,29 ein Fremdkörper im Johannesevangelium -, sondern durch das in der Offenbarung Jesu gewährte neue Leben im Glauben, durch die die Macht der Sünde und des Satans im Widerstreit gegen Gott und Christus zerstört wird. Diese Deutung von Joh 8 im Blick auf die Beseitigung der Macht der Sünde ist zwar zutreffend, doch gelingt es dem Verf. nicht, Joh 1,29 und 20,23 als genuinen Ausdruck joh Theologie zu begreifen. Die effektive Verklammerung von Joh 1,29 mit 20,23, auf die wir im Laufe unserer Arbeit hinweisen werden, muß beide Belege als eigenständige joh Interpretation des Verständnisses der Befreiung von Sünde, wie sie in Joh 1,29 grundlegend entfaltet ist, verstehen helfen. Ein eingeschränkter Begriff von Sündenvergebung, der sich an dem juristischen Akt des Erlasses einer Schuld („juridical absolution from guilt" [153]) orientiert, greift für Joh sicherlich zu kurz. Ebenso unbegründet ist die Annahme einer von kirchlichen Problemen geleiteten sekundären Bearbeitung des Johannesevangeliums, auf die die Interpretation des Opfertodes Jesu in Joh 1,29 - „a cultic interpretation of Jesus' death in the liturgical practice of the Johannine community"[31] - und der Sündenvergebung in 20,23 zurückgeführt wird. Stellvertretung, Sühne und Sündenvergebung im joh Sinn einerseits sowie Offenbarung und Mitteilung des neuen Lebens im Glauben andererseits schließen sich nicht aus, sondern sind komplementäre Sachverhalte joh Heilsverständnisses.[32] Joh 20,23 spricht daher von der umfassenden, gemeindlich vermittelten Zuwendung des Heils, das Jesus nach Joh 1,29

---

[30] Nach FORESTELL stehen die joh Texte, die den Tod Jesu als Sühnopfer beschreiben (Joh 1,29; 1.Joh 1,7; 2,2; 4,10), im Gegensatz zur joh Theologie! Die Zerstörung der Sünde erfolgt „not by satisfying or expiating, but by giving the power of sinlessness to those who believe, viz., the gift of eternal life" (a.a.O., 195).

[31] A.a.O., 194.

[32] Vgl. ähnlich kritisch gegen FORESTELL auch D.A. CARSON, Gospel, 152f.

durch seine einmalige Sühne am Kreuz für die Welt erwirkt hat.[33] - Unverständlich bleibt schließlich auch die Vernachlässigung der Analyse von Joh 9; 15,22-24; 16,8-11 und 19,11 - Texte, die ohne Zweifel für den joh Sündenbegriff im Zusammenhang der Erschließung des joh Heilsverständnisses konstitutiv sind.

(5) Die 1977 erschienene Dissertation von *J. Bogart*[34] beschäftigt sich mit der orthodoxen und häretischen Form des Anspruches von Sündlosigkeit in der johanneischen Gemeinde. Der Verf. benutzt dafür den Begriff „perfectionism", der den ethischen Sinn von Sündlosigkeit und den geistlichen Sinn der Einheit mit Gott einschließt.[35] Im Zusammenhang der Frage nach der Herkunft des häretischen Vollkommenheitsbewußtseins im 1. Johannesbrief kommt der Verf. auf den Sündenbegriff im Johannesevangelium zu sprechen.[36] Er stellt sich die Aufgabe, die These R. Bultmanns, daß Sünde für Johannes nicht unmoralisches Verhalten, sondern Unglaube ist (16,9),[37] zu prüfen. Er kommt zu einem positiven Ergebnis, jedoch mit einer Einschränkung, daß Joh 1,29; 5,14 und 20,23 diesem joh Verständnis nicht zuzuordnen sind. Hier bekundet sich nach Meinung des Verf. ein vorjohanneisches, moralisch geprägtes, an den einzelnen Missetaten orientiertes Verständnis von Sünde, das für Johannes untypisch ist. Der Verf. kommt unserer eigenen Analyse insofern nahe, als auch wir davon ausgehen, daß im Johannesevangelium ein vorjohanneischer, traditioneller Sündenbegriff von dem theologisch reflektierten johanneischen Sündenbegriff zu unterscheiden ist. Die Bewertung dieses Phänomens und der einzelnen Belege erfolgt jedoch sehr verschieden. Bogart gelingt es nicht, den traditionellen Sündenbegriff in die durch den Evangelisten durchgeführte Diskussion einzubeziehen. Es wird nicht deutlich, in welcher Weise der Evangelist von seinem pointierten Christusverständnis her - der Heilswille Gottes offenbart sich in Christus, nicht im Gesetz - in die Diskussion mit dem am Gesetz orientierten pharisäischen Verständnis der Sünde eintritt. Hier reicht die Qualifizierung des vorjohanneischen Sündenverständnisses

---

[33] Vgl. R. SCHNACKENBURG, Komm. III, 388f., zum Zusammenhang von Joh 1,29 mit 20,23. Die von J.T. FORESTELL, a.a.O., 157.187, vertretene Beschränkung der sündenvergebenden und -behaltenden Vollmacht der Gemeinde auf postbaptismale Sünden der *Christen* ist m.E. unbegründet. Vgl. dazu Teil 8.3.(4).

[34] Orthodox and Heretical Perfectionism in the Johannine Community as evident in the First Epistle of John (SBLDS 33), Missoula 1977.

[35] A.a.O., 7.

[36] A.a.O., 51-61.

[37] R. BULTMANN, Komm., 434.

als „atypical" und „undeveloped"[38] für Johannes nicht aus. Johannes erweist sich als Theologe mit Integrationsfähigkeit und Gestaltungskraft. Er nimmt Tradition nicht einfach als unreflektiertes und für ihn unbedeutendes jüdisches Erbe auf.[39] Vielmehr tritt er in eine ausgesprochen tiefgehende Diskussion mit diesem Erbe ein. Dies werden wir im Blick auf Joh 5 und Joh 9 versuchen zu verdeutlichen.

Die Zuordnung der einzelnen Belege zum vorjohanneischen bzw. johanneischen Sündenbegriff erfolgt recht willkürlich. In Joh 1,29 und 20,23 sind zwar traditionelle Motive und Begriffe aufgenommen, dennoch gehören beide Belege zu dem dezidiert johanneischen Verständnis von Sünde. Das beiderseits erkennbare Motiv des Rechtsstreites Jesu bzw. Gottes mit der Welt, der sich im Wirken der nachösterlichen Gemeinde fortsetzt, ist für Johannes konstitutiv. Joh 1,29 hat zudem im Verbund mit Joh 20,23 eine programmatische Funktion im Blick auf die in Christus wirkende und in der Gemeinde zur Geltung kommende Befreiung von Sünde. Unverständlich ist andererseits die Zuordnung von Joh 9,2f.16.24.25.31.34 zum johanneischen Verständnis von Sünde als Unglaube. Diese Belege verdeutlichen vielmehr das traditionelle, am Gesetz orientierte Sündenverständnis. Während sich in Joh 8,21.24.34; 9,41; 16,8f.; 19,11 (Joh 15,22.24 läßt der Verf. unberücksichtigt!) deutlich die Sünde als Unglaube, d.h. als Verwerfung Jesu zu erkennen gibt, ist dies im Blick auf die genannten Belege von Joh 9 nicht der Fall. Denn zum einen geht es hier um den vermeintlichen Gesetzesverstoß Jesu (9,16.24.25.31), zum anderen um das traditionelle Verständnis von Krankheit als Folge der Sünde (9,2f.34). Von einem der Heilung vorausgehenden Unglauben des Blinden ist keine Rede. Der Nichtglaube, den der Blinde verständlicherweise vor der Begegnung mit Jesus aufweist, ist nicht identisch mit dem johanneischen Begriff des Unglaubens. Unglaube ist erst aufgrund der Begegnung mit Jesus möglich (vgl. 8,24; 9,41; 15,22.24).

(6) Die 1986 als Habilitationsschrift eingereichte und 1989 veröffentlichte Arbeit von *M. Hasitschka*[40] hat sich dem Thema der Sünde bei Joh in monographischer Weise gewidmet. Insofern ist sie an dieser Stelle eingehender zu bedenken. Wie bereits der Titel verrät, geht es dem Verf. um die soteriologischen Konsequenzen des joh Sündenbegriffs. Es gilt, den Stellenwert der Sünde im Kontext der Christologie und Soteriologie des Joh zu bestimmen (11). In der Einleitung (11-14) schildert Hasitschka kurz das Programm der Arbeit. Gegenstand ist die Wortfamilie ἁμαρτία κτλ. im Johannesevangelium (und z.T. im 1.Joh), die er „bibeltheologisch" zu er-

---

[38] J. BOGART, A.a.O., 53.

[39] A.a.o., 60.

[40] Befreiung von Sünde nach dem Johannesevangelium. Eine bibeltheologische Untersuchung (IthS 27), Innsbruck/Wien 1989. Der gleichnamige Aufsatz des Verf. in: H. FRANKEMÖLLE (Hg.), Sünde und Erlösung im Neuen Testament (QD 161), Freiburg u.a. 1996, 92-107, ist im wesentlichen eine Kurzfassung der Monographie. Er bietet keine neuen Argumente und Erkenntnisse und kann daher im Folgenden unberücksichtigt bleiben.

fassen versucht.[41] Die ἁμαρτία-Belege werden der Reihe nach behandelt (1,29; Kap. 7-8; Kap. 9; 15,18-25; 16,7-11; 20,23), wodurch die Gliederung der Arbeit vorgezeichnet ist. Methodisch beschränkt sich der Verf. auf die „synchrone" Analyse der Texte, d.h. auf die Annahme, daß der Text „in seiner vorliegenden Gestalt eine kompositorische Ganzheit bildet" (12). Damit verzichtet er bewußt auf die diachrone Untersuchung, obwohl er ihr für das bessere Verständnis der Texte (hypothetisch) eine gewisse Berechtigung zuspricht.

Die Ergebnisse der Arbeit sind folgende: Das Phänomen Sünde expliziert Johannes unter dem Aspekt der Befreiung von Sünde. Insofern hat *Joh 1,29* die Funktion eines „Schlüsseltextes" (15). In dem Täuferzeugnis 1,29-34 kommt zum Ausdruck, daß Gottes erbarmende Liebe sich der Macht- und Wehrlosigkeit des Gotteslammes (vgl. Jes 53) bedient, um der Welt die Erlösung von der Macht der Sünde zukommen zu lassen. Bevor Johannes im weiteren Verlauf der Arbeit das Aufdecken der Sünde thematisiert, „geht es in 1,29 vorweg um die Befreiung von Sünde. Der ganze Nachdruck liegt darauf zu zeigen, durch *wen* Sünde hinweggenommen wird" (164). Jesus handelt anstelle Gottes. Er „verkörpert und repräsentiert Gottes rettende und vergebende Liebe" (165). Unter Sünde versteht der Verf. die „Grundverfehlung des Kosmos gegenüber Gott, in der alle Einzelverfehlungen wurzeln" (166). Das Hinwegnehmen der Sünde bezieht sich daher auf „das Geschenk einer neuen, heilen Beziehung zu Gott *und* die Befreiung von allen Folgen der Sünde" (ebd). Durch das Wirken Jesu wird der Welt erst bewußt, in welcher Verfehlung sie sich befindet, „wie groß die Finsternis ist, in der die Menschheit ohne Jesus lebt" (167). Der Zusammenhang von Hinwegnehmen der Sünde und Taufe im Geist führt den Verf. zu der Schlußfolgerung, daß Gott sich selbst durch das Heilswirken Jesu dem Menschen mitteilt und ihn Anteil nehmen läßt an Jesu eigener Gottesbeziehung (169). Diese Anteilnahme äußert sich konkret als Nachfolge der Zeugen Jesu (Joh 1,35ff.). Von hier aus sieht Hasitschka einen Zusammenhang mit 20,19-23: Die Jünger werden Jesu Heilswirken in der Welt fortsetzen (173).

Die Befreiung von Sünde wird in *Joh 8* als Rettung aus dem Machtbereich der Sünde expliziert (174). „*Die* Voraussetzung vonseiten des Menschen, um dieses Geschenk zu erlangen, ist ... der Glaube an Jesus" (170). Den Juden und der Welt weist Jesus ihre Unheilssituation nach, da sie im Unglauben bleiben und sich so als Kinder des Teufels erweisen. Das Unheil der Welt, das im Tod des Sünders endet, besteht in der „Unfähigkeit, Jesus zu erkennen und ihm zu glauben, sowie in der Absicht, ihn zu töten" (278). Dieses Unheil wird als eine Macht verstanden, die den Menschen versklavt. Verantwortung für das Tun der Sünde und Einfluß einer fremden Macht kommen gleicherweise zum Tragen (279). In beidem bekundet sich die Fremdherrschaft des Teufels. Die Befreiung von dieser Fremdherrschaft erfolgt durch die Erhöhung Jesu (Joh 8,28; 12,31). Der Sohn befreit aus der Versklavung zur Gotteskindschaft. Der Mensch erlangt „die Kraft, nicht mehr die Sünde zu tun" (281).

---

[41] Unter „bibeltheologisch" versteht der Verf. die Berücksichtigung der „Grundbotschaft des Evangeliums von Gott und Jesus, dem Christus und Sohn Gottes" (12). Muß in diesem Sinn nicht jede theologische Auslegung „bibeltheologisch" sein, wenn sie den Anspruch einer „theologischen" Interpretation erhebt?

In *Joh 9* erkennt der Autor, daß Jesus nicht nur den Unheilszusammenhang der
Sünde aufdeckt und dem Glaubenden Befreiung aus ihm verheißt, sondern daß er durch
das Zeichen zum Ausdruck bringt, „wie der Glaube an ihn und die wahre Erkenntnis
seiner Person sich auch seiner heilenden Initiative verdanken" (283). Hasitschka geht es
darum, die „Sinnbildlichkeit von Blindheit und Heilung hinsichtlich der Wirklichkeit der
Sünde aufzuweisen" (ebd). Die Heilung des Blindgeborenen ist im doppelten (im physischen und im tieferen) Sinn ein „Zeichen" für die heilende Zuwendung Jesu zum Menschen (339). Jesu Kommen bewirkt einerseits die Durchbrechung des Unheilszusammen-
hangs von Leid und Sünde (Joh 9,2), zum anderen „provoziert" („bewirkt") es Sünde
(Verblendung, Blindheit) bei denen, die unempfänglich sind für die Offenbarung.[42] Die
Blindenheilung zeigt, daß Jesus „dem Menschen heilend und helfend entgegenkommen
muß, damit die Erkenntnis seiner Person und der rettende Glaube an ihn möglich werden" (341). Durch sein Kommen wird „der Mensch zur *freien* Entscheidung für ihn aufgerufen" (ebd). Darin zeigt sich die Respektierung der Entscheidungsfreiheit des Menschen, insofern auch eine Entscheidung gegen ihn möglich ist. Aber diese Entscheidung
gegen Jesus ist Sünde gegen Gott, insofern sie vom eigenen Gottes- und Gesetzesverständnis her keine Bereitschaft aufweist, Gottes Handeln in Jesus wahrzunehmen (ebd).

Die Sündenthematik der Abschiedsreden *(Kap. 15f.)* verdeutlicht, „daß die Ablehnung Jesu sich in der Ablehnung der Jünger fortsetzt, und läßt erkennen, daß der Paraklet den Nachweis gegenüber der Welt fortführt, den Jesus am Laubhüttenfest erbringt"
(343). Jesu Kommen bedeutet „Aufdecken und Bewußtmachen der Sünde", zugleich
auch „Provokation" der Sünde (s.o.) im Sinne einer „zusätzlichen Sünde" des Hasses des
Lichtes, die es ohne Jesus nicht gäbe (375). Die Jünger haben als Beistand den Parakleten, der durch sie Zeugnis für Jesus gibt und die Welt ihrer Sünde überführt (Joh 15,27;
16,7-11). Sowohl im Zeugnis als auch im Überführen sind die Jünger die „'Instrumente',
deren sich der Paraklet bedient, um irdisch sichtbar in der Welt zu wirken" (375f.). Der
Paraklet weist auch die einzelnen Aspekte des Kreuzesgeschehens auf. Gott gibt Jesus
am Kreuz Recht, setzt den Fürsten der Welt ins Unrecht und richtet die Welt (376f.).

Joh 20,23 führt die sündenvergebende Vollmacht der Jünger auf die Sendung und
die Geistmitteilung durch den Auferstandenen zurück. Die Jünger setzen hinsichtlich des
Aufdeckens der Sünde und der Befreiung von Sünde das Wirken ihres Herrn fort. Die
Befreiung von Sünde ist - wie die Gabe des Geistes - ein Thema, „das wie ein Rahmen
am Anfang und Schluß des Evangeliums steht" (421; vgl. Joh 1,29; 20,23). Indem die
Jünger Sünden vergeben, „verkörpern und repräsentieren sie zeichenhaft Gottes vergebende Liebe" (420). In der Sündenvergebung durch die Jünger wird Vergebung durch
Gott selbst gewährt. Das Wort vom „Festhalten" der Sünden setzt die fehlende Emp-
fänglichkeit für die Vergebung seitens der Menschen voraus. Es beinhaltet eine „Respektierung der freien Entscheidung für oder gegen Jesus" (420). Die Jünger stellen wie
ihr Herr die Menschen in eine Entscheidungssituation. Durch sie ergeht der eindringliche
Appell, „die vergebende Initiative der Jünger nicht zu verweigern und sich nicht selbst
vom Heil auszuschließen" (421).

Unsere Analyse der betreffenden Stellen wird viele Ergebnisse des Verf.
aufnehmen können. Eine Beurteilung der einzelnen Positionen des Verf.
wird im Laufe der Arbeit erfolgen, so daß an dieser Stelle darauf nicht

---

[42] HASITSCHKA redet hier von einem „dunklen Rätsel" einer durch Jesus hervorgerufenen „zusätzlichen" Sünde des Hasses des Lichtes (424; vgl. 351.375).

weiter eingegangen werden muß. Grundsätzlich gibt es jedoch einige Anfragen, die eine Neubearbeitung des Themas erforderlich machen.

1. Hasitschka arbeitet ausschließlich synchron. Eine *traditionsgeschichtliche Analyse* ist jedoch unerläßlich. Sie führt nicht nur zu einem „besseren Verständnis einzelner Aussageelemente" der Texte (12), sondern deckt eine grundsätzliche Problematik des joh Sündenbegriffs auf. Die Analyse von Joh 5 und Joh 9 wird zeigen, daß das traditionelle Verständnis von Sünde, wie es durch die vorjoh Wundertradition und die pharisäische Position widergespiegelt wird, vom Sündenverständnis des Evangelisten zu unterscheiden ist. Hier stellt sich die Frage, in welcher Weise der Evangelist mit dem am Gesetz orientierten Sündenverständnis der Tradition seiner Zeit theologisch umgeht, um sein eigenes Verständnis zu profilieren. Um die Theologie des Evangelisten zu erfassen, muß deutlich werden, womit er sich (kritisch) auseinandersetzt. Das gilt nicht nur für die Sündenlehre, sondern auch für Christologie, Soteriologie u.ä.

2. Die für Johannes fundamentale Kategorie des *Rechtsstreites* Jesu mit der Welt hat für den Sündenbegriff weitreichende Konsequenzen. Es ist die rechtliche Konfrontation Gottes und seines Sohnes mit der Welt, die im Wirken der Jünger fortwirkend zur Geltung kommt. Von hier aus ergeben sich bestimmte Konsequenzen für ein *forensisches* Verständnis der Sünde. Es verdeutlicht ein eigenes theologisches Profil des Evangelisten, das durchgehend wiederkehrt und demnach eigens zu erörtern ist. Hasitschka kommt darauf nicht zu sprechen. Unsere Arbeit versucht die zentrale Deutekategorie des Rechtsstreites, wie sie vor allem in den Streitgesprächen Jesu mit den „Juden" zur Geltung kommt, für das Verständnis des Sündenbegriffs bei Johannes fruchtbar machen.

3. Unsere Exegese der einzelnen Texte wird vielfach von der Hasitschkas in fundamentalen Fragen abweichen. Aus diesem Grund ist auch des öfteren auf die Positionen des Verf. einzugehen. Die Auslegung einzelner Texte entscheidet darüber, in welcher Weise das joh Sündenverständnis zu deuten ist. Daß z.B. der für Johannes wichtige „Schlüsseltext" Joh 1,29 auf dem Hintergrund von Jes 53 (leidender Gottesknecht) zu verstehen ist - Hasitschka führt dafür einen langen „Beweis" (54-109) -, ist unwahrscheinlich, wenn man die konsequent passaorientierte Deutung des Leidens Jesu im Johannesevangelium bedenkt, wonach sich der Bezug auf das Passalamm nahelegt. In Joh 1,29 geht es nicht um den Aufweis der Macht- und Wehrlosigkeit des die Sündenschuld tragenden Gotteslammes, sondern um den Aufweis, daß die Befreiung von Sünde durch das stellvertretende Sühnopfer des Gotteslammes bewirkt wird, indem es nicht nur wie der leidende Gottesknecht die Sündenschuld der Menschen duldend

übernimmt, sondern die Sünde der Welt „fortträgt" und beseitigt. Auch sonst gibt es Anfragen an die Art der Exegese von Hasitschka. Sie ist oft mit bestimmten dogmatischen Vorentscheidungen belastet. So werden nach Meinung des Verf. die im Unheils- und Machtbereich der Sünde zur Geltung kommenden einzelnen Verfehlungen im „freien Willen" (!) des Menschen vollzogen (278f.).[43] Die Freiheit in der Sohnschaft wird an eine „Voraussetzung" gebunden, die auf „das eigene Mittun" abhebt (245). Des öfteren (z.B. 199) benutzt der Verf. den Begriff der Glaubensdisposition (= „eine bestimmte Voraussetzung und Anlage im Menschen, ein Hörvermögen, das von Gott selbst gegeben wird" [273]), die als Voraussetzung für ein Zum-Glauben-Kommen gilt. Diese Redeweise ist von der katholisch-dogmatischen Tradition her verständlich. Sie bedürfte aber einer Reflexion über ihre Grundlagen und Konsequenzen.

4. Einzelne Bereiche oder Aspekte des joh Sündenbegriffs werden bei Hasitschka entweder nur beiläufig oder gar nicht besprochen. Eine Diskussion des Sündenbegriffs von Joh 5,14 vermißt man! Sie ist zum einen notwendig im Blick auf das Verständnis der Sünde, wie es durch die Tradition der Wundergeschichte dem Evangelisten vorgegeben ist, zum anderen im Blick auf das Verständnis der Sünde, das Johannes der Stelle selbst beimißt. Der formale Vergleich der Wundergeschichte von Joh 9 mit Joh 5 (337-339) kann diese Aufgabe nicht erfüllen. Auch auf Joh 19,11 wird nur exkursartig eingegangen (354-357). Dem Verf. bleibt die exponierte Stellung dieses Verses, in dem sich das letzte und grundsätzliche (Rechts-) Urteil Jesu über die Sünde der Welt bekundet, verborgen. - Im Blick auf das Verständnis der Sünde in Joh 8, das Hasitschka vorwiegend an dem Problem des Verhältnisses von Unheils- und Machtbereich sowie den darin zur Geltung kommenden Einzelverfehlungen erörtert, scheinen uns einige Probleme offen zu bleiben, die der Verf. im Laufe der oft breitflächigen Untersuchung[44] zwar hier und da anspricht, jedoch einer intensiveren Würdigung bedürfen. Dabei handelt es sich um die Aspekte der Sünde, die im Zusammenhang der Verleugnung des eigenen Unheilszustandes,

---

[43] Zu Recht findet es TH. KNÖPPLER, Theologia crucis, 73f. Anm. 41, problematisch, daß Hasitschka „das (angebliche) liberum arbitrium retten zu müssen" meint. „Man kann sich des Eindrucks nicht erwehren, daß die Arbeit von M. Hasitschka insgesamt durch starke dogmatische Vorgaben bestimmt ist: es finden sich in den Exegesen immer wieder Differenzierungen und Einsichten, die nicht dem Text des vierten Evangeliums entstammen."

[44] HASITSCHKA referiert des öfteren sehr weitläufig die umfassenden Kontextaussagen des johanneischen Sündenbegriffs (vgl. hier die Kontextanalyse von Kap. 7-8 auf den SS.176-191!). Der Nutzen ist allerdings gering.

des Todes, des Kosmos und v.a. der Knechtschaft, die im Gegensatz zur Freiheit der Gotteskindschaft hervorgehoben wird, ein Rolle spielen. Die vom Verf. nur beiläufig gegebenen Äußerungen zur Sündlosigkeit Jesu (269-273) bedürfen einer intensiveren Auseinandersetzung, vor allem, was den Zusammenhang der Sündlosigkeit Jesu mit der Ehre Gottes betrifft.[45] - Es ist schon bemerkt worden, daß der Verf. den forensischen Hintergrund des joh Sündenbegriffs durchgehend übersieht. In diesem Zusammenhang müßte Joh 9,39-41 m.E. noch intensiver bedacht werden. Die einzelnen Teile des (implizierten) Gerichtsverfahrens und damit das Verhältnis der einzelnen Versteile zueinander müssen detaillierter erfaßt werden, als dies bei Hasitschka der Fall ist. Erst ein Verständnis der Sünde im Kontext des Rechtsstreites Jesu mit der Welt, wie es die Szene Joh 9,39-41 beispielhaft verdeutlicht, ermöglicht m.E. den Zugang zum joh Sündenverständnis.

5. Hasitschkas Arbeit ist auf das Johannesevangelium beschränkt. Der Sündenbegriff des 1. Johannesbriefes wird zwar im Zusammenhang der Analyse von 1,29 behandelt (144-162), jedoch nur zur Bestätigung „von 1,29 als einer Grundaussage über das ganze Wirken Jesu" im Sinne der Befreiung von Sünde (144). Ein expliziter Vergleich zwischen Joh und 1.Joh, der die spezifischen Eigenheiten beider Schriften im Blick auf ihr Sündenverständnis eröffnet, findet nicht statt. Damit bleibt die Frage der literarischen Beziehung beider Schriften unberücksichtigt. Unsere Analyse geht darüber hinaus auf das Verhältnis zu Paulus ein, insofern die paulinische und die johanneische Schule wirkungsgeschichtlich eng zusammengehören. Ein Vergleich zwischen Paulus und Johannes in der Frage des Sündenverständnisses läßt Schlußfolgerungen für den theologiegeschichtlichen Standort des Johannesevangeliums zu.

(7) Eine kurze, im ganzen jedoch sehr gründliche Bestimmung des joh Sündenbegriffs hat *Th. Knöppler* im 2. Kapitel seiner Arbeit über die theologia crucis im Johannesevangelium vorgetragen.[46] Ausgangspunkt ist die Analyse von Joh 1,29.36. Der Verf. arbeitet zu Recht den passa-, passions- und sühnetheologischen Charakter von Joh 1,29.36 heraus. Die Gotteslammprädikation am Anfang des Evangeliums ist als „Eingangstor zum joh Verständnis Christi" zu werten (67). Mit Hilfe des Attributs ὁ αἴρων τὴν ἁμαρτίαν τοῦ κόσμου wird die Begegnung (Konfrontation) von Gott und Welt in der Weise zum Ausdruck gebracht, daß das Lamm

---

[45] Dieser Aspekt wird bei HASITSCHKA nur kurz auf S.275 erwähnt.
[46] Theologia crucis, 67-101.

Gottes „den widergöttlichen κόσμος aus seiner Verfallenheit an die Sünde" rettet (82f.).

Knöppler hat die Sünde als „geistliche Blindheit bzw. Fehlen des Glaubens an Christus,
Verfallenheit des Menschen in seinem Sein an eine widergöttliche Macht und Bedrohung
mit eschatologischem Unheil charakterisiert" (81). Zu dieser Einschätzung gelangt er,
indem er das joh Verständnis von Sünde kursorisch anhand von Joh 8,12-59; 9,1-41;
5,14; 15,22-24; 16,8f.; 19,11 und 20,23 skizziert (70-81). Dabei leiten ihn die Aussagen
von Joh 8 und 9. In Joh 8,21.24 erkennt er die „Verurteilung der Gegner Jesu zu einem
heillosen Ende" (71). Der fehlende Glaube an Jesus als Licht der Welt (8,12) verurteilt
zum Erleiden des Sündentodes (71f.). Dabei wird deutlich, „daß es keine Sündenvergebung gibt außer im Glauben an Christus" (72). Durch das Tun der ἁμαρτία erweisen
die Teufelskinder (V44) ihre Sklaverei. „Das böse Tun des Menschen offenbart sein
Sein" (74). Nur durch den Sohn kann das Verfallensein an die Sünde aufgehoben werden
(V36). „Die δοῦλοι τῆς ἁμαρτίας sind in Sein und Tun einer Christus entgegenstehenden Macht verfallen und haben ein heilloses Ende zu erwarten" (ebd.). - Diese durchaus
treffenden Sequenzen müssen im einzelnen freilich stärker differenziert werden. Was
bedeuten konkret die Aussagen vom Sterben in der Sünde, von der Knechtschaft der
Sünde? Welche Inhalte sind mit den Begriffen „Freiheit", „Wahrheit" und „Gotteskindschaft" verbunden? In welchem Zusammenhang zum Umfeld von Kap. 8 steht die Aussage von der Sündlosigkeit Jesu (8,46)? Hier - wie auch sonst - ist das Motiv des Rechtsstreites Jesu mit der Welt näher zu bedenken. Ist das Verhältnis von Sein und Tun wirklich nur einseitig vom Sein her zu bestimmen?[47] Wird nicht bei Joh deutlich, daß sich
Tun und Sein wechselseitig bestimmen?[48]
    Im Blick auf Joh 9 erkennt Knöppler zu Recht eine zweifache, gegeneinander ste-
hende Auffassung von Sünde - zum einen „im Sinn eines konkreten Verschuldens gegen
die Weisungen Gottes" (V2.16.24.25.31: ἁμαρτωλός, ἁμαρτάνειν), zum anderen als
„geistliche Blindheit Gott und Jesus gegenüber" (V39-41: ἁμαρτία) (76). Die Verurteilung Jesu zum ἁμαρτωλός verfährt nach rabbinischer Kasuistik (75). In Wahrheit erweist sich in diesem Urteil jedoch die geistliche Blindheit gegenüber der Offenbarung
der Werke Gottes in Jesus (76f.). Dies bedeutet, daß Sünde nach Johannes keine ethische
Kategorie ist, „sondern durch die fehlende Relation sowohl zu Gott als auch zu Jesus
bestimmt ist" (76). - Diese zweifache Tendenz, die sich anhand der unterschiedlichen
Terminologie bereits erkennen läßt - ἁμαρτάνειν, ἁμαρτωλός zum einen, ἁμαρτία
zum anderen -, ist m.E. traditionsgeschichtlich zu erklären. Das Sündenverständnis des
vorjoh Wunderberichts und der pharisäischen Theologie ist vom Sündenverständnis des
Evangelisten abzuheben. Im einzelnen gilt es noch genauer zu erfassen, welches Sündenverständnis die Tradition transportiert, in welcher Weise der Evangelist die Tradition
aufnimmt und eigene Schwerpunkte setzt. Besonders Joh 9,39-41 ist im Blick auf seine
forensischen Tendenzen genauer zu bedenken.
    Die übrigen Sündenaussagen mit weiteren Anklängen an das Thema (3,19f.; 5,29;
7,7) behandelt der Verf. in Kürze (77-81). Die weiteren Anklänge zeigen, daß Johannes
Sünde nicht ethisch versteht, „sondern als Bereich der Finsternis im Gegensatz zum
Licht des Glaubens" (77). Die übrigen Belege bestätigen das bisher Gesagte: Sünde ist

---

[47] „Das Sein entscheidet über das Wollen und Tun des Menschen - und nicht umgekehrt" (74 Anm. 42).
[48] S.u. zum Verhältnis von „esse sequitur agere" und „agere sequitur esse" bei H.
HÜBNER.

Unglaube (16,9), Haß gegen Jesus (3,19f.; 7,7; 15,18-22), „Handeln gegen Jesus" (19,11) (80), „Widerspruch zu Gottes Willen" (7,18) (78). Ethisch-moralische Aspekte spielen keine Rolle. Es geht vielmehr um „die definitive Verfallenheit des Sünders an den Tod" (5,14) (ebd.). Der Gemeinde ist der Auftrag gegeben, durch den Zuspruch der Vergebung vor eschatologischer Verdammnis zu bewahren (20,23) (ebd.).

Knöppler betont die relationale Struktur des joh Sündenbegriffs: Sünde ist kein ethisch-moralischer Sachverhalt, sondern entscheidet sich an der Stellung zum Sohn Gottes.[49] Dies hat der Verf. richtig erkannt. Freilich müssen die einzelnen Momente des Sündenverständnisses noch detaillierter erfaßt werden. Besonders im Blick auf Joh 8, 9, 15 und Joh 16 ist der rechtliche Konflikt zwischen dem Offenbarer und dem ungläubigen Kosmos, von dem die christologische Einbindung des Sündenthemas her deutlich wird, stärker zu bedenken. Das Motiv des Rechtsstreites macht die Konfrontation von Jesus und Welt deutlich. Durch diese Konfrontation wird die Sünde als Sünde erst offenbar und überführbar. Die Erkenntnis des christologischen Ansatzes zum Verständnis der Sünde ist jedoch positiv zu würdigen und weiter auszubauen.

(8) *H. Hübner*[50] bestimmt den joh Sündenbegriff von Joh 8 und 9 her. Er erkennt die enge Verbindung beider Kapitel. Nicht nur das auffallend häufige Vorkommen des Begriffs ἁμαρτία, sondern die mit dem Thema „Licht" (8,12; 9,5) gegebene thematische Nähe ist bemerkenswert. Das Gegenüber von Licht und Finsternis, *sehen* und *nicht sehen können,* bestimmt den joh Sündenbegriff.

„*Nicht sehen können* heißt, im Dunkeln zu tappen und sich so in heilloser - Heil-loser - Verblendung im Bereich hellsten Lichtes zu wähnen. *Sünde ist Wahn,* Sünde ist Selbstbetrug, *Sünde* ist aber vor allem *eigene Schuld.*"[51] Der Verf. hebt auf das Zugleich von Verhängnis und persönlicher Schuld ab. *Sein* und *Tun* des Menschen „koinzidieren. Unbestreitbar gilt: *agere sequitur esse*. Aber dies manifestiert sich wiederum in der entgegengesetzten Sequenz: *esse sequitur agere*."[52] Dieses „kontinuierliche gegenseitige Sich-Aufschaukeln beider Prozesse"[53] führt dazu, daß die Knechtschaft unter der Sünde immer verheerender wird (8,34).

---

[49] „Glaube an und Zugehörigkeit zu Christus (stehen) dem ἁμαρτία-Begriff gegenüber" (79).
[50] Theologie III, 180-183.
[51] A.a.O., 181 (Hervorhebung H.H.).
[52] Ebd.
[53] Ebd.

Hübner hat wesentliche Aspekte des joh Sündenverständnisses erfaßt. Freilich bietet er nur einen Ausschnitt. Die Verbindung zum Sündenbegriff der anderen Kapitel bleibt unklar. Das gerade in Kap. 8 und 9 tragende Motiv des Rechtsstreites Jesu mit der ungläubigen Welt als wesentliche Deutekategorie des joh Sündenbegriffs wird nicht erkannt. Im einzelnen sind Begriffe wie Knechtschaft, Freiheit, Blindheit u.ä. noch differenzierter zu erfassen, als dies bei Hübner der Fall ist. Der Offenbarungsbegriff spielt gerade im Zusammenhang der Metaphorik von Licht und Finsternis (Blindheit) eine wesentliche Rolle. Welche Funktion nimmt der *Offenbarer* im Blick auf die Erkenntnis des Wesens der Sünde ein? Wie steht Johannes zu dem ihm durch die Tradition (Kap. 9) überlieferten Verständnis von Sünde? Diese und ähnliche Fragen müssen im weiteren Verlauf unserer Arbeit bedacht werden.

(9) Einen eigenen Zugang zum joh Sündenverständnis hat *A. Stimpfle*[54] entwickelt. Er orientiert sich an der modernen Sprachwissenschaft, wonach der Text in seiner synchronen Präsenz den Zugang zum Verständnis der einzelnen Wort- und Textsequenzen bietet. Der Text wird als „dialogisch-wirkmächtiges Situationskompositum" verstanden, in dem Autor und Leser miteinander kommunizieren (110). Demnach erhält der einzelne Begriff seine Bedeutung aus dem vorliegenden Textzusammenhang, nicht aus seiner Herkunftsgeschichte. Der Begriff „Sünde" wird daraufhin auf seine einzelnen Wortfeld- und Metaphernmerkmale hin untersucht. Der Verf. gelangt - exegetisch abgesichert[55] - zur Überzeugung, daß das semantische Feld der Sündenthematik bestimmt wird „durch eine ausgesprochen antithetische und dualisierende Terminologie, die den unüberbrückbaren Gegensatz zwischen Gott und Teufel, Gesandtem und Kosmos, den Seinen und den 'Juden' thematisiert" (118). Die Ergebnisse der syntaktisch-syntagmatischen Untersuchung der Wortfelder um ἁμαρτία sowie der jeweiligen Redeeinheit, in der Sünde thematisiert wird, nennt der Verf. in Kürze (122): 1. Sünde ist kein moralisches Phänomen, sondern der „Zustand des Unglaubens, d.h. der Erkenntnislosigkeit. Dieser wird mit dem Kommen des Offenbarers virulent und offenkundig". 2. Sie ist Ausdruck der gegengöttlichen Macht des Teufels und des Kosmos, die den

---

[54] „Ihr seid schon rein durch das Wort" (Joh 15,3a). Hermeneutische und methodische Überlegungen zur Frage nach „Sünde" und „Vergebung" im Johannesevangelium, in: H. FRANKEMÖLLE (Hg.), Sünde und Erlösung im Neuen Testament (QD 161), Freiburg u.a. 1996, 108-122.

[55] STIMPFLE führt die vielfältigen Dualismen im Kontext der Redeeinheiten, die den Sündenbegriff enthalten, explizit auf (115-118).

Menschen gefangenhält. 3. Befreiung von Sünde erfolgt „durch das Offenbarerwort, näherhin durch seine im Menschen Erkennen bewirkende Potenz" für die Erwählten. Aus der rückblickenden Perspektive der parakletischen Offenbarung erweist sich die Sünde für sie als etwas „Vergangen-Überwundenes" (119). 4. „Wegnahme und Etablierung von Sünde bleiben gewährleistet im Weitersagen des enthüllenden Offenbarungswortes durch die Gemeinde der Erwählten." In dieser Konzeption erkennt der Verf. ein exponiertes Sündenverständnis, das sich von dem der Synoptiker, der Apostelgeschichte, des Paulus und des 1. Johannesbriefes in seiner Eigenart abhebt. - Diese Untersuchung des semantischen Wortfeldes von ἁμαρτία bei Johannes besticht durch ihre sprachanalytische Kompetenz und Konsequenz. Zugleich werden aber die Grenzen einer ausschließlich synchron orientierten Exegese deutlich. Der Sündenbegriff erhält in der joh Literatur - auf den Sündenbegriff des 1. Johannesbriefes geht der Verf. nicht ein - seine Bedeutung durch den Gruppenkonflikt, der zwischen joh Gemeinde und den „Juden" einerseits (Joh) und der joh Gemeinde und den (doketischen) Sezessionisten andererseits (1.Joh) ausgetragen wird. Auf diesem Hintergrund ist der Sündenbegriff der jeweiligen Opponenten zu ermitteln. Die für das joh Verständnis von Sünde konstitutiven traditionsgeschichtlichen und theologiegeschichtlichen Aspekte fehlen in der rein synchronen Analyse Stimpfles. Die Bedeutung eines Wortes ist nicht nur durch seinen vorliegenden Textzusammenhang, sondern auch durch seine Herkunft und Geschichte zu bestimmen. Johannes schreibt nicht nur autor-adressatenbezogen,[56] er schreibt auch aus einem bestimmten Traditions- und Geschichtszusammenhang heraus.[57] Der historische Ort des Evangeliums bestimmt seine theologische Konzeption in wesentlichem Maße mit. Darum ist das Verhältnis zum pharisäisch bestimmten Sündenbegriff (Joh 5 und Joh 9), zum paulinischen Sündenbegriff und zum Sündenverständnis des 1. Johannesbriefes zu verdeutlichen. Andernfalls kann eine sachgerechte Analyse des joh Sündenbegriffes nicht gelingen.

Zwei weitere Anfragen seien noch geäußert: (1) Der Verf. meint, daß unser Verständnis von Sünde und Befreiung von ihr durch das (kirchlich geprägte) Vorverständnis solcher Begriffe wie „vergeben", „erlassen" bzw. „Sühne" und „Opfer" bestimmt ist (109). Darin wird offenbar eine Gefahr erkannt. Im Gegenzug konstatiert der Verf., daß für Joh die

---

[56] Der Verf. benutzt dafür die Kategorie „autoriale Lese- und Aussagestrategie" (a.a.O., 112).
[57] Vgl. U. SCHNELLE, Komm., 25-27.

Befreiung (Reinigung) von Sünde durch das „Wort" (15,3) geschieht.[58] „Weder das
Wasser der Taufe noch das Blut des Kreuzes sind reinigungsrelevante Größen" (121).
Die Beseitigung der Sünde vollzieht sich daher „durch das Offenbarerwort, näherhin
durch seine im Menschen Erkennen bewirkende Potenz" (nur) für die Erwählten (122).
Das ist aber zu begrenzt und intellektualistisch gedacht. Die soteriologische Bedeutung
des Kreuzes für Joh kann nicht vernachlässigt werden (Th. Knöppler; H. Kohler). Die
Alternative: Wort - Kreuz ist wenig hilfreich, denn für Joh ist es das Wort des durch den
Parakleten nachösterlich vergegenwärtigten, gekreuzigten und verherrlichten Christus,
das reinigend und befreiend wirkt. Die universale Heilswirksamkeit des Kreuzes ist im
übrigen in Joh 1,29 programmatisch festgehalten. Beseitigung der Sünde geschieht nicht
durch eine „im Menschen Erkennen bewirkende Potenz", sondern extra nos durch den
Sühnetod Jesu am Kreuz. Sie kommt nicht nur den Erwählten, sondern der ganzen Welt
zugute. - (2) Zu Recht verweist der Verf. auf die Eigenart des joh Sündenverständnisses.
Die Beziehung zu den genannten urchristlichen Schriften und Autoren (Synoptiker, Apostelgeschichte, Paulus, 1. Johannesbrief) ist jedoch nicht nur durch Abgrenzung, sondern
- und das im starken Maße - durch Gemeinsamkeiten bestimmt. Gerade das Verhältnis zu
Paulus und zum 1. Johannesbrief - wir werden darauf eigens zurückkommen - offenbart
deutliche traditions- und konzeptionsgeschichtliche Parallelen, die Johannes nicht als
Exoten, sondern als Theologen erweisen, der in der Tradition des urchristlichen Glaubens und Bekenntnisses gedacht hat.

Dieser Forschungsüberlick soll zunächst genügen. Er täuscht jedoch über
die Tatsache hinweg, daß der Sünde bei Johannes in neuerer Zeit - bis auf
die genannten Arbeiten - in der Regel wenig Aufmerksamkeit gewidmet
wurde. Es ist schon darauf hingewiesen worden, daß die Sündenproblematik in der Exegese der Paulusbriefe einen breiten Raum einnimmt, dies
in gleichem Maße im Blick auf Johannes jedoch nicht der Fall ist (s.o.).
Dies ist um so verwunderlicher, als oft genug Paulus und Johannes als die
exponierten Theologen des Neuen Testaments deklariert werden. Vielfach
wird auch hinsichtlich des Sündenbegriffs auf die nicht zu bestreitende
Nähe zwischen Paulus und Johannes hingewiesen.[59] Dennoch ist es wichtig, auf die joh Konzeption in ihrer Eigenart aufmerksam zu machen. Johannes steht zwar ohne Zweifel in enger Traditionslinie zur paulinischen
Theologie; er hat jedoch ein durchaus eigenständiges Konzept entwickelt.
Es ist Ausdruck seines exponierten Offenbarungsverständnisses, wonach
der Gesandte Gottes eine für die Aufdeckung und Beseitigung der Sünde
fundamentale Funktion innehat. Freilich gab und gibt es Stimmen, die den
Begriff „Sünde" als ein Randphänomen des Evangeliums betrachten wol-

---

[58] So bereits R. BULTMANN, Theologie, 408, der die „befreiende" und „reinigende"
Wirkung des Wortes Jesu (vgl. Joh 8,31-34; 15,3; 17,17) gegen die Aussagen vom Sühnetod Jesu ausspielt. Vgl. kritisch dazu K. HAACKER, Stiftung, 172.
[59] Z.B. H. HÜBNER, Theologie III, 181: „Die Affinität zur paulinischen Theologie
ist unübersehbar."

len. *E. Haenchen*[60] spricht dem Evangelisten eine theologische Konzeption im Blick auf den Sündenbegriff ab: „Es ist längst aufgefallen, daß der Begriff der Sünde im vierten Evangelium zwar 16mal (sic!) vorkommt, aber dennoch keine entscheidende Rolle spielt."[61] Haenchen führt entweder die entsprechenden Belege auf eine „Vorlage" zurück, die zur „Christologie des Evangelisten" nicht paßt (so im Blick auf 1,29)[62] - wobei zu fragen wäre, warum Johannes diese Vorlage dann aufgenommen hat, wenn sie seiner Intention entgegenstand -, oder er führt sie auf Zusätze eines „Ergänzers" zurück, der sich wie im Fall von 20,23 mit der synoptischen Tradition vertraut erweist.[63] Die anderen Belege werden kurz referiert.[64] Einen theologisch prägenden Inhalt kann Haenchen ihnen jedoch nicht entnehmen. Seiner Ansicht nach ist „die einzige Sünde, von der Johannes weiß: Blindsein für Gott, da wo er sich zeigt"[65]. Man müsse demnach annehmen: „Auch das Wort ἁμαρτία ist kein Grundbegriff in der Botschaft des Evangelisten."[66]

Die folgende Untersuchung wird der Frage nachgehen, ob diese Behauptung zutreffend ist. Dabei wird sich im Laufe der Arbeit zeigen, daß die ἁμαρτία-Thematik des Evangeliums nicht nur ein beiläufiger oder durch Traditionsvermittlung begründeter Topos des Evangelisten ist, sondern - über das ganze Evangelium von Kap. 1-20 verteilt - einen Grundtenor bildet, an dem ein gestalterischer Wille erkennbar ist. Im Zusammenhang der am Rechtsstreit orientierten Auseinandersetzung Jesu und der nachösterlichen Gemeinde mit der ungläubigen Welt ist das Verständnis der Eigenart des joh ἁμαρτία-Begriffes unverzichtbar, um die für Johannes wesentliche Konfrontation Gottes mit der Welt zu verdeutlichen.

1.2. Sprachlicher Befund

Das Nomen ἁμαρτία begegnet bei Joh 17mal,[67] davon 13mal im Singular (1,29; 8,21; 8,34 [2mal]; 8,46; 9,41[2mal]; 15,22 [2mal]; 15,24; 16,8.9;

---

[60] Komm., 493f.

[61] A.a.O., 493.

[62] A.a.O., 166f.

[63] A.a.O., 572f.

[64] A.a.O., 494.

[65] Ebd.

[66] A.a.O., 167.

[67] Die gleiche Zahl der Belege findet sich im 1. Johannesbrief. Allein diese Tatsache der Fülle des Begriffs im joh Schrifttum spricht gegen die o.g. These von E. HAENCHEN, wonach die Sündenthematik im Johannesevangelium bedeutungslos sei. Nur

19,11) und 4mal im Plural (8,24 [2mal]; 9,34; 20,23).[68] 3mal benutzt Johannes das Verb ἁμαρτάνειν (5,14; 9,2.3)[69] und 4mal das Adjektiv ἁμαρτωλός (9,16.24.25.31).[70] Die beiden letzten Begriffe begegnen nur in joh Wundergeschichten (Kap. 5 und Kap. 9), davon ἁμαρτωλός im Munde der Pharisäer und des Geheilten als Ausdruck pharisäischer Schulterminologie.[71] Bestimmte Wendungen bietet nur Johannes im Neuen Testament: „Sünde haben" (9,41; 15,22.24; 19,11), „Sterben in eurer Sünde" (8,21.24)[72], „einer Sünde überführen" (8,46; 16,8), „in Sünden geboren" (9,34), „die Sünde wegtragen/beseitigen" (1,29; 1.Joh 3,5) und „eine Entschuldigung für eure Sünde haben" (15,22). Eine abstrakte Definition der Sünde bietet Johannes nicht. Einzelne Personen, Gruppen und Mächte verkörpern die Realität der Sünde (Satan, „Juden", Pharisäer, „Welt", Pilatus, der Gelähmte).[73]

Ein Überblick über die entsprechenden Belege ergibt zunächst folgendes Bild:[74] In den Wundergeschichten findet sich der Sündenbegriff im Kontext der pharisäischen Gesetzesproblematik. Einerseits ist die im bi-

---

der Römerbrief (48mal) und der Hebräerbrief (25mal) bieten im Neuen Testament eine größere Anzahl der Belege. Die Synoptiker (Mk: 6mal [mit ἁμάρτημα 9mal]; Mt: 7mal; Lk: 12mal) liegen deutlich darunter. Vgl. auch K. HAACKER, Stiftung, 171f., in unserem Sinn.

[68] Ähnlich wie Paulus bevorzugt Johannes den Singular ἁμαρτία. Der Promiscue-Gebrauch von Plural- und Singularwendungen (Joh 8,21.24) läßt sich ebenfalls bei Paulus nachweisen (Röm 4,7f.; 7,5.7ff.). Das entspricht alttestamentlich-jüdischer Diktion (Ps 25,7.11.18; 31,1f. [LXX]; 51,4.11; Jes 53,5.6 u.ö.). Vgl. dazu G. RÖHSER, Sünde, 7f.

[69] Die in Joh 7,53-8,11 auftretenden Formen von ἁμαρτάνω (8,11) und ἀναμάρτητος (8,7) bleiben in der vorliegenden Untersuchung unberücksichtigt, da textkritische, sprachliche und stilistische Indizien das vorhandene Stück als nachjohanneischen Einschub erkennen lassen. Vgl. dazu K. ALAND, Studien, 39-46; ders., Text, 311; U. BECKER, Jesus und die Ehebrecherin (BZNW 28), Berlin 1963; 39-46; B.M. METZGER, Textual Commentary, 219ff.; E. RUCKSTUHL, Einheit, 215-219; ders./P. DSCHULNIGG, Stilkritik und Verfasserfrage, 236; R. SCHNACKENBURG, Komm. I, 161f.; U. SCHNELLE, Komm., 150-153. Traditionsgeschichtlich und tendenziell hat die Perikope in synoptischer Überlieferung Parallelen (vgl. Mk 10,3; 12,13-17; Mt 7,1; Luk 7,36-50). Sie ist vielleicht zur Verdeutlichung von Joh 8,15 (vgl. 7,24.51) später eingefügt worden (U. SCHNELLE, Komm., 153; U. WILCKENS, Komm., 138). Gegen den Trend urteilt U. BORSE, Die Entscheidung des Propheten (SBS 158), Stuttgart 1994, der Joh 7,50-8,11 dem Evangelisten zurechnet. Der Evangelist habe dieses Stück in die bestehende Rahmenhandlung selbst eingeschoben.

[70] Das substantivierte Adjektiv findet sich in V16 als Adjektiv, in VV24.25.31 als Substantiv.

[71] Vgl. K.H. RENGSTORF, Art. ἁμαρτωλός, ThWNT I, 331f.336.

[72] Anders Röm 6,2.10.11: „der Sünde (ab)sterben".

[73] N. LAZURE, Valeurs, 289.

[74] Dieses Bild ist freilich bereits von den Ergebnissen der Untersuchung geprägt.

blischen und nachbiblischen Judentum verbreitete Anschauung vorausgesetzt, daß Krankheit Folge der Sünde sei (5,14; 9,2f. 34).[75] Andererseits wird der Vorwurf, daß Jesus ein Sünder ist (9,24.25), durch den aus pharisäischer Sicht erfolgten Bruch des Gesetzes (Sabbat) motiviert (5,10.16; 9,14.16). Die Orientierung an dem im Gesetz festgelegten Willen Gottes bestimmt den pharisäisch geprägten Sündenbegriff (9,31).[76]

Eine zweite thematisch zusammengehörige Gruppe, in der der Sündenbegriff begegnet, ist jene, in der Jesus als Offenbarer das Gericht der Welt ankündigt. Es sind dies vor allem die Offenbarungsreden Jesu, die vom joh Dualismus[77] und der Gesandtenchristologie beherrscht werden. Dazu gehören die Belege in Kap. 8 (VV21.24.34.46), 9,39-41, 15,22-24, 16,8f. und 19,11. Sie sind vor allem durch das Motiv des Rechtsstreites Jesu mit der Welt geprägt.[78]

Schließlich sind noch die Belege Joh 1,29 und 20,23 zu nennen. Sie gehören der zweiten Gruppe an, insofern auch in ihnen das Rechtsstreitmotiv zum Tragen kommt. Gemeinsam ist den beiden Stellen darüber hinaus das Thema der Sündenbeseitigung bzw. der Sündenvergebung. Joh 1,29 steht mit den Sühneopfer- und Stellvertretungsaussagen des Johannesevangeliums (vgl. Joh 6,51c; 10,11-18; 11,49-52; 15,13; 17,19; 18,14) und des 1. Johannesbriefes (1.Joh 1,7; 2,2; 3,5.16; 4,10) im Zusammenhang. Joh 20,23 hat traditionsgeschichtliche Parallelen in Mt 16,19; 18,18. Die offensichtliche Verklammerung des Johannesevangeliums durch das Thema der Sündenbeseitigung/Sündenvergebung wird im Blick auf die theologische Konzeption des Evangelisten von Bedeutung sein.

Synonymbegriffe für ἁμαρτία sind im Evangelium selten.[79] Begriffe wie ἁμάρτημα, παράπτωμα oder παράβασις, ὀφείλω, παραβαίνω oder

---

[75] Vgl. STR.-BILL. I, 495f.; II, 193-197.

[76] Zum Einfluß pharisäisch-rabbinischer Traditionen auf Johannes vgl. C.K. BARRETT, Komm., 48ff.; J. BLANK, Komm. 1a, 41f.; W.D. DAVIES, Reflections, 43-64; C.H. DODD, Interpretation, 74-96; A. SCHLATTER, Sprache, passim; ders., Johannes, passim; R. SCHNACKENBURG, Komm. I, 108-110; S.S. SMALLEY, John, 64f.; J.C. THOMAS, Gospel, 159-182.

[77] Zum Begriff vgl. J. ASHTON, Understanding, 205-237; T. ONUKI, Gemeinde und Welt, 38-54.

[78] W. SCHMITHALS, Johannesevangelium, 312, rechnet Joh 8,21; 15,24; 19,11 zum antijüdisch geprägten Grundevangelium, während 8,24.30-36; 9,39-41; 15,22; 16,8f. dem antignostisch geprägten Evangelisten zugewiesen werden. Für solch eine Aufteilung gibt es aber, wie wir sehen werden, keinen Grund. Die genannten Belege sind einheitlich von dem für den Evangelisten typischen Motiv des Rechtsstreites geprägt.

[79] Joh benutzt ähnlich wie Paulus überwiegend den Begriff ἁμαρτία κτλ. Dieser Befund entspricht dem bevorzugten Gebrauch von ἁμαρτία κτλ. im alttestamentlich-

παραπίπτω, die für die einzelne moralisch sündige Tat stehen, fehlen im joh Schrifttum! An einer Beurteilung einzelner Sündentaten ist Johannes offenbar nicht gelegen.[80] Auch ἀνομία begegnet nicht (jedoch in 1.Joh 3,4 mit ἁμαρτία); ἀδικία nur in Joh 7,18 (jedoch in 1.Joh 1,9; 5,17 mit ἁμαρτία). Die Stelle ist mit Joh 8,46 verwandt (Sündlosigkeit Jesu). In 3,19-21 ist von den bösen Werken und dem Tun des Bösen im Gegensatz zum Tun der Wahrheit die Rede. Vergleichbar sind hier auch die Aussagen von 5,29 (τὰ ἀγαθὰ ποιεῖν - τὰ φαῦλα πράσσειν) und 7,7 (τά πονηρὰ ἔργα). Weitere Äquivalenzbegriffe, die das Phänomen der Sünde komplementär umschreiben, werden im Laufe der Arbeit im Kontext des Sündenbegriffs zu berücksichtigen sein. Dazu gehören z.B. Nomen und Wendungen wie „Welt", „Finsternis", „Herrscher der (dieser) Welt" oder verbale Begriffe wie „nicht glauben", „nicht erkennen", „nicht annehmen", „nicht sehen", „verstocken", „blind werden" u.ä. Sofern sie direkt die Sünde näher definieren, wie z.B. „nicht glauben" oder „blind werden", sind die entsprechenden Phänomene des Unglaubens und der Blindheit auch eigens zu bedenken.[81]

1.3. Methodische Voraussetzungen

Dieser erste Überblick zeigt, daß im Sündenverständnis des Joh mehrere Akzente gesetzt sind. Daraus lassen sich verschiedene Schlußfolgerungen ziehen. Die Frage ergibt sich, ob das Johannesevangelium disparate Vorstellungen über die Sünde unausgeglichen übernommen hat, so daß ihm an einem einheitlichen Konzept nicht gelegen wäre, oder ob diese Disparität Spiegelbild einer im Joh erkennbaren veränderten theologischen Gesamtlage ist, wonach verschiedene Hände mit unterschiedlichen Auffassungen zur Sünde am Werk waren. Die erste Annahme geht davon aus, daß der Evangelist sein Traditionsmaterial nur mitgeschleift hat, ohne ein eigenes Interesse damit zu verbinden. Dies wird z.B. im Blick auf die Sühneaussagen des Johannesevangeliums angenommen (1,29 u.ö.).[82] Die

---

jüdischen Schrifttum. ἁμαρτία ist in der LXX meistens Äquivalent von חטאת (276mal). Vgl. dazu G. RÖHSER, Sünde, 10-15.

[80] Auch der Plural ἁμαρτίαι (s.o.) läßt nicht auf ein solches Interesse schließen. Zur Frage des Verhältnisses von Plural und Singular vgl. Teil 5.2.2.

[81] Weitere Überlegungen zum Sprachgebrauch von „Sünde" bei Johannes erfolgen in den Teilen 3.3.3.1.; 5.2.2. und 9.1.1.

[82] Vgl. U.B. MÜLLER, Geschichte, 51. R. BULTMANN, Theologie, 406f., spricht von Anpassung an traditionelle „Gemeindetheologie".

zweite Annahme rechnet mit verschiedenen Quellen, die sich auch in der theologischen Konzeption voneinander unterscheiden. So wird z.B. die Sühneaussage 1,29 einer späteren Redaktion zugeordnet.[83] Beide Konzeptionen messen dem Sühnegedanken bei Johannes keine besondere Bedeutung bei. Es wird jedoch zu fragen sein, ob diese Annahme zutreffend ist. Die literarische und theologische Bedeutung des Täuferzeugnisses am Anfang des Evangeliums und die das Evangelium rahmende Verbindung zwischen 1,29 und 20,23 lassen solche Schlußfolgerungen eher bedenklich werden. Der Leser ist vielmehr aufgerufen, die theologische Mitte im Blick auf das soteriologische Gesamtkonzept des Evangelisten wahrzunehmen. Die gleichen Bedenken ergeben sich für die Bewertung der anderen Belegstellen zur Sünde. Urchristliche Schriften sind generell nicht auf einlinige Perspektiven theologischer Sachfragen festzulegen. Verschiedene Akzente können Ausdruck eines in sich geschlossenen Verstehenshorizontes sein. So wird man auch die verschiedenen Perspektiven des joh Sündenbegriffes, die oben genannt wurden, nach einem einheitlichen theologischen Konzept befragen können. Problematisch ist eine vom Exegeten selbst in Anspruch genommene Entscheidung darüber, an welcher Stelle Johannes eigentlich oder uneigentlich spricht, wo er selbst theologisch definiert und interpretiert oder wo mitgeschleifte traditionelle und möglicherweise theologiegeschichtlich spätere Vorstellungen zum Vorschein kommen. Reichen solche Annahmen aus, um die Hypothese entsprechender Quellen belegen zu können? Ist es im Blick auf den Sündenbegriff des Evangeliums erlaubt - wie es im Fall der Auferstehungs- und der Sakramentslehre oft geschieht -, schichtenspezifische theologische Konzepte voneinander abzuheben und daraus Schlußfolgerungen für das Vorhandensein etwaiger Quellen zu ziehen?

Die Arbeit wird an dieser Stelle vorsichtig operieren müssen, um nicht zu schnelle Vor-Urteile zu fassen. Die Annahme von Quellen mit unterschiedlicher theologischer Prägung könnte den unvoreingenommenen Blick auf eine vielleicht vorhandene Kohärenz des joh Sündenbegriffs verbauen. Schließen sich die für eine Beurteilung des Sündenbegriffs vorhandenen Sachfragen von Gesetz, Welt und Sündenvergebung derart aus, daß eine solche Kohärenz im Sündenbegriff nicht mehr wahrzunehmen ist? Oder gibt es eine theologische Mitte, von der her die scheinbar disparaten Aspekte des joh Sündenbegriffs zu deuten sind? Die vorliegende Arbeit wird sich diesen Fragen stellen. Sie wird zum einen der synchronen Geschlossenheit des Evangeliums Rechnung tragen, indem das theologi-

---

[83] Vgl. J. BECKER, Komm. I, 111; Komm. II, 493.

sche Konzept des Rechtsstreites und der christologischen Prägung des Sündenbegriffs zu bedenken ist. Sie wird aber auch der diachronen Analyse Rechnung tragen, insofern der Evangelist in einem erheblichen Umfang traditionelles Material (z.B. die Wundergeschichten) aufgenommen und verarbeitet hat.[84] Insofern müssen da, wo Traditionsstoffe zu vermuten sind, literarkritische Vorüberlegungen angestellt werden. Sie haben die Funktion, zwischen Tradition und Redaktion zu unterscheiden, eventuell vorhandene Differenzen auszumachen und auf mögliche Veränderungen im Sündenbegriff aufmerksam zu machen. Sollten sich solche Veränderungen aufzeigen lassen, wäre nach dem Stellenwert der traditionellen Position für den Evangelisten zu fragen. Diese Vorgehensweise geht also davon aus, daß der Evangelist im Gespräch mit der Tradition steht.[85] Sie setzt aber zugleich voraus, daß der Text des 4. Evangeliums kein Zufallsprodukt, sondern als ganzer „unmittelbarer Ausdruck eines imposanten theologischen Aussage- und Gestaltungswillens"[86] ist. Dieser Gestaltungswille wird sich auch im Blick auf den Sündenbegriff zeigen, sofern in ihm die permanente Auseinandersetzung Gottes durch den Offenbarer und durch die joh Gemeinde mit der ungläubigen Welt zum Ausdruck kommt. Das leitende Motiv ist das des Rechtsstreites des Offenbarers mit der Welt, auf dessen Hintergrund die theologische Sünden-Konzeption des Evangelisten zu verstehen ist. Dieses Konzept ist für die Belege Joh 1,29; 8,21.24.34.46; 9,39-41; 15,22-24; 16,8-11; 19,11 und 20,23 prägend. Ein anderes, traditionelles Konzept, das Sünde am Gegenüber zum Gesetz beurteilt, findet sich in den Wundergeschichten von Joh 5 (V14) und Joh 9 (V2.3a.16.24.25.31.34) wieder. Der Evangelist begibt sich in ein kritisches theologisches Gespräch mit diesem traditionell am Gesetz orientierten Sündenbegriff. Er integriert ihn in sein Gesamtkonzept von Offenbarung, Heil und Gericht, Glaube und Unglaube. Dadurch läßt er sein eigenes Sündenverständnis offenbar werden, das über den traditionellen Sündenbegriff hinausgeht (vgl. die Beurteilung von Joh 5,14 im Kontext von Joh 5,19ff. und von Joh 9,16.24.25.31.34 im Kontext von Joh 8,46; 9,39-41).

---

[84] Zur Verarbeitung von Traditionsmaterial im Johannesevangelium vgl. M. LABAHN, Jesus, passim; G. SCHILLE, Traditionsgut im vierten Evangelium (TheolVers 12), Berlin 1981, 77-89; R. SCHNACKENBURG, Tradition und Interpretation im Spruchgut des Johannesevangeliums, in: ders., Das Johannesevangelium. Ergänzende Auslegungen und Exkurse (HThK 4/4), Freiburg 1984, 72-89; U. SCHNELLE, Antidoketische Christologie, passim.

[85] Vgl. hierzu die methodischen Überlegungen zum Verhältnis von Tradition und Redaktion im Johannesevangelium bei U. SCHNELLE, Antidoketische Christologie, 83-86, sowie M. LABAHN, Jesus, 44-51.101-109.

[86] U. SCHNELLE, Perspektiven, 61.

Insofern ist die *Methodik* der Arbeit vorgezeichnet. Zunächst gilt es, den Stellenwert des Sündenbegriffs im Gesamtaufriß des Evangeliums zu bestimmen, um einen Einblick in die Bedeutung des Themas für Johannes zu gewinnen. Dabei ist der Prolog zu berücksichtigen (Teil 2). Danach werden die einzelnen Belege zum Sündenbegriff im Johannesevangelium besprochen. Begonnen wird mit den Wundergeschichten in Joh 5 und Joh 9, um das Gespräch, das der Evangelist mit der vorjohanneischen Wundertradition und dem pharisäischen Gesetzesverständnis eingeht, deutlich zu machen (Teil 3). Er präzisiert seinen Sündenbegriff anhand des Motivs des Rechtsstreites Jesu mit der Welt (9,39-41). Anschließend können die entsprechenden Belege aus Joh 1 (Teil 4), aus Joh 8 (Teil 5), aus den Abschiedsreden in Joh 15.16 (Teil 6), aus der Passionsgeschichte in Joh 19 (Teil 7) und schließlich aus dem Erscheinungsbericht in Joh 20 (Teil 8) nacheinander besprochen werden. Sie werden alle auf ihre je eigene Weise den in Joh 9,39-41 erkennbaren forensischen Charakter des joh Sündenbegriffs verdeutlichen. Mit Joh 1,29 wird nach der Behandlung der Wundergeschichten fortgefahren, da das Täuferzeugnis eine Schlüsselfunktion für das soteriologische Konzept des Evangelisten innehat. Die Belege in Joh 8; 15f. und 19 präzisieren das joh Sündenverständnis im Blick auf den Konflikt des Offenbarers und seiner Gemeinde mit der Welt. Von Joh 20,23 her soll dann die literarische Klammer zu Joh 1,29 deutlich werden und die ekklesiologische Bedeutung des joh Sündenbegriffs benannt werden. Anschließend ist der theologiegeschichtliche Stellenwert des joh Sündenbegriffs zu beurteilen (Teil 9). Dazu muß nach parallelen hamartiologischen Konzeptionen urchristlicher Theologie in einem dem Johannesevangelium zeitlich und örtlich nahestehenden Schrifttum gesucht werden. Am Ende der Arbeit wird daher ein Vergleich mit dem Sündenbegriff des 1. Johannesbriefes (Teil 9.1.) und dem des Paulus (Teil 9.2.) vorgenommen. Zu fragen ist, ob und inwiefern der Sündenbegriff des Johannesevangeliums Aufschlüsse über den Zusammenhang in der johanneischen Literatur - insbesondere mit dem 1. Johannesbrief - und mit der paulinischen Schule zu geben vermag. Die Untersuchung soll also auch einen Beitrag zum theologiegeschichtlichen Ort des Johannesevangeliums - soweit dies im Rahmen dieser Arbeit möglich ist - bieten. Eine Zusammenfassung der Ergebnisse schließt die Arbeit ab (Teil 10).

2. Die Stellung der Sündenthematik im Gesamtaufriß des Evangeliums

Der erste Blick auf das Vorkommen des Sündenbegriffs zeigt, daß die Sündenthematik über das ganze Evangelium verteilt verhandelt wird. Die Analyse wird darlegen, daß der erste und der letzte Beleg des Sündenbegriffs (Joh 1,29; 20,23) eine konstitutive Rolle einnehmen, insofern am Anfang und am Ende des Lebensweges Jesu von der Sünde, ihrer Offenbarung und ihrer Beseitigung gesprochen wird. Darin kommt zum Ausdruck, daß die Heilsabsicht Gottes gegenüber der Welt und die Konfrontation Gottes mit der Welt im Wirken Jesu und der nachösterlichen Gemeinde bleibend gegenwärtig ist. In einer prägnanten Dichte wird das Thema „Sünde" in Kap. 8 und 9 verhandelt. Die Konfrontation zwischen Jesus und den „Juden" gerät auf einen Höhepunkt. Hier zeigt sich, daß der Rechtsstreit Jesu mit der „Welt" den Interpretationsschlüssel zum Verständnis der Sünde als Blindheit und Unglaube bietet. Die Passionsgeschichte nimmt dieses Problem im Zusammenhang des Gespräches Jesu mit Pilatus am Ende seines Weges abschließend auf (19,11). Ein besonderer Ort sind die Abschiedsreden. Hier wird in geschichtstheologischer Interpretation aus der Perspektive der nachösterlichen Gemeinde auf den Rechtsstreit Jesu mit der Welt zurückgeblickt (15,22-24; 16,8-11). Die joh Gemeinde sieht sich in diese Konfrontation des Offenbarers mit der Welt in der Weise hineingenommen, daß sie den Konflikt durch ihr eigenes Zeugnis fortführt und zur Geltung bringt. Dadurch gelingt es dem Evangelisten, die Konfliktsituation der Gemeinde und der Welt mit der auf der Ebene des Evangeliums erzählten Konfrontation des Offenbarers und der Welt zu verknüpfen, so daß die Zeitebenen verschmelzen. Die Sünde der Welt ist für die Gemeinde ein aktuelles Problem, das sie in der durch den Parakleten vermittelten Bindung an den irdischen Jesus nachösterlich vergegenwärtigt sieht.

Joh 1,29 hat die Funktion einer programmatischen Leitthese. Hier wird die in den folgenden Teilen des Evangeliums dargestellte Konfrontation von Gott und Welt in Jesus in aller Kürze vorweggenommen. Aber nicht erst das Täuferzeugnis, sondern bereits der *Prolog* deutet diesen Sachverhalt an, ohne den Sündenbegriff explizit aufzunehmen. Sofern der Prolog die Ouvertüre zum Evangelium bietet und darin schon die Hauptthemen anklingen, die im Evangelium ausgeführt werden,[1] haben auch die in 1,5.10c.11 gegebenen Verweise auf die Ablehnung Jesu durch den Kosmos (vgl. 3,11.32f.; 5,43; 12,37-43 und 12,48)[2] eine das Sündenverständnis des Evangeliums vorwegnehmende und zusammenfassende Funktion. Der jeweilige Aorist (οὐ κατέλαβον, οὐκ ἔγνω, οὐ παρέλαβον) verdeutlicht, daß der Evangelist bereits anfänglich und innerhalb protologischer Geschichtsschau (V1-5) auf das in Kap. 1-20 geschilderte ablehnende Verhalten des κόσμος zurückblickt. Dieses Verhalten ist mit dem Unglauben identisch[3] und wird im Folgenden (Joh 1,19-20,31) als ἁμαρτία beschrieben. Die sich in diesem Begriff abzeichnende Komponente des Unglaubens gegenüber dem Offenbarer (8,21.24; 16,9) hat der Evangelist in V7.12 bereits angedeutet, wenn als Ziel des Heilswerkes Jesu der *Glaube* an Jesus Christus angegeben wird.

In Joh 1,5 ist das für das gesamte Evangelium leitende Thema der Offenbarung benannt.[4] Es hat für das Verständnis des Sündenbegriffs eine

---

[1] Vgl. W. HEITMÜLLER, Komm., 37. Dem Prolog wird heute vielfach eine konstitutive Funktion für die Eröffnung des Evangeliums zugewiesen. Vgl. R. BULTMANN, Komm., 1: „Ouvertüre"; F.J. MOLONEY, Komm., 34; H. RIDDERBOS, Komm., 17f.; L. SCHENKE, Komm., 18; S.S. SMALLEY, John, 92-95; H. THYEN, Johannes-Evangelium, 120; A. WEISER, Theologie II, 180: „christologische Leseanweisung"; U. WILCKENS, Komm., 21; J. ZUMSTEIN, Strategie, 352. U. SCHNELLE, Neutestamentliche Anthropologie, 134, spricht davon, daß der Prolog „als programmatischer Eröffnungstext das Verständnis des gesamten Evangeliums präjudiziert". Ders., Einleitung, 549: „Der Prolog hat die Funktion eines programmatischen Eröffnungstextes, er dient als Lektüreanweisung für die Leser, indem er das vom Evangelisten beabsichtigte Verstehen des Folgenden vorbereitet und prägt." Vgl. ders., Antidoketische Christologie, 246; ders., Komm., 10.30.44f.; S. SCHULZ, Komm., 14. In extensiver Weise hat M. THEOBALD, Fleischwerdung, 267-271.296-399.438-493, nachgewiesen, daß der Prolog als „Eröffnungstext", als „christologische Leseanweisung" zum Evangelium zu verstehen ist. Er bereitet - nach Ansicht des Autors - metareflex, d.h. als nachträglicher Kommentar, das Evangelium vor. Der Verf. zeigt die tiefgehende und umfangreiche Vernetzung des Evangeliums mit dem Prolog auf. J. ZUMSTEIN, Relecture, 401ff., weist auf den Relecture-Charakter des Prologs hin. Er dient als metareflexes Kontrollinstrument für die Schrift, als hermeneutischer Rahmen, innerhalb dessen die Erzählung gelesen werden soll.

[2] Vgl. dazu M. THEOBALD, Fleischwerdung, 335-337.

[3] παραλαμβάνειν ist gleichbedeutend mit λαμβάνειν, das in V12 mit dem πιστεύειν identifiziert wird (vgl. 3,11f.; 5,43f., sowie 3,32; 12,48 zum οὐ λαμβάνειν). Zur Verbindung von Glauben und Erkennen vgl. Vgl. R. BULTMANN, Theologie, 422ff.

[4] Vgl. Y. IBUKI, Wahrheit, 184f.; O. SCHWANKL, Metaphorik, 143. - Zum Offenbarungsverständnis des Johannesevangeliums vgl. G.R. O'DAY, Revelation, 33ff. Nach O'DAY hat der Erzähltext des Evangeliums eine konstitutive Rolle: „The 'how' of reve-

wichtige Funktion. Das Licht des Offenbarers wirkt erhellend (φαίνει). Es bringt die Finsternis „ans Licht" und legt so ihr Wesen als „Finsternis" offen.[5] Sünde kann mit Beginn des offenbarenden Wirkens des Lichtes nicht mehr verborgen bleiben, sondern muß ihr (Un)Wesen preisgeben. Dabei wird deutlich, daß *die Stellung zum Offenbarer* über Glaube und Gotteskindschaft (V12) einerseits sowie über Unglaube und Sünde andererseits entscheidet. „'Licht' und 'Finsternis' konstituieren sich angesichts der Offenbarung, so daß der joh. Dualismus im Gegensatz zu gnostischen Schriften keine protologische Bedeutung hat, sondern als eine Funktion der Christologie verstanden werden muß."[6] Durch die Offenbarung des Logos wird eine Scheidung zwischen dem im Unglauben verharrenden Kosmos und den Glaubenden vollzogen. „Der joh. Dualismus zwischen Gott und Welt besitzt somit keine ontologische Qualität, sondern resultiert aus der eschatologischen Offenbarung Gottes in Jesus Christus, die den Dualismus begründet und im Glauben zugleich dessen Überwindung ermöglicht."[7] Die Offenbarung durch das Licht macht zugleich deutlich, daß es für die Finsternis keinen von Gott gewollten Platz gibt. Nach V4 darf es die Finsternis gar nicht geben, da alle Menschen mit dem geschenkten Leben auch das Licht besaßen. Die Sünde kann daher kein Werk des Schöpfer-Logos sein.[8] Es gibt für sie keine „Erklärung", schon gar keine Rechtfertigung. Sie ist das Unmögliche im Sinne des Nicht-Gewollten. Sie kann nur als Widerspruch und Empörung gegen den Lebensspender zur Geltung kommen.

Der Evangelist präjudiziert demnach das im folgenden relevante Problem der Sünde bereits innerhalb des Prologs. Er trägt damit dem Charakter des Prologs als eines „programmatischen Eröffnungstextes" Rechnung.[9] Die Sünde ist kein Randthema, auf das der Evangelist nebenbei

---

lation is the narrative mode through which the Fourth Evangelist presents Jesus as revealer and communicates his theology of revelation" (46).

[5] O. SCHWANKL, a.a.O., 144: „Indem sich die Welt dem Wort versagt, dem sie sich als gelichtete verdankt, disqualifiziert und pervertiert sie sich eigentätig zur Finsternis."

[6] U. SCHNELLE, Antidoketische Christologie, 237; ders., Ekklesiologie, 38f., ders., Neutestamentliche Anthropologie, 151-153; ders., Komm., 23.35f., sowie C. DIETZFELBINGER, Abschied, 182-186; J. GNILKA, Christologie, 94-97, und T. ONUKI, Gemeinde und Welt, 41ff., stellen heraus, daß der johanneische Dualismus ein Instrument der Christologie ist. Er dient als Mittel der Konfliktbewältigung zwischen Gemeinde und Welt. An der Konstruktion und Ausbildung eines dualistisches Weltbildes ist Johannes nicht gelegen. Zum Problem des joh Dualismus vgl. weiter G. BERGMEIER, Glaube, 200-236; H. KOHLER, Kreuz, 137-139; W. TRÖGER, Ja oder Nein zur Welt, 61-80.

[7] U. SCHNELLE, Komm., 77.

[8] Vgl. L. SCHENKE, Komm., 26.

[9] Vgl. Anm. 1.

zurückkommt. Sie ist vielmehr von Anfang an im literarischen Verlauf des Evangeliums präsent, weil von Beginn an der Offenbarer mit der ungläubigen Welt konfrontiert wird. An der Stellung zum Offenbarer entscheidet sich das Schicksal des Menschen zum Heil oder Gericht (vgl. Joh 3,18.36; 5,24; 1.Joh 5,12). Insofern sprechen die VV11f., die programmatisch und thematisch den Aufbau des gesamten Evangeliums vorwegnehmen,[10] von der im folgenden ständig provozierten Glaubensentscheidung. „Bereits die Ablehnung (V.11) und die Aufnahme (V.12) des Logos strukturieren das gesamte folgende Erzählgeschehen, es geht um Glaube oder Unglaube."[11]

---

[10] Zu der in Joh 1,11f. angedeuteten Zweiteilung des Evangeliums in das öffentliche Wirken Jesu vor der Welt (Joh 1,19-12,50) und vor dem Kreis der Seinen bis hin zu den Erscheinungen des Auferstandenen (Joh 13,1-20,29) vgl. R. BULTMANN, Komm., 77; F.J. MOLONEY, Komm., 23f.; L. SCHENKE, Komm., 9-17; R. SCHNACKENBURG, Person, 259-263; A. WEISER, Theologie II, 154ff.; U. WILCKENS, Komm., 2. Zur literarischen Struktur des Johannesevangeliums vgl. ausführlich G. MLAKUZHYIL, Structure, 137-241. Der Verf. untergliedert: O. Christocentric Introduction (1,1-2,11 [2,1-11: bridge-pericope]); I. The Book of Jesus' Signs (2,1-12,50 [11,1-12,50: bridge-pericope]); II. The Book of Jesus' Hour (11,1-20,29); Z. Christocentric Conclusion (20,30-31); X. Appendix (21,1-25). Anders urteilt G. KORTING, Struktur, passim, der eine Dreiteilung ausmacht: (Introitus [1,1-18]); 1.Akt (1,19-6,71); 2.Akt (7,1-12,50); 3.Akt (13,1-21,25).

[11] U. SCHNELLE, Komm., 45.

3. Der Sündenbegriff in den Wundergeschichten Joh 5 und Joh 9

3.1. Die Texte der Wundergeschichten

Die durch R. Bultmann[1] und andere Exegeten vertretene Hypothese einer Semeiaquelle ist in den letzten Jahrzehnten zunehmend mehr kritisiert worden.[2] Aufgrund traditionsgeschichtlicher, literarkritischer, sprachlich-stilistischer, formgeschichtlicher und redaktionsgeschichtlicher Argumente konnten (im ganzen überzeugende) Einwände gegen die Existenz einer in sich kohärenten Wunderquelle vorgebracht werden.[3] Trotzdem

---

[1] Ders., Art. Johannesevangelium, ³RGG III, 842.

[2] Vgl. u.a. C.K. BARRETT, Komm., 36f.; K. BERGER, Theologiegeschichte, 659; ders., Hellenistische Gattungen, 1230f.; O. BETZ, Art. σημεῖον, EWNT III, 572f.; W.J. BITTNER, Jesu Zeichen, 2-14; ders., Art. Johannesevangelium, GBL III, 1101f.; ders., Art. Zeichen, GBL VI, 2669; K.M. BULL, Gemeinde, 87; D.A. CARSON, Gospel, 41ff.; J. GNILKA, Theologie, 227; A.T. HANSON, Gospel, 7-11; H.P. HEEKERENS, Zeichen-Quelle, passim (mit einer Variation: Nur Joh 2,1-11; 4,46-54; 21,1-14 gehören einer Zeichenquelle an, die literarisch sekundär in das Evangelium eingearbeitet wurde); M. HENGEL, Frage, 224ff., bes. 246f.; M. DE JONGE, Signs and Works, 117ff.; H. KOHLER, Kreuz, 85-124; M. LABAHN, Jesus, 67-76; D. MARGUERAT, source des signes, 69-93; F. NEIRYNCK, Signs Source, 651-678; J. PAINTER, Quest, 80-87; E. RUCKSTUHL/P. DSCHULNIGG, Stilkritik und Verfasserfrage, 213-215.238-241; W. SCHMITHALS, Johannesevangelium, 124-126; U. SCHNELLE, Antidoketische Christologie, 87-194; ders., Einleitung, 560ff.; S.S. SMALLEY, John, 102-108; G. STRECKER, Literaturgeschichte, 208; ders., Theologie, 480; H. THYEN, Art. Johannesevangelium, 207f.; F. VOUGA, Geschichte, 10; U. WILCKENS, Komm., 9f.; B. WITHERINGTON III, Komm., 9-11. - Zur Forschungsgeschichte der „Semeiaquelle" vgl. G. VAN BELLE, Signs Source, passim; R. KYSAR, The Fourth Evangelist, 13-37.

[3] Vgl. die kritischen Bemerkungen bei W.J. BITTNER, ebd., und U. SCHNELLE, Antidoketische Christologie, 168-182, die die wesentlichen Argumente systematisch bündeln: 1. Sprachlich und konzeptionell vom Evangelisten eingebrachte Zählung der Wunder in 2,11; 4,54 als Wunder in Kana (2,23; 4,45: Wunder in Jerusalem); 20,30f. als konzeptioneller Abschluß des Evangeliums; 2. Keine vom übrigen Evangelium abweichende Christologie in den Wundergeschichten (Einheit von Wunder und Doxa); 3. Heterogener traditions- und religionsgeschichtlicher Hintergrund der Wundergeschichten; 4. Einheitlicher Stil des Johannesevangeliums; 5. Das Fehlen formgeschichtlicher Parallelen zu einer Semeia-Quelle; 6. Planmäßige Verteilung der Wunder über das Evangelium (7-Zahl als Zahl der Fülle und Vollendung; Einbettung in die sich ständig steigernde Auseinandersetzung mit den „Juden"; Interne Steigerung: Speisungswunder - Heilungswun-

rechnet man im Blick auf die Wundergeschichten vielfach mit Traditionen, die Johannes aufgenommen hat. Synoptische Parallelversionen zu Joh 4,46-54, 6,1-15.16-21 sowie mit synoptischen Wundergeschichten verwandte joh Überlieferungen (vgl. Joh 5,1ff. mit Mk 2,1ff.; Joh 9,1ff. mit Mk 8,22ff./Mk 10,46ff.; Joh 11,1ff. mit Lk 7,11ff.) legen diese Annahme nahe. Die in Bultmanns Kommentar erhobenen unterscheidenden Stilmerkmale, die für die einzelnen literarischen Schichten typisch sein sollten, konnten für die Annahme einer mit Stringenz herauszulösenden *schriftlichen* Quelle keine hinreichende Grundlage bieten. Sie können aber durchaus Hinweise auf verschiedenes mündlich überliefertes Traditionsmaterial[4] gewähren, das im Evangelium aufgenommen und verarbeitet ist."[5]

An dieser Stelle sind die methodischen Beobachtungen von U. Schnelle zur johanneischen Literarkritik zu bedenken: „Ist aus methodologischen Überlegungen eine Literarkritik als Quellenkritik abzulehnen, die nicht nach der kompositionellen Einheit eines Buches und der ihr zugrunde liegenden theologischen Konzeption, sondern nach der vermuteten ursprünglichen Gestalt des Werkes, umfangreichen verarbeiteten Quellenschriften und sekundären Überarbeitungen fragt, so ist damit keineswegs eine Literarkritik abgewiesen, die unter der Prämisse der kompositionellen wie theologischen Einheit eines Werkes die vom Autor übernommenen Traditionen herausarbeitet."[6] Schnelle hält weiterhin fest: „Unterscheiden sich Texte erheblich vom Stil des Evangelisten Johannes, so ist dies zunächst nur ein Hinweis auf den möglichen Traditionscharakter der Texte. Was sich als vorjoh. Tradition erweist, ist nicht a priori Bestandteil einer 'Quelle'. Von einer zusammenhängenden 'Quelle' kann erst dann gesprochen werden, wenn die Texte einerseits joh. Stilmerkmale nicht aufweisen, andererseits aber *durchgängig* eigene Stilmerkmale nachweisbar sind" (173). Die Stilkritik zeigt, daß wohl der traditionelle Charakter von *Einzelperikopen*, nicht aber „die Existenz einer zusammenhängenden 'Semeia-Quelle'" bewiesen werden kann, „weil es einen vom Stil des Evangelisten einerseits abweichenden und andererseits in mehreren Perikopen der 'Semeia-Quelle' nachzuweisenden 'Stil' nicht gibt" (177).

---

der - Auferweckung); 7. Σημεῖον als zentraler Begriff des Evangelisten zur Bezeichnung des irdischen Offenbarungswirkens Jesu.

[4] Zur mündlichen Tradition im Joh vgl. ausführlich M. LABAHN, Jesus, 78-112, sowie M. REIN, Heilung, 166-283.284-293.

[5] Vgl. CHR. WELCK, Erzählte Zeichen, 12ff. u.ö.

[6] Antidoketische Christologie, 19. Schnelle bietet auf S.11-36 methodische Überlegungen gegen die durch eine extensive Literarkritik erhobenen Modelle verschiedener Schichten und Quellen, aufgrund derer man veränderte theologische Situationen und Prozesse innerhalb des vorliegenden Evangeliums zu erkennen glaubt. Vgl. auch die Forschungsberichte von K. WENGST, Bedrängte Gemeinde, 11-41, und K. SCHOLTISSEK, Wege, 264ff., zur literarischen Einheit des Johannesevangeliums, die umfangreiche Diskussion (mit Beurteilung der Forschungslage) bei M. HENGEL, Frage, 224-264, sowie jetzt U. SCHNELLE, Blick, 21-29.

Ist die Annahme einer in sich kohärenten „Semeiaquelle" im Johannesevangelium wohl problematisch, so bleibt dem Exegeten doch die Möglichkeit, redaktionelle Eingriffe des Evangelisten von den als Einzelperikopen überlieferten Wunderberichten abzuheben und einen Blick auf die
dem Evangelisten überlieferte Absicht der Berichte zu werfen. Neuere
Arbeiten haben zwar gezeigt, daß das Evangelium stilistisch, sprachlich
und kompositorisch eine Einheit bildet.[7] Dennoch wird man davon ausgehen können, daß - gerade auch im Fall der Wundergeschichten - sprachliche Eigenheiten der mündlichen Tradition durch die Aufnahme des Evangelisten nicht gänzlich ausgelöscht wurden. Wenn Wortfolgen und Formulierungen der mündlichen Überlieferung für den Literaten sinnvoll sind,
besteht kein Grund zur Änderung. Der 4. Evangelist hatte zur Umgestal-
tung keinen Anlaß, wenn das überlieferte Material seinen Ansprüchen ge-
nügte. Nur da, wo er die Tradition verdeutlichen oder interpretieren wollte, konnte er eigene Akzente setzen. Man muß also nicht davon ausgehen,
daß das überlieferte Material „stilistisch und theologisch *völlig* in den johanneischen Text eingeschmolzen" wurde, wie M. Hengel annimmt.[8]
Überliefertes Erzählgut ist in der Regel beharrlich („Tenazität") und hat
im Laufe der Weitergabe eigene Formen und Sprachmerkmale stabilisiert,
die sich im Gedächtnis der Literaten durchhalten konnten. Daher ist
durchaus damit zu rechnen, daß beim Übergang von mündlicher zu
schriftlicher Überlieferung vergleichbare oder gleiche Sprachbausteine,
Wortfolgen und Formulierungen verbleiben. Im Gedächtnis baut Sprache
ein Kontinuum vom Gehörten zum Text hin auf, so daß nicht nur Er-
zählstrukturen, Figuren und Motive einer Geschichte, sondern auch
sprachliche Bausteine, Worte und Wortfolgen aufbewahrt werden können.
Daher ist ein Rückschluß vom Text auf die Überlieferung möglich, und
das redaktionelle Gut des Evangelisten kann von der Überlieferung abgehoben werden.

---

[7] Vgl. E. RUCKSTUHL, Einheit, passim; ders./P. DSCHULNIGG, Stilkritik und Verfasserfrage, passim; E. SCHWEIZER, Ego Eimi, passim. Aus literaturwissenschaftlicher Sicht
argumentiert H. THYEN, Johannes-Evangelium, 112-132. Zur Problematik vgl. jetzt M.
HENGEL, Frage, 238-248, der den Stand der gegenwärtigen Forschung gut aufarbeitet,
sowie K. BERGER, Anfang, 21-29; J. HAINZ, Auffassungen, 164ff.; L. MORRIS, Gospel,
49-54; L. SCHENKE, Johannesevangelium, passim; ders., Komm., passim; W. SCHMIT-
HALS, Johannesevangelium, 137-139.192-196; F.G. UNTERGAßMAIR, Johannesevangelium, 95-97 (forschungsgeschichtlich).
[8] M. HENGEL, a.a.O., 246 (Hervorhebung R.M.); ähnlich C. BREYTENBACH, Problem, 55.

Die für die klassische Formgeschichte konstitutive Annahme eines Traditionskontinuums der Überlieferungsgeschichte wird heute vielfach bestritten (E. Güttgemanns, W.H. Kelber, K. Berger u.a.[9]). Man rechnet damit, daß Sprachmerkmale beim Übergang von mündlicher Überlieferung zur Verschriftlichung verloren gehen. Daher sei eine Rekonstruktion mündlicher Überlieferung aus dem vorhandenen Text eines literarischen Werkes unmöglich.[10] Diese Position verkennt jedoch, daß religiöse Texte in der Regel sorgfältig überliefert werden.[11] Die Traditionsgesetze von mündlichen und schriftlichen Überlieferungseinheiten überlappen.[12] Frühchristliche Texte wurden für Verlesung und Gehör niedergeschrieben. Das geschriebene Wort blieb auf die Oralität bezogen (vgl. Apk 1,3). Im schriftlichen Text mußte demnach Oralität wiedererkannt werden. Diese Wiedererkennbarkeit verweist auf die Stabilität und Kontinuität zwischen Oralität und Schriftlichkeit.[13] Im Gedächtnis wird Sprache kontinuierlich und stabil. Prägnante Formulierungen bleiben im Überlieferungsprozeß beibehalten. Das sieht man z.B. daran, daß Kinder darauf bestehen, Märchen und Geschichten in der gleichen Wortwahl zu hören, die sie seit längerem aus dem Gedächtnis kennen. Das Gedächtnis legt Wert auf Wiedererkennung, die durch je neue Formulierungen gerade nicht gewährt werden kann. Im Bereich der synoptischen Überlieferung ist das Mk und Q gemeinsame Material zu vergleichen. Es weist trotz klarer Unterschiede in der literarischen Gestalt, die durch eine verschiedene Entwicklung entstanden sein können, auch erhebliche sprachliche Gemeinsamkeiten auf (vgl. Mk 1,7f. mit Mt 3,11/Lk 3,16; Mk 3,22-27 mit Mt 12,22-30/Lk 11,14-15.17-23), die sich nicht durch eine literarische Verbindung zwischen Mk und Q, sondern eher durch eine Stabilität einzelner Worte und Wendungen in der mündlichen und z.t. in schriftlichen Teilsammlungen ausgebildeten Überlieferung erklären lassen.[14] Schließlich zeigt die Überlieferungsterminologie bei Paulus (παραδίδωμι: 1.Kor 11,2.23; 15,3), daß mündliche Tradition getreu wiedergegeben werden konnte.

Die Schwierigkeit bei der Ausgrenzung von Tradition und Redaktion im Johannesevangelium besteht darin, daß im Unterschied zu den Synoptikern für Johannes Parallelüberlieferungen fast völlig fehlen, so daß die Vergleichsmöglichkeiten beschränkt sind. „Dennoch sind auch bei Johannes die Mittel einer begrenzten Literarkritik anwendbar, um den Traditionsstoff und seine redaktionelle Bearbeitung zu unterscheiden: Formale und theologische Spannungen, Widersprüche, Risse und Brüche im

---

[9] Vgl. auch C. BREYTENBACH, Problem, 47-58; W. SCHMITHALS, Ursprung, 288-316; J. SCHRÖTER, Erinnerung, 40-59; G. SELLIN, Gattung, 311-331 (318). Für SCHMITHALS ist der Ursprung der Evangelientradition sogar grundsätzlich literarisch. Vgl. dagegen M. LABAHN, Jesus, 87-89; G. STRECKER, Schriftlichkeit, 159-172.

[10] So C. BREYTENBACH, ebd.

[11] Vgl. M. LABAHN, Jesus, 92.

[12] Vgl. dazu G. STRECKER, a.a.O., 164f.

[13] Vgl. dazu im einzelnen M. LABAHN, Jesus, 89-99.

[14] Eine literarische Verbindung zwischen Mk und Q (vgl. H.T. FLEDDERMANN) wird heute in der Regel abgelehnt (vgl. I. BROER, Einleitung, 65-68; R. LAUFEN, Doppelüberlieferungen, 59-77; U. SCHNELLE, Einleitung, 231; J. SCHÜLING, Studien, 179-187). Nach J. SCHÜLING, a.a.O., 208-212, können einzelne Spruchkomplexe der Mk und Q gemeinsamen Tradition schon vor der Niederschrift in Mk oder Q in Teilsammlungen schriftlich ausgebildet worden sein.

Satzbau und Handlungsablauf, fehlender Kontextbezug und unterschiedlicher Sprachgebrauch erlauben ebenso den Rückschluß auf Redaktion und Tradition wie form-, traditions- und religionsgeschichtliche Beobachtungen.“[15] Dabei ist aber ein methodisches Kriterium zu beachten: Eine prinzipielle Kritik an den überlieferten Wundergeschichten ist nicht erkennbar.[16] Der Evangelist nimmt *bewußt* Tradition auf (vgl. Joh 20,30f.). Sie bildet einen wesentlichen Bestandteil seines Evangeliums.[17] Er kann sich nur dann *gegen* die Tradition aussprechen, wenn dies durch adversative oder negierende Elemente deutlich zu erkennen ist. Andernfalls geht er *mit* der Tradition.[18] Erklärende Bemerkungen wie die in Joh 9,7 (s.u.) bestäti-

---

[15] U. SCHNELLE, Antidoketische Christologie, 85. Nicht nur textliche Ungereimtheiten, sondern auch joh Kompositionstechniken wie Festreiseschema, geographischer Wechsel zwischen Galiläa und Jerusalem, Bildung längerer Dialoge und Monologe, Wiederholungen, Kommentarworte, Mißverständnisse, Überleitungen und Vor- und Rückgriffe sind für die Bestimmung von Tradition und Redaktion von Belang. Vgl. dazu M. LABAHN, Jesus, 101-109.

[16] Des öfteren wird auf eine angebliche Spannung zwischen der Theologie des 4. Evangelisten und den überlieferten Wundergeschichten verwiesen. Diese Spannung wird u.a. als Begründung für die Existenz der 'Semeia-Quelle' angeführt (vgl. J. BECKER, Komm. I, 134ff.; R.T. FORTNA, Gospel, 16f.; W. NICOL, Semeia, 27-30; H. RIEDL, Zeichen, 314; J. RINKE, Kerygma, 260ff.316f.; S. SCHULZ, Stunde, 312-314.346-352; ders., Komm., 8). Nach N. WALTER, Auslegung, 93-107, gibt es keine sachliche Verbindung zwischen traditionellem Semeion und dem joh Selbstzeugnis in Form der Ich-bin-Worte. Die Überlieferung sei nur äußerer Anlaß für Jesu Selbstzeugnis, auf das es dem Evangelisten allein ankommt. Das Wunder habe für Johannes keine glaubensbegründende Funktion. Glaube aufgrund der Wundertat sei defizitärer Glaube. Johannes kritisiert jedoch nicht das Wunder an sich, sondern die Forderung nach Wundern (vgl. Joh 2,18; 4,48; 6,30; 7,3-5; dazu U. SCHNELLE, Antidoketische Christologie, 182ff.; ders., Komm., 14f.; K. BERGER, Anfang, 167-169). Für den 4. Evangelisten haben die Wunder Jesu Offenbarungscharakter. Er hätte leicht auf die Rezeption der Wunderüberlieferungen verzichten können, wenn sie ihm theologisch suspekt gewesen wären. Jesu Doxa bezeugt sich nicht neben, sondern *in* dem Wunder. Daher besteht eine innere sachliche Verbindung zwischen Semeion und Doxa Jesu. Vgl. dazu M. LABAHN, Jesus, 494ff.; U. SCHNELLE, a.a.O., sowie W. BITTNER-SCHWOB, Art. Zeichen, GBL VI, 2669.

[17] Vgl. U. SCHNELLE, Schule, 207: „Wenn Johannes 19 Zitate aus den (sic!) Alten Testament mit charakteristischen Einleitungsformeln und Änderungen, ein Logoslied, zahlreiche Wundergeschichten und Reden Jesu in der Gattung Evangelium neu präsentiert, synoptische Texte variiert und paulinische Gedanken rezipiert, kann der Erkenntnisgewinn des Johannesevangeliums nur sachgemäß unter Einbeziehung seiner Vorgeschichte erfaßt werden.“

[18] „Bereits der Vorgang des Tradierens ist ja Ausdruck des Respektes gegenüber dem Tradierten!“ (A. DETTWILER, Gegenwart, 47) „Warum sollte der Evangelist Traditionen aufgenommen haben, die seiner eigenen Theologie widersprachen? Der Hinweis auf die Überlieferungstreue vermag diese naheliegende Frage nicht zu beantworten, denn Johannes traf eine Auswahl aus dem ihm vorliegenden Material (vgl. Joh 20,30f.; R.M.), so daß er seiner Theologie zuwiderlaufende Traditionen nicht aufzunehmen brauchte“

gen eher die Tradition als daß sie sie kritisieren. Auch über die Tradition hinausgehende Deutungen wie Joh 9,39-41 (s.u.) wollen nicht primär abgrenzend, sondern additiv verstanden werden. Freilich setzen Additiva zugleich neue Akzente, die zeigen, daß Johannes auch über die Tradition hinaus denkt. Insofern findet zugleich eine implizite Auseinandersetzung mit der Tradition statt.[19] Die vorliegende Arbeit wird im Fall von Joh 5 und Joh 9 zeigen, daß das Sündenverständnis des Evangelisten von dem traditionell alttestamentlich-jüdischen Sündenverständnis, wie es durch die Pharisäer in Joh 9 vertreten wird, abzuheben ist. Zugleich geht der Evangelist gegenüber der vorjohanneischen Wundertradition von Joh 5 und Joh 9 eigene Wege, indem er sich auch von dem ihr eigenen, alttestamentlich-jüdischer Tradition konformen Sündenverständnis abgrenzt. Während er aber gegen das durch die Pharisäer vertretene Sündenverständnis polemisiert, indem er das Wesen der Sünde anhand des Rechtsstreites Jesu mit der ungläubigen Welt aufzeigt, nimmt er das Anliegen der Tradition auf, die in Jesus den vollmächtigen, von Gott legitimierten Wundertäter erkennt. Die den Textuntersuchungen vorangehenden literarkritischen Überlegungen sollen die notwendige Vorarbeit leisten, um Tradition und Redaktion voneinander abzugrenzen und dadurch einen Zugang zum joh Sündenverständnis zu ermöglichen.

Die folgenden literarkritischen Überlegungen können nur im begrenzten Maß durchgeführt werden. Dabei wird im Blick auf die Redaktion auf theologische Leitbegriffe und -motive sowie auf Sprach- und Stilmerkmale des Evangelisten geachtet. Die vielfältigen kleineren, mehr unauffälligen johanneischen Sprachmerkmale, die über das ganze Evangelium verteilt sind, können nicht in vollem Umfang berücksichtigt werden. Sie sind bei E. Ruckstuhl/P. Dschulnigg, Stilkritik und Verfasserfrage, passim, ausführlich zusammengestellt und untersucht worden. Die Verf. zählen insgesamt 153 solcher Stilmerkmale (63-162). Ein Teil von ihnen ist auch in die johanneische Rezeption der Tradition eingeflossen. Zu ihnen zählen z.B. ἦν δέ/ἦσαν δέ + unmittelbar folgendes Hauptwort als Satzgegenstand (Joh 5,5.9c; 9,14 u.ö.), ἀπεκρίθη (ὁ) Ἰησοῦς (andere Namen) zur Einleitung direkter Rede (Joh 5,7; 9,3.11.25.27 u.ö.), das οὖν narrativum (Joh 5,10.19; 9,7c.10a.16.17.18.20.24.25.26 u.ö.) oder das Asyndeton epicum (Joh 5,7.12.15; 9,3.9.

(U. SCHNELLE, Antidoketische Christologie, 85). Vgl. ähnlich auch R.E. BROWN, Community, 28; M. REIN, Heilung, 286; CHR. WELCK, Erzählte Zeichen, 36; K. WENGST, Bedrängte Gemeinde, 39-41.

[19] Vgl. J. ZUMSTEIN, Geschichte, 426 Anm. 40: „Der schwache Punkt der klassischen literarkritischen Analysen besteht darin, daß Textstufen zwar voneinander unterschieden werden, ohne jedoch die sie verbindenden Interaktionen hervorzuheben. Es sollte aber berücksichtigt werden, daß die Rezeption einer Tradition sowohl ihre konsequente und übereinstimmende Übernahme als auch gleichzeitig ihre Weiterinterpretation - und damit eine gewisse Verlagerung - miteinschließt.“

13.27.30.34.35.40 u.ö.). Sie zeigen, daß der Evangelist die (mündliche) Tradition hier und da in sein sprachliches Kleid eingebettet hat.

3.2. Die Heilung des Lahmen: Joh 5,1-18

3.2.1. Tradition und Redaktion

Joh 5 kann in drei Teile untergliedert werden: Heilung (VV1-9a); Dialog (VV9b-18); Rede (VV19-47).[20] Heilung und Dialog bilden den Abschnitt Joh 5,1-18,[21] der aus einer Wundergeschichte (5,2-9b) und mehreren, jüdische Rechtspraxis widerspiegelnden Gesprächsszenen (V10-13.14.15f. 17f.),[22] an der die jüdischen Autoritäten, der Geheilte und Jesus beteiligt sind, zusammengesetzt ist.[23]

V1 ist redaktionelle Überleitung durch den Evangelisten, der ähnlich wie in 2,13 Jesu Weg nach Jerusalem durch ein Fest begründet (vgl. 6,4; 7,2).[24] Der Ortswechsel bereitet den Leser auf die Einführung einer neuen Szene vor (vgl. 2,12.13; 3,22; 4,3f.46; 6,1; 7,1; 11,1ff.).

Eine alte Wundergeschichte mit den typischen Elementen eines Wunderberichts liegt in *Joh 5,2-9b* vor (vgl. Mk 2,1-12 parr).[25] Der Gebrauch

---

[20] Vgl. G.R. BEASLEY-MURRAY, John, 73-79; J. BEUTLER, Martyria, 254; M. LABAHN, Spurensuche, 159-163; D.A. LEE, Symbolic Narratives, 100-104; B. LINDARS, Gospel, 206; J.C. THOMAS, Stop sinning, 4; B. WITHERINGTON III, Komm., 134. G. MLAKUZHYIL, Structure, 117f., erkennt ein Muster: „Action-Dialogue-Discourse", das auch woanders auszumachen ist (Joh 2,23-3,21 und 3,22-36 sowie 13,1-11.12-38; 14,1-17,26).

[21] Literatur zu Joh 5,1-18 siehe bei J. BECKER, Komm. I, 276; U. SCHNELLE, Komm., 101.

[22] Vgl. dazu D. SCHIRMER, Rechtsgeschichtliche Untersuchungen, 145-152, der in dem Abschnitt 5,10-16 jüdische Rechtspraktiken wie Verwarnung, Verhör, Anzeigeerstattung und gerichtliche Verfolgung wiederfindet.

[23] Zur narrativen Struktur von Joh 5,1-18 vgl. R.A. CULPEPPER, John 5,1-18, 193-207; L.P. JONES, Symbol, 124f.

[24] Vgl. R. BULTMANN, Komm., 179; R.A. CULPEPPER, John 5,1-18, 196; R.T. FORTNA, Gospel, 49; ders., The Fourth Gospel, 115f.; J. FRÜHWALD-KÖNIG, Tempel, 145; M. LABAHN, Spurensuche, 164; ders., Jesus, 220f.; U. SCHNELLE, Antidoketische Christologie, 110; S. SCHULZ, Komm., 83. Das Fest spielt weder für das Wunder noch für die Konfliktgestaltung eine Rolle. Distanzierend wirkt die joh Wendung „(das) Fest der Juden" (vgl. 6,4; 7,2). μετὰ ταῦτα (τοῦτο) (vgl. 2,12; 3,22; 5,14; 6,1; 7,1; 11,7.11; 19,38; 21,1) dient der szenischen Überleitung (R.A. CULPEPPER, ebd.; G. MLAKUZHYIL, Structure, 101f.; J.C. THOMAS, Stop sinning, 4).

[25] Vgl. hierzu C.H. DODD, Tradition, 174-180; R.T. FORTNA, The Fourth Gospel, 113ff.; J. FRÜHWALD-KÖNIG, Tempel, 144ff.; S. SCHULZ, a.a.O., 82f. - R.T. FORTNA, Gospel, 53; E. HAENCHEN, Probleme, 107f.; M. LABAHN, Spurensuche, 167; S. PANCARO, Law, 10-12, und L.T. WITKAMP, Traditions, 21, zählen V14, M. KOTILA,

von ἔχειν mit Zeitbestimmung im Akkusativ (V5.6) ist im NT auf das Johannesevangelium beschränkt (vgl. 8,57; 9,21.23; 11,17), so daß die Zeitangabe sprachlich den Evangelisten zu erkennen gibt.[26] Auch das Motiv des wunderbaren (Vorher-)Wissens um die Krankheitsdauer in V6b geht auf Johannes zurück. Es entspricht joh Theologie (vgl. 1,47f.; 2,24f.; 4,16-18.29; 6,6; 12,32f.; 15,15a; 18,4 u.ö.; vgl. 16,30).[27] Beide Verse sind aber mit der Schilderung des Wundervorganges untrennbar verbunden, so daß sie wohl ähnlich schon in der Tradition gestanden haben.

VV9c-16 tragen erst nachträglich den Sabbatkonflikt ein. Ein Tradent der dem Evangelisten vorliegenden Wundergeschichte wird die ursprünglich vom Sabbatkonflikt freie Wundererzählung durch V9c-16 erweitert haben.[28] Mk 2,1-12 belegt, daß eine Wundergeschichte zu einer Konfliktgeschichte erweitert werden konnte. Eine entsprechende Parallele findet sich in Kap. 9 (s.u.). Die Sprache des Abschnittes ist an einigen Stellen vom sonstigen Sprachgebrauch des Evangelisten abweichend.[29] Auch

---

Zeuge, 13f., V14f. zum ursprünglichen Abschluß der Wundergeschichte. Dies dürfte aber kaum wahrscheinlich sein. Vgl. Anm. 28.

[26] R.T. FORTNA, The Fourth Gospel, 114.116; M. LABAHN, Spurensuche, 165; ders., Jesus, 227; U. SCHNELLE, Antidoketische Christologie, 111; ders., Komm., 102.

[27] R.A. CULPEPPER, John 5,1-18, 203; R.T. FORTNA, ebd.; J. FRÜHWALD-KÖNIG, Tempel, 154; M. LABAHN, Spurensuche, 166; ders., Jesus, 230; R. SCHNACKENBURG, Komm. II, 120f.; U. SCHNELLE, Komm., 102; J.C. THOMAS, Stop sinning, 8f.

[28] V16 ist formaler Abschluß der Szene V10ff. Die literarische Ebene des Gespräches wird verlassen und reflektierend aus der Sicht des Tradenten auf die Verfolgung Jesu mit der Begründung des Sabbatbruches zurückgeblickt. V17f. schließt dagegen situationslos an (s. Anm. 31). - Einige Exegeten weisen den Abschnitt V9c-16 bereits dem Evangelisten zu: R.T. FORTNA, Gospel, 48-54 (V14 traditionell); ders., The Fourth Gospel, 115ff.; E. HAENCHEN, Komm., 270ff.; J.L. MARTYN, History, 69 (V9b-15); W. NICOL, Semeia, 32; J. PAINTER, Quest, 177.180f. (VV9c-16 machen die Wundergeschichte zu einer „rejection story"); S. PANCARO, Law, 11.12-14 (V9c-13); R. SCHNACKENBURG, Komm. II, 117f.122ff.; U. SCHNELLE, Antidoketische Christologie, 108-114; ders., Komm., 104f.; S. SCHULZ, Komm., 82f. Das Sabbatthema spielt aber in der vom Evangelisten gestalteten Rede (5,19-47) keine Rolle mehr. Es wird daher schon traditionell sein (vgl. M. LABAHN, Spurensuche, 167-176[168]; ders., Jesus, 243ff.). - Ursprünglich wird die Wundergeschichte 5,2-9b mit der Demonstration des Wunders geendet haben (V9b; vgl. 9,7fin; Mk 1,44f.; 7,35; 10,52), denn die in 5,9c-16 geschilderte Reaktion der jüdischen Autoritäten darauf wird erst aufgrund des (nachklappenden) Sabbathinweises V9c und des damit verstandenen Sabbatbruches als die „Juden" provozierender Akt sinnvoll.

[29] Das dreimalige „die Juden" (V10.15.16) weist auf den Evangelisten, gleichfalls das betonte ἐκεῖνος V11 (vgl. 1,8.18; 2,21; 5,11.19; 6,29; 9,37; 12,48; 15,26; 16,8.13; 1.Joh 2,6; 3,5.7.16; „Jn uses it often to express emphasis, or to mark out clearly the person who is the main subjekt of the sentence..." J.H. BERNARD, Komm., 9; vgl. 649f. zum joh Gebrauch im einzelnen), das οὖν narrativum V10 sowie die Wendung μετὰ ταῦτα V14 (vgl. 3,22; 5,1; 7,1; 11,11; 19,28; 21,1). Ansonsten sind die sprachlichen Momente

nimmt Johannes in VV19ff. keinen Bezug auf das Sabbatproblem, das Johannes offenbar nur als Überleitung zur folgenden Auseinandersetzung um die gottgleiche Rolle Jesu dient (V17f.19ff.). - In *V16* hat der Evangelist sprachlich eingegriffen. Einerseits weist der Begriff „die Juden" auf seine Feder (vgl. auch 5,1.10.15.18), zum anderen deutet die Imperfektform ἐδίωκον ([„verfolgen" noch in 15,20] vgl. ἐποίει, ἐζήτουν V18) auf den für den Evangelisten typischen dauerhaften Konflikt Jesu mit den „Juden" als Repräsentanten der Welt hin (vgl. 7,30.44 [Imperfekta]; sachlich auch Kap. 8; 15,18ff.).[30]

V17f. ist deutlich dem Evangelisten zuzurechnen. Beide Verse schließen situationslos an das Vorangehende an[31] und leiten zur folgenden Rede über (V19ff.).[32] Mit Hilfe des Sabbatmotivs wird der Anschluß nach vorn geschaffen; das Motiv der Wirkeinheit von Vater und Sohn (V17b.18c) greift nach hinten aus (VV19-30).[33] Der Evangelist begründet die - das erste Mal explizit genannte - Tötungsabsicht der „Juden" (vgl. 7,1.19.20. 25.30.32.44; 8,20.37.40; 10,31.32. 33.39; 11,8.53.57; 12,10; 18,31; 19,7) nicht nur mit dem Sabbatbruch Jesu, sondern mit dem vermeintlich blasphemischen Anspruch der Gottgleichheit Jesu (vgl. 10,31ff.; 19,7). Er benutzt die traditionelle Erzählung von der Heilung des Gelähmten als Überleitung zur folgenden Rede. „In der Machttat wird sichtbar, was die

---

traditionell: „gesund" V.6.9.11.14.15 begegnet nur noch 7,23; „geheilt" V10 ist hapax legomenon; gleichfalls „Bett" (V8.9.10.11.12[v.l.]) und „entfernen" (V13).

[30] Vgl. R. BULTMANN, Komm., 182; CHR. WELCK, Erzählte Zeichen, 153. J.H. BERNARD, Komm., 235, deutet die Imperfekta von 5,16.18 ingressiv: „they *began to persecute* Him" etc. (Hervorhebung J.H.B.). Dann wäre allerdings eher der (ingressive) Aorist zu erwarten gewesen. Vgl. B.-D.-R. § 331.

[31] Das Treffen Jesu mit den „Juden" (V17f.) wirkt nach dem Erzählende in V16 situationslos. Wo und wann Jesus so spricht, bleibt offen (vgl. J. BECKER, Komm. I, 280). Zudem spielen Sabbatkonflikt und Krankenheilung der Wundergeschichte in V19ff. keine Rolle mehr. V17f. hat also deutlich Überleitungsfunktion. Dafür spricht schließlich, daß V18 (Tötungsabsicht der „Juden") im jetzigen Zusammenhang wie eine um das mit V17 aufgenommene Motiv (Wirkeinheit von Vater und Sohn) erweiterte Wiederholung von V16 (Verfolgung Jesu durch die „Juden") klingt. Schließlich ist V17f. sprachlich und thematisch johanneisch (vgl. M. LABAHN, Spurensuche, 171.177; ders., Jesus, 248f.).

[32] R.A. CULPEPPER, John 5,1-18, 202.

[33] Vgl. dazu J. PAINTER, Quest, 187ff. Das Motiv der Wirkeinheit von Vater und Sohn ist typisch johanneisch (vgl. 10,31ff.; 14,6f.8ff.; 17,20ff. u.ö.) Gleiches gilt von der ἔργον, ἐργάζεσθαι-Terminologie. Vgl. dazu J.T. FORESTELL, Word, 49ff.; R. HEILIGENTHAL, Art. ἔργον, EWNT II, 124f.; TH. KNÖPPLER, Theologia crucis, 174-183; J. RIEDL, Heilswerk, passim, zu 5,17: 189-197; J. RINKE, Kerygma, 125ff.; U. SCHNELLE, Antidoketische Christologie, 161-167; W. THÜSING, Erhöhung, 50-75; W. WILKENS, Zeichen, 83-88.

christologische Rede ausführt: Jesu Einheit mit dem Vater, seine Doxa, seine Macht über Leben und Tod, Gegenwart und Zukunft.“[34] Darüber hinaus hat die Erzählung eine dramaturgische Funktion im Kontext des Johannesevangeliums. Sie dient als Einführung zu dem Teil des Evangeliums, in dem der Konflikt mit den „Juden" sich steigert (Joh 5-12). Joh 5,1-18 (V18) führt die Gründe für die jüdische Feindschaft gegen Jesus ein und bestimmt die Rolle der jüdischen Autoritäten als Gegenspieler Jesu.[35]

Die Entstehung von Joh 5,1-18 hat sich also m.E. in drei Stufen vollzogen: Eine alte Wundergeschichte aus der Sondertradition (5,2-9b) ist von einem vorjoh Tradenten durch die Szene vom Sabbatkonflikt erweitert worden (5,9c-16). Der Evangelist hat diese Überlieferung seinerseits erweitert (5,1.17f.) und sprachlich bearbeitet (5,5f.16).[36]

Die joh Wundergeschichte ist in einigen Zügen mit Mk 2,1-12 verwandt (vgl. Joh 5,8 mit Mk 2,9.11; die seltene Vokabel für „Bett"; die Beurteilung der Krankheit als Folge der Sünde [Joh 5,14; Mk 2,5])[37], ansonsten jedoch eigenständig. Sie findet an einem Teich in Jerusalem, nicht in Galiläa statt. Der Gang über das Dach spielt in Joh 5 keine Rolle. Da der Evangelist Mk kannte (vgl. Teil 4.1.), wird man davon ausgehen können, daß er Mk 2,1-12 im Gedächtnis präsent hatte, als er Joh 5,1ff. niederschrieb.[38] So erklären sich die genannten Gemeinsamkeiten. Weil es ihm jedoch nicht um Sündenvergebung ging (vgl. Teil 3.2.4.), sondern um das vollmächtige Wirken Jesu in Einheit mit dem Vater (vgl. Joh 5,17f.19ff.), wie es in der Heilung des Gelähmten am Sabbat deutlich wird, hat er die Überlieferung zu Bethesda im ganzen der markinischen Überlieferung, die er gelegentlich berücksichtigt, vorgezogen. Nach dem in Joh 20,30f. genannten Ziel der Evangelienschreibung ließ sich der Evangelist in der Auswahl des Markusstoffes und anderer Quellen von seinen Interessen leiten. Mk 2,1ff. konnte ihm mit der Zuspitzung auf die Vergebungsthematik (vgl. V.5.6.10) als *direkte* Vorlage wenig hilfreich sein (vgl. Teil 3.2.4.).

---

[34] U. SCHNELLE, Komm., 103.

[35] Vgl. dazu R.A. CULPEPPER, John 5,1-18, 196f.

[36] Ein ähnliches dreistufiges Entwicklungsmodell vertritt M. LABAHN, Spurensuche, 159-179; ders. Jesus, 213-264. Den Abschluß des Sabbatkonfliktes erkennt er in Joh 7,21-24.

[37] Vgl. dazu P. BORGEN, John, 423-432; R.E. BROWN, Komm. I, 208f.; C.H. DODD, Tradition, 174-180; I. DUNDERBERG, Johannes, 108-124; M. LABAHN, Jesus, 236-239; R. SCHNACKENBURG, Komm. II, 121f.

[38] Vgl. F. NEIRYNCK, John, 442-447, und J. FRÜHWALD-KÖNIG, 149-153.161, die mit einer doppelten Beeinflussung durch die Jerusalemer Wundertradition und Mk 2,1-12 (und 2,23-3,6) rechnen.

Der kurze Überblick über die traditionelle Zusammensetzung des Stückes läßt für unseren Zusammenhang zwei Schlußfolgerungen zu: 1. „Wie Joh 2,1-11 stammt diese nicht ausdrücklich als σημεῖον bezeichnete Wundergeschichte aus einer joh. Sondertradition. In einer völlig undualistischen Terminologie und Denkweise wird Jesus als großer Wundertäter dargestellt, der von sich aus Machttaten vollbringt. Es gibt keinen Hinweis darauf, daß diese Geschichte Bestandteil einer joh. 'Quelle' war, schon gar nicht das siebente und letzte Wunder einer 'Semeia-Quelle', wie R. Fortna meint."[39] 2. Der für unsere Frage interessante V14, der den Zusammenhang zwischen Sünde und Krankheit festhält, ist bis auf μετὰ ταῦτα der Tradition zuzurechnen (vgl. 9,2f.34). Die in 5,14b (vgl. 9,2) vorausgesetzte Fragerichtung nach dem Verhältnis von Krankheit und Sünde wird in 9,3 durch den Evangelisten im Blick auf das Ziel der Wirksamkeit Gottes im Wundertäter überboten (vgl. 2,11; 11,4.40).

3.2.2. Das Sündenverständnis der Tradition Joh 5,2-16

3.2.2.1. Die Funktion von Joh 5,14 im Kontext von Joh 5,9c-16

Nach der oben gegeben Analyse kann man davon ausgehen, daß Johannes ein traditioneller Wunderbericht vorgelegen hat, der bis V16 reichte. Daß Wunderberichte und Streitgespräche schon auf einer vorjoh Stufe zusammengewachsen sein können, zeigt die mit Joh 5 verwandte synoptische Parallele Mk 2,1-12parr (s.o.). Insofern kann man davon ausgehen, daß Johannes nicht nur reine Wunderberichte, sondern auch damit verbundene Gespräche überliefert worden sind (vgl. auch zu 9,1-34).[40] Das Sabbatproblem, von dem in Joh 5,2-9b noch keine Rede war, wird nachgetragen (V9c.10.16; vgl. auch 9,14.16).[41]

Der Sabbatkonflikt Joh 5,9c-16 untergliedert sich in vier Szenen: VV9c-13 schildern das Verhör des Geheilten durch die jüdischen Autoritäten. In V14 trifft Jesus den Geheilten im Tempel. V15 beschreibt den Weggang des Geheilten zu den „Juden" und dessen Bericht über Jesus. V16 beschließt aus der Sicht des Erzählers: Jesus wird verfolgt. Die Szene V14 unterscheidet sich von den beiden anderen Szenen insofern, als sie nicht die jüdischen Autoritäten und den Geheilten, sondern wie Joh 5,5-9a

---

[39] U. SCHNELLE, Antidoketische Christologie, 113f.

[40] Verschiedene sprachliche Verbindungen zwischen V2-9b und V9c-16 (vgl. ὑγιής V9.11.14; ἄνϑρωπος V5.9.12.15; V8b.10fin.11c.12c; κράβαττος V8.9.10.11) weisen auf einen konstanten Textzusammenhang hin.

[41] In den synoptischen Heilungsgeschichten wird das Sabbatmotiv dagegen zu *Beginn* genannt (Mk 3,2; Lk, 13,10; 14,1)!

Jesus und den Geheilten als Gesprächspartner hat.[42] Jesus ist wie in V6 der Handelnde. Offensichtlich soll V14 als Überleitung dienen.[43] Da der Geheilte noch in V13 nicht wußte, wer ihn geheilt hat, in V15 diese Kenntnis aber vorausgesetzt wird, muß er von der in V14 berichteten Begegnung dieses Wissen bekommen haben, auch wenn dies nicht extra erwähnt wird.[44] So ergibt sich ein sinnvoller Geschehensablauf.[45] Ausgangspunkt ist die Heilung (5,2-9b). Mit der in 5,9c nachklappenden Bemerkung, daß das Wunder am Sabbat geschah, wird der Konflikt der jüdischen Autoritäten mit dem Geheilten motiviert (5,10-12). V13 begründet aus der Sicht des Erzählers, warum der Geheilte keine Kenntnis von der Identität des Heilers hat. Nachdem Jesus (!) ihn im Tempel angetroffen hat (V14), kann der Geheilte die Identität des Heilers bei den „Juden" anzeigen (V15). V16 begründet abschließend, warum die „Juden" Jesus verfolgen. Der reflektierende Charakter dieses Verses aus der Sicht des Erzählers (καὶ διὰ τοῦτο κτλ.) indiziert, daß eine Pointe vorliegt: Die Heilung Jesu ist gesetzeswidrig, sein Handeln damit der Verfolgung durch die Gesetzesvertreter ausgesetzt.[46] Die gesamte Szenerie ist durch die Steigerung des Konfliktes zwischen den jüdischen Autoritäten, dem Geheilten und Jesus bestimmt. Die Sabbatverletzung (V9c.10.16) setzt den Konflikt in Gang und treibt ihn voran, so daß die Verfolgung Jesu (V16) notwendige Konsequenz ist.

Die Beurteilung der Krankheit als Folge der Sünde ist ein Motiv, das sich in einer ähnlichen Wundergeschichte bei Mk wiederfindet (vgl. Mk 2,5parr). V14 wird also schon Bestandteil der dem Evangelisten überlieferten Wundergeschichte gewesen sein. Johannes hat in Kap. 5 und Kap. 9 zwei im vorliegenden Textzusammenhang nahestehende Wunderge-

---

[42] Zur Szenerie von Joh 5,1-18 vgl. R.A. CULPEPPER, John 5,1-18, 200f. CULPEPPER macht auf die Technik der paarweisen Charaktere aufmerksam: 1. Jesus und der Gelähmte (V5-9a); 2. die „Juden" und der Geheilte (V10-13); 3. Jesus und der Geheilte (V14); 4. der Geheilte und die „Juden" (V15); 5. Jesus und die „Juden" (V16-18). Vgl. weiter L. SCHENKE, Komm., 96f.

[43] Vgl. R. BULTMANN, Komm., 182; E. HAENCHEN, Probleme, 108.

[44] Mit der Anrede: ἴδε ὑγιὴς γέγονας wird der Geheilte freilich auf den Heiler verwiesen, der ihm - wenn auch nicht namentlich - bereits bekannt ist (V8f.11). Insofern stellt V14b eine Brücke zu V8f.11 her (s.u.).

[45] Vgl. CHR. WELCK, Erzählte Zeichen, 150.

[46] Ähnlich mündet auch Joh 9 (9,1-34) in den Bericht einer negativen Reaktion der jüdischen Autoritäten. Sie richtet sich gegen den Geheilten. Im Unterschied zu Joh 5 aber spielt die in der Sicht der Gesetzesvertreter vorhandene Sünde des Geheilten eine für die Ausgrenzung bestimmende Rolle. Auch sonst ist in Joh 9 das Problem der Sünde für den Verlauf der Gesprächsgänge wesentlich stärker bestimmend als in Joh 5 (vgl. Joh 9,2f.16.24f.34).

schichten ähnlichen Charakters überliefert.[47] Als Parallelen sind u.a. zu nennen: die Ergänzung eines Wunderberichtes durch Dialogszenen; die Wundertat als Ausgangspunkt für den Konflikt mit den „Juden"; die Lokalisierung an einem Teich Jerusalems; der Sabbatkonflikt; die Frage der jüdischen Autoritäten nach der Identität des Wunderheilers[48]; eine zweite Begegnung Jesu mit dem Geheilten. Im Unterschied zu Joh 9 aber wird das Thema „Sünde und Krankheit" in Kap. 5 nicht weiter bedacht. Anders als in Joh 5 hat das Problem des Verhältnisses von Sünde und Krankheit in der Wundergeschichte Joh 9 eine unmittelbare Anbindung (vgl. 9,2f.34). Auch die Problematik der Sünde der Beteiligten ist in Joh 9 viel stärker akzentuiert (vgl. V2f.16.24f.31-33; vgl. V41) als in Joh 5. Während der Evangelist in Kap. 9 also einen hinreichenden Anlaß hatte, das Problem der Sünde zu bedenken (vgl. V2f.: Frage der Jünger nach der Sünde des Kranken; V16.24: Vorwurf der Sünde Jesu), um es schließlich in V39-41 auf das grundsätzliche Problem der als Blindheit charakterisierten Sünde der „Juden" hin zu entwerfen, dient der Tradition Joh 5,14 als überleitender Vers, um die Kunde von der Identität des Wunderheilers zu ermöglichen (V15) und den Konflikt zwischen Jesus und Judenschaft auf die Spitze zu treiben (V16). Im folgenden Redeteil wird Johannes auch nicht den Sabbatbruch thematisieren, der den Vorwurf der Sünde Jesu in Kap. 9 motivierte, sondern die Verteidigung des Anspruchs Jesu, in Einheit mit dem Vater zu wirken (vgl. 5,19ff. in Rückbezug auf 5,17f.!).

Zum anderen ist zu bedenken: Während der Bericht von Joh 5,14a (Auffindung des Geheilten im Tempel) die für den weiteren Verlauf der Handlung notwendige Begegnung Jesu mit dem Geheilten festhält, hat das in V14b überlieferte Wort Jesu eine für die Identifizierung Jesu konstitutive Funktion. Sieht man den Zusammenhang eines von Jesus gegebenen Vollmachtswortes in V8 mit V14b, dann legt sich die Schlußfolgerung nahe, daß V14b dazu dient, dem Geheilten die Identifizierung Jesu zu erleichtern (zu ermöglichen), denn einerseits wird mit der Anrede: ἴδε ὑγιὴς γέγονας auf das in V9 berichtete Ergebnis der Heilung durch Jesus verwiesen, zum anderen hat Jesus den Kranken mit einem *vollmächtigen* Wort geheilt (V8f.); mit einem *vollmächtigen* Wort nimmt er ihn weiterhin

---

[47] Zum Vergleich von Joh 5 und Joh 9 vgl. R.A. CULPEPPER, Anatomy, 139f.; M. HASITSCHKA, Befreiung, 337-339; E.C. HOSKYNS, Komm., 360-362; M. LABAHN, Jesus, 374-377; D.A. LEE, Symbolic Narratives, 105-107; M. REIN, Heilung, 221-230; M.W.G. STIBBE, Komm., 104f.; J.L. STALEY, Stumbling in the Dark, 55-80 (58). R.A. CULPEPPER, ebd., erkennt Joh 5 als spiegelbildliches Gegenstück zu Joh 9.

[48] Der Geheilte soll jeweils Auskunft geben: τίς ἐστιν ὁ ἄνθρωπος κτλ. (5,12); ποῦ ἐστιν ἐκεῖνος; (9,12).

in die Pflicht (μηκέτι ἁμάρτανε κτλ. V14b), so daß sich der Geheilte an das in V8f. geschehene Ereignis erinnern kann (vgl. die Wiederaufnahme von V8f. in V11.12fin.).

Demnach kann der Sinn von V14 im Blick auf den Traditionszusammenhang bestimmt werden: Der Vers hat eine überleitende Funktion (V15f.). Seine Aufgabe besteht darin, den Geheilten mit Hilfe des Vollmachtswortes an das in V8f. berichtete Geschehen zu erinnern, um die Identifizierung Jesu zu erleichtern, die Anzeige an die jüdischen Autoritäten sowie ihre Verfolgungstätigkeit zu motivieren. Er dient damit der Verschärfung des Konfliktes zwischen Jesus und seinen Gegnern. Die Warnung vor der Sünde hat für den Fortgang des Berichtes keine konstitutive Funktion. Der Konflikt spitzt sich geradlinig auf die in V16 berichtete Verfolgungstätigkeit der Gegner zu, und die Auseinandersetzung Jesu mit ihnen bestimmt die folgende Rede (V17f.19ff.). Das Schicksal des Geheilten bleibt offen. Er dient nur der Zusammenführung Jesu mit seinen Gegnern. „Für Johannes ist der Geheilte Mittel zum Zweck und Statist in der sich verschärfenden Auseinandersetzung Jesu mit den Juden."[49] Dagegen hat der Geheilte in Kap. 9 dramaturgisch die Funktion, den Widerspruch zwischen Jesus und seinen Gegnern zu verschärfen. Der Verlauf der Gesprächsszenen von Kap. 9 zeigt, daß dort die Sündenproblematik zum Konflikt erhoben wird und in V39-41 abschließend einer grundsätzlichen Klärung zugeführt wird. In Kap. 5 ist dies aus den angegebenen Gründen nicht der Fall. Der Vers Joh 5,14 ist daher auf der traditionellen Ebene von dem Sündenbegriff des Evangelisten, der das Verhältnis zwischen Offenbarer und ungläubiger Welt bedenkt (s.u.), abzuheben. Es ist der in der Tradition vorgegebene Zusammenhang von Sünde und Unheil (vgl. auch Lk 13,1-5), der hier wie in Joh 9,2f.34 begegnet.[50] Johannes selbst hat diesen Zusammenhang aus der Tradition übernommen, zugleich aber auch - wie 9,3 zeigt - gesprengt, indem er die Heilung nicht mehr auf dem Hintergrund des vermeintlichen Zusammenhangs von Krankheit und

---

[49] U. SCHNELLE, Antidoketische Christologie, 113. Vgl. ähnlich S. SCHULZ, Komm., 84; CHR. WELCK, Erzählte Zeichen, 150: „Der Geheilte selbst spielt (dabei) mehr eine Nebenrolle, *seine* Reaktion auf die Heilung wird nicht eigens thematisiert (vgl. dagegen den Blindgeborenen Kap. 9!), sondern die der Öffentlichkeit ('die Juden', s. VV.9b.15. 16)."

[50] Außer in der handschriftlich sekundären Perikope (Joh 8,11) kommt das Verb ἁμαρτάνω nur in 5,14 und 9,2-3 vor. Beide Male erscheint es im Zusammenhang mit dem Problem der Krankheit als Folge der Sünde!

Sünde, sondern als zeichenhaftes Wunder der Offenbarungswirklichkeit Gottes deutet (vgl. 1,14; 2,11; 11,4.40).[51]

3.2.2.2. Die Bedeutung von χεῖρόν τι in Joh 5,14

Der Inhalt der mit χεῖρόν τι anvisierten Unheilsfolge einer erneuten Sünde wird nicht genannt. Insofern gibt es in der Exegese auch die unterschiedlichsten Deutungen. Klar ist vom Zusammenhang des Wunderberichts in Joh 5,2-9c, daß dieses Unheil die ohnehin schon hyperbolisch geschilderte 38jährige Krankheit des inzwischen Geheilten übertreffen muß. Insofern könnte man geneigt sein, an den (leiblichen) Tod als Strafe der Sünde zu denken (vgl. Gen 2,17; 3,19; ApcBar[syr] 54,15; Lk 13,1-5; Apg 5,1-6; Röm 1,32; 5,12ff.; 6,23).[52] Einen Schritt weiter geht die Deutung auf die (eschatologische) Verdammung im Gericht (vgl. PsSal 3,13: ἡ ἀπώλεια τοῦ ἁμαρτωλοῦ εἰς τὸν αἰῶνα), den Verlust des wahren, bleibenden Lebens bei Gott (vgl. Joh 12,25), die sich im Kontext auf Joh 5,24.29 stützt.[53] Aber der Traditionskomplex Joh 5,2-16 - und um den geht es hier - hebt auf die Beziehung zwischen Sünde und Tod (vgl. Joh 8,21.24) bzw. Sünde, Tod und Gericht (vgl. erst Joh 5,24.29) nicht explizit ab. Im Blick auf die synchrone Interpretation des Johannesevangeliums werden diese Bezüge freilich zu berücksichtigen sein (s.u.).

Eine andere Auslegung bemerkt den Kontrast zu Joh 9,35f.: Im Gegensatz zu dem Blindgeborenen in Kap. 9 wird der Geheilte in Kap. 5

---

[51] Zu dem in 1,14; 2,11; 11,4.40 auf das irdische Wirken Jesu bezogenen Doxa-Begriff vgl. W. THÜSING, Erhöhung, 226-233. Zum Verständnis der Zeichen-Wunder als auf Glauben (vgl. 2,11; 12,37; 20,30) angelegte Demonstration und Offenbarung der göttlichen Doxa Jesu vgl. M.M. THOMPSON, Humanity, 53-86; W. WILKENS, Zeichen, 30-54.

[52] So W. GRUNDMANN, Art. ἁμαρτάνω κτλ. F. Die Sünde im NT, 310; TH. KNÖPPLER, Theologia crucis, 78; H. V. LIPS, Anthropologie, 305; A. SCHLATTER, Johannes, 145; A. STIMPFLE, Rein, 116; S. V. TILBORG, Love, 218. Nach Schabb. 55a gibt es keinen Tod ohne Sünde (s. STR.-BILL. I, 495). Vgl. weiter die Belege bei G. STÄHLIN/W. GRUNDMANN, ἁμαρτάνω κτλ. C. Der Sündenbegriff im Judentum, ThWNT I, 294f.

[53] C.K. BARRETT, Komm., 271; G.R. BEASLEY-MURRAY, John, 74; J. FRÜHWALD-KÖNIG, Tempel, 157f.; J. GNILKA, Komm., 40; A. HAMMES, Ruf, 179 Anm. 10; N. LAZURE, Valeurs, 292f.; F.J. MOLONEY, Komm., 173; L. MORRIS, Gospel, 272; H. RIDDERBOS, Komm., 189; L. SCHENKE, Komm., 101; R. SCHNACKENBURG, Komm. II, 123; J.C. THOMAS, Stop sinning, 17; CHR. WELCK, Erzählte Zeichen, 153f.; U. WILCKENS, Komm., 114f. Mit der ersten Deutung ist diese freilich verwandt, insofern der Tod in jüdisch-christlicher Tradition als Strafe im Gericht gilt. Eine sinnbildliche Auslegung bietet E. HIRSCH, Evangelium, 156-158, der den Kranken als Verkörperung des gesetzesgebundenen Judentums versteht, das Jesus aus der Gesetzesknechtschaft befreien will. An dieses ergeht die Warnung, sich durch Scheidung von Jesus dem Gericht auszusetzen (V14). Vgl. kritisch dazu E. HAENCHEN, Komm., 284.

nicht zu einem Glaubensbekenntnis geführt. Er steht in Gefahr, Denunziant zu werden (5,11.15; vgl. 11,46.57). Er wird deshalb gewarnt, nicht *dieser* Sünde anheimzufallen.[54] Gegen diese Auslegung spricht aber, daß die in V15 berichtete Anzeige Jesu bei den jüdischen Autoritäten für den Geheilten keine schlimmen Konsequenzen hat.[55] Auch ist die Frage, ob Denunziantentum schlimmer als eine 38jährige Krankheit sei, nur von bestimmten ethischen Maßstäben aus zu beantworten, die in der Geschichte selbst keinen Anhaltspunkt haben.[56]

So bleibt als einzige Lösung nur die, daß das größere Unheil auf eine erneute Krankheit abhebt. Man muß nicht darüber nachdenken, welche Krankheit noch schlimmer als die erste sein kann. Denn für einen gerade von schwerer und langwieriger Krankheit Geheilten kann ein noch größeres Unglück als das vorherige nur ein erneuter Rückfall sein, der jegliche, gerade neu gewonnene Hoffnung und Lebensfreude zerstören würde.[57] Eine Bestätigung dieser Deutung bietet die in der Spruchquelle überlieferte Perikope von der Rückkehr des unreinen Geistes (Mt 12,43-45par Lk 11,24-26). Gerade der Rückfall des scheinbar Geheilten in eine vermeintlich schon ausgetriebene Besessenheit bewirkt ein größeres Unheil als zuvor. Nicht nur die religionsphänomenologisch verwandten Erschei-

---

[54] L.P. JONES, Symbol, 131; J.L. MARTYN, History, 71; A. STIMPFLE, Rein, 116. Ähnlich wohl auch U. SCHNELLE, Komm., 104: Jesus warne vor einer Leugnung der (von Gott zuteil gewordenen) Heilung.

[55] Vgl. C.K. BARRETT, Komm., 271. Nicht überzeugend ist die Auslegung von W.O. FITCH, The Interpretation of St. John 5,6, StEv 4 (1968), 195f., der die Krankheit des Gelähmten psychologisch deutet: Die Warnung Jesu in V14 bedeute, daß der Geheilte nicht mehr in seine alte Unschlüssigkeit verfallen soll. Die Entschlußfähigkeit des Geheilten spielt im Textzusammenhang jedoch keine Rolle.

[56] Im Blick auf die synchrone Interpretation von V14 ist das Anliegen dieser Deutung freilich zu berücksichtigen, da sich im denunzierenden Verhalten des Geheilten der Unglaube zu erkennen gibt, vor dem der Evangelist warnt (s. Teil 3.2.3.). An dieser Stelle geht es aber nur um das Verständnis der Tradition, das von der joh Interpretation (zunächst) abzuheben ist.

[57] Daß der kranke Mensch am Teich Bethesda vor seiner Heilung ohne Hoffnung war, müssen nicht allgemeine psychologische Erwägungen bestätigen, sondern legt sich am Text selbst durch die in V7 ausgedrückte Hilflosigkeit des Kranken nahe. „Wenn gesagt wird, daß der Gelähmte bereits 38 Jahre an seiner Krankheit leidet und daß er keinen Helfer hat, dann tritt damit ein ganzes Lebensschicksal samt erlebter Enttäuschungen in den Blick" (H. V. LIPS, Anthropologie, 304; ähnlich L. SCHENKE, Komm., 99). Für das vergleichbare Schicksal der Blinden stellt W. SCHRAGE, Art. τυφλός κτλ., ThWNT VIII, 282, fest: „Auch im Judt war man der Meinung, daß es 'keinen größeren Kummer u keine größeren u schwereren Leiden' gibt als blinde Augen Midr Ps 146,5 z 146,8. Man vergleicht den Blinden mit einem Toten, um sein trauriges Geschick in seiner ganzen Härte deutlich zu machen bNed 64b."

nungen von Krankheit und Besessenheit[58] bestätigen die Nähe zueinander, sondern auch die Konsequenzen. Die Rückkehr des Dämons mit sieben weiteren Dämonen schafft größeres Unheil als das vorige (Mt 12,45par: πνεύματα πονηρότερα ... καὶ γίνεται τὰ ἔσχατα τοῦ ἀνϑρώπου ἐκείνου χείρονα τῶν πρώτων). Ging es „vielleicht ursprünglich um eine exorzistische Volksweisheit, um eine 'dämonologische' Formulierung der Erfahrung, daß jeder Rückfall in eine Krankheit schlimmer ist als ihre erste Phase"[59], dann ist deutlich, daß dieser Sachverhalt gerade auf Joh 5,14 zutrifft. Bemerkenswert ist der zwischen Joh und Mt/Lk parallel auftretende Komparativ χεῖρον/χείρονα, der sprachlich die Nähe zu Joh 5,14 bestätigt. Vergleichbar ist in diesem Zusammenhang auch Mk 5,25f. Im Verlauf der Zeit hat sich die Krankheit der blutflüssigen Frau verschlimmert. Die Hilfe von Ärzten und der Verkauf ihres Besitzes blieben nutzlos, „ἀλλὰ μᾶλλον εἰς τὸ χεῖρον ἐλϑοῦσα". Beachtenswert ist auch hier das Auftreten des Komparativs χεῖρον im Zusammenhang der Erwähnung einer sich verschlimmernden Krankheit.

Jesus warnt also in Joh 5,14 vor der Konsequenz eines erneuten Rückfalls in Krankheit. Was genau mit dem Befehl μηκέτι ἁμάρτανε (vgl. Joh 8,11) gemeint ist, wird nicht gesagt. Von einer (bestimmten) sündigen Handlung oder Haltung des Kranken ist in der Wundergeschichte (5,2-9b) nicht die Rede,[60] so daß der Befehl Jesu keine Anbindung an diese hat. Die einzige vermeintliche „Sünde", die in Joh 5,2-16 erwähnt wird, ist der Bruch des Sabbats, der das Verhalten Jesu und des Geheilten in den Augen der „Juden" als Gesetzesbruch bestimmt (V10.16).[61] Aber wegen dieses Gesetzesbruches stehen beide gemeinsam als Angeklagte vor den jüdischen Rechtsgelehrten, so daß eine solche „Sünde" in V14 nicht gemeint sein kann.[62] Im Unterschied zu den synoptischen Streitgesprächen (vgl.

---

[58] Vgl. Mk 5,1-20; Mt 9,32; 12,22; Lk 9,37-43 und D.H. TRAPNELL/W. BITTNER-SCHWOB, Art. Krankheit, GBL III, 1293.

[59] U. LUZ, Mt II, 281f. zur Stelle. Vgl. auch die arabischen Sprichwörter bei R. BULTMANN, GST, 177.

[60] Daß der Kranke vor seiner Heilung gesündigt hat, ist allenfalls implizit gesagt (vgl. μηκέτι). Das Problem spielt in Joh 5,2-16 im Unterschied zu Joh 9,2f.34 keine Rolle. Unverständnis, mangelnder Glaube oder gar Unglaube des Kranken ist V7 nicht zu entnehmen (gegen J. BOGART, Perfectionism, 53; S. V. TILBORG, Love, 215f.).

[61] Nach Schab 7,2 gehörte das Tragen aus einem Bereich in einen anderen zu den 39 Hauptarbeiten, die am Sabbat verboten waren (vgl. STR.-BILL. II, 454-461). Zum Sabbatproblem im Johannesevangelium vgl. A.E. HARVEY, Jesus, 67-77.

[62] S. V. TILBORG, Love, 217f., deutet V14 in diesem Sinn: Jesus ermahnt den Geheilten, nicht länger das Bett zu tragen und so das Gesetz zu brechen, um der Todesstrafe zu entgehen. Er beabsichtigt, den Geheilten zu schützen und schließt ihn deshalb in seine Liebe ein. Diese Deutung ist jedoch wenig überzeugend. Jesus hätte den Gelähmten

Mk 2,23-28; 3,1-6parr) wird weder in Joh 5 noch in Joh 9 über die Legitimität des Sabbatbruches gestritten.[63] Jesus geht darauf nicht ein. Als - jedoch nachträglicher - Interpretationskontext bietet sich die handschriftlich später bezeugte Perikope von der Ehebrecherin an (Joh 7,53-8,11).[64] Die sprachlich gleich formulierte Aufforderung des Unterlassens der Sünde (8,11) bezieht sich vom Kontext her auf die Einhaltung der gesetzlichen Ehevorschriften (vgl. Ex 20,14; Lev 20,10; Dtn 22,22). Da eine konkrete Sünde des Kranken in Joh 5 nicht genannt wird, scheint Jesus allgemein auf die Einhaltung des *Gesetzes* und die Erfüllung des Gotteswillens (vgl. Mt 5,17-19; 23,3a) abzuheben, denn der von Gott erhörte Gerechte erweist seine Distanz zur Sünde gerade darin, daß er gottesfürchtig ist und den Willen Gottes tut (vgl. 9,31!).

Die mit der Tradition dem Evangelisten übermittelten Belege Joh 5,14; 9,16.24f.31 sind formal darin parallel, daß sie auf das Verhalten des *einzelnen* Sünders (Begriffe: ἁμαρτωλός, μηκέτι ἁμάρτανε) abheben. Als Kontext ist die Orientierung am *Gesetz* ersichtlich (s.u. zu Joh 9).[65] Die überwiegende Mehrzahl der dem Evangelisten eigenen Belege aber benennt mit dem Nomen ἁμαρτία die Grundsünde der dem Offenbarer sich verschließenden ungläubigen Welt (1,29; 8,21.24.34; 9,39-41; 15,22.24; 16,8f.; 20,23).[66] Der in den Belegen mit traditionellem Hintergrund erkennbare Kontext des Gesetzes wird durch den Evangelisten selbst nicht weitergeführt. Das Gesetz ist für ihn

---

zuerst zum Gesetzesbruch aufgefordert, indem er ihm den Befehl gab, sein Bett (am Sabbat) zu tragen, und hätte ihn so den Nachstellungen der Gesetzeshüter ausgesetzt, dann aber zum Schutz des Geheilten vor Bestrafung durch das Gesetz seinen Befehl wieder rückgängig gemacht. Das gibt keinen Sinn. Jesu in Liebe gegründeter Rat zum Schutz des Geheilten stieße zudem auf wenig liebevolle Resonanz: Der Geheilte verrät Jesus (V15).

[63] Richtig R. BULTMANN, Art. Johannesevangelium, ³RGG III, 845, im Blick auf Joh 5 und Joh 9: „Hier geht es nicht um die Frage, wieweit das Sabbatgebot für den Menschen Gültigkeit hat und wie es (durch das Liebesgebot) begrenzt ist, sondern um die Vollmacht Jesu als des Offenbarers."

[64] Da die Perikope von der Ehebrecherin (Joh 7,53-8,11) nicht zum ursprünglichen Bestand des Johannesevangeliums gehört (vgl. Teil 1. Anm. 69), könnte sie für eine Kontextinterpretation von Joh 5,14 nur bedingt herangezogen werden. Wahrscheinlich ist jedoch, daß Joh 8,11 sprachlich in Anlehnung an Joh 5,14 gebildet worden ist. Dann ist aber auch nicht auszuschließen, daß der Verf. der Perikope von der Ehebrecherin Joh 5,14 recht verstanden hat. M. HASITSCHKA, Befreiung, 176 Anm. 4, meint aufgrund der Parallele 5,14 und 8,11: „Der Einschub 7,53-8,11 ist zumindest bewußt im Geist des Evangeliums geschehen."

[65] Vgl. hierzu grundlegend S. PANCARO, Law, 9-52.

[66] S. PANCARO, a.a.O., 12 Anm. 21, bemerkt zu Recht, daß das Verb ἁμαρτάνειν nur in den durch die Tradition übermittelten Textzusammenhängen begegnet (5,1-9b.14; 9,1-7; vgl. 7,53-8,11). Johannes bevorzugt das Substantiv. Die Wendung μηκέτι ἁμάρτανε ist daher keine joh Spracheigentümlichkeit im engeren Sinn (gegen U. SCHNELLE, Komm., 152).

nicht mehr Maßstab der Beurteilung des Wirkens Jesu, sondern „nur" noch sein Zeuge (1,45; 5,39.46; vgl. 1,17).

3.2.3. Joh 5,14 im Kontext des Johannesevangeliums

Die bisherige Analyse hat nach dem Verständnis von Joh 5,14 im Blick auf die dem Evangelisten überlieferte Szene Joh 5,2-16 gefragt. Es hat sich gezeigt, daß der Vers der Verschärfung des Konfliktes zwischen Jesus und den jüdischen Autoritäten dient. Der Sündenbegriff ist am Gesetz orientiert. Es stellt sich nun die Frage, in welcher Weise der Evangelist V14 verstanden hat. Dabei ist zunächst festzuhalten, daß der Evangelist in V14 bis auf μετὰ ταῦτα nicht sprachlich oder thematisch eingegriffen hat. Die engere Textoberfläche läßt keine Stilisierung oder Prägung durch den Evangelisten erkennen. Zu fragen ist aber, ob nicht der Kontext des 4. Evangeliums, d.h. also die synchrone Ebene, Rückschlüsse auf ein bestimmtes *johanneisches* Sündenverständnis, das sich reflex auch in 5,14 spiegelt, zuläßt. Dies ist vor allem dann anzunehmen, wenn man davon ausgeht, daß der Evangelist Johannes ein Theologe von konsequenter Gestaltungskraft war. Der gesamte Text des Evangeliums ist „unmittelbarer Ausdruck eines imposanten theologischen Aussage- und Gestaltungswillens"[67]. Demnach hat Johannes die einzelnen Teile des Evangeliums so konzipiert, daß jedes Teil das Ganze erhellt, und das Ganze wiederum Licht wirft auf das Verständnis der einzelnen Teile. Bedenkt man dies im Blick auf das joh Sündenverständnis, so sind die übrigen, durch den theologisch valenten Begriff ἁμαρτία gekennzeichneten Belege zu berücksichtigen, in denen der Unglaube der „Welt" gegenüber dem Offenbarer zum Ausdruck kommt (1,29; 8,21.24.34; 9,39-41; 15,22.24; 16,8f.; 19,11; 20,23). Daß diese Berücksichtigung der Kontextbelege sachgerecht ist, zeigt die sich an die Heilung anschließende Offenbarungsrede Jesu (5,19-30.31-47), in der Jesus die Legitimität seines Offenbarungsanspruches, in Einheit mit dem Vater zu wirken, begründet. Zugleich kommen die für das joh Sündenverständnis konstitutiven Momente von Glaube, Unglaube, Gericht, Tod und (ewiges) Leben in einer prägnanten Dichte zum tragen. Aus dieser Perspektive ist noch einmal nach dem Verständnis von Joh 5,14 aus Sicht der synchronen Ebene des Evangeliums zu fragen.

Die oben bereits erwähnte Deutung der Wendung χεῖρόν τι auf den Tod als Strafe der Sünde erhält ihre Berechtigung. Nach Joh 8,21.24 bewirkt der Unglaube gegenüber Jesus den Tod, d.h. das mit dem Gericht beschlossene Urteil, in dem die rettende ζωή verwirkt ist (vgl. Joh 3,19-

---

[67] U. SCHNELLE, Perspektiven, 61; ders., Blick, 24.

21.36; 9,39-41; 16,8-11). Genau diese Perspektive ist durch Joh 5,24-26. 29 (vgl. V39f.) benannt: Der Glaube gegenüber dem Gesandten verbürgt die ζωή, während der Unglaube dem Gericht und Tod ausliefert (vgl. Joh 3,18.36; 6,33.35.40.47.48.51; 8,51; 11,25f.; 17,3; 20,31; 1.Joh 3,14f.; 5,13). Der Evangelist warnt demnach auf synchroner Ebene mit den Worten Jesu vor dem im Unglauben erwirkten Tod als Straffolge der Sünde.[68] Der Geheilte erhält dadurch eine über die Szene hinausgehende repräsentative Funktion. Er symbolisiert den Ἰουδαῖος, der in der Sünde des Unglaubens verharrt (vgl. V38.40) und das in dem Auftrag μηκέτι ἁμάρτανε gewährte Angebot der ζωή nicht ergreift. In prophetischer Erkenntnis sieht der joh Jesus den Unglauben des Geheilten: μηκέτι ἁμάρτανε warnt daher vor dem, was in V15 deutlich wird.[69] Der Unglaube des Geheilten offenbart sich in der Denunziation Jesu vor den „Juden" (V15),[70] die es jenen erlaubt, Jesus durch Verfolgung und Tötungsbeschluß nachzustellen (V16.17f.). In dieser Weise dient der Geheilte den Jesus feindlichen „Juden"; er stellt sich ihnen gleich. Weder er noch sie haben erkannt, daß sich in Jesus der Vater offenbart (V19ff.) und in ihm die Wahrheit zur Geltung kommt (V33). Der textexterne Leser[71] erhält somit die Einsicht, daß Jesus vor Unglaube und Tod als Folge der Sünde warnt. Der Evangelist fordert mit den Worten Jesu dazu auf, der sich in Jesus offenbarenden ζωή anzuvertrauen, um dem Gericht (χεῖρόν τι), das der Sohn in der Vollmacht des Vaters hält (vgl. 5,22.27.29), zu entgehen.

Umstritten ist die Deutung von V15. In der Regel verweist man auf die verdächtig anmutende Reaktion des Geheilten: Er verrät Jesus an die „Juden".[72] Er gibt sich daher als Denunziant zu erkennen. Andere Ausleger deuten dagegen das ἀναγγέλλειν positiv als Verkündigungs- und Bekenntnisakt des Geheilten.[73] Man weist auf einen entsprechenden

---

[68] Die Deutung auf den Tod als Strafe der Sünde legt sich nahe, wenn man die in V5 angegebene Dauer der Krankheit (38 Jahre) in symbolischer Art mit den 38 Jahren der Wüstenwanderung Israels in Verbindung bringt (s.u.).

[69] Vgl. R. KYSAR, John, 78; D.A. LEE, Symbolic Narratives, 110.

[70] Zu dieser Deutung von V15 vgl. den folgenden Exkurs.

[71] Zur textexternen, leserorientierten Pragmatik des Johannesevangeliums vgl. L. SCHENKE, Christologie, 445ff.; U. SCHNELLE, Komm., 20-25.

[72] So R. BULTMANN, Komm., 182; R.A. CULPEPPER, John 5,1-18, 204f.; ders., Anatomy, 137f.194; R.T. FORTNA, The Fourth Gospel, 115; E.C. HOSKYNS, Komm., 266; L.P. JONES, Symbol, 131f.; R. KYSAR, John, 78; D.A. LEE, Symbolic Narratives, 106.110.117; J.L. MARTYN, History, 71; F.J. MOLONEY, Komm., 169.173; L. MORRIS, Gospel, 273; J. PAINTER, Quest, 184; L. SCHENKE, Komm., 97.101; M.W.G. STIBBE, Komm., 75; W. WILKENS, Zeichen, 40.

[73] D.R. BECK, Paradigm, 88-90; I. DE LA POTTERIE, Vérité, 445ff.; J.C. THOMAS, Stop sinning, 18; S. V. TILBORG, Love, 218f.; unentschieden E. LEIDIG, Jesu Gespräch, 208f. Eine „vermittelnde" Auslegung hebt auf die Naivität, Unvollkommenheit oder

positiven Gebrauch in Joh 4,25; 16,13-15; 16,25 (v.l.) hin. ἀναγγέλλειν wäre daher auch in 5,15 im Sinne des Offenbarmachens der Heilswirksamkeit Jesu durch den Geheilten zu verstehen. „From this point of view this is a proclamation, a confession of faith, because he now knows who Jesus is."[74] Gegen diese Deutung sprechen jedoch einige Indizien. ἀναγγέλειν ist zwar an den genannten übrigen Belegen im Joh positiv im Sinne der Offenbarung einer Heilswirklichkeit gebraucht, jedoch sind diese Belege anders zu beurteilen als Joh 5,15, denn dort ist Subjekt des ἀναγγέλλειν im Unterschied zu 5,15 immer ein eschatologischer Heilsmittler (Messias, Geist, Jesus). Grundbedeutung von ἀναγγέλλειν ist „melden", „mitteilen" bzw. „berichten".[75] Erst im spezifisch christlichen Verkündigungskontext erhält das Verb die Funktion, „das Heilsgeschehen als Gegenstand des Evangeliums"[76] zu benennen. Das ist aber in Joh 5,15 nicht der Fall. Ein Glaubensbekenntnis wie Joh 4,42; 9,(35-)38; 20,28 mit christologischen Hoheitstiteln, die die Heilsfunktion Jesu beschreiben, enthält das Wort des Geheilten nicht. Auch eine Verkündigung des in Jesus mitgeteilten Heils wie das Zeugnis des Geheilten in Joh 9,17.31-33 bietet der Gelähmte nicht. Im Unterschied zu diesem kommt der Geheilte in Joh 9 zum Glauben (s.u.)![77] Joh 5,15 ist daher kein Glaubensbekenntnis eines von Jesus erwählten Menschen,[78] sondern eine Mitteilung der Identität Jesu, die vor den „Juden" zur Anzeige wird.[79] In einer Lage, in der der Geheilte um seine eigene Sicherheit bangen muß, gibt er Jesus preis.[80] Sein ἀπέρχεσθαι ist ähnlich defizitär wie das der Jünger in Joh 6,66f.[81] Er erweist sich als Denunziant: „Jesus" - betont und einfach genannt (ohne christologischen Hoheitstitel) - ist es, der ihn gesund gemacht hat. Aufgrund dieser Identifizierung Jesu sind die Gesetzeshüter in der Lage, die Verfolgung des Gesetzesbrechers aufzunehmen (V16: διὰ τοῦτο schließt begründend an V15 an).

Gleichgültigkeit des Gelähmten ab (R.E. BROWN, Komm. I, 209; D.A. CARSON, Gospel, 246; A. HAMMES, Ruf, 179 Anm. 11; E. KRAFFT, Personen, 21f.; J.L. STALEY, Stumbling in the Dark, 63f.).

[74] S. V. TILBORG, a.a.O., 219. Diese Interpretation versteht den Gelähmten als Repräsentanten des Glaubens. So z.B. auch O. CULLMANN, Urchristentum, 84-88, und N. LAZURE, Valeurs, 292-295, für die Joh 5,14 als christliche Katechese über die Heiligung (wie Röm 6,6) auszulegen ist: Der Geheilte typisiert den Christen, der die Herrschaft des Todes hinter sich gelassen hat, zum Leben gekommen ist und nun aufgefordert wird, nicht wieder in die Sünde zurückzufallen. Diese Auslegung ist jedoch wenig überzeugend. Katechetische Aspekte bietet der Text nicht.

[75] BAUER-ALAND, Art. ἀναγγέλλω, 100; I. BROER, Art. ἀγγέλλω κτλ., EWNT I, 30f.

[76] I. BROER, a.a.O., 30. Broer unterscheidet einen gefüllten und einen verblaßten Gebrauch des Verbs ἀγγέλλειν mit seinen Komposita. Vgl. auch M. LABAHN, Jesus, 234.

[77] Vgl. M. LABAHN, Jesus, 247f.; E. LEIDIG, Jesu Gespräch, 210f.221f.

[78] S. V. TILBORG, Love, 219: „The paralytic is the first man to be selected by Jesus himself." - Wohl kaum!

[79] BAUER-ALAND, Art. ἀναγγέλλω 2.: „Anzeigen an d(ie) Behörde".

[80] Richtig L. MORRIS, Gospel, 273 Anm. 37: „Yet we should not overlook the fact that there was a certain amount of danger for the man. He was still under the accusation of Sabbath breaking, an offense for which the death penalty was possible. His defense was that his healer had told him to carry his pallet. By producing the name he made his case."

[81] Auf diesen Zusammenhang verweist A. STIMPFLE, Rein, 116 Anm. 23.

Auch die Nähe zu Joh 11,46 mit beachtlichen sprachlichen Parallelen (5,15: ἀπῆλθεν, ἀνήγγειλεν, Ἰησοῦς ... ὁ ποιήσας. 11,46: ἀπῆλθον, εἶπαν, ἃ ἐποίησεν Ἰησοῦς) spricht für diese Deutung. Daß Joh 11,46 im Sinne der Denunziation aufzufassen ist,[82] wird durch das adversative τινὲς δέ angezeigt. Während die einen Ἰουδαῖοι aufgrund des Wunders zum Glauben kommen (V45), erweisen die anderen ihren Unglauben durch Anzeige bei den Φαρισαῖοι. Diese geben in V57 zusammen mit den ἀρχιερεῖς den ausdrücklichen Auftrag zur Anzeige Jesu (μηνύειν).

Schließlich ist zu bedenken: Ganz anders als der Geheilte von Joh 5 reagiert der Geheilte in Joh 9. Dieser legt vor den zu Gericht sitzenden „Juden" Zeugnis von Jesus ab und tritt beharrlich für ihn ein (V17.24-34). Er spricht mit Jesus und kommt sukzessive zum wahren Sehen und Glauben (V35-38).[83] Als Sünder (vgl. V2.3.34) gilt er nicht mehr. Der Geheilte von Joh 5 kommt dagegen nicht zum Glauben. Er spricht mit Jesus kein einziges Wort, wohl aber mit den Gegnern Jesu. Er weiß nicht, wer ihn gesund gemacht hat, und er bemüht sich nicht darum, Jesus zu finden (V13). Aktiv wird er erst, als er die Identität Jesu erfährt und ihn an seine Gegner verrät. Dadurch erweist er seine Sünde. Dementsprechend rechnet Johannes den Geheilten von Joh 9 nicht zu den „Juden" (Joh 9,18.22), denen in V39-41 das Gericht als „Bleiben" der Sünde angekündigt wird. Der Geheilte in Joh 5 hat dagegen durch sein Verhalten offenbart, daß er ähnlich wie die Jesus nachstellenden „Juden" ohne Glauben ist. Er repräsentiert den Unglauben der „Juden". Der Geheilte in Joh 9 dagegen repräsentiert den Glaubenden, der sich als Jünger Jesu erweist (vgl. 9,28).[84] Während der Blindgeborene ein Zeugnis für Jesus ist, wird der Gelähmte ein Zeugnis gegen Jesus.[85] Joh 5 und Joh 9 verdeutlichen daher die Geschichte von Unglauben und Glaube auf ihre je eigene Weise. Der Evangelist hat die zwei Heilungsgeschichten mit dem Thema Unglaube und Glaube zu einem Erzählungspaar verbunden.[86] Es steht jeweils das „Bleiben" in der Sünde (vgl. 9,39-41) oder die Befreiung zur ζωή (5,24.29), die Befreiung von der Knechtschaft der Sünde (vgl. 8,31-36), auf dem Spiel. Die positive Deutung von Joh 5,15 scheint mir daher nicht tragfähig zu sein.[87]

Auf einer tieferen, synchronen Ebene hat also der Sündenbegriff von Joh 5,14 eine Anbindung an den Sündenbegriff des übrigen Evangeliums. Während die traditionelle Ebene von Joh 5,14 im Kontext von 5,2-16 mit

---

[82] Gegen R. SCHNACKENBURG, Komm. II, 447; mit R. BULTMANN, Komm., 313; K. WENGST, Bedrängte Gemeinde, 64 Anm. 29.

[83] Zur sich steigernden Glaubenserkenntnis des Geheilten vgl. Teil 3.3. Anm. 137.

[84] Vgl. ähnlich R.A. CULPEPPER, Anatomy, 138.139f.; M. LABAHN, Jesus, 377; J.L. MARTYN History, 71; S. PANCARO, Law, 24-26; D.K. RENSBERGER, Overcoming the World, 41ff.; H. RIDDERBOS, Komm., 190, sowie J.A. TRUMBOWER, Born, 96: der Blinde als „paradigmatic Johannine believer".

[85] Vgl. W.A. MEEKS, Prophet-King, 293; ähnlich R.A. CULPEPPER, Anatomy, 137f.; M. LABAHN, Spurensuche, 161f.170; H. RIDDERBOS, Komm., 190; M. DE JONGE, Signs and Works, 128; L.P. JONES, Symbol, 131f.

[86] Vgl. W. WILKENS, Zeichen, 41.

[87] Zu beachten ist auch, daß die Textüberlieferung von Joh 5,15 im Blick auf ἀνήγγειλεν nicht sicher ist. Der Codex Sinaiticus und einige andere Hss bieten εἶπεν, eine Lesart, die der von 11,46 entspricht (εἶπαν)! Aber auch unter der Annahme der Ursprünglichkeit von ἀνήγγειλεν ist die positive Deutung von Joh 5,15 aus den genannten Gründen nicht wahrscheinlich.

dem am Gesetz orientierten Sündenbegriff der Tradition von Joh 9,16.24f.
31 und der Frage nach dem Verhältnis von Sünde und Krankheit (vgl.
9,2f.34) zu verbinden ist, hat Johannes auf synchroner Ebene, in der die
Sündenthematik des ganzen Evangeliums und der Kontext der Offenbarungsrede von 5,19-30.31-47 zu berücksichtigen ist, dem Vers 5,14 ein
neues Verständnis aufgeprägt: Jesus warnt vor der Sünde des Unglaubens,
weil die Ablehnung Jesu als des Gesandten Gottes das Gericht mit der
Folge des Todes nach sich zieht. Johannes hat demnach der Heilung des
Gelähmten einen symbolischen Sinn beigemessen.[88] Er gestaltet die Wunderheilung als symbolische Erzählung im Blick auf das im Sohn Gottes
zur Geltung kommende Leben einerseits und das Gericht andererseits
(5,21.22.24-29). Im Unterschied zu Joh 5 wird der Geheilte in Joh 9 das
Angebot des Lebens ergreifen. Die $\zeta\omega\acute{\eta}$ ist daher in der Erzählung Joh 5,1-
18 nur in suspenso präsent.[89] Sie ist das Angebot für denjenigen, der sich
im Glauben öffnet (Joh 5,24). Da sich der Geheilte diesem Angebot
verschließt, steht der Gerichtsaspekt im Vordergrund. Der Geheilte
(5,14f.) und die „Juden" (5,16-18) offenbaren in ihrer Verwerfung Jesu,
daß sie sich das Gericht zuziehen.[90]

Sind also die zwei Ebenen von Tradition und Redaktion zu unterscheiden, so ergibt sich die Frage, wie der Evangelist zur Tradition steht.
Der an der Übertretung einzelner Gebote Gottes und am Verhältnis von
Krankheit und Sünde orientierte Sündenbegriff ist dem Evangelisten durch
die Tradition übermittelt. Er nimmt ihn auf, ohne jedoch eigene theologische Akzente mit ihm zu verbinden. Ähnlich verfährt Johannes in Kap. 9
(V31 s.u.), wobei er hier aber noch deutlicher zu erkennen gibt, daß der
am Gesetz orientierte Sündenbegriff nicht mehr ausreicht, um das Verhältnis Jesu zur ungläubigen Welt zu beschreiben. Das Gesamtbild des
Sündenbegriffs im Johannesevangelium verdeutlicht, daß der Evangelist
andere Schwerpunkte gesetzt hat (vgl. vor allem Joh 1,29; 8,21.24.34;
9,39-41; 15,22.24; 16,8f.; 20,23). Ähnlich hat Johannes dies durch den
Kontext der Rede Joh 5,19-30.31-47 für Joh 5,14 zum Ausdruck gebracht.
Der Grund für diese Schwerpunktverlagerung ist im Offenbarungsverständnis des Evangelisten zu suchen, wonach sich einzig an der Stellung
zum Offenbarer Jesus entscheidet, was Sünde ist. In ihm ist der Heilswille
Gottes umfassend gegenwärtig (Joh 4,34; 5,30; 6,38-40; 7,17; 9,31; 5,39.
45-47; s.u.). Die Analyse von Joh 9 wird deutlich machen, daß der Evan-

---

[88] Vgl. dazu ausführlich D.A. Lee, Symbolic Narratives, 98-125.

[89] Anders M. Labahn, Jesus, 260-262, der die Heilung des Lahmen als Ausdruck
der lebensspendenden Macht des Gottessohnes (5,21) versteht.

[90] Vgl. D.A. Lee, a.a.O., 116f.

gelist über den von der Tradition her übermittelten Sündenbegriff hinausgeht und den am Gesetz orientierten Sündenbegriff der Pharisäer, der sie
zu dem Urteil führt, daß Jesus sündigt, kritisiert (s.u.). Hier wird das Problem des Rechtsstreites Jesu mit den „Juden" zu berücksichtigen sein.

3.2.4. Sündenvergebung?

Seit der alten Kirche wird Joh 5 mit christlicher Taufe und Sündenvergebung in Zusammenhang gebracht.[91] Die christlich-soterilogische Interpretation der Wunderheilung läßt sich von Joh 5,24f. her bestätigen, insofern
hier das „Leben" als eschatologische Gabe Jesu benannt wird. Demnach
hat Jesus den Kranken nicht nur körperlich geheilt, sondern auch seine
Sünde getilgt und das ewige Leben vermittelt.[92] Chr. Welck verweist auf
diejenigen Textindizien, die eine Erlösungsbedürftigkeit des Menschen
benennen. Der „Kranke" wird zum „Abbild des Menschen ... in seiner erlösungsbedürftigen Situation"[93]: 1. Der Befehl ἔγειρε V8 verweist auf die
„Lebendigmachung der Toten" in 5,21. 2. Fünfmal wird das Wort ὑγιής
gebraucht. Joh 7,23 weist auf 5,1ff. zurück. Demnach wird der „*ganze*
Mensch*" gesund gemacht. 3. Der Hinweis auf die „sofort" einsetzende
Heilung (V9) bezieht sich auf die Einheit von Jesu Wort und Heilung (vgl.
4,46-54) 4. Der Name „Bethesda" = „Haus der Barmherzigkeit" (V2) verweist symbolisch auf die „vollendete Barmherzigkeit des Wundertäters"[94].
5. V5 spielt auf die 38 Jahre der Wüstenwanderung des Volkes vor dem
erlösenden Einzug in das gelobte Land an (Dtn 2,14). 6. Die allgemeine
Charakterisierung des Heilsbedürftigen als ἀσθενῶν (V3.7) vor der Differenzierung in „Blinde, Lahme, Ausgezehrte" hat einen tieferen Sinn (vgl.
Mt 11,5par; Jes 35,5-7 LXX).

Die genannten Textindizien erlauben jedoch bei näherer Betrachtung
keine Deutung auf eine durch Jesu Heilung vollzogene Erlösung des
Kranken. Die in den Argumenten 1, 2, 3 und 6 genannten Textmerkmale
weisen nicht über die Heilungsgeschichte hinaus. Sie sind vom Erzähl-
verlauf her verständlich und weisen auf den Kontrast zwischen vorange-

---

[91] TERTULLIAN, Bapt 5. Vgl. O. CULLMANN, Urchristentum, 84-88, der diese Deutung dezidiert verteidigt. Kritisch L.P. JONES, Symbol, 135f.234; M. LABAHN, Jesus,
233.256f.
[92] Vgl. CHR. WELCK, Erzählte Zeichen, 152-157; ähnlich J.T. FORESTELL, Word,
148; J. FRÜHWALD-KÖNIG, Tempel, 155f.; S. PANCARO, Law, 12-14; L. SCHENKE,
Komm., 101; J.C. THOMAS, Stop sinning, 14-16.
[93] A.a.O., 156.
[94] A.a.O., 155.

hender Krankheit und nachfolgender Genesung des Kranken hin (Argumente 1, 2, 3, 6).

Das Argument 4 ist in der Deutung der Tiefendimension überzogen. Die Wasseranlage von Bethesda war eine von Pilgern jahrhundertelang verehrte Heilquelle, deren Existenz weit bekannt war (vgl. 3Q15 11,12f. בית אש דתין).[95] Auf ihren besonderen Namen brauchte Johannes nicht hintergründig zu verweisen. Im Unterschied zu Joh 9,7 enthält Joh 5,2 keine Übertragung mit dem Ziel der Namens*deutung* (grch. ἑρμηνεύειν, vgl. 1,38.41.42), sondern die *hebräische Bezeichnung* des Teiches (ἡ ἐπιλεγομένη Ἑβραϊστί, vgl. 19,13.17.20; 20,16), die Johannes verständlicherweise wegen der Bekanntheit des Namens mitteilen wollte.

Die symbolische Deutung der 38jährigen Krankheit auf die 38 Jahre der Wüstenwanderung (Dtn 2,14)[96] ist zwar für den Evangelisten naheliegend, doch liegt der Akzent von Dtn 2,14 nicht auf der Erlösung des Gottesvolkes durch Einzug in das gelobte Land, sondern auf dem Tod als Folge der Untreue (vgl. V15).[97] Die Pointe der 38 Jahre als Symbolzahl ist also genau das Gegenteil: nicht Erlösung, sondern Tod als Strafe der Sünde.

Die Angabe der Dauer der Krankheit gehört zwar zur Topik von Heilungswundergeschichten (vgl. Mk 5,25f.; 9,21; Lk 13,11; Apg 3,2; 4,22; 9,33; 14,8; Joh 9,1)[98] - sie unterstreicht die Hoffnungslosigkeit des Krankheitsfalles[99] und stellt die Größe der folgenden Heilungstat hervor.[100] Allerdings ist die Zahl 38 merkwürdig und einzigartig im NT. Ein symbolischer Bezug zu Dtn 2,14 läßt sich nicht ausschließen. Zu bedenken ist jedoch, daß eine Anspielung auf die vor allem in der deuteronomistischen Literatur aufgenommene und stärker verbreitete Zahl der *40jährigen* Wüstenwanderung (Dtn 2,7; 8,2.4; 29,4; Jos 5,6; u.ö.; vgl. auch Num 14,33f; Neh 9,21; Ps 95,10; Am 2,10; 5,25) näher gelegen hätte,[101] zumal auch hier der Bezug von Wüstenwanderung und Tod wie in Dtn 2,14 benannt ist (vgl. Num 14,33-35; Jos 5,6; Ps 95,10). Warum Johannes die Zahl 38 gewählt hat, läßt sich demnach nicht mit Sicherheit sagen. Diese Zeitangabe

---

[95] Vgl. dazu J. FRÜHWALD-KÖNIG, Tempel, 140-143.162-165; M. HENGEL, Johannesevangelium, 308ff.; J. JEREMIAS, Wiederentdeckung, passim; H. LEROY, Art. Βηθζαθά κτλ., EWNT I, 512f.; M. KÜCHLER, Becken, 381-390; R. RIESNER, Art. Betesda, GBL I, 283-285; R. SCHNACKENBURG, Komm. II, 119f.; S.S. SMALLEY, John, 35f.

[96] Vgl. M. HENGEL, Schriftauslegung, 286f.; ders., Johannesevangelium, 316; L.P. JONES, Symbol, 127f.; TH. KNÖPPLER, Theologia crucis, 78 Anm. 65; B. SCHWANK, Komm., 177.

[97] M. HENGEL, a.a.O., weist darauf hin, daß auch die Targumim zu Dtn 2,15 die 38 Jahre als Zeit des Gotteszornes verstehen.

[98] Vgl. G. THEIßEN, Wundergeschichten, 61f.

[99] Vgl. R.E. BROWN, Komm. I, 207; H. RIDDERBOS, Komm., 185; L. SCHENKE, Komm., 98.

[100] Vgl. R. BULTMANN, GST, 236; U. SCHNELLE, Komm., 102.

[101] Vgl. J.H. BERNARD, Komm., 229.

setzt jedenfalls voraus, daß sie durch den Evangelisten eingebracht wurde, wofür auch der Gebrauch von ἔχειν mit Zeitbestimmung im Akkusativ spricht - er ist im NT auf das Johannesevangelium beschränkt (vgl. 8,57; 9,21.23; 11,17).

Des weiteren ist zu bedenken, daß nach Joh 5,24 das ewige Leben nur dem in Aussicht gestellt wird, der das Wort Jesu hört und glaubt. Daß der Geheilte zum Glauben gekommen ist, wird in Joh 5,14f. durch nichts angedeutet. Im Unterschied zum Blindgeborenen aus Joh 9 legt er kein Glaubenszeugnis ab. Geradezu gegenteilig ist seine Reaktion: Er zeigt Jesus bei den „Juden" an, so daß diese ihn verfolgen (V15f.). Hätte man ὑγιής aus V15 in dem tieferen Sinn der Erlösung zu verstehen, dann wäre diese Jesus abweisende Reaktion unverständlich. Der Rückbezug von Joh 7,23 auf die Heilung des *ganzen* Menschen kann demnach nicht die in der ζωή gewährte Erlösung meinen, sondern benennt den Kontrast zu der vorangehenden *langjährigen* Krankheit des Geheilten: Ein scheinbar unheilbar Kranker ist durch Jesu Heilungswunder wieder *ganz* körperlich und seelisch genesen.[102] Die εὐθέως einsetzende Heilung (V9) gehört zur Topik von Heilungsgeschichten (vgl. Mk 1,42; 7,35; 10,52; εὐθέως, vgl. Joh 6,21) und unterstreicht diesen Kontrast, ist aber nicht als Hinweis auf die ζωή als eigentliche Gabe Jesu zu werten. Ein symbolischer Bezug des Kranken auf den Menschen in seiner erlösungsbedürftigen Situation (vgl. Röm 5,12ff.; 7,14ff.) ist durch den Textzusammenhang in keiner Weise angedeutet. Die Heilung des Kranken gilt vielmehr als Beweis der vollmächtigen Wunderkraft Jesu, die ihn als Sohn Gottes ausweist (V18.19f.). Auch gibt V14 keinen Anhaltspunkt für die Deutung auf eine in der Krankenheilung vermittelte Sündenvergebung. Diese Deutung ist von Mk 2,5 her zwar erwägenswert, jedoch nicht naheliegend.[103] Im Unterschied zu Joh 9 wird auf die Sünde des Kranken nicht weiter abgehoben. Der ganze V14 hat im Zusammenhang der Wunderheilungsgeschichte nur die Funktion einer Überleitung (s.o.), um die konfliktgeladene Reaktion der jüdischen Autoritäten vorzubereiten (V15f.). Die für den Gedanken der Sündenvergebung notwendige Voraussetzung der Sündhaftigkeit des Geheilten hätte gerade im Blick auf dessen *Vergangenheit* stärker hervorgehoben

---

[102] V7 drückt die Trauer und Hilflosigkeit des Kranken vor der Begegnung mit Jesus aus. Vgl. Anm. 57.

[103] Während das Streitgespräch Mk 2,1-12 die Pointe gerade in der Vollmacht des Menschensohnes zur Sündenvergebung (!) hat, gipfelt die joh Wundergeschichte in dem vollmächtigen Anspruch des Gottessohnes, in Einheit mit dem Vater zu wirken (V18)!

werden müssen, als es aus V14 zu entnehmen ist. Der Imperativ „Sündige hinfort nicht!" blickt nur auf das *zukünftige* Verhalten des Geheilten.[104]

N. Lazure[105] meint, daß die Ermahnung Jesu, hinfort nicht zu sündigen, von solch einem Gewicht sei, daß man daraus auf ein ehemals tief in der Sünde verwurzeltes Leben des Kranken schließen kann. Nach D.A. Carson[106] setzt V14 voraus, daß der Gelähmte in irgend einer konkreten Weise vorher gesündigt hat. Jesus habe ihn für seine Zwecke ausgewählt, da er wußte, daß bei ihm die Krankheit direkt in einer spezifischen Sünde begründet ist. Aber für solche Schlußfolgerungen gibt es keinen Anlaß. Die spekulative Frage nach der Sündenschuld für die Krankheit innerhalb der 38jährigen Vergangenheit des Geheilten ist aus joh Perspektive gerade verboten (vgl. 9,2f.)! Anders als in Joh 5 ist die Frage nach der sündigen Vergangenheit des Hilfsbedürftigen in der (sekundären) Perikope Joh 7,53-8,11 präsent (vgl. 8,3f.).

Schließlich ist zu bedenken, daß Heilung und Sündenvergebung zwar traditionell miteinander verbunden sein können (vgl. Ps 103,3; bNed 41a; Mk 2,1-12), jedoch nicht *notwendig* zusammengehören, wie Lk 7,36-48 bestätigt. Auch in Mk 2,1-12 ist mit dem Zuspruch der Sündenvergebung (Mk 2,5)[107] nicht gleichzeitig die Heilung berichtet (Mk 2,11f.),[108] zumal man bedenken muß, daß wahrscheinlich eine sekundäre Verknüpfung eines Wunderberichts (Mk 2,1-5a.11f.) mit einem Streitgespräch (Mk 2,5b-10) vorliegt.[109] Ein Hinweis auf die Sündenvergebung wäre also von Johannes deutlicher eingebracht worden, wenn ihm daran gelegen hätte. Zwar kann man davon ausgehen, daß der vierte Evangelist das Markusevangelium gekannt und benutzt hat, er hat es jedoch gemäß Joh 20,30f. selektiv benutzt (vgl. Teil 4.1.). Mk 2,1-12 konnte ihm wegen seiner Zuspitzung auf die Thematik der Sündenvergebung wenig hilfreich sein. Deshalb hat er die Sonderüberlieferung der Heilung eines Gelähmten am Teich Bethesda vorgezogen. An ihrem Beispiel konnte er sein Anliegen, daß Jesus voll-

---

[104] Vgl. J. FRÜHWALD-KÖNIG, Tempel, 158: μηκέτι trifft in der Bedeutung „hinfort nicht" keine Aussage über eine vergangene Handlung (= Sünde).

[105] N. LAZURE, Valeurs, 29f.

[106] D.A. CARSON, Gospel, 245f.

[107] Zur Kontroverse um die Frage nach dem Subjekt der Sündenvergebung, Gott oder Jesus, vgl. O. HOFIUS, Zuspruch, 125-143, einerseits und P. FIEDLER, Sünde, 86-88, andererseits. Die Kontroverse hat aber für unser Problem wenig Bedeutung.

[108] „Jesus befreit den π(αραλυτικός) zuerst von dem, was von Gott scheidet, danach von seiner leiblichen Schwäche ..." (M. RISSI, Art. παραλυτικός, EWNT III, 74).

[109] Zur literarischen Entstehung von Mk 2,1-12 durch Schichtung der Passagen vgl. R. BULTMANN, GST, 12-14; J. GNILKA, Mk I, 96; H.-J. KLAUCK, Sündenvergebung, 225ff.; D. LÜHRMANN, Mk, 56f.; E. PESCH, Mk 1, 151ff.; E. SCHWEIZER, Mk, 29; H. ZIMMERMANN, Methodenlehre, 178. R.H. GUNDRY, Mark, 121f., und G. THEIßEN, Wundergeschichten, 165f., vertreten dagegen die Einheitlichkeit der Geschichte..

mächtig in Einheit mit Gott wirkt, adäquat zur Geltung bringen (Joh 5,17f.19ff.; vgl. Teil 3.2.1.).

So kann man schlußfolgern: Der Gedanke der Sündenvergebung spielt für die joh Interpretation der Wundergeschichte keine Rolle. Heilung im Sinne umfassender Lebendigmachung (Joh 5,21.24f.) erfolgt aufgrund des - vom Geheilten gerade *nicht* aufgebrachten - *Glaubens*, der bei Johannes im Blick auf die willentliche Annahme des Sohnes Gottes bestimmt wird, nicht aber im Blick auf eine darin erfolgte Sündenvergebung eines erlösungsbedürftigen Menschen.

3.2.5. *Zusammenfassung*

Joh 5,14 hat auf der Ebene der *Tradition* eine für den Handlungsverlauf konstitutive überleitende Funktion, um das auf die Konfrontation zwischen Jesus und den jüdischen Autoritäten abhebende Ziel vorzubereiten (V15.16). Das Vollmachtswort V14b dient dazu, dem Geheilten die für den Fortgang des Geschehens notwendige Identifizierung Jesu zu ermöglichen (vgl. V8f.). Der Sündenbegriff ist am Gesetz orientiert und am Zusammenhang von Krankheit und Sünde interessiert. Der *Evangelist* nimmt diesen Sündenbegriff zwar auf, knüpft aber nicht positiv an ihn an, indem er zu erkennen gibt, daß der Schwerpunkt seines Sündenverständnisses nicht hier, sondern in der Christologie zu suchen ist. Glaube und Unglaube entscheiden sich an der Stellung zum Gesandten Gottes. Dafür ist die synchrone Ebene des Evangeliums zu berücksichtigen. Der Evangelist gestaltet Joh 5,1-18 als symbolische Erzählung, in der die christologisch geprägten und soteriologisch relevanten Aspekte von Heil (in suspenso) und Gericht (Joh 5,19-30) zur Geltung kommen. Der Geheilte stellt sich durch sein Verhalten (V15) mit den Ἰουδαῖοι (V16.18) gleich. Er offenbart sich als Repräsentant des Unglaubens,[110] der in seiner Sünde „bleibt" (vgl. Joh 9,41) und das notwendige Bekenntnis zum Gottessohn, der die ζωή verbürgt (vgl. 5,24.29; 3,36; 11,25f.), vermissen läßt (vgl. dagegen 9,35-38). Er symbolisiert zusammen mit den Jesus ablehnenden „Juden" (5,16-18) den Gerichtsaspekt des Wirkens Jesu. Auf textexterner Ebene erhält der Leser die Einsicht, daß Jesus vor dem Unglauben, der zum Gericht führt, warnt. Hinweise auf eine mit der Heilung verbundene Sündenvergebung sind nicht vorhanden. Der Geheilte ergreift das Angebot der ζωή nicht. Er erweist sich somit als ein solcher, der der Warnung Jesu nicht Folge leistet (5,14f.) und sich im Gericht den Tod zuzieht (5,24; vgl. 3,36).

---

[110] Vgl. dazu jetzt R. METZNER, Der Geheilte von Johannes 5 – Repräsentant des Unglaubens, ZNW 90 (1999), 177-193.

3.3. Die Heilung des Blindgeborenen: Joh 9,1-41

3.3.1. Tradition und Redaktion

Ähnlich wie Joh 5 ist Joh 9[1] aus einer Wundergeschichte und mehreren Gesprächsszenen zusammengesetzt.[2] Parallel zur Tradition Joh 5,2-16 enden Wunder und Streitgespräche mit einer ablehnenden Reaktion der jüdischen Autoritäten (5,16; 9,34). Die Wundererzählung hat auf der ältesten Traditionsstufe vielleicht nur V1.6f. umfaßt.[3] Sie endet stilgemäß mit der Demonstration des Wunders (V7fin; vgl. 5,9b). Der Johannes vorliegende Tradent (im folgenden auch: „Tradition") wird diesen Kurzbericht aufgegriffen und zu einer einfachen Wundergeschichte gestaltet haben (Joh 9,1.2.3a.6.7.).[4] Nach Art der Darstellung und Lokalisierung an einem Teich Jerusalems steht der Bericht Joh 5,2-9b nahe (s.o.).[5] Verbindungen zu Mk 8,22-26 und Mk 10,46-52 bestehen in Mk 8,23/Joh 9,6: Speichel als Heilmittel; Mk 8,23.25/Joh 9,6: „auf seine Augen"/„auf die Augen (des Blinden)"; Mk 10,46/Joh 9,8: der Blinde wird als προσαίτης gekenn-

---

[1] Literatur zu Joh 9 siehe bei J. BECKER, Komm. I, 369f.; U. SCHNELLE, Komm., 166f., und vor allem M. REIN, Die Heilung des Blindgeborenen (Joh 9). Tradition und Redaktion (WUNT 2.73), Tübingen 1995. Einen Überblick über die Modelle neuerer literarkritischer Untersuchungen zu Joh 9 betet Rein, a.a.O., 65-79.

[2] Zur literarischen Struktur des Textes Joh 9 vgl. G. BORNKAMM, Heilung, 67-72; L.P. JONES, Symbol, 163f., sowie die synchrone Analyse von M. REIN, Heilung, 56-60, der den Text nach dem Schema Exposition (VV1-7), Haupthandlung (VV8-34) und Schluß (VV35-41) aufteilt; ähnlich D.A. LEE, Symbolic Narratives, 164-169 (3 Akte: VV1-7: Heilung; VV8-34: Verhöre und Konflikt; VV35-41: Erleuchtung und Gericht). Eine andere Dreiteilung schlägt G. KORTING, Struktur, 330-336, vor (9,1-12; 9,13-23; 9,24-34). Nach G. MLAKUZHYIL, Structure, 118, entfaltet Joh 9 „a dramatic development". Der Verf. erkennt eine Technik von 7 Szenen (9,1-7.8-12.13-17.18-23.24-34.35-38.39-41), wie sie ähnlich auch in Joh 18,28-19,16a und 19,16c-42 verwendet wird (a.a.O., 116f.). Zur literarischen Struktur von Joh 9 in 7 Szenen vgl. auch M. LABAHN, Jesus, 309-311; J.L. MARTYN, History, 3-16; J.L. RESSEGUIE, John 9, 115-122; M.W.G. STIBBE, Komm., 105f.; S.S. SMALLEY, John, 194-196. B. WITHERINGTON III, Komm., 180, erkennt 6 dramatisch sich steigernde Szenen (9,1-7.8-12.13-17.18-23.24-34.35-41), F.J. MOLONEY, Komm., 290f., 8 Szenen (9,1-5.6-7.8-12.13-17.18-23.24-34.35-38; 9,39-10,21) und L. SCHENKE, Komm., 155.179f., zwei (größere) Szenen (9,1-39; 9,40-10,21).

[3] So J. BECKER, Komm. I, 370; M. LABAHN, Jesus, 317ff.

[4] Vgl. C.H. DODD, Tradition, 181-185.188; R. SCHNACKENBURG, Komm. II, 309. R.T. FORTNA, The Fourth Gospel, 109-113, und J. ROLOFF, Kerygma, 135f., zählen V.1.6.7 (Fortna auch V8) zur Tradition und V2-5 sowie die Deutung in V7 zur Redaktion. J. PAINTER, John 9, 32; ders., Quest, 261-264, weist VV1-3.6-11 der Tradition und VV4f.12-41 dem Evangelisten zu. M. REIN, Heilung, 99-128, führt V1-3a.6-7a auf die Tradition zurück, rechnet aber auch damit, daß der erzählerische Grundbestand von VV8-12 und 35-38 zu dieser ursprünglichen Wundererzählung gehört (286-290).

[5] Zum Vergleich zwischen Joh 5 und Joh 9 vgl. M. LABAHN, Jesus, 374-377; M. REIN, Heilung, 221-230.

zeichnet; Mk 10,51/Joh 9,2: Jesus wird mit ῥαββί bzw. ῥαββουνί angeredet.[6] Die vorhandenen Unterschiede (abweichende Orts- und Personenbezeichnungen; Joh 9 spricht von einem Blind*geborenen*; bei Johannes geht die Initiative von Jesus aus; unterschiedlicher Heilungsvorgang) weisen freilich darauf hin, daß Joh die Mk-Texte zwar gekannt, aber nicht als direkte Vorlage benutzt hat. Wenn man davon ausgeht, daß Joh das Markusevangelium gekannt hat (vgl. Teil 4.1.), dann wird man damit rechnen können, daß der 4. Evangelist nach dem in Joh 20,30f. genannten Ziel der Evangelienschreibung auf Mk-Texte und andere Quellen (wie Lk) in Auswahl zurückgegriffen hat. Er konnte dementsprechend auch auf Mk-Texte und andere Quellen (wie Lk) verzichten. Ähnlich verfährt er in Joh 5 (vgl. Teil 3.3.1.) und Joh 1,19-34 (vgl. Teil 4.1.). In Joh 9 hat sich der Evangelist durch die im traditionellen Wunderbericht vorgegebene Sündenthematik (vgl. 9,2.3a) leiten lassen (vgl. Joh 9,16b.24f.31.34.39-41). Daher wird er die entsprechende Sondertradition den Mk-Berichten als Vorlage vorgezogen haben.

Der Tradent hat vier Dialogszenen angefügt,[7] in denen ähnlich wie in Joh 5,9c-16 Disputationen zwischen den jüdischen Autoritäten und dem

---

[6] Vgl. dazu M. REIN, a.a.O., 212-217. Nach T.L. BRODIE, Quest, 48-66, ist Mk 8,11-9,8 die Quelle für Joh 9. Dagegen M. LABAHN, Jesus, 338f.: Die strukturellen Differenzen zwischen Mk und Joh sind zu groß, so daß beide Geschichten unabhängig voneinander entstanden sein müssen. Das schließt m.E. jedoch nicht die Kenntnis der Mk-Geschichte durch Joh aus.

[7] Diese Position geht davon aus, daß die Tradition nicht nur die Wundergeschichte (so R.T. FORTNA, Gospel, 70-74; ders., The Fourth Gospel, 109-113; J.L. MARTYN, History, 24-27; B. LINDARS, Behind the Fourth Gospel, 339-352; W. NICOL, Semeia, 35-37; R. SCHNACKENBURG, Komm. II, 309-311), sondern auch den Grundbestand der folgenden Dialoge berichtet hat (mit J. BECKER, Komm. I, 370ff.; R. BULTMANN, Komm., 249ff.; M. LABAHN, Jesus, 305-377; G. REIM, Joh 9, 325f.; U. SCHNELLE, Komm., 170; H. WÖLLNER, Zeichenglaube, 59-64). Hier wäre z.B. Mk 7,24-30 zu vergleichen. Dialog und Wunderbericht waren offenbar ursprünglich aufeinander bezogen (vgl. G. STRECKER/U. SCHNELLE, Einführung, 92). Ähnlich findet in Joh 9 die Wundergeschichte in den Dialogen eine sachgemäße Fortsetzung. - Die literarische Genese von Joh 9 wird in der Forschung sehr unterschiedlich beurteilt. R. BULTMANN, Komm., 250, sieht in Joh 9 die Semeia-Quelle verarbeitet, wobei VV4f.22-23.29-34a.39-41 der Redaktion des Evangelisten (mit Eingriffen in V16f.35-38) zugerechnet werden. Ähnlich wie Bultmann urteilt auch J. BECKER, Komm. I, 315, der die Wundergeschichte und VV8-12.13-17.18-23.24-34 der Semeia-Quelle zuordnet. E. HAENCHEN, Komm., 382, hält lediglich VV4f.39-41 für redaktionell. U. SCHNELLE, Antidoketische Christologie, 131-140; ders., Komm., 166-175, rechnet mit einer stärkeren Bearbeitung der traditionellen Wundergeschichte durch den Evangelisten (VV3b-5.7b.14.16.29.30-33.35-38.39-41). M. REIN, Heilung, 286-293, nimmt drei Überlieferungsstadien an. Die ursprüngliche Wundergeschichte umfaßte VV1-3a.6-7a.8-12.35-38. Die Erweiterung setzte den Dialog VV13-17 hinzu. Auf die Endgestalt des Evangelisten gehen VV3b-5.18-34.39-41 zurück. M.

Geheilten (9,13-17.24-34; vgl. 5,10-13), darüber hinaus Gesprächszenen zwischen den Nachbarn und dem Geheilten (9,8-12) sowie zwischen den jüdischen Autoritäten und den Eltern des Geheilten (9,18-23) begegnen. Die VV8-41 enthalten gegenüber der ursprünglichen Wundergeschichte neue Inhalte, so daß mit einer neuen Traditionsstufe zu rechnen ist.[8] Analog zu Joh 5 ist in Joh 9 die Aufnahme der Sabbatthematik, die verspätet eingeführt wird (9,14.16; vgl. Joh 5,9c.10.16), und offenbar den kommenden Konflikt zwischen Pharisäern und Jesus motivieren soll,[9] sowie verschiedener Dialogszenen, in denen die Reaktionen auf die Wundertat geschildert werden, zu beobachten. Die vorjoh Tradition reicht also wie in Joh 5 über den puren Wunderbericht hinaus. Sie konnte ihm Inhalte entnehmen, die für ihre weitere Darstellung belangvoll waren. „Die Darstellung des Blindgeborenen in V.7 zielt bereits auf die nachfolgenden Dialoge, die als notwendige Reaktion auf das Wunder und als sehr kunstvoll aufgebaute Interpretation des Geschehens verstanden werden müssen."[10] Anliegen der Tradition ist es, Anspruch und Würde Jesu durch sein Wunder zu legitimieren. Jesus inszeniert sein Wunder in eigener Machtvollkommenheit.[11]

Auf die gestalterische Kraft des Evangelisten wird man die vorletzte (Joh 9,35-38) und die letzte Gesprächsszene (9,39-41) zurückführen können.[12] In ihnen begegnen für Johannes typische Motive: (zu 9,35-38) die

---

KOTILA, Zeuge, 61-83, rechnet mit einer sabbatkritischen Semeiaquelle (VV1-3.6-17), einer an der hohen Sendungschristologie orientierten Quelle des Evangelisten (VV4f.18-39) und einer nachevangelistischen Redaktion, deren Gemeinde als exkommunizierte am Rande des Judentums steht (9,22f.; 9,40-10,21). Unserem traditionsgeschichtlichen Modell kommt die neue Studie von M. LABAHN, Jesus, 305-377, nahe: 1. Wunderheilung (V1-7); 2. Konfliktgeschichte (V8-34), 3. Evangelist (V35-41). Labahn rechnet darüber hinaus mit einer 4. Traditionsstufe, die die Aposynagogos-Erfahrung in die Konfliktgeschichte einzeichnet.

[8] Vgl. J.L. MARTYN, History, 26: „Three of the major characters in verses 8-41 (two are collective) play no part in verses 1-7: the blind man's neighbors, the Pharisees in council, the blind man's parents. The main accents are also new: that the healing occured on a sabbath (an afterthought also in 5:10), Jesus' proper identity, synagogue discipline, discipleship to Moses versus discipleship to Jesus, faith in the Son of Man. It scarcely needs further to be argued that verses 8-41 present material which someone composed as an addition to the simple healing narrative of verses 1-7."

[9] Vgl. M. LABAHN, Jesus, 342; M. REIN, Heilung, 137f.; J. ROLOFF, Kerygma, 136.

[10] U. SCHNELLE, Antidoketische Christologie, 133; ders., Komm., 170.

[11] „Daß es sich um die Heilung eines τυφλὸς ἐκ γενετῆς handelt, soll die außergewöhnliche und alles Dagewesene übersteigende Größe des Wunders veranschaulichen (vgl v32)" (W. SCHRAGE, Art. τυφλός κτλ., ThWNT VIII, 290).

[12] Vgl. J. BECKER, Komm. I, 321f.; M. LABAHN, Jesus, 346-349; G. REIM, Joh 9, 248; U. SCHNELLE, Antidoketische Christologie, 138f.; vgl. auch E. HAENCHEN, Komm.,

joh Verbindung zwischen Sehen und Glauben (vgl. 14,8-11; 20,29); Glaube an (joh Formulierung πιστεύειν εἰς[13]) den „Menschensohn" (vgl. 3,14ff.; 12,34ff.) und Anbetung Gottes (vgl. 4,20-24) bzw. des „Herrn" (vgl. 20,28); Inclusio V39 und V5 (Thema: Licht-Erleuchtung)[14]; joh Selbstoffenbarung Jesu in 9,37 (vgl. 4,26); καί-καί V37 (vgl. 4,36; 6,36; 7,28; 11,48; 12,28; 15,24); (zu 9,39-41) die Gesandtenthematik (ἔρχομαι ἵνα 1,7.31; 3,20.21; 5,40; 6,15; 9,39; 10,10 u.ö.) mit der Qualifikation Jesu als Licht (3,19; 8,12; 12,35f.46), das Gerichts- und Verstockungsmotiv (12,31-35.37-50) sowie das Thema Licht - Gericht (vgl. 3,19ff.) mit dem charakteristischen Stilmittel einer doppelten Ausdrucksweise (blind - sehend); zur Wendung εἰς τὸν κόσμον V39 vgl. 8,23; 11,9; 12,25.31; 13,1; 18,36; zu V40: „(einige) von den Pharisäern" (vgl. 1,24; 3,1; 7,47f.; 9,16); zu V41 vgl. 15,22.24 (εἰ ... νῦν δέ auch in 8,39f.; 18,36)! Die Wendung ἔχειν ἁμαρτίαν begegnet im NT nur im johanneischen Schrifttum (vgl. Joh 15,22.24; 19,11; 1.Joh 1,8).[15] Die Rede vom „Bleiben der Sünde" entspricht der Rede vom „Bleiben des Zornes Gottes" (3,36). - Im Unterschied zu Joh 9,1-34 steht nicht die Rechtschaffenheit Jesu (und des Geheilten), sondern die der Pharisäer als Repräsentanten des ungläubigen Judentums zur Disposition (VV39-41; vgl. Kap. 8).

Der Evangelist hat aber auch weiterhin sprachlich und thematisch in die Szenen eingegriffen: (1) V3b-5 deuten vorweg die Tat Jesu am Kranken mit Hilfe joh Sprache und Motive: ein elliptischer Satz ἀλλ᾽ ἵνα κτλ. wie in 1,8.31; 13,18; 14,31; 15,25; eine entsprechende joh Formulierung in 3,21; 9,4 mit ἐργάζεϑαι erinnert in der Formulierung an 5,17; ἐργάζομαι τὰ ἔργα (vgl. noch 3,21; 6,28); das „Wir" von 9,4, in dem die joh Gemeinde zu Wort kommt (vgl. 1,14.16; 3,11)[16]; die „Werke Gottes"

382, und M. REIN, Heilung, 159-165.291.292f., im Blick auf 9,39-41. Joh 9,39-41 hat freilich eine sachliche Bindung zum Vorangehenden durch das die Erzählung zusammenhaltende und deutende Offenbarungs- und Krisismotiv (9,5.39). Dadurch wird von 9,39-41 her die Blindheit der Pharisäer und der „Juden" in der Erzählung als Sünde offenbar (vgl. dazu J. BLANK, Krisis, 252-254).

[13] Zu dieser joh Formulierung vgl. R. SCHNACKENBURG, Komm. I, 510f.

[14] Vgl. M. KOTILA, Zeuge, 70f.; B. LINDARS, Gospel, 350f.; R. SCHNACKENBURG, Komm. I, 302.

[15] Sie ist vergleichbar mit ἁμαρτίαν ποιεῖν, das im NT schon gewöhnlicher ist (vgl. 2.Kor 5,21; 11,7; Jak 5,15; 1.Petr 2,22), im joh Schrifttum aber auch vorkommt (Joh 8,34; 1.Joh 3,4.8.9).

[16] S. dazu T. ONUKI, Gemeinde und Welt, 83f. Die Funktion dieser metakommunikativen Signaltexte (vgl. auch Joh 19,35; 20,30f.; 21,24f.) hat J. RINKE, Kerygma, 30-78, eingehend untersucht.

(vgl. 4,34; 5,17.20.36; 6,28; 7,3.21; 10,32.37f. u.ö.)[17]; die Gesandtenthematik; der Offenbarer als Licht der Welt (vgl. 1,4f.7f.9; 3,19; 8,12; 11,9f.; 12,35f.46)[18]; die Deutung des Wundergeschehens im Kontext der Offenbarungswirklichkeit Gottes, die sich in der Doxa Jesu kristallisiert (vgl. 2,11; 11,4.40);[19] der Hinweis auf die „Nacht" der Passion (13,30; vgl. 11,9f.).[20] - (2) V7b: die Deutung des Namens „Siloam" auf Jesus als „Gesandten" (vgl. V4).[21] - (3) V9: das Motiv der verschiedenen Volksmeinung und das für den Evangelisten typische ἄλλοι (δὲ) ἔλεγον (vgl. 7,12.41; 9,16; 10,19.21; 12,29). - (4) V16a: „einige von den Pharisäern" (vgl. 1,24; 3,1; 7,47f.; 9,40); οὗτος παρὰ θεοῦ (vgl. 6,46; 7,29; 8,40; 9,33; 17,5.7.8); 9,16b: vgl. (3) zu V9; πῶς δύναμαι + Infinitiv (vgl. 3,4.9; 5,44; 6,53; 14,5); das σχίσμα-Motiv (vgl. 7,43; 10,19-21); die Wendung τοιαῦτα σημεῖα ποιεῖν (vgl. 2,11.18.23; 4,54; 6,2.14.30; 7,31; 10,41; 11,47; 12,18.37; 20,30). - (5) V17: das Prophetenmotiv wie in 1,21.25; 4,19; 6,14; 7,40.52. - (6) V18a: Zwiespältigkeit und Zweifel am Wunder (vgl. 9,9.16b; 10,19-21); die für den Evangelisten typische Bezeichnung „die Juden" (vgl. schon 5,10.15.16 u.ö.).[22] - (7) V22f.[23]: Ausschluß aus der

---

[17] Zum ἔργον-/ἐργάζεσθαι-Begriff bei Johannes vgl. J.T. FORESTELL, Word, 49ff.; R. HEILIGENTHAL, Art. ἔργον, EWNT II, 124f.; TH. KNÖPPLER, Theologia crucis, 174-183; J. RIEDL, Heilswerk, passim, zu 9,3-4: 290-310; J. RINKE, a.a.O., 125ff.; U. SCHNELLE, Antidoketische Christologie, 161-167; W. THÜSING, Erhöhung, 50-75; W. WILKENS, Zeichen, 83-88.

[18] Vgl. dazu U. BUSSE, Metaphorik, 129-132; O. SCHWANKL, Licht, passim; ders., Metaphorik, 135-167; M. THEOBALD, Fleischwerdung, 305-329.

[19] Ob die Tradition in 9,3a ursprünglich geendet hat oder der Evangelist eine Weiterführung abgebrochen hat, um seine Pointe in 9,3b-5 einzufügen, bleibt ungewiß. Zwar erwartet man eine Weiterführung von 9,3a, dies aber nur aufgrund des jetzigen Textgefüges („...weder...noch..., sondern..."). Ein ursprüngliches Ende in 9,3a ist aber durchaus ebenso wahrscheinlich. Die Tradition weist mit der Antwort Jesu eine Suche nach der Sündenschuld kurz und bündig ab. Der Evangelist hat diese Abweisung freilich noch verstärkt: Es geht nicht um Schuldsuche, sondern um das Ziel des Wirkens Gottes (V3b-5). Demnach dient dem Evangelisten die Frage der Jünger dazu, das folgende Wort Jesu zu provozieren (R. BULTMANN, Komm., 251). Zur literarkritischen Analyse von VV2-3 vgl. M. REIN, Heilung, 105-108.

[20] Zu diesem kreuzestheologisch relevanten Motiv von Tag und Nacht in Joh 9,4; 11,9f.; 13,30 vgl. TH. KNÖPPLER, Theologia crucis, 178f.

[21] Ἀποστέλλειν (3,17.34; 5,36.38; 6,29.57; 7,29; 8,42; 11,42; 17,3.8.21.23.25; 20,21) oder πέμπειν (4,34; 5,30; 6,38; 9,4 u.ö.) werden von Johannes häufig benutzt, um Jesu Herkunft von Gott zu bezeichnen.

[22] Der Wechsel zwischen der Bezeichnung „die Pharisäer" (9,13.15.16.40) und „die Juden" (9,18.22) ist an sich noch kein Hinweis auf eine Zuweisung der Bezeichnung „die Pharisäer" an die Tradition. Der Evangelist gebraucht auch in anderen Zusammenhängen beide Termini promiscue (vgl. 1,19.24; 7,1.32.45-52; 8,13.22.31.48.52.57; 9,13.15f.18; 11,47.54; 18,3.12.14). „Der Evangelist will mit diesem Wechsel von 'Pharisäer' zu 'Ju-

Synagoge (vgl. 12,42; 16,2 und das joh Motiv der Furcht vor den „Juden": 7,13; 19,38; 20,19; vgl. 12,42); das Bekenntnis zu Christus vgl. 1,41; 11,27; 20,31. - (8) In den VV27b-30[24] können sprachliche Elemente des Evangelisten erkannt werden. In ihnen bekundet sich die Gemeindeerfahrung beim Ausschluß aus der Synagoge (ἐλοιδόρησαν αὐτόν V28; vgl. V34fin). Das Bekenntnis zu Christus (V22) entscheidet über den Dissens von Mose- und Jesusjüngerschaft (V28; zu εἰμὶ/γίνομαι μαθητής vgl. 8,31; 9,27; 13,35; 15,8; 19,38). Für den Evangelisten charakteristisch ist auch das τοῦτον οὐκ οἴδαμεν πόθεν ἐστίν V29 (vgl. 7,27f.; 8,14; 9,30; auch 2,9; 3,8; 19,9), οἴδαμεν (ohne Artikel) ὅτι (9,29; vgl. 3,2; 4,42; 9,20.24.31; 16,30; 21,24), die Wendung ἐν τούτῳ V30 (vgl. 4,37; 13,35; 15,8; 16,30) sowie ὑμεῖς οὐκ οἴδατε πόθεν ἐστίν V30 (s. zu V29). Vermutlich hat aber ein ähnliches Gespräch schon in der Tradition gestanden, das der Evangelist in seinem Sinn gestaltet hat. Der in V34 von den Pharisäern erhobene Vorwurf des Belehrens durch einen Sünder und der daraufhin erfolgte Ausstoß des Geheilten hätten so in den beiden Gesprächsgängen VV27-30 und VV31-33 eine hinreichende Motivation erfahren. - (9) Schließlich ist V33 der joh Redaktion zuzuweisen (vgl. zu οὗτος παρὰ θεοῦ Joh 6,46; 7,29; 8,40; 9,16; 17,5.7.8; zur Wendung „etwas tun können" vgl. Joh 3,2; 5,19.30; 9,4.16; 11,37; 15,5; zur Legitimation durch Wunder vgl. Joh 3,2; 6,2.14; 7,31; 11,47; 20,30f.).

Die Frage, ob 10,19-21 wegen der sachlichen Nähe zu Kap. 9 (Blindenheilung) direkt an V41 anzuschließen ist, kann wegen der gegebenen Unsicherheit von Umstellungshypothesen, die sich an präjudizierten Text- und Blattvertauschungen festmachen, oder hinsichtlich der Annahme einer sekundären Redaktion von 10,1-18 nur hypothetisch erörtert werden.[25]

---

den' sicherlich den amtlichen Charakter der Vernehmung andeuten, da für ihn 'die Juden' öfter als Vertreter der jüdischen Behörde fungieren (vgl. 1,19; 2,18.20; 5,10 u.ö.)" (R. SCHNACKENBURG, Komm. II, 316). Vgl. dazu auch R.A. CULPEPPER, Anatomy, 130f.; M.W.G. STIBBE, Komm., 108f.; K. WENGST, Bedrängte Gemeinde, 60-74, und M. REIN, Heilung, 86-99, der in dem Promiscue-Gebrauch eine Steigerung des Handlungsablaufes im Blick auf die Konfrontation des Geheilten mit den Pharisäern/„Juden" innerhalb von 9,13-34 erkennt.

[23] Zur genaueren literarkritischen Analyse von 9,22f. vgl. M. REIN, Heilung, 145-147. Für M. LABAHN, Jesus, 358-365, ist V22 mit der darin enthaltenen Aposynagogos-Thematik bereits traditionell.

[24] Ähnlich J. BECKER, Komm. I, 371. R. BULTMANN, Komm., 250.255 Anm. 5, zählt V29f. zum Evangelisten.

[25] Skeptisch gegenüber Textumstellungen äußern sich K. BERGER, Anfang, 25ff.; C.K. BARRETT, Komm., 39ff.; R.E. BROWN, Komm. I, XXVI-XXVIII; E. HAENCHEN, Komm., 48-57; L. MORRIS, Gospel, 46-49; R. SCHNACKENBURG, Komm. I, 41-44; S.S. SMALLEY, John, 102; vgl. auch W. SCHMITHALS, Johannesevangelium, 130-135. Für die

Szenisch schließt 10,1f. unvermittelt - Jesus redet weiter zu den Pharisä-ern aus V40f. - an. Zeitlich ist das gesamte Ereignis von 7,37-10,21 auf den letzten Tag des Laubhüttenfestes datiert. Für eine literarkritische Aus-blendung von Joh 10,1-18 gibt es keinen plausiblen Grund. Joh 9,1-41 schildert eine in sich kohärente Ereignisfolge, auf die in 10,19-21 nach der thematisch, jedoch nicht sachlich von Joh 9 sich abhebenden Hirtenrede summarisch zurückgeblickt wird.[26] Solche nachträglichen Rückblicke sind für den Evangelisten nicht ungewöhnlich (vgl. 11,37!; weiter 7,23 und 5,1ff.; 12,9-11.17 und 11,1ff.).[27] Sachlich greift das Unverständnis der Zuhörer (10,6) auf die Blindheit der Pharisäer (9,39-41) zurück. Die meta-phorische Sprache in Joh 9,39-41 wird in Joh 10,1-18 weitergeführt. Die Pharisäer haben aufgrund ihrer Blindheit keinen legitimen Anspruch mehr auf Führung des Volkes Israel. Diese bleibt in Wahrheit dem einen Hirten vorbehalten.[28]

Im Blick auf 9,16 sprechen zwar die in (4) genannten Indizien für sprachlichen Eingriff durch den Evangelisten,[29] jedoch weisen der Vor-wurf des Sabbatbruchs, der Begriff ἄνθρωπος ἁμαρτωλός (vgl. 9,24) und der aus der zweifelnden Frage erschließbare Vorwurf des Sünderseins Jesu auf das in der Tradition auf Johannes übermittelte Sündenverständnis des pharisäischen Judentums hin, das den einzelnen Sünder anhand seines Gesetzesbruches behaftet (s.u.). Überhaupt begegnet das Adjektiv ἁμαρτωλός sonst nur noch in Joh 9 und hier innerhalb des durch die Tra-dition übermittelten Textzusammenhangs (9,24.25.31). Der Evangelist hat die in 9,16a geäußerte sichere Meinung der Pharisäer im Blick auf Jesu Sünde in 9,16b zu einer Unsicherheit innerhalb der Pharisäerpartei abge-schwächt. Er benutzt das für ihn typische Zweifelmotiv (s.o.).

Zuweisung von 10,1-18 an eine „Kirchliche Redaktion" (vgl. J. BECKER, Komm. I, 365-367; W. LANGBRANDTNER, Gott, 46-50) gibt es keine überzeugenden Gründe.

[26] J. PAINTER, Quest, 301f.

[27] Zur literarischen und szenischen Einheit von Joh 9,1-41; 10,1-18 und 10,19-21 vgl. die gesammelten Beiträge in J. BEUTLER/R.T. FORTNA (Hg.), Shepherd Discourse, passim; U. BUSSE, Metaphorik, 127f.; D.A. CARSON, Gospel, 379f.; C.H. DODD, Tradi-tion, 354.356; P. DSCHULNIGG, Hirt, 5-23; G. KORTING, Struktur, 325-330; M. LABAHN, Jesus, 368-371; D.A. LEE, Symbolic Narratives, 163f.; F.J. MOLONEY, Komm., 290f.300.308; J. PAINTER, a.a.O., 287-289; M. REIN, Heilung, 61-64.163-165; A. REINHARTZ, Word, 64f.; H. RIDDERBOS, Komm., 352f.; L. SCHENKE, Komm., 179f.; B. SCHWANK, Komm., 283; S. v. TILBORG, Love, 220-222; U. WILCKENS, Komm., 153f.; jetzt v.a. B. KOWALSKI, Hirtenrede, 180-194.

[28] U. SCHNELLE, Komm., 176.

[29] Vgl. M. LABAHN, Jesus, 350f.: V16 ist sprachlich johanneisch, inhaltlich aber be-reits traditionell; U. SCHNELLE, Antidoketische Christologie, 134f.

Der literarkritische Überblick zeigt, daß der Evangelist in die überlieferte Tradition des Wunderberichts (V1-7) und der Gesprächsgänge (V8-34) weitgehend sprachlich und inhaltlich eingegriffen hat. Das Thema Sünde spielt sowohl innerhalb der Tradition als auch innerhalb der Redaktion des Evangelisten eine Rolle. Die Tradition benutzt ἁμαρτάνω/ ἁμαρτωλός (VV2.3a.16b [sprachlich Evangelist, sachlich Tradition, s.o.] 24.25.31.34). Der Evangelist bevorzugt das Nomen ἁμαρτία V41. Die Tradition ist einerseits an dem Verhältnis von Sünde und Unheil (9,2-3a.34; vgl. 5,14), zum anderen an dem Verhältnis von Sünde und Gesetz interessiert (9,16.24.25.31; vgl. 5,14[s.o.]). Der Evangelist wandelt einerseits die Frage nach dem Zusammenhang von Sünde und Unheil im Blick auf die Offenbarungswirklichkeit Gottes (9,3b-5), zum anderen die Frage nach dem Zusammenhang von Sünde und Gesetz im Blick auf das in dem Gesandten zur Geltung gekommene Gericht über den verblendeten Kosmos ab (9,39-41). Die folgenden Überlegungen werden zeigen, daß hier entscheidende Veränderungen von der Tradition zur Redaktion stattgefunden haben.

3.3.2. Die Position des pharisäischen Judentums

Zunächst ist das Sündenverständnis, wie es sich in der Tradition von Joh 9 widerspiegelt, zu ermitteln (9,2-3a.16.24.25.31.34). Die Pharisäer treten als untersuchende Behörde auf. In ihren Äußerungen offenbart sich ein „Grundempfinden" von Sünde, das von verschiedenen Strömungen des Frühjudentums geteilt wurde.[30] Nach E.P. Sanders läßt sich eine gemeinsame Religionsstruktur des „Bundesnomismus" in frühjüdischen Schriften der Zeit 200 v.Chr. - 200 n.Chr. ausmachen, wonach der Begriff „Sünde" Bestandteil eines größeren Beziehungsgefüges von Bund, Erwählung, Gesetz, Gehorsam und Ungehorsam, Lohn und Strafe, Sühne zur Aufrechterhaltung des Bundesverhältnisses sowie letztlicher Errettung der Gerechten ist.[31] Für unsere Zwecke sind drei Aspekte dieses Grundempfindens von

---

[30] vgl. dazu J. MAIER, Jüdisches Grundempfinden von Sünde und Erlösung in frühjüdischer Zeit, in: H. FRANKEMÖLLE (Hg.), Sünde und Erlösung im Neuen Testament (QD 161), Freiburg u.a. 1996, 53-75. Dieses „Grundempfinden" kommt natürlich auch in der rabbinischen Tradition, die für die Deutung der Konfliktsituation im Joh relevant ist (s.u.), zur Geltung.

[31] E.P. SANDERS, Paulus, 27-406. Sanders analysiert die rabbinische Literatur, die Schriften aus Qumran sowie die Apokryphen und Pseudepigraphen. Er kann die v.a. in der protestantischen Theologie lange Zeit vorherrschenden Vorurteile von Legalismus und Werkgerechtigkeit im Frühjudentum abbauen (vgl. auch P. FIEDLER, Jesus, 19-95). Er verweist auf die im Bund Gottes gewährte Treue und Gnade Gottes, die durch Stiftungen des Heils wie Gesetz und Kultus dem Sünder den Weg zur Umkehr offenläßt.

Sünde zu berücksichtigen[32]: 1. Sünde ist der Bruch der Treue und des Gehorsams gegenüber Gott, der seinen Heilswillen im Gesetz manifestiert. Insofern gilt: „Der Sündenbegriff des Judentums ist durch das Gesetz ... bestimmt. Die Übertretung jedes einzelnen Gebotes der Tora ist Sünde"[33]. Das Gesetz ist die offenbarungsgeschichtliche Norm für die Erkenntnis der Sünde.[34] Nur die Umkehr zur Tora erwirkt demgemäß Sühne und Vergebung.[35] 2. Obwohl der Gedanke der allgemeinen Sündenverhaftung (vgl. Ex 20,5; Dtn 5,9) beibehalten wird,[36] rückt das sündige Individuum in den Mittelpunkt. „Die Sünde ist also der jeweilige Verstoß eines einzelnen Menschen gegen das Gebot der Tora ..."[37]. 3. Antworten werden gesucht auf die Fragen nach dem Woher und den Folgen der Sünde.[38]

3.3.2.1. Sünde und Gesetz

Joh 9 weist mehrfach auf die im Gesetzesverständnis begründete Position der Pharisäer gegenüber der Sünde hin.[39] Anlaß für ihr rigoroses Urteil ist

---

[32] Zum Sündenbegriff des Frühjudentums vgl. A. BÜCHLER, Sin, passim; P. FIEDLER, Jesus, 19-95; ders., Sünde, 76ff.; J. KÖBERLE, Sünde, 387-676 (479-520: zum pharisäischen Judentum); S. LYONNET(/L. SABOURIN), Sin, 24-30; J. MAIER, Sünde, 53-75; G.F. MOORE, Judaism I, 460ff.; E.P. SANDERS, Paulus, 27-406; E. SJÖBERG, Gott, passim; A. STROBEL, Erkenntnis, 9-37; H. THYEN, Sündenvergebung, 16-130.

[33] G. STÄHLIN/W. GRUNDMANN, Art. ἁμαρτάνω κτλ. C. Der Sündenbegriff im Judentum, ThWNT I, 290; vgl. G.F. MOORE, a.a.O.; ders., Judaism II, 319; E.P. SANDERS, Paulus, 105ff.121ff.257ff.320ff. u.ö. Belege für Qumran bieten O. BÖCHER, Dualismus, 60; E.P. SANDERS, a.a.O., 257ff., und A. STROBEL, Erkenntnis, 24-27: z.B. 1QS 2,25f.; 3,1.8f.; 1QH 4,14ff.; Dam 2,4ff. Der Zusammenhang zwischen Sünde und Gesetz wird vor allem im Sündenbekenntnis deutlich: Esr 9,6-15; Neh 1,5ff.; 9,1ff.; Dan 9,4ff.; 4.Esr 9,36; 8,20-36; syrBar 48,1-14; Dam 20,28-30. Vgl. dazu A. STROBEL, a.a.O.

[34] Vgl. dazu J. BECKER, Heil Gottes, 58ff. (für Qumran); J. KÖBERLE, Sünde, 483ff.; E. SJÖBERG, Gott, 17ff.; A. STROBEL, a.a.O., 18-27.

[35] Vgl. J. MAIER, Sühne, 145-171.

[36] Das Frühjudentum war sich der Sünde als einer die Einzelvergehen transzendierenden kollektiven Sündenschuld, nämlich der Verletzung der Tora im Sinne des umfassenden Gotteswillens, bewußt. Vgl. dazu J. MAIER, Sünde, 53-75, mit Verweis auf die Schriften von Qumran, auf 4.Esra, die Henochbücher und das Jubiläenbuch.

[37] G. STÄHLIN/W. GRUNDMANN, Art. ἁμαρτάνω κτλ., ThWNT I, 292; vgl. auch J. KÖBERLE, Sünde, 493ff.

[38] A.a.O., 293f.

[39] Das pharisäische Gesetzesverständnis in der neutestamentlichen Zeit ist bei P. Stuhlmacher, Theologie I, 257-261, in seinen Grundzügen zusammengefaßt. Die einzelnen Problemkreise spricht z.B. G. STEMBERGER, Pharisäer, 70-84, an. Es sind vor allem Fragen des Religionsgesetzes, Reinheits-, Zehnt- und Festtagsnormen, die die Auslegung des Gesetzes aus pharisäischer Sicht bestimmen. Nach Josephus waren die Pharisäer auf ihre genaue Kenntnis der väterlichen Gesetze stolz und rühmten sich ihrer Gesetzesbefolgung (Ant 17,41). Sie galten als die genauesten Ausleger der Gesetze (Bell 1,110; 2,162; vgl. Apg 22,3; 26,5). Auch für Johannes gelten die Pharisäer als Gesetzeslehrer,

der Gesetzesbruch, der mit der Überschreitung der Sabbatvorschriften vollzogen ist (V14.16; vgl. Ex 20,8-11; 31,12-17; Dtn 5,12-15).[40] Wer das Gesetz bricht, kann nicht „von Gott" sein (9,16). Da die Pharisäer im Gegensatz zum Am-ha-Arez des Gesetzes kundig sind (vgl. Joh 7,49; 9,34), von dessen Studium sie sich das ewige Leben erwarten (vgl. 5,39a),[41] können sie genau sagen, in welchem Fall Sünde vorliegt. In V24 stellt das inkludierende ἡμεῖς οἴδαμεν ὅτι ... den common sense der Pharisäer über Jesu Sünde fest. Hier wird die sichere Position des Gesetzesgelehrten deutlich (3,2; vgl. betontes ἡμεῖς V24.28.29). Er weiß, wann und wo sich der Wille Gottes zu erkennen gibt[42] (vgl. die Berufung auf die Jüngerschaft Moses V28). In V31 nimmt der Geheilte diese Wissensposition auf (οἴδαμεν ὅτι ...) und stellt - dies durchaus im Sinne der pharisäischen Gesetzeskenntnis[43] - definitiv und allgemeingültig (vgl. die Verwendung des Plurals von ἁμαρτωλός) fest, worin die Sünde besteht.

---

die zu autoritativen Entscheidungen befugt sind. Sie werden bei ihm nie γραμματεῖς genannt. Zu seiner Zeit „waren sämtliche Gesetzeslehrer Pharisäer, und diese stehen repräsentativ für das ganze nomistische und offizielle Judentum" (R. SCHNACKENBURG, Komm. II, 313). Besonders für die Pharisäer waren Sünde und Gesetzesbruch im hohen Maße identisch (vgl. J. KÖBERLE, Sünde, 483ff.).

[40] Vgl. J. KÖBERLE, a.a.O.; STR.-BILL. I, 615ff. - S. PANCARO, Law, 19f., nennt die Vergehen, die aus pharisäischer Sicht zur Verurteilung Jesu als Gesetzesübertreter führen: „Healing on the Sabbath was permitted only when life was in danger. Since blindness is a chronic illness, Jesus should not have healed on the Sabbath. Furthermore, Jesus kneaded the mud. This detail is given great emphasis by Jn (vv. [6].11.14.15). It was one of the 39 works forbidden on the Sabbath. Finally, Jesus used matter which was not ordinarily used during the week to anoint eyes. This was a further violation of the Sabbath." - Zur konstitutiven Rolle des Gesetzes für Israel im Blick auf das Verhältnis Gottes zum sündigen Volk vgl. E. SJÖBERG, Gott, 17-25; des weiteren H. THYEN, Sündenvergebung, 50-77 (nachbiblisches Judentum Palästinas). 77-98 (Qumran).

[41] Zur Tora als Quelle des Lebens und Heils vgl. das bei STR.-BILL. III, 129-132, gesammelte Material.

[42] „οἴδαμεν, 'we all know', introducing a maxim which no one will dispute ..." (J.H. BERNARD, Komm., 336). - In der Verpflichtung des Geheilten auf die Ehre Gottes (δὸς δόξαν τῷ θεῷ V24 - eine Formel, die zur Anerkennung einer Wahrheit und zum Gehorsam auffordert; zum alttestamentlichen Hintergrund der Wendung vgl. R. SCHNACKENBURG, Komm. II, 318) äußert sich die beanspruchte Autorität der Pharisäer, wonach der Angesprochene religös und rechtlich definitiv behaftet wird, das von ihm Verlangte (hier: das Bekenntnis zum Sündersein Jesu) zu tun (vgl. Str.-Bill II, 535). Eigentümlich paradox ist es, daß die „Juden" nach Johannes durch ihren Widerspruch gegenüber Jesus gerade diese Verweigerung der Ehre Gottes zu erkennen geben (5,44; 12,43; vgl. 7,18), während Jesus im Erweis der Ehre Gott gegenüber zugleich die ihm von Gott gewährte Ehre behaupten kann (8,49f.54).

[43] Der Geheilte beruft sich auf ein ihm und den „Juden" gemeinsames Wissen, „... und indem sich der Geheilte in dem οἴδαμεν mit den Juden zusammenfaßt, zeigt er, daß auch er ein Mose-Jünger ist, und gerade ein echter" (R. BULTMANN, Komm., 256; vgl.

Der zweite Teil des Satzes V 31 spricht vom Gottesfürchtigen, der sich durch Erfüllung des Willens Gottes vom Sünder abhebt. Das Adjektiv θεοσεβής, das im NT nur an dieser einen Stelle vorkommt,[44] wird durch die Wendung „seinen Willen tun" definiert. Dadurch erfährt der Begriff θεοσεβής eine ethische (sc. handlungsorientierte) Komponente,[45] die aus Sicht der Pharisäer auf die Bewahrung und Erfüllung der Gesetzesvorschriften abhebt. Ähnlich hat bereits der ehemalige Pharisäer Paulus das Selbstverständnis des gesetzestreuen Juden formuliert, wenn er die Kenntnis des Gotteswillens mit der Unterweisung durch das *Gesetz* in Verbindung bringt (Röm 2,18). Wille Gottes und Gesetz werden geradezu identisch (vgl. Ps 40,9).[46] Ein kurzer Blick auf die Bedeutung des Begriffes der Gottesfurcht (θεοσέβεια, θεοσεβής) bestätigt seine gesetzesorientierte Perspektive.[47]

G. Bertram zeigt in seinem Artikel zum θεοσέβεια-Begriff, wie dieser unter Einfluß hellenistischen Gedankenguts im alttestamentlichen, jüdischen, neutestamentlichen und frühkirchlichen Bereich zur Beschreibung der wahren Religion im Unterschied zum Aberglauben und Götzendienst geworden ist. Jedoch ist die ursprünglich mit dem Begriff zusammenhängende Bedeutung der Gottesfurcht im biblischen Bereich wahrzunehmen. Die LXX umschreibt den hebräischen Begriff (אדני) יראת אלהים in der Regel mit φόβος θεοῦ (Κυρίου) (2βας 23,3; 2Εσδρ 15,9.15; Hi 28,28; Prv 1,7; 9,10), in Gen 20,11 aber auch mit θεοσέβεια. Die Gottesfurcht zeigt an einigen Stellen eine ethische Prägung. In Jdt 11,17 sagt Judith von sich selbst: ἡ δούλη σου θεοσεβής ἐστιν καὶ

---

auch M. HASITSCHKA, Befreiung, 302f.; J. BLANK, Krisis, 260). Anders M. REIN, Heilung, 153-155, der in den Worten des Geheilten VV 31-33 bereits ein christliches Zeugnis wiederfindet. Doch dieses bietet der Geheilte deutlich erst in VV 35-38. Mit der Einleitung „Wir wissen..." V 31 nimmt er das entsprechende „Wir wissen..." der Pharisäer aus V 24 auf. Die Diktion von VV 31-33 ist auf dem Hintergrund jüdischen Gesetzesverständnisses plausibel (s. im folgenden). Sie erinnert in ihrer Argumentation an die entsprechende Position des Pharisäers (!) Nikodemus (3,2). Freilich tritt der Geheilte in Joh 9 für Jesus ein, insofern auch als „Zeuge Jesu", der im Glauben wächst. In der Anbetung des Herrn (V 38) „wird der Fortschritt des Mannes von seinem jüdischen Glauben (V 31-33) zum christlichen Glauben manifestiert" (R. SCHNACKENBURG, Komm. II, 323). Aufgrund des Kontextes von VV 35-38 gibt sich in den Worten des Geheilten VV 31-33 auch die christliche Gemeinde zu erkennen.

[44] Θεοσέβεια begegnet noch in 1.Tim 2,10, ist dem Frömmigkeitsideal der Pastoralbriefe entsprechend aber anders definiert. Vgl. G. BERTRAM, Art. θεοσεβής κτλ., ThWNT III, 126f.

[45] So richtig G. BERTRAM, a.a.O., 126.

[46] Beachte die Parallelität von θέλημα (τοῦ θεοῦ) und νόμος (τοῦ θεοῦ) Ps 39,9 (LXX)!

[47] Vgl. dazu G. BERTRAM, a.a.O., 124-128. Vgl. auch S. PANCARO, Law, 47-49, der den Zusammenhang zwischen „Gottesfurcht" und Gesetzesgehorsam auf dem Hintergrund des Gegensatzpaares צדיק - רשע im alttestamentlich-jüdischen Schrifttum hervorhebt.

θεραπεύουσα νυκτὸς καὶ ἡμέρας τὸν θεὸν τοῦ οὐρανοῦ. In Hi 1,1.8; 2,3 steht θεοσεβής neben ἀληθινός, ἄμεμπτος, δίκαιος, ἄκακος und - unmittelbar an θεοσεβής anschließend!- ἀπεχόμενος ἀπὸ παντὸς πονηροῦ πράγματος (2,3: ἀπὸ παντὸς κακοῦ). Dementsprechend ist die Gottesfurcht dem Sünder ein Greuel (Sir 1,25). Den Herrn zu fürchten bedeutet, seine Gebote zu bewahren (vgl. Sir 1,26; 2,15-17; 15,1; 19,20; 23,27). In Eccl 12,13 wird der Aufruf zur Gottesfurcht mit einer entsprechenden Mahnung zur Bewahrung seiner Gebote interpretiert. Ähnlich ist dies in Dtn 6,1f. der Fall. Gott gibt seine Gesetze und verheißt die Landnahme, ἵνα φοβῆσθε κύριον τὸν θεὸν ὑμῶν φυλάσσεσθαι πάντα τὰ δικαιώματα αὐτοῦ καὶ τὰς ἐντολὰς αὐτοῦ... Es gilt: „The combination 'fear of the Lord' and 'walking in his ways' in admonitions to follow the Law is almost a fixed formula in the OT (cf. Dt 10,12.20; Jos 24,14, etc.) and 'fear of the Lord' is also found associated directly with obedience to the commandments (cf. Sir 2,15)."[48] Ein rabbinischer Ausspruch hält schließlich die enge Bindung von Gottesfurcht und Erhörung bei Gott fest.[49]

Die genannten Stellen belegen, daß Gottesfurcht im Kontext des Gottes- und Gesetzesgehorsams verstanden wird. Im Blick auf Joh 9,31 ist es auch erwähnenswert, daß der Gottesfürchtige mit der Erhörung Gottes rechnet. So bezieht sich die Selbstaussage der Judith in der oben genannten Stelle Jdt 11,17 „offenbar auf die religiöse Haltung und den sich darauf gründenden Anspruch an die Gottheit auf Gebetserhörung ...".[50] - Die Wendung τὸ θέλημα τοῦ θεοῦ ποιεῖν trägt im traditionell jüdischen Sinn ebenfalls einen deutlich nomistischen Charakter.[51]

Aus den genannten Beobachtungen ist zu schlußfolgern, daß Joh 9,31 im Kontext alttestamentlich-jüdischen Verständnisses formuliert. Der Sünder findet im Gegensatz zum Gottesfürchtigen keine Erhörung bei Gott und ist von dessen Schutz, der sich in seinen Verheißungen und im Willen seiner Gebote niederschlägt, ausgeschlossen. Der Sünder erfüllt nicht den in seinen Geboten mitgeteilten Willen Gottes (vgl. Ps 51,15).[52] Er zeigt keine Gottesfurcht, ja haßt diese vielmehr (vgl. Sir 1,25). Die Mißachtung der Gebote Gottes ist Anlaß für jeden Gottesfürchtigen, den Sünder bei seiner Sünde zu behaften. Deshalb verurteilen die Pharisäer den vermeintlichen Sabbatschänder als Sünder (9,16a).[53] „Hinter der pharisäischen Stellung-

---

[48] S. PANCARO, Law, 48 Anm. 169.

[49] „Die Worte jedes Menschen, in welchem Gottesfurcht ist, werden erhört." Berakh 6b s. bei STR.-BILL. II, 535.

[50] G. BERTRAM, a.a.O., 125.

[51] Vgl. hierzu S. PANCARO, Law, 369-371.

[52] Vgl. hierzu die ausführliche Erörterung des an der Übertretung des Gesetzes orientierten alttestamentlich-jüdischen ἁμαρτωλός-Begriffes bei S. PANCARO, a.a.O., 30-44.

[53] Der Evangelist hat dieses sichere Urteil zu einer Unsicherheit unter den Pharisäern abgeschwächt (9,16b; s.o.). Es bekundet sich darin die Erkenntnis, „daß die Offenbarung nicht in unverhüllter, absolut eindeutiger Weise geschieht. Die Zweideutigkeit, genauer, das Moment des Ärgernisses, des möglichen Anstoßes, gehört zur irdischen Erscheinungsform der Offenbarung; hier ist es gegeben durch die Sabbatverletzung" (J. BLANK, Krisis, 256).

nahme steht das Urteil, dass ein Zeichen allein noch nicht ausreichend die Sendung eines Menschen zu begründen vermag. Das Zeichen muß mit der Lehre des Menschen und mit seinem Gesetzesgehorsam verglichen werden."[54] Auch im Blick auf den Geheilten steht für sie die Sünde fest (9,34). Dabei ist nicht der Inhalt der Belehrung durch den Geheilten (VV31-33) der Anstoß ihrer harten Reaktion in V34,[55] sondern die Tatsache, daß ein Ungebildeter, zum Am-ha-Arez gehörender Sünder sie zu belehren wagt, obwohl er doch vom Gesetz nichts wissen könne (vgl. 7,49).[56] „In Sünden geboren" bedeutet für die pharisäische Position: keine Legitimation zur Lehre. Die Berufung auf Mose (V28) und auf das kollektive Wissen (V24; vgl. V29) hat deutlich die Funktion, den Gesetzeskundigen vom Sünder abzuheben. Sünde wird somit zu einem Phänomen des Am-ha-Arez, zu einem Phänomen der Ausgrenzung durch die Gesetzeswissenden und Gesetzestreuen, da Gesetzeskenntnis die Bedingung für die Erfüllung des Gesetzes ist.[57] Mit S. Pancaro kann gesagt werden, daß ἁμαρτωλός „does not designate a person who belongs to an 'immoral' class of individuals such as adulterers, thieves, robbes, etc., but an עם הארץ - a person who does not have a correct understanding of and attitude toward the Torah and whose life does not conform to the Law of Moses."[58]

3.3.2.2. Die Sünde des einzelnen Menschen

Joh 9,31a bemerkt, daß Gott Sünder nicht erhört. Es wird nicht von der Sünde allgemein, sondern von einzelnen Sündern gesprochen. Dementsprechend begegnet das als Nomen gebrauchte Adjektiv ἁμαρτωλός

---

[54] W.J. BITTNER, Jesu Zeichen, 115f.

[55] V31 formuliert der Geheilte ganz im pharisäischen Sinn. Die Schlußfolgerung in V32f., die Jesus rehabilitieren würde, können die Gesetzesgelehrten freilich nicht unterschreiben.

[56] Der Geheilte gehört nach pharisäischem Verständnis zum Am-ha-Arez. Nach S. PANCARO, Law, 103f., handelt es sich um einen „Rabbinical technical term". „The term 1) is used by the Pharisees 2) in a contemptuous sense. What characterizes this group of people is 3) their ignorance of the Law and 4) they are accursed" (103). Zum Am-ha-Arez vgl. STR.-BILL. II, 494-519; ferner R. MEYER, Am-ha-Ares, 21-39; E.P. SANDERS, Paulus, 143-147.

[57] Vgl. J. KÖBERLE, Sünde, 507ff. - In V31 spricht zwar der Geheilte aus einer entsprechenden Position des „Wir wissen...", dies jedoch deutlich in Aufnahme jüdischen Gesetzesverständnisses. Dementsprechend hart reagieren die Pharisäer, für die eine Belehrung durch einen Sünder unmöglich ist (V34). Ähnlich abweisend verhalten sich „die Juden" auch gegen Jesus in Joh 7,15: „Wie versteht dieser die Schrift, wenn er es doch nicht gelernt hat?"

[58] S. PANCARO, Law, 47.

(9,25.31) nur im Mund der Pharisäer oder im Mund des Geheilten, der ihre Sprache aufnimmt (V16.24f.31).[59] Die sündige Tat des einzelnen kann definitiv festgestellt und geahndet werden. Dabei ist die Vorstellung, daß Gott auf Sünder nicht hört, sondern auf die, die seinen Willen erfüllen (V31), traditionell bekannt (vgl. Jes 1,15; Ps 34,16; 66,16-20; 108,7; 145,19; Spr 15,8.29; PsSal 2,32-37; 4,23-25).[60] Wer von Gott nicht erhört wird, kann auch nicht „von Gott" sein (V16: οὐκ ἔστιν οὗτος παρὰ θεοῦ, vgl. V33). Es wird klar, daß die Beziehung des Hörens und Erhörtwerdens und damit des Gehorsams vor Gott über Annahme oder Verwerfung entscheidet. Der Sünder ist von Gott getrennt, und von Gott getrennt sein heißt: von Gott nicht erhört werden.[61] Es gilt als eine besondere Strafe für den Sünder, von Gott nicht erhört zu werden (vgl. Jes 1,15; 59,2f.; Jer 11,11; 14,10-12; Ez 8,18; Mi 3,4; Spr 15,29; Ps 66,18; Sach 7,13).[62] Da für die Pharisäer die Sünde Jesu feststeht, glauben sie, zu einer entsprechenden Verwerfung desselben befähigt zu sein (vgl. 5,16; 9,34 gegenüber dem Geheilten).

3.3.2.3. Die Frage nach dem Woher und den Folgen der Sünde

Zu den Folgen der Sünde gehört das Leid der Krankheit. Joh 5,14; 9,2f.34 setzen diesen im Judentum verbreiteten Topos, der den Zusammenhang von Tun und Ergehen, von Tat und „schicksalwirkender Tatsphäre" widerspiegelt, voraus:[63] Unheil hat in der Sünde seine Ursache[64] und wirkt als

---

[59] Vgl. S. PANCARO, Law, 46f.376f.

[60] Rabbinische Belege bei STR.-BILL. II, 534f.; vgl. auch E. SJÖBERG, Gott, 39. - Der Gegensatz von ἁμαρτωλός und τὸ θέλημα τοῦ θεοῦ ποιεῖν spiegelt das alttestamentlich-jüdische Gegensatzpaar רשע-צדיק wider. Gottes Willen erfüllen oder nicht (=Sünder sein), entscheidet sich an der Stellung zum Gesetz. Vgl. dazu die umfangreiche Erörterung bei S. PANCARO, Law, 30-44.46f., der den gesetzesorientierten alttestamentlich-jüdischen Hintergrund des ἁμαρτωλός-Begriffes in Joh 9 hinreichend nachgewiesen und auf die entsprechende pharisäische Terminologie hingewiesen hat.

[61] G. STÄHLIN/W. GRUNDMANN, Art. ἁμαρτάνω κτλ. C. Der Sündenbegriff im Judentum, ThWNT I, 294, weisen im Blick auf den jüdischen Sündenbegriff darauf hin, daß zu den Folgen der Sünde die Trennung von Gott gehört.

[62] Umgekehrt gilt, daß Gott das Gebet des Gerechten und Gottesfürchtigen erhört (vgl. Ps. 34,18; 145,19; Spr 15,29; Joh 11,22.41!).

[63] Vgl. dazu K. KOCH, Vergeltungsdogma, 130-180. Zum biblischen Tat-Ergehen-Zusammenhang vgl. weiter G. BARTH, Tod, 64-68; H. GESE, Sühne, 86ff.; H. THYEN, Sündenvergebung, 16-49. Zum metaphorischen Gehalt des (medizinischen) Paradigmas „Krankheit und Sünde" im antiken Schrifttum alttestamentlich-jüdischer, nichtchristlicher und christlicher Herkunft vgl. H.-J. KLAUCK, Heil, 22-26.

[64] Vgl. Ex 20,5; 34,7; Dtn 5,9; Jer 32,18; Thr 5,7; TestXII.Rub 1,8f.; 4; TestXII. Sim 2,12f.; 4; TestXII.Is 3,7; TestXII.Zab 6,6; 8,1-3; TestXII.Dan 5; TestXII.Jos 18,1-4.

Strafe für sie auf den Täter zurück.[65] „Strafe für die Sünde ist die Krankheit; es besteht die Formel, daß der Kranke nicht eher von seiner Krankheit aufsteht, als bis man (= Gott) ihm alle seine Sünden vergibt (bNed 41a)."[66] Joh 9,2 und Joh 9,34 (vgl. Ps 51,7) setzen zugleich die Frage nach dem Ursprung der Sünde voraus. Hier spricht sich die Annahme aus, daß Kinder durch eigenes Sündigen im Mutterleib oder durch das Sündigen der Eltern von Geburt an Schaden erleiden[67] und damit in die Unheilsfolge der Sünde, wie sie seit Adam und Eva besteht, eingegliedert werden. Die Sünde Adams und Evas setzt sich mit Hilfe des bösen Triebes durch das Menschengeschlecht hin fort.[68]

3.3.2.4. *Die urchristliche Tradition von Joh 9, Pharisäer und Gesetz*

Die in Joh 9 überlieferte Tradition hat mit V34 geendet (s.o.). In dem abschließenden statement des Geheilten (VV31-33) kann sie Jesu Tun rechtfertigen. Im Kontext von VV35-38 lesen sich VV31-33 wie ein Diktum der christlichen Gemeinde, die für Jesus Stellung bezieht.[69] Das darin ent-

---

Vgl. aber auch die Kritik an dem Gedanken der Strafe der Kinder für die Sünden der Väter (Hi 21,19; Jer 31,29f; Ez 18,2-4.19f.).

[65] Vgl. Dtn 28,28f.: Blindheit als Strafe Gottes für diejenigen, die das Wort Gottes nicht hören und seine Gebote nicht halten; PsSal 2,17: ὅτι ἀπέδωκας τοῖς ἁμαρτωλοῖς, κατὰ τὰ ἔργα αὐτῶν καὶ κατὰ τὰς ἁμαρτίας αὐτῶν τὰς πονηρὰς σφόδρα. SapSal 11,16: δι᾽ ὧν τις ἁμαρτάνει, διὰ τούτων κολάζεται (ähnlich TestXIIGad 5,10); Philo Leg All I 35: κολαζόμενος ἐφ᾽ οἷς ἡμάρτανεν. Weitere Belege s. bei E. LOHSE, Märtyrer, 50ff.

[66] G. STÄHLIN/W. GRUNDMANN, Art. ἁμαρτάνω κτλ. C. Der Sündenbegriff im Judentum, ThWNT I, 294. Vgl. weiter STR.-BILL. I, 495f.; II, 193-197.527-529; A. SCHLATTER, Johannes, 222ff.; W. SCHRAGE, Art. τυφλός κτλ., ThWNT VIII, 283, zur Blindheit als Strafe Gottes im Judentum; D.H. TRAPNELL/W. BITTNER-SCHWOB, Art. Krankheit, GBL III, 1293f.

[67] Vgl. E.C. HOSKYNS, Komm., 353. Das bei STRACK-BILLERBECK (II, 528f.) vorgelegte Material zeigt, wie man sich Mißbildungen und körperliche Leiden, die von früher Kindheit an vorhanden waren, erklärte und zugleich daraus Mahnungen zog für ein sauberes Eheleben. Rabbinische Aussprüche über ein Sündigen des Kindes im Mutterleib finden sich bei STR.-BILL. erst aus der Zeit des (2.) 3. Jahrhunderts. Vgl. auch W. SCHRAGE, a.a.O., zum Problem der blindgeborenen Kinder im Judentum. Nach dem weisheitlichen Grundsatz des engen Zusammenhangs von Sünde und Strafe meinte man, daß die Strafe in allen Einzelheiten der Sünde entspreche (vgl. O. BÖCHER, Dualismus, 67f.), so daß man in unserem Fall an eine durch die Augen begangene Sünde denken konnte.

[68] G. STÄHLIN/W. GRUNDMANN, a.a.O., 293f. Zur Herleitung der Sünde von Adam und vom „bösen Trieb" (יֵצֶר הָרַע) vgl. auch G.F. MOORE, Judaism I, 474ff.479ff.

[69] Vgl. R. SCHNACKENBURG, Komm. II, 319, mit Hinweis auf eine apologetische Tendenz: „In dem οἴδαμεν meldet sich (aber) auch die christliche Gemeinde zu Wort, die mit demselben Argument, das der Geheilte vorträgt, jüdische Anwürfe zurückgewie-

haltene Sündenverständnis ist freilich mit dem pharisäischen (V16.24.25) der Sache nach konform: Der Sünder verstößt gegen den im Gesetz offenbaren Willen Gottes. In dieser Frage stimmt der Tradent der Wundergeschichte mit den Pharisäern überein. Darum kann er in V31 ungebrochen in pharisäischer Diktion formulieren. Beide haben aber offenbar verschiedene Schlußfolgerungen gezogen. Während nach pharisäischem Verständnis der Sabbatbruch ausschließt, daß Jesus ein Mann Gottes ist (V16a), ist für den Erzähler der christlichen Überlieferung klar, daß Jesus kein Sünder ist, weil er ein vollmächtiges Wunder vollbracht hat (V31f.).[70] Die Überlieferung hat in diesem Wort des Geheilten ihren Höhepunkt. Sie ist daran interessiert, dem Vorwurf der Pharisäer zu entgegnen und Jesus als gesetzestreuen Wundertäter darzustellen. Der Bruch eines einzelnen Gebotes wie des Sabbats kann nicht grundsätzlich ein Angriff gegen den Willen Gottes sein, denn Jesu Heilung macht die Vollmacht des Wundertäters offenbar. Insofern wird das Gesetz vom Heilswillen Gottes her ausgelegt. Darin entspricht die Tradition dem Matthäusevangelium, das die Erfüllung des Gesetzes (Mt 5,17ff.; 23,2f.23) und des Willens Gottes (vgl. 6,10; 7,21; 12,50; 18,14; 21,31) trotz vermeintlicher Übertretung einzelner Gebote wie des Sabbats (12,1-14) zusammendenken kann. Die Pharisäer urteilen anders. Darum laufen die überlieferten Gesprächsgänge VV8-34 aus Sicht der urchristlichen Tradition auf eine Rechtfertigung Jesu als Wunderheiler hinaus.

Zusammenfassend wird deutlich. Sünde ist der Verstoß gegen das mit Gottes Willen konforme Gesetz (Joh 9,16a.31), wobei der je einzelne behaftet wird (ὁ ἄνθρωπος ἁμαρτωλός 9,16.24) und von der Gebetserhörung vor Gott ausgeschlossen wird (9,31). Die Frage nach dem Woher der Sünde wird in 9,2 gestellt,[71] die Frage nach den Folgen wird mit Hilfe des geläufigen Zusammenhangs von Sünde und Krankheit beantwortet (9,2.34; vgl. 5,14). Dieses in sich geschlossene Verständnis von Sünde wird sowohl durch die Pharisäer als auch durch die Johannes überlieferte Tradition vertreten, wenngleich die Beurteilung des Verhaltens Jesu zu je unterschiedlichen Konsequenzen führt. Anhand des Maßstabes des Gesetzes zu bestimmen, *wer* ein *Sünder* ist, vermag jedoch nicht in dem für Johannes spezifischen Sinn zu klären, *was „Sünde"* ist. Das Gesetz behaftet

---

sen haben wird." Die Argumentationsstruktur von V31 ist freilich zunächst spezifisch jüdisch.

[70] Die zweifelnde Frage einiger Pharisäer in V16b weist bereits in diese Richtung.

[71] Joh 9,2 formuliert zwar eine Frage der Jünger Jesu, reflektiert aber eine Problematik des Judentums (s.u.).

den *einzelnen Menschen als Sünder*. Johannes zielt dagegen auf eine Beschreibung des *Wesens der Sünde*. Wir werden sehen, daß hier eine bedeutende theologische Veränderung durch den Evangelisten vorliegt, der statt des am Gesetz orientierten ἁμαρτωλός-Begriffes[72] mit dem ἁμαρτία-Begriff andere Akzente setzen kann.

3.3.3. Die Position des Evangelisten

3.3.3.1. Sprachgebrauch

Ein Überblick über die joh Sündenaussagen macht deutlich, daß der Evangelist den Singular ἁμαρτία (1,29; 8,21.34.46; 9,41; 15,22.24; 16,8f.; 19,11) vor dem entsprechenden Plural (8,24; 9,34; 20,23) bevorzugt hat. Die Pluralformulierungen begegnen vorwiegend in traditionellen Aussagen wie 9,2f.34; 20,23.[73] Joh 9,2f.34 entsprechen den traditionell am Gesetz orientierten jüdischen Vorstellungen von Sünde. In diesem Zusammenhang werden Begriffe wie ἁμαρτωλός und ἁμαρτάνω gewählt (5,14; 9,2f.16.24f.31). Joh 20,23 ist traditionsgeschichtlich mit Mt 16,19; 18,18 verwandt. Insofern kann man aus den gewonnenen Beobachtungen schlußfolgern, daß ein traditioneller (Sünde im Plural) von einem typisch johanneischen (Sünde im Singular) Sündenbegriff zu unterscheiden ist. So ist z.B. für F. Porsch[74] „die Sünde in einem traditionellen, mehr 'moralischen' Sinne" (360) in der „Meinung des Volkes, der Jünger oder der jüdischen Führer" aufgenommen (361). Dazu zählt er die Belege 9,2f.34 (vgl. 5,14; 9,16.24). Vereinzelt kann Johannes aber auch der Pluralformulierung sein spezifisch christologisch orientiertes Verständnis von Sünde aufprägen (Joh 20,23). Der Promiscue-Gebrauch in 8,21.24 dürfte eine sprachliche Variation des Evangelisten sein, in der die Sünde als umfassend gültiger Tatbereich des Unglaubens zur Geltung gebracht wird (8,24).[75]

3.3.3.2. Die Stellung des Evangelisten zur Tradition

Der Evangelist hat die Position des Tradenten ausgebaut. Jesus ist nicht nur kein Sünder, weil er eine Gott wohlgefällige Tat vollbracht hat (V32), sondern diese vollmächtige Tat erweist zugleich seine Einheit mit Gott (V33; vgl. 3,2). Insofern liefert er ein zusätzliches Argument, um das Verhalten Jesu gegen die Angriffe der Pharisäer zu rechtfertigen. Das mit den Pharisäern konforme Gesetzesverständnis der Tradition kann er jedoch nicht mehr teilen. Die Tradition verteidigt Jesu Tat, der Evangelist geht

---

[72] „There can be little doubt that the Pharisees are taking over the term ἁμαρτωλός from Jewish tradition and are applying it to Jesus in its traditional sense - the sense it has in the OT, Judaism and the Rabbinical writings. Ἁμαρτωλός ἐστιν represents a judgement based upon a specific understanding of Jesus' relationship to the Law: he is a 'sinner' because he does not have a correct attitude toward the Law, because he habitually violates the Sabbath" (S. PANCARO, Law, 47). Zum gesetzesorientierten ἁμαρτωλός-Begriff im Judentum vgl. auch K.H. RENGSTORF, Art. ἁμαρτωλός κτλ., ThWNT I, 324-330; zu Joh a.a.O., 331,33ff.; 336,30, im Blick auf die pharisäische Schulterminologie.

[73] Ähnlich ist der Befund bei Paulus zu beurteilen. Vgl. dazu G. RÖHSER, Sünde, 7f.

[74] Pneuma, 359-361.

[75] Vgl. dazu weiter Teil 5.2.2.

darüber hinaus zum Angriff über, indem er zu einer Beurteilung des Verhaltens der Pharisäer gelangt (V39-41). Das Phänomen „Sünde" läßt sich am Maßstab des Gesetzes nicht mehr zureichend beschreiben. Indem Jesus selbst zum Maßstab des Goteswillens erhoben wird, erweist sich das Verhalten der Pharisäer als Unglaube (V39-41). Dem Evangelisten geht es nicht mehr nur um die Rechtschaffenheit Jesu (so der Tradent), sondern um den Konflikt, der sich durch das Gegenüber von Offenbarer und ungläubiger Welt ergibt (s.u. zum Rechtsstreit). Insofern geht der Evangelist über den Standpunkt des Tradenten hinaus. Der für die Tradition noch geltende ungebrochene Zusammenhang von Gesetz und Sünde gilt für den Evangelisten nicht mehr. Er hat den Worten des Geheilten sein eigenes Verständnis aufgeprägt. Die Wendung „den Willen Gottes tun" (V31) bedeutet für ihn nicht mehr, den im Gesetz geoffenbarten Willen Gottes zu tun, sondern er versteht unter dem Begriff „Wille Gottes" den in der Sendung Jesu zur Geltung kommenden umfassenden Heilswillen Gottes (vgl. 4,34; 5,30; 6,38-40; s.u.).[76] Dieser Wille steht nicht mehr für das Gesetz, sondern für das Heilswerk Gottes in seinem Sohn, das sich am Kreuz vollendet (4,34; vgl. 19,30). Das Gesetz hat keine heilsrelevante Funktion mehr, sondern gilt ausschließlich als das Gesetz der „Juden" (8,17; 10,34: „euer Gesetz", 15,26: „ihr Gesetz"), dem im Blick auf Jesus nur noch eine heuristische Funktion zukommt (Zeugnis für Jesus).[77] Johannes geht über die Tradition hinaus, indem er ein eigenes Sündenverständnis entwickelt, das in dem ständigen Konflikt und Rechtsstreit Jesu mit der Welt begründet ist.

3.3.3.3. Die Auseinandersetzung mit dem pharisäischen Judentum

Der grundsätzliche Konflikt zwischen Jesus und den pharisäischen Juden, wie er in Joh 9 exemplarisch zur Geltung kommt, ist der Ort, an dem Johannes sein eigenes Sündenverständnis entwickelt. Es hebt sich von dem der Tradition und dem der Pharisäer ab. Insofern liegt dem Kapitel ein doppelter Sündenbegriff zugrunde.[78] Das ablehnende Verhalten der Pharisäer und der „Juden" gegenüber dem Gesandten läßt auf das prinzipielle Wesen der Sünde schließen (9,39-41). Diese christologisch geprägte Per-

---

[76] Für die Tradition ist dieses pointiert christologische Verständnis des Begriffes „Wille Gottes" noch nicht vorauszusetzen.

[77] S. dazu Teil 3.3.3.3. und Teil 9.2.2.2.(1).

[78] Diese zweifache Akzentuierung im Sündenbegriff von Joh 9 wird auch von TH. KNÖPPLER, Theologia crucis, 76, erkannt: Zum einen „Sünde im Sinn eines konkreten Verschuldens gegen die Weisungen Gottes" (V2.16.24.25.31), zum anderen Sünde als „geistliche Blindheit" (V39-41).

spektive wirft Licht auf den Konflikt zwischen johanneischer Gemeinde und Synagoge z.Z. des Evangelisten. Das Johannesevangelium reflektiert das christlich-jüdische Streitgespräch in der johanneischen Gemeinde.

Das Johannesevangelium hat seinen geschichtlichen Ort in der Auseinandersetzung mit dem pharisäisch-rabbinisch geprägten, gesetzesobservanten Judentum, das sich in der Zeit nach 70 n. Chr. herausbildete und die bisherige Spaltung einzelner jüdischer Gruppen überwinden konnte.[79] Des öfteren zeigt sich, daß Johannes mit pharisäisch-rabbinischem Gedankengut vertraut ist.[80] Er projiziert das Bild des rabbinischen Judentums in die erzählte Welt Jesu und bewirkt dadurch eine Transparenz der Jesusgeschichte für die Situation z.Z. des Evangelisten.[81] Beachtenswert ist in diesem Zusammenhang der (von den Christen als soziale und wirtschaftliche Ausgrenzung erfahrene) Synagogenausschluß (9,22; 12,42; 16,2)[82] sowie der das ungläubige Volk (die „Menge"), vor allem aber die führenden Repräsentanten desselben (die Hohenpriester und die Pharisäer) typisierende Begriff „die Juden"[83], in dem sich der Konflikt zwischen joh

---

[79] Zur Neugestaltung des am Gesetz orientierten (schriftgelehrten) pharisäisch-rabbinischen Judentums nach 70 n. Chr., wie es sich von Jamnia aus konstituierte, vgl. G.F. MOORE, Judaism I, 83ff.; J. NEUSNER, Formation, 3-42; ders., Judaism, 34-36.43-70; ders., Judentum, passim; P. SCHÄFER, Geschichte, 147-155; E.W. STEGEMANN/W. STEGEMANN, Urchristliche Sozialgeschichte, 196-198; G. STEMBERGER, Judentum, 16-18.56-58.61f.83f.; H.-F. WEIß, Pharisäer, 480f. Der Pharisäismus der Zeit vor 70 hat wahrscheinlich seine Fortsetzung im Rabbinismus der Zeit nach 70 gefunden (J. NEUSNER, Judaism, 43; C. THOMA, Pharisäismus, 270; H.-F. WEIß, ebd.; kritisch E.P. SANDERS, Paulus, 55ff.; G. STEMBERGER, Pharisäer, 40f.129ff.).

[80] Vgl. dazu C.K. BARRETT, Komm., 48ff.; J. BLANK, Komm. 1a, 41f.; W.D. DAVIES, Reflections, 43-64; C.H. DODD, Interpretation, 74-96; A. SCHLATTER, Sprache, passim; ders., Johannes, passim; R. SCHNACKENBURG, Komm. I, 108-110; S.S. SMALLEY, John, 64f.; J.C. THOMAS, Gospel, 159-182. Thomas zieht Material aus der Mischna heran, das vor oder gleichzeitig mit Joh entstanden ist.

[81] Nach J.L. MARTYN, History, 24ff., ist der Konflikt Kirche-Synagoge besonders in Joh 9 präsent. Der Evangelist hat diesen Konflikt in die Jesussituation eingezeichnet, so daß es zu einem Zwei-Ebenen-Drama kommt, in dem der Dialog zwischen dem Geheilten, den Nachbarn, den Eltern und den verhörenden Juden konkrete Auseinandersetzungen zwischen Christen und Juden z.Z. des Evangelisten widerspiegelt. Martyn bemüht sich um eine Ortsbestimmung des Johannesevangeliums. Es gehört in eine zwischen Juden und Christen umstrittene Landschaft. Im einzelnen wirkt sein Zwei-Ebenen-Drama freilich oft überzogen (vgl. die Annahme, daß der Wunderheilung 9,1ff. ein ähnliches Wunder eines christlichen Lehrers in Ephesus z.Z. des Evangelisten entspricht). Zu Martyns These vgl. z.B. D.A. CARSON, Gospel, 360f.; R. KYSAR, The Fourth Evangelist, 149ff.; M.W.G. STIBBE, John, 56ff.

[82] Vgl. dazu K. WENGST, Bedrängte Gemeinde, 75-104; ders., Darstellung, 28-30. Zum Begriff ἀποσυνάγωγος s. W. SCHRAGE, Art. συναγωγή κτλ., ThWNT VII, 798-850 (845-850).

[83] Zum Begriff „die Juden" im Joh vgl. u.a. R.A. CULPEPPER, Anatomy, 125-132; F. HAHN, Juden, 430-438; M. BARTH, Juden, 56-66; F.J. MOLONEY, Komm., 9-11; F. MUßNER, Traktat, 282-288; L. SCHENKE, Komm., 428-432; U. SCHNELLE, Komm., 163-166, und U.C. V. WAHLDE, Jews, 33-60. Nach F. HAHN, a.a.O., 431, ist in vierfacher Weise zu differenzieren: Der Begriff wird verwendet: zur Kennzeichnung 1. der jüdi-

Gemeinde und Synagoge z.Z. des Evangelisten widerspiegelt.[84] Auch die typisierende und schematisierende Darstellung der Pharisäer als vernehmende Behörde - diese Darstellung ist für die erzählte Zeit Jesu wenig vorstellbar - weist auf die Zeit nach 70 hin.[85] Aus der Jesus-Tradition übernimmt Johannes die Chiffre „Pharisäer" und zeichnet in sie wie auch in den Typos „die Juden" die christenfeindlichen jüdischen Kräfte des rabbinisch geprägten Judentums der Zeit nach 70 ein. - Für M. Hengel u.a.[86] ist die Auseinandersetzung mit dem Judentum *kein akutes* Problem des Evangeliums mehr, so daß die „Juden" *ausschließlich* als stilisierte Gegenspieler des Offenbarers fungieren, ohne daraus einen Konflikt zwischen Gemeinde und Synagoge z.Z. des Evangelisten ableiten zu können. Jedoch spricht die Schärfe und Omnipräsenz des Konfliktes im 4. Evangelium gegen diese Annahme. K. Wengst wendet zu Recht ein: „Hengel sieht das, was im Johannesevangelium mit ἀποσυνάγωγον γενέσθαι (sic!) auf den Begriff gebracht wird, nicht unterschieden von einem langen Prozeß, der schon mit der Vertreibung der 'Hellenisten' aus Jerusalem beginnt. Aber weist nicht die dreimalige, nur im Johannesevangelium begegnende Bezeichnung ἀποσυνάγωγος zusammen mit der ihm eigentümlichen Beschreibung 'der Juden' und der Auseinandersetzung mit ihnen ... auf eine spezifische Erfahrung in diesem allgemeinen Prozeß?"[87] Die seit Bultmann vielfach vertretene Deutung: „die Juden" = „Repräsentanten der Welt"[88] ist daher nicht unproblematisch. W.

---

schen Religionsgemeinschaft, 2. der Zugehörigkeit zum ὄχλος, 3. der gegen Jesus auftretenden, offiziellen Repräsentanten des Judentums und 4. derer, die den jüdischen Repräsentanten in der Ablehnung Jesu folgen. Dominant sind die beiden letzten Linien, in denen die Tötungsabsicht der Gegner Jesu zum Tragen kommt. - Abwegig erscheint die These von W. SCHMITHALS, Johannesevangelium, 307f., wonach sich im Begriff „die Juden" gnostisch-doketische Irrlehrer widerspiegeln. Dafür gibt es keinen Hinweis.

[84] Exemplarisch zu diesem Thema des Konfliktes mit dem Judentum und der darin ausgebildeten Sondersprache des Evangelisten seien folgende Autoren genannt: J. ASHTON, Understanding, 131-137.151-159; R.E. BROWN, Community, 25-91; D.A. CARSON, Gospel, 369-372; C. DIETZFELBINGER, Abschied, 167-177; R. KYSAR, The Fourth Evangelist, 149-156; J.L. MARTYN, History, 37-62 u.ö.; ders., Glimpses, 151-160; T. ONUKI, Gemeinde und Welt, 29-37; S. PANCARO, Law, 241-253.492ff.; W. REBELL, Gemeinde, 100-112; M. REIN, Heilung, 261ff.; D.K. RENSBERGER, Overcoming the World, passim; W. SCHMITHALS, Theologiegeschichte, 230-234.238-240; D.M. SMITH, Judaism, 83-88.97f.; ders., Theology, 48-56; E.W. STEGEMANN/W. STEGEMANN, Urchristliche Sozialgeschichte, 205ff.; W. TRILLING, Gegner Jesu, 209-231; A. WEISER, Theologie II, 196-198; K. WENGST, Bedrängte Gemeinde, 55-104; ders., Darstellung, 22-38; W. WIEFEL, Scheidung, 213-227.

[85] Vgl. G. STEMBERGER, Pharisäer, 35-38; K. WENGST, Bedrängte Gemeinde, 60-74; ders., Darstellung 27.

[86] M. HENGEL, Frage, 288-298; J. BECKER, Komm. II, 590; J. FREY, Heiden, 231ff.; M. LABAHN, Jesus, 34ff.; U. LUZ, Gesetz, 125f.; U. SCHNELLE, Antidoketische Christologie, 37-48; ders., Komm., 163-166 („die Juden" als dramaturgisches Element), und G. STRECKER, Theologie, 514ff.

[87] K. WENGST, Bedrängte Gemeinde, 264 und 82-85, gegen J. BECKER und U. SCHNELLE. Zur Kritik an Hengel in dieser Frage vgl. jetzt auch U.B. MÜLLER, Eigentümlichkeit, 27f. Anm. 23: „Der geistige Konflikt mit dem Judentum ist für den Evangelisten durchaus noch aktuell ..."; ähnlich I. BROER, Einleitung, 213.

[88] Z.B. durch E. Grässer, Juden, 168: Die „Juden" sind „'stilisierte Typen', ideele 'Vertreter einer Religion, die für den Christenglauben keinen Raum hat', aber eben nicht Juden in ihrem empirischen Bestande."

Trilling[89] und K. Wengst[90] warnen vor einer Symbolisierung und Typisierung des Begriffes „die Juden" und verweisen auf den historischen Konflikt zwischen Juden und Christen im Evangelium. Der Begriff „die Juden" ist nicht nur eine literarische Stilisierung des Unglaubens der „Welt", sondern er bringt zum Ausdruck, daß die die Gemeinde bedrängende Welt konkret aus Juden bestand. Allerdings ist deutlich, daß eine Typisierung der Ἰουδαῖοι im Blick auf den Unglauben der Welt bei Johannes nicht zu verkennen ist. Die damit verbundene Problematik hat P.v.d. Osten-Sacken[91] angesprochen: „Die Stilisierung der Juden zu Typen ist zu allen Zeiten Kennzeichen von Antijudaismus gewesen. Gerade die Typisierung trifft die empirisch Existierenden am härtesten" (168). Dagegen ist nach Th. Knöppler[92] ein Antijudaismus nicht intendiert. „Denn der ausgesprochen negativen Darstellung der Ἰουδαῖοι an vielen Stellen des Joh liegt keine national geprägte, sondern eine theologisch motivierte Haltung zugrunde: die Ἰουδαῖοι wollen den Tod Jesu, von dem das vierte Evangelium in einzigartiger Weise Zeugnis ablegt."[93]

3.3.3.3.1. Sünde und Krankheit

Der Konflikt mit den Gegnern Jesu wird zunächst an dem Zusammenhang von Krankheit und Sünde deutlich, den der Evangelist an sich nicht bestreitet (5,14; 9,34), vielmehr in der Frage der Jünger (9,2) selbstverständlich voraussetzt. Die in V3 an die Jünger gerichtete Antwort geht in eine andere Richtung: Nicht der (grundsätzlich akzeptierte) Zusammenhang von Krankheit und Sünde ist für die Beurteilung des Wirkens Jesu maßgebend. Die Jünger sollen vielmehr das Ziel des göttlichen Wirkens in seinen Zeichen-Wundern erkennen (vgl. 2,11; 11,4.40). „Die Frage nach Schuld ist unangemessen, weil es jetzt um das Offenbarwerden der Werke Gottes geht."[94]

Joh 9,3 kann leicht als Kritik an dem in 9,2 vorausgesetzten Zusammenhang von Sünde und Krankheit verstanden werden. Doch geht es nicht um die Frage der Legitimität dieser im Judentum verbreiteten Anschauung (vgl. 9,34) - in 5,14 wird sie auch durch den joh Jesus vorausgesetzt -, sondern darum, die Frage nach der Schuld für Sünde abzuweisen (mit der Tradition 9,3a, doch über sie hinaus in der Zielangabe des Wunders 9,3b). Während die Jünger nach 9,2 auf Schuldsuche sind, verweist 9,3b auf das Ziel des Wirkens Jesu: Das Wunder dient der Epiphanie der göttlichen Wundermacht (vgl. 2,11; 11,4.40) und Messianität Jesu (vgl. 20,30f.), nicht aber der Aufdeckung oder Bestätigung der Sündhaftigkeit des Menschen.[95] Der Zusammenhang von Sünde und Krankheit wird von Johannes zwar prinzipiell nicht geleugnet, ist aber andererseits auch nicht un-

---

[89] A.a.O.

[90] A.a.O., 55-60; ders., Darstellung, 26f.

[91] Leistung, 165-172.

[92] Theologia crucis, 185; vgl. auch L. SCHENKE, Komm., 428f.

[93] Zum Problem des vermeintlichen „Antijudaismus" im Johannesevangelium vgl. F. MUßNER, Traktat, 281ff., und S. PEDERSEN, Anti-Judaism, 172-193.

[94] U. SCHNELLE, Komm., 169.

[95] Vgl. ähnlich M. HASITSCHKA, Befreiung, 287; J. RIEDL, Heilswerk, 292f.; U. SCHNELLE, Antidoketische Christologie, 132.

umstößliches Gesetz. So deutet 9,3 die Krankheit nicht als Reflex der Sünde (wie die Jünger in 9,2), sondern sieht sie im Kontext der göttlichen Wundermacht Jesu. Joh 9,3 enthält also eine implizite Kritik am Unverständnis der Jünger.[96] Ähnlich geht Jesus auch in anderen Wundergeschichten des Evangeliums vor. Er äußert Kritik am Jüngerunverständnis und an der Haltung ihm befreundeter und vertrauter Menschen, bevor er das Wunder vollzieht (vgl. 2,4; 4,48[?]; 6,1ff.; 11,11-16.21-24.32-40).

Ist Joh 9,2f. als Jüngergespräch stilisiert, so zeichnet sich in V34 der Konflikt mit den Pharisäern ab. Während Jesus dem Blinden durch die Heilung ein neues Leben eröffnet, legen die Pharisäer ihn auf seine Unheilssituation fest (V34). Die hier vorausgesetzte ethische, religiöse und gesellschaftliche Disqualifizierung des Kranken durch die Gesetzeskundigen wirft Licht auf das in der Konfrontation mit dem Offenbarer erfolgende Gericht über die Gesetzesvertreter (V39-41). Gerade der von seiner Krankheit Geheilte erweist sich nämlich als der, der den Pharisäern vollmächtige Lehre erteilen kann (V31-33). Dadurch provoziert er ihre Verärgerung (V34). Im Laufe des Verhörs wurde deutlich, daß das Unverständnis der Pharisäer wächst; daß sie nicht in der Lage sind, die göttliche Legitimation Jesu zu erkennen. Folgerichtig wird ihnen die Sünde der Blindheit (gegenüber dem Offenbarer) attestiert (V39-41). Hintergründig macht der Evangelist deutlich: Gerade der in Sünden Geborene verhilft, die Sünde der Pharisäer offenbar zu machen. Insofern wird das Motiv des Zusammenhangs von Krankheit und Sünde auch im Kontext des Rechtsstreits Jesu mit den „Juden" (s.u.) nutzbar gemacht. Es dient einerseits der Provokation des Jüngerunverständnisses (9,2f.), andererseits der Offenbarung der Sünde der „Juden" (9,34.39-41).

3.3.3.3.2. Der Streit um die Legitimation Jesu

Joh 9,16 formuliert aus der Perspektive der Pharisäer: Jesus erweist sich als „Sünder", weil er das Gesetz gebrochen hat. Der Evangelist lehnt mit den Worten des Geheilten in V31-33 diesen Vorwurf ab: Jesus ist kein Sünder, der die Furcht vor Gott vermissen läßt, der seinen Willen nicht erfüllt und dem die Erhörung bei Gott versagt bleibt,[97] denn er wirkt in Einheit mit Gott.[98] Im Verlauf von Kap. 9 wird deutlich, daß der Streit-

---

[96] Ähnlich auch M. REIN, Heilung, 106f.

[97] Der Gedanke, von Gott nicht erhört zu werden, steht im negativen Kontrast zu den Aussagen über das erhörungsgewisse Beten in den Abschiedsreden (14,13; 15,7.16; 16,23-24.26; Kap. 17; vgl. 1.Joh 3,22; 5,14-15)! Der Evangelist setzt voraus, daß Jesus und seine Jünger in enger Beziehung des Sprechens und Hörens stehen.

[98] Ähnlich ist auch die Reaktion des Evangelisten auf die Abweisung Jesu nach dem vermeintlichen Sabbatbruch in Kap. 5 gesehen. Einerseits begründet das einheitliche Wirken mit dem Vater-Gott die Rechtmäßigkeit des Handelns Jesu (5,17f.19ff.), zum

punkt die Frage nach der Sendung Jesu und d.h. nach seiner Legitimation ist. Die Verhörenden attestieren: „Von diesem wissen wir nicht, woher er ist" (V29; vgl. 7,25-31.41-44). Sein Wirken ist nicht durch das Gesetz legitimiert. Seine göttliche Sendung und seine Legitimation zur Wundertat werden bestritten. Der Evangelist dagegen versteht das Von-Gott-Sein nicht als Legitimation durch das Gesetz, sondern als vollmächtige Sendung durch Gott, in der Jesu göttlicher Ursprung und seine Gottessohnschaft zur Geltung kommen (vgl. 1,6; 3,2 [mit Worten des Nikodemus], 6,46 [vgl. V44]; 7,27f.29; 8,14.18f.; 9,29f.; 13,3; 16,27.30; 17,7f.; 19,7.9).[99] In dieser Sendung bekundet sich die Legitimation des Offenbarers. Sie ist nicht am Gesetz, sondern an Gott selbst orientiert. Daher ist für den Evangelisten klar: Weil Jesus „von Gott" (gesandt) ist, kann er auch vollmächtige Zeichenwunder tun, und seine vollmächtigen Werke zeugen wiederum von seiner Sendung durch Gott (5,36; 10,25).[100] V33 gibt damit die Antwort auf die zweifelnde Frage der Pharisäer: Jesus ist kein Sünder, weil er in Einheit mit Gott wirkt und darin legitime Wundertaten vollbringen kann (vgl. auch das positive Urteil des Volkes in 7,31![101]). Die Vollmacht dazu ist in seiner Sendung durch Gott begründet (vgl. V7). Der Geheilte weist in V17 Jesus eine Identität zu, die dessen Vollmacht zur Wundertat bestätigt: Er ist ein Prophet.

---

anderen begründet die Reaktion auf den Vorwurf des Gesetzesbruches in 7,21-24, daß Jesus gerade in Einheit mit dem Gesetz gewirkt hat, zumal Mose als Zeuge für das rechtmäßige Wirken Jesu herangezogen wird (vgl. 5,46f.).

[99] Vgl. S. PANCARO, Law, 22-29. Pancaro macht darauf aufmerksam, daß verschiedene sprachliche Wendungen in gleicher Weise die göttliche Herkunft Jesu beschreiben: ἐκ τοῦ θεοῦ, ἀπὸ θεοῦ, παρὰ θεοῦ, παρὰ (τοῦ) πατρός, ἐκ τοῦ οὐρανοῦ, ἐκ τῶν ἄνω im Zusammenhang mit Verben wie εἶναι, ἔρχεσθαι, ἐξέρχεσθαι, ἐκπορεύεσθαι, πέμπειν, ἀποστέλλειν, καταβαίνειν (26f.). In Joh 9 erkennt er die doppelte Bedeutung von παρὰ θεοῦ εἶναι: 1. Aus der Sicht der Pharisäer = einer, der das Gesetz hält und kein Sünder ist. 2. Aus der Sicht des Johannes = der Sohn Gottes; Jesu göttlicher Ursprung (vgl. die πόθεν ἐστίν [ἦλθεν]-Thematik in 7,27f.; 8,14; 9,29f.). Die erste Sicht ist für Johannes inadäquat, da sie den göttlichen Ursprung Jesu verkennt.

[100] Vgl. auch schon das positive Urteil des pharisäisch gebildeten Nikodemus (Joh 3,2)! Die Parallelität von 9,16 zu 3,2 ist offensichtlich. Pharisäer erörtern das Problem, ob Jesus „von Gott" sei. Es geht um die Frage, warum Jesus Zeichen *tun* kann (πῶς δύναται...). Man faßt ein Urteil, das Jesu Stellung zu Gott erfassen will, wobei von seinen Wundern auf die Sendung von Gott geschlossen wird. Vgl. dazu W.J. BITTNER, Jesu Zeichen, 105-112, bes. 111.

[101] „Auch hier erkennen wir, dass Johannes die Zeichen Jesu dem Glauben positiv zuordnet" (W.J. BITTNER, a.a.O., 113). Die Wunder sind als Zeichen der Offenbarungsherrlichkeit Jesu auf Stärkung des Glaubens hin angelegt (2,11; 20,30f.; vgl. 12,37). Vgl. dazu W. BITTNER-SCHWOB, Art. Zeichen, GBL VI, 2669; M.M. THOMPSON, Humanity, 53-86.

Propheten konnten nach biblischem Verständnis außerordentliche (Wunder-) Taten aufweisen (vgl. Dtn 34,10-12; 1.Kön 17; 2.Kön 1-6). Enge Berührungen bestehen zwischen Joh 9 und 2.Kön 5-6.[102] An den messianischen Propheten wie Mose (vgl. die Auslegung von Dtn 18,15.18 in 1QS 9,9-11; 4QTest 5,8; Apg 3,22; 7,37) ist in 9,17 demnach nicht zu denken,[103] denn die Antwort des Geheilten ist Reflex auf die Frage der Pharisäer, die sich auf das Wunder der Heilung des Blinden bezieht. Zwar wurden von „messianischen" Propheten im Vorfeld des Jüdischen Krieges auch Wunder erwartet (Jos. Ant. 18,85f.; 20,97f.; Bell. 2,258ff.; 2,26ff. u.ö.). Diese hatten jedoch im Unterschied zu Joh 9 analog zu Exodus, Wüstenwanderung und Landnahme politische Implikationen.[104] Zudem hat die Bezeichnung „ein Prophet" (vgl. 4,19; 7,52; Mk 6,15: [wie einer der Propheten] und 8,28 parr: „einer der Propheten") im Unterschied zum determinierten „der Prophet" (vgl. Joh 1,21.25; 6,14f. [parallel mit „König"]; 7,40f. [parallel mit ὁ χριστός]) keine prophetisch-messianische Bedeutung. Sie ist hier vielmehr konsequente Auslegung der vollmächtigen Tat Jesu am Geheilten (vgl. Lk 24,19: δυνατὸς ἐν ἔργῳ καὶ λόγῳ κτλ.).[105]

---

[102] Beispiele für Wunderheilungen von Blinden gibt es sowohl in der grch. Antike als auch im Judentum (Belege bei W. SCHRAGE, Art. τυφλός κτλ., ThWNT VIII, 273-275.284). Näher zu beachten sind die כל־הנדלות, die Elisa getan hat (2.Kön 8,4; vgl. 24,19). Es bestehen enge Beziehungen zwischen Joh 9 und den Elisa-Wundern: Blindheit; Heilung von Blindheit; „Sehen" im buchstäblichen und übertragenen Sinn (2.Kön 6,17.20); der Wunderheiler als Prophet (2.Kön 5,8; 6,12; Joh 9,17); Auftrag des Propheten an den Kranken, sich zu waschen (2.Kön 5,10.13f.; Joh 9,7); Glaubensbekenntnis des Geheilten (2.Kön 5,15; Joh 9,35-38). Vgl. dazu R. HELMS, Gospel Fictions, 93f.

[103] Mit C.K. BARRETT, Komm., 362f., W.J. BITTNER, Jesu Zeichen, 157f.; G. REIM, Studien, 124; R. SCHNACKENBURG, Komm. II, 315; ders., Person, 302; U. WILCKENS, Komm., 158f.; gegen G.R. BEASLEY-MURRAY, John, 157; F. HAHN, Christologische Hoheitstitel, 397; M. DE JONGE, Jesus, 61-63; M. LABAHN, Jesus, 351f.; J.L. MARTYN, History, 112f.; W.A. MEEKS, Prophet-King, 294-296; F. SCHNIDER, Art. προφήτης, EWNT III, 446f.

[104] Vgl. dazu W.J. BITTNER, a.a.O., 57-74; M. DE JONGE, Christologie, 149-156; H. LICHTENBERGER, Messianische Erwartungen, 9-20; R. MEYER, Der Prophet aus Galiläa, 82-88; E.W. STEGEMANN/W. STEGEMANN, Urchristliche Sozialgeschichte, 150ff. - Joh 6,14f. gibt zu erkennen, daß die durch die ἄνθρωποι an Jesus herangetragene Erwartung des endzeitlichen Propheten („der Prophet") mit der (messianischen) Königtumserwartung verbunden ist. Die Reaktion Jesu in V15 zeigt, daß der Evangelist Jesus im Unterschied zu den ἄνθρωποι nicht in diesem messianisch-prophetischen Sinn verstehen will.

[105] Zum Prophetenbegriff bei Joh vgl. W.J. BITTNER, a.a.O., 155-158: „Dass Jesus 'der Prophet' sei, wird erwogen. Diese Bezeichnung wird aber von Johannes an keiner Stelle positiv aufgenommen. Sie wird auch an keiner Stelle zu einem von Johannes vertretenen Bekenntnis weiter geführt. Dass Jesus 'ein Prophet' ist, d.h. dass seine Sendung prophetische Elemente enthält, ist davon sorgfältig zu unterscheiden. An zwei Stellen wird diese Bezeichnung an Jesus herangetragen, aber jedesmal wird die Erkenntnis Jesu mit anderen Begriffen weitergeführt" (158). Hierbei ist an den Sohn, der vom Vater gesandt wird, zu denken (vgl. 1,19-34; 7,40-44; 9,17.35-38; 18,28-19,16.19-22) (M. DE JONGE, Jesus, 49-76). Vgl. auch U. SCHNELLE, Antidoketische Christologie, 117-119, der bestreitet, daß der Evangelist Johannes Jesus als messianischen Endzeitpropheten wie Mose verstanden hat (1. Keine Mose-Christus-Typologie bei Joh [vgl. die Antithetik von 1,17; 6,32; 9,28]; 2. Kein eindeutiger Bezug auf Dtn 18,15.18 im Joh; 3. Der Titel „der Prophet" begegnet ausschließlich im Mund der Juden: 1,21.25; 6,14; 7,40. Als po-

Demnach ist deutlich: Der Geheilte weist im Sinn des Evangelisten alle Zweifel der Pharisäer bezüglich der Vollmacht Jesu zurück. Indem Jesus Vollmacht zur Wundertat besitzt, muß er (wie die alttestamentlichen Propheten auch) in einer besonderen Nähe zu Gott stehen. Die Pharisäer hätten davon selbst schon Einsicht erlangen können.[106] Dies kommt in der zweifelnden Frage von 9,16b zum Ausdruck. Ihr Urteil über den Gesetzesbruch Jesu läßt es aber nicht zu, daß sie sich von seiner Sündlosigkeit überzeugen lassen. Sie bleiben vielmehr auch nach dem Prophetenbekenntnis des Geheilten im Unglauben und bezweifeln die Vollmacht Jesu (9,18ff.).

3.3.3.3.3. Der Blick auf das Wesen der Sünde

An dieser Stelle kann die Intention des joh Sündenbegriffs deutlich werden. Das Verständnis der Sünde als Gesetzesbruch, das der Geheilte wiedergibt (V31), reicht nicht aus, um das Verhältnis zwischen Jesus und den ungläubigen Ἰουδαῖοι (V18) zu beschreiben. Gerade von der Ablehnung des göttlichen Gesandten her wird die Perspektive der Sünde umgekehrt. Nicht der Bruch des Gesetzes, sondern der Unglaube gegenüber dem Gesandten Gottes bestimmt den Maßstab, an dem die Sünde zu messen ist (s.u.). Nicht das Gesetz, sondern der Gesandte offenbart das Wesen der Sünde (vgl. 1,29; 8,21.24.34; 9,39-41; 15,22.24; 16,8f.; 19,11). Waren die Pharisäer von ihrer Position her nur in der Lage zu sagen, *wer ein Sünder ist*, so bestimmt das Verhalten gegenüber dem Gesandten Gottes grundsätzlich, *was die Sünde ist*. Denn erst durch sein Wirken wird offenbar, daß das Verhalten der Repräsentanten des Judentums prinzipielle und bleibende *Blindheit* gegenüber dem in der Sendung *offenbarten* Sohn Gottes ist (9,39-41).[107] Die „Sünde" in diesem qualifizierten theologischen Sinn betrifft nicht die, die sich von Jesus heilen und helfen lassen, ihm

---

sitive Akklamation oder Selbstprädikation erscheint er bei Johannes nicht. 4. Das für Joh charakteristische ὁ προφήτης ist im Judentum nicht belegt). Im gleichen Sinn M. DE JONGE, ebd.; M. STOWASSER, Johannes der Täufer, 97f. Anders urteilen z.B. M.-É. BOISMARD, Moses or Jesus, 1-68.127ff.; J.D.M. DERRETT, Victim, 56; A.E. HARVEY, Jesus, 83-85; W.A. MEEKS, Prophet-King, passim; G. REIM, Studien, 110-129, und R. SCHNACKENBURG, Person, 301-307, für die Johannes die Person Jesu nach dem Vorbild des mosaischen Propheten gezeichnet hat.

[106] Im Judentum wurden Wundertaten als Gebetserhörungen betrachtet. Dies zeigen die überlieferten rabbinischen Wundergeschichten. Vgl. das Material bei P. FIEBIG, Jüdische Wundergeschichten des neutestamentlichen Zeitalters, Tübingen 1911.

[107] Hier liegt deutlich ein bewußter kompositorischer Höhepunkt des Evangelisten vor. Jesus tritt während der Auseinandersetzung zwischen dem Geheilten und den Pharisäern nicht aktiv handelnd auf. Erst am Ende (VV39-41) kommt es zum entscheidenden Konflikt zwischen Jesus und Pharisäern!

also grundsätzlich offen gegenüber stehen, sondern die geistlich Blinden, deren Verstockung mit Hilfe von Jes 53,1 und Jes 6,9f. an literarisch hervorgehobener Stelle gedeutet wird (Joh 12,37ff.).[108] Johannes zeigt an mehreren anderen Stellen, daß die Sünde ein (besser: *das*) Phänomen der ungläubigen „Welt" ist (1,29; 8,21.24.34; 9,39-41; 15,22.24; 16,8f.; 19,11). Im Begriff „die Welt" spiegelt sich die Auseinandersetzung des Evangelisten mit dem pharisäisch-rabbinischen Judentum seiner Zeit wider. In Joh 9 wird diese Situation in hohem Maße deutlich. „Die Transparenz der Darstellung für das jüdisch-christliche Streitgespräch zur Zeit des Evangelisten zeigt sich besonders in der Zeichnung der Pharisäer (V28!), in der Anordnung des Ausschlusses (V22), der andeutungsweise an dem Geheilten bereits vollstreckt wird (V34f), und in der Argumentation des Mannes gegenüber den Pharisäern (V31ff)."[109] Die Diskussion um die Sündenproblematik ist demnach ein Spiegelbild der kritischen Distanz des Evangelisten gegenüber dem zeitgenössischen (pharisäischen) Judentum (s.o.).

Johannes setzt also neue Maßstäbe, wenn er von Sünde spricht. Der Unheilszustand der ungläubigen „Welt" läßt sich mit Hilfe des Gesetzesbegriffes nicht mehr erfassen. Schon in der zweifelnden Frage einer Pharisäerpartei (9,16b) wurde deutlich, daß die Beurteilung des Wirkens Jesu eines anderen Kriteriums bedarf. Für Johannes liegt dieses Kriterium im

---

[108] Joh 12,37ff. schließt mit einer Deutung den ersten Teil des Johannesevangeliums ab: Jesu Offenbarung vor der Welt (vgl. 1,11. Zur Auslegung von Joh 12,37ff. vgl. J. BLANK, Krisis, 297ff.; C.A. EVANS, To See and Not Perceive. Isaiah 6,9-10 in Early Jewish and Christian Interpretation [JSOT 64], Sheffield 1989; R. KÜHSCHELM, Verstockung, Gericht und Heil [BBB 76], Frankfurt a.M. 1990). Eine bewußte kompositorische Beziehung besteht offenbar auch zwischen Joh 12,37 und dem den Inhalt des Evangeliums deutenden Vers 20,30f. im Blick auf das Verhältnis von Zeichen und Glaube. Vgl. dazu W.J. BITTNER, Jesu Zeichen, 192.200. - Nach hinten ist die Blindenheilung kontextuell verbunden mit Kap. 7-8, sofern sich hier der Widerspruch der „Juden" gegen Jesus steigernd verschärft und am Wunder der Blindenheilung zum sichtbaren „Zeichen" der Ablehnung wird. Die Feindschaft gegen Jesus setzt sich in Joh 10,24ff.31ff. fort. Die Verknüpfung von Kap. 9 mit den Kapp. 7-8 hat auf literarischer Ebene u.a. CHR. WELCK, Erzählte Zeichen, 197-206, herausgearbeitet. Zum Zusammenhang von Joh 7-10 vgl. auch M. LABAHN, Jesus, 305-307; L. SCHENKE, Joh 7-10. Eine dramatische Szene, ZNW 80 (1989), 172-192; ders., Komm., 144-155.

[109] R. SCHNACKENBURG, Komm. II, 312. Vgl. auch M. REIN, Heilung, 253-260, der den „Sitz im Leben" von Joh 9 in der apologetischen Auseinandersetzung der Gemeinde mit den jüdischen Autoritäten sieht (bes. in VV24-34.35-41); ähnlich J. ASHTON, Understanding, 179-181; R.E. BROWN, Komm. I, 379f.; D.K. RENSBERGER, Overcoming the World, 41ff. - Die Hypothese des „Zwei-Ebenen-Dramas", in dem sich die Zeit Jesu und die Zeit des Evangelisten verbinden, hat J.L. MARTYN, History, 24-36, besonders anhand von Joh 9 expliziert.

öffentlichen, durch die Sendung Gottes legitimierten Wirken Jesu. Der Vorwurf, daß Jesus ein Sünder ist, ist nicht gerechtfertigt, weil sich in seinem Wirken gerade die im Gesetz geforderte Gottesfurcht mitsamt der Erfüllung des Gotteswillens zu erkennen gibt.[110] Der Heilswille Gottes kommt in Jesus umfassend zur Geltung (vgl. 4,34; 5,30; 6,38-40; 7,17; 9,31; 5,39.45-47; s.u.). Johannes hat den Schritt getan, das prinzipielle Verhältnis des Offenbarers zur ungläubigen Welt zu bedenken. Insofern liegt sein Interesse an der von der Sendung des Sohnes her geoffenbarten *Qualität der Sünde* der Welt. Während der Sündenbegriff der Pharisäer nach Johannes an der Beurteilung des einzelnen, das Gesetz übertretenden Sünders orientiert ist, geht der Evangelist von der Beurteilung des *einzelnen Sünders* (ἁμαρτωλός) über zur Beurteilung des *Wesens der Sünde* (ἁμαρτία), das im Kontext von 9,39-41 als geistliche Blindheit verstanden wird.[111] Johannes setzt damit eine kritische Korrektur: Der einzelne *Sünder* verstößt wohl gegen das Gesetz (Johannes *mit* der jüdischen Tradition), die *Sünde* ist jedoch noch tiefer als eine die Welt betreffende Gesamtsituation des Unglaubens zu verstehen Joh 12,37 faßt diesen Unglauben gegenüber dem zeichenhaften Wirken Jesu zusammen: τοσαῦτα δὲ αὐτοῦ σημεῖα πεποιηκότος ἔμπροσθεν αὐτῶν οὐκ ἐπίστευον εἰς αὐτόν.

S. Pancaro, Law, 45-52, hat den Unterschied zwischen traditionellem „*Sünder*"-Begriff und joh „*Sünde*"-Begriff in ähnlicher Weise erkannt. „Ἁμαρτωλός in Joh 9 is: 1) explicitly connected with the Law (Sabbath); 2) found on the lips of the Pharisees; 3) opposed to 'doing the will of God' (τὸ θέλημα αὐτοῦ ποιεῖν); 4) distinguished by Jn from ἁμαρτίαν ἔχειν" (45). Während von den ersten drei Punkten her Jesus den „Juden" als „Sünder" erscheint, benennt der vierte Punkt aus joh Perspektive das In-Sünde-Sein der „Juden", das durch den Unglauben konstituiert wird. Insofern können die „Juden" Jesus wohl als „Sünder" (= Übertreter des Gesetzes) anklagen, nicht jedoch „der Sünde überführen" (8,46), sofern sich mit dem Begriff der „Sünde" für Johannes die Beschreibung des (Un)wesens der ungläubigen Welt der „Juden" verbindet. - Bereits sprachgeschicht-

---

[110] Johannes verweist mehrfach darauf, daß Jesu Wirken vom Gesetz her seine Bestätigung erfährt, indem es für ihn Zeugnis ablegt und seine Messianität belegt (vgl. Joh 1,45; 2,22; 5,39.46f.; 7,38.42; 10,35; 12,41; 17,12; 19,24.28.36f.; 20,9). Eine heilsgeschichtliche Funktion kommt dem Gesetz aber ähnlich wie bei Paulus nicht mehr zu (Joh 1,17; 6,32). Vgl. dazu M. HENGEL, Frage, 298f.; U. SCHNELLE, Antidoketische Christologie, 42-45; ders., Paulus und Johannes, 221-223; U. LUZ, Gesetz, 119-128; S. PANCARO, Law, 514ff.534ff.; D. ZELLER, Paulus und Johannes, 176-178.

[111] Ähnlich auch TH. KNÖPPLER, Theologia crucis, 76: „Der ἁμαρτία-Begriff ist also nach dem sich in Jesu Wort äußernden Verständnis des vierten Evangelisten (V.3.41) keine ethische Kategorie, sondern durch die fehlende Relation sowohl zu Gott als auch zu Jesus bestimmt: ἁμαρτία meint geistliche Blindheit Gott und Jesus gegenüber." S. auch M. HASITSCHKA, Befreiung, 328; D.A. LEE, Symbolic Narratives, 181; M.W.G. STIBBE, Komm., 110.

lich sind die Begriffe ἁμαρτωλός und ἁμαρτία/ ἁμαρτάνειν divergent.[112] Während ἁμαρτωλός in der LXX überwiegend Wiedergabe von רשע ist, läßt sich ἁμαρτία/ ἁμαρτάνειν auf die Wurzel חטא zurückführen.[113] Das NT verwendet ἁμαρτωλός vor allem bei den Synoptikern in dem spezifisch jüdischen Sinn hinsichtlich der Übertretung des Gesetzes („Diebe", „Räuber", „Ehebrecher", „Heiden", „Prostituierte", „Zöllner" etc.; vgl. Mk 2,17; Mt 5,46f.; 11,19; 18,17; 21,31f.; Lk 5,32; 6,33; 7,34; 15,7; 18,11; 19,7 u.ö.), weiß aber auch davon zu sprechen, *die Sünde* als Phänomen der an Christus sich entscheidenden „Sündenmacht" zu verstehen (so vor allem bei Paulus). In diese Tendenz reiht sich Johannes ein. „In general we can say that, if we except the Synoptics and Lk in particular, the word ἁμαρτωλός seems to be avoided by the writings of the NT, *an indication that the term was too charged with a meaning foreign to the new order inaugurated by Christ: it was too closely related to a Jewish outlook and to the Jewish Law.*"[114] Ähnlich erkennt auch K.H. Rengstorf[115], daß der Begriff ἁμαρτωλός außerhalb der Synoptiker stark zurücktritt. „Das Wort war durch die Geschichte auf jüdischem Boden wohl zu stark mit dem Tone der Überlegenheit über die 'Sünder' belastet, als daß es in der neuen Verkündigung ... unbefangen hätte gebraucht werden können. So will es beachtet sein, daß es bei Johannes nur im Munde der Pharisäer, also als pharisäischer Schulterminus, erscheint, der damit zugleich als unberechtigt abgelehnt wird ..." Für Johannes wie auch für das Neue Testament im ganzen gilt, daß keiner mehr „von sich selbst absehen und von dem Sünder als einer dritten Person sprechen kann" (ebd.).

Grundsätzlich läßt sich also sagen: Während die pharisäische Tradition den Sündenbegriff am Gesetz orientiert und damit den *einzelnen Sünder* (ἁμαρτωλός) erfaßt, ist für Johannes der Offenbarer Jesus Christus Kriterium und Richtschnur zur Bestimmung dessen, was *Sünde* (ἁμαρτία) im Blick auf die Gesamthaltung der ungläubigen Welt ist. Fragt man, worin diese Sicht für Johannes begründet ist, so ist sein umfassendes Verständnis vom *Heilswillen Gottes* (τὸ θέλημα τοῦ θεοῦ) zu berücksichtigen.[116] Die Rede vom „Willen Gottes" ist bei Johannes deutlich christologisch

---

[112] Vgl. K.H. RENGSTORF, Art. ἁμαρτωλός κτλ., ThWNT I, 321,15; 324,38; 332,18f.

[113] Vgl. S. PANCARO, Law, 32f.; K.H. RENGSTORF, a.a.O., 324.

[114] S. PANCARO, a.a.O., 43 (Hervorhebung R.M.).

[115] K.H. RENGSTORF, a.a.O., 336.

[116] Vgl. dazu S. PANCARO, Law, 368-402, der den Zusammenhang mit dem Begriff „Werk Gottes" (τὸ ἔργον τοῦ θεοῦ) verdeutlicht. Pancaro behauptet eine ungebrochene Entsprechung von Tun des Gotteswillens, Glaube und Gesetzeserfüllung bei Johannes. Das dürfte jedoch kaum zutreffend sein. Der Glaube richtet sich allein auf den Gesandten. Ein neu durch Christus in Geltung gebrachtes Gesetz kennt Johannes nicht. Zum Gesetzesverständnis bei Johannes vgl. C.H. DODD, Interpretation, 75-86; W.R.G. LOADER, Law, 432-491; U. LUZ, Gesetz, 119-128; U. SCHNELLE, Antidoketische Christologie, 42-45; ders., Paulus und Johannes, 221-223; D. ZELLER, Paulus und Johannes, 176-178. S.u. Teil 9.2.2.2.(1).

orientiert.[117] Sie umfaßt einmal den Aspekt des Werkes Gottes an seinem Sohn: Er hat ihn gesandt (4,34; 5,30; 6,38; 7,16-18)[118] und gelehrt (7,16f.). Der Sohn kommt von Gott (9,33), hört auf ihn (5,30), ist gottesfürchtig (9,31), sucht Gottes, nicht seine Ehre (7,16-18) und vollendet sein Werk (4,34; vgl. 19,28.30).[119] Zum anderen benennt der Wille Gottes das Heilswerk, das der Sohn an anderen und für andere wirkt: Er richtet gerecht (5,30), heilt Kranke (9,31-33), führt sie zum Glauben (9,35-38), bewahrt die ihm Anvertrauten mit dem Ziel, sie durch den Glauben jetzt zum ewigen Leben und dann zur Auferweckung zu geleiten (6,38-40).[120] Der Wille Gottes wird für Johannes demnach nicht mehr im Gesetz, sondern im gesamten Heilswerk Christi offenbar.[121] Das Gesetz hat seine heilsoffenbarende und -vermittelnde Funktion verloren (6,32). Es hat nur noch Zeugnis für den Sohn abzugeben (Joh 1,45; 5,39.46f.; 12,41).[122] Diese Zurückstel-

---

[117] Außer Joh 7,17 sind alle Aussagen über den Willen Gottes im Johannesevangelium auf Jesus bezogen. Er ist es, der den Goteswillen „sucht" oder „tut". Vgl. M. LIMBECK, Art. ϑέλημα, EWNT II, 339; S. PANCARO, Law, 371f.; G. SCHRENK, Art. ϑέλω κτλ., ThWNT III, 55f.

[118] G. SCHRENK, a.a.O., 55: „Der Gesandte ist als Gottes Organ schlechthin der Willensträger und Willensübermittler des Sendenden."

[119] Ders., a.a.O., 55f.: „Nach J 4,34 ist das Tun des Senderwillens sein Lebens- und Nahrungsmittel genannt. Es entspricht sich hier genau: ποιεῖν τὸ ϑέλημα und τελειοῦν τὸ ἔργον. Der Wille wird dadurch getan, daß das von Gott angehobene Werk vollendet wird."

[120] Das Zeugnis des Geheilten in 9,31-33 läßt beide Aspekte zusammen deutlich werden: Derjenige, der den Willen Gottes erfüllt (V 31), hat den Kranken geheilt (V 32) und erweist darin seine Herkunft von Gott (V 33).

[121] Die im Zeugnis des Geheilten (9,31) benannte ungebrochene Identität von Gottesfurcht und Tun des Willens Gottes per Gesetz (vgl. Röm 2,18) ist nur für die Tradition vorauszusetzen. Das Zeugnis des Geheilten ist für Johannes hintergründig. Es läßt mit der Rede vom Tun des Gotteswillens auf das Heilswerk Jesu im ganzen schauen (vgl. 4,34). S. PANCARO, Law, 377, meint, daß die Erfüllung des Gotteswillens durch Jesus in Joh 9,31 zwar eine Loslösung vom Gesetz, wie es vom gesetzesobservanten Judentum interpretiert und praktiziert wurde, bedeutet, nicht aber vom Gesetz an sich. Vielmehr erfülle Jesus „the Law in its essentiell meaning and value". Aber Aussagen über das Gesetz als „Ausdruck des rettenden Willens Gottes" („expression of God's salvific will") finden sich bei Johannes nicht. Das Gesetz hat post Christum keine heilsstiftende Funktion mehr.

[122] Ein dezidiert „christologischer" Bezug von νόμος (1,17.45; 7,19.23.51; 8,17; 10,34; 12,34; 15,25; 18,31; 19,7), γραφή (2,22; 5,39; 7,38.42; 10,35; 13,18; 17,12; 19,24.28.36.37; 20,9) und Μωϋσῆς (3,14; 5,45-47; 6,32; 7,22f.; 9,28f.) ist auffällig. Alle drei Begriffe weisen entweder auf das Zeugnis für Jesus und seine Messianität hin oder werden im Zusammenhang des Konfliktes zwischen Jesus und den „Juden" verwendet oder verweisen auf die mit Jesu Kommen verbundenen Ereignisse. Außer Joh 7,49 ist allen Belegen ein auf Christus und sein Wirken bezogener Zusammenhang zu entnehmen.

lung des Gesetzes ist für Johannes darin begründet, daß im Sohn Gottes allein die Wahrheit und Gnade Gottes zur Geltung kommt (1,17).[123] Offenbar spricht sich hier die Erfahrung einer in Verbindung mit der paulinischen Tradition stehenden Gemeinde aus, für die die heilsdefiziente Funktion des Gesetzes in der Zeit nach den paulinischen Kämpfen um die gesetzesfreie Heidenmission bereits selbstverständlich geworden ist.[124] Das Gesetz, das ursprünglich das Leben der Menschen zum Ziel hat (vgl. Dtn 28,1-14; 30,15-20; Joh 5,39; Röm 7,10), kann das ewige Leben nicht mehr vermitteln. Es kann nur noch als Schrift (γραφή) auf Christus hin zeugen.[125] In ihm allein ist das Leben gegenwärtig (5,39f.; 6,32).

3.3.3.4. Sünde als Blindheit: Joh 9,39-41

Im Blick auf den letzten Gesprächsgang zwischen Jesus und den Pharisäern stellt sich die Frage, wie Johannes den Begriff der Sünde näher definiert. Der literarkritische Überblick (s.o.) hatte bereits gezeigt, daß dieser abschließende Gesprächsgang sprachlich und theologisch der redaktionellen Arbeit des Evangelisten zuzuschreiben ist. Er ist deutlich auch kompo-

---

[123] Für ein antithetisches Verständnis von Joh 1,17 spricht der exklusive Sinn des Begriffspaares ἡ χάρις καὶ ἡ ἀλήθεια (vgl. 1,14). Mit C.K. BARRETT, Komm. I, 195; J. BECKER, Komm. I, 101f.; J. BLANK, Komm. 1a, 98f.; M.-É Boismard, Moses or Jesus, 93-98; F.M. BRAUN, Jean II, 7; R. BULTMANN, Komm., 53; C.H. DODD, Interpretation, 82f.; E.C. HOSKYNS, Komm., 152; H. HÜBNER, Art. νόμος, EWNT II, 1172; Y. IBUKI, Wahrheit, 204; M. KOTILA, Zeuge, 142ff.; W.R.G. LOADER, Law, 448-451.459f.; U. LUZ, Gesetz, 119; J. PAINTER, Quest, 117f.278f.; L. SCHENKE, Komm., 34; U. SCHNELLE, Antidoketische Christologie, 42f.; ders., Komm., 42f.; W. SCHRAGE, Ethik, 248f.; S. SCHULZ, Stunde, 333; ders., Komm., 34; U. WILCKENS, Komm., 35; D. ZELLER, Paulus und Johannes, 176. Synthetisch deuten K. BERGER, Anfang, 16f.266; R.E. BROWN, Komm. I, 16; F.J. MOLONEY, Komm., 40.46; A. OBERMANN, Erfüllung, 53ff.; S. PANCARO, Law, 534-546; H. RIDDERBOS, Komm., 57f.; R. SCHNACKENBURG, Komm. I, 253 Anm. 1; B. SCHWANK, Komm., 41f.; M.W.G. STIBBE, Komm., 23f.; K. WENGST, Bedrängte Gemeinde, 135f. Eine vermittelnde Position nimmt K. HAACKER, Stiftung, 32-35, ein: formale Parallelität, inhaltliche Antithetik. - Die Opposition Christus - Tora wird auch daran deutlich, daß der Logos im Prolog traditionelle Eigenschaften der Tora-Weisheit aufweist (Präexistenz, Schöpfungsmittlerschaft, Leben u.ä.). Vgl. dazu STR.-BILL. II, 355-358; C.H. DODD, a.a.O., 85f.269ff. DODD, 83f., weist weiter darauf hin, daß die Symbole für die Tora im rabbinischen Judentum wie Wasser (Wein), Brot und Licht von Johannes (antithetisch) auf Christus übertragen werden. S. ähnlich auch W.R.G. LOADER, a.a.O., 460.474.486; J. PAINTER, a.a.O., 117f.123.125f.277-279.283f.

[124] U. SCHNELLE, Antidoketische Christologie, 43: „Das für Paulus so wichtige Problem 'Gesetz - Gnade' ist für den Evangelisten längst gelöst ...". Vgl. dazu näherhin Teil 9.2.2.2(1).

[125] Zum Verhältnis von νόμος und γραφή bei Johannes vgl. U. LUZ, Gesetz, 120; A. OBERMANN, Erfüllung, 37-63. Zum Zeugnischarakter der Schrift vgl. M. HENGEL, Schriftauslegung, 249-288.

sitorisch der Höhepunkt von Kap. 9 und mit 9,35-38 durch das Glaubensthema verbunden, das in 9,39-41 negativ als Blindheit im Unglauben präzisiert wird.[126] Die sich in den vorangehenden Gesprächsgängen abzeichnende Verstockung der jüdischen Repräsentanten und der sich steigernde Glaube des geheilten Blinden dienen Johannes als Aufhänger, um das Verhältnis zwischen „Sehen" und „Blindheit" auf der höheren Ebene von Glaube und Unglaube (Sünde) zu klären.[127] Die kompositorische Verbindung zwischen V5 und VV39-41 legt sich durch die Motive Licht/Sehen und Finsternis/Blindheit nahe.[128] Das Heilungswunder veranschaulicht die Selbstaussage, daß Jesus das Licht der Welt ist (8,12; 9,5).[129] Der Kontrast Licht/Dunkelheit, Tag/Nacht und Sehen/Blindheit wird durch die Erzählung hindurch entwickelt.[130] In 9,3b-5 präjudiziert der Evangelist mit Hilfe der Symbole „Licht", „Tag" und „Nacht" bereits die Perspektive für das Verständnis des gesamten 9. Kapitels, besonders der in 9,39-41 entfalteten Dialektik von Sehen und Blindsein.[131] Hier steht die

---

[126] Vgl. J. BLANK, Krisis, 252f.; M. REIN, Heilung, 159-165.

[127] Zum Gebrauch des Wortpaares „sehen" und „blind sein" in Joh 9 vgl. M. REIN, Heilung, 39-50. Die Doppeldeutigkeit des Wortpaares ist für das gesamte Kapitel 9 relevant. „Die wechselseitige Anspielung von leiblicher und geistiger Bedeutung des Sehens bleibt nicht auf V39-41 begrenzt, sondern hat Relevanz für das ganze 9. Kapitel, denn V39 bezieht sich abstrahierend auf die in Joh 9 berichteten Handlungsabläufe. Außerdem besteht eine strukturale Balance zwischen dem Anfang und dem Schluß dieses Kapitels. Somit kommt dem leibliche(n) Sehendwerden des Blindgeborenen eine über die leibliche Dimension hinausgehende Bedeutung zu. Die übertragene Bedeutung von Sehen und Blindsein spielt schon von Anfang in Joh 9 an eine Rolle" (a.a.O, 49).

[128] G. MLAKUZHYIL, Structure, 96f.205, verweist auf die literarische Inclusion der Anfangs- und Endverse von Kap. 9 (V1-3.40-41), wie sie durch die Begriffe „blind" und „Sünde"/„sündigen" hergestellt ist. „It is noteworthy that the episode both begins and ends with a question and an answer about 'blindness' and 'sin'" (205). - Zum metaphorischen Charakter der Licht- und Finsternis (Blindheit)-Symbolik in Joh 9,3-5.39 (s. 1,4f.7-9; 3,19-21; 8,12; 11,9f.; 12,35f.40.46; 1.Joh 1,5-7; 2,7-11) vgl. U. BUSSE, Metaphorik, 129-132; R.A. CULPEPPER, Anatomy, 190-192; J. PAINTER, John 9, 41ff., und O. SCHWANKL, Licht, passim; ders., Metaphorik, 135-167.

[129] G. BORNKAMM, Heilung, 67: „Im Blick auf dieses Wort (sc. Joh 9,5, R.M.) bekommt die Heilungsgeschichte ihre typisch johanneische Transparenz." Vgl. auch R. BULTMANN, Komm., 251; M. LABAHN, Jesus, 371f.; D.A. LEE, Symbolic Narratives, 161; G. MLAKUZHYIL, Structure, 210.317; J. PAINTER, Quest, 262f.271f.; U. SCHNELLE, Komm., 168; S. v. TILBORG, Love, 222f.; N. WALTER, Auslegung, 101.

[130] J.L. RESSEGUIE, John 9, 116.

[131] Deutlich ist, daß zum einen die Symbole „Tag", „Licht" (V4f.) und „sehen" (V39), zum anderen die Symbole „Nacht" (V4), „Gericht" (V39) und „blind werden" (V39) in Beziehung zueinander stehen. Die christologisch gefüllte Symbolik (Licht, Tag, Nacht, Gericht) steht in engem Zusammenhang mit der anthropologisch geprägten Symbolik von Sehen und Blindwerden. Letztere ergibt sich als Konsequenz aus der ersten. Treffend O. SCHWANKL, Metaphorik, 153f., zur Funktion von 9,4f.: „Das lichtmetaphori-

Heilsaussage, daß die Blinden sehend werden, voran. Sie erschließt den tieferen Sinn der äußeren Handlung der Blindenheilung.[132] Die primäre Heilsabsicht der Sendung Jesu entspricht der Präponderanz des Heilswirkens Gottes an der Welt (vgl. Joh 3,16f.; 12,46f.). Erst im Schatten des Lichtes kann der Unglaube, dem das Gericht angesagt wird, zum Vorschein kommen (vgl. 15,22.24). Der Evangelist gestaltet Joh 9 als symbolische Erzählung[133], in der die Motive Licht/Dunkelheit; Sehen/Blindheit der Verdeutlichung des Gegensatzes von Glaube und Unglaube dienen. Der Geheilte steht für das eine, die Pharisäer stehen für das andere.

J. Roloff, Kerygma, 137, erkennt zu Recht die Verbindung von Joh 9,39 mit dem Vorangehenden: „Der antithetische Parallelismus dieses Wortes interpretiert hier die vorhergegangenen Szenen in chiastischer Folge: Das Gericht des Erdenwirkens Jesu hat aus dem 'Blinden' einen 'Sehenden' (V.35-38) und aus den sich für Sehende haltenden Jüngern des Mose (V.29) Blinde gemacht (V.13-34). Die Konfliktszenen wollen den Inhalt dieses Wortes in dramatischer Darstellung entfalten."[134] Es ist eine Art „Schlüsselwort" für das vorher Erzählte".[135] Dabei wird deutlich, daß der Steigerung des Unglaubens der Ἰουδαῖοι in V13-34 eine Vertiefung des Glaubens des Geheilten entspricht. Die Pharisäer geraten in V18-17 in Zweifel und spalten sich. In V18-23 treten sie als geschlossene Gruppe der „Juden" auf, vernehmen die Eltern und äußern ihre Zweifel an der Identität des ehemals Blinden und nun Sehenden. In V24-34 vernehmen sie den Geheilten, grenzen sich definitiv ab (Polarisierung in Jesusjünger und Mosejünger V28) und stoßen den Geheilten aus (V34). Der Blindgeborene dagegen gelangt stufenweise zur Erkenntnis der göttlichen Herkunft Jesu (V11: ὁ ἄνθρωπος; V17: προφήτης; V33: παρὰ θεοῦ; V35: υἱὸς τοῦ ἀνθρώπου und V38: κύριος [vgl. 20,28]).[136] Während die „Juden" immer „blinder" werden, wird der Geheilte immer „sehender" (V39-41).[137] Das Zum-Sehen-Kommen des Blinden geschieht durch die Selbsterschließung Jesu (V37).[138]

sche Potential wird ... über das ganze Kapitel hin ausgenützt, nämlich in der zunehmenden christologischen Erkenntnis des Geheilten und, gegenläufig dazu, in der zunehmenden Verblendung der Gegner." - Eine sachliche inclusio zwischen der ersten Szene Joh 9,1-7 und der letzten Szene Joh 9,39-41 (Motive: Licht/Dunkelheit; Blindheit/Sehen; Sünde) erkennen D.A. LEE, Symbolic Narratives, 169f.; G. MLAKUZHYIL, Structure, 205; J. PAINTER, John 9, 32; D.K. RENSBERGER, Overcoming the World, 47; L. SCHENKE, Komm., 180.

[132] J. GNILKA, Komm., 80.

[133] Vgl. R.A. CULPEPPER, Anatomy, 191f.; D.A. LEE, Symbolic Narratives, 161-187; J. PAINTER, John 9, 41ff.; L. SCHENKE, Komm., 187f.

[134] Zur kompositorischen Dramatik von Joh 9,1-41 vgl. J.L. MARTYN, History, 3-16; J.L. RESSEGUIE, John 9, 115-122; S.S. SMALLEY, John, 194-196; CHR. WELCK, Erzählte Zeichen, 175-207.

[135] J. BLANK, Krisis, 252; vgl. auch C. HERGENRÖDER, Herrlichkeit, 451.

[136] R.E. BROWN, Komm. I, 377; U. SCHNELLE, Komm., 170.174.

[137] Eine gewisse Steigerung in der Glaubenserkenntnis des Geheilten ist deutlich: „der Mensch" (V11); „Er ist ein Prophet" (9,17); Jesus tut Gottes Willen und ist „von Gott" (9,31.33), und schließlich „Ich glaube" (9,38). Der Glaube des Geheilten wächst durch die Selbsterschließung Jesu (9,35-38). Das Sehen des Geheilten steigert sich von

Ohne Angabe einer konkreten Situation setzt der 4. Evangelist mit einem Gerichtswort Jesu ein (εἰς κρίμα ἐγὼ εἰς τὸν κόσμον τοῦτον ἦλθον, κτλ.), das sich von dem Wunderbericht abhebt und über den Fall der Wunderheilung hinaus eine generell-typisierende Bedeutung hat. Das „Kommen in die Welt" („diese Welt" vgl. 8,23) gehört zur joh Redeweise (vgl. 1,9; 3,19; 6,14; 11,27; 12,46; 16,28; 18,37).[139] Es entspricht dem „Senden in die Welt" durch den Vater (3,17; 10,36; 17,18; 1.Joh 4,9). Ziel des gerichtlichen Wirkens Jesu (vgl. 3,19; 5,24) ist die Erleuchtung der Nichtsehenden und die Verstockung der sich „sehend" Wähnenden.[140] Das erste Ziel erinnert an die Funktion des gesandten Gottessohnes als „Licht der Welt" (1,4f.; 8,12; 9,5; 12,35f.46) und hat alttestamentliche Parallelen in Verheißungen wie Jes 29,18; 35,5; 42,6f.16; 61,1 LXX (vgl. Mt

---

der Wahrnehmung der (äußeren) Wirklichkeit (9,7.11.15 u.ö.) bis zum tieferen Sehen des Glaubens (V35-38). „In einem Prozeß ist aus einem von Geburt an Blinden ein in allen Dimensionen Sehender geworden" (C. HERGENRÖDER, Herrlichkeit, 298). Umgekehrt nimmt die Blindheit der Pharisäer zu (9,15-17.18-23.27.29.34.41). Vgl. dazu C. HERGENRÖDER, a.a.O., 287-298, sowie D.R. BECK, Paradigm, 91-96; R.A. CULPEPPER, Anatomy, 139f.191f.; R.E. BROWN, Komm. I, 377; A. HAMMES, Ruf, 52 Anm. 122; V. HASLER, Glauben, 282-285; L.P. JONES, Symbol, 167; D.A. LEE, Symbolic Narratives, 171-182; E. LEIDIG, Jesu Gespräch, 221f.; G. MLAKUZHYIL, Structure, 317f.; F.J. MOLONEY, Komm., 296; J. PAINTER, John 9, 31f.; ders, Quest, 261f.; D.K. RENSBERGER, Overcoming the World, 45f.; J.L. RESSEGUIE, John 9, 121f.; U. SCHNELLE, Komm., 170.174. - Die Vertiefung des Glaubens ist auch sonst ein durchgehendes Thema des Johannesevangeliums. J. Zumstein, Strategie, 355-361, spricht hier mit G. THEIßEN von einer „Stufenhermeneutik".

[138] Vgl. C. HERGENRÖDER, a.a.O., 294-298.

[139] Formale Parallelen bestehen besonders zwischen 9,39 und 10,10; 12,47: ἔρχεσθαι im Aorist + finale Bestimmung mittels der Konjunktion ἵνα (vgl. E. ARENS, ἦλθον-sayings, 303). Deutliche Parallelen auch in bezug auf die Wendung εἰς τὸν κόσμον (τοῦτον) gibt es zu 18,37 (vgl. dazu M. REIN, Heilung, 247f.). In 9,39; 12,31; 16,11 erscheint die Rede von „dieser Welt" im Zusammenhang mit dem Gericht. Das Demonstrativpronomen τοῦτον betont den „dunkle(n) Aspekt des Gerichts" (R. SCHNACKENBURG, Komm. II, 324; vgl. weiter 8,23; 11,9; 12,25; 18,36). - Zum traditionsgeschichtlichen Kontext des ἦλθον-Wortes Joh 9,39 vgl. M. REIN, Heilung, 298-303.

[140] Hierbei muß freilich festgehalten werden, „daß das ἵνα ... οἱ βλέποντες τυφλοὶ γένωνται V.39c nicht mehr wie V.39b (auch) den *intendierten Zweck*, sondern (nur noch) das *tatsächliche Resultat* von Jesu In-diese-Welt-Gekommensein meint, welches oft - und einmal mehr auch im Kap. 9 dargestellten Geschehen - den genauen Gegensatz zu seiner eigenen Absicht als ζωή-Bringer (s. 3,16) darstellt. Jesus ist als der eschatologische Gesandte Gottes sehr wohl εἰς κρίμα 'in diese Welt' gekommen (V.39a), aber eben nicht in der Absicht, den κόσμος zu richten, sondern um ihn zu *erlösen* (s. 3,17; 12,47b!)" (CHR. WELCK, Erzählte Zeichen, 193 Anm. 172). So auch D.A. CARSON, Gospel, 377; A. LINDEMANN, Gemeinde und Welt im Johannesevangelium, in: D. LÜHRMANN/G. STRECKER (Hrsg.), Kirche (FS G. BORNKAMM), Tübingen 1980, 133-161 (145 zu Joh 9,39).

11,2f.par; Lk 4,18).[141] Das zweite Ziel assoziiert das Verstockungszitat aus Jes 6,9f.[142] (vgl. weiter Jes 42,18-20; 43,8; 56,10) in Joh 12,40, das Johannes an theologisch zentraler Stelle eingeführt hat.[143] Unklar ist aber zunächst, wer mit den „Sehenden" und den „Blinden" gemeint ist. Hier bietet sich als Interpretationsschlüssel V41d an. Weil die jüdischen Repräsentanten behaupten (νῦν δὲ λέγετε): „wir sehen" - ein Sündenbekenntnis fehlt -, kommt Jesus zum Urteil, daß ihre Sünde bleibt.[144] Diese selbstsichere Behauptung, in der Position des Wissens zu sein, begegnete bereits in V28b.29, als sich die jüdischen Repräsentanten auf die Kenntnis des mosaischen Gesetzes beriefen (ἡμεῖς οἴδαμεν κτλ.; vgl. auch V31 und 3,2 s.o.). Mit den „Sehenden" aus V39d sind also die Vertreter der Gesetzeslehre gemeint (vgl. V28 „Jünger des Mose"[145]), die sich ihrer Position des Wissens um den Willen Gottes, sofern er im Gesetz niedergelegt ist, im Unterschied zum ungebildeten Am-ha-Arez sicher sind (vgl. 7,49; 9,34).[146]

Bestätigt wird diese Deutung durch Röm 2,19. Der von Paulus in gerichtlicher Rede angeklagte Jude weiß sich als ὁδηγὸς τυφλῶν, φῶς τῶν ἐν σκότει, was in V20 bestimmt wird als παιδευτὴς ἀφρόνων, διδάσκαλος νηπίων. In dieser Funktion hat er „die Gestalt der Erkenntnis und der Wahrheit im Gesetz" und rühmt sich des Gesetzes (V23), weil er den Willen (Gottes) kennt und „aus dem Gesetz gelehrt" ist (V18; vgl. auch die Berufung auf den Willen Gottes in den in jüdischer Schriftgelehrsamkeit formulierten Worten des Geheilten Joh 9,31!). Die Blindheit derer, die τυφλοί, οἱ ἐν σκότει, ἄφρονες und νήπιοι genannt werden, besteht nach jüdischem Verständnis darin, nicht diese „Gestalt der Erkenntnis und der Wahrheit im Gesetz" zu besitzen. - Zu vergleichen sind hier neben Mt 15,14par (τυφλοί εἰσιν ὁδηγοὶ τυφλῶν: Blindheit für den Willen Gottes) die Belege im jüdischen Schrifttum, die eine Blindheit im geistigen Sinn

---

[141] Vgl. C. HERGENRÖDER, Herrlichkeit, 300-305; E. LEIDIG, Jesu Gespräch, 222.

[142] Vgl. dazu M. REIN, Heilung, 332-337.

[143] Zum Charakter des Zitates s.u. den entsprechenden Exkurs.

[144] Vgl. A. STROBEL, Erkenntnis, 46.

[145] Bei „Jünger des Mose" handelt es sich offenbar um eine vom pharisäischen Rabbinat benutzte Selbstbezeichnung der Schriftgelehrten (vgl. S. PANCARO, Law, 107f.; M. REIN, Heilung, 267f.; K.H. RENGSTORF, Art. μανθάνω κτλ., ThWNT IV, 440; R. SCHNACKENBURG, Komm. II, 318f.; STR.-BILL. II, 535 z. St.; vgl. auch Mt 23,3 und dazu H.-J. BECKER, Auf der Kathedra des Mose [ANTZ 4], Berlin 1990). In der jüdischen Tradition galten als die „Weisen" (vgl. Mt 11,25par) vor allem die Schriftgelehrten. חכם wird weitgehend technische Ehrenbezeichnung für den rabbinischen Toragelehrten. Vgl. dazu das Material bei U. WILCKENS, Art σοφία κτλ., ThWNT VII, 505-508. Damit wird deutlich, daß der jüdisch-christliche Konflikt zur Zeit des Evangelisten in Joh 9 transparent wird.

[146] Ein „scheinbares Sehen und Wissen bezüglich Jesus" (so M. HASITSCHKA, Befreiung, 330) ist in 9,39d demnach nicht gemeint, denn Jesus ist nicht die Autorität, auf die sich die „Jünger des Mose" in ihrer Position des Wissens berufen würden. Bezugspunkt des hier genannten Sehens ist das Gesetz, nicht Jesus.

gegenüber der Tora kennen (vgl. Midr Ps 146,5 z 146,8; Tg Jes 42,6f.).[147] Blindheit im übertragenen Sinn, sofern sie den Bereich des Erkenntnisvermögens und der Verstandeskraft betrifft, war in der griechischen Antike, im Judentum[148] und im Neuen Testament (Mt 15,14par; 23,16.17.19.24.26; Joh 9,39-41; Röm 2,19; 2.Petr 1,9; Apk 3,17) bekannt.

Diese Interpretation der „Sehenden" von V39d legt auch ein geistiges Verständnis der μὴ βλέποντες nahe. Der 4. Evangelist überschreitet die Ebene der physischen Heilung des Blindgeborenen. Schon mit VV35-38 hat er auf das geistige Sehen des Glaubens abgehoben.[149] Auch kann es V39d nicht darum gehen, daß Sehende physisch blind werden. Zum einen wird eine Krankheit dieser Art für die Gruppe (!) der Pharisäer, die Jesus befragt, nicht in Aussicht gestellt, zum anderen werden Strafwunder solcher Art im Evangelium nicht berichtet (vgl. aber Apg 13,11).[150] Sind die „Sehenden" die des Gesetzes Kundigen und sich dessen Rühmenden, so sind die Nicht-Sehenden die von dieser Position aus Unwissenden und Nichtgelehrten im Gesetz (Joh 7,49; 9,34; vgl. Röm 2,17-24).[151] Gerade diejenigen sollen aber nach dem Willen Jesu mit der gewünschten Einsicht beschenkt werden, die in dem Q-Logion Mt11,25-27/Lk 10,21f als Offenbarungswissen Gottes an die νήπιοι bestimmt wird.[152] Auch hier zeigt sich der Gegensatz zwischen den Weisen und Wissenden einerseits und den

---

[147] STR.-BILL. I, 69; W. SCHRAGE, Art. τυφλός κτλ., ThWNT VIII, 284.

[148] Vgl. die Belege bei W. SCHRAGE, a.a.O., 276f.284f., und die Darstellung bei M. REIN, Heilung, 304-308.315ff.

[149] Von Joh 9,5 her ist bereits zu Beginn klar, daß es Johannes bei der Heilung des Blindgeborenen um das Sehen des Glaubens geht. Die physische Heilung des Blinden ist freilich in VV35-38 vorausgesetzt. Insofern kann man die Ankündigung des Sehendwerdens der Nichtsehenden V39c auch noch in eigentlich-physischer Bedeutung verstehen (vgl. Mt 11,5par), so daß die eigentliche und übertragene Bedeutung beiderseits mitschwingen (vgl. M. REIN, Heilung, 48f.). Ab V39d ist freilich die übertragene Gebrauch vorherrschend (s.u.). Zum Zusammenhang der leiblichen und übertragenen Bedeutung von Sehen und Blindsein im Blick auf das gesamte 9. Kapitel vgl. M. REIN, a.a.O., 39-50.

[150] Antike Parallelen finden sich bei W. SCHRAGE, Art. τυφλός κτλ., ThWNT VIII, 271f.

[151] R. BULTMANN, Komm., 259, lehnt eine Konkretisierung der „Blinden" und der „Sehenden" ab. Es sind „keine vorhandenen und aufweisbaren Gruppen, sondern *jeder* ist gefragt, ob er zu diesen oder jenen gehören will" (Hervorhebung R.B.). Dies ist ganz im Sinne der existentialen Interpretation des Verf. Sie berücksichtigt jedoch nicht die Kontroverse des Textes, in dem es um das Gegenüber von Gesetzesvertretern und Gesetzesunkundigen geht. Im Anschluß an Bultmann interpretiert C. HERGENRÖDER, Herrlichkeit, 451ff.

[152] Die Nähe dieses Q-Logions zur joh Sprach- und Gedankenwelt ist seit längerem bekannt. Vgl. U. LUZ, Mt II, 200.210 Anm. 92.97.

Unwissenden andererseits.[153] Im Gegensatz zu den sehenden νήπιοι werden die mit Blindheit Gerichteten in Joh 9,39d von diesem Offenbarungswissen ausgeschlossen, das sich für Johannes als Glaube an den sendenden
Vater und den gesandten Sohn Gottes artikuliert (vgl. 3,36; 5,24; 11,25f.;
12,44ff. u.ö). Mit οἱ βλέποντες V39d sind in „eigentümlicher Ironie"
diejenigen gemeint, „die sich *einbilden*, zu sehen"[154]. Der Begriff „Blinde"
von V39d hat demnach eine negative Konnotation. Ähnlich ist dies auch
in V40 der Fall, sofern man aus der Position der Pharisäer argumentiert.
Ihre Frage läßt aus ihrer Sicht nur ein „Nein" als Antwort zu, da sie sich
nicht als die vom Gesetz ausgegrenzten „Blinden" bzw. die „Blinden" =
die Unwissenden gegenüber dem Gesetz verstehen (vgl. Röm 2,19).[155]
Insofern steckt in der Frage zugleich ein Vorwurf an Jesus. In V41b ist
dagegen der Begriff „Blinde" positiv gewendet.[156] Der Nachsatz V41c, in
dem vom vermeintlichen „Sehen" der Pharisäer die Rede ist, legt das
Blindsein im Vordersatz auf eine Situation des Ausgegrenztseins durch

---

[153] Im übertragen-bildlichen Gebrauch sind die νήπιοι die „Unwissenden" (vgl.
LXX: Spr 1,32; Ps 18,8; 114,6; 118,130). Sie haben „keine 'akademische' Kompetenz,
im Gegensatz zu denen, die das gesetzliche Wissen besitzen" (S. LÉGASSE, Art. νήπιος,
EWNT II, 1142f.; vgl. auch U. LUZ, Mt II, 206). - Röm 2,19 und Mt 11,25par haben
freilich einen verschiedenen Hintergrund. Während es in Röm 2,17-24 um den Füh-
rungsanspruch der gesetzeskundigen Juden gegenüber den Heiden geht (vgl. Jes 42,6f.;
49,6), benennt Mt 11,25par die Offenbarung der Heilsgeheimnisse an die „kleine Herde"
der Jünger Jesu (S. LÉGASSE, a.a.O., 1143). Insofern geht Joh 9 mit der Ankündigung
des Sehendwerdens der Blinden (9,39), sofern sich dieses auf den Glauben der Gemeinde, der im Glauben des Geheilten zur Sprache kommt, bezieht (vgl. 9,35-38), mit Mt
11,25par parallel. Der gemeinsame Hintergrund der Unwissenheit und Unmündigkeit
gegenüber dem Gesetz ist aber für Röm, Mtpar und Joh bezüglich des νήπιος bzw. des
Blinden erkennbar.
[154] R. BULTMANN, Komm., 259.
[155] Geistliche Blindheit und Unglaube können im jüdischen Schrifttum parallel stehen. „In Gn r 53 z 21,18f. scheint derjenige blind genannt zu sein, der nicht glaubt. Da
der Glaubende aber der Gesetzesfromme ist, kann dem Blinden auch der Frevler entsprechen Ex r 30 z 22,1" (W. SCHRAGE, Art. τυφλός κτλ., ThWNT VIII, 284).
[156] So auch M. HASITSCHKA, Befreiung, 327.329f. M. REIN, Heilung, 48f.; L.
SCHENKE, Komm., 190f., und CHR. WELCK, Erzählte Zeichen, 183 (vgl. 192), beziehen
V41b auf die eigentlich-leibliche Bedeutung von Blindsein. Dies ergibt aber keinen guten Sinn. Der joh Jesus möchte hier nicht den verbreiteten Grundsatz des Zusammenhangs von Krankheit und Sünde in dem Sinn umkehren, daß die Krankheit (hier Blindheit) von der Sünde befreie. Vielmehr teilt auch der joh Jesus den Zusammenhang von
Krankheit und Sünde (vgl. 5,14; 9,2-3a.34). Die Annahme des übertragenen Gebrauchs
von V41b paßt auch besser in den Kontext von VV39-41. Aus dem in V39c bereits mit-
zudenkenden, in V39d.40b.41c sich durchsetzenden übertragenen Gebrauch von „sehen"
und „blind sein" (mit REIN, a.a.O.) würde V41b unmotiviert herausfallen, wenn man
einen plötzlichen Bedeutungswechsel annimmt. Zudem ist die Deutung des Versteiles im
übertragenen Sinn gut begründbar (s. im folgenden).

Nichtwissen fest. „Blinde" sind die zum Am-ha-Arez Gehörigen, die aus
der Position des gelehrten Judentums „draußen" stehen (außerhalb des
Verständnisses des Gesetzes) wie der geheilte Blinde, dem ein διδάσκειν
(ἡμᾶς) nicht zugestanden wird (V34). Sie sind „Blinde", sofern sie Nicht-
gelehrte sind. Für Jesus ist dabei aber zugleich klar, daß gerade diese Ausgegrenzten für ihn und die Erkenntnis des Glaubens offen und empfänglich sind (vgl. VV35-38) und daher im Gegensatz zu den Pharisäern keine
Sünde haben. Der im Irrealis formulierte Satz V41bc bekundet, daß das
Offensein gegenüber der Offenbarung, wie sie den νήπιοι vor Gott eigen
ist, den Vorwurf der Sünde gegenüber den jüdischen Repräsentanten hätte
entkräften können. „Wenn sie es sich gefallen ließen, daß ihnen wie dem
Blindgeborenen die Augen geöffnet würden, wenn sie eingestehen würden,
daß sie auf die Offenbarung des Lichtes angewiesen sind, dann hätten sie
keine Sünde."[157] Aufgrund der Anmaßung, die Wissenden sein zu wollen,
bleiben sie jedoch in der Sünde befangen. V40f. belegt, daß die Sünde der
Pharisäer darin besteht, sich nicht als Blinde zu erkennen, sondern sich für
sehend zu halten. Sie ist das schuldhafte Nichtsehen-Wollen, durch das
dem Gesandten Gottes die Anerkennung verweigert wird.[158] Gerade darin
aber bekundet sich die Verblendung, von der Joh 12,40 mit Worten aus Jes
6,9f. spricht.

Das Thema der Verblendung ist in subtiler Weise auch in der Reaktion Jesu auf den
Vorwurf des Gesetzesbruches der in Kap. 5 berichteten Heilung des Kranken am Teich
Bethesda vergegenwärtigt (7,21-24). Das Gericht κατ᾽ ὄψιν (7,24) verbaut den „Juden"
(7,15) gerade die notwendige Einsicht in das mit dem Gesetz übereinstimmende Wirken
Jesu. Das Urteil der δικαία κρίσις entspricht dagegen dem von Jesus geforderten Glau-
ben, der zu „sehen" vermag.[159]

Konsequenz dieser schuldhaften Verblendung ist das „*Bleiben* der Sünde"
(V41fin; vgl. 1.Joh 5,16f. die Sünde „zum Tode"; der Sache nach auch Mk

---

[157] J. HEISE, Bleiben, 56. Heise führt an dieser Stelle (ebd., Anm. 57) einige Belege
M. Luthers an, die den Gedanken betonen, „daß Gott sich nur denen offenbart, die auf
ihn angewiesen sind und eben dies auch bekennen." Bsp.: „Deus non salvat nisi peccato-
res, non erudit nisi stultos et insipientes, non ditat nisi pauperes, non vivificat nisi mor-
tuos; non eos quidem, qui se tales fingunt aut reputant solum, sed qui vere tales sunt et
hoc agnoscunt" (WA 56, 427,3ff.).
[158] Vgl. J. BLANK, Krisis, 262f. Die Blindheit der Pharisäer war schon in V29 angedeutet worden, sofern sie von Jesus nicht wissen, woher er ist (πόθεν ἐστίν). Gemeint
ist natürlich der göttliche Ursprung Jesu.
[159] Zu Joh 7,21-24 vgl. CHR. WELCK, Erzählte Zeichen, 202-204, der 7,24 treffend
paraphrasiert: „Richtet nicht κατ᾽ ὄψιν (sc. nach dem Augenschein des Sabbatverstos-
ses), sondern richtet eine δικαία κρίσις (sc. indem ihr die tiefere Übereinstimmung mit
dem νόμος und darin die Rechtmäßigkeit meines Handelns erkennt)!"

3,29). Von V39 her ist klar, daß diese Sünde mit der Gerichtsfunktion Jesu im Zusammenhang steht. Parallel zu 9,41 wird in 3,36 gesagt, daß die Verweigerung gegenüber dem Sohn Gottes das „Bleiben des Zornes Gottes" zur Folge hat. Auch im Kontext von Röm 1,18 ist deutlich, daß hier das präsente eschatologische Gericht Gottes angesprochen wird.[160] Im 4. Evangelium wird nur in 3,36 und 9,41 der Zorn Gottes bzw. die Sünde als Subjekt des Bleibens bestimmt. Joh 12,46 und 15,4.6 erkennen als Ziel des Nicht-Bleibens in Christus das Gericht, das als σκοτία vorgestellt wird. Diese Finsternis ist die gerichtliche Konsequenz der Verweigerung gegenüber dem das „Licht" offenbarenden Gesandten, der zum Gericht in die Welt gekommen ist (3,19).

In der Regel definiert Johannes das μένειν-Motiv aus der Perspektive des Offenbarers bzw. Gottes als Heil (5,38; 6,27.56; 8,35; 14,10.17; 15,4ff.) oder aus der Perspektive des Menschen als Treue (6,56; 8,31f.; 15,4ff.16). Prägnant sind die sog. Immanenzformeln, in denen sich beide Perspektiven verbinden (Joh 6,56; 15,4ff.; vgl. 1Joh 2,6.24.27f.; 3,6.24; 4,12f.15f.).[161]

Insofern interpretieren sich die beiden Belege 3,36 und 9,41 gegenseitig. Bestimmt das *μένειν* aus der Perspektive Gottes bzw. des Offenbarers Gültigkeit und Bestand des den Menschen betreffenden Heils, so ist es *aus der Perspektive des sich dem Offenbarer verweigernden Unglaubens als Gültigkeit und Bestand des Unheils* gesehen. Das μένειν weist darauf hin, daß die Sünde so gravierend ist, daß sie nicht vergeben wird.[162]

Aus dem bisher Gesagten ergibt sich, daß Sünde das selbstsichere, verblendete und ausgrenzende Verhalten ist, das zum Unverständnis und Unglauben gegenüber Jesus führt. In dieser schuldhaften Selbstverschließung vor der durch Jesu Wort und Werk geoffenbarten Wahrheit bekundet sich die Krisis, die in eben diesem Offenbarungswirken des Gottessohnes

---

[160] Vgl. J. HEISE, Bleiben, 57-60. Auch der Gedanke der Zusammengehörigkeit von Zorn Gottes und Ungehorsam ist in der paulinischen Literatur bekannt (vgl. Röm 2,8; Eph 2,2f.; 5,6). Zum Gegensatz von ζωὴ αἰώνιος und ὀργή vgl. Röm 2,7f. Joh 3,36 ist freilich sprachlich und gedanklich johanneisch (zu V36a vgl. 3,15f.; 5,24; 6,40.47; 10,10.28; 11,25f.; 20,31; zu der in V36b.c vorausgesetzten Gegenwart des Gottesgerichtes, das im Wirken des Sohnes zur Geltung kommt, vgl. 3,18f.; 5,22.30; 8,16; 12,31; 16,11).

[161] Zum joh μένειν-Motiv vgl. R.E. BROWN, Komm. I, 510-512; J. GNILKA, Theologie, 282f.; K. HAACKER, Stiftung, 77-82; J. HEISE, a.a.O., passim; H. HÜBNER, Art. μένω, EWNT II, 1002-1004; E. MALATESTA, Interiority and Covenant. An Exegetical Study of the εἶναι ἐν und μένειν ἐν Expressions in 1Joh (AnBibl 69), Rom 1976; R. SCHNACKENBURG, Johannesbriefe, 105-110; jetzt v.a. K. SCHOLTISSEK, In ihm, passim.

[162] TH. KNÖPPLER, Theologia crucis, 76; U. WILCKENS, Komm., 162.

zur Geltung kommt.[163] In Joh 12,37ff. hat Johannes diesen Unglauben und die Verstockung im Herzen mit Hilfe von Jes 53,1 und 6,9f. belegt. Dabei ist deutlich, daß die geistliche Blindheit (12,40a.c) als schuldhafte (12,37) Verstockung im Herzen (12,40b.d) gedeutet wird. VV37.42f. bezeugen, daß es dem Evangelisten um menschliche Mitverantwortung und Schuld geht. Jes 6,9f. will er nicht deterministisch verstehen.

Das Jesaja-Zitat (6,10) hat Johannes frei für seine Zwecke umgestaltet.[164] Die einleitende Aufforderung an den Propheten (6,9) hat er ausgelassen. Die „Verblendung der Augen" hat er gegenüber der ursprünglichen Reihenfolge vor (!) der „Verstockung der Herzen" genannt, während die „Schwerhörigkeit der Ohren" fehlt (vgl. aber 12,38b und 8,37.43.47; 9,27!). Das Voranstellen der „Verblendung der Augen" entspricht der Tatsache, daß die Menschen den Zeichen, die sinnfällig „vor ihnen" (V37) geschehen sind, nicht geglaubt haben (vgl. 6,26; 12,37), während der Glaube die ζωή verbürgt (20,30f.). Die Verblendung der Augen, die zu einer Verstockung des ganzen Menschen führt - die bewußte Parallelisierung von „Sehen mit den Augen" und „Wahrnehmung mit den Herzen" (V40a-d) ist deutlich -, bewirkt eine tiefe Unfähigkeit zur Umkehr (V40e).[165] Diese Umkehr meint ein vollständiges, das ganze Herz erfassendes Vertrauen und ist mit dem μᾶλλον ἀγαπᾶν der Doxa Gottes (V43) identisch. Die auffällige Betonung der Verblendung dürfte in bewußter kompositioneller Beziehung zu 9,39 stehen.[166] Deutlich ist auch, daß der in 12,35f. geäußerte Gegensatz von Glaube an das Licht und Wandel in der Finsternis das mit dem Jes-Zitat genannte Thema der Verblendung und Verstockung (V40a-d) einerseits und des Gerettetwerdens (V40e) andererseits vorbereitet. Das Nicht-Glauben-Können (V39a) ist dabei nicht Ergebnis göttlicher Disposition, sondern selbstverschuldeter Verweigerung gegenüber dem im Sohn offenbaren Licht (V.37.42f.).[167]

---

[163] Vgl. J. BLANK, Krisis, 261-263.

[164] Vgl. A.T. HANSON, Gospel, 166-170; C. HERGENRÖDER, Herrlichkeit, 420-435; R. KÜHSCHELM, Verstockung, 78-99; M.J.J. MENKEN, Quotations, 98-122; A. OBERMANN, Erfüllung, 235-255(242ff.); G. REIM, Studien, 37-39; R. SCHNACKENBURG, Komm. II, 517f.

[165] Richtig beobachtet H. HÜBNER, Theologie III, 155, daß Johannes die „Reihenfolge 'Augen - Herz' hergestellt (hat), um zu zeigen, daß die bedrückende Aktion Gottes beim Äußeren des Menschen beginnt und in sein Inneres vordringt, wie es auch das 'Nichtsehen' der Pharisäer in Joh 9 dokumentiert." Vgl. ähnlich A. OBERMANN, a.a.O., 250f.

[166] Ähnlich R. SCHNACKENBURG, Komm. II, 518: „Das Voranstellen der Verblendung der Augen ... kann auch durch die frühere Stelle 9,39 beeinflußt sein, in der die Verblendung im Anschluß an die Blindenheilung einen anschaulich-symbolischen Sinn gewann." Zum Zusammenhang von Joh 9,39 mit 12,40 vgl. auch M. HASITSCHKA, Befreiung, 330-336; C. HERGENRÖDER, Herrlichkeit, 177f.; J.M. LIEU, Blindness, 83-95; M. REIN, Heilung, 332-337.

[167] Vgl. dazu CHR. WELCK, Erzählte Zeichen, 81-83, in Auseinandersetzung mit E. Käsemanns und L. Schottroffs These eines „gnostischen Dualismus" im Johannesevangelium. T. ONUKI, Gemeinde und Welt, 38-54, zeigt deutlich, daß der „johanneische Dualismus" nicht gnostisch-prädestinatianisch bestimmt ist, sondern als Ausdruck der durch die Offenbarung Gottes in Christus hervorgerufenen Krisis/Scheidung fungiert.

Oὐκ ἠδύναντο bringt zum Ausdruck, daß diese Verweigerung als *Knechtschaft* der Sünde wirkt, aus der eine Befreiung anders als durch den Sohn nicht möglich ist (vgl. Joh 8,31-36). Zwar ist Gott (oder Jesus) das logische Subjekt der Aussage von 12,40,[168] nicht aber im kausativen Sinn „Subjekt" der Verblendung/Sünde. Denn diese ist Ausdruck der mit dem Kommen Jesu „provozierten" Entscheidung gegen Jesus (1,11; 3,11.19f.; 5,40.43; 10,25f.; 12,47f.), die durch Jesu Offenbarertätigkeit allererst als „Sünde" im definitiven Sinn benannt werden kann (8,21.24.31ff.; 9,39-41; 15,22.24; 16,9-11).

M. Hasitschka[169] versteht den Zusammenhang zwischen 9,39-41 und 12,40 in der Weise, daß *Jesus* Verblendung/Sünde „provoziert". Aber diese Rede von einer durch Jesus *provozierten* bzw. *bewirkten Sünde* ist mißverständlich. Sie „provoziert" das Verständnis einer durch Jesus erst erschaffenen Sünde. Dies stößt sich mit 3,17; 12,47. Das Kommen Jesu ist vielmehr mit der Überführung und der Offenbarung der Sünde verbunden (15,22-24; 16,9). Die Intention des Wirkens Jesu ist das Leben, nicht das Gericht (3,17; 12,47). Sein Werk stößt auf Ablehnung, die sich als Sünde erweist. De facto ist mit Jesu Wirken zwar auch die Offenbarung und Überführung der Sünde verbunden. „Provoziert" wird aber nicht die Sünde an sich, sondern die *Entscheidung* für oder gegen Jesus. Erst die durch sein Kommen und Wirken „provozierte" Entscheidung gegen Jesus „bewirkt" auch Sünde im eigentlichen Sinn. Jesus als das Licht der Welt offenbart und überführt die durch den Unglauben „bewirkte" Sünde. Joh 9,39d (und 12,40) benennt daher nicht das Ziel, die Absicht des Wirkens Jesu, sondern die faktische Wirkung seines Kommens auf die, die ihn ablehnen.

Die Verifikation der Sünde als das schuldhafte, selbstsichere, verblendete und ausgrenzende Verhalten der „Juden" ist in den Gesprächsgängen mehrfach deutlich geworden. Ein wesentlicher Aspekt ist jedoch bisher nicht benannt worden. In V29f. bekundet sich die Blindheit der Pharisäer darin, daß sie Jesu göttliche Herkunft nicht kennen (zu τοῦτον οὐκ οἴδαμεν πόθεν ἐστίν V29 vgl. 7,27f.; 8,14; auch 2,9; 3,8; 19,9). Der Geheilte beurteilt diese Blindheit als τὸ θαυμαστόν.[170] Hier bekundet sich ein bestimmter Aspekt der Sünde. Die Blindheit der Pharisäer ist - eigentümlich *paradox* zum Anspruch des *Wissens* („Wir wissen" V29) - verwunderlich, erstaunlich, jedoch nicht im Sinn des Wunderbaren, sondern

---

Der Dualismus ist die Folgeerscheinung der Offenbarung, nicht die Offenbarung die Folgeerscheinung des Dualismus (Gnosis).

[168] Zur Frage des Subjektes des in V40 genannten Verblendens und Verstockens (Gott, Jesus, Teufel) vgl. J. BLANK, Krisis, 301ff.; ders., Komm. 1b, 338f.; A. OBERMANN, Erfüllung, 242ff.; U. SCHNELLE, Komm., 208. M. HASITSCHKA, Befreiung, 332-336, plädiert für Jesus als Subjekt. Da es für Gott aber gute Gründe gibt (vgl. 12,40.41 im Blick auf Jes 6,10; 6,1) und Johannes ohnehin von der Wirkeinheit Gottes und des Sohnes ausgeht, ist die Frage: Gott oder Jesus? von geringem Belang. Die Deutung auf den Teufel hat in 8,37ff. einen Anhaltspunkt (vgl. 1.Joh 2,11 im Blick auf die σκοτία), legt sich aber vom Kontext her, in dem es um auf Gott bezogene Jesaja-Worte geht (12,38.40), nicht nahe.

[169] Ders., Befreiung, 335.340.

[170] Die längere LA mit τὸ θαυμαστόν ist bestens bezeugt.

im Sinn des *Anstößigen* und *Unbegreiflichen.* „Darin liegt das *Anstößige*: daß ihr nicht wißt, woher er ist..." (V30).[171] Nicht der Glaube, sondern der Unglaube, die Sünde par excellence, ist das θαυμαστόν. Sie ist das Unbegreifliche, das der „Logik" des Glaubens entgegensteht. Ist der Welt der „Glaube etwas höchst Befremdendes, so ist doch von der Offenbarung her ... der Unglaube das ganz und gar 'Widernatürliche'. Auch der Glaube hat seine 'Logik'."[172] Diese Logik besteht darin, daß er sich auf das Angebot der Rettung durch den Menschensohn und Kyrios (vgl. 20,28) einläßt (9,35-38). Die Sünde offenbart sich daher dem Glauben als etwas Unverständliches, Unvernünftiges, Unlogisches, als etwas, das der Vernunft und der Logik des Glaubens widerspricht, wenn sie dieses Angebot nicht nur ausschlägt, sondern auch bekämpft. Sünde kann vom Glauben her nur negativ bestimmt werden. Sie ist ein defizienter Modus der Vernunft - einer Vernunft, die sich auf die *Erkenntnis* des Glaubens einläßt.

3.3.3.5. Sünde im Urteil des Richters

Die Untersuchung zum Sündenbegriff in Kap. 8 wird auf die literarische Gattung des Rechtsstreits eingehen.[173] Der Evangelist entfaltet mit ihrer Hilfe den Konflikt zwischen Offenbarer und Welt. Der Rechtsstreit kommt in Joh 9,39-41 deutlich zur Geltung. Art und Inhalt des Textes zeigen, daß es um den *Rechtsanspruch* des Offenbarers vor der (sündigen) Welt geht. Bereits V39 verdeutlicht, in welcher Weise der Offenbarer der Welt gegenüber tritt. Er erweist sich als ihr *Richter* (vgl. 3,19),[174] der am Ende des Gerichtsverfahrens den ergangenen *Urteilsspruch* verhängt (V39).[175] Der

---

[171] Die Wortgruppe um θαυμάζειν, θαυμάσιος, θαυμαστός hat bei Johannes einen anderen Sinn als bei den Synoptikern. Nach G. BERTRAM, Art. θαῦμα κτλ., ThWNT III, 40, ist θαυμάζειν κτλ. „geradezu Terminus für den Anstoß, den Jesus mit seinem Wirken hervorruft." (Vgl. auch Joh 4,27; 5,20.28; 7,15.21.) Es ist also nicht das Wunderbare, sondern das Erstaunliche und Anstößige, daß die Pharisäer nicht erkennen (vgl. auch F. ANNEN, Art. θαυμάζω, EWNT II, 334; dies., Art. θαυμαστός κτλ., EWNT II, 335; CHR. WELCK, Erzählte Zeichen, 115 Anm. 190).

[172] G. BORNKAMM, Heilung, 70f.

[173] Vgl. Teil 5.4.3.

[174] Die scheinbar sich widersprechenden Aussagen im Blick auf die Richterfunktion Jesu (3,17.18; 8,15.16.26) dürften mit der in 3,16f. angedeuteten „Präponderanz des Heiles" zusammenhängen. „Wenn Jesus zunächst betont, daß er selber niemanden richtet, dann aber doch von seinem Richten spricht, dann darf man (auch) darin die wiederholt betonte 'Präponderanz des Heiles' gegenüber dem Gericht angedeutet sehen. Obgleich das Gericht nicht die eigentliche Intention Jesu ist, sondern das Heil, so leitet sein Kommen doch zugleich das Gericht ein" (J. BLANK, Krisis, 220).

[175] Der singulär bei Johannes auftretende Begriff τὸ κρίμα (vgl. dagegen 11mal ἡ κρίσις) „bezeichnet meist das Ergebnis einer Handlung: den *Urteilsspruch* des Richters oder das *Strafgericht*" (M. RISSI, Art. κρίμα, EWNT II, 785; Hervorhebung M.R.). Vgl.

Kontext des Evangeliums beweist, daß der Glaube an den Gesandten vor dem Gericht bewahrt, indem er die ζωή verbürgt, während der Unglaube das dem Tod ausliefernde Gericht zu erwarten hat (5,24; vgl. 3,18; 12,47f.). Vor dem Richter stehen also Tod und Leben der Angeklagten auf dem Spiel. Der Urteilsspruch V39 setzt als *Strafmaß* die geistliche Blindheit fest (s.o.), die in V41e als „Sünde" präzisiert wird. Diese Sünde ist zwar einerseits die Begründung für das Auftreten Jesu als Richter, insofern sie als Schuld des Angeklagten die Einberufung eines Gerichtes erst erforderlich macht, andererseits bildet sie aber zugleich das Strafmaß, das der Richter quasi *Urteilsspruch* über den Schuldigen verhängt.[176] Dieser Urteilsspruch, der in V39d auf die geistige Blindheit abhebt, wird in V41e im Blick auf den Sündenstatus präzisiert: ἡ ἁμαρτία ὑμῶν μένει. Es geht also nicht nur um das Faktum der Permanenz der Sünde, sondern um einen de iure gültigen Rechtssatz: „Eure Sünde bleibt!"[177] Das Strafmaß dieses Schuldspruches ist zum einen durch den Charakter des *„Bleibens"* bestimmt, zum anderen durch den *Tod*, der nach 5,24 das Folgeurteil des Gerichtes und nach 8,21.24 die Konsequenz der Sünde ist.

Der Urteilsspruch wird mit V41d begründet. Der Anspruch, geistig sehend zu sein, verdeckt den Angeklagten die Einsicht in ihr wahres Wesen. Er ist Ausdruck des Unglaubens, in dem sie Jesus töten wollen (8,40.44) und so zu Satanskindern werden (8,37ff.). Als solche verfolgen sie den Gesandten und seine Anhänger, bringen darin den Haß des Kosmos zur Geltung (15,18ff.), zu dessen Gericht der Offenbarer gekommen ist (9,39). In der Begründung des Urteilsspruches spiegelt sich also die *Verteidigung der Angeklagten* wider, die in V40 mit den eigenen Worten der Pharisäer erfolgt, in V41d mit den Worten des Richters wiedergegeben wird. Die

---

auch M. REIN, Heilung, 247: „„...eine Tendenz zum bereits abgeschlossenen Gerichtsverfahren und ergangenen Urteilsspruch...". Der Urteilsspruch wird in der Szene vorweggenommen, um zu verdeutlichen, daß mit dem Kommen Jesu in die Welt das Gericht über diese bereits vollzogen ist (vgl. 3,19; 12,31; 16,11). κρίσις (vgl. 3,16-21; 5,24-29; 9,39; 12,31 benennt die Scheidung, „das Gericht als die große Scheidung (zwischen Licht und Finsternis)" (J. HAINZ, Krisis, 158).

[176] Dieser doppelte Charakter der Sünde als Anlaß und Folge des Gerichtes ist im Wesen der Offenbarung des Gesandten begründet: Er deckt das Wesen der Sünde auf und spricht zugleich das Gerichtsurteil über sie.

[177] Ähnlich dürfte dies auch in 3,36 der Fall sein, denn der Zorn Gottes ist die Äußerung seines Gerichtes! - M. HASITSCHKA, Befreiung, 329, erkennt in dem Hinweis auf die bleibende Sünde einen Appell, sich heilen zu lassen. Das dürfte aber nach dem Gesagten kaum zutreffend sein. Die „bleibende Sünde" hat definitiven Charakter. Sie ist in dem definitiven Urteilsspruch des Richters manifestiert. Hasitschka übersieht in seiner gesamten Analyse von Joh 9 (S.283-342) wie auch sonst den forensischen Charakter des joh Sündenbegriffs.

Pharisäer bemerken, daß die richterliche Ankündigung des Blindwerdens der Sehenden ihnen zugedacht ist (V39fin). Insofern haben sie die Hintergründigkeit des Bildwortes durchaus verstanden. Da sie sich aber nicht als die „Blinden" (gegenüber dem Gesetz, s.o.) verstehen wollen, kann ihre Frage an Jesus nur ein „Nein" als Antwort erwarten[178]. Die Verteidigung der Pharisäer geschieht durch einen versteckten *Vorwurf* an Jesus, sie mit den Gesetzesblinden in Verbindung bringen zu wollen. Diese als Vorwurf gestaltete Selbstverteidigung wird in V41d als Wort des Richters aufgenommen. Die Behauptung, (geistlich) sehend zu sein, wird der Anklage des Blindseins entgegengesetzt.

Die *Anklage* ist in der Antwort Jesu V41bc enthalten. Mit dem irrealen Satz (vgl. 15,22.24!) bringt Jesus zum Ausdruck, daß das Offensein gegenüber der Offenbarung, wie sie den Blinden als νήπιοι vor Gott eigen ist, den Vorwurf der Sünde gegenüber den jüdischen Repräsentanten hätte entkräften können (s.o.). Da sie dem Offenbarer aber „blind" und verschlossen gegenüberstehen, „haben" sie Sünde (ἔχειν ἁμαρτίαν). Diese Rede vom „Sünde haben" (vgl. Joh 15,22.24; 19,11; 1.Joh 1,8) hebt - analog zur Rede vom „Bleiben der Sünde" (V41, s.o.) - nicht nur auf die Faktizität der Sünde ab,[179] sondern ist zugleich Ausdruck der durch den Ankläger erwirkten *Überführung* der Sünde (vgl. 8,46). Dieser Aspekt ist in V41bc zwar nur angedeutet, im Vergleich mit 15,22-24 (vor allem V22ab.24ab) aber durchaus naheliegend (vgl. die Analyse von 15,22-24). In Umkehrung des irrealen Satzes zu einem realen Satz müßte er paraphrasierend etwa so lauten: „Weil ihr nicht blind seid, habt ihr Sünde (= seid ihr der Sünde überführt)."

Damit ist deutlich: Das die Heilung des Blinden abschließende Wort Joh 9,39-41 enthält die *Momente einer Gerichtsverhandlung*. Der Evangelist hat die Szene kunstvoll gestaltet. Verteidigung und Anklage werden von dem richterlichen Urteilsbeschluß gerahmt. Der Text gliedert sich nach dem Schema a-b-c-b-a:

a V39 Urteilsspruch mit Strafmaß (Blindheit)
b V40 Verteidigung der Pharisäer
c V41bc Anklage durch Jesus: Überführung der Sünde

---

[178] Die Pharisäer verstehen also die in V39fin von Jesus angekündigte Blindheit gegenüber der Offenbarung als Blindheit gegenüber dem Gesetz. Dieses ist von ihrem gesetzesorientierten Denken her durchaus folgerichtig.

[179] Gegen M. HASITSCHKA, Befreiung, 327, der von einer „Tatsache der Sünde" bzw. von einem „Zustand", einem „inneren Besitz" (349) spricht.

b V41d Verteidigung der Pharisäer (in der Begründung für den Urteilsspruch)
a V41e Urteilsspruch mit Strafmaß (Bleiben der Sünde).

Diese genannten Gerichtsmomente der das Kap. 9 abschließenden Szene
sind dem Kontext nach angemessen. Das sich in Joh 9,13-34 ergebende
Gespräch zwischen Pharisäern, Eltern und Geheiltem hat deutlich Züge
einer Gerichtsverhandlung, an deren Abschluß ein Akt der Jurisdiktion
steht: der Synagogenausschluß (V34; vgl. V22!).[180] Insofern verfährt Johannes konsequent, wenn er am Ende - wenn auch mit umgekehrtem Vorzeichen - in der Sprache der Gerichtsverhandlung fortfährt: Der zunächst
Angeklagte, der in der Verhandlung zwischen Pharisäern, Geheiltem und
Eltern nicht zugegen war, erscheint nun selbst in göttlicher Vollmacht als
Ankläger und Richter in einem. Der Menschensohn-Richter überführt die
Angeklagten der Sünde und legt das Strafmaß bleibender Sünde fest.[181]

Der forensische Charakter von Joh 9 wird des weiteren deutlich:[182] Der Geheilte tritt vor
den Nachbarn und Pharisäern als Zeuge Jesu auf (9,11.15.17. 30.33).[183] Joh 9,35-38

---

[180] Vgl. hierzu D. SCHIRMER, Rechtsgeschichtliche Untersuchungen, 165-170, der
in Joh 9 die Behandlung eines Gerichtsfalles wiedererkennt: 9,8-12(13): Befragung des
Geheilten am Tatort und Abführung zum Gericht; 9,13-17: Verhör des Geheilten durch
eine pharisäische Untersuchungskommission; 9,18-23: Verhör der Eltern des Geheilten
(Zeugenvernehmung); 9,24-33: Verhandlung gegen den Geheilten. V34 beendet das
Verhör mit dem Synagogenausschluß. Ähnliche Verhöre finden sich in 18,1-9 und 18,28-
19,16, die als Verhandlungen dargestellt werden. Nach K. BERGER handelt es sich um
amtliche Dialoge in Form von Verhören (ders., Formgeschichte, 255), in VV24-34 mit
den Elementen der Apologie (a.a.O., 361). Nach R.H. FULLER, Wunder, 91 Anm. 9, ist
der Erzähler der Verhörsszene VV24-34 mit der Technik des Verhörs durch jüdische
Behörden vertraut gewesen, so daß sich als zeitgeschichtlicher Hintergrund die Verhöre
der Synagoge gegenüber Judenchristen benennen ließen. Für VV31-33 erkennt K.
BERGER, Hellenistische Gattungen, 1292, die Nähe zur Gattung der „Argumentation",
die aus der Rede vor Gericht erwachsen ist. M. REIN, Heilung, 235, stellt fest: „Es fällt
auf, daß in V8-34 und besonders in V24-34 mit den Elementen Zeugenverhör, Apologie
und Argumentation Formen begegnen, die in spezifischer Weise mit der Situation einer
Verhandlung vor Gericht in Beziehung stehen." S. v. TILBORG, Love, 223-228, charakterisiert 9,8-34 als „judicial inquiry". Nach J.L. RESSEGUIE, John, 115-122(120f.), bestimmt das Thema des Gerichts die Erzählung in Form und Inhalt.
[181] Der traditionell mit dem Menschensohn verbundene Gerichtsgedanke (vgl.
Hen[aeth] 61-63; 4Esr 13,2; Mk 8,38par; Lk 9,26; 12,8f.; Mt 13,41; 16,27; 19,28; 24,30;
25,31-46) begegnet auch in Joh 5,27. Zum „Menschensohn" im Joh vgl. K. BERGER,
Anfang, 156-166; D. BURKETT, Son of Man, passim; J. GNILKA, Theologie, 261-270; F.
HAHN, Art. υἱός, EWNT III, 932-934; G. MLAKUZHYIL, Structure, 267-271; F.J.
MOLONEY, Son of Man, passim; G. REIM, Studien, 252-256; R. RHEA, Son of Man, passim; R. SCHNACKENBURG, Komm. I, Exkurs 5; S. SCHULZ, Komm., 62-64.
[182] Vgl. dazu J. BLANK, Krisis, 254ff.

macht klar, daß dieses Zeugnis ein Glaubenszeugnis ist. Die persönliche Glaubwürdigkeit des Geheilten wird von den Pharisäern bestritten (9,18-23). In VV24-34 erscheint der Geheilte selbst als Angeklagter.[184] Der rechtsverbindliche Charakter des Synagogenausschlusses (V22) wird daran deutlich, daß das Zeugnis von Christus ein öffentliches Bekenntnis vor Gericht darstellt: ὁμολογεῖν = gerichtlich eine Aussage machen, im forensischen Sinn: Zeugnis ablegen (vgl. Joh 12,42; Lk 12,8; Mt 10,32; Mt 7,23; Apk 3,5).[185] - In 9,13-34 steigert sich die Konfrontation zwischen dem Geheilten und den Pharisäern bis zum Synagogenausschluß (V34). Der Promiscue-Gebrauch der Bezeichnungen „die Pharisäer" und „die Juden" verdeutlicht den amtlichen Charakter der Vernehmung. „Die Juden" und die „Pharisäer" fungieren des öfteren als Vertreter der jüdischen Behörde (vgl. 1,19.24; 2,18.20; 4,1.3; 5,10; 7,32.45-52; 9,13ff.; 11,46f.57; 18,3.12.14).[186] - Weitere Indizien, die auf einen Rechtsprozeß in Joh 9 hinweisen, nennt D. Schirmer unter Hinweis auf jeweils vorliegende rabbinische Parallelen. Einige von ihnen seien hier genannt: 1. Das Verb ἐρωτάω (VV15.19. 21.23; vgl. 1,19.21.25; 5,12; 18,19) als „Fachterminus für das richterliche Ausforschungsverfahren beim Zeugenverhör"; 2. Die zu einem Zeugenverhör gehörenden zwei Fragen nach der Person des Rechtsverletzers (VV17.24ff.29-33) und den Mitteln und Umständen des Rechtsbruches (VV15.19.26); 3. Die Wendung: δὸς δόξαν τῷ θεῷ (V24) als „feste Formel im Prozeßverhör".[187]

Zieht man diese genannten forensischen Akzente von Joh 9 in Betracht, so scheint das Kapitel eine Antwort auf die in 8,46 gestellte Frage Jesu zu sein, die den Rechtsstreit mit der Welt widerspiegelt[188]: „Wer von euch überführt mich der Sünde?" Die Pharisäer sehen in Jesus einen ἁμαρτωλός, weil er gegen das Gesetz verstoßen hat (9,16; vgl. V24). Sein Anspruch, παρὰ θεοῦ zu sein, ist nicht legititm. Andererseits bestreitet Jesus seinen Gegnern die göttliche Herkunft (8,47). Joh 9,39-41 verdeut-

---

[183] „Der Geheilte ist Zeuge durch Jesus, näherhin durch das, was an ihm durch Jesus geschah. Er bezeugt, indem er seine Heilung als durch Jesus geschehen bezeugt und schlicht die Folgen darlegt, die sich daraus ergeben" (J. Blank, a.a.O., 257).

[184] Vgl. D. Schirmer, Rechtsgeschichtliche Untersuchungen, 169: „Er (sc. der Geheilte) wird von V.24 ab ... als Angeklagter vernommen, der sich selbst belastet hat. Er wird dafür zur Rechenschaft gezogen, daß er die Tat Jesu zu rechtfertigen versuchte durch seine Aussage: Jesus ist ein Prophet (V.17b). Die Richter fordern ihn auf, diese Aussage zurückzunehmen. Denn durch sie hat er sich ja mit dem Sabbatbrecher solidarisch erklärt und sich dadurch selber strafbar gemacht. Die Mischna sagt hierzu: 'Die Schrift bestraft den, der sich den Gesetzesübertretern (nur) zugestellt hat, ebenso wie die Gesetzesübertreter selbst' (Mak I, 7)."

[185] O. Michel, Art. ὁμολογέω κτλ., ThWNT V, 207-209. Zu ὁμολογεῖν bei Johannes vgl. auch S. Pancaro, Law, 241-253.

[186] Vgl. R.A. Culpepper, Anatomy, 130f.; R. Schnackenburg, Komm. II, 316. Zur behördlichen Stellung der Pharisäer/„Juden" im Johannesevangelium vgl. auch M. Rein, Heilung, 261f.; K. Wengst, Bedrängte Gemeinde, 60-74.

[187] Ders., Rechtsgeschichtliche Untersuchungen, 166.169. Zu den Einzelheiten des alttestamentlich-jüdischen Prozeßrechtes vgl. S. Lehming/J. Müller-Bardorff, Art. Gerichtsverfahren, BHH I, 550-553; G. Stemberger, Judentum, 69ff.

[188] Vgl. Teil 5.4.

licht das Nicht-von-Gott-Sein der „Juden" aus der Sicht des Offenbarungswortes Jesu. In den Gesprächsgängen 9,13-34 erfährt die Frage Jesu aus 8,46 eine Antwort durch die Stellungnahme des Geheilten: Niemand kann Jesus der Sünde überführen, weil er sich aufgrund seiner wunderbaren Zeichenhandlung (V32; vgl. V16b) als der erwiesen hat, der im Gegensatz zu einem Sünder von Gott erhört wird (V31). Er hat sein Von-Gott-Sein (παρὰ θεοῦ) bestätigt (V33). So tut sich aus der Perspektive des im Rechtsstreit verankerten Sündenbegriffs eine Verbindung zwischen Kap. 9 und 8,46f. auf. Den aus der Tradition am Gesetz orientierten Sündenbegriff (9,16.24.25.31) macht sich der Evangelist dienstbar, indem er ihn in den Zusammenhang des Rechtsstreites Jesu mit der Welt stellt: Der von den „Juden" erhobene Vorwurf des Gesetzesbruches Jesu ist Bestandteil dieses Rechtsstreites. In ihm offenbart sich jedoch nicht die Sünde Jesu, sondern die Sünde des Unglaubens der Welt. Jesus geht im Prozeß als Gerechtfertigter (vgl. 16,10) hervor, die „Juden" als verurteilte Sünder (9,39-41). Der traditionelle Sündenbegriff wird ähnlich wie im Fall von Joh 5,14 in die Diskussion des Evangelisten einbezogen. Johannes enthebt ihn seiner Beschränkung auf das Gesetz, indem er ihn in das Konzept der rechtlichen Konfrontation zwischen Offenbarer und Welt integriert.

3.3.3.6. Sündenvergebung?

Wie auch schon im Blick auf Joh 5 ist seit der alten Kirche die Deutung der Blindenheilung auf Taufe und Sündenvergebung vertreten worden.[189] Chr. Welck geht in seiner Dissertation[190] davon aus, daß das in Joh 9,39 gedeutete Zum-Sehen-Kommen des Geheilten auf die *Sündenvergebung* abhebt. Dafür nennt er folgende Indizien: 1. Die Charakterisierung des Blinden ἐκ γενετῆς (V1) läßt „den Kranken zum *Bild des sündigen und erlösungsbedürftigen Menschen schlechthin* werden", wobei sein sehender Glaube (VV35-38) „zum *Freispruch von seiner* ἁμαρτία (s. V.41) gelangen kann..." (195). 2. Einzelne Züge verdeutlichen die Blindenheilung im Bild der *Taufe*, d.h. als Reinigung von Sünden: anachronistisches „Wir" (V4.31); das Sehkraft vermittelnde Heilbad im „Gesandten" V7 (mit Blick

---

[189] Vgl. dazu die Darstellung bei R. SCHNACKENBURG, Komm. II, 325-328. Vertreter dieser These sind u.a. R.E. BROWN, Komm. I, 380-382; O. CULLMANN, Urchristentum, 97-100; E.C. HOSKYNS, Komm., 351.355; B. SCHWANK, Komm., 272.274f.; U. WILCKENS, Komm., 158; andeutend auch M. HASITSCHKA, Befreiung, 307.309. Nach O. SCHWANKL, Metaphorik, 155, hat die Erzählung Joh 9 zwar nicht direkt die Taufe im Blick, jedoch ist der Text für diese Deutung offen.

[190] Ders., Erzählte Zeichen, 192-197.

auf das Eintauchen in Christus [Röm 6,3]); der Zusammenhang von νίπτειν und βλέπειν (VV7.11.15); die urchristliche Auffassung der Taufe als φωτίζεσθαι (vgl. Hebr 6,4; 10,32); der Hinweis auf das Jünger*werden* (V27); das anachronistische Gegenüber von *Mosejüngern* und *Jesusjüngern* (V28f); das Gesamtbild des *„Sehend"-Werdens*.

Die beiden Argumente sind jedoch im ganzen nicht stichhaltig. Ad 1. Der Hinweis auf die Blindheit von Geburt an (V1) gehört zum Erzählzug der Wundergeschichte.[191] Er dient Johannes, die Schwere des Leidens hervorzuheben und die Größe der Wundermacht Jesu festzuhalten (V3.16b.32f.).[192] Johannes sieht dabei eine Steigerung der Jerusalem-Wunder: Kap. 5 spricht von 38jährige Krankheit, in Kap. 9 geht es um Blindheit von Geburt an, Kap. 11 zielt auf die Totanauferweckung.[193] Das aus V1 erschlossene Argument Welcks geht von einer (im Blick auf alle Menschen gültigen) freizusprechenden Sünde des Geheilten aus („...daß der Blindgeborene den sündigen Menschen *schlechthin repräsentiert* ..." [196] Hervorhebung R.M.).[194] Spekulationen über die Sünde des Blindgeborenen werden in V3 deutlich abgelehnt. Eine Sünde als Voraussetzung für die Heilung wird nicht genannt. Nur die *nichtglaubenden* Pharisäer behaften den Geheilten bei seiner vermeintlich angeborenen Sünde (V34). Johannes geht es also nicht um eine der Heilung vorausgehende Sünde des Blindgeborenen, schon gar nicht um die Erlösungsbedürftigkeit des Menschen an sich, sondern um den sich im „Sehen" öffnenden Glauben. Der Geheilte repräsentiert insofern gerade nicht den sündigen, sondern den glaubenden Menschen (9,35-38).[195]

---

[191] Vgl. M. REIN, Heilung, 104.

[192] Vgl. G. BORNKAMM, Heilung, 68; M. LABAHN, Jesus, 322; U. SCHNELLE, Antidoketische Christologie, 131; W. SCHRAGE, Art. τυφλός κτλ., ThWNT VIII, 290.

[193] A. WEISER, Theologie II, 160.

[194] Ähnlich deutet J. PAINTER, Quest, 274ff., die Angabe ἐκ γενετῆς: „The man is *everyman*" (274) (Hervorhebung J.P.); ders., John 9, 42. Vgl. auch J. BOGART, Perfectionism, 58, der von einem früheren Unglauben (unfaith), der durch Jesus beseitigt worden ist, spricht. Aber Nichtglaube aufgrund von Unkenntnis ist nicht gleich „Unglaube". Unglaube gibt es für Johannes erst nach und aufgrund der Begegnung mit Jesus, sofern er als Offenbarer und Gesandter Gottes abgelehnt wird (Joh 8,24; 16,9). Solch eine Reaktion wird aber vom Geheilten gerade nicht berichtet.

[195] Vgl. D.R. BECK, Paradigm, 91-96; R.A. CULPEPPER, Anatomy, 139f.; E.C. HOSKYNS, Komm., 359; D.K. RENSBERGER, Overcoming the World, 41ff.; L. SCHENKE, Komm., 187f.; M.W.G. STIBBE, Komm., 106f. - J.A. TRUMBOWER, Born, 97, stellt im Blick auf den Geheilten zu Recht fest: „He needed to have his blindness removed, he needed to make a steady progression towards true belief ('He is a prophet' [9:17]; Jesus 'does God's will' and is 'from God' [9:31,33]; and finally, 'I believe' [9:38]), but he did not need forgiveness of sins."

Ad 2. Die angeführten Anspielungen auf die Taufe sind zweifelhaft.[196] Kein einziges Mal ist ein deutlicher Hinweis auf die Taufe zu erkennen. Anachronismen, die Hinweise auf die Präsenz der joh Gemeinde geben (V4.22.27f.31), sagen noch nichts über das Taufsakrament aus, sondern über die theologische Vergegenwärtigung des Traditionsstoffes in der joh Gemeinde. - Die Hinweise auf das Waschen und Sehendwerden des Geheilten (VV7.11.15) sind zunächst aus der Wundergeschichte und der anschließenden Rechtfertigung des Geheilten vor Nachbarn und Pharisäern in sich selbst verständlich. Das Wasser ist für Johannes ein Symbol der Erneuerung - insofern ist das Sich-Waschen auch ein Hinweis auf das Neuwerden des Blindgeborenen -, es ist aber nicht in jedem Fall bei Johannes auf die Taufe bezogen.[197] Der Ausdruck νίπτεσθαι, der noch bei der Fußwaschung begegnet (13,5f.8.12.14), ist kein Taufterminus wie das urchristlich verbreitete λούεσθαι.[198] Die des öfteren begegnende Rede vom Sehen des Geheilten (außer VV7.11.15 vgl. VV17.18.19.21.25.26.30. 32.37) bereitet die Pointe in VV39-41 vor. - Die Deutung des Teiches Siloam[199] auf den „Gesandten" in V7 hat Johannes mit Blick auf die göttliche Legitimation Jesu Christi eingebracht. Er verdeutlicht damit, daß das Wunder der Heilung eines der beabsichtigten Werke Gottes ist, die der Sohn im Auftrag dessen vollbringt, *„der mich gesandt hat"* (V4). Da Johannes hier eine *explizite* Deutung gibt, ist die Annahme einer impliziten zweiten Deutung wie die auf die Taufe unwahrscheinlich.[200] - Der Hinweis

---

[196] Vgl. die detaillierte Kritik an der Taufthese bei R. SCHNACKENBURG, Komm. II, 325-328; s. auch G.R. BEASLEY-MURRAY, John, 162; L.P. JONES, Symbol, 176.234f.; H. RIDDERBOS, Komm., 337.

[197] Taufbezug legt sich für Joh 3,5, vielleicht auch für Joh 19,34 (vgl. 1.Joh 5,6-8) nahe. Meist ist das Wasser Symbol der durch Christus und den Geist bewirkten Reinigung und Erneuerung (vgl. 2,7.9; 4,7.10.11-14.15; 7,37-39; 13,5-10). Zur Wassersymbolik im Joh vgl. jetzt L.P. JONES, a.a.O., passim.

[198] Das Verbum λούεσθαι begegnet in Joh 13,10. Bei Annahme des Langtextes wird oft mit einem Taufbezug gerechnet. Aus inneren Gründen ist jedoch der Kurztext vorzuziehen (R.E. BROWN, Komm. II, 552; R. BULTMANN, Komm., 357f. Anm. 5; J. GNILKA, Theologie, 316; R. SCHNACKENBURG, Komm. III, 22-25; U. SCHNELLE, Komm., 212). Λούεσθαι beschreibt symbolhaft die durch das Kreuz Jesu erfolgte vollständige Reinigung der Glaubenden (καθαρὸς ὅλος). Ein direkter Taufbezug wie in Apg 22,16; 1.Kor 6,11; Eph 5,26; Hebr 10,22; Tit 3,5; 2.Petr 2,22 ist nicht zu erkennen. Zu λούειν vgl. A. OEPKE Art. λούω κτλ., ThWNT IV, 305-308.

[199] Zur Diskussion um „Σιλοάμ" in Joh 9,7 vgl. M. REIN, Heilung, 120-127.

[200] Gegen O. CULLMANN, Urchristentum, 99, der angesichts der Deutung von 9,7 auf einen tieferen Sinn des einmaligen Geschehens eine Notwendigkeit sieht, (zusätzlich) nach der Bedeutung des Wassers zu fragen. Johannes spielt wohl mit der Symbolik einzelner Sachverhalte (Brot, Wasser, Licht, Weinstock, Hirte etc.). Sich überlagernde Symboliken oder Bezüge sind jedoch nicht wahrzunehmen. Ein Symbol oder eine Deu-

auf das Jünger*werden* in V27 wie auch der Gegensatz von Mosejüngern und Jesusjüngern V28 erklärt sich aus der Konfliktsituation zwischen joh Gemeinde und Synagoge zur Zeit des Evangelisten.[201] Taufbezüge sind nicht festzustellen. - Schließlich ist die Metaphorik von Licht und Sehend-Werden biblisch verbreitet (Jes 6,9f.; 42,6f.16.18; 49,6; 60,6; Ps 27,1; 1QM 1,1.3.9.11.13: „Söhne des Lichts"; Mt 5,14; 1.Petr 2,9; Apk 3,18 u.ö.). Sie impliziert selbst noch nicht einen Hinweis auf ein Taufbad. Φωτίζειν benutzt Johannes außer in 1,9 nicht, und dort ist es traditionell und hat keinen sakramentalen Sinn. Hinzu kommt, daß sich die Bilder vom „Licht" und „Wasser" der rituellen Symbolik des Laubhüttenfestes[202] verdanken, das in Joh 9 der joh Szenerie entsprechend vorausgesetzt ist (Joh 7-8). „It is in this context that Jesus reveals himself to be the giver of living water (7.37-39) and light of the world (8.12). Both themes, and particularly the latter, form the background for the narrative of John 9. Hostility towards Jesus arises out of the transferral of the images of Tabernacles to Jesus himself."[203] Nicht die (christliche) Taufe, sondern die einmalige Inanspruchnahme der mit dem Jerusalemer Kult verbundenen Heilserwartungen durch Jesus kommt hier zur Sprache (vgl. 2,13-22; 4,20-24). Jesus spendet als wahrer Tempel (vgl. Joh 2,19.21) lebendiges Wasser und heilsames Licht. Er überbietet darin jüdische Heilserwartungen.[204]

Drei weitere Indizien für die Taufthese und ihre Widerlegung nennt R. Schnackenburg, Komm. II, 327: 1. Der in Joh 9,6.11 benutzte Begriff ἐπιχρίειν weise auf die Taufsalbung hin (vgl. 2.Kor 1,21). Doch dürfte ἐπιχρίειν (nicht χρίειν!) „einfach ein medizinischer Ausdruck" sein. 2. Der Dialog zwischen Jesus und dem Geheilten erinnere an die liturgischen Fragen und Antworten des ältesten Taufrituals (O. Cullmann, Urchristentum, 99). Doch finden sich ähnliche Dialoge in 11,26f.; 20,27f. ohne erkennbaren Taufbezug. Der Titel „Menschensohn" ist kein Terminus des Taufrituals (vgl. dagegen Apg 8,37 v.l.; Röm 10,9). 3. Die „Exkommunikation" des Geheilten (vgl. Joh 9,22.34) weise auf den

---

tung stellt immer einen *eindeutigen* Bezug her, um den Leser das Verständnis des jeweiligen Sachverhalts zu ermöglichen.

[201] Zum Gegenüber von Mose- und Jesusjüngern vgl. S. PANCARO, Law, 105-111.

[202] Eine Wasserspende wurde am Morgen in einer Prozession von Siloam zum Tempel gebracht. Licht wurde abends zur Erleuchtung des Tempels und ganz Jerusalems angezündet. Wasser und Licht galten als Symbole für die Fülle des Lebens und des Heils. Vgl. dazu O. BETZ, Art. Laubhüttenfest, GBL III, 1352f.; R.E. BROWN, Komm. I, 306.326f.343f.; L.P. JONES, Symbol, 151f.; W. MICHAELIS, Art. σκηνοπηγία, ThWNT VII, 394; F.J. MOLONEY, Komm., 234-236; R. SCHNACKENBURG, Komm. II, 211.239f.; STR.-BILL. II, 799-807.

[203] D.A. LEE, Symbolic Narratives, 163.

[204] Anders F.J. MOLONEY, Komm., 285f., der in der auf Jesus bezogenen Wasser- und Lichtsymbolik des Evangelisten keine Überbietung des Gesetzes, sondern eine Erfüllung und Vollendung des Gesetzes als Lebensgabe erkennt.

durch die Taufe begründeten Ausschluß aus der Synagoge hin (O. Cullmann, a.a.O.). „Doch muß man dazu speziell an die Taufe denken? In 9,22 wird das Bekenntnis zu Jesus als dem Messias genannt."

Aus diesen Gründen ist der folgende Einwand von R. Schnackenburg berechtigt: „Müßte er (sc. der Evangelist, R.M.), falls er eine Anspielung auf die Taufe beabsichtigte, nicht deutlichere Akzente setzen? Wirklich überzeugende Anhaltspunkte im Text gibt es nicht, um dem Evangelisten die Intention einer Taufsymbolik für Kap. 9 zuzuschreiben."[205] Wenn Johannes auf das Thema Sündenvergebung eingeht, dann tut er das *explizit* (1,29; 20,23). Joh 9 ist aber von dem Basisthema des Konfliktes zwischen Glauben („Sehen") und Unglauben („Blindheit") getragen. Hier äußert sich der Unglaube als *bleibende Sünde* (V41). In *dieser* Hinsicht ist das Thema „Sünde" in Joh 9 behandelt. Auf die Befreiung von Sündenschuld wird nicht explizit eingegangen.[206] Das Problem christlicher Sünde - der Geheilte steht exemplarisch für den zum Glauben Gekommenen (s.o.) - und entsprechender Sündenvergebung spielt im Johannesevangelium keine wesentliche Rolle.[207]

Schließlich gilt es noch folgendes zu bedenken: Die einzige Stelle, die explizit auf eine im Offenbarer erwirkte Sündenvergebung eingeht (1,29), bezieht sich auf den stellvertretenden Sühnetod des Passalammes (vgl. 19,14.33.36; vgl. Teil 4). Sündentilgung ist für Johannes offenbar an den (heilschaffenden) Tod Christi gebunden.[208] Dieser ist in den beiden Wun-

---

[205] Komm. II, 328. Auf die Gefahr einer überbetont symbolisch-sakramentalen, zur Allegorie neigenden Auslegung des Johannesevangeliums macht U. SCHNELLE, Antidoketische Christologie, 195f., in Auseinandersetzung mit O. CULLMANN (und R. BULTMANNs Extrem einer asakramentalen Auslegung des Johannesevangeliums) aufmerksam. Vgl. auch G.R. BEASLEY-MURRAY, John, 162: „The Evangelist's profound use of symbolism in his delineation of the word and works of Jesus should not be extended to an allegorizing of details of which the Evangelist himself provides no hint."

[206] Ganz ausgeschlossen ist der Bezug auf die Befreiung von Sündenschuld in 9,39c (ἵνα οἱ μὴ βλέποντες βλέπουσιν) freilich nicht, wenn man bedenkt, daß der Versteil im Zusammenhang mit entsprechenden Verheißungen des Jesajabuches steht (29,18; 35,5; 42,6f.16; 61,1 LXX [vgl. Mt 11,2f.par; Lk 4,18]). Er spielt aber für das „Sehend"-Werden des Geheilten keine explizite Rolle und ist auch in 9,39-41 nicht bestimmend.

[207] Vgl. dazu J.A. TRUMBOWER, Born, 119-124, der jedoch die im 1.Joh erkennbare akute Problematik der Christensünde für das Johannesevangelium gänzlich ausschließt. Joh 20,23 und Joh 8,34 („Jeder, der Sünde tut ...") können einen impliziten Bezug auf Christensünde enthalten (vgl. auch Joh 13,6-11; 15,1-8: Heiligkeit, Reinheit). Bestimmend ist er jedoch für das Johannesevangelium nicht. Vgl. dazu Teil 8.3.(4) und Teil 9.2.2.1.(15) unserer Arbeit.

[208] Auch das Vollmachtswort, das der Gemeinde den Auftrag zur Sündenvergebung erteilt (20,23), geschieht durch den Auferstandenen, der die *Zeichen des Kreuzes* (!) an sich trägt (V20; vgl. V27).

dergeschichten Joh 5 und 9 zwar angedeutet (vgl. 5,17f.; 9,4), jedoch weder in seiner Heilsbedeutung an sich (vgl. dagegen 6,51; 10,11.15.17; 11,51f; 15,13; 17,19; 18,14; 1.Joh 1,7; 2,2; 3,5.16; 4,10) noch konkret im Blick auf den Kranken näher bestimmt. Während synoptische Wundergeschichten die in Jesus Christus erwirkte Hilfe als Sündenvergebung verstehen können (vgl. Mk 2,1-12par), ist dies bei Johannes nicht der Fall. Für ihn hat das Wunder die Funktion der Offenbarung der Herrlichkeit Gottes in Christus (2,11; 9,3; 11,4.40), nicht aber die einer in der Vergebung der Sünden gewährten Hilfeleistung.[209]

3.3.4. Zusammenfassung

(1) Der *Sündenbegriff der überlieferten Wundergeschichte* entspricht dem des am Gesetz orientierten pharisäischen Judentums, wie es sich für Johannes darstellt. Der einzelne wird an der Erfüllung der Gesetzesgebote gemessen. Er gilt entweder als „Sünder" oder als „Gottesfürchtiger" (9,16.24.25.31). Der Gesetzeskundige hebt sich vom Sünder ab. Sünde ist ein Phänomen des Am-ha-Arez, der Ausgrenzung durch die Gesetzeskundigen und -treuen (9,34). Man setzt voraus, daß Sünde durch Eltern weitergegeben und im Unheil wirksam wird. Der Sünder ist in die seit Adam und Eva begonnene Verfallsgeschichte des Menschen eingegliedert (9,2-3a.34). Das Grundempfinden frühjüdischen Sündenverständnisses spiegelt sich in der Überlieferung von Joh 9 wider: 1. Sünde ist am Gesetz orientiert. 2. Sünde ist der Verstoß des einzelnen gegen das Gesetz. 3. Man fragt nach Ursprung und Folgen der Sünde.

(2) Die *Tradent der Wundergeschichte* verteidigt das Verhalten Jesu gegen die Angriffe der jüdischen Autoritäten, indem er mit den Worten des Geheilten vermerkt, daß Jesus in Übereinstimmung mit dem im Gesetz offenbaren Gotteswillen gehandelt hat. Die Übertretung eines einzelnen Gebotes läßt Jesus noch nicht als Sünder erscheinen. Seine vollmächtige Wundertat erweist ihn vielmehr als Mann Gottes, der den Willen Gottes erfüllt (V31f.).

(3) Der *Evangelist* setzt neue Akzente. Er versteht den Konflikt zwischen „Juden" und Jesus nicht nur als Aufweis der Rechtschaffenheit Jesu, sondern als Konflikt zwischen Offenbarer und ungläubiger Welt. Im Sohn Gottes kommt die Sünde als Unglaube und Verblendung gegenüber der

---

[209] Joh 1,29 muß also nicht beim Leser die Erwartung wecken, daß der Evangelist an irgend einem Punkt seiner Darstellung narrativ eine durch Jesus bewirkte Sündenvergebung berichte (gegen J.C. THOMAS, Stop sinning, 15f., im Blick auf Joh 5,14). Das Bekenntnis des Täufers hat programmatischen Charakter für das Heilskonzept des gesamten Evangeliums. Vgl. Teil 4.

Offenbarung des Gesandten zur Geltung (V39-41). Die Sünde läßt sich am
Maßstab des Gesetzes nicht zureichend beschreiben. Das Gesetz hat keine
heilsrelevante Funktion mehr. Die Stellung gegenüber dem Offenbarer
allein entscheidet über Heil und Gericht, Glaube und Unglaube (Sünde).
Der für die Tradition noch ungebrochene Zusammenhang von Gesetz und
Sünde gilt für den Evangelisten nicht mehr. Der Wille Gottes kommt nicht
im Gesetz, sondern in dem in der Sendung Jesu sich offenbarenden umfassenden Heilswillen Gottes zur Geltung (V31). - Den von der Tradition
vorausgesetzten Zusammenhang von Krankheit und Sünde (V2-3a.34) bestreitet der Evangelist zwar nicht grundsätzlich (vgl. 5,14), jedoch weist er
die Frage der Jünger nach der Schuld des Kranken zurück. Es geht dem
Evangelisten darum, das Wunder als Offenbarung der „Werke Gottes" zu
begreifen (9,2-5). Von V31-33 her wird deutlich, daß gerade der in Sünden
Geborene (V34) an der Überführung der Blindheitssünde der Pharisäer
(V39-41) beteiligt ist. Das traditionelle Motiv des Zusammenhangs von
Krankheit und Sünde wird so durch den Evangelisten in den Dienst des die
Sünde der „Juden" offenbarenden Rechtsstreites Jesu mit der „Welt" ge-
stellt.

(4) Das am Gesetz orientierte Sündenverständnis der Pharisäer ist nach
Ansicht des Evangelisten defizient. Es kann das Verhältnis zwischen dem
Offenbarer und der ungläubigen Welt nicht zureichend beschreiben. Aus
diesem Grund fragt der Evangelist nach dem *Wesen der Sünde* (V39-41),
das im Konflikt zwischen Offenbarer und Welt aufgedeckt wird. Diese
Sicht des Evangelisten ist in dem Verständnis vom umfassenden Heilswillen Gottes, wie er im Werk des Gesandten zur Geltung kommt, begründet. Der Begriff „Sünde" erhält einen qualifiziert theologischen (sc. *christologischen*) Sinn, weil für Johannes der Offenbarer das Wesen der Sünde
aufdeckt. In der sich in diesem Sündenbegriff kristallisierenden Auseinandersetzung zwischen Jesus und den „Juden" spiegelt sich das jüdisch-
christliche Streitgespräch zur Zeit des Evangelisten wider.

(5) Der Evangelist hat Joh 9 als symbolische Erzählung gestaltet, in
der die Motive Licht/Dunkelheit; Sehen/Blindheit transparent für das Gegenüber von Glaube und Unglaube werden. Er erfaßt das Wesen der Sünde
als *geistliche Blindheit und Unglaube* gegenüber dem Offenbarer. Die
Doppeldeutigkeit von „sehen" und „blind sein" wird auf dem Hintergrund
des Gegenübers von Gesetzeskundigen und dem vom Gesetz ausgegrenzten Am-ha-Arez ausgelegt. Der Offenbarer bewirkt eine Umkehrung der
faktischen Verhältnisse. Die Gesetzeskundigen werden aufgrund ihres Unglaubens „blind" gegenüber der Offenbarung und bekunden dadurch ihre
Sünde, während die Unwissenden durch ihre Glaubensbereitschaft gegen-

über dem Offenbarer offen sind und „sehend" werden (VV35-38.39-41). Das „Bleiben" in der Sünde bestimmt Gültigkeit und Bestand des Unheils. Die Sünde erweist sich als das selbstsichere, verblendete und ausgrenzende Verhalten der ungläubigen Welt. Sie ist angesichts der „Logik" des Glaubens, der sich auf das Angebot der Rettung einläßt, als etwas Unbegreifliches und Unvernünftiges zu bestimmen (vgl. τὸ θαυμαστόν V30). Im Offenbarungswirken Jesu kommt die Krisis gegenüber diesem Verhalten zur Geltung. Das Ziel des Wirkens Jesu ist jedoch nicht das Gericht, sondern die Rettung der Welt (3,16f.; 12,46f.). Aus diesem Grund steht die Aussage, daß die Blinden sehend werden, voran. Sie erschließt den tieferen Sinn der äußeren Heilung des Blindgeborenen.

(6) Die formale Gestalt der Auseinandersetzung zwischen Offenbarer und „Juden" ist der *Rechtsstreit*, in dem sich die Momente einer Gerichtsverhandlung widerspiegeln (VV39-41). In ihm erweist sich Jesus als Menschensohn (V35), als Ankläger und Richter, der die sich auf ihre geistliche Erkenntnis berufenden Pharisäer der Sünde überführt und am Ende den Urteilsspruch der bleibenden Sünde verhängt. Diesem Charakter der Szene VV39-41, die Johannes kunstvoll gestaltet hat, entsprechen die auch sonst in Joh 9 (VV13-34) erkennbaren forensischen Merkmale. Die Gesprächsgänge VV13-34, in denen die Steigerung des Unglaubens der „Juden" wie andererseits die Vertiefung des Glaubens des Geheilten deutlich werden, stellen mit der Position des Geheilten eine Antwort auf die den Rechtsstreit verdeutlichenden Worte 8,46f. dar: Niemand kann Jesus der Sünde überführen, da er sich durch sein Werk als von Gott Gesandter erwiesen hat (VV31-33). Insofern verankert Johannes den aus der Tradition am Gesetz orientierten Sündenbegriff (V16.24. 25.31) im Kontext des Rechtsstreites Jesu mit der Welt. Der Vorwurf des Gesetzesbruches Jesu wird Bestandteil dieses Rechtsstreites. Jesus geht im Prozeß als Gerechtfertigter (vgl. 16,10) hervor, die „Juden" als verurteilte Sünder (9,39-41). Der traditionelle Sündenbegriff wird ähnlich wie im Fall von Joh 5,14 in die Diskussion des Evangelisten einbezogen. Johannes enthebt ihn seiner Beschränkung auf das Gesetz, indem er ihn in das Konzept der rechtlichen Konfrontation zwischen Offenbarer und Welt integriert.

(7) Wie im Fall von Joh 5 können in Joh 9 keine überzeugenden Hinweise auf eine mit der Heilung verbundene *Sündenvergebung* erkannt werden. Taufe, Befreiung von Sündenschuld oder Erlösung sind nicht die prägenden Motive von Joh 9, sondern der Konflikt zwischen Offenbarer und „Juden", zwischen Glaube (sehen) und Unglaube (blind sein). Das Problem christlicher Sünde spielt im Johannesevangelium keine prägende Rolle.

4. Die Konfrontation von Gott und Sünde durch das Gotteslamm (Joh 1,29.36)

4.1. Literarkritische Überlegungen zu Joh 1,19-34

Joh 1,29 gehört in den Perikopenzusammenhang des Täuferzeugnisses (1,19-34). Dieser läßt sich in zwei Abschnitte untergliedern: VV19-28 (negatives Zeugnis des Täufers über sich selbst; Dialog, mit dem Beginn V19, der auf 1,6-8.15 Bezug nimmt, und dem Abschluß V28); VV29-34 (positives Zeugnis des Täufers über Jesus; Monolog, mit dem Beginn in V29a: „am nächsten Tag" [vgl. V35.43; 2,1] und dem Abschluß V34 [vgl. einen entsprechenden Abschluß mit einem christologischen Bekenntnis in V51!]).[1] Die Genese der Täuferzeugnisperikope (1,19-34) ist umstritten. Vermeintliche Dubletten und Spannungen,[2] die einige Exegeten als störend empfinden, haben zu verschiedenen Hypothesen Anlaß gegeben, auf die hier nur verwiesen werden kann.[3]

---

[1] Auf die parallel gestaltete Komposition der beiden Teile macht G. RICHTER, Frage, 296f., aufmerksam. Zur literarischen Struktur von Joh 1,19-34 vgl. ausführlich M. STOWASSER, Johannes der Täufer, 71-77, sowie L.P. JONES, Symbol, 38ff. Nach G. MLAKUZHYIL, Structure, 117, verwendet der Evangelist in Joh 1,19-28.29-34 eine „Technique of Diptych-Scenes", wie sie auch in Joh 1,35-42.43-51; 20,19-23.24-29 erkennbar ist.

[2] Man verweist z.B. auf folgende Probleme: Verschiedene Personenangaben (V19: Juden; V24: Pharisäer); V20 scheint eingangs störend redundant und keine Antwort auf die Frage V19 [Johannes wird nicht gefragt, wer er nicht ist, sondern, wer er ist.]; V22a wiederholt die Frage von V19c; V29f. stehen zwei unabhängige Antworten; die erste (V29) ist scheinbar unmotiviert und in V36 wiederholt, die zweite (V30) ein Rückverweis auf V15; V31 und 33 sowie V32 und V33 haben teilweise Dubletten. Die vermeintlichen Textprobleme sind bei R. BULTMANN, Komm., 57ff., J. BECKER, Komm. I, 107ff., G. RICHTER, a.a.O., 288-314, L. SCHENKE, Die literarische Entstehungsgeschichte von Joh 1,19-51, BN 46 (1989), 24-57, M. STOWASSER, Johannes der Täufer, 78.115-138, und M. THEOBALD, Fleischwerdung, 439f., zusammengestellt und ausgewertet.

[3] Zu den Hypothesen von J. BECKER, M.-É. BOISMARD, R.E. BROWN, R. BULTMANN, C.H. DODD, W. LANGBRANDTNER, L. SCHENKE, R. SCHNACKENBURG, J. WELLHAUSEN und W. WILKENS vgl. J. BECKER, Komm. I, 107ff., und G. RICHTER, Frage, 292f. Vgl. weiter A. OTTILLINGER, Vorläufer, 75-134; G. RICHTER, a.a.O., 297ff., M. STOWASSER, Johannes der Täufer, 115-138, und M. THEOBALD, Fleischwerdung, 439-456. Die meisten der eben genannten Autoren rechnen mit einem mehrschichtigen Entstehungsmodell. Im einzelnen weichen die Rekonstruktionen jedoch erheblich voneinan-

Auszugehen ist von der Beobachtung, daß Joh 1,19ff. mit den Textaussagen der Makrostruktur von Mk 1,2ff. übereinstimmt. „Es entsprechen sich nämlich: Mk 1,3 und Joh 1,23; Mk 1,7f. und Joh 1,26f.; Mk 1,9 und Joh 1,29; Mk 1,10 und Joh 1,32f., endlich auch Mk 1,11 und Joh 1,34. Diese Akoluthie kann nicht Zufall sein."[4] J. Becker erklärt diese Entsprechung durch Rückgriff auf vormarkinische Erzähltradition: „Sie (die Akoluthie) läßt sich noch näher beschreiben: Der joh Text kennt keine Q-Tradition (vgl. Mt 3,7-10 par), auch keine spezifisch mk Eigenheiten, denn zu Mk 1,1f.4.-6.12-15 fehlen Analogien. Das Joh setzt also eine vormarkinische Erzähltradition voraus, die schon den Mk und Joh noch je eigenen zweiteiligen Aufbau besaß (1. Person und Zeugnis des Täufers, 2. Der Täufer tauft Jesus)."[5]

Die hier in bezug auf Mk 1 angesprochene Frage betrifft das in der Forschung seit langem umstrittene Problem des (literarischen) Verhältnisses: Johannes - Synoptiker.[6] Hatte man noch vor einigen Jahren eine direkte Kenntnis und eine klare Verwendung der Synoptiker durch Johannes weitestgehend bestritten oder für wenig bzw. unwahrscheinlich gehalten,[7] so mehren sich in neuerer Zeit wieder die Stimmen, die davon ausgehen, daß Johannes Mk (vielleicht auch Lk und Mt) gekannt und benutzt hat.[8]

---

der ab, je nachdem, inwieweit man mit dem Einfluß einer vorgrundschriftlichen Tradition, einer Grundschrift, des Evangelisten und einer späteren Redaktion rechnet.

[4] J. BECKER, Komm. I, 108; vgl. auch C.H. DODD, Tradition, 252-261, der die einzelnen Übereinstimmungen mit den Synoptikern aufführt.

[5] J. BECKER, ebd.

[6] Vgl. P. HOFRICHTER, Modell, 13ff.; R. KYSAR, The Fourth Evangelist, 54-66.

[7] Grundlegend für die neuere Forschung P. GARDNER-SMITH, Saint John and the Synoptic Gospels, Cambridge 1938; weiter R.E. BROWN, Komm. I, XIV; R. BULTMANN, Art. Johannesevangelium, ³RGG III, 841; C.H. DODD, Tradition, passim; B. LINDARS, Gospel, 25-28; ders.; Traditions, passim; G. REIM, Studien, 209ff.; R. SCHNACKENBURG, Komm. I, 15-32; S. SCHULZ, Stunde, 305. In neuerer Zeit J. BLANK, Komm. 1a, 29-36; J. BECKER, Komm. I, 41ff.; K. BERGER, Anfang, 18-20 u.ö.; W. BITTNER-SCHWOB, Art. Johannesevangelium, GBL III, 1100f.; R.T. FORTNA, The Fourth Gospel, 216-218; A.T. HANSON, Gospel, 11-13; S. LANDIS, Verhältnis, passim; F.J. MOLONEY, Komm., 2f.; L. MORRIS, Gospel, 43-45; G. REIM, Der Augenzeuge, 442-445; S. SCHULZ, Komm., 3f.7; S.S. SMALLEY, John, 13-29.38-40.122-124.157-161; D.M. SMITH, Theology, 21.62-65.73f.; M.W.G. STIBBE, John, 84f.179ff.; B. WITHERINGTON III, Komm., 5-9.

[8] Vgl. C.K. BARRETT, Komm., 59-71; J. BLINZLER, Johannes, 57f.; T.L. BRODIE, Quest, 30-33.48-115; I. BROER, Einleitung, 197-202; I. DUNDERBERG, Johannes, passim; ders., Anomalies, 108-125; M. HENGEL, Frage, 208f.245f.; W.G. KÜMMEL, Einleitung, 167-170; ders., Theologie, 230f.; M. LANG, Herr, passim; M. MYLLYKOSKI, Tage II, 184-186 u.ö. (kritische und eingeschränkte Rezeption vom Mk); F. NEIRYNCK, John and the Synoptics, 73-106; J. RAHNER, Tempel, 88ff.; E. RUCKSTUHL/P. DSCHULNIGG, Stilkritik und Verfasserfrage, 15f.; L. SCHENKE, Komm., 432-435; W. SCHMITHALS, Johannesevangelium, 118-121.318f.; U. SCHNELLE, Einleitung, 563-569; ders., Johannes und

Angeführt werden dafür a) gemeinsame Erzähltexte, b) Übereinstimmungen in der Logienüberlieferung, c) Berührungen (kleinerer Art) und d) Kompositionsanalogien.[9] Nach U. Schnelle „sprechen die Rezeption der Gattung Evangelium und die Kompositionsanalogien für eine Kenntnis der Synoptiker durch Johannes ... Historisch muß es ... als sehr unwahrscheinlich gelten, daß ca. 30 Jahre nach der Schaffung der Gattung Evangelium und ca. 10-20 Jahre nach ihrer Rezeption durch Matthäus und Lukas ein zweiter Theologe in Unkenntnis des Markusevangeliums dieselbe Gattung schuf."[10] Für die Kenntnis von Mk spricht der Rückgriff auf „die beiden konstitutiven Elemente der Evangeliengattung: 1) Jesus Christus als das redende und handelnde Subjekt des Evangeliums (vgl. Mk 1,1; 1,14; für Johannes die Parakletsprüche und die ego-eimi-Worte); 2) Kreuz und Auferstehung als die Fluchtpunkte der Evangelienkomposition".[11] Johannes hat nach dem in 20,30f. angegebenen Ziel der Evangelienschreibung die Stoffe aus Mk (und Lk) ausgewählt aufgenommen und verarbeitet. Er „verfügte über zahlreiche Sondertraditionen seiner Schule, so daß er Markus und Lukas nicht in einem extensiven Sinne nutzen mußte."[12] Wendet man diese Erkenntnis auf das Verhältnis von Mk 1,1ff. zu Joh 1,19ff. an, dann ist das Fehlen von Mk 1,1f.4-6.12-15 in Joh 1,19ff. erklärbar.[13] Jo-

---

die Synoptiker, 1799-1814; ders., Komm., 16; H. THYEN, Johannes-Evangelium, 127f.; W. VOGLER, Johannes, 41-58; U. WILCKENS, Komm., 2-5, und die in A. DENAUX (Hg.), John and the Synoptics (BETL 101), Leuven 1992, gesammelten Aufsätze von H. THYEN, F. NEIRYNCK, C.K. BARRETT, R. KIEFFER, F. VOUGA, U. BUSSE, M. SABBE. Zurückhaltend äußert sich G. STRECKER, Theologie, 482f., in dieser Frage. - Der neue Ansatz von P. HOFRICHTER, Modell, passim, dreht die Verhältnisse um. Hofrichter rechnet mit einem vorredaktionellen „Johannesevangelium", das den Synoptikern als Quelle zugrunde lag.

[9] Vgl. die Auflistung der entsprechenden Belege bei U. SCHNELLE, Einleitung, 563-565.

[10] A.a.O., 566. Nach J. PAINTER, Quest, 74-80, hat Johannes die Synoptiker zwar gekannt, aber nicht benutzt (ähnlich D.A. CARSON, Gospel, 49-58; R.T. FORTNA, The Fourth Gospel, 216-218), da er die Gestaltung seines Evangeliums z.Z. der Bekanntwerdung der anderen Evangelien schon abgeschlossen hatte. Für diese Annahme gibt es aber keinen Grund, da zwischen der Herausgabe von Mk und der des Joh ein genügend großer Abstand bestand, um die Kenntnis (und Benutzung) des Mk durch Johannes zu ermöglichen. Warum sollte Johannes die Gattung Evangelium noch einmal erschaffen, wenn sie bereits bekannt war?

[11] U. SCHNELLE, a.a.O., 567 (ausführlich ders., Johannes und die Synoptiker, 1799-1814).

[12] A.a.O., 569. Vgl. auch W.G. KÜMMEL, Einleitung, 167-170; ders., Theologie, 230f., und U. WILCKENS, Komm., 4, die davon ausgehen, daß Johannes den synoptischen Stoff frei benutzt und in seine Sprache umgeprägt hat.

[13] Vgl. D.-A. KOCH, Täufer, 1983: „Möglich ist die Annahme einer literarischen Beziehung zwischen Joh 1,19-34 und Mk 1,1-11 dann, wenn beides gezeigt werden

hannes hat den Mk-Stoff nach seinen Interessen ausgewählt und benutzt. Die oben genannten Argumente sprechen für einen direkten Rückgriff auf das zweite Evangelium. Johannes bezieht für die Gestaltung der Täuferszene (1,19ff.) und der Berufung der ersten Jünger (1,35ff.) Mk 1,2ff. ein. Die Akoluthie des Makrotextes von Joh 1 entspricht der von Mk 1: Predigt des Täufers, Taufe Jesu, Jüngerberufung und erstes Auftreten Jesu in Galiläa.

Johannes hat den Abschnitt 1,19-34 unter dem Leitbegriff des Zeugnisses (μαρτυρία, μαρτυρεῖν) gestellt (1,19; vgl. V32.34; weiter 3,26.28; 5,33).[14] V19a wirkt wie eine vom Evangelisten gestaltete Überschrift über die gesamte Szene.[15] Sie bildet durch das Stichwort μαρτυρία/μαρτυρεῖν eine Klammer mit V34, so daß beide Perikopen vom Täuferzeugnis (1,19-28 und 1,29-34) eine Einheit bilden.[16] Neben den mit Mk 1,2ff. konformen Motiven (s.o.) hat der Evangelist weiteres traditionelles Material eingebaut,[17] wobei aber die eigene gestaltende Kraft des Evangelisten prägend bleibt. Zu diesen traditionellen Motiven wird die Trias: der Christus, Elias und der Prophet gehören (VV20f.25; vgl. Mk 8,27-30par). Der Täufer ist traditionell mit Elia verbunden (vgl. Mk 9,12f.; Mt 11,14; 17,10-13; Lk 1,17.76).[18] Johannes hat vermutlich das mk Petrusbekenntnis aufgenommen und ganz auf den Täufer ausgerichtet.[19] Mit dem anfänglichen Bekenntnis, daß er nicht der Christus sei, wird klar die Unterordnung des Täufers unter Jesus zum Ausdruck gebracht (vgl. 1,6-8.15).

---

kann: a) daß die Differenzen gegenüber dem markinischen Text, soweit das dort vorhandene Material auch in Joh 1,19-34 vorliegt, als bewußte Umgestaltungen aufgrund der darstellerischen und inhaltlichen Interessen des 4. Evangelisten erklärbar sind, und wenn b) gezeigt werden kann, daß es für den 4. Evangelisten gute Gründe gab, auch in Kenntnis der übrigen Stoffe des markinischen Textes diese nicht in seine Darstellung einzubeziehen." Koch rechnet mit einer solchen literarischen Beziehung zwischen Johannes und Mk. Vgl. Anm. 32.

[14] Vgl. D.-A. KOCH, Täufer, 1967f.; M. THEOBALD, Fleischwerdung, 451f.

[15] Vgl. Anm. 46.

[16] Vgl. C.H. DODD, Tradition, 251 Anm. 1; G. MLAKUZHYIL, Structure, 95; G. RICHTER, Frage, 296.

[17] Vgl. im einzelnen C.H. DODD, a.a.O., 251-278.

[18] C.H. DODD, a.a.O., 265f.

[19] Zum Zusammenhang von Joh 1,20f. mit Mk 8,27-30 vgl. D.-A. KOCH, Täufer, 1972: „Der Abfolge 'Johannes der Täufer, Elia, einer der Propheten' in Mk 8,28 entspricht (mit dem zwangsläufigen Austausch von 'Johannes der Täufer' durch ὁ χριστός) die Abfolge ὁ χριστός, Elia, ὁ προφήτης in Joh 1,20f." - E.D. FREED, Jn 1,19-27, 1947f., führt außer Mk 8,27-30par auch Mk 6,14-16par an und sieht den 4. Evangelisten in 1,20f. auf die entsprechenden Texte zurückgreifen.

Die Verbindung „Priester und Leviten" (V19) ist bei Johannes singulär, im alttestamentlich-jüdischen Bereich aber bekannt (vgl. 1.Chr 13,2; 2.Chr 30,15; Esr 3,8; 6,20; Neh 12,1; 1QS 1,18-19).[20] Warum gerade für Altardienst und Kultleitung zuständige Amtsträger beauftragt werden, den Täufer zu befragen, bleibt vom Textzusammenhang unklar.[21] Vielleicht spiegelt sich hier noch die Kenntnis eines Zusammenhangs des Täufers mit priesterlichen Kreisen wider (vgl. 3,25; Lk 1: Der Täufer entstammt priesterlichem Geschlecht!).[22] Priester und Leviten mußten standesgemäß an Fragen der rituellen Reinheit und deshalb auch an der Taufe des Johannes interessiert sein.[23] Möglich ist aber auch, daß Johannes die entsprechenden kultischen Amtsträger im Blick auf das Bekenntnis des Täufers zum Lamm Gottes (= Passalamm) einbringt (1,29.36), denn nach 2.Chr 30,15-17 und Esr 6,20 werden die Priester und Leviten mit der Opferung des Passalammes in Verbindung gebracht. Johannes würde dann zum Ausdruck bringen, daß nicht mehr das im Tempel geschlachtete Passalamm, sondern Christus das eine gültige Passalamm ist, das Sünden beseitigen kann (s.u.).

V24 stellt in einer Zwischenbemerkung den für Johannes typischen Zusammenhang zwischen den „Juden" (V19) und den Pharisäern her. Beide Gruppen werden von Johannes des öfteren promiscue genannt.[24] Johanneisch ist in diesem Zusammenhang auch der Sendungsbegriff (ἀποστέλλω, πέμπω: V19.22.24.33) und die Wendung „(einige) von den Pharisäern" (vgl. 3,1; 7,47f.; 9,16.40).

Zum Evangelisten paßt weiterhin, daß der Täufer seine Funktion darin hat, den ihm wie allen anderen in seiner Würde vorher Unbekannten aufgrund des göttlichen Zeichens zu bezeugen (1,26c; vgl. 1,31.33a; 5,31ff.).

---

[20] „Therefore, it is one of many expressions that show John's familiarity with the OT and the Judaism of his time" (E.D. FREED, a.a.O., 1946).

[21] Die Erklärung D.-A. KOCHs, Täufer, 1973, daß Joh deshalb auf die Priester und Leviten zurückgreift, um ihren „deutlich niedrigeren Rang" gegenüber der „oberste(n) Instanz des Judentums" festzuhalten, bleibt unzureichend, da Rangunterschiede zwischen der sendenden Gruppe und der Gesandtschaft für das Verständnis des Textes keine bestimmende Rolle spielen.

[22] Dies vermuten auch J.H. BERNARD, Komm., 34, D.A. CARSON, Gospel, 142, und L. MORRIS, Gospel, 116.

[23] D.A. CARSON, ebd.

[24] Vgl. Anm. 48.

Die Ansage „den ihr nicht kennt" (1,26c; vgl. 1,31a.33a; 4,32; 7,27-29; 8,19; 16,3) geht auf den Evangelisten zurück.[25]

Die Ortsangabe 1,28 (vgl. 10,40) ist eine joh Sonderüberlieferung und dürfte auf eine spezielle Kenntnis über die Wirkungsstätte des Täufers zurückzuführen sein (vgl. 3,23).[26] Johanneisch ist ἦν (...) Ἰωάννης (...) βαπτίζων (vgl. 3,23; 10,40).

Während der erste Abschnitt (VV19-28) vom Zeugnis des Täufers über sich selbst spricht, geht der zweite Abschnitt (1,29-34) auf das Zeugnis des Täufers über Jesus ein. Hier ist 5,31ff. und 10,40-42 zu vergleichen: Der Täufer zeugt über Jesus und ist diesem untergeordnet. Bereits im Prolog hat der Evangelist durch die VV6-8.15 auf das folgende Täuferzeugnis in 1,19ff. vorausgewiesen.[27] 1,29-34 ist also im wesentlichen von Johannes unter diesem Aspekt gestaltet. Ihm wird der parallele Stoff aus Mk 1,2ff. (s.o.) eingeordnet: Jesu Gang zum Täufer (Mk 1,9 in Joh 1,29), der Bericht über den vom Himmel herabkommenden und auf Jesus sich niederlassenden Geist (Mk 1,10 in Joh 1,32f.) und der Gottessohntitel (Mk 1,11 in Joh 1,34).[28] Als weitere Einzelheiten der Bearbeitung durch den Evangelisten sind zu nennen: V29a bildet mit V35.43 (vgl. 6,22;

---

[25] „Knowing and not knowing Jesus or God, with γινώσκω or οἶδα, used with reference to the Jews are characteristically Johannine. John has already said that the world did not know Jesus. (1,10)" (E.D. FREED, Jn 1,19-27, 1957).

[26] Vgl. dazu C.H. DODD, Tradition, 249f.; R. SCHNACKENBURG, Komm. I, 283f.; M. STOWASSER, Johannes der Täufer, 146f.; M. THEOBALD, Fleischwerdung, 453. Zur Problematik der Ortsangabe vgl. besonders R. RIESNER, Bethany beyond the Jordan (John 1:28). Topography, Theology and History in the Fourth Gospel, TynB (1987), 29-63; ders., Art. Bethanien II., GBL I, 282f. Anders als Riesner (sowie D.A. CARSON, Gospel, 146f., und K. WENGST, Bedrängte Gemeinde, 172) sehen M. HENGEL, Frage, 291 Anm. 77, und H. STEGEMANN, Essener, 294f., das transjordanische Bethanien nicht in Batanäa, sondern in Peräa angesiedelt. Die Bemerkung in Joh 1,28 verdeutlicht, daß der Evangelist mit jüdisch-palästinischem Lokalkolorit vertraut ist. M. HENGEL, a.a.O., 278-281, zählt eine Reihe weiterer entsprechender Details im Evangelium auf. Zu den besonderen johanneischen Ortstraditionen vgl. auch C.K. BARRETT, Johannesevangelium, 39-42, R.T. FORTNA, The Fourth Gospel, 298ff.; B. SCHWANK, Ortskenntnisse, 427-442, und S.S. SMALLEY, John, 34-37.

[27] V7a weist auf das in 1,19 genannte Zeugnisamt des Täufers hin. VV6-8 stehen in Entsprechung zum „negativen Zeugnis" des Täufers in 1,19-28, V15 steht in Entsprechung zum „positiven" Zeugnis in 1,29-34. Vgl. dazu M.D. HOOKER, John the Baptist and the Johannine Prologue, NTS 16 (1969/70), 354-358; P. V. D. OSTEN-SACKEN, Der erste Christ. Johannes der Täufer als Schlüssel zum Prolog des vierten Evangeliums, TheolViat 13 (1975/76), 155-173; M. STOWASSER, Johannes der Täufer, 67.

[28] Zum textkritischen Problem von 1,34 s.u. Teil 4.4.(5).

12,12) und 2,1 ein erkennbares Tagesschema.[29] Für Johannes prägend ist das Zeugnismotiv.[30] Der Täufer zeugt über Jesus (1,30.32a.34). V30 greift auf V15 zurück: Die Überlegenheit Jesu wird durch seine Präexistenz begründet. Die Wendung μένον ἐπ᾽ αὐτόν (V33) dürfte auf Johannes zurückgehen. Sie verdeutlicht die für Johannes wichtige bleibende Verbindung Jesu mit Gott (vgl. 1,51; 3,13; 10,30; 17,20-23 u.ö.). Johanneisch sind auch ὁ πέμψας με (4,34; 5,23.24.30.37; 6,38.39.44 u.ö.) und das rückbezügliche ἐκεῖνος (1,18; 5,11.37; 6,57; 9,37 u.ö.). Das Gottessohnbekenntnis (V34) ist durch die Tradition in Mk 1,11 vorgegeben. Johannes verbindet mit ihm den Gedanken der Sendung durch Gott (vgl. 10,36-38 u.ö.). Da Dubletten bei Johannes auch sonst bezeugt sind (vgl. 3,3.5; 8,52f.; 14,21.23), sprechen die im Text vorhandenen für den Evangelisten: V15.30; 27a.30b; 31a.33a; 32b.33b.[31] Sie unterstreichen die durch Johannes favorisierte Zeugnisfunktion und Unterordnung des Täufers unter Jesus. Φανεροῦν in V31 ist für Johannes charakteristisch (vgl. 1,31; 2,11; 3,21; 7,4; 9,3; 17,6; 21,1.14), ebenso ἔρχομαι ἵνα (1,7; 3,20.21; 5,40; 6,15; 9,39 u.ö.). Zur positiven Rede von „Israel" (V31) vgl. 1,47; 3,10; 12,13 (vgl. 11,50-52).

Johannes hat also die Szene 1,19-34 mit Hilfe des in Mk 1 parallelen Schemas und weiterer traditioneller Motive eigenständig gebildet. Dabei ist das Motiv des Zeugnisses der leitende Faktor der Komposition.[32] Un-

---

[29] R.T. FORTNA, The Fourth Gospel, 32; G. MLAKUZHYIL, Sructure, 102; F.J. MOLONEY, Komm., 50ff.; A. OTTILLINGER, Vorläufer, 119-121; L. SCHENKE, Komm., 39f.; B. SCHWANK, Komm., 57f.

[30] Vgl. J. BEUTLER, Martyria, 237-253.

[31] Hierbei ist die joh Arbeitsweise in Rechnung zu stellen, daß „die für den Evangelisten wichtigen Momente, die er darstellen und interpretieren will, schrittweise entfaltet (werden), so daß sich erst vom Schluß her die Einzelmomente zu einem sinnvollen Ganzen zusammenfügen. Dies bedingt die mehrfachen Rückgriffe auf bereits Gesagtes, so daß die in der Tat auffälligen Redundanzen als solche jedenfalls nicht als Ansatzpunkt für eine literarkritische Analyse in Betracht kommen" (D.-A. KOCH, Täufer, 1979).

[32] Das Verhältnis von Joh 1,19-34 zu Mk 1,2-11 hat D.-A. KOCH in seinem bereits angeführten Aufsatz eingehend untersucht. Er kommt zu dem Ergebnis, daß Johannes das entsprechende Material des Mk als „Steinbruch" benutzt hat, „um die herausgebrochenen Einzelelemente - unter völliger Ausblendung der nicht verwertbaren Stoffe - im Rahmen einer völlig eigenständigen Darstellung zu verwenden" (a.a.O., 1984). Leitende Gesichtspunkte sind dabei die „endgültige Verlagerung des theologischen Interesses weg von der Taufe Jesu auf die Geistverleihung, vor allem die Sicht, Johannes ausschließlich als Zeugen des Offenbarers zu interpretieren" (ebd.). - Zum Verhältnis: Johannes - Synoptiker hinsichtlich des Täuferzeugnisses vgl. auch die in der gleichen Festschrift (F. NEIRYNCK) gesammelten Aufsätze von E.D. FREED, Jn 1,19-27 in Light of Related Passages in John, the Synoptics, and Acts, 1943-1961, und É. TROCMÉ, Jean et les Synop-

geklärt blieb bisher noch die Dublette 1,29b.36. Wie ist sie zu verstehen? Joh 1,29b dürfte eine über die Tradition (vgl. Mk 1,2ff.) hinausgehende Deutung des Evangelisten sein. Sprache und Gehalt des Versteiles sind johanneisch: Absoluter Gebrauch (*das* Lamm) und Determination mit dem Genitiv τοῦ θεοῦ, der eine ähnliche Funktion wie das Adjektiv „wahr" in 1,9; 6,32; 15,1 hat (vgl. 6,32f.).[33] Die Deutung des Todes Jesu als Sühne-tod hat keine Parallele in der synoptischen Täufertradition, mit der Joh 1,19ff. gerade in der Makrostruktur übereinstimmt (Mk 1,2ff. s.o.). Sie ist aber bei Johannes gut bezeugt (6,51c; 10,11.15; 11,51f.; 15,13; 17,19; 18,14; vgl. 1.Joh 1,7; 2,2; 3.5.16; 4,10) und kann nur schwer einer „Kirchlichen Redaktion" zugewiesen werden.[34] Im Blick auf die Deutung des Todes Jesu von der Passatradition her (18,28; 19,14.31-37) dürfte Joh 1,29 als programmatische Leitangabe für das Verständnis des Wirkens Jesu fungieren. Wie ist dann aber das Verhältnis zu 1,36 zu denken? Geht man davon aus, daß die in 1,19-34 vorhandene Tradition der Makro-struktur von Mk 1,2ff. entspricht (s.o.), so kann man eine entsprechende Akoluthie des Makrotextes auch in 1,(19-34)35ff. verfolgen. Die Reihen-folge: Predigt des Täufers, Taufe Jesu, Jüngerberufung und erstes Auftre-ten Jesu in Galiläa entspricht im Prinzip dem Aufriß von Mk 1.[35] Das be-deutet, daß auch in Joh 1,35ff. eine Johannes vorliegende Tradition verar-beitet worden ist, die die Berufung der ersten Jünger und Jesu Wirken in Galiläa zum Inhalt hat. Die in VV37-39.40-42.43f.45-50 berichtete Beru-fung der ersten Jünger entspricht dem Makrotext von Mk 1 (VV37-39 ent-

---

tiques: l'exemple de Jn 1,15-34, 1935-1941, sowie des weiteren U. WILCKENS, Komm., 44f.

[33] Aus diesem Grund ist die Annahme, „die sonst nicht nachweisbare eigentümliche Wortverbindung 'das Lamm *Gottes*' verlangt auf jeden Fall auch eine Beziehung zum 'Knecht Gottes' von Jes 53" (R. SCHNACKENBURG, Komm. I, 288), nicht zwingend. Der Titel ὁ ἀμνὸς τοῦ θεοῦ dürfte Eigenbildung des Evangelisten sein (ähnlich P. STUHLMACHER, Lamm Gottes, 539 [„besondere Bildung der johanneischen Schule"], der aber wie J. JEREMIAS mit einer Analogiebildung zu „Knecht Gottes" [vgl. Jes 53,13] rechnet). Er ist vorchristlich nicht belegt. Er begegnet in den „Testamenten der Zwölf Patriarchen", die aber unter dem Verdacht der christlichen Interpolation stehen (vgl. TestXII.Jos 19,11 und TestXII.Ben 3,8).

[34] So R. BULTMANN, Theologie, 406f., der die Sühnetodaussagen bei Johannes als „Fremdkörper" bewertet, sowie J. BECKER, Komm. I, 111; Komm. II, 493; S. SCHULZ, Komm., 38f. Vgl. dagegen M. HENGEL, Frage, 189ff.; TH. KNÖPPLER, Theologia crucis, 201-216, und R. SCHNACKENBURG, Redaktionsgeschichte, 95f., der gegen die literarkri-tische und z.T. mit theologischen Vorurteilen belastete Ausgrenzung aller Sühnetodaus-sagen des Johannesevangeliums einwendet: „Ein literarkritischer Purismus, der ein scharfes Seziermesser ansetzt und alles angeblich nicht in die Christologie des Evange-listen Passende ausschneidet, setzt sich dem Verdacht einer Befangenheit aus" (96).

[35] Zu diesem Schema vgl. Act 10,37-39.

halten eine Sondertradition von Johannesjüngern). Der Evangelist hat ge-
stalterisch eingegriffen. Der szenische Eingang („am nächsten Tag") ist
auf ihn zurückzuführen (vgl. 1,29a.43a; vgl. 2,1). V35f. verkoppelt bewußt
die Berufungen mit der Szene 1,29f. Offensichtlich wollte Johannes mit
V35f. wie mit 1,29 auf Jesu Tod als den des wahren Passalammes voraus-
weisen (18,28; 19,14.31-37). Ähnlich hat auch der letzte in Kap. 1 auftretende Titel „Menschensohn" eine passionstheologische Pointe (vgl. 3,14;
8,28; 12,23.34c; 13,31f.).[36] Gegenüber den traditionell messianisch orientierten Christustiteln in 1,41.45.49fin (vgl. 4,25; 7,26f.41f.) heben sich das
einleitende, auf den stellvertretenden Sühnetod anspielende Bekenntnis
zum Gotteslamm[37] und das abschließende auf die Erhöhung an das Kreuz
vorausweisende und als erstes Selbstzeugnis Jesu gestaltete Menschen-
sohnbekenntnis in V51 ab. Ihnen kommt damit eine programmatische
Funktion im Blick auf die Christologie des Evangeliums zu.[38]

Damit wird deutlich: Joh 1,35f. gehört wie Joh 1,29 der theologischen
Deutung des Evangelisten an.[39] Die sündentilgende Heilsbedeutung des
Todes Jesu ist in 1,36 aufgrund von 1,29b mitbedacht. Dabei wird aber
V36 nicht zu einer Wiederholung von 1,29 degradiert.[40] Während es Jo-

---

[36] Zum „Menschensohn" im Joh vgl. K. BERGER, Anfang, 156-166; D. BURKETT,
Son of Man, passim; J. GNILKA, Theologie, 261-270; F. HAHN, Art. υἱός, EWNT III,
932-934; G. MLAKUZHYIL, Structure, 267-271; F.J. MOLONEY, Son of Man, passim; G.
REIM, Studien, 252-256; R. RHEA, Son of Man, passim; R. SCHNACKENBURG, Komm. I,
Exkurs 5; S. SCHULZ, Komm., 62-64.

[37] Der Titel „Lamm Gottes" dient nicht der Kennzeichnung des messianischen Herrschers. Das geschlachtete Lamm in der Offenbarung des Johannes (ἀρνίον im Unterschied zu ἀμνός bei Joh) erhält die Herrschaftsfunktion erst sekundär. Vgl. dazu C.K.
BARRETT, The Lamb of God, NTS 1 (1954/55), 210-218; U.B. MÜLLER, Die Offenbarung des Johannes (ÖTK 19), Gütersloh Würzburg 1984, 160-162. P. STUHLMACHER,
Lamm Gottes, 534, deutet die messianische Konnotation von ἀρνίον „in der Fluchtlinie
der Tamidopfertradition".

[38] G. MLAKUZHYIL, Structure, 95f., verweist außerdem auf die exponierte Rolle von
Joh 1,(29).36.51. Die Aussagen über das Gotteslamm und den Menschensohn sind inclu-
sionsartig verklammert: λέγει/λέγει; ἴδε/ὄψεσθε; τοῦ θεοῦ/τοῦ θεοῦ.

[39] Die zwei Jünger in V35 wird Johannes aus der in V37 berichteten Tradition eingebaut haben, um die Verbindung zur folgenden Berufungsszene (VV37-39) zu ermöglichen (vgl. aber auch Mk 1,16-18). - Nach R.T. FORTNA, The Fourth Gospel, 20.25.
32f.45, gehören 1,29bα der Quelle und 1,29bβ.36 der joh Redaktion an. Für diese Annahme gibt es aber keinen Grund. Joh 1,29b bildet einen in sich geschlossenen Zusammenhang. Die Wiederholung in V36 kann auf 1,29bβ verzichten, weil der Evangelist die
Kenntnis des Versteils beim Leser voraussetzen kann (pars pro toto). Mit verschiedenen
Quellen (1,29 = Redaktion; 1,36 = Evangelist) arbeiten auch J. BECKER, Komm. I, 120f.,
und A. OTTILLINGER, Vorläufer, 121-124. Kritisch äußert sich U. WILCKENS, Komm.,
46.

[40] So J. BECKER, a.a.O., 121.

hannes in 1,29 um das Zeugnis des Täufers geht, das die Heilsbedeutung des Todes Jesu für die Welt expliziert, löst das gleiche Zeugnis des Täufers in V36 den Beginn der Nachfolge aus (VV37-39.40.43). Der Ton liegt nun darauf, daß der von Johannes *Bezeugte* das Lamm Gottes ist, dem es nachzufolgen gilt („*Siehe, das Lamm Gottes!*")[41], während in 1,29 die mit der Lamm-Gottes-Vorstellung explizierte *Heilsbedeutung* Jesu erfaßt wird: „Siehe, das Lamm Gottes, *das die Sünde der Welt wegschafft!*" Dem entsprechen die folgenden VV30f., die die prädizierte *Rolle* des Bezeugten als Präexistenten (vgl. 1,1f.15.18.26fin.31a.33a) und Israel Offenbarten benennen. Man wird also die in 1,36 gegebene Verkürzung des Satzes auf die gegenüber 1,29 veränderte Funktion des Zeugnisses zurückführen können.[42] Beide Verse sind Bestandteil einer durch den Evangelisten gestalteten Szene, deren Bausteine (Predigt des Täufers, Taufe Jesu, Jüngerberufung und erstes Auftreten Jesu in Galiläa) bereits in einer vorjoh Tradition (Mk 1,2ff.) überliefert waren.

4.2. Der Rechtscharakter des Täuferzeugnisses

Die literarkritische Analyse zu Joh 1,19ff. hatte gezeigt, daß die Verse 1,29.36 der theologischen Konzeption des Evangelisten zuzurechnen sind, mit der er auf die Deutung des Todes Jesu als das die Sünde tilgende Passalamm vorausverweist (Joh 18,28; 19,14.31-37). Im Zusammenhang unserer Untersuchung zum Verständnis des joh Sündenbegriffes, der im

---

[41] Vgl. R. BULTMANN, Komm., 69, zu 1,36: „Der Hinweis des Täufers besteht in jenem *orakelhaften Wort*: ἴδε ὁ ἀμνὸς τοῦ θεοῦ. *Den Jüngern genügt der Hinweis*; sie verstehen, daß sie ihren Meister verlassen müssen (V.37), *und folgen Jesus nach*" (Hervorhebung R.M.). C.K. BARRETT, Komm., 204, zu 1,36: „Das Zeugnis des Täufers wird wiederholt, um das Handeln der beiden Jünger zu motivieren." Ähnlich urteilen M. HASITSCHKA, Befreiung, 135-137; R. SCHNACKENBURG, Person, 308. Zur Sache vgl. auch H. LEROY, Vergebung, 82-84, der den mit dem Lamm-Gottes-Titel ausgelösten Zusammenhang von ἀκολουθεῖν (1,37.38.40.43), μένειν παρ' αὐτῷ (1,38f.), πιστεύειν (1,50) und ὁρᾶν (1,50f.) herausstellte.

[42] Die im textkritischen Apparat mit 1,29 gleiche Langform von V36 dürfte von V29 sekundär abgeleitet sein. Nach F. HAHN, Beobachtungen, 239, „wird in 1:36b die Bezeichnung 'Lamm Gottes' ohne den interpretatorischen Zusatz von 1:29 wiederholt, um eine möglichst enge Verknüpfung zwischen dem Bericht über Jesu Taufe und der Erzählung über die ersten Jünger zu erreichen." Solch eine Verknüpfung ist zwar an sich denkbar, es fragt sich jedoch, inwiefern gerade der *Lamm-Gottes*-Titel zwischen dem Bericht der Taufe Jesu und dem der Berufung der ersten Jünger verknüpfend wirken kann. Die verkürzte Form in 1,36 dürfte eher durch den unmittelbaren Kontext (VV37-39) motiviert sein, so wie die Langform in 1,29 im Blick auf die Heilsbedeutung Jesu mit dem Kontext VV30f. vergleichbar ist.

Kontext des Rechtsstreites Jesu mit der Welt entfaltet wird, ist auch nach dem Rechtscharakter des Täuferzeugnisses zu fragen. Bereits im Prolog hat die Konfrontation von Offenbarer und Welt ihren Niederschlag gefunden (1,5.10.11). Die in Kap. 2 einsetzende und dann in den großen Redekompositionen sich entfaltende Auseinandersetzung zwischen Jesus und der Welt ist demnach bereits im Prolog programmatisch vorweggenommen. Gehen wir von diesem Kontext aus, dürften Spuren dieser Konfrontation auch im Zeugnis des Täufers wiederzufinden sein. Ein ernstzunehmender Hinweis ist das Verständnis des Täufers im Blick auf seine Zeugenfunktion, insofern dem *Zeugnisbegriff* des Evangeliums deutlich ein offiziell-juristischer Akzent anhaftet.[43] Inwiefern der Rechtsstreit zwischen Offenbarer und Welt im Zeugnis des Täufers sich niedergeschlagen hat, sollen die folgenden Überlegungen zeigen.

Der Täufer wird im Johannesevangelium geradlinig von seiner Zeugnisfunktion her verstanden (1,6-8.15.19.32.34; 3,26.28; 5,33; 10,41). Im Unterschied zur synoptischen Darstellung des Täufers stehen nicht seine Tauftätigkeit, seine Bußpredigt oder die Taufe Jesu im Vordergrund. Der Gedanke der μαρτυρία bestimmt sein gesamtes Auftreten.[44] Das Wirken des Täufers ist ganz auf Jesus ausgerichtet. Seiner Taufe kommt keine sündenvergebende Kraft mehr zu.[45] Er ist nur noch Zeuge Jesu. Dementsprechend ist der Abschnitt 1,19ff. mit dem Titel: „Und dieses ist das Zeugnis des Johannes" überschrieben.[46] Der offiziell-juristische Charakter des Täuferzeugnisses wird dadurch deutlich, daß es durch eine Gesandtschaft der „Juden" aus Jerusalem, die sich aus Priestern und Leviten zusammensetzt (1,19), motiviert wird. Sie ist von Pharisäern veranlaßt und wird in ihrem Auftrag durch sie „offiziell" legitimiert (1,24).[47] Hinter dem

---

[43] Vgl. Teil 6.3.

[44] Vgl. J. BEUTLER, Martyria, 237-254.284-286, sowie K. BERGER, Anfang, 145ff.; R. BULTMANN, Komm., 65; R.A. CULPEPPER, Anatomy, 132f.; J. ERNST, Johannes der Täufer, 186-216; A.E. HARVEY, Jesus, 18-33; M. HENGEL, Schriftauslegung, 270.

[45] S. dazu 2.3.3.2.(4).

[46] Vgl. R. BULTMANN, a.a.O., 58 mit Anm. 2, zum Überschriftcharakter von V19 sowie J. BEUTLER, Martyria, 232; J. BLANK, Komm. 1a, 122; C.H. DODD, Tradition, 251; J. ERNST, Johannes der Täufer, 198; L.P. JONES, Symbol, 40f.; A. OTTILLINGER, Vorläufer, 82.84; G. RICHTER, Frage, 311 Anm. 98; M. STOWASSER, Johannes der Täufer, 61.72.139.

[47] Die Präposition ἐκ dient hier „zur Bez(eichnung) d(es) Ursprungs, d(er) Ursache, d(er) Veranlassung, d(es) Beweggrundes" (BAUER-ALAND, 473). „Der Satz berichtet nicht von einer zweiten Gesandtschaft, sondern ist eine parenthetische Anmerkung. Sie besagt nicht, daß die Abgesandten zu den Pharisäern gehörten, was freilich die Meinung späterer Abschreiber ist, die den Art(ikel) vor ἀπεστ(αλμένοι) einfügen, sondern daß die Boten, von denen soeben berichtet war, von den Pharis(äern) entsandt waren, daß

Auftrag der Gesandtschaft steht die jüdische Führungsschicht, die als Vollzugsbehörde agiert.[48] Der Abschnitt 1,29-34 ist der Form nach ein Verhör mit Rechtscharakter.[49] Der Täufer soll sich legitimieren (1,19.25). Er muß sich vor den offiziellen Vertretern der untersuchenden Behörde rechtfertigen. Die Art des Fragens und die umständliche Einführung der Antwort mit dem zweimaligen „er bekannte" und dem bestärkenden „er leugnete nicht" unterstreichen den forensischen Eindruck der Szene.[50] Durch dieses Zeugnismotiv sind die beiden Abschnitte 1,19-28 und 1,29-34 zusammengehalten. Die Szene 1,29ff. ist durch die Zeitangabe „am nächsten Tag" (vgl. 1,35.43; 2,1) von dem vorangehenden Abschnitt abgehoben. Es fehlen Angaben über Ort und Zuhörerschaft, so daß sie wie „ein für sich stehendes, zeitloses Bild" erscheint.[51] Jedoch, daß die jüdische Gesandtschaft sich inzwischen entfernt hat,[52] wird nicht gesagt. Sie

---

diese also hinter den Ἰουδ(αῖοι) von V.19 stecken" (R. BULTMANN, Komm., 62 Anm. 6; vgl. auch M. THEOBALD, Fleischwerdung, 449 Anm. 43). Richtig D.-A. KOCH, Täufer, 1973: „Das Zeugnis des Johannes erfolgte vor einer Delegation, die 'das' Judentum insgesamt repräsentiert (V.19), und in V.24 macht er nachträglich deutlich, daß für ihn 'die' Pharisäer den institutionellen Kern 'des' Judentums bilden."

[48] Der Zusammenhang von 1,19.24 zeigt, daß Johannes „Pharisäer" und „Juden" identifiziert hat (vgl. 4,1.3; 5,10.15.16.18; 7,1.32.35f.45.47f.; 8,13.22; 9,13.15f.18.22. 40; 9,22 mit 12,42; 18,3.12; vgl. K. WENGST, Bedrängte Gemeinde, 60-74). Die sich im folgenden abzeichnende Auseinandersetzung zwischen dem Offenbarer und den „Juden" ist hier also bereits präsent! - Die Pharisäer treten im Evangelium (oft neben den Hohenpriestern: 7,45.47; 11,47.57 bzw. den Archonten: 7,48) in behördlicher Funktion auf, nämlich in der Vollmacht, Diener auszuschicken (7,45ff.), Verdächtige zu verhören (8,13; 9,12.15f.) und sogar das Synhedrium einzuberufen (11,47). Sie erscheinen als in Jerusalem residierende Behörde.

[49] „Die Darstellung bekommt jetzt den Charakter eines regelgerechten Verhörs, sie wird offiziell" (J. BLANK, Komm. 1b, 198; vgl. ders., Komm. 1a, 122f.; E. HAENCHEN, Komm., 379f.; J. RIEDL, Heilswerk, 236; M. STOWASSER, Johannes der Täufer, 139). R. SCHNACKENBURG, Komm. I, spricht von einer „amtliche(n) Befragung" (274) bzw. von einem „amtlichen Verhör" (276). Die „Priester und Leviten" treten in „Vernehmungsbeamte(n)" wie die „Gerichtsdiener" in 7,32.45 auf (K. WENGST, Bedrängte Gemeinde, 64 mit Anm. 27). Nach R. BULTMANN, Komm., 59, erscheinen die Ἰουδαῖοι in 1,19 „wie eine Behörde, die von ihrem Sitz Jerusalem aus zum Zweck einer Untersuchung Sachverständige deligiert."

[50] J. ERNST, Johannes der Täufer, 198. Das Verb ἐρωτάω (Joh 1,19.21.25; vgl. 5,12; 9,15.19.21.23; 18,19) ist „Fachterminus für das richterliche Ausforschungsverfahren beim Zeugenverhör" (D. SCHIRMER, Rechtsgeschichtliche Untersuchungen, 166).

[51] M. HASITSCHKA, Befreiung, 16.

[52] So J. BLANK, Komm. 1a, 130; R. BULTMANN, Komm., 65; E. HAENCHEN, Komm., 166; L.P. JONES, Symbol, 45; L. SCHENKE, Komm., 44; U. SCHNELLE, Komm., 49; U. WILCKENS, Komm., 39.

soll wohl beim Zeugnis des Täufers über Jesus noch anwesend sein.[53] Dafür würde sprechen, daß von einem neuen Publikum (dem Volk o.ä.) nicht die Rede ist. Ein ähnlicher Fall, wo ein nicht explizit genanntes Publikum als anwesend zu denken ist, liegt in 9,35-38 vor. Ein Szenenwechsel wird zwischen VV35-38 und VV39-41 nicht erwähnt. Die erst in V40 genannten Pharisäer sind also Teilhaber am Gespräch Jesu mit dem Geheilten.[54] Zudem hat der joh Zeugnisbegriff deutlich Öffentlichkeitscharakter (1,7.15 [vgl. V.30]. 32-34; 3,32; 4,39; 5,31ff.; 7,7; 8,12ff.; 10,25; 12,17; 18,23.37),[55] so daß sich die Annahme eines noch vorhandenen, nicht extra erwähnten Publikums naheliegt.[56] Weil die Szene exzeptionell-programmatisch im Blick auf das kommende Heilswerk Jesu (Lamm Gottes; Sohn Gottes) und die Auseinandersetzung Jesu mit der Welt („...das die Sünde der Welt wegträgt") gestaltet ist, kann Johannes auf die Reaktion des Publikums verzichten. Demnach ist das gesamte Eingangszeugnis des Täufers in 1,19ff. und 1,29ff. auf dem Hintergrund der nun folgenden rechtsrelevanten Konfrontation Jesu mit der ungläubigen Welt der „Juden" zu verstehen. Die prozessuale Auseinandersetzung Jesu mit den „Juden" beginnt mit dem Verhör des Täufers durch die Priester und Leviten und setzt sich über Befragungen Geheilter (5,10ff.; 9,13ff.), gerichtliche Maßnahmen (9,22; 12,42), Spaltungen im Volk (7,43; 9,16; 10,19), Streitgespräche (Joh 7-8) und Todesbeschlüsse (5,18; 7,1; 8,37.40; 11,53) bis zur Pas-

---

[53] Nach M. THEOBALD, Fleischwerdung, 273, wird eine Zuhörerschaft ausgeblendet, um zum Ausdruck zu bringen, daß die Hörer des Evangeliums diese „Leerstelle" ausfüllen sollen (ähnlich L. SCHENKE, Komm., 44; M. STOWASSER, Johannes der Täufer, 140; U. WILCKENS, Christus traditus, 363; ders., Komm., 40). Doch das eine schließt das andere nicht aus. Das ähnlich wie in 1,29-34 wichtige Zeugnis des Täufers über Christus in 3,25-36 hat deutlich eine appelativ-erschließende Funktion für den Hörer des Evangeliums, ist zugleich aber textintern an die Johannesjünger adressiert (3,25f.).

[54] Vgl. M. HASITSCHKA, Befreiung, 321 Anm. 70: „Die Pharisäer (bzw. einige von ihnen) werden bereits als Adressaten des Wortes von 9,39 vorausgesetzt, ja man kann sie sich schon bei der Begegnung Jesu mit dem Geheilten zugegen denken (οἱ μετ' αὐτοῦ ὄντες in 9,40 ist zeitlich unbestimmt, vgl. R. BULTMANN, Komm., 258, und läßt auch diese Interpretation zu), wie man sich auch den Geheilten beim Gespräch Jesu mit ihnen gegenwärtig denken kann."

[55] Nach Johannes „ist das Bezeugen eine offizielle, und somit eine öffentliche Tat" (Y. IBUKI, Zeugnis, 126; vgl. a.a.O., 149f.).

[56] Erst in der kommenden Szene (1,35ff.) werden zwei Johannesjünger als „Zeugen" des Johanneszeugnisses erwähnt. Das verkürzte Zeugnis: „Siehe, das Lamm Gottes!" wird hier im Blick auf die Nachfolge (VV37-39) eingeführt, während das Zeugnis vom Lamm Gottes, das die Sünde der Welt fortschafft, im Blick auf die Heilsfunktion des Lammes in der Welt benannt ist (s. o.). Dies geschieht wohl auch bewußt hinsichtlich der vorausgesetzten Hörerschaft der jüdischen Gesandtschaft, der gesagt wird, daß das Lamm Gottes *Israel* offenbart wird (1,31)!

sionsgeschichte fort.[57] „Johannes der Täufer ist durch sein Zeugnis *ein wichtiger Zeuge in der prozeßartigen Auseinandersetzung zwischen Jesus und den Juden*".[58]

Dieses Urteil wird durch Joh 5,33-35 bestätigt. In der Rede über die Zeugen Jesu (5,31ff.) werden die Zeugen wie in einem Strafprozeß nacheinander aufgerufen. Der Täufer tritt als Zeuge für die Wahrheit auf. „Aber dieses Zeugnis wurde nicht angenommen, wie das Bildwort 5,35 sagt. Der Täufer war die 'brennende und scheinende Fackel' und hatte so, wenn er auch nicht selbst das Licht war, doch eine Affinität zum Lichte hin. Aber man erblickte in ihm nicht den Wahrheitszeugen, sondern eine interessante Zeiterscheinung (πρὸς ὥραν). Damit wird Johannes zum Belastungszeugen gegen die Juden."[59] Das öffentlich-rechtliche Zeugnis des Täufers ist in den öffentlich-rechtlichen Streit Jesu mit den „Juden" eingebunden! So fügt sich das Wort vom Gotteslamm, das die Sünde der Welt fortschafft, in den Kontext des joh Sündenbegriffes ein, der im Zusammenhang des Rechtsstreites Jesu mit der Welt seinen Ort hat (vgl. 7,18; 8,21.24.34.46; 9,39-41; 15,22-24; 16,8-11; 19,11). Aus diesem Grund wird auch von der (Sünde der) *Welt* gesprochen, die in solch einer Auseinandersetzung auf dem Spiel steht. Der Evangelist verdeutlicht auf diese Weise, daß sich der Rechtsstreit Jesu „nicht im Winkel" abspielt (vgl. Apg 26,26), sondern von Beginn an eine - bereits im Zeugnis des Täufers aktualisierte - Angelegenheit der Konfrontation Gottes mit der Welt ist, die sich durch das Gotteslamm vollzieht (s.u.).

4.3. Die Überwindung der Sünde durch den stellvertretenden Sühnetod des Gotteslammes

4.3.1. Die Beseitigung der Sünde (αἴρειν τὴν ἁμαρτίαν)

Während in 1,36 die soteriologische Funktion des Gotteslammes nur aufgrund des Kontextes von 1,29 mitbedacht ist, ansonsten jedoch das Täuferzeugnis in der kürzeren Form im Blick auf die dadurch eingeleitete Nachfolge der Jünger formuliert ist (s. o.), liegt in 1,29 das Gewicht deutlich auf dem Attribut ὁ αἴρων τὴν ἁμαρτίαν τοῦ κόσμου. Insofern gilt es zu klären, was mit ihm gemeint ist.

---

[57] J. GNILKA, Theologie, 233.

[58] J. BLANK, Krisis, 203 (Hervorhebung R. M.). Anders A.E. HARVEY, Jesus, 45, der dem Täuferzeugnis keine konstitutive Funktion im Rechtsstreit Jesu mit der Welt beimißt.

[59] A.a.O.

Die Bedeutung des Verbs αἴρειν bei Johannes ist von M. Hasitschka und Th. Knöppler untersucht worden.[60] Es können drei Bedeutungsfelder unterschieden werden (nach Knöppler): 1. Bewegung von unten nach oben: a) „aufheben" im eigentlichen Sinn (5,8f.11f.; 8,59); b) „aufheben" im übertragenen Sinn (10,24; 11,41b). 2. Ergebnis dieser Bewegung (im Bezug zum Subjekt statisch): „(mit sich) tragen" (5,10). 3. Ergebnis dieser Bewegung (im Bezug zum Objekt dynamisch): a) im eigentlichen Sinn: „forttragen" (2,16; 11,39.41a; 17,15; 19,31.38; 20,1f.13.15); b) im übertragenen Sinn: „beseitigen" (10,18; 11,48; 15,2; 16,22; 19,15). Am häufigsten wird αἴρειν im Sinn des zuletzt genannten Bedeutungsfeldes der Beseitigung und Wegnahme benutzt. Das dürfte auch für 1,29 zutreffen.[61] Der Bezug der Aussage auf das Kreuz und das sündentilgende Opfer des Passalammes (18,28; 19,14.31-37) legt dieses Verständnis nahe. Es geht darum, daß das Gotteslamm die Sünde der Welt fortträgt und beseitigt (vgl. 1.Joh 3,5!) und dadurch der wirksamen Macht beraubt.[62] Der Singular ἁμαρτία will die gesamte Größe der Sünde der Welt als eine Einheit begreifen (vgl. 8,21; 8,34; 9,41; 15,22.24; 16,8.9; 19,11), sofern sich in ihr der *eine* Widerspruch gegen die Offenbarung Gottes in Christus zu erkennen gibt.[63] Die Rede vom „Wegtragen" der Sünde nimmt die Metaphorik von der Sündenlast auf.[64] Der Welt wird die sie erdrückende Last der Sünde genommen. Es geht nicht um eine immer wieder notwendige Vergebung einzelner Vergehen, sondern um die *Totalität der Sünde*, deren Macht einmalig und für immer am Kreuz gebrochen wird (vgl. Hebr 9). Dieser Bruch erfolgt durch den *stellvertretenden Sühnetod Jesu*.

Dem Passaritus dürfte man in neutestamentlicher Zeit Opfercharakter mit sühnetheologischer Bedeutung beigemessen haben, zumindest, was das Passa des Auszugs und der

---

[60] M. HASITSCHKA, Befreiung, 110-124; TH. KNÖPPLER, Theologia crucis, 69f.; s. auch W.D. CHAMBERLAIN, Need, 159-161; J.T. FORESTELL, Word, 160-162. Zum metaphorischen Gehalt der Rede vom „Wegnehmen", „Aufheben" und „Beseitigen" der Sünde im antiken Schrifttum vgl. G. RÖHSER, Sünde, 59-65.

[61] Vgl. auch BAUER-ALAND, 46; R. BULTMANN, Komm., 66 Anm. 5; J. JEREMIAS, Art. αἴρω κτλ., ThWNT I, 185; W. RADL, Art. αἴρω, 98.

[62] Das „Beseitigen" meint ein Entfernen bzw. Wegschaffen, um einen weiteren Einfluß des Beseitigten auszuschließen. So befürchten z.B. die führenden Repräsentanten des Judentums, daß ihnen aufgrund des erfolgreichen Wirkens Jesu durch die Römer „Ort und Volk" weggenommen werden könnten (καὶ ἐλεύσονται οἱ Ῥωμαῖοι καὶ ἀροῦσιν ἡμῶν καὶ τὸν τόπον καὶ τὸ ἔθνος), so daß sie keinen weiteren Einfluß mehr darauf hätten (11,47f.). - Zu der durch Jesus vollbrachten Beseitigung (αἴρειν) von Schuld vgl. neben 1.Joh 3,5 auch Kol 2,14 (αἴρειν τὸ καθ᾽ ἡμῶν χειρόγραφον).

[63] Vgl. Teil 4.3.3.

[64] H.-J. KLAUCK, Heil, 48.

Endzeit anbetrifft.[65] Für den Opfercharakter des Passafestes sprechen Dtn 16,2.5f.; 2.Chr 30,15-17; Jub 49,9.15.20; Philo, SpecLeg 2,145f.; Mk 14,12par; Lk 22,7; 1.Kor 5,7; Pes 5,6. Für das Frühjudentum legt sich der sühnetheologische Aspekt durch Jub 49,9 (Wer rein ist und das Passaopfer nicht darbringt, soll die Sünde für sich selbst auf sich nehmen[66]), Philo, SpecLeg 2,147 (das Passaopfer „zur Reinigung der Seele" [ψυχῆς κάθαρσιν]) und Jos Ant 2,312 (τῷ αἵματι ... ἁγνίζειν) nahe. Rabbinische Quellen wie ExR 15,13, wo im Zusammenhang des Passablutes von Gottes מְכַפֵּר die Rede ist, und MekhEx 12,6, wo Passa- und Beschneidungsblut in entsühnender Funktion miteinander verbunden werden, belegen den Sühnecharakter des Passas für die nachbiblische Zeit. Aber bereits der priesterschriftliche Bericht in Ex 12,1-14 stößt durch den Blutritus eine Tür zur Sühnethematik als Deutehorizont auf.[67] Nach Num 28,16-25; Ez 45,21f. hat das Passa-Mazzot-Fest die Aufgabe, der Gemeinde (durch Darbringung eines Sündopfers) Sühne zu wirken.[68] Im übrigen kommt im nachexilischen Kult allen Opferarten als Zweck die Sühne zu.[69] Gestützt wird der Sühnecharakter der Aussage von Joh 1,29 durch eine kleinasiatische Beichtinschrift aus dem Jahre 235/6 n.Chr., in der das Kompositum ἀπαίρω für die aktive Beseitigung der Sünden durch ein Sühneopfer steht.[70] 1.Kor 5,7 zeigt, daß die urchristliche Passalammtypologie schon in sehr früher christlicher Zeit den Heilscharakter des Opfertodes Jesu (implizite Sündenvergebung) festgehalten hat.[71] Alte und neue Existenz in Christus werden gegenübergestellt (V7a.8). Der Christustitel unterstreicht die Heilswirksamkeit des Sterbens Jesu. Johannes bringt in 1,29 Ähnliches zur Geltung: Christus hat durch seine stellvertretende Lebenshingabe, durch sein einmaliges Opfer die Sünde beseitigt, das Heil für die in Sünde verstrickte

---

[65] Vgl. N. FÜGLISTER, Heilsbedeutung, 50-56.75-105.155.250-256.256ff.; J. JEREMIAS, Abendmahlsworte, 216f. (mit rabbinischen Belegen); TH. KNÖPPLER, a.a.O., 84f.; K. KOCH, Sühneanschauung, 97; W. KRAUS, Tod, 266; R. LE DÉAUT, La Nuit, 113f.(Anm. 127).199 (Anm. 173).209-212; E. LOHSE, Märtyrer, 142f.; dagegen z.B. C. BREYTENBACH, Versöhnung, 74 Anm. 52; G. FRIEDRICH, Verkündigung, 47-52. - Zum sakramentalen Charakter des jüdischen Passafestes als Fest der Rettung und Erlösung in Vergangenheit, Gegenwart und Zukunft vgl. H. HAAG, Pascha, 115-117.

[66] „Und die Sünde soll dieser Mann für sich selbst auf sich nehmen" (Übersetzung nach K. BERGER, Das Buch der Jubiläen [JSHRZ 2], Gütersloh 1981). Vgl. E.P. SANDERS, Paulus, 348f.360f.: Der Verf. des Jubiläenbuches hat „das gesamte Opfersystem und seine sühnende Funktion" anerkannt (361).

[67] Vgl. E. OTTO, Art. פֶּסַח, פָּסַח, ThWAT 6 (1989), 676: P führt in Ex 12,1-14 „mit dem 10.1. als Vorbereitungstag (Ex 12,3aβ.6a), der dem Versöhnungstag am 10.7. korrespondiert, eine *Anspielung* auf die Sühnethematik ein, die auch mit der Assoziation von *ntn* (Ex 12,7) an das entsühnende Bestreichen der Altarhörner mit Blut (Ex 29,12.20 u.ö. ...) einen neuen Verstehenshorizont für den Blutritus gibt" (Hervorhebung E.O.).

[68] Vgl. M. RÖSEL, Pesach I, 232.235.

[69] Vgl. H. GESE, Sühne, 94f., mit Verweis auf Lev 1,4; 9,7; Ez 43,18ff., 45,13-17; E.P. SANDERS, Paulus, 153, für die rabbinische Vorstellung.

[70] Vgl. G. PETZL, Beichtinschriften Nr. 5; ders., Sünde, 159, mit Verweis auf Joh 1,29; 1.Joh 3,5, sowie H.-J. KLAUCK, Beichtinschriften, 79-82 (81).

[71] Vgl. J. JEREMIAS, Abendmahlsworte, 53f.; E. LOHSE, Märtyrer, 142; CHR. WOLFF, 1.Kor, 106f. Der Zusatz einiger Hss (ὑπὲρ ἡμῶν) verstärkt die bereits angedeutete soteriologische Akzentuierung. Anders urteilt G. FRIEDRICH, Verkündigung, 47f., der 1.Kor 5,7 „keine theologische Bedeutung" beimißt.

Welt erwirkt und diese so dem verdienten Tod entrissen.[72] Daher bemerkt R. Schnakkenburg[73] richtig: „sobald Jesus als ntl. Passalamm betrachtet wurde, mußte sich damit auch der Gedanke an seinen Sühnetod verbinden: *Dieses* Lamm tilgt die Sünden der Welt". In diesem Zusammenhang sind auch die 7 Aussagen von der stellvertretenden Lebenshingabe Jesu „zugunsten von" (ὑπέρ + Gen.) zu bedenken (vgl. Joh 6,51c; 10,11.15; 11,51f.; 15,13; 17,19; 18,14)[74], denn Joh 1,29 stellt als programmatische Leitthese für das Verständnis des Todes Jesu (s.u.) zugleich eine Lesehilfe für die Aussagen von der Dahingabe Jesu bereit. Die urchristliche Überlieferung hat in der theologisch geprägten ὑπέρ-Formel des öfteren den Bezug auf das die Sünden betreffende Heilsereignis der Hingabe Jesu festgehalten (vgl. Röm 5,6.8; 1.Kor 15,3; 2.Kor 5,21; Gal 1,4; Eph 5,25f.; Tit 2,14; 1.Petr 3,18; Hebr 7,27; 9,7; 10,12).[75] Damit wird deutlich gemacht, daß der stellvertretende Tod Jesu eine die Sünde des Menschen sühnende und d.h. brechende Wirkung hat. Johannes hat dies in 1,29 mit Blick auf die weiteren Aussa-

---

[72] Vgl. TH. KNÖPPLER, a.a.O., 91, unter Berücksichtigung der Arbeiten von H. GESE, B. JANOWSKI und O. HOFIUS zum biblischen Sühnebegriff: *„Sühne ist ein Heilshandeln Gottes, das die aufgrund von Schuld verwirkte Existenz des Menschen dem verdienten Tod entreißt"* (Hervorhebung Th.K.). - Nach R. BULTMANN, Theologie, 406f.; C. DIETZFELBINGER, Sühnetod, 65-76; W.R.G. LOADER, Christology, 97-102, und R. SCHNACKENBURG, Person, 312-315, wird der Gedanke des stellvertretenden Sühnetodes von Johannes nur beiläufig, ohne konstitutive Bedeutung für die joh Christologie erwähnt. Für M. STOWASSER, Johannes der Täufer, 106f., ist der Titel „Lamm Gottes" sogar nur ein Fremdkörper im 4. Evangelium. Das dürfte jedoch dem Textbefund und der programmatischen Bedeutung von Joh 1,29 nicht entsprechen. K. BERGER, Anfang, 225-243, spricht dem Evangelisten die Kenntnis des stellvertretenden Sühne- und Opfertodes Jesu gänzlich ab. Joh 1,29 beziehe sich (analog zu Hen[sl] 64,5) auf den erhöhten Fürsprecher vor Gott (227ff.). Das ist aber kaum wahrscheinlich. Die kreuzestheologische Applikation von Joh 1,29 besteht ohne Zweifel (vgl. Teil 4.3.2.). Schwierig wird die Deutung Bergers auch deshalb, weil das Johannesevangelium im Unterschied zu 1.Joh 2,1 von Jesus nicht als *erhöhtem* Parakleten spricht. Eine Beseitigung der Sünde durch Fürbitte des Erhöhten vor Gott ist durch nichts angedeutet. (In Joh 17 geht es nicht um die definitive Beseitigung der Sünde, sondern um Bewahrung der Glaubenden in einer feindlichen Welt [vgl. 17,15].)

[73] R. SCHNACKENBURG, Komm. I, 287.

[74] Diese Aussagen werden manchmal nur als mitgeschleiftes Traditionsgut (so U.B. MÜLLER, Geschichte, 51; vorsichtiger C. DIETZFELBINGER, Sühnetod, 67.74-76) oder Bestandteil einer späteren „Kirchlichen Redaktion" (so J. BECKER, Komm. I, 111; Komm. II, 493; J.T. FORESTELL, Word, 74-82.193-195) betrachtet. Dafür gibt es aber keine zwingenden Gründe (vgl. TH. KNÖPPLER, Theologia crucis, 88-101.201-216, sowie G. BARTH, Tod, 144f.; J. BLANK, Versöhnung, 85-89; M. HENGEL, Frage, 189ff.; B. LINDARS, Passion, 71-74; H.K. NIELSEN, Understanding, 242-248; H. THYEN, Liebe, 467-481). Die Stellvertretungsaussagen Joh 10,11.15; 11,51f.; 15,13 erinnern an die im Griechischen und im hellenistischen Judentum bekannten Vorstellungen des heroischen Lebenseinsatzes für Freunde oder das Gemeinwohl des Vaterlandes (Belege bei G. FRIEDRICH, Verkündigung, 37-39; M. HENGEL, Cross, 192-220.264-277). Joh hat sie freilich ganz in sein soteriologisches Konzept des Sühnetodes Jesu (vgl. 1,29; 6,51c) eingefügt (vgl. TH. KNÖPPLER, a.a.O., 201-216 [203]).

[75] Vgl. G. FRIEDRICH, Verkündigung, 72-76; H. PATSCH, Art. ὑπέρ, EWNT III, 949f.

gen von der Lebenshingabe Jesu „zugunsten der Welt" (vgl. 6,51c) zum Ausdruck gebracht. Insofern kann man dort m.R. von Sühneaussagen sprechen.[76]

Dies wird auch deutlich, wenn man die joh Reinigungs- und Heiligungsaussagen berücksichtigt. Die Befreiung von der Sünde ist im 1.Johannesbrief im Zusammenhang mit dem Motiv der *Reinigung* von der Sünde benannt (vgl. 1,7.9 mit 3,5).[77] Beide Motive beziehen sich auf die Sühne der Sünde durch den Opfertod Christi (V7: „... und das Blut seines Sohnes reinigt uns von aller Sünde"; vgl. Hebr 9,14.22).[78] Im Johannesevangelium wird durch die erste Deutung der Fußwaschung (13,6-11) dieser Aspekt in symbolischer Form dargestellt.[79] Wenn Petrus durch Jesus darauf verwiesen wird, daß er die Fußwaschung μετὰ ταῦτα verstehen wird, dann ist damit die Zeit nach Tod und Auferstehung Jesu in Blick genommen (vgl. 2,22; 8,28a; 12,16; 14,19f.; 20,9)[80] und die soteriologische Dimension des Passionsgeschehens im voraus appliziert. Der soteriologische Ertrag der εἰς τέλος am Kreuz erwiesenen Liebe Jesu zu den Seinen (13,1) ist der καθαρισμός der Heilsgemeinde (13,8.10; vgl. 3,25; 15,2f.). Das Wasser ist dabei Symbol für das Heil der vollkommenen Reinigung (vgl. 2,1-12[81]; vgl. 13,10: καθαρὸς ὅλος). Es stellt die in Christus vermittelte Wirklichkeit des Heils dar (vgl. 4,10.14; 7,37-39). Das Austreten von αἷμα καὶ ὕδωρ aus der Seitenwunde des Gekreuzigten (19,34b; vgl. 1.Joh 5,6) verweist demnach auf den Ertrag der durch die Fußwaschung symbolhaft dargestellten Erniedrigung Christi in seinem Tod am Kreuz, nämlich auf die vollkommene Sühne und Reinigung. Die Folge der am Kreuz erwirkten Reinigung ist die *Heiligung*, durch die dem Sünder die Heiligkeit Christi als Freiheit von Sünde zugeeignet wird (vgl. Joh 6,69; 10,36; 17,19; 1.Joh 3,3).[82]

Man kann demnach festhalten, daß die erste Aussage des Täufers über Jesus auf die *Befreiung* von der Sünde[83] durch Jesu Sühnetod abhebt. Dies hat für die Konzeption des Evangelisten grundsätzliche Bedeutung. Vor-

---

[76] Vgl. M. HENGEL, Frage, 191; TH. KNÖPPLER, Theologia crucis, 88-101.203; B. LINDARS, Passion, 71-74; U. SCHNELLE, Paulus und Johannes, 215f.

[77] Das Motiv der Reinigung von Sünde(n) hat als Hintergrund die in der Antike verbreitete Vorstellung von der Sünde als Schmutz und Befleckung. Vgl. dazu H.-J. KLAUCK, Heil, 34-36; G. RÖHSER, Sünde, 39-48. Zu καθαρίζειν als Reinigung von Sünde vgl. 2.Kor 7,1; Eph 5,26; Tit 2,14; Hebr 9,14; Jak 4,8; 2.Petr 1,9; Apg 15,9.

[78] Zu καθαρίζειν als terminus technicus der Opfersprache vgl. Lev 8,15; 12,7f.; 16,19f. u.ö.; ferner G. STRECKER, Johannesbriefe, 82.

[79] Während die erste Deutung (V6-11) die soteriologische Seite der Fußwaschung anspricht (Christus als sacramentum), kommt in der zweiten Deutung (V12-20) die ethische Dimension zum Tragen (Christus als exemplum des Jüngerverhaltens). Vgl. dazu J. BEUTLER, Heilsbedeutung, 194ff.; A. DETTWILER, Gegenwart, 67-74; J. GNILKA, Theologie, 314-317; H. KOHLER, Kreuz, 192-229; H.K. NIELSEN, Understanding, 240-242; U. SCHNELLE, Neutestamentliche Anthropologie, 137-139; ders., Schule, 211-216; ders., Komm., 211ff.; W. SCHRAGE, Ethik, 250f.; M.M. THOMPSON, Humanity, 97-102.

[80] Vgl. K. WENGST, Bedrängte Gemeinde, 209f.

[81] Zu dieser soteriologischen Deutung des Weinwunders zu Kana vgl. TH. KNÖPPLER, Theologia crucis, 102-106.

[82] Zum Reinigungs- und Heiligungsmotiv im joh Schrifttum vgl. M. HENGEL, Frage, 190f.; J.T. FORESTELL, Word, 155-157.

[83] Vgl. M. HASITSCHKA, Befreiung, 164.168 u.ö.

aussetzungen wie Umkehr oder Sündenbekenntnis (vgl. Mt 3,2.6.8; Mk 1,4f.; Lk 3,3.8) werden nicht genannt. Sünde ist für Johannes unter dem Blickwinkel der Befreiung von Sünde gesehen. Sie ist damit ein Aspekt der Christologie und Soteriologie des Evangelisten. Denn als durch das Kreuz Christi offenbarte Sünde ist sie zugleich als überwundene Sünde verifiziert. Und nur als überwundene und beseitigte ist sie als „Sünde" definiert (15,22.24). Damit wird deutlich, daß Joh 1,29 für das Sündenverständnis des 4. Evangeliums erkenntnisleitende Funktion hat.

4.3.2. Der Bezug auf das Kreuz

Es ist deutlich, daß Joh 1,29.36 auf den Tod Jesu im Kontext des Passafestes vorausweist (18,28.39; 19,14.29.31-37).[84] „Die Prädikation Jesu als Lamm Gottes (1,29.36) ist die erste, deutlich auf den Tod Jesu Christi zielende Aussage im vierten Evangelium."[85] Literarisch wird bereits beim ersten Auftreten Jesu auf das τέλος seines Wirkens hingewiesen (19,30; vgl. 13,1), so daß das Kreuz als Ziel und Höhepunkt seines Wirkens erscheint.[86] „Der Passalamm-Gedanke zeigt also an, daß das 4. Evangelium schon in seinem Ansatz Passions-Evangelium ist, daß die Offenbarung des Vaters im Sohn diesen in den Tod führt."[87] Dieser Bezug auf das Kreuz legt sich nicht nur aufgrund der Passalamm-Vorstellung nahe, sondern wird auch durch weitere Textsignale deutlich:

(1) Wird vom Lamm Gottes ausgesagt, daß es die Sünde der Welt „beseitigt" (αἴρειν, s.o.), so ist von Jesus in der Passionsgeschichte ein analoges Schicksal berichtet: „den, der die Sündenschuld der Welt beseitigt, wollen die Ἰουδαῖοι beseitigen (19,15), und der, der die Sünde der Welt

---

[84] K. WENGST, Bedrängte Gemeinde, 201, erkennt richtig, daß Johannes hier „einen Bogen über das ganze Evangelium hin spannt." M. THEOBALD, Fleischwerdung, 276, spricht von einer „großräumigen Inclusio". Zur passaorientierten Deutung des Todes Jesu vgl. auch J.K. HOWARD, Passover, 337; R. KYSAR, The Fourth Evangelist, 137ff.; M. MYLLYKOSKI, Tage II, 37-42, und W. WILKENS, Zeichen, 72-77, mit Blick auf Joh 1,29.36; 18,28; 19,14.28f.31-37.

[85] TH. KNÖPPLER, Theologia crucis, 87; vgl. auch G. KITTEL, Sühnopfer Christi, 304f.; U. SCHNELLE, Komm., 50. Weitere Passionsverweise vor der eigentlichen Passionsgeschichte begegnen in Joh 2,1a.4c.13.14-22.23; 3,14-16; 5,18; 6,4.51; 7,1.6.19.32; 8,20.21.28.59; 10,11.15.17.31; 11,13.46-53; 12,16.23.24.27f.32f.; 13,1-20; 15,13. Das Evangelium ist daher zu Recht als „Passionsevangelium" bezeichnet worden (H. THYEN, Johannesevangelium, 202).

[86] J. BLANK, Johannespassion, 159; L. MORRIS, Gospel, 130f.; U. WILCKENS, Christus traditus, 363ff.

[87] W. WILKENS, Zeichen, 154.

wegträgt, wird selber weggetragen (19,38)."[88] Hier dürfte ein bewußtes Wortspiel vorliegen: Das Lamm Gottes „beseitigt" die Sünde der Welt und wird zugleich von der Welt „beseitigt".[89] Das Kreuz ist hier und da der Ort des αἴρειν, wenn auch Subjekt und Objekt jeweils verschieden sind. Indem das Gotteslamm von der Welt am Kreuz beseitigt wird, beseitigt es selbst am Kreuz die Sünde der Welt.[90]

(2) Das auf Jesus verweisende ἴδε des Täufers lenkt die Aufmerksamkeit des Lesers auf das vergleichbare ἰδού (19,5) bzw. ἴδε (19,14) des Pilatus in der Verhörszene.[91] Während der Täufer Jesus als das am Kreuz geopferte bzw. zu opfernde Lamm Gottes proklamiert, proklamiert Pilatus Jesus den „Juden" als verachteten und verspotteten König (vgl. 19,1-5).[92]

---

[88] TH. KNÖPPLER, Theologia crucis, 70. Vgl. auch 19,31 vom „Wegtragen" der Gekreuzigten!

[89] Wenn Jesus in 10,18 sagt, daß keiner ihm das Leben „wegnimmt" (im Sinn von αἴρειν = beseitigen, töten), sondern er es von sich aus hingibt, so ist hier kein Widerspruch zu 19,15.31 gegeben, denn in der Hirtenrede liegt der Ton darauf, daß Jesus als der Gesandte Gottes in eigener Vollmacht bzw. der Vollmacht Gottes den Weg zum Kreuz geht (10,18c.d; vgl. 18,4-8; 19,10f.17.30), während in 19,15.31 die faktische Schuld am Tod Jesu den „Juden" angelastet wird (vgl. 18,28-19,16; schon 11,47ff.).

[90] Interessant ist die Beobachtung von U. SCHNELLE, Komm., 283f., der einen Zusammenhang von Joh 1,29 mit Joh 19,17 erkennt: „Die Prophezeiung des Täufers aus Kap. 1,29 gewinnt eindringlich Gestalt: 'Siehe das Lamm Gottes, das trägt die Sünde der Welt' (vgl. Joh. 1,36)." Aber die Affinität besteht nur scheinbar. In Joh 1,29 „beseitigt" das Lamm Gottes die Sünde der Welt, indem es sie „fortträgt" (αἴρειν). In Joh 19,17 geht es um die freiwillige Übernahme des Leidens, sofern Jesus sein Kreuz selbst „trägt" (βαστάζειν). Wollte der Evangelist Joh 1,29 in 19,17 erfüllt sehen, hätte er dies leicht durch die Wahl des gleichen Verbums (αἴρειν) wie im Fall von Joh 19,15.38 andeuten können.

[91] Die zur Partikel erstarrten Imperative ἰδού (bei Joh 4mal) bzw. ἴδε (bei Joh 15mal) sind von der Bedeutung her kaum zu unterscheiden. Einige späte Handschriften lesen auch in Joh 19,5 ἴδε. Vgl. dazu B.-D.-R. § 107,2; G. SCHNEIDER, Art. ἴδε, EWNT II, 420; ders., Art. ἰδού, EWNT II, 424f. - Zum Zusammenhang von Joh 1,29 mit 19,5.14 vgl. auch M. HASITSCHKA, Befreiung, 32-34.

[92] Das bekannte „Ecce, homo" soll keine Ehrenbekundung des Pilatus im Blick auf eine Jesus zukommende Würde sein (so C.H. DODD, Interpretation, 473; W.A. MEEKS, Prophet-King, 70; F.J. MOLONEY, Son of Man, 205-207), sondern ist im Kontext von 19,1-5 zu verstehen: der Spottkönig = „dieser jämmerliche Mensch"; vgl. R. BAUM-BODENBENDER, Hoheit, 67; J. BLANK, Komm. 3, 91f.; R.E. BROWN, Death, 827f.; R. BULTMANN, Komm., 510; J. GNILKA, Christologie, 106f.; F. HAHN, Prozeß, 44; E. HAENCHEN, Komm., 538; A.T. HANSON, Gospel, 203-205; M. HENGEL, Frage, 200f.; M. LANG, Herr, 153-157; H. RIDDERBOS, Komm., 600; L. SCHENKE, Komm., 353f.; R. SCHNACKENBURG, Komm. III, 294-296; U. SCHNELLE, Komm., 277f.; B. SCHWANK, Komm., 447f.; D. SENIOR, Passion, 88f.; M.M. THOMPSON, Humanity, 107f.; K. WENGST, Bedrängte Gemeinde, 206f.; U. WILCKENS, Komm., 284. - Zur Diskussion um die Stelle vgl. jetzt C. PANACKEL, Ἰδού, 310-322.326-338, und C. DIEBOLD-SCHEUERMANN, Jesus, 155-161.

Beiderseits geht es um Jesus in seiner Niedrigkeit, um Jesu Weg ans Kreuz. Während jedoch im Zeugnis des Täufers das Urteil Gottes über seinen Gesandten vergegenwärtigt wird - es ist die von Gott gewollte Aufgabe des Gotteslammes, die Sünde der Welt zu beseitigen -, zeichnet sich im Urteil des Pilatus zugleich das Urteil der ungläubigen Welt ab: Der mit göttlichem Anspruch aufgetretene Sohn Gottes (vgl. 10,31ff.) ist der gescheiterte Volksverführer und Verbrecher (vgl. 18,29f.; 19,7.12).

(3) Wenn Johannes das Kreuz als Ort der Sühne der Sünden fixiert, dann ist damit ein kult(tempel-)kritischer Akzent gesetzt.[93] Galt bisher der *Tempel* als Ort der Anwesenheit Gottes und der Sühnung der Sünden, so ist es jetzt allein Jesus Christus, in dem Gott Wohnung nimmt und die Sühnung der Sünden (unabhängig von der kultisch-rituellen Sühne des Tempel-Instituts) erwirkt. Der Evangelist hat dies zum Ausdruck gebracht, indem er (1) die aus Mk 11,15-19parr bekannte Szene von der Tempelreinigung an den Anfang des Evangeliums gestellt hat (Joh 2,13ff.), (2) das aus Mk 14,58par entlehnte Tempellogion in diesen Zusammenhang versetzt hat (Joh 2,19), (3) den wiedererrichteten Tempel auf den gekreuzigten und auferweckten Christus bezogen hat (Joh 2,21) und (4) durch diese Kompositionsfolge einen Zusammenhang mit dem in Kap. 1 angesprochenen Heilswerk des Gotteslammes in bezug auf die Sühnung der Sünden hergestellt hat. Nicht mehr die im Tempel geschlachteten Passalämmer, sondern Jesus Christus selbst als das eine Passalamm bewirkt das Heil in Vergebung der Sünden. In ihm als dem neuen, eschatologischen Heiligtum (vgl. Joh 6,69; 10,36a; 17,19) und „Tempel Gottes" hat sich Gott selbst wohnhaft gemacht, um den vollgültigen ἱλασμός der Sünden zur Geltung zu bringen (vgl. 1.Joh 2,2; 4,10). Wie in ihm Gott gegenwärtig ist (vgl. 1,51; 10,38; 14,6.9f.), ohne daß es des Tempels weiterhin bedarf, so wird auch der Geist als nachösterlicher Repräsentant Jesu ohne Vermittlung des Tempels der Ort der Anbetung Gottes sein (Joh 4,20-24).[94]

---

[93] Auf diesen Aspekt hat J. BLANK, Versöhnung, 85f., aufmerksam gemacht. Er interpretiert Johannes im Kontext der Verkündigung und des Wirkens Jesu sowie der urchristlichen Botschaft vom stellvertretenden Sühnetod Jesu. Blank weist auf eine urchristlich verbreitete tempel- und kultkritische Tendenz hin (Mk 2,5b-10; 11,15-19parr; 12,33par Mt 9,13; 12,7; Mk 13,1-4parr; 14,22-25parr; 15,37f.par; Mt 12,6; Lk 4,19; Joh 4,21; Apg 2,38; Röm 3,25f.; Hebr 9): Nicht mehr der Tempel, sondern Jesus Christus ist der Ort der Anwesenheit Gottes und der Sühne der Sünden (54-91). Zur Sache vgl. auch R.E. BROWN, Community, 34ff., der die tempelkritische Theologie des Joh auf eine eigene judenchristliche Gruppe in der Geschichte der joh Gemeinde zurückführt.

[94] Vgl. ähnlich K. HAACKER, Stiftung, 39ff.; W. KRAUS, Tod, 223-229.262-271 (mit Blick auf Joh 1,14.17.29.36.51; 2,6.19-22; 4,21-23; 7,37-39; 19,36); W.R.G. LOADER,

(4) Ein weiterer kritischer Akzent ist im Blick auf das Verhältnis Jesus - Täufer gesetzt. Das Johannesevangelium spiegelt deutlich die Konkurrenz zur Täufergemeinde wider.[95] Der Täufer wird zum bloßen Zeugen Jesu Christi stilisiert (vgl. 1,6-8.15.19ff.; 3,28ff.; 5,33-35; 10,40-42). Eine irgendwie geartete Heilsfunktion kommt ihm nicht mehr zu. Geht man davon aus, daß Johannes die mk Täufertradition gekannt hat (s.o.), so wird er die dort verankerte Überlieferung von der durch das Wirken des Täufers vermittelten Sündenvergebung (Mk 1,4; Lk 3,3) bewußt verändert haben.[96] Johannes weist Jesus die Aufgabe des αἴρειν τὴν ἁμαρτίαν τοῦ κόσμου zu, um Mk 1,4 (βάπτισμα ... εἰς ἄφεσιν ἁμαρτιῶν) richtigzustellen. Nicht das Wirken des Täufers, sondern nur das Lamm Gottes vermag am Kreuz als Ort der Sühne Sünde zu vergeben. Der Evangelist übt offenbar

---

Law, 454f.489f., sowie treffend U. SCHNELLE, Komm., 66, zu Joh 2,13-22: „Für Johannes ist Jesus selbst der Ort der bleibenden Gegenwart Gottes (vgl. Joh. 10,38; 14,6.9f.) und damit der wahre Tempel. Mit dieser kult- und tempelkritischen Haltung knüpft der Evangelist an Joh. 2,6 an und bereitet zugleich die grundlegende Aussage über die Verehrung Gottes an heiligen Orten in Joh. 4,20-24 vor. Nicht mehr im Tempel aus Stein, sondern in Jesus Christus treffen Himmel und Erde aufeinander (Joh. 1,51), eröffnet sich der Zugang zum Vater." (Zu Joh 2,13-22 mit seiner staurozentrischen tempelkritischen Tendenz vgl. jetzt v.a. J. RAHNER, Tempel, 176-340, bes. 331ff., sowie J. FRÜHWALD-KÖNIG, Tempel, 67ff.) Zu bedenken sind auch Belege wie Joh 8,12; 9,5. Wenn Jesus sich während des Laubhüttenfestes (7,1ff.) als „Licht der Welt" bezeichnet, dann ist an den Brauch erinnert, die Stadt während des Festes vom Tempel her hell zu erleuchten (STR.-BILL. II, 806f.). „Dann stellt Jesus sich als das wahre Licht dar, das die Nacht der Welt hellmacht und so das Festgeschehen im Tempel eschatologisch ersetzt (vgl. 2,19-22; 4,23-26)" (U. WILCKENS, Komm., 141).

[95] Vgl. K. BACKHAUS, Täuferkreise, 16-44; D.W. BALDENSPERGER, Prolog, 141f. u.ö.; J. BLANK, Komm. 1a, 118ff.; R.E. BROWN, Community, 69-71; R. BULTMANN, Komm., 4f. u.ö.; O. CULLMANN, Kreis, 17.35f. u.ö.; E. KÄSEMANN, Aufbau, 155-181; H. LICHTENBERGER, Täufergemeinden, 36-57; R. SCHNACKENBURG, Evangelium, 21-38; U. SCHNELLE, Einleitung, 541f.; ders., Komm., 8 u.ö.; M. STOWASSER, Johannes der Täufer, passim. - Anders J. ERNST, Johannes der Täufer, 186-216(212ff.); S.S. SMALLEY, John, 125-128, und W. WINK, John the Baptist, 105f. u.ö., für die die Täuferpolemik nur ein Nebenmotiv ist, das hinter der positiven Rolle des Täufers als des idealen Zeugen Jesu zurücksteht.

[96] So auch R.E. BROWN, Komm. I, 65; E.D. FREED, Jn 1,19-27, 1951; D.-A. KOCH, Täufer, 1978f. Anm. 48; G. RICHTER, Frage, 297ff.; M. STOWASSER, Johannes der Täufer, 128f.142; M. THEOBALD, Fleischwerdung, 276. G. RICHTER erkennt die täuferkritische Funktion von 1,29 bereits als Anliegen der vorevangelistischen Grundschrift. Mit der Lamm-Gottes-Prädikation erhebe der Verf. der Grundschrift Kritik am messianischen Charakter der Johannestaufe und der mit ihr beanspruchten Sündenvergebung (305.312). Die Lamm-Gottes-Aussage von Joh 1,29 ist aber gänzlich dem Evangelisten zuzuweisen (s.o.).

„Polemik gegen ein soteriologisches Verständnis der Johannestaufe"[97], indem er sie zu einer bloßen Wassertaufe reduziert (1,26.33). Man hat hier einen ähnlichen Vorgang zu beobachten wie bei der Rezeption des Täuferzeugnisses durch Matthäus, der das Motiv der Sündenvergebung von dem Wirken des Täufers abgetrennt (vgl. Mt 3,2) und in die christologisch geprägte Abendmahlstradition versetzt hat (Mt 26,28).[98]

Diese Beobachtungen zeigen, daß der Evangelist 1,29.36 konsequent vom Kreuz her verstanden wissen will.[99] Verweist der Anfang des Weges Jesu in dieser Weise zugleich auf sein Ende hin, dann dürfte es berechtigt erscheinen, Joh 1,29.36 als *programmatische Leitthese* der Christologie des Evangelisten zu verstehen.[100] Daß diese Annahme auch inhaltlich zu stützen ist, sollen die folgenden Überlegungen zur Konfrontation Gottes mit der Welt durch das Gotteslamm zeigen (vgl. Teil 4.3.3.).

Die kreuzestheologische Interpretation von Joh 1,29 wird m.E. in Frage gestellt, wenn man wie M. Hasitschka die Lamm-Gottes-Aussage ausschließlich von der Taufszene in 1,32f. her interpretiert.[101] Der Verf. arbeitet eine parallele Beziehung zwischen 1,29 und 1,32f. heraus. Formale Analogien (Stellung zu Beginn des Abschnittes; Partizipialkonstruktion 1,29.33) veranlassen ihn, den Begriff „Lamm Gottes" mit der Geisterfülltheit Jesu (V32) und das αἴρειν τὴν ἁμαρτίαν τοῦ κόσμου durch das Gotteslamm mit der Geisttaufe durch Jesus (V33d) zu verbinden. „Wenn Jesus die Sünde hinwegnimmt, so geschieht dies in Verbindung damit, daß er den Menschen hineinnimmt in den Bereich ... des Geistes und damit in eine neue Beziehung zu Gott."[102] Der Verf. sieht den für die Pneumatologie des Johannes wesentlichen Zusammenhang, der durch die

---

[97] M. THEOBALD, ebd. Beachte auch die Bemerkungen zur Konkurrenzsituation hinsichtlich der Tauftätigkeit Jesu und des Täufers (Joh 3,26; 4,1).

[98] Vgl. M. STOWASSER, Johannes der Täufer, 128f.142.

[99] Wenig wahrscheinlich ist daher die Deutung von G. RÖHSER, Sünde, 63-65, der Joh 1,29 auf die fortdauernde Fürbitte Christi, durch die die Sünde der Menschen aus der Welt geschafft wird, deutet (vgl. 1.Joh 2,1). Der Verf. beachtet nicht den passionsorientierten Kontext der Aussage (Passathematik). Die Fürbitte des erhöhten (!) Christus gehört in einen anderen Vorstellungsbereich (vgl. Röm 8,34; Hebr 7,25; 9,24).

[100] Vgl. auch ähnlich TH. KNÖPPLER, a.a.O., 67, im Blick auf das Lamm-Gottes-Zeugnis in 1,29.36: „Abgesehen vom Prolog und dem Zitat aus Jes 40,3 in V.23 (κύριος) ist dies der erste christologische Titel im Joh und somit gleichsam das *Eingangstor zum joh Verständnis Christi*" (Hervorhebung R.M.). Vgl. auch M. HENGEL, Frage, 191 Anm. 114, der 1,29.36 als „richtungsweisenden 'Introitus'" versteht. M. HASITSCHKA, Befreiung, 15, bestimmt Joh 1,29 zu Recht als „Schlüsseltext für das johanneische Verständnis der Befreiung von Sünde". Dem Vers kommt inhaltlich und kontextuell eine Leitfunktion im joh Sündenverständnis zu. Anders urteilt E. HAENCHEN, Komm., 166f., der die Rede vom Wegtragen der Sünde der Welt bzw. die Rede von der „Sünde" überhaupt für unjohanneisch hält (s. a.a.O., 493f.).

[101] M. HASITSCHKA, Befreiung., 36ff.

[102] A.a.O., 42. Ähnlich deuten S. LYONNET/(L. SABOURIN), Sin, 39-41; S.J. NORTJÉ, Lamb, 147, und A. STIMPFLE, Rein, 115, den Zusammenhang von Joh 1,29.33.

Geistaussagen des Täuferzeugnisses 1,29-34 und durch die übrigen Geistaussagen des Evangeliums hergestellt ist.[103] Jedoch ist das Verhältnis von 1,29 zu 1,32f. stärker zu differenzieren. Jesu Geisttaufe bezieht sich nur auf die Jesus nachfolgende und ihm glaubende Jüngerschar und die darin transparent werdende nachösterliche Gemeinde (20,22 und die 5 Parakletsprüche), nicht aber auf die (sündige) Welt an sich (1,29). Insofern können die Aussagen zur Sündenvergebung der Welt und zur Geisttaufe durch Jesus nicht ohne Vorbehalt identifiziert werden.[104] Während 1,29 sich auf das im Kreuz ergangene rechtskräftige *Urteil* der Vergebung der Sünde der *Welt* bezieht, ist die in 1,33d angedeutete Geisttaufe die nach Erhöhung und Verherrlichung Jesu den *Glaubenden* mitgeteilte *Heilsgabe* (vgl. 3,34b; 6,62f.; 7,39; 14,16f.25f.; 15,26f.; 16,7.12-15; 19,34; 20,22f.),[105] die sich in nachösterlicher Gegenwart als der in den Abschiedsreden angekündigte Paraklet wirksam erweist.[106] Den Geist empfangen nur die an Jesus Glaubenden (vgl. 3,34-36; 6,62-64; 7,38f.), die „von neuem" bzw. „von oben" geboren werden (3,3-8) und sich zur Gottessohnschaft Jesu bekennen können (wie der Täufer 1,34; vgl. 1,49; 20,31), nicht aber die (sündige) Welt, deren Sünde das Lamm am Kreuz fortträgt (1,29). Insofern sind die Aussagen vom Geisttäufer (1,33d) und von dem die Sünde forttragenden Lamm zwar formal parallel, aufgrund verschiedener Zielrichtung des Heilswerkes Jesu (Welt, Glaubende) aber zu unterscheiden. - Auch die Beziehung des Lamm-Gottes-Titels zur Geisterfülltheit Jesu bedarf der Differenzierung. Während der Lamm-Gottes-Titel hinsichtlich seiner passatheologischen Deutung (s.u.) pointiert mit dem *Kreuz* in Verbindung steht (18,28; 19,14.31-37), richtet die in V32f. genannte Äußerung des Bleibens (!) des Geistes auf Jesus den Blick auf die seit Ewigkeit her und in dem weiteren Wirken des Gottessohnes präsente Einheit mit Gott.[107] Das sich am Kreuz voll-

---

[103] Der Verf. bietet allerdings nur Andeutungen im Blick auf das gesamte, vom Geist Gottes geprägte Wirken Jesu. Zu einer präzisen Bestimmung des Verhältnisses der Geistaussagen des Täuferzeugnisses zu den übrigen Geistaussagen des Evangeliums (3,3-8.34; 4,23f.; 6,63; 7,37-39; 14,16f.26; 15,26; 16,7-11.13-15; 19,30.34; 20,22) kommt es nicht. Vgl. dazu G.M. BURGE, Anointed Community, passim; J. GNILKA, Theologie, 286-294; F. PORSCH, Pneuma, passim, und jetzt H.-C. KAMMLER, Geistparaklet, 87-190.

[104] Der Zusammenhang von Geistmitteilung und Sündenvergebung ist im Blick auf das ekklesiologische Auftragswort von 20,22.23 extra zu bedenken. Dieser durch Sündenvergebung und Geistmitteilung erkennbare Zusammenhang hat für die Aufgabe der Fortsetzung des Heilswerkes Jesu durch die Jünger Bedeutung (s. Teil 8).

[105] Zu dieser auch Joh 3,34b und 6,63 einschließenden Auslegung, in der der Gottessohn als Spender des Geistes erscheint, vgl. H.-C. KAMMLER, Geistparaklet, 87-190.

[106] Vgl. dazu F. PORSCH, Pneuma, 375-377.

[107] H.-C. KAMMLER, Geistparaklet, 155-169, hat überzeugend nachgewiesen, daß das Täuferzeugnis vom Herabkommen und Bleiben des Gottesgeistes auf Jesus (V32f.) nicht im Sinn einer mit der Taufe beginnenden Adoption zum Messias zu verstehen ist. Vielmehr dient die Aussage von V32 als Erkennungs- und Identifikationszeichen für den Täufer, daß Jesus als Sohn Gottes (V34) ursprunghaft und wesenhaft, d.h. präexistent als der in Einheit mit Gott stehende Sohn den Geist Gottes trägt. Aus diesem Grund wird die Taufe Jesu (im Unterschied zu den Synoptikern) nicht erwähnt. Ein adoptianisches (Miß)Verständnis der Taufe, wonach Jesus erst im Augenblick des Geistempfanges zum messianischen Geistträger wird, widerspricht „den Grunddaten der johanneischen Christologie", nach der Jesus als Sohn Gottes von Ewigkeit her in Einheit mit Gott wirkt (156). Ähnlich beurteilt M. THEOBALD, Fleischwerdung, 272-282 401-421, die Tendenz

endende Wirken Jesu hebt dagegen nicht auf die Geisterfülltheit Jesu - wenngleich diese implizit vorausgesetzt ist -, sondern auf die Mitteilung des Geistes ab (1,33d; 3,34b; 6,62f.; 7,39; 14,16f.25f.; 15,26f.; 16,7-11.12-15; 19,34; 20,22). Die in V29 und V32f. genannten Vorgänge beziehen sich demnach nicht in gleicher Weise auf das gesamte Leben und Wirken Jesu,[108] sondern differenzieren die Momente, die mit (präexistentem) Beginn und weiterer Wirksamkeit des in Einheit mit Gott stehenden Gottessohnes (V32f.:Geisterfülltheit), mit dem Kreuz als Ort der Sühne (V29) und der Erhöhung des Gottessohnes als Voraussetzung der Geistgabe (ὁ βαπτίζων[109] κτλ. V33d) angesprochen werden.[110] Im ersten Zeugnis des Täufers über Jesus werden demnach Anfang und Ende des Wirkens Jesu (voraus) bezeugt. Paradigmatisch wird darin die ewige und öffentliche Jesusgeschichte in nuce vorabgebildet. Die Aussage über das die Sünde der Welt forttragende Lamm Gottes steht zwar in Verbindung mit den Aussagen über die Geisterfülltheit Jesu und die Geistmitteilung durch ihn, denn das Kreuz gilt als Voraussetzung für das Wirksamwerden des Geistes; das eigenständige Gewicht der *ersten* Aussage des Täufers über Jesus in 1,29 muß jedoch selbständig im Kontext der joh Passionstheologie bedacht werden. Sie läßt sich aus der Taufszene nicht begründen.[111] Zeitlich gesehen liegt das in Joh 1,29 angesprochene Ereignis (Kreuz) zwischen der in 1,32f. genannten Geisterfülltheit Jesu und der Geistmitteilung durch den am Kreuz Verherrlichten. Die Aussagen von 1,29 und 1,32f. liegen daher nicht auf der gleichen Ebene. Sie benennen komplementäre Aspekte der joh Christologie.

---

des Täuferzeugnisses. Er schlußfolgert weiter, daß die durch Joh 1,29-34 herausgestellte Präexistenz der Gottessohnschaft Jesu als Polemik gegen eine dualistische Taufchristologie, die das Pneuma, d.h. den himmlischen Christus, erst durch die Taufe mit Jesus verbunden sein läßt, aufzufassen ist. In gleicher Weise polemisch ist die Argumentation im Blick auf das in 1,29 gedeutete Ende des Wirkens Jesu: Das Pneuma hat Jesus nicht vor seinem Tod wieder verlassen, sondern erst und gerade durch seinen *Tod* hat Jesus, dem das Pneuma von Ewigkeit her *bleibend* zukommt (1,32f.), die Welt von der Sünde befreit!

[108] So M. HASITSCHKA, a.a.O., 53f.

[109] Das atemporale Partizip Präsenz ist von 7,39; 15,26; 16,7; 19,34.37; 20,22 her zu verstehen und hat demzufolge *futurischen* Sinn. Es verweist auf die Zeit nach der Verherrlichung Jesu.

[110] Worte wie Joh 3,34 und 6,63 bringen das Wirken des Geistes mit dem Wirken des (irdischen) Jesus in Verbindung. „Doch folgt aus 6,63b nicht notwendigerweise, daß es - im Gegensatz zur Aussage in 7,39 - schon 'Pneuma gab'. Zwar trugen die Worte Jesu schon damals die Kraft des Pneuma in sich, genauso wie es damals auch schon Pneuma gab; aber es wurde als solches (in seiner besonderen Wirkung) noch nicht erfahren, es hat, wie H. Schlier formuliert, 'noch nicht selbst diese Worte aufgeschlossen'. Dies wird auch durch die Beziehung zu V.62 nahegelegt, der mit seinem Hinweis auf das 'Aufsteigen des Menschensohnes' die Verbindung zu den anderen Aussagen herstellt, in denen die Verherrlichung Jesu Vorbedingung der Geistgabe ist" (F. PORSCH, a.a.O., 209). Zur Auslegung von Joh 3,34 und 6,63 vgl. jetzt auch H.-C. KAMMLER, Geistparaklet, 170-181, der beide Stellen von 1,33d her versteht (ὁ βαπτίζων ἐν πνεύματι ἁγίῳ).

[111] Vgl. ähnlich R. SCHNACKENBURG, Person, 307f.: Die Aussagen über die Präexistenz Jesu (1,30) und die stellvertretende Sühne (1,29) sind nicht in der Taufszene begründet. Sie „überschreiten das, was sich aus der Anschauung des auf Jesus herabkommenden Geistes gewinnen ließ" (308).

4.3.3. Die Konfrontation von Gott und Welt

Die beiden Genitive ὁ ἀμνὸς τοῦ θεοῦ und ἡ ἀμαρτία τοῦ κόσμου stehen parallel zueinander. Die Parallelität bezieht sich aber nicht auf die gleiche Wesensart, sondern auf den Ort der Begegnung. Das Lamm begegnet der Sünde, um sie zu beseitigen. In diesem Verhältnis wird vom Lamm die Aktivität ausgesagt. Gleichzeitig begegnen sich Gott und Welt, wobei die Begegnung von Gott ausgeht: „er macht sich in der Person Jesu und in Gestalt eines ἀμνός auf den Weg zum κόσμος, um seine ἀμαρτία zu beseitigen (αἴρειν)."[112] Diese Aktivität Gottes ist in der Absicht der Rettung der Welt begründet (3,16f.; 4,42; 6,51c; 12,47). Die Sünde kann also nicht die Motivation, sondern nur der (äußere) Anlaß des Handelns Gottes sein. Das (innere) Motiv für das Handeln Gottes ist die Liebe zur Welt (3,16), um ihr die in der Sünde verwirkte ζωή mitzuteilen (3,16f.; 6,33.51c; vgl. 1.Joh 2,2; 4,14). Dieses Handeln Gottes ist von der Voraussetzung getragen, daß der unter die Sünde versklavte Kosmos (vgl. 8,21.24.34) nicht so bleiben kann, wie er bisher war. Wenn die Sünde dem Tod ausliefert (8,21.24) und Jesus zur Rettung der Welt gekommen ist (3,16f.; 4,42; 6,51c; 12,47; vgl. 1.Joh 2,2; 4,14), muß die Sünde beseitigt werden, damit die ζωή der Welt zugute kommt. Der Ort, an dem die Sünde der Welt und die ζωή Gottes aufeinandertreffen, ist das Kreuz (s.o.). Am Kreuz wird der gottferne Kosmos mit dem auf die ζωή abzielenden Gott konfrontiert. Die Konfrontation ereignet sich so, daß dem Kosmos die Sünde als seine widergöttliche Existenz[113] genommen und die ζωή als die Gott entsprechende Existenz gewährt wird (3,16; 6,33.51c; 1.Joh 2,2; 4,14). Dieses Geschehen umschreibt den Sachverhalt der *Sühne*, die durch den Opfertod des Gotteslammes zugunsten der Welt geschieht (s.o.). Mit der *Beseitigung* der Sünde wird das Leben für die Welt erwirkt (vgl. Joh 6,51; 1.Joh 2,2; 3,5). Insofern geht die am Kreuz geschehene Konfrontation von Gott und Welt *heilsam für die Welt*, jedoch vernichtend für die Sünde aus.[114]

Die Bedeutung des Kreuzes bei Johannes ist nach wie vor umstritten. Vielfach wird erkannt, daß Johannes Kreuz und Tod Jesu zentrale Bedeutung beigemessen hat. Der

---

[112] TH. KNÖPPLER, Theologia crucis, 81.

[113] Dabei ist mit U. SCHNELLE, Neutestamentliche Anthropologie, 153, zu bedenken: „Nicht der Kosmos an sich wird negativ bewertet, sondern der Unglaube macht den Kosmos zur widergöttlichen Welt (vgl. Joh 16,9; 1,10; 7,7; 8,23; 9,39; 14,17)."

[114] Sünde und Welt begegnen nach joh Verständnis faktisch zwar nicht getrennt voneinander. Dennoch müssen sie voneinander unterschieden werden, da die Welt trotz der Sünde weiterhin das Ziel der Liebe Gottes bleibt (vgl. Joh 3,16f., 12,46f.).

Evangelist entfaltet eine theologia crucis.[115] Andere bestreiten im Gefolge von E. Käsemann, daß Johannes dem Kreuz Heilsbedeutung zubemessen hat und verweisen auf die Bedeutung der Sendungs-, Erhöhungs- und Herrlichkeitschristologie.[116] U.B. Müller[117] hat diese Position jetzt wieder neu belebt. Seiner Meinung nach sind Inkarnation und Kreuz nur Durchgangsstadien der Sendung von Gott und der Rückkehr zu Gott. Der Tod Jesu hat in diesem Prozeß keine Eigenbedeutung (etwa als Sühne für die Sünden), sondern dient nur der Bestätigung der Sendung Jesu durch Gott.[118] Johannes entfaltet eine (dualistische) Gesandtenchristologie, keine Kreuzestheologie. Diese Position verkennt aber zum einen, daß Johannes Gesandten- und Kreuzestheologie nicht gegeneinander ausspielt. Sie gehören engstens zusammen (vgl. 3,13.14; 6,51a.c.56-58; 8,28.29). Das Kreuz ist nicht nur Voraussetzung für die Heilswirksamkeit des (zur Rechten Gottes) Erhöhten, sondern ist selbst heilswirksam (1,29; 10,14f.17f.; 11,51f.; 12,24.31-33; 13,6-11; 19,34). Dies kann man nur bestreiten, wenn man all den genannten Belegen den entsprechenden Bezug auf das Heil des Kreuzes abspricht, wie es Müller tut.[119] Zum anderen läßt sich diese Position nur auf Kosten einer Ausgrenzung der joh Aussagen vom stellvertretenden Sühnetod Jesu halten. Ihnen wird entweder der Sühnegedanke abgesprochen (wie im Fall von 10,1-18; 11,51f.), oder sie werden einer sekundären Redaktion, die eine „Anpassung an dominante frühchristliche Traditionen" vornimmt, zugewiesen (wie im Fall von 1,29; 6,51c; 17,19).[120] Jedoch: Daß die Stellvertretungs- und Sühneaussagen konstitutiv zum johanneischen Denken gehören, ist bereits festgehalten worden (s.o.). Im Kontext dieser Aussagen, der theologisch relevanten Hinweise auf die Passafeste[121] sowie der theologischen Interpretation der Kreuzigung Jesu im Lichte des Passageschehens (18,28; 19,14.31-37) steht Joh 1,29 durchaus nicht so isoliert da, wie Müller meint.[122] Die Stelle hat vielmehr eine programmatische Funktion im Blick auf die Deutung der Heilswirksamkeit des Kreuzes für die Welt.

Während Müller für 1,29 - wenn auch nur redaktionell - den Bezug auf den stellvertretenden Sühnetod voraussetzt, ist dies u.a. von M.-É. Boismard bestritten wor-

---

[115] So G. BORNKAMM, Interpretation, 113; P. BÜHLER, Johannes, 191-207; R.T. FORTNA, The Fourth Gospel, 274-283; F. HAHN, Hirtenrede, 199f.; W. KLAIBER, Aufgabe, 311ff. (zurückhaltend); TH. KNÖPPLER, Theologia crucis, passim; H. KOHLER, Kreuz, passim; H.K. NIELSEN, Understanding, 232-254; G.R. O'DAY, Revelation, 111; J. RAHNER, Tempel, 52-72.110-117; U. SCHNELLE, Antidoketische Christologie, 189-192.256 u.ö.; ders., Tempelreinigung, 366f.; ders., Komm., 22f.; ders., Blick, 34f.; S.S. SMALLEY, John, 223-226; M.M. THOMPSON, Humanity, 87-115; H. THYEN, Liebe, 467-481; H. WEDER, Asymmetrie, 452ff.; K. WENGST, Bedrängte Gemeinde, 199-219; U. WILCKENS, Christus traditus, 363-383; ders., Komm., 338ff.

[116] J. BECKER, Komm. II, 468-474.484-494; E. KÄSEMANN, Wille, passim; U. LUZ, Theologia crucis, 140; U.B. MÜLLER, Bedeutung, 49-71; ders., Eigentümlichkeit, 24-55; S. SCHULZ, Komm., 236-238. Neuerdings spricht auch K. BERGER, Anfang, 225-243, dem Kreuzestod Jesu bei Johannes mit Verweis auf das Siegesmotiv eine Heilsbedeutung ab.

[117] Ders., Eigentümlichkeit, 24-55.

[118] A.a.O., 39f. u.ö.

[119] A.a.O., 40-52. Zur Kritik an MÜLLER vgl. ähnlich U. SCHNELLE, Komm., 75 Anm. 83; ders., Blick, 34f.

[120] A.a.O., 48-52 (Zitat 55).

[121] Vgl. TH. KNÖPPLER, Theologia crucis, 116-121.

[122] A.a.O., 52.

den.[123] Für ihn ist das Gotteslamm ursprünglich der Gottesknecht, der den Menschen die Macht verleiht, nicht mehr zu sündigen. Der Gottesknecht, der selbst Inhaber des Heiligen Geistes ist, erfüllt die Menschen mit dem Heiligen Geist, so daß sie die Fähigkeit erlangen, nicht mehr zu sündigen. Boismard beruft sich dabei auf 1.Joh 3,5. Jedoch ist die Argumentation nicht überzeugend. 1.Joh 3,5 spielt deutlich auf die einmalige Erlösungstat Christi an, an der die Welt Anteil bekommt (vgl. 2,2). Die Deutung auf den Gottesknecht in Joh 1,29 ist wenig wahrscheinlich (s.u.). Um eine (subjektive) Fähigkeit des Menschen, nicht mehr zu sündigen, geht es Johannes nicht, sondern um das über die Welt gesprochene objektive Rechtsurteil Gottes zur *Befreiung* der *Welt* von der Sünde. R. Schnackenburg wendet daher zu Recht gegen Boismard ein: „Das Gotteslamm beseitigt nicht die Sünde *in* der Welt (so Boismard 51), sondern die Sünde *der* Welt, d.h. der ganzen Menschheit, und das ist kaum ohne den Blick auf das Kreuz zu verstehen."[124]

Die oben (Teil 4.3.2.) genannten Beobachtungen zum Bezug von 1,29.36 auf das Kreuz lassen eine weitere Schlußfolgerung zu. Wenn sich Gott und sündige Welt am Kreuz begegnen, und zwar so, daß die Sünde beseitigt wird, dann wird durch das Kreuz die Sünde auch erst in ihrem (Un)Wesen manifest und offenbar. Ohne die Begegnung Gottes mit der Welt durch das Gotteslamm ist die Sünde der Welt nicht verifizierbar (vgl. zu 15,22.24).[125] Sie ist „Sünde" im definitiven Sinn des Wortes nur als *offenbarte Sünde*. Da diese Offenbarung aber am Kreuz geschieht - dem Ort der Beseitigung der Sünde -, ist die Sünde als offenbarte Sünde nur benennbar als *zugleich beseitigte* Sünde. Nur als beseitigte ist Sünde offenbar, und nur als offenbarte Sünde ist sie zugleich beseitigt - ohne Rechtsanspruch auf die von Gott geliebte Welt (3,16). Die Sünde ist am Kreuz ein Phänomen der *Vergangenheit*. Sie ist nur als beseitigte, besiegte und überwundene zugleich auch als Sünde erkennbar, benennbar und verifizierbar. Insofern wird am *Anfang* (1,29.36) und am *Ende* des Lebensweges Jesu (= Kreuz) von der Sünde, ihrer Offenbarung und ihrer Beseitigung gesprochen (vgl. auch 20,23 im Blick auf das Heilswerk der Jünger). Hier bestätigt sich die für die joh Soteriologie wichtige Erkenntnis einer *programmatischen Leitthese* von Joh 1,29.36 (s.o.).[126]

---

[123] M.-É. BOISMARD, Baptême, 47-60.

[124] R. SCHNACKENBURG, Komm. I, 285.

[125] Ähnlich auch M. HASITSCHKA, Befreiung, 166-168.

[126] Vgl. auch TH. KNÖPPLER, a.a.O., 101: „Tatsache ist ..., daß die gesamte Spanne des bei Joh erzählten Lebens des irdischen Jesus sühnetheologisch bestimmt ist; denn in den berichteten Eckdaten dieses Lebens, bei seinem ersten öffentlichen Auftreten in 1,29 wie auch bei der Feststellung seines bereits eingetretenen Todes in 19,33ff, findet sich die erste und die letzte Sühneaussage im Text des vierten Evangeliums. Der ganze Weg des joh Jesus ist somit als Kreuzesweg dargestellt, den Jesus unter dem Vorzeichen seines ihm als Passalamm bevorstehenden Sühnetodes beschreitet."

Der mit der am Kreuz erfolgten Konfrontation von Gott und Welt genannte Aspekt läßt eine weitere Schlußfolgerung zu, die besonders im Blick auf den *forensisch* klingenden Parakletspruch 16,8-11 noch zu bedenken sein wird und darum hier nur kurz anzudeuten ist:[127] Die Konfrontation erweist sich als das *Gericht Gottes*, in dem *Recht* und *Unrecht* aufeinandertreffen. Am Kreuz werden das Recht des Offenbarers und das Unrecht der Welt offenbar. Indem dem Sohn von Gott her das Recht im Prozeß Gottes mit der Welt zukommt, seine Rechtfertigung (16,10), die die Bestätigung seines definitiven Sieges im Prozeß mit der Welt enthält (16,33), wird die Welt ins Unrecht gesetzt und mit ihrer im Unglauben verwirklichten Sünde gerichtet (16,9.11).[128] Die für diesen Prozeß konstitutiven Faktoren: Gott, Jesus (Lamm), Sünde und Welt, die in 1,29 nur schlagwortartig begegnen, weisen von diesem Anfang her bereits auf den in 16,8-11 verdeutlichten und auch in den anderen „Sünden"-relevanten Stellen Kap. 8; 9,39-41; 15,22-24; 19,11; 20,23 implizit oder explizit enthaltenen Rechtsstreit des Offenbarers mit der Welt voraus.

4.4. ὁ ἀμνὸς τοῦ θεοῦ = das Passalamm

Die vorangehenden Ausführungen gingen davon aus, daß mit dem Lamm Gottes in Joh 1,29.36 das Passalamm gemeint ist. Diese Deutung ist jedoch nicht unumstritten. Insofern muß sie eigens begründet werden. Da für Johannes der Zusammenhang von Passa(fest) und Passion konstitutiv für das Verständnis der Christologie ist (s.u.), ist die Frage nach dem Verständnis des in 1,29.36 genannten Lammes von eminenter Bedeutung. Im folgenden werde ich mich auf die Ausführungen von *M. Hasitschka*[129] beziehen, insofern er die Frage in extensiver Weise bedacht hat und zu einem der unsrigen Lösung verschiedenen Ergebnis kommt. Der Verf. hat die unterschiedlichen Deutungsmöglichkeiten der Aussage „Lamm Gottes" breit diskutiert (Passalamm, Gottesknecht Jes 53, Aqedah Isaaks, Tamidopfer, apokalyptisches Lamm als Symbol des Messias).[130] Die Beziehun-

---

[127] Vgl. Teil 6.7.

[128] Hierbei sind zunächst Welt und Sünde in einem Zug genannt, da sie de facto ungetrennt vorkommen. Wie oben verdeutlicht, werden in der Begegnung Gottes und der Welt durch das Gotteslamm jedoch Welt und Sünde unterschieden, insofern das Gericht Gottes für die Welt heilsam, für die Sünde aber vernichtend ausgeht.

[129] Ders., Befreiung.

[130] A.a.O., 54-109. Vgl. auch R.E. BROWN, Komm. I, 58-65; C.H. DODD, Interpretation, 230-238; X. LÉON-DUFOUR, Komm. I, 170-174; H. RIDDERBOS, Komm., 70-72;

gen auf die Aqedah Isaaks, das Passalamm und das messianische Lamm
der jüdischen Apokalyptik werden explizit zurückgewiesen.[131] Der Verf.
geht davon aus, daß das Bild vom Lamm „'natürliche' Symbolkraft" besitzt
und den Gedanken „der Macht- und Wehrlosigkeit" assoziiert.[132] Dabei sei
an den Gottesknecht aus Jes 53 zu denken. Im einzelnen wird sich jedoch
zeigen, daß die Begründungen, die für einen Bezug auf den Gottesknecht

---

TH. MÜLLER, Heilsgeschehen, 41ff.; S.J. NORTJÉ, Lamb, 141-143; R. SCHNACKENBURG,
Person, 309-312.

[131] In der Regel konzentriert sich in der Forschung die Diskussion auf die beiden
Möglichkeiten: Gottesknecht oder Passalamm. Für den Bezug auf das Passalamm plädieren u.a. G. BARTH, Tod, 49.145f.; M. BARTH, Juden, 54-56; R.E. BROWN, Death,
847.1077f.1185f. 1371-1373; M. DAVIES, Rhetoric, 234; J.D.M. DERRETT, Victim, 149;
L. GOPPELT, Typos, 227-230; J.K. HOWARD, Passover, 330-333; G. KEIL, Komm., 39
Anm. 33; TH. KNÖPPLER, a.a.O., 82-88; W. KRAUS, Tod, 265f.; E. LOHSE, Märtyrer,
144; M. MYLLYKOSKI, Tage II, 37f.; H.K. NIELSEN, Understanding, 250-253; S.
PANCARO, Law, 344-350; (zurückhaltend) L. SCHENKE, Komm., 44; W. SCHMITHALS,
Johannesevangelium, 305f.; D. SENIOR, Passion, 33; M.W.G. STIBBE, John, 115; K.
WENGST, Bedrängte Gemeinde, 200-203; W. WILKENS, Zeichen, 76f. Gegen den Bezug
auf das Passalamm votieren z.B. J. ASHTON, Understanding, 491; K. BERGER, Anfang,
227ff.; M.-É BOISMARD, Baptême, 56-60; C.H. DODD, Interpretation, 234f.; A. DAUER,
Passionsgeschichte, 137-143; G. FRIEDRICH, Verkündigung, 50f.; A.T. HANSON, Gospel,
33; S.J. NORTJÉ, Lamb, 143f.; H. RIDDERBOS, Komm., 71f.; S. SCHULZ, Komm., 38; M.
STOWASSER, Johannes der Täufer, 100-109; P. STUHLMACHER, Lamm Gottes, 529-
531.538-541. Mit einer Verbindung beider Vorstellungskomplexe bei Johannes, wie sie
bereits bei Justin, Dial. 111,3, und Melito von Sardes, Vom Passa, Nr. 31-34, vorliegt,
rechnen z.B. C.K. BARRETT, Komm., 201f.; ders., Lamb, 210-218; J.H. BERNARD,
Komm., 43-46; O. BETZ, Art. Kreuz/Kreuzigung. Theologisch, GBL III, 1312; ders., Art.
Passa, GBL IV, 1750; J. BLANK, Johannespassion, 159f.; ders., Komm. 1a, 131ff.; R.E.
BROWN, Komm. I, 58-65; G.L. CAREY, Lamb, 97-122; J.T. FORESTELL, Word, 157-166;
J. GNILKA, Christologie, 106; ders., Komm., 18f.; ders., Theologie, 268; F.
GRYGLEWICZ, Lamm, 133-146; M. HENGEL, Frage, 191; ders., Schriftauslegung, 271;
E.C. HOSKYNS, Komm., 176; W.F. HOWARD, Christianity, 100-102; H. HÜBNER, Theologie III, 159f.; J. JEREMIAS, Art. ἀμνός κτλ., ThWNT I, 342-344; G. KITTEL, Sühnopfer Christi, 309f.; B. LINDARS, Gospel, 108-110; G. REIM, Studien, 176-179; (S.
LYONNET/)L. SABOURIN, Sin, 261ff.; R. SCHNACKENBURG, Komm. I, 288; U. SCHNELLE,
Komm., 49f.; M.W.G. STIBBE, Komm., 35; A. WEISER, Theologie II, 195f., und U.
WILCKENS, Christus traditus, 367f. Mit dem Einfluß verschiedener alttestamentlicher
Traditionen rechnen G.R. BEASLEY-MURRAY, John, 24f.; J. BEUTLER, Heilsbedeutung,
192; J. BOGART, Perfectionism, 52; R. BULTMANN, Komm., 66f.; F.M. BRAUN, Jean II,
69-86; D.A. CARSON, Gospel, 148-151; W.D. CHAMBERLAIN, Need, 160; B.H. GRIGSBY,
Cross, 54.60; E. HAENCHEN, Komm., 170; L. MORRIS, Gospel, 126-130; K.H.
SCHELKLE, Theologie II, 124; R. SCHNACKENBURG, Person, 309-312; U. WILCKENS,
Komm., 40f. Auf das Ganze der rituellen Praxis der Versöhnungs- und Gemeinschaftsopfer verweisen X. LÉON-DUFOUR, Komm. I, 174f., und F.J. MOLONEY, Komm., 59.

[132] M. HASITSCHKA, a.a.O., 54.

von Jes 53 weisen, nicht stichhaltig sind. Auch die Argumente gegen die Bezugnahme auf das Passalamm können nicht überzeugen.

(1) Zunächst wendet sich der Verf. dem Kontext 1,29-34 zu.[133] Die Szene hat eine kunstvolle literarische Struktur, in der die zwei Abschnitte 1,29-31.32-34 in Entsprechung und Parallelität zueinander stehen.[134] In Joh 1,29 erkennt der Verf. wie in 1,14 (Fleischwerdung des Logos) und 1,26f. („Verborgenheit Jesu") eine Aussage zur Niedrigkeit Jesu.[135] Alle drei Momente (Fleischwerdung, „Verborgenheit" und Lamm Gottes) subsumiert der Verf. unter dem an Jes 53 orientierten Bild vom leidenden Gottesknecht, der „geduldig Ablehnung, Unrecht und Gewalt erträgt und freiwillig das Leid auf sich nimmt."[136] An dieser Stelle wird die Problematik einfacher Parallelisierung deutlich. Es fällt schwer, die Inkarnation des Logos (1,14) und seine bisherige „Verborgenheit" unter der jüdischen Gesandtschaft (und) in Israel (1,26fin; vgl. V31) mit dem an Jes 53 orientierten Leitbild des leidenden Gottesknechtes in Verbindung zu bringen. Während das Lamm vom alttestamentlichen Hintergrund her in der Tat Begriffe wie Wehrlosigkeit, Leid und Tod assoziieren kann, ist das für den fleischgewordenen Logos und den bisher verkannten Messias (vgl. 1,41) nicht ohne weiteres der Fall. Joh 1,14 ist zwar eine kreuzestheologisch orientierte Niedrigkeitsaussage.[137] Von Wehrlosigkeit, Gewaltverzicht und freiwilliger Leidensaufnahme ist aber keine Rede. Es geht vielmehr darum, das gesamte irdische Wirken Jesu (einschließlich des Kreuzes) als Offenbarung der Doxa Gottes zu verstehen und damit das Verständnis des joh Jesus, so wie er im Folgenden des Evangeliums dargestellt wird, zu präjudizieren. Dabei „meint die Rede von der ἐνσάρκωσις des λόγος in 1,14a, daß derselbe ein sterblicher Mensch wird."[138] Der Hinweis auf die „Verborgenheit", die besser als Unkenntnis und Fremdheit Jesu unter der jüdischen Gesandtschaft (und) in Israel beschrieben wird (1,26fin; vgl. V31),[139] dient nicht dazu, das Kommen Jesu als Verzicht auf „überwälti-

---

[133] A.a.O., 15-52.

[134] A.a.O., 16-21; Übersicht, 17.

[135] A.a.O., 29ff.

[136] A.a.O., 30f.

[137] Vgl. dazu TH. KNÖPPLER, Theologia crucis, 27-38.50-52, der die Inkarnation in Joh 1,14 vom Kreuz her interpretiert.

[138] A.a.O., 269.

[139] Der von HASITSCHKA gewählte Begriff der „Verborgenheit" dürfte kaum das in 1,26fin Gemeinte zutreffend beschreiben. Jüdische Erwartungen, daß der Messias aus dem Verborgenen hervortritt (vgl. C.H. DODD, Tradition, 267-269; STR.-BILL. II, 488f.; IV, 766), spielen hier noch keine Rolle (vgl. aber 7,27). Es geht vielmehr um die fehlende Aufnahmebereitschaft der jüdischen Gesandtschaft gegenüber der Gottesoffenbarung,

genden Glanz und alle Demonstration göttlicher Machtfülle"[140] darzustellen, sondern die Bekanntmachung durch das Zeugnis des Täufers, der selbst den Messias bisher nicht kannte (vgl. 1,31a.33a), vorzubereiten (1,29ff.). Hinweise auf das Bild des leidenden Gottesknechtes nach Jes 53 sind jedoch nicht erkennbar. Joh 1,14 und 1,26fin deuten nicht auf Gewalt, Leid, Wehrlosigkeit und freiwillige Lebenshingabe[141] hin. Die durchaus zu Recht erkannten Verweise auf die Passion Jesu (vgl. 1,29 mit 19,5.14: korrespondierendes ἰδού bzw. ἴδε)[142] sind an sich auch von einer anderen passionstheologischen Konzeption wie der des Passalammes her verständlich und sprechen noch nicht für eine Deutung auf den leidenden Gottesknecht.

(2) Gegen den Bezug auf das Passalamm wendet der Verf. ein, daß die Angabe des Todestages Jesu am 14. Nisan gegenüber der synoptischen Chronologie vorzuziehen sei. Die Passionschronologie (18,28.39; 19,14. 31.42) habe Johannes nicht erst aufgrund der Passalamm-Typologie abgeändert, sondern sie sei ursprüngliche Überlieferung.[143] Abgesehen von der schwer zu klärenden Frage nach dem wirklichen Todesdatum Jesu,[144] verkennt dieses Argument die enge Verzahnung der vielfältigen Passa(fest)hinweise (2,13.23; 6,4; 11,55; 12,1; 13,1; 18,28.39; 19,14) mit der Passion Jesu. Der Evangelist hat Passalamm, Passa(feste) und den Tod Jesu (als Passalamm) am Rüsttag des Passafestes in bewußte Beziehung zueinander gesetzt. Die wiederholten Hinweise auf die Passafeste und die Reisen Jesu zum Passafest nach Jerusalem verdeutlichen, daß sein Weg dorthin führt, wo er sein Ende zu erwarten hat. Sie „dienen dazu, den Leser auf die Bedeutung des Todespassas hinzuweisen".[145] Dieses „Passa-

---

die in Jesus zur Geltung kommt. „Es ist nicht nur eine vorläufige Unbekanntschaft, sondern ein tieferes Fremdsein ... Das Wort in 1,26 hat eine gewisse polemische Schärfe und klingt nicht danach, als sollten die Pharisäer für Jesus gewonnen oder die 'Juden' für das christliche Messiasbild empfänglich gemacht werden" (R. SCHNACKENBURG, Komm. I, 282; vgl. ähnlich auch A. OTTILLINGER, Vorläufer, 106f.).

[140] M. HASITSCHKA, a.a.O., 32.

[141] Das Motiv der freiwilligen Lebenshingabe Jesu ist für das Verständnis der joh Christologie freilich konstitutiv. Es paßt jedoch nicht zum Verständnis des leidenden Gottesknechtes (s.u.).

[142] A.a.O., 32-34.

[143] Ähnlich C.H. DODD, Interpretation, 234; M. STOWASSER, Johannes der Täufer, 101.

[144] Zur Diskussion um den Todestag Jesu vgl. A. DAUER, Passionsgeschichte, 132-143; J. JEREMIAS, Abendmahlsworte, 73ff.; STR.-BILL. II, 812-853; A. STROBEL, Termin, 69-101; R. RIESNER, Frühzeit, 31-52; G. THEISSEN, Jesus, 152-154.

[145] W. SCHMITHALS, Johannesevangelium, 306; ähnlich A. WEISER, Theologie II, 161f.

motiv" hat deutlich den „Charakter als Signal auf Jesu Todespassa hin"[146] und verleiht dem Evangelium die Eigenart eines „Passionsevangeliums".[147]

(3) Joh 19,36 bezieht sich nach Sicht des Verf. auf Ps 34(33),21.[148] Die formale Ähnlichkeit in der Passivformulierung mit Joh 19,36 (οὐ συντριβήσεται) ist aber gegenüber der formalen und inhaltlichen Parallele Ex 12,(10.)46; Num 9,12 (ὀστοῦν ... αὐτοῦ) nicht gewichtiger, wie Hasitschka meint. Gegen einen (ausschließlichen) Bezug auf Ps 34 spricht, daß Johannes die Passion Jesu im Unterschied zu den Synoptikern nicht am Vorbild des leidenden Gerechten entfaltet hat (s.u.).[149] Die in 19,36 genannte Vorschrift des Passafestes aus Ex 12 steht jedoch in deutlichem Zusammenhang mit der Passionschronologie des Evangelisten: Jesus stirbt zu der Zeit, da die Passalämmer im Tempel geschlachtet werden (18,28; 19,14.31.42).[150] Er ist das von Gott gewährte Passalamm, dem nach Passafesttradition die Beine nicht gebrochen werden dürfen.[151] Wenn auch der Hintergrund von Ps 34 nicht auszuschließen ist, so müßte man doch (mit

---

[146] Vgl. dazu überzeugend TH. KNÖPPLER, Theologia crucis, 121 (116-121). Zur Bedeutung des Passamotivs in der joh Passionsgeschichte vgl. auch J.D.M. DERRETT, Victim, 142-161.

[147] H. THYEN, Johannesevangelium, 202.

[148] So z.B. auch K. BERGER, Anfang, 229; A. DAUER, Passionsgeschichte, 139ff.; C.H. DODD, Tradition, 42-44.131ff.; ders., Interpretation, 233f.; J.T. FORESTELL, Word, 90-92; S.J. NORTJÉ, Lamb, 144; H. RIDDERBOS, Komm., 622f.; M. STOWASSER, Johannes der Täufer, 102.

[149] Zwar bietet das Johannesevangelium auch Zitate (und Anspielungen), die aus Psalmen stammen, die sich mit dem Leiden des Gerechten befassen (2,17 [Ps 69,10]; 12,27 [Ps 31,10]; 13,18 [Ps 41,10]; 15,25 [Ps 69,5 oder Ps 35,19]; 19,24 [Ps 22,19]; 19,28 [Ps 69,22]), jedoch ist nach Johannes das letzte Wort Jesu am Kreuz gerade kein am Vorbild des leidenden Gerechten orientiertes Logion (vgl. Mk 15,34par; Lk 23,46), sondern eines, das den freien und in eigener Vollmacht gewählten Weg der Erhöhung zum Vater zum Ausdruck bringt (19,30). Dies ist ein deutlicher Unterschied zur Konzeption des leidenden Gerechten bei den Synoptikern.

[150] Dies ist aus den entsprechenden Angaben zu erschließen, wenn auch nicht direkt gesagt wird, daß Jesus zu *der* Stunde starb, da im Tempel die Passalämmer geschlachtet wurden. Zu beachten ist, daß die Zeitangabe in Joh 19,14 in engem Zusammenhang mit der in 19,16b-30 geschilderten Kreuzigung steht. Eine zeitliche Differenzierung zwischen Verurteilung und Auslieferung Jesu (19,6-16a) einerseits und der sich anschließenden Kreuzigungsszene andererseits wird durch nichts angedeutet. „μετὰ τοῦτο" (19,28) dient lediglich der szenischen Überleitung und nicht der zeitlichen Abgrenzung (vgl. Teil 3.1. Anm. 18). Verurteilung und Kreuzigung Jesu sollen offenbar in einem engen sachlichen Zusammenhang gelesen werden. Die Zeit der Schlachtung der Passalämmer und die Zeit des Todes Jesu fallen zusammen. Vgl. dazu STR.-BILL. II, 834-837.

[151] Vgl. dazu ausführlich A. OBERMANN, Erfüllung, 298-310.

M.J.J. Menken; A. Obermann; A.T. Hanson) annehmen, daß *sowohl* die Psalm- als auch die Pentateuchpassage in das joh Zitat Eingang gefunden haben.[152] Der Rückgriff auf Ex 12,(10.)46; Num 9,12 ist auf keinen Fall zu bestreiten; er legt sich vielmehr durch den für Johannes wichtigen Zusammenhang von Passion Jesu und Passafest nahe.[153] Gegen einen primären Bezug auf Ps 34 spricht auch, daß dieser Psalm (im Unterschied zu Ps 22 und 69) sonst nirgends im Zusammenhang der Passion Jesu zitiert wird (vgl. Lk 1,53; Hebr 6,5; 12,14; 1.Petr 2,3; 3,10-12). Er scheint offenbar kein Zeugnis für die Passion Christi im Neuen Testament gewesen zu sein.[154] Dagegen legt sich der Bezug auf Ex 12,10.46 (Num 9,12) nahe, insofern auch sonst die Exodustypologie im Johannesevangelium eine bedeutende Rolle spielt (vgl. Joh 3,14; 6,26-51).[155]

(4) Der von Hasitschka angeführte Vergleich mit 1.Kor 5,7 und 1.Petr 1,19 würde dann von Bedeutung sein, wenn ein Bezug auf das Passalamm sowohl an der einen als auch an der anderen Stelle ausgeschlossen wäre. Dies ist jedoch (gegen Hasitschka) nicht der Fall. 1.Kor 5,7 beweist, daß die christologische Deutung des Passalammes aus alter urchristlicher Tradition stammt.[156] Für 1.Petr 1,18f. ist der Bezug auf das Passalamm umstritten.[157] Er dürfte sich jedoch aufgrund der Exodustypologie (1,13ff.)

---

[152] Vom Wortlaut her läßt sich weder für die eine noch die andere Parallele eine sichere Entscheidung treffen (A.T. HANSON, Gospel, 218ff.; S. PANCARO, Law, 345; R. SCHNACKENBURG, Komm. III, 342). Nach J.D.M. DERRETT, Victim, 147f.; A. OBERMANN, ebd., und G. REIM, Studien, 51-54, ist der Bezug auf die Pentateuchstellen vorzuziehen. Einen genauen Vergleich der beiden Textvarianten bieten M.J.J. MENKEN, Quotation, 2101-2118; ders., Quotations, 147-166, und A. OBERMANN, ebd. Menken erkennt in dem vorliegenden alttestamentlichen Zitat bei Joh den Einfluß beider Textformen. Der Psalm-Text dient als Basistext, in den der Pentateuchtext eingearbeitet wurde. Umgekehrt urteilt A. OBERMANN. Ausgangspunkt ist der Pentateuchtext, in den der Psalmtext eingearbeitet wurde. Mit dem Einfluß beider Textpassagen in Joh 19,36 rechnen auch R.E. BROWN, Death, 1184-1186; A.T. HANSON, ebd.; M. HENGEL, Schriftauslegung, 280; B.G. SCHUCHARD, Scripture, 133-140; U. WILCKENS, Komm., 301.

[153] Vgl. M. HENGEL, Frage, 191 Anm. 114: „Entscheidend ist hier nicht das heute beliebte 'Allerweltsmotiv' des leidenden Gerechten aus Ps 34, sondern der Passabezug. Ps 34,21 wurde als zusätzlicher Beleg für die Deutung Christi als Passalamm verstanden." Auch S. PANCARO, Law, 344-350, verweist darauf, daß Joh 19,36 von den Passafesthinweisen des Evangeliums her zu verstehen ist.

[154] Vgl. E.D. FREED, Quotations, 113; S. PANCARO, Law, 349f.

[155] S. PANCARO, a.a.O., 350; Belege bei R.E. BROWN, Komm. I, 529; G. REIM, Studien, 106f.

[156] Vgl. dazu E. LOHSE, Märtyrer, 141-145.

[157] Dafür sprechen sich u.a. J.T. FORESTELL, Word, 159; L. GOPPELT, Komm., 122f.; E. LOHSE, Märtyrer, 143f.; H. MANKE, Leiden, 84-87; (S. LYONNET/)L. SABOURIN, Sin, 263f., aus; dagegen z.B. N. BROX, Komm., 82; G. DAUTZENBERG, Art. ἀμνός κτλ., EWNT I, 169f.; P. STUHLMACHER, Lamm Gottes, 531.

und aufgrund des ἐλυτρώθητε, das die Erlösung durch Christus der Erlösung Israels gegenüberstellt, nahelegen.

Im Gegenzug sind die für die Deutung von Joh 1,29 auf Jes 53 angeführten Argumente nicht überzeugend:

(5) Die vielfältigen Verweise und Anspielungen auf den Propheten Jesaja im Johannesevangelium sprechen noch nicht für einen Bezug von Joh 1,29 auf Jes 53. Das Wort aus Jes 53,1 in Joh 12,38 hat mit dem *Leiden* des Gerechten gerade nichts zu tun, sondern bezieht sich auf den Unglauben der Hörer Jesu.[158] Die auf den Knecht Gottes hinweisende Lesart ὁ ἐκλεκτὸς τοῦ θεοῦ in 1,34, die eine Anspielung auf Jes 42,1 (52,13) nahelegt, ist textkritisch unsicher.[159] Weitere Argumente, die für einen Bezug auf Jes 53 angeführt werden (Sündlosigkeit [Joh 8,46; Jes 53,9]; Jesu Schweigen angesichts des Unrechts [Joh 19,9; Jes 53,7]), sind wenig überzeugend. Das Motiv der Sündlosigkeit Jesu entstammt der eigenen Konzeption der joh Christologie (Rechtfertigung Jesu durch Gottes Urteil [vgl. 16,10]). Das Schweigemotiv ist traditionell (vgl. Mk 14,61; 15,5). Es unterstreicht im 4. Evangelium die Hoheit Jesu im Leiden (vgl. „König der Wahrheit" [18,28-19,16a]).

Die Lesart ὁ υἱὸς τοῦ θεοῦ[160] ist durch die überwiegende Mehrzahl der Hss (P66, P75, A, B u.a.) bestens bezeugt. „Die Annahme, daß der Wechsel von ἐκλεκτός zu υἱός einfacher zu erklären sei als die umgekehrte Textentwicklung, ist nur begrenzt überzeugend. Eine so schmale Bezeugung des ursprünglichen Wortlautes wäre in diesem Fall doch recht außergewöhnlich."[161] Die Lesart „Sohn Gottes" paßt jedoch in das in Kap. 1 erkennbare symmetrische Konzept, nach dem Christusprädikationen, von denen sich einige zu Titeln ausbilden, (mindestens) 2mal erwähnt werden: Logos (V1.14), Gott (V1c.18b), Licht (V4.5.9), μονογενής (V14d.18b), Lamm Gottes (V29.36), Sohn Gottes (V34.49),

---

[158] Richtig R. SCHNACKENBURG, Komm. II, 516, zur Aufnahme von Jes 53,1 LXX in Joh 12,38: „Aus der Tatsache, daß die Stelle im letzten Knecht-Gottes-Lied steht, das von seinem Sühneleiden handelt, läßt sich nicht auf einen stärkeren Einfluß jenes Kap. auf Joh schließen, weil sie nur eine Zwischenbemerkung des Propheten ist und den Gottesknecht nicht in den Blick nimmt. Joh kommt es allein auf die schriftbezogene Tatsache des Unglaubens an." Vgl. ähnlich Röm 10,16 im Blick auf die Ablehnung der apostolischen Verkündigung! Zur Rezeption von Jes 53,1 in Joh 12,38b vgl. A. OBERMANN, Erfüllung, 218-234.

[159] S. den folgenden Exkurs.

[160] Zur Diskussion um das textkritische Problem von Joh 1,34 vgl. C.K. BARRETT, Komm., 203; F.M. BRAUN, Jean II, 71-73; R. BULTMANN, Komm., 64 Anm. 2; R.E. BROWN, Komm. I, 57; A.T. HANSON, Gospel, 34-36; H.-C. KAMMLER, Geistparaklet, 166; B.M. METZGER, Textuell Commentary, 200; J. RINKE, Kerygma, 138 Anm. 7; R. SCHNACKENBURG, Komm. I, 305; M. STOWASSER, Johannes der Täufer, 59-61.

[161] D.-A. KOCH, Täufer, 1981 Anm. 53; anders z.B. L. MORRIS, Gospel, 134; A. OTTILLINGER, Vorläufer, 81f.; G. REIM, Studien, 163; R. SCHNACKENBURG, ebd.; M. STOWASSER, a.a.O., 60f.

Messias (V41.45 [umschreibend].49c [variierend „König Israels"]). „Einzigartig" ist in Kap. 1 nur der Titel „Menschensohn", sofern er im Blick auf die Deutung der Gegenwart der Herrlichkeit Gottes in Jesus eine exponierte Stellung für das Verständnis des folgenden Wirkens Jesu innehat (vgl. 2,11; 11,40; 3,13; 6,62; 12,32; 17,5.24; vgl. 1,14). - ἐκλεκτός begegnet bei Joh sonst nie (im NT als Titel nur noch Lk 23,35!), während der größte Teil der in Kap. 1 genannten Christusprädikationen im weiteren Kontext des Evangeliums eine „Anbindung" hat: Gott (vgl. 20,28); Licht (vgl. 8,12; 9,5; 12,35f.); Lamm Gottes (vgl. 19,31-37 im Blick auf das Passalamm); Sohn Gottes (vgl. 3,16.17.18.35.36; 5,19.25; 10,36; 11,4.27; 19,7; 20,31); Messias (vgl. 4,25f.; 7,25-29.40-44); Menschensohn (3,13.14; 5,27; 6,27.53 u.ö.). Im übrigen paßt die Lesart „Sohn Gottes" bestens in das theologische Konzept des Johannesevangeliums.[162] Das mit christologischen Titeln bestückte 1. Kapitel des Johannesevangeliums setzt zum Ende der Hauptabschnitte 1,1-18; 1,19-34 und 1,35-51 jeweils Titel, die in ihrer Bedeutung die für das christologische Konzept des Evangelisten wichtige Einheit von Gott und Christus pointiert herausstellen: μονογενὴς θεός (V18), ὁ υἱὸς τοῦ θεοῦ (V34), ὁ υἱὸς τοῦ ἀνθρώπου (V51). Die schlechter bezeugte Lesart ὁ ἐκλεκτὸς τοῦ θεοῦ wäre mit der johanneischen Theologie nur schwer zu vereinbaren. Ist die Lesart „Sohn Gottes" ursprünglich, ergibt sich zudem eine genaue Entsprechung zwischen dem ersten und zweiten Täuferzeugnis über Christus (3,31-36), in dem der Evangelist - 1,34 parallel - dreimal den absolut verwendeten Titel ὁ υἱός aufweist (3,35f.). Schließlich hat die Angabe des Zieles der Offenbarung des Gotteslammes für *Israel* in 1,31 eine Entsprechung in dem *Gottessohnzeugnis* Nathanaels in 1,49, der aufgrund des Jesuswortes in 1,47 als „wahrer *Israelit*, in dem kein Falsch ist" beschrieben wird. - Die Lesart ἐκλεκτός dürfte aufgrund einer Erinnerung an eine Taufgeschichte synoptischen Charakters als Variante in den Text eingedrungen sein (vgl. Mk 1,11: das hier genannte ἀγαπητός ist einem ἐκλεκτός äquivalent, wie Lk 9,35 zeigt). Wahrscheinlich ist Jes 42,1 (hinsichtlich einer schriftgelehrten Angleichung des Johannestextes an die LXX-Stelle[163]) für die Variantenbildung in Rechnung zu stellen.[164]

(6) Der Verf. vergleicht den Lebenseinsatz des Gottesknecht-Lammes für die verirrten Schafe (Jes 53,6.7) mit der Lebenshingabe des Hirten für seine Schafe (Joh 10). Die alttestamentliche Prägung des Hirt/Herde-Bildes ist deutlich. Während es in Joh 1,29 jedoch um das durch das *Lamm* erwirkte Heil für den sündigen *Kosmos* geht, formuliert Joh 10 die Bezie-

---

[162] Mit F.M. BRAUN, Jean II, 71-73; R. BULTMANN, Komm., 64 Anm. 2; J. BLANK, Komm. 1a, 138; F.J. MOLONEY, Komm., 59; U. SCHNELLE, Komm., 46; M. THEOBALD, Fleischwerdung, 282f.

[163] E. HAENCHEN, Komm., 169.

[164] Vgl. H.-C. KAMMLER, Geistparaklet, 168, der mit dem Titel „Erwählter Gottes" eine sekundäre Interpretation von 1,32f. im Sinne der „Erwählung und Geistbegabung des als messianischen Gottesknecht begriffenen Jesus" ausgesagt sieht und darin ein „fundamentales Mißverständnis des johanneischen Textes" erkennt. H.-C. KAMMLER, a.a.O., 166-168, und U. WILCKENS, Komm., 43, bieten eine Reihe überzeugender Argumente für die Ursprünglichkeit der Lesart „Sohn Gottes".

hung des *Hirten* zu *seinen Schafen*, für die er sein Leben läßt.[165] Jesus erscheint in Joh 10 nicht als Lamm, das dem Tod ausgeliefert wird, sondern als Hirte, der die Seinen führt.[166] Zudem wird in Jes 53 der Gottesknecht nur mit einem Lamm verglichen. Es ist nicht explizit vom „Lamm Gottes" die Rede. Nicht das „Lamm Gottes" (Joh), sondern der Knecht gibt sein Leben für die Vielen hin.[167] Darüber hinaus fehlt in Jes 53 die Hirt-Metaphorik. Es ist nur vom Lamm und den Schafen die Rede. Während in Joh 1,29 das Passalamm den traditionsgeschichtlichen Hintergrund bildet, ist in Joh 10 an Ez 34 zu denken.[168] Die Beziehung zwischen Jes 53; Joh 1,29 und Joh 10 ist also durchaus nicht so eng, wie der Verf. glaubt.

(7) Das Motiv der Macht- und Wehrlosigkeit des Gottesknechtes in Jes 53 sieht der Verf. auch in Joh 1,29 vorausgesetzt. Das Lamm/Schaf dient als Sinnbild für Niedrigkeit, Wehrlosigkeit und Machtlosigkeit (Jer 11,19; Ps 44,23; Lk 10,3; Mt 10,16; ApkJoh). Hasitschka überträgt dieses Bild auf Joh 1,29. Solche Übertragung legt sich jedoch nicht nahe. Denn das Bild des leidenden Gerechten bestimmt bei Johannes - im Unterschied zu den Synoptikern - nicht das Verständnis der Passion Jesu.[169] Dem sich in sein Schicksal fügenden geduldigen Leiden des Gottesknechtes (Jes 53,7) steht der in eigener Souveränität, Entschlossenheit, Vollmacht und Freiheit übernommene Leidensweg des joh Jesus gegenüber (vgl. 2,19b; 10,17f.; 11,7; 12,27f.; 13,1.3.26f.; 18,1ff.33-38; 19,11.17.26f.28.30).[170]

---

[165] Joh 10 läßt freilich den Blick auf die ἄλλα πρόβατα offen (10,16). Doch handelt es sich hier um zu gewinnende Anhänger Jesu, während der Kosmos in Joh 1,29 die Gesamtheit der sündigen und ungläubigen Welt darstellt.

[166] Die Metaphorik der Hirtensprache läßt zwar Vergleiche von Joh 1,29 mit Joh 10 zu, eine explizite Beziehung zwischen dem Lamm Gottes aus Joh 1,29 und dem Hirten aus Joh 10 wird jedoch nicht hergestellt. Der jeweils verschiedene „Gegenstand" des Heilswerkes Jesu wird mit zwei unterschiedlichen Prädikationen aus dem gleichen Milieu verdeutlicht. Die sich mit „Hirt" und „Herde" ergebenden Assoziationen von Schutz, Hilfe, Fürsorge sind auf Joh 1,29 nur begrenzt übertragbar. Denn daß das Lamm „auch das zu Gott gehörende, von Gott behütete und geführte Lamm" ist (HASITSCHKA, a.a.O., 104), ist aus Joh 1,29 selbst nicht zu entnehmen. Hier ergeben sich eher die Vorstellungen von Tod und Sühne.

[167] Jes 53 enthält weitere Vergleiche des Knechtes, nicht nur mit einem Lamm, sondern auch mit einem יוֹנֵק oder mit einem שֹׁרֶשׁ (V2). Es geht hier also um den Knecht und sein Verhalten/Erleiden, nicht um das „Lamm Gottes" wie in Joh 1,29.

[168] Vgl. A.T. HANSON, Gospel, 136f.; K. NIELSEN, Imagery, 76-80; U. WILCKENS, Komm., 164.

[169] Vgl. dazu J.D.M. DERRETT, Victim, 110-118.

[170] Vgl. hierzu den Abschnitt „Die Passion als Auftrag des Vaters und freiwillige Gehorsamstat Jesu" bei A. DAUER, Passionsgeschichte, 278-294, sowie R.J. CASSIDY, John's Gospel, 40-53; J.M. FORD, Jesus, 110-115; J.T. FORESTELL, Word, 82ff.; J. GNILKA, Christologie, 105; M. HENGEL, Reich Christi, 167f.; TH. KNÖPPLER, Theologia

Der Gottesknecht nimmt zwar willig-gehorsam, aber nicht freiwillig das Leiden auf sich. Das synoptische Bild des in Gethsemane klagenden Jesus, der „sich in den Willen seines himmlischen Vaters erst hineinfinden, gewissermaßen 'hineinbeten' mußte"[171] (Mk 14,32-42par), wird durch Johannes verändert. Im Unterschied zu den Synoptikern bittet der joh Jesus nicht um Vorübergehen der Todesstunde und Wegnahme des Leidenskelches (Mk 14,35f.par; vgl. dagegen Joh 12,27f.; 18,11),[172] sondern er bekundet von vornherein seine Souveränität, in der er in Übereinstimmung mit dem Willen des Vaters den Leidensweg geht (vgl. 3,14; 11,51; 12,27f.; 14,31; 18,11; 19,24.28.36f.) und dessen Werk vollendet (4,34; 5,36; 17,4; 19,28ff.). Diese Souveränität bezeugt exemplarisch die aktive Rolle, die Jesus bei seiner Festnahme spielt (18,1-11). Der Verf. hat diesen Unterschied zu Jes 53 wohl gesehen,[173] jedoch keine Konsequenzen für seine Auslegung gezogen.

(8) Den Partizipialausdruck ὁ αἴρων versteht Hasitschka in der doppelten Bedeutung von „tragen" und „wegtragen".[174] Damit wird Jes 53 eingezeichnet: Der Knecht Gottes trägt stellvertretend die Last, die Strafe, die Folge der Sünde der anderen. Der Verf. muß jedoch eingestehen, daß αἴρω bei Johannes vorwiegend in der Bedeutung von „wegtragen", „fort-

---

crucis, 248-252, M. LANG, Herr, 277-279; K. WENGST, Bedrängte Gemeinde, 195-197; U. WILCKENS, Christus traditus, 363-383.

[171] J. BLANK, Komm. 3, 39f.

[172] Das Wort von der Erschütterung der Seele Jesu (12,27a) wird deutlich von 12,27c (ἀλλὰ διὰ τοῦτο ἦλθον εἰς τὴν ὥραν ταύτην) und der Bitte um Verherrlichung in V28 überholt. Ein Ton der Klage ist nicht zu verspüren. Die rhetorische Frage nach der Rettung Jesu in 12,27b wird durch die eigene Willenskundgabe Jesu in V27c beantwortet. (Die Konjunktion ἀλλά ist in Joh 12,27 nicht nur wie in Mk 14,36 Adversativpartikel, sondern negiert die an sich selbst gerichtete Frage Jesu; vgl. B.-D.-R. § 448,4.) „Was also bei den Synoptikern noch echte Bitte war, ist in Joh lediglich als eine Überlegung Jesu angedeutet. Aber selbst diese Überlegung ist nicht derart, daß er sich ernsthaft mit ihr beschäftigt: er weist sie von sich: 'Nein!'" (A. DAUER, Passionsgeschichte, 283). Das „joh Gethsemanegebet" 12,27f. und das „Kelchwort" 18,11 verdeutlichen, daß Jesus die Stunde des Todes und den Kelch des Leidens in freier Entscheidung und Übereinstimmung mit den Willen Gottes (14,31) annimmt! Er hat die Vollmacht, sein Leben von sich aus hinzugeben (10,17f.). Er geht freiwillig und souverän den Weg des Leidens (18,1ff.; 19,17). Er weiß, was ihm geschehen wird (18,4). Er bedarf nicht der Kennzeichnung durch den Verräterkuß! („Natürlich ist bei solcher Betonung der Freiwilligkeit Jesu der Judaskuß überflüssig" [A. DAUER, a.a.O., 280].) - Zur Tendenz von Joh 12,27f.; 18,11 im Unterschied zu Mk 14,32-42 vgl. TH. KNÖPPLER, Theologia crucis, 141-144.

[173] „Die Art, wie Jesus *freiwillig* auf den Gebrauch göttlicher Macht verzichtet und nicht aus Schwäche, sondern aus souveräner Überlegenheit die Haltung des Lammes annimmt und darin (wie in Phil 2,5-11) seine freiwillige Kenosis zeigt, sprengt freilich den Vergleich mit Jes 53" (107, Hervorhebung M.H.)!

[174] A.a.O., 110ff.

schaffen" gebraucht wird.[175] Während Jes 53 das Verb (ἀνα)φέρειν benutzt (Jes 53,4.11.12 LXX),[176] steht bei Johannes αἴρειν.[177] Mit (ἀνα)φέρειν verbindet sich die Vorstellung der „Übernahme der Folgen eines fremden Tuns".[178] Der Gottesknecht trägt, erträgt geduldig die Last der Sünden der Vielen. Er übernimmt die Straffolgen der Sünden anderer. Er kann aber nicht die Sündenlast „forttragen, wegschaffen" und die Sünde *definitiv*, d.h. ein für allemal, „vergeben". Diese Aufgabe kommt nach alttestamentlichem Vorbild Gott allein zu (Ex 34,7; Num 24,18; Mi 7,18; vgl. Mk 2,7). In Joh 1,29 ist aber deutlich vom „Wegtragen" im Sinne der Vergebung der Sünde der Welt die Rede. Diesen Aspekt des Vergebens der Sünde muß der Verf. abgesehen vom Tragen der Sünde durch den Gottesknecht auf die vergebende Liebe Gottes zurückführen, die Gott seinem Knecht zukommen läßt. Jesus als Lamm Gottes/Knecht Gottes repräsentiere die vergebende Liebe Gottes.[179] Tragen und Vergeben der Sünde werden also voneinander getrennt. Dabei ergibt sich die Frage: Ist das Tragen der Sünde noch insuffizient und bedarf zusätzlich der Vergebung durch Gott?[180] Solch eine Trennung von „Tragen" und „Vergeben" der Sünde ist in Joh 1,29 jedoch durch nichts angedeutet. Es wird vorausgesetzt, daß das Lamm Gottes - entsprechend der Hauptbedeutung von αἴρειν bei Johannes (s.o.) - die Sünde der Welt forttträgt und beseitigt. Das Lamm Gottes bewirkt selbst die Vergebung, ist nicht nur die Repräsentation der vergebenden Liebe Gottes. Dies wird durch die Sühneaussagen des Johannes gestützt (6,51c; 10,11.15.17; 11,51f.; 15,13 u.ö.), die im Kontext mit der Passalammaussage 1,29 einen sinnvollen Zusammenhang ergeben

---

[175] Die Bedeutung „(mit sich) tragen" hat αἴρω nur in Joh 5,10, hier freilich durch den Kontext bedingt. Sie ist bei Johannes singulär (vgl. TH. KNÖPPLER, Theologia crucis, 70 mit Anm. 14).

[176] Als Übertragung von נשא bzw. סבל. Nur 2mal wird in der LXX נשא in bezug auf Sünde mit αἴρω wiedergegeben (1.Sam 15,25; 25,28)!

[177] Αἴρειν wird in Jes 53 nicht im Blick auf die Sünde (der Vielen), sondern im Blick auf das Todesschicksal des Gottesknechtes gebraucht (53,8)! Wenig überzeugend urteilt M. STOWASSER, Johannes der Täufer, 103f., der im Blick auf einen vermeintlichen Zusammenhang zwischen Joh 1,29 und Jes 53 einfach eine Synonymität der Begriffe αἴρειν - φέρειν - ἀναφέρειν behauptet. Vgl. ähnlich H. HÜBNER, Theologie III, 160.

[178] TH. KNÖPPLER, Theologia crucis, 86, in Aufnahme einer Aussage von B. JANOWSKI.

[179] M. HASITSCHKA, a.a.O., 108.133.

[180] HASITSCHKA scheint dies anzunehmen, wenn er schlußfolgernd sagt: „Deshalb reicht der Vergleich mit Jes 53 allein noch nicht zur Interpretation von Joh 1,29 aus. Jesus trägt nicht nur wie der Ebed stellvertretend die Sünde anderer, sondern er verkörpert auch das unbegreifliche Erbarmen Gottes" (93).

(s.o.).[181] Insofern ist die von Hasitschka vorgetragene Bestreitung des Zusammenhangs von Joh 1,29 mit dem Gedanken des sühnenden Opfertodes Jesu verfehlt.[182] Jesus ist nicht nur das repräsentierende „Zeichen der vergebenden Liebe Gottes zur Welt"[183], sondern die Liebe Gottes selbst (3,16; 1.Joh 4,19), da er in vollmächtiger Einheit mit dem Vater wirkt. Das Partizip ὁ αἴρων bezieht sich ebensowenig wie das Partizip ὁ βαπτίζων auf das ganze Leben und Wirken Jesu. Wie 1,33 auf die Geisttaufe der Jünger zu Ostern vorausweist (20,22), so bezieht sich 1,29 (gegen Hasitschka) auf das „punktuelle Ereignis eines Sühnetodes"[184], welches freilich für den Folgezustand der Welt bleibende Bedeutung besitzt (3,16f.).

(9) Der Verf. führt für seine Deutung von Joh 1,29 die Sündenaussagen des 1. Johannesbriefes (1,7; 2,1-2; 3,5.8; 4,10) an.[185] Im 1. Johannesbrief erkennt er die parallele Konzeption, daß das durch Jesus geschenkte Heil Befreiung von der Sünde gewährt, d.h. „Erkenntnis des Gottes, der in erbarmender Liebe Sünde vergibt."[186] Der 1.Joh bestätigt unsere Deutung von Joh 1,29 im Kontext der Sühneopfervorstellung. Die Termini καθαρίζειν, αἷμα und ἱλασμός gehören der Opfersprache an (1,7.9; 2,2; 3,5; 4,10).[187] Für die Deutung auf Jes 53 kann Hasitschka auch hier keine

---

[181] Vgl. dazu M. HENGEL, Frage, 189ff.; TH. KNÖPPLER, a.a.O., 89-101; .

[182] M. HASITSCHKA, a.a.O., 131-134. Der Verf. arbeitet mit einer falschen Alternative: (von Menschen) Gott dargebrachtes Sühnopfer - Liebe Gottes zur Welt. Die biblische Opfergedanke ist nicht von dem Kontrast: menschliches Werk - göttliche Liebe geprägt. Vielmehr erweist Gott seine Liebe in der Gabe des Opfers. Das alttestamentliche Sühnopfer dient nicht dazu, Gottes Zorn zu besänftigen, sondern als heilsames Werk Gottes, die Sünde des Menschen zu brechen. (Laut B. JANOWSKI, Sühne, 11, ist die kultische Sühne der Priesterschrift „kein vom Menschen ausgehender Akt der 'Selbsterlösung', sondern eine von Gott her ermöglichte, im kultischen Geschehen Wirklichkeit werdende und hier dem Menschen zugute kommende Aufhebung des Sünde-Unheil-Zusammenhangs." Vgl. auch H. MERKLEIN, Sühnetod, 180-183: „Sühne als gnädige Gabe Gottes".) Auch nach Johannes ist das Sühnopfer Jesu keine menschliche Leistung, sondern Ausdruck der Liebe Gottes zur Welt (3,16; vgl. 1.Joh 4,10). Gottes Liebe ist das Subjekt des Kreuzesgeschehens. Er muß nicht gnädig gestimmt werden (satisfactio), sondern aus Liebe gibt er seinen Sohn dahin. - HASITSCHKA, Sünde, 95f., verweist des weiteren darauf, daß die Wendung vom „Wegtragen der Sünde" an Ex 34,7 erinnere. Nicht kultische Opfermetaphorik, sondern Epiphaniemetaphorik sei daher als Hintergrund von Joh 1,29 anzunehmen, so daß Jesu Werk die Sinaitheophanie Gottes aktualisiere. Doch ist der Gegensatz nicht zwingend. Jahwes Präsenz wird exklusiv im Kult, d.h. auch in der kultischen Opferhandlung erfahren (vgl. das Priestergesetz Ex 25 bis Num 10, das Theophanie Jahwes und Kultgesetzgebung miteinander verbindet).

[183] A.a.O., 132.

[184] Ebd.

[185] A.a.O., 144ff.

[186] A.a.O., 144.

[187] R. BULTMANN, Komm., 66 Anm. 6.

zwingenden Gründe anführen. Gerade die vom Verf. herausgestellte Parallelität von 1.Joh 3,5.8 zeigt, daß das Heilswerk Jesu nicht nur darin besteht, Sünde stellvertretend zu „tragen", sondern Sünde „wegzutragen", zu „beseitigen" und zu „vergeben", indem Jesus die „Werke des Diabolos zerstört" (λύω). 1.Joh 1,7; 3,16 verdeutlichen, daß das Heilswerk an den Tod (Kreuz) Jesu gekoppelt ist. Der ἱλασμός kommt daher nicht in der „ganzen Sendung" Jesu, sondern exklusiv in seinem Sterben zur Geltung.[188] Die Hinweise auf die Sündlosigkeit (1.Joh 3,5) und die Gerechtigkeit Jesu (2,29; 3,7) stehen im Zusammenhang des Heilswerkes Jesu, das gegen den Diabolos und die Sünde eingesetzt wird. Ein Bezug auf Jes 53 ist vielleicht implizit und sekundär gegeben, jedoch keinesfalls so deutlich wie in Mt 8,17; Lk 22,37; Apg 8,32f.; Hebr 9,28; 1.Petr 2,21ff.

(10) Für die Deutung auf das Passalamm spricht schließlich der gegen Mk 15,36par gegebene Hinweis auf die Ysoppflanze (Joh 19,29), da diese in der Passaerzählung erwähnt wird und für die Reinigung, Entsühnung und Sündenvergebung eingesetzt wurde (vgl. Ex 12,22; Lev 14,4.49-51; Num 19,6.18; Ps 51,9; Hebr 9,19; Jos Ant 2,312). Im Kontext der Deutung des Todes Jesu bei Johannes (Sündenvergebung, Passalamm) dürfte diese kleine joh Variante gegenüber den Synoptikern nicht zufällig sein.[189] „Taucht an dieser christologisch äußerst akzentuierten Stelle des Evangeliums der Ysop auf, so möchte der Evangelist damit auf die reinigende Kraft des Opfertodes Jesu als des endzeitlichen Passa-Lammes hinweisen."[190] Der Ysop weist auf das Kreuz als den Ort hin, an dem sich umfassend die Rettung Gottes ereignet.[191] Das Blut des wahren Passalammes schützt nicht nur, wie zur Zeit des Exodus, vor dem irdischen Tod (vgl. Ex 12,21-24), sondern rettet vom ewigen Tod, der die Folge der Sünde ist (vgl. Joh 8,21.24).[192] Darum ist es konsequent, wenn Joh davon spricht, daß das (Passa-)Lamm „die Sünde der Welt beseitigt" (1,29).

---

[188] Gegen HASITSCHKA, a.a.O., 151.

[189] Vgl. C.K. BARRETT, Komm., 531; BAUER-ALAND, 1691; J.D.M. DERRETT, Victim, 147; A.T. HANSON, Gospel, 213; R. HELMS, Gospel Fictions, 124; M. HENGEL, Schriftauslegung, 280; J.K. HOWARD, Passover, 337; J. JEREMIAS, Abendmahlsworte, 76 Anm. 7; TH. KNÖPPLER, Theologia crucis, 265; A. OBERMANN, Erfüllung, 300f.358ff.; G. SCHNEIDER, Art. ὕσσωπος, EWNT III, 978; U. SCHNELLE, Komm., 290; M.W.G. STIBBE, John, 115.191; dagegen R. BULTMANN, Komm., 522 Anm. 4; R. SCHNACKENBURG, Komm. III, 331.

[190] W. WILKENS, Zeichen, 75.

[191] A. OBERMANN, a.a.O., 323 (Anm. 80).359.

[192] U. WILCKENS, Christus traditus, 363f.

Die von Hasitschka vorgetragene Interpretation von Joh 1,29 erweist sich als nicht stichhaltig. Der Gottesknecht von Jes 53 kann nicht selbst Sünde *definitiv* beseitigen und vergeben. Diese Aufgabe übernimmt nach Johannes das „Lamm Gottes". Der Sühnegedanke „kann ... nicht aus Joh 1,29 eliminiert werden. Das Gotteslamm beseitigt ... die Sünde *der* Welt ... und das ist kaum ohne den Blick auf das Kreuz zu verstehen."[193] Unsere Interpretation des Lamm-Gottes-Begriffes mußte daher auf dem Hintergrund der passaorientierten Passionsgeschichte des Evangelisten erfolgen. Dabei galt es (gegen Hasitschka), die Konzentration von Joh 1,29 auf das Kreuz Jesu und seinen stellvertretenden Sühnetod stärker hervorzuheben. Theologisch ist die Verbindung von Passafest und Kreuz von eminenter Bedeutung. R. Bultmann betont zu Recht die Kraft der Passasymbolik: „Da das Fest beginnt, das Israels geschichtliche Befreiung durch Gottes Tat feiert, wird durch die Schuld des Volkes selbst der zum Tode verurteilt, in dem Gott die eschatologische Befreiung der Welt wirkt."[194] Wie das Passa des Auszugs die Befreiung aus Knechtschaft zur Folge hatte, so wird auch durch das endzeitliche Passa(lamm) nun die *Befreiung der Welt* aus der *Knechtschaft der Sünde* bewirkt (vgl. Joh 8,34-36). Die symbolträchtige Verbindung von Tod Jesu und Passa hat dem Evangelisten diese Deutung ermöglicht. Dem Urpassa entspricht das Endpassa.[195] „Der Evangelist bezeugte dann Jesus als das wahre Passalamm der Endzeit, die in ihm Gegenwart ist."[196]

4.5. Zusammenfassung

(1) Der Evangelist hat mit Hilfe einer durch Mk vorgegebenen Szene (Mk 1,2ff.) ein Täuferzeugnis (Joh 1,19-34) gestaltet, das die Heilsbedeutung des Todes Jesu für die Welt expliziert. Die bereits im Prolog programmatisch angedeutete Konfrontation von Gott und Welt (1,5.10.11) kommt in dem als Verhör gestalteten Täuferzeugnis zur Geltung. In einer gerichtsähnlichen Szene tritt der Täufer zu Beginn des Rechtsstreits Jesu mit der Welt (Kap. 2-12) als Zeuge der Wahrheit auf. Von einer offiziellen jüdischen Gesandtschaft wird er verhört. Er nimmt durch sein Zeugnis Teil an der sich im Folgenden abzeichnenden prozeßartigen Auseinandersetzung

---

[193] R. SCHNACKENBURG, Komm. I, 285 (Hervorhebung R.S.).
[194] R. BULTMANN, Komm., 514.
[195] Vgl. J. JEREMIAS, Abendmahlsworte, 107f.216f.; R. LE DÉAUT, La Nuit, 115-121. 213ff.
[196] W. WILKENS, Zeichen, 77.

zwischen Jesus und den „Juden". In diesem Rechtsstreit geht es um das Schicksal der Welt, deren Heil auf dem Spiel steht (1,29). Der Evangelist verdeutlicht durch die kontextuelle Einbindung und die inhaltliche Füllung des Täuferzeugnisses, daß der Täufer in den Rechtsstreit Jesu mit der Welt anfänglich verwickelt ist. Sein Zeugnis ist Bestandteil dieser Konfrontation. Joh 1,29 ist daher im Kontext des auch sonst forensisch geprägten Sündenbegriffes des Evangelisten zu verstehen.

(2) Die Wendung ὁ αἴρων τὴν ἁμαρτίαν τοῦ κόσμου bringt zum Ausdruck, daß Christus als Passalamm am Kreuz die Sünde der Welt ein für allemal beseitigt hat, um der Welt das Leben zu geben (vgl. 6,51c). Bei dieser Sünde handelt es sich um die eine, im Widerspruch gegen Gottes Offenbarung zur Geltung kommende Verweigerung der Welt. Sie wird am Kreuz offenbar und mit ihrer Offenbarung zugleich überwunden. Der Evangelist macht deutlich, daß von der Sünde nur als beseitigte, vergebene Sünde geredet werden kann. Er versteht „Sünde" im definitiven Sinn des Wortes offenbarungstheologisch. Als überwundene, beseitigte Sünde ist sie offenbar, d.h. verifizierbar. „Sünde" gibt es nur als offenbarte Sünde. Und nur als offenbarte Sünde ist sie zugleich beseitigt. Sie ist ein Phänomen der Vergangenheit. Am Kreuz ist sie vergangen, weil besiegt und beseitigt - ohne Rechtsanspruch auf die von Gott geliebte Welt (3,16). Unabhängig vom Kreuz kann sie nicht als „Sünde" im definitiven Sinn des Wortes bestimmt werden. Der Bezug auf das Kreuz wird durch die mehrfachen Verweise auf die Passion Jesu deutlich (19,15.38: αἴρειν; 19,4.5. 14: ἴδε (ἰδού); 18,28; 19,14.31-37: Passafest und Passalamm; 2,13ff.: Ablösung des Tempels als Ort der Sühne durch das Gotteslamm [vgl. 4,20-24]; exklusive Beziehung des Sühnegeschehens auf Christus - Täuferkritik [vgl. Joh 1,29 mit Mk 1,4]). Diese Verbindung von Anfang und Ende des Wirkens Jesu läßt Joh 1,29 als programmatische Leitthese der Christologie verstehen. In ihr kommt die Konfrontation von Gott und Welt zum Ausdruck. Gott macht sich in Christus auf den Weg, um die Welt von ihrer Sünde zu retten. Die Liebe zu ihr ist das Motiv seines Handelns. Am Kreuz treffen die Sünde der Welt und das Leben Gottes in der Weise zusammen, daß die Konfrontation für die Sünde vernichtend, für die Welt aber heilsam ausgeht. Es ist das Gericht Gottes, in dem der Sohn gerechtfertigt, die Welt aber ins Unrecht gesetzt wird (vgl. 16,8-11). Dieses Geschehen umschreibt den Sachverhalt der Sühne, die durch den Opfertod des Passalammes bewirkt wird.

(3) Der Bezug von Joh 1,29 auf das Passalamm ist gegenüber allen anderen Deutungen (Gottesknecht, apokalyptisches Lamm usw.) vorzuziehen. Der enge Zusammenhang von Passa(fest), Reisen Jesu zum Passafest

und Passion Jesu spricht neben weiteren Argumenten, die bereits genannt wurden, für diese Deutung. Durch die stellvertretende Sühne des Passalammes wird die Sünde der Welt beseitigt. Wie beim Passafest an die Befreiung durch Gott aus der Knechtschaft gedacht wird, so wird durch das endzeitliche Passa(lamm) die Befreiung der Welt aus der Knechtschaft der Sünde bewirkt (vgl. Joh 8,31-36). Dabei wird das Blut des Passalammes nicht wie zur Zeit des Exodus (vgl. Ex 12,21-24) vor dem irdischen Tod schützen, sondern vom ewigen, in der Sünde bewirkten Tod (Joh 8,21.24) retten. Urpassa und Endpassa hat Johannes in symbolträchtiger Weise aufeinander bezogen. Jesus ist das Passalamm, in dem die Endzeit gegenwärtig ist.

5. Das Sündenverständnis von Joh 8,12-59

5.1. Die Offenbarungsrede Joh 8,12-59

Der Abschnitt 8,12-59[1] ist Bestandteil der Tempelrede Jesu (8,20.59; vgl. 7,14) am letzten Tag des Laubhüttenfestes (7,37-8,59).[2] Der Evangelist entwirft eine brisante Szene, insofern der Konflikt Jesu mit den „Juden" gerade am Laubhüttenfest, dem volkstümlichsten aller jüdischen Feste[3], eskaliert. Im *Tempel* kommt es zum radikalen Bruch (8,59): Die „Juden" wollen Jesus steinigen.[4] - Inhalt, Stil und Sprache der Offenbarungsrede lassen deutlich die Hand des Evangelisten erkennen. Die Gesprächsgänge sind durch den Konflikt zwischen dem Offenbarer und der ungläubigen Welt bestimmt.[5] Textumstellungen größerer Art, wie sie etwa R. Bultmann durchgeführt hat[6], sind ebensowenig notwendig wie die Annahme redaktioneller Erweiterungen[7], da sich ein konsistenter Gedankengang erkennen läßt. Die Rede kann in mehrere Abschnitte unterteilt werden. Eine thema-

---

[1] Literatur bei J. BECKER, Komm. I, 339.345.352.

[2] Zum weiteren Kontext von Joh 8 im Blick auf das Laubhüttenfest vgl. M. HASITSCHKA, Befreiung, 176-191.

[3] Zum Laubhüttenfest vgl. STR.-BILL. II, 774-812; O. BETZ, Art. Laubhüttenfest, GBL III, 1352f.; F.J. MOLONEY, Komm., 232ff.

[4] Vgl. E. GRÄSSER, Juden, 157.

[5] Typisch joh Motive sind in Fülle vorhanden (in Auswahl): Dualismen: Licht/Finsternis (V12); unten/oben (V23); Freiheit/Knechtschaft (VV31ff.); Wahrheit/Lüge (V44f.); Gotteskindschaft/Teufelskindschaft (VV37ff.); aus der Welt sein/nicht aus der Welt sein (V23); Gesandtenchristologie (V16.26.42); Zeugnismotiv (V17f.); Gerichtsmotiv (V15f.26.29); Stundenmotiv (V20); Erhöhungsmotiv (VV21ff.); Bleiben-Motiv (V31); präsentische Eschatologie (V51).

[6] R. BULTMANN, Komm., passim, ordnet die entsprechenden Texte unter Leitthemen zusammen: 5,19-47; 7,15-24; 8,13-20: Der Richter; 7,1-14.25-52; 8,48-50.54-55: Die Verborgenheit und Kontingenz der Offenbarung; 8,41-47.51-53.56-59: ein Fragment; 9,1-41; 8,12; 12,44-50; 8,21-29; 12,34-36; 10,19-21: Das Licht der Welt; 11,55-12,33; 8,30-40; 6,60-71: Der Weg zum Kreuz.

[7] Vgl. H.E. LONA, Abraham, 136-142, gegen literarkritische Operationen, die z.B. 8,30-36(37) aufgrund des vermeintlichen Widerspruchs: glaubende Juden (8,30f.) - ungläubige Juden (8,37ff.) als Fremdkörper und somit redaktionelle Erweiterung verstehen (J. WELLHAUSEN; E. SCHWARTZ u.a.). Kritisch auch E. GRÄSSER, Juden, 160. Neuerdings versucht G. KEIL, Komm., 140 (Anm. 66.67).144f., Joh 8,30-37 vom Textzusammenhang herauszulösen, allerdings wenig überzeugend.

tische und dramatische Steigerung ist offensichtlich. „Wie der Abschnitt mit einem großen Offenbarungswort beginnt, so gipfelt er in einem Wort des höchsten Selbstanspruches Jesu. Aber allen seinen Worten widersprechen die Vertreter des Unglaubens, und die Streitreden steigern sich zu schärfsten Angriffen."[8]

(1) Joh 8,12-20: Jesus, das Licht der Welt. Der Abschnitt thematisiert die Berechtigung des Selbstzeugnisses Jesu. Literarische Gattung ist die des Rechtsstreites (vgl. 5,31-47; 7,15-24). Der Heilsanspruch des Gesandten (8,12) fordert die Pharisäer zur Legitimationsfrage heraus (8,13). Jesus beteuert die Wahrheit seines Zeugnisses und stellt den Unglauben bloß (8,14-19). Die szenische Schlußbemerkung (8,20) verweist auf die Todfeindschaft der „Juden".

(2) Joh 8,21-30: Jesu Herkunft von oben. Der zweite Gesprächsgang verhärtet die Positionen: hier Selbstoffenbarung, dort Unglaube. „D.h. konkret: viermal stoßen Offenbarung und Unglaube aufeinander durch immer wiederholte Selbstdarstellung: a) V21.22, b) V23f.25a, c) V25b-26.27, d) V28f.30."[9]

(3) Joh 8,31-59: Rede über die Abrahamskindschaft.[10] Sie ist formal ein „Streitgespräch", das „ausgedehnte Unterredungen mit wiederholten Einreden der Hörer" enthält.[11] Am Anfang der drei Unterabschnitte (8,31-36: Wahrheit und Befreiung; 8,37-47: Die Frage nach dem Vater; 8,48-59: Jesus und Abraham)[12] markiert jeweils ein Wort Jesu den Beginn des Wortwechsels mit den „Juden" (8,31f.; 8,37f.; 8,51). Die Konfrontation von Glaube und Unglaube wird hier auf die Spitze getrieben. Im Gegensatz zu Jesus, der von Gott dem Vater kommt, offenbaren die Gegner Jesu in ihren Werken, daß sie vom Teufel-Vater abstammen. Ausdruck und Höhepunkt ihres Unglaubens ist der im Unterschied zu V20 (und in V37.40 von Jesus angedeutete) jetzt offenbare Versuch, Jesus zu töten.

Die drei Abschnitte lassen eine durchdachte Komposition erkennen. Der Anspruch des Offenbarers wird durch einen permanenten und sich steigernden Unglauben der „Juden", die ab 8,21 die einzigen Gegner Jesu

---

[8] R. SCHNACKENBURG, Komm. II, 238.

[9] J. BECKER, Komm. I, 346. Der in V30 genannte Glaube ist nur oberflächlich und erweist sich im folgenden als Unglaube (VV31ff.).

[10] Der Text wird u.a. durch das Abrahammotiv zusammengehalten (VV33.37.39.40. 52.53.56.57.58). Zur Strukturanalyse und literarischen Einheit des Abschnittes vgl. G. KORTING, Struktur, 316-325; H.E. LONA, Abraham, 186f.194-198.235-245.

[11] H.E. LONA, a.a.O., 246-250(247), mit Rückgriff auf H. WINDISCH und C.H. DODD.

[12] Vgl. H.E. LONA, a.a.O., 186f.235-245.

sind, konterkariert.[13] Dabei wird vom Ende her (V59) klar, daß die „Lösung" des Konfliktes nur die Beseitigung Jesu sein kann. Der in Kap. 8 begegnende Sündenbegriff (VV21.24.34.46) ist auf dem Hintergrund dieses Konfliktes zwischen dem Offenbarer und der ungläubigen Welt zu interpretieren.

5.2. Die ἁμαρτία von Joh 8,21.24

5.2.1. Die Rede Joh 8,21-30

Joh 8,21-30 ist durch den an die erste Rede (8,12-20) anknüpfenden sprachlichen Einsatz V21a (vgl. V12a) und die die Rede abschließende Schlußbemerkung V30 deutlich abgegrenzt. Die Mitteilung über die wiederholte Rede Jesu (V21a) schließt damit zum einen an die Lichtrede in 8,12ff. an, zum anderen erinnert das Wort 8,21f. an das entsprechende Rätselwort in 7,33f., so daß die dortige Auseinandersetzung Jesu mit den „Juden" mit vergegenwärtigt wird. Gleichzeitig ist in V21 die Verknüpfung zur Lichtrede 8,12-20 bewahrt: Der Ort des ὑπάγειν Jesu bleibt den „Juden" verborgen (vgl. 8,14). Wie in 7,33 löst die Ankündigung des Weggehens Jesu bei ihnen Unverständnis aus (vgl. 7,35f. mit 8,22).[14] Dieses Unverständnis veranlaßt Jesus, die grundsätzliche Trennung zwischen ihm und seinen Gegnern festzuhalten (ἐκ τῶν κάτω - ἐκ τῶν ἄνω V23). V24 schließt daraus die Schlußfolgerung, indem er auf V21 zurückgreift, präzisiert aber das Sterben in der Sünde aufgrund des Nichtglaubens gegenüber dem Offenbarer. Die daraus resultierende Frage der Gegner Jesu nach seiner Identität (V25a) wird im folgenden mit dem Hinweis auf sein Gesandtsein durch den Vater beantwortet (VV25b-29).

Der kurze Blick auf die Rede verdeutlicht, daß Herkunft und Ziel des Wirkens Jesu wie auch Herkunft und Ziel der „Juden" in konträrer Weise

---

[13] Bemerkenswert ist, daß die in 7,1-8,20 erfolgte Differenzierung in verschiedene Personen und Gruppen des Volkes (Brüder Jesu, Volksmenge, Hohepriester, Pharisäer, Knechte, Nikodemus) ab 8,21 aufgehoben wird zugunsten der Generalisierung in „die Juden" (vgl. M. HASITSCHKA, Befreiung, 177). Ab hier begegnet in Joh 8 auch erst der Begriff der Sünde. Das wird kein Zufall sein. Der Konflikt Jesu mit den „Juden" offenbart das Wesen der Sünde als Unglaube gegenüber Jesus und als Versklavung im Machtbereich des Todes.

[14] Zum Vergleich des parallelen Logions 7,33f.; 8,21 (und 13,33) siehe M. HASITSCHKA, Befreiung, 196f. Beide Belege werden durch den Hinweis auf den Versuch, Jesus festzunehmen, zusammengehalten (7,32; 8,20). An beiden Stellen kommt der Unglaube der „Juden" zum Ausdruck. S. auch L. SCHENKE, Komm., 173; J. PAINTER, Quest, 255f.

zur Debatte stehen. Während der eine seinen Weg vom Vater her (wieder) zum Vater hin zielgerecht gehen wird, sind die anderen durch ihre Herkunft („von unten"; „von dieser Welt") auf dem Weg der Sünde begriffen, der sein Ziel im Tod hat.

5.2.2. Der Begriff ἁμαρτία (ἁμαρτίαι)

Die gesteigerte Konfrontation von Offenbarer und Welt, wie sie in Joh 8 zum Tragen kommt, ist mit dafür verantwortlich, daß das Nomen ἁμαρτία im 8. Kapitel des Joh am häufigsten begegnet (6mal). Es erweist sich somit als eines der wichtigsten Schlüsselworte von Joh 8.[15] Dreimal kommt es in der Rede 8,21-30 vor, einmal im Singular (V21) und zweimal im Plural (V24). Offen bleibt zunächst, ob darin eine Bedeutungsdifferenz zu erkennen ist. Der Plural begegnet im Joh nur noch 20,23, wird dort aber im Unterschied zu Joh 8 im Blick auf die Sündenvergebung angeführt. Eine nähere Bestimmung des Inhalts der „Sünden" wird nicht gegeben. In Joh 8 sind alle drei Belege von ἁμαρτία (ἁμαρτίαι) mit dem Genitivpronomen ὑμῶν näher präzisiert. Es handelt sich um die spezifisch eigene Sünde (Sünden) der in V22 als „Juden" (vgl. V52) bezeichneten Gegner Jesu. Eine Bedeutungsdifferenz ist aufgrund dieser Parallelität nicht ersichtlich. Zudem verweist V24a (εἶπον οὖν ὑμῖν) ausdrücklich auf V21 zurück, so daß eine Bedeutungsidentität bewußt angezeigt wird (vgl. 1.Joh 1,8.9). Es liegt wohl ein freier sprachlicher Wechsel vor.[16] Eine feine Nuance kann man darin sehen, daß in V21 ἁμαρτία vor dem Verb zu stehen kommt. Es wird das Sterben *in der Sünde* betont, während in V24 das Verb voran steht, so daß der Gedanke des *Sterbens* in der Sünde prägend ist.[17] Wie im Fall von Singular und Plural liegt eine sprachliche Variation vor. Durch sie soll der enge Zusammenhang von Sünde und Tod deutlich werden. In V34 (vgl. V46) kehrt Johannes wieder zu dem auch sonst bevorzugten Singular zurück. Das Amen-Wort faßt generalisierend zusammen: „Jeder, der die Sünde tut...". Gemeint ist der in V24 angezeigte Unglaube (vgl. 16,9). Es ist also ein kohärenter Sprachgebrauch zu erkennen, der alttestamentlich-jüdisch vorgeprägt ist.[18] Die Untersuchung

---

[15] So richtig H. HÜBNER, Theologie III, 180.

[16] Der freie Wechsel zwischen Plural und Singular ist für die joh Sprache auch sonst belegt: vgl. z. B. τὰ ἔργα/τὸ ἔργον (Joh 4,34 und 5,20; 6,28f.); ἡ ἐντολή/αἱ ἐντολαί (Joh 15,10.12; 1.Joh 3,22f.); ὁ λόγος/οἱ λόγοι (Joh 14,23f.).

[17] Vgl. L. MORRIS, Gospel, 395 Anm. 33.

[18] Vgl. G. RÖHSER, Sünde, 7f., mit Belegen aus dem alttestamentlich-jüdischen Schrifttum.

wird zeigen, daß er für Johannes im Blick auf die Auseinandersetzung mit der ungläubigen „Welt" zu Geltung kommt.

Vielfach erkennt man in dem Wechsel vom Singular zum Plural das (in der Dogmatik diskutierte) Problem des Verhältnisses von Grund- und Einzelsünde. Nach M. Hasitschka[19] geht es in Joh 8,21.24 zwar um *„dieselbe* Wirklichkeit von Sünde"[20], dennoch müsse man differenzieren in die Sünde als verfehlte Grundverfehlung gegenüber Gott und die verschiedenen Verfehlungen, in denen die Grundverfehlung zur Geltung kommt. Ähnlich argumentiert auch Th. Knöppler[21]: „Während V.21 von der Grundsünde, nicht an Jesus zu glauben (vgl. 16,9), spricht, gibt V.24 offenbar zu verstehen, daß mit der Unmöglichkeit einer Vergebung der Sünde des Unglaubens auch die übrigen Sünden nicht vergeben werden (vgl. den Plural von ἁμαρτία auch in 20,23)." Jedoch: Welche „übrigen Sünden" können gemeint sein? Im Unterschied zu Mt 23 etwa werden keine spezifischen Vorwürfe gegen die Pharisäer (Joh 8,13) erhoben.[22] Nichts deutet im Text darauf hin, daß Johannes zwischen Grund- und Aktualsünden unterschieden hätte.[23] Vielmehr ist das gesamte Handeln der Jesus feindlichen „Welt" in dem einen Begriff der Sünde des Unglaubens zusammengefaßt (8,24; 16,9). Den Plural ἁμαρτίαι benutzt Johannes außer in 8,24 nur da, wo er traditionelle Sprache aufnimmt (9,34 [vgl. Ps 50,7 LXX: ἐν ἁμαρτίαις]; 20,23 [vgl. Mt 16,19; 18,18]).[24] Daher kann man folgendes annehmen: Der Wechsel vom Singular zum Plural ist eine sprachliche Variation. Sie bringt den *umfassend gültigen Tatbereich der einen Sünde (des Unglaubens), die eine Wirklichkeit der Sünde in ihrem totalitären Anspruch* zum Ausdruck (vgl. 8,34). Es geht Johannes nicht

---

[19] Befreiung, 202-204.124ff.

[20] A.a.O., 202 (Hervorhebung M.H.).

[21] Theologia crucis, 71 Anm. 25; vgl. auch N. LAZURE, Valeurs, 295f.

[22] Vgl. J. BOGART, Perfectionism, 55.

[23] M. HASITSCHKA, a.a.O., 278f., belastet seine Deutung zusätzlich durch dogmatische Entscheidungen. So sollen die im Unheils- und Machtbereich der Sünde zur Geltung kommenden einzelnen Verfehlungen im „freien Willen" (!) des Menschen vollzogen sein. Zu Recht findet es TH. KNÖPPLER, Theologia crucis, 73f. Anm. 41, problematisch, daß Hasitschka „das (angebliche) liberum arbitrium retten zu müssen" meint. „Man kann sich des Eindrucks nicht erwehren, daß die Arbeit von M. HASITSCHKA insgesamt durch starke dogmatische Vorgaben bestimmt ist: es finden sich in den Exegesen immer wieder Differenzierungen und Einsichten, die nicht dem Text des vierten Evangeliums entstammen."

[24] Der Befund ist mit dem paulinischen Schrifttum vergleichbar: Promiscue-Gebrauch der Singular- und Pluralwendungen; bevorzugter Gebrauch der Singularform; der Plural begegnet meist in traditioneller Diktion (vgl. G. RÖHSER, Sünde, 7f.). Zum Vergleich des johanneischen mit dem paulinischen Sündenbegriff vgl. Teil 9.2.

um eine Differenzierung von Sündenarten,[25] sondern um die Offenbarung des (Un)Wesens der Sünde, wie sie durch die Konfrontation Gottes mit dem gottfernen Kosmos in Jesus Christus zur Geltung kommt.[26]

Diese Interpretation bestätigt sich an anderer Stelle. In Joh 3,19-21 spricht der Evangelist im Plural von „bösen Werken" (vgl. 7,7). Der Kontext zeigt, daß diese Werke als (τὰ) φαῦλα (3,20) verstanden werden. In gleicher Weise sind die in Gott gewirkten Werke mit dem „Tun der Wahrheit" (Singular!) zu verbinden (3,21).[27] Der Tatbereich der Wahrheit ist das Licht (Singular), das ebenso umfassend gültig ist wie die Finsternis, die den Tatbereich des Bösen ausmacht. Wenn Johannes also in 8,24 von „euren Sünden" (Plural) spricht, so meint er damit den umfassenden Tatbereich der einen Sünde (8,21; 8,34), die sich als Unglaube gegenüber dem Offenbarer erweist (8,24; 16,9).[28] Zwar wird Johannes damit rechnen, daß der Unglaube in einzelnen Vergehen und „bösen Werken" sichtbar wird (3,19-21),[29] aber die Einzelvergehen haben als solche noch keine „sündige" Qualität im spezifischen Sinn. Diese kommt ihnen erst zu, sofern sie durch das Licht offenbarte, in Finsternis gewirkte Werke und damit „böse Werke" sind.[30] Sofern man also von „Einzelsünden" = „böse Werke" bei Johannes sprechen darf, kann man sie nur als Konkretion und Variation, als Angabe des umfassenden Tatbereichs der einen Sünde des Unglaubens benennen, in der sie ihre Gültigkeit besitzen. „Sünde" im definitiven Sinn kennt Johannes nur als die eine Sünde des Unglaubens.

---

[25] Auffällig ist, daß Begriffe wie ἁμάρτημα, παράπτωμα oder παράβασις, die für die einzelne sündige Tat stehen, im joh Schrifttum fehlen! Ebenso fehlen Verben wie ὀφείλω, παραβαίνω, παραπίπτω u.a. zur Kennzeichnung einzelner Verfehlungen. Das moralisch geprägte μοιχεύειν (Joh 8,4) gehört zu einem sekundären Abschnitt des Johannesevangeliums!

[26] S. u. Teil 5.4.3. zum Rechtsstreit um die Sünde.

[27] „ποιεῖν τὴν ἀλήθειαν" ist deutlich eine Kontrastwendung zu „ποιεῖν τὴν ἁμαρτίαν" (8,34).

[28] Vgl. auch H.E. LONA, Abraham, 215: „Der Wechsel zwischen Pl. und Sing. (V.21 Sing.: ἐν τῇ ἁμαρτίᾳ; V.24 Pl. 2mal ἐν ταῖς ἁμαρτίαις) dürfte kaum Gewicht haben, um von der Bedeutung der Sünde als Unglaube abzuweichen."

[29] Vgl. dazu J. RIEDL, Heilswerk, 380-396.

[30] Dabei ist davon auszugehen, daß das γάρ von 3,19c nicht begründend, sondern explikativ zu verstehen ist. „In den bösen Werken äußert sich die Tatsache, daß diese Menschen die Finsternis dem Lichte vorgezogen haben. Folglich ist der Schlußsatz in Joh 3,19c: 'waren doch ihre Werke böse' nicht so sehr eine abschließende Begründung für den unmittelbaren Vordersatz: 'die Menschen zogen die Finsternis dem Lichte vor', sondern eher eine Folge davon" (J. RIEDL, Heilswerk, 389). Vgl. dazu J. BLANK, Krisis, 100-102; A. HAMMES, Ruf, 150; Y. IBUKI, Wahrheit, 341f.

Daß es bei den „bösen Werken" um die eine Sünde des Unglaubens geht, verdeutlicht 3,20 mit der Gleichsetzung: ὁ φαῦλα πράσσων = μισεῖν τὸ φῶς (vgl. 7,7). Im Haß gegenüber Christus gibt sich der Unglaube der Welt zu erkennen (vgl. 15,18ff.). Gleiches gilt von den in V21 genannten, in Gott gewirkten Werken. Sie sind als solche nur offenbar, sofern sie Konkretion des im Licht gültigen Tuns der Wahrheit sind und damit den umfassenden Tat- und Gültigkeitsbereich der einen Wahrheit und des einen Lichtes benennen. Als das eine „Werk Gottes" gilt der Glaube an den Gesandten (6,28f.). Er ist das Werk, das es - wie die Wahrheit in 3,21 - zu „tun" gilt.[31] Das „Kommen zum Licht" ist Ausdruck dieses Glaubens.[32] Joh 3,19-21 ist daher nicht ethisch oder nomistisch zu interpretieren, sondern pistologisch (vgl. V15.16.18).[33] - In ähnlicher Weise ist das in Joh 5,29 auf die Auferstehung bezogene ποιεῖν τὰ ἀγαθά bzw. πράσσειν τὰ φαῦλα inhaltlich zu füllen. Wie der Kontext zeigt, ist das „Tun des Guten" durch den Glauben gegenüber dem Sohn und dem Vater bestimmt (5,24f.), das „Tun des Bösen" jedoch durch die im Unglauben offenbare Verweigerung der Ehre gegenüber dem Sohn und dem Vater (5,23b).[34]

5.2.3. Sünde als Verdrängung

Joh 8,21 fällt durch die schon erwähnte Parallelität zu 7,33f. (vgl. 13,33) auf, jedoch mit charakteristischer Abwandlung. Von 7,33b her ist klar, daß das betonte ἐγὼ ὑπάγω (vgl. 8,14) verkürzte Redeweise des entsprechenden ὑπάγω πρὸς τὸν πέμψαντά με ist. Ziel des Weggangs Jesu ist also der Vater, der zugleich sein Ursprung ist (vgl. 1,1ff.).[35] Der Teilsatz καὶ ἐν τῇ ἁμαρτίᾳ ὑμῶν ἀποθανεῖσθε ersetzt das entsprechende ζητήσετέ με καὶ οὐχ εὑρήσετε (με) aus 7,34. Das Suchen und das Nicht-Finden Jesu bezieht sich nicht nur auf die pure Feststellung der Verborgenheit des Aufenthaltsortes Jesu. Die charakteristische Variante gegenüber dem auf das Sterben in der Sünde abhebenden Vers 8,21 läßt an ein tieferes Ver-

---

[31] Auf diesen Zusammenhang von „Glaube", „Wahrheit" und „tun" macht Y. IBUKI, a.a.O., 350f., aufmerksam.

[32] Y. IBUKI, a.a.O., 343f., weist darauf hin, daß die Rede vom „Kommen" bei Joh auch sonst im Sinn des Glaubens aufgefaßt wird (vgl. 5,40; 6,35.37.44.45; 7,37; 14,6 u.ö.).

[33] Joh 3,18 hat eine für das Folgende bestimmende Disposition. Entscheidend ist Glaube oder Unglaube. V21 erklärt demnach die Situation des Glaubens („die Wahrheit tun"), während V20 die Situation des Unglaubens erklärt („das Böse tun"). Zu dieser pistologischen Deutung von Joh 3,19-21 vgl. ausführlich A. HAMMES, Ruf, 145-157, und Y. IBUKI, Wahrheit, 336-354.

[34] R.E. BROWN, Ringen, 100, weist darauf hin, daß das Johannesevangelium „bezeichnenderweise keine präzise Morallehre, verglichen mit den synoptischen Evangelien" enthält. „Bei Johannes werden keine Verhaltenssünden genannt, nur die eine große Sünde, die darin besteht, nicht an Jesus zu glauben ...". Vgl. auch A. STIMPFLE, Rein, 119f., zum semantischen Feld der Synonyme und Antonyme von ἁμαρτία/ἁμαρτάνειν bei Joh. Ihnen kommt keine ethische Konnotation zu.

[35] „ὑπάγω ist ein für Joh typischer Ausdruck für den Tod Jesu als Hingang, Fortgang und Heimgang zum Vater" (M. HASITSCHKA, Befreiung, 197f.).

borgensein Jesu denken. Es ist die Blindheit des Unglaubens (vgl. 9,39-
41), die Jesu wahre Identität als Licht der Welt (8,12; vgl. 9,5) nicht erkennen kann und eben darum dem Sündentod ausgeliefert ist. Der Begriff
εὑρίσκειν begegnet im 4. Evangelium u.a. in 1,41.45. Hier wird er im
Zusammenhang der Nachfolge der Jünger erwähnt, die den Messias-
Christus „gefunden" haben. Das „Finden" Jesu veranlaßt die Jünger so-
gleich zu einem entsprechenden Glaubensbekenntnis der Messianität Jesu,
ein Bekenntnis, das als Ziel des Evangeliums angegeben wird (20,30f.)!
Wenn demnach in 7,33f. vom Suchen und Nicht-Finden Jesu als des von
Gott gesandten Sohnes die Rede ist, dann ist damit die in selbstverschuldeter Blindheit offenbare Verweigerung des Glaubens an den Sohn Gottes
gemeint, wie sie in 9,39-41 zum Ausdruck kommt. Die in 8,21 gegebene
Redeweise vom „Sterben in eurer Sünde" ist demnach durchaus korrektes
Interpretament von 7,33f., insofern dieser Sündetod die Folge des in V24
präzisierten Unglaubens der Gegner Jesu ist, in welchem ein eigentliches
„Finden" Jesu als des heilsamen Lichtes der Welt (8,12) nicht mehr möglich ist.[36]

Nach M. Hasitschka[37] ist das in 7,34; 8,21 angekündigte „Suchen" Jesu positiv als Verheißung im Blick auf die dann (nach Jesu Weggang) erfolgende wahre Erkenntnis Jesu
zu verstehen. Die Hörer Jesu (= „die Juden") werden „die Disposition erlangen für das
Geschenk der vollen und wahren Erkenntnis seiner Person (vgl. 8,28-29) und für den
Glauben an ihn."[38] Aber von solch einem Zum-Glauben-Kommen der „Juden" angesichts
der Erhöhung Jesu ist bei Johannes nicht die Rede.[39] Vielmehr zeigt die Parallelität von
Joh 7,33 und 8,21, daß den Hörern Jesu das „Gericht" des Sterbens in ihrer Sünde und
damit das Nicht-Finden-Jesu angekündigt wird. Auch Joh 8,28[40] kann die Deutung Ha-
sitschkas nicht stützen, denn die in Aussicht gestellte Erkenntnis, daß Jesus der Gesandte
Gottes ist (vgl. ἐγώ εἰμι), wird an das „Bleiben im Wort Jesu" gebunden. Erst dieses
Bleiben macht wahrhaft zu Jüngern Jesu und führt zur Erkenntnis der Wahrheit (8,31f.).
Das in 8,21 benannte „Suchen" und Nicht-Finden Jesu ist Ausdruck des noch in der Sünde behafteten Suchens, dem der Zugang zum Vater Jesu verschlossen bleibt (8,21fin).[41]

---

[36] Gleiches bringt die Ansage „Wohin ich gehe, könnt ihr nicht kommen" zur Geltung (vgl. 7,34; 8,22; 13,33).

[37] Befreiung, 196-205.

[38] A.a.O., 199. Der hier und des öfteren benutzte Begriff der Glaubensdisposition (=
„eine bestimmte Voraussetzung und Anlage im Menschen, ein Hörvermögen, das von
Gott selbst gegeben wird" [273]) ist von der katholischen Tradition her verständlich,
dürfte aber im ganzen eher fragwürdig sein.

[39] Das Verhör vor Pilatus (18,28-19,16) und die Kreuzigung Jesu (19,17-37) zeigen,
daß „die Juden" in keiner Weise zum Glauben kommen.

[40] A.a.O., 217-222.

[41] Das in Joh 8,21 angesprochene „Suchen" Jesu führt nach Hasitschka zu einer
„Umwandlung in den Menschen" (222), zu einem „vollen Sündenbewußtsein" (ebd.), zu
einer „Bekehrung" (219). Hasitschka beruft sich auf die „Heilsverheißung" 8,28 (217-

Insofern ist das Nicht-Finden Jesu nicht nur ein vergebliches Suchen Jesu oder ein Hinweis darauf, daß man „nicht aus eigener Kraft dorthin gelangen kann, wohin er fortgeht"[42]. Das Problem der menschlichen Möglichkeiten im Glaubensvollzug spielt keine Rolle. Vielmehr zeigt sich, daß das Suchen der „Juden" - gerade auch in Kap. 7 und 8 - feindliche Absichten im Blick auf den Tod Jesu hat (5,18; 7,1.19.20.25.30; 8,37.40; 11,8; 20,39).[43] So werden sie auch den ans Kreuz erhöhten Jesus nicht „finden", um ihn als Sohn Gottes zu erkennen/anzuerkennen (20,30f.).[44]

Die in selbstverschuldeter Blindheit offenbare Verweigerung des Glaubens äußert sich darin, daß die Gegner Jesu ihre Sünde nicht wahrhaben wollen.

---

222). Doch kann die Argumentation H.'s nicht überzeugen. Von einer „Umwandlung in den Menschen" oder einer „Bekehrung" bzw. von einem „Sündenbewußtsein" der Hörer Jesu kann an dieser Stelle bei Joh keine Rede sein. Auch die in 8,30 erfolgte Bemerkung über den Glauben vieler Juden erweist sich als redundant. Denn der hier genannte Glaube zeigt sich im folgenden als voreilig und uneigentlich (8,31ff.; vgl. 2,23-25; 12,11.42f.). Der Verf. ist in seiner Argumentation ungenau. Einmal spricht er von einem „*Angebot* der Rettung" (219), ein andermal davon, daß „die Menschen zur wahren Erkenntnis seiner (sc. Jesu) Person gelangen *werden*" (224; Hervorhebung R.M.). Dieser Widerspruch hängt m.E. mit der verfehlten Auslegung von 8,28 zusammen. Eine „Heilsverheißung" ist hier zwar angedeutet. Sie wird aber nur eingelöst, sofern „die Juden" auch zum Glauben kommen. Dies ist angesichts der Erhöhung Jesu nicht der Fall. Man wird Joh 8,28 als gnomisch gebrauchten Indikativ Futur auffassen können. Mit seiner Hilfe wird „das unter Umständen zu Erwartende" ausgedrückt (B.-D.-R. § 349,1). Entsprechend der in 3,16 angedeuteten Heilsabsicht Gottes gegenüber der Welt wäre also das Zum-Glauben-Kommen der „Juden" die mit Jesu Erhöhung eingeleitete *erwartete Absicht* des Wirkens Jesu, die de facto aber aufgrund des *bleibenden* Ungehorsams der „Juden" nicht erfüllt wird. Nur der, der glaubt, kann das mit der Erhöhung Jesu erwirkte „ewige Leben" auch erlangen (3,14f.). Der Verlauf des Evangeliums wird zeigen, daß „die Juden" in ihrer Sünde „bleiben" (9,41) und in ihr „sterben" werden (8,21.24). Joh 8,28 ist von der angekündigten Tendenz her also ein Heilswort (vgl. O. BETZ, Art. Ich-bin-Worte, GBL III, 944; X. LÉON-DUFOUR, Komm. II, 274f.; F.J. MOLONEY, Komm., 274; L. SCHENKE, Komm., 174; R. SCHNACKENBURG, Komm. II, 256f.; U. WILCKENS, Komm., 145f.), von der in ihm ausgesprochenen faktischen Wirkung her aber ein Gerichtswort (vgl. J. BLANK, Krisis, 230; R. BULTMANN, Komm., 265f.; A. DAUER, Passionsgeschichte, 245, mit Verweis auf einen entsprechenden LXX-Sprachgebrauch der Ego-Eimi-Formel; U.B. MÜLLER, Bedeutung, 60; ders., Eigentümlichkeit, 43; H. RIDDERBOS, Komm., 303f.; S. SCHULZ, Komm., 132). Mit einem „Übergang von der Unheilsweissagung zu einer wenigstens verschleierten (faktisch bedingten und partiellen) Heilsweissagung" in 8,21.28 rechnet W. THÜSING, Erhöhung, 15-22 (17); ähnlich C. HOEGEN-ROHLS, Johannes, 76-78.

[42] A.a.O., 200.

[43] Joh 8,21fin weist auf den Weg Jesu ans Kreuz (und zum Vater) hin (vgl. 7,33f.).

[44] Die Akoluthie des Satzes Joh 8,21 verbietet bereits eine positive Deutung des Suchens Jesu im Blick auf eine „kommende Umwandlung in den Menschen" (a.a.O., 222) oder eine „Bekehrung" (a.a.O., 219): „...ihr werdet mich suchen *und* ihr werdet sterben in eurer Sünde." Das koordinierende καί deutet ein Folgeverhältnis an: Auf das Suchen Jesu folgt das Sterben in der Sünde.

Die Rede der „Juden" in V22 nimmt aus dem Jesuswort in V21 nur den Gedanken des Weggangs Jesu auf, den sie wie in 7,35f. mißverstehen. Der Teilsatz vom Sterben in der Sünde findet dagegen keine Berücksichtigung. Dies muß verwundern, da doch darin ein Vorwurf an die Hörer Jesu liegt, der sie zur Selbstverteidigung hätte veranlassen müssen. Offensichtlich äußert sich darin gerade die Verblendung der „Juden", die die Wahrheit über ihren eigenen Zustand verdrängen und nicht wahrhaben wollen. Das Wort Jesu in V23 behaftet sie bei ihrer Sünde. Sie sind „von unten" bzw. „von dieser Welt" (vgl. 9,39; 11,9; 12,25.31; 16,11; 18,36; 1.Joh 4,17). V24 bekräftigt mit der auf V21 zurückweisenden Rede (s.o.), daß sie in der Sünde befangen sind.

Damit wird deutlich: Der in der Sünde Befangene scheint seinen Zustand nicht zu erkennen, ihn nicht wahrhaben zu wollen. Es bedarf gerade der *Überführung* dieses Zustandes (vgl. 16,8f.: ἐλέγχειν τὸν κόσμον περὶ ἁμαρτίας), um Sünde offenbar zu machen. Aus diesem Grunde reagiert Jesus nicht auf das in V22 geäußerte Mißverständnis, sondern beharrt bei der den „Juden" zukommenden Bestimmung der Sünde (V23f.). Die Sünde ist demnach ein Phänomen der *Verdrängung,* des *Nicht-Wahrhaben-Wollens* des eigenen Zustandes.[45] Diese Eigenschaft der Sünde gilt es gerade im Blick auf die im Joh häufig begegnende Bestimmung des Offenbarers als „Licht" zu bedenken. Denn das „Licht" hat nicht nur die Funktion, den Glaubenden die ζωή zu verbürgen (vgl. 1,4; 8,12; 9,5; 12,36.46), sondern auch das Wesen der Finsternis zu *erhellen* (1,5; 3,19-21; 12,35).[46] Das Licht offenbart, daß der Weg des Sünders in Blindheit erfolgt (ὁ περιπατῶν ἐν τῇ σκοτίᾳ οὐκ οἶδεν ποῦ ὑπάγει 12,35). In markantem Gegensatz zum blinden ὑπάγειν des Sünders erscheint dagegen das zielbewußte ὑπάγειν Jesu, der nicht den vermeintlichen Weg in die Diaspora der Heiden (7,35) oder in den Selbstmord (8,22) geht, sondern zielbewußt den Weg zum Vater einschlägt, der ihn gesandt hat (7,33; 8,21).

---

[45] Zur Sünde des Verdrängens vgl. die Ausführungen von J. WERBICK, Rede, 164-184, der aus philosophischer, systematischer und pastoraltheologischer Sicht die Perspektivität moderner Welterfahrung im Blick auf die Perspektiven-Blindheit gegenüber Gott, anderen und der Schöpfung untersucht. Diese Analyse geht freilich über unseren Aspekt der Verdrängung eigener Sünde hinaus, trifft ihn aber insofern, als auch die Verdrängungssünde der „Juden" im Johannesevangelium Ausdruck einer Perspektiven-Blindheit gegenüber dem Anspruch des Offenbarers darstellt.

[46] Vgl. hierzu T. ONUKI, Gemeinde und Welt, 42-45: Die Verlorenheit der Welt als „Finsternis" zeigt sich erst durch die Offenbarung Gottes.

5.2.4. *Sünde und Tod*

Eigentümlich hintergründig ist der Kontrast zwischen der Redeweise vom „Sterben in eurer Sünde", die den *Tod als Folge der Sünde* versteht,[47] und dem Mißverständnis des Selbstmordes Jesu (8,22). Haben die „Juden" in 7,35 noch eine Fluchtmöglichkeit Jesu in die Diaspora der Heiden konzediert, so erscheint ihnen jetzt eine Flucht Jesu ausweglos. Daß sie damit Jesu Absicht mißverstehen, ist selbstverständlich für den Leser, der mit dem Mißverständnismotiv im Evangelium vertraut ist.[48] Der Selbstmord ist die Konsequenz von Ausweglosigkeit (vgl. 2.Sam 17,23) und galt im Judentum als schwere Sünde, die vom künftigen Äon ausschloß und mit der Verbannung in die Unterwelt endete.[49] Offenbar sind sich die „Juden" inzwischen sicher geworden, daß es für Jesus, der nach Joh mit der Absicht, ihn zu töten, bereits vertraut war (vgl. 5,18; 7,1.19.25.30), keinen irdischen Fluchtpunkt gab, an dem er nicht entdeckt werden könnte.[50] Also blieb nur die Konsequenz der Annahme eines Selbstmordes, dessen bitteres Ende die Verbannung in den Hades bedeutete. An dieser Stelle dokumentiert sich der Kontrast. Während die „Juden" in ihrem Mißverständnis des Wegganges Jesu dessen Ziel im Hades sehen, einem Bereich, der traditionell als Reich der Toten[51] noch *unter* der schon mit „unten" (κάτω) bezeichneten „Welt" der Erde (vgl. Joh 8,23 mit 3,31; Apg 2,19) liegt (vgl. Mt 11,23par; Apg 2,27.31; Apk 20,13f. sowie Phil 2,10; Apk 5,13), hält Jesus den ungläubigen „Juden" ihre wahre Herkunft im Gegensatz zu

---

[47] Die Wendung ἀποθανεῖν ἐν τῇ ἁμαρτίᾳ (ταῖς ἁμαρτίαις) ist kausal („Sterben aufgrund von ...") oder instrumental („Sterben durch ...") wiederzugeben (vgl. B.-D.-R. § 219). Sie hat alttestamentliche Vorbilder in Dtn 24,16; Ez 3,18f.; 18,18.24.26; Prov 24,9 (vgl. auch Num 18,22: ἁμαρτία θανατηφόρος) und begegnet im frühchristlichen Bereich weiter in ActPl 1,16. In Joh 8,21.24 wie in Joh 6,50.58; 11,26; Röm 8,13; Apk 3,2 bezeichnet ἀποθνήσκω den „Verlust des wahren, ewigen Lebens" (BAUER-ALAND, s.v. 1.b.α). Dieser Verlust ist in der Sünde begründet (vgl. Röm 5,12ff.; 6,23; 7,5.7ff.). - Zum metaphorischen Gehalt der biblischen Rede vom Sündentod vgl. H.-J. KLAUCK, Heil, 44-47.

[48] Zum Motiv des Mißverständnisses im Johannesevangelium (2,19-22; 3,4.9; 4,10f.31ff.; 6,41f.51f.; 7,33-36; 8,21f.31-33.51-53.56-58) vgl. H. LEROY, Rätsel, 157-167; ders., Mißverständnis, 196-207, sowie R.A. CULPEPPER, Anatomy, 152-165; E. TOBLER, Mißverstehen, passim.

[49] Vgl. STR.-BILL. I, 1027f.; Jos Bell III, 375: „Deren Hände gegen das eigene Leben gewütet haben, deren Seelen wird der finsterste Hades aufnehmen, und Gott, ihr Vater, wird die Schuld der Übeltäter heimsuchen an ihren Nachkommen."

[50] Mt 23,15 setzt voraus, daß Juden in Erfüllung ihrer Pflicht gegenüber dem Gesetz weite Wege gehen konnten. Vgl. auch die Verfolgungstätigkeit des Paulus vor seiner Bekehrung zwischen Jerusalem und Damaskus (Apg 9,1f.).

[51] Vgl. O. BÖCHER, Art. ᾅδης, EWNT I, 72f.

seiner eigenen Herkunft vor Augen: ὑμεῖς ἐκ τῶν κάτω ἐστέ, ἐγὼ ἐκ τῶν ἄνω εἰμί.[52] Dabei ist deutlich, daß ὑμεῖς betont abhebt: „Nicht ich, sondern *ihr* seid von unten." Jesu wahres Sein (betontes ἐγώ ... εἰμί) erschließt sich dagegen nicht von der Welt und dem Tod her, sondern „von oben" (vgl. 3,31). Das „Unten" ist der Bereich der Welt und des Todes, dem sich die „Juden" durch ihre Sünde ausgesetzt haben. Es wird deutlich, daß die Gegner Jesu ihr Von-Unten-Sein gerade darin erweisen, daß sie Jesus *töten* wollen (5,18; 7,1.19.25.30; 8,37.40; 11,46ff.)[53] und ihm mit Haß begegnen (vgl. 7,7; 15,18ff.; 17,14).[54] Das „Sterben in der Sünde" hängt also mit dem Willen, Jesus zu töten, zusammen. Vice versa wird die Absicht der *Tötung* Jesu zum Merkmal des eigenen Befangenseins in dem der Sünde folgenden *Tod*. Diejenigen, die Jesus töten wollen (8,37.40) - nicht die Juden schlechthin -, sind Kinder *ihres* Vaters, der der „Menschenmörder von Anfang an" ist (8,44).[55] Das Mißverständnis des Selbstmordes Jesu wird durch ihre Absicht der Tötung Jesu konterkariert. Während Jesus aber in eigener Freiheit, Souveränität und Vollmacht den Weg zum Kreuz geht, um dort sein vom Vater vorherbestimmtes Ende zu finden (vgl. 2,19b; 10,17f.; 11,7; 12,27f.; 13,1.3.26f. 31-33; 18,1ff.36; 19,11. 17.26f.28.30), werden die „Juden" aufgrund ihres Befangenseins in der Sünde dem Tod, dem Verlust des wahren, ewigen Lebens (vgl. Joh 5,24; 6,50.58; 11,26; 1.Joh 3,14f.), ausgeliefert.[56] Sie werden den Zugang zum Vater nicht finden (8,21c).

---

[52] Vgl. R. SCHNACKENBURG, Komm. II, 251.

[53] Formale Rechtsgrundlage für die Verfolgung Jesu durch die jüdischen Behörden ist nach Johannes der Tatbestand der Verführung des Volkes (πλανᾶν: Joh 7,12.47; vgl. Mt 27,63), gemäß Dtn 13,2-12; 17,12 ein todeswürdiges Verbrechen. Vgl. dazu J.L. MARTYN, History, 73-81; P. STUHLMACHER, Theologie I, 147f.

[54] Y. IBUKI, Wahrheit, 91f.

[55] „Die Bezeichnung des Teufels als Mörder (ἀνθρωποκτόνος) und die Absicht der Juden, Jesus zu töten, stehen auf derselben Linie: die Werke des Vaters schlagen sich in der Handlung der Juden nieder" (H.E. LONA, Abraham, 222; vgl. ähnlich J.H. BERNARD, Komm., 314). Zur Problematik von Joh 8,44 vgl. G. REIM, Joh 8,44, 352-359. Er identifiziert im Anschluß an N.A. DAHL den „Vater" der Juden in Joh 8,44 (vgl. V38.41) mit Kain, freilich auf Kosten einer Streichung des gut bezeugten τοῦ πατρός in 8,44, das auf das Unverständnis eines Abschreibers zurückgeführt wird.

[56] J. FREY, Heiden, 252, bemerkt zu Recht, daß die Mißdeutung des ὑπάγειν-Rätselwortes Jesu in Joh 8,21f. auf einer höheren Ebene wahr wird. Es „steckt auch in dieser offenkundigen Mißdeutung eine tiefe christologische Wahrheit: Jesus hat die ἐξουσία, sein Leben hinzugeben und wieder zu nehmen (Joh 10,17f.) ... So ist selbst diese Mutmaßung der Jerusalemer, die nach 8,23 'von unten' und damit von Jesus prinzipiell geschieden sind, nicht völlig falsch, sondern führt im Sinne des Evangeliums indirekt auf das richtige Verständnis des Todes Jesu hin."

Im Blick auf den Sündenbegriff ergibt sich eine wichtige Unterscheidung: Während der Tod Jesu die in eigener Vollmacht übernommene Konsequenz des Weges Jesu ist, ist der Tod der „Juden" die Konsequenz ihres Gefangenseins in der Sünde. Das Verb ἀποθανεῖσθε (mit der Nuance: „ihr *müßt* sterben" bzw. „ihr werdet [ganz gewiß] sterben")[57] zeigt an, daß dieser Tod unfreiwillige Konsequenz der Sünde ist (vgl. Dtn 24,16; Röm 6,23).[58] Einerseits konstituieren die Gegner Jesu durch ihr Tun den Machtbereich der Sünde und des Todes. Andererseits handeln sie aus diesem Machtbereich heraus als solche, die „aus dieser Welt" sind (8,23) und den Weg Jesu zum Vater nicht gehen „können" (8,21; vgl. 8,43: das Wort Jesu nicht hören „können" [V47]; 12,39: nicht glauben „können").[59] Jesu Tod wird dagegen der freiwillige, bewußte[60], selbstgewählte und souveräne Weg des Sohnes zum Vater sein,[61] von dem her er gekommen ist (vgl. 7,33; 13,1.3; 14,4-6; 16,5.10.17).[62] Aus dieser Perspektive ist das Mißverständnis der „Juden" wiederum hintergründig: „Die Artikulation des Unverständnisses der Ἰουδαῖοι in V.22 nutzt der Evangelist, um klarzustellen, daß mit der Rede vom ὑπάγειν Jesu sein ἀποκτείνειν ἑαυτόν gemeint ist; die Rede vom Hingang Jesu wird also durch Joh selbst interpretiert. Zwar denken die Ἰουδαῖοι dabei an Jesu Selbstmord; nach dem Gesamtzeugnis des vierten Evangeliums ist damit jedoch die Freiwilligkeit seines Todes angesprochen"[63] (vgl. 10,17f.).

5.2.5. Sünde und Welt

Der Kosmos-Begriff bei Joh hat einen doppelten Aspekt. „Im Begriff des κ(όσμος) ... ist sowohl die Gesamtheit des Geschaffenen ... wie der bes(ondere) Aspekt des das Geschaffene in seiner Gottesferne repräsentierenden Menschen gegeben, ohne daß beides voneinander getrennt werden

---

[57] Zum Indikativ des Futurs für energische Aussagen in Hauptsätzen vgl. B.-D.-R. § 362.

[58] „Der Tod ist die Machtsphäre des Unheils, der Sünde. Er ist ein 'heilsgeschichtliches' Phänomen" (J. BLANK, Krisis, 156). Sein Machtbereich geht über den physischen Tod hinaus (vgl. 3,14-18; 5,24; 6,50f.58; 10,28; 11,25f.; 1.Joh 3,14). Zum Verständnis des Todes bei Joh vgl. ders., a.a.O., 143-158.

[59] Zu diesem Zusammenhang vgl. M. HASITSCHKA, Befreiung, 200-202.

[60] Joh 8,14: ... ὅτι οἶδα πόθεν ἦλθον καὶ ποῦ ὑπάγω. Vgl. 13,1.3; 14,28.

[61] Vgl. Joh 2,19b; 10,17f.; 11,7; 12,27f.; 13,1.3.26f.31-33; 18,1ff.36; 19,11.17.26f. 28.30.

[62] Zur joh Rede von Jesu Hingang (zum Vater), in der Kreuz und Erhöhung miteingeschlossen sind, vgl. TH. KNÖPPLER, Theologia crucis, 228-241, der die dafür relevanten Begriffe ὑπάγειν, πορεύεσθαι, ἀπέρχεσθαι, ἀναβαίνειν und μεταβαίνειν untersucht.

[63] TH. KNÖPPLER, a.a.O., 229; dagegen J. BECKER, Komm. I, 347.

könnte."[64] Joh 8,23 artikuliert den zweiten Aspekt dieser Definition (vgl. 1,10c; 7,7; 14,17.27; 15,18f.; 16,8.33; 17,9.14.16.25; 18,36). Eine besondere Note hat der Kosmos-Beleg dadurch, daß er der mit „oben" (ἄνω) bestimmten Herkunft Jesu (vgl. 3,31) entgegengesetzt ist. Die Präposition ἐκ gibt dabei die in der Herkunft begründete Wesensart an, die sich im Reden und Tun der jeweiligen Personen beständig ausprägt (vgl. 3,6).[65] Demnach ist die Herkunft Jesu durch sein Von-Gott-Sein bestimmt (vgl. 1,1ff.; 3,2.31; 9,33 und sämtliche Belege, die von Jesu Sendung durch den Vater reden), die „Juden" dagegen entstammen dem als „unten" charakterisierten Kosmos, der von dem ἄρχων τοῦ κόσμου beherrscht wird (12,31; 16,11).[66] Aufgrund seines Nicht-von-der-Welt-Seins kommt Jesus Sündlosigkeit zu (8,46), die den „Juden" wegen ihrer *Verhaftung an die Welt* versagt bleibt. Das Sein-von ... bestimmt das Verhalten, wird aber zugleich durch das jeweilige Verhalten der Menschen konstituiert. So erweisen sich die „Juden" als in der Sünde befangen, weil sie wesenhaft „von dieser Welt" sind; sie sind aber „von dieser Welt", weil sie dem Offenbarer die glaubende Anerkennung verweigern. Aus diesem Grund ist das Sterben in der Sünde in engem Zusammenhang mit dem fehlenden Glauben gesehen (V24b)[67], während der Glaube zu retten vermag (3,15f.18; 5,24; 3,36; 6,40.47; 8,51; 11,25f.; 17,3; 20,31). Die gottferne

---

[64] H. BALZ, Art. κόσμος, EWNT II, 772. Zum Welt-Begriff bei Joh vgl. weiter J. ASHTON, Understanding, 206-208; G. BAUMBACH, Gemeinde und Welt, 121-125; J. BLANK, Krisis, 186-198; R.E. BROWN, Komm. I, 508-510; R. BULTMANN, Theologie, 367ff.; C. DIETZFELBINGER, Abschied, 177-186; J. GNILKA, Theologie, 239-246; W.G. KÜMMEL, Theologie, 256-258; A. LINDEMANN, Gemeinde und Welt, 133-161; A. REINHARTZ, Word, 38-41; U. SCHNELLE, Komm., 76f.; T. ONUKI, Gemeinde und Welt, passim; W. WIEFEL, Scheidung, 221ff.

[65] G. LÜDEMANN, Art. ἐκ, EWNT I, 979; vgl. J. BLANK, a.a.O., 194-196; R. BULTMANN, Theologie, 372: „Die Wendungen, die zur Charakteristik der Menschen und ihres Verhaltens dienen: εἶναι ἐκ, γεννηϑῆναι ἐκ ... bezeichnen das Wesen des Menschen, das in all seinem Reden und Tun zur Geltung kommt, und das das Wohin seines Weges bestimmt."

[66] „Die Juden" und „die Welt" können bei Joh promiscue gebraucht werden: 7,1.7; 12,9.19; 18,20 (vgl. K. WENGST, Bedrängte Gemeinde, 57). Bestimmend ist das Moment des Unglaubens.

[67] Der in V24b gegebene Bedingungssatz ist im Sinn eines Eventualis aufzufassen: ἐάν + Konj.: wenn = vorausgesetzt, daß... (vgl. B.-D.-R. § 371,4; 373). Der unlösliche Zusammenhang zwischen Nicht-Glaube und Sterben ist deutlich: „Wenn (=Falls) ihr nicht glaubt, daß ich es bin, werdet ihr (ganz gewiß) in euren Sünden sterben." Für diesen Fall ist das Moment der Spannung auf die Erfüllung der Bedingung hin maßgebend (vgl. G. STEYER, Handbuch II, 81 zum futurischen Fall des Bedingungssatzes). Erfüllt sich die Bedingung - nämlich der Nichtglaube -, ist die (gewiß eintretende) Konsequenz - nämlich das Sterben in den Sünden - zu erwarten.

Welt wird durch den Unglauben konstituiert. Dem Kosmos kommt daher keine schöpfungsmäßige Inferiorität zu (vgl. 3,16f.). „Nur der Unglaube qualifiziert den Kosmos als einen negativen Bereich, so daß Johannes von der Welt als Objekt der Liebe Gottes positiv, als Ort des Hasses und als Bereich des Unglaubens negativ sprechen kann."[68]

Inhalt des Glaubens, der den „Juden" fehlt, ist der mit der Offenbarungsformel ἐγώ εἰμι (vgl. noch Joh 4,26; 6,20; 8,24.28.58; 13,19; 18,5f.8) ausgedrückte Sachverhalt der göttlichen Sendung Jesu. Die religionsgeschichtliche Herkunft der Formel ist umstritten. Wahrscheinlich steht sie aber unter dem Einfluß der alttestamentlichen und vor allem deuterojesajanischen Offenbarungsformel אני הוא (Jes 41,4; 43,10.13.25; 45,18.22; 46,4.9 u.ö.; vgl. Ex 3,14; Dtn 32,39; Jer 24,7; Ez 6,7.13).[69] Im Zusammenhang von 8,21-30 wird der Bezug auf die Sendung durch den Vater, die den Offenbarungsanspruch Jesu legitimiert,[70] sowie auf die Einheit des Sohnes mit dem Vater deutlich.[71] Während 8,24 das ἐγώ εἰμι als Inhalt des Glaubens definiert, fragen die „Juden" Jesus konsequent: σὺ τίς εἶ; (V25). Die folgende Rede gibt die Antwort, indem sie auf die Sendung durch den Vater (V26.29), das vollmächtige, in Einheit mit ihm legitimierte Wirken Jesu (V28) und den von ihm gewährten Beistand für seinen Sohn (V29) hinweist. Offenbar wirkte dieser Anspruch Jesu auf einige Hörer überzeugend, so daß sie zum Glauben an ihn kamen (V30: ingressiver Aorist), der aber im folgenden (VV31ff.) aufgrund der provozierenden Rede Jesu als nur vorläufiger und vordergründiger Glaube offenbar wird (vgl. ähnlich 2,23-25; 12,11.42f.).[72]

---

[68] U. SCHNELLE, Komm., 76.

[69] D.M. BALL, „I Am", 204ff.258-261; G.R. BEASLEY-MURRAY, John, 130f.; J.H. BERNARD, Komm., CXX; O. BETZ, Art. Ich-bin-Worte, GBL III, 943f.; M.-É BOISMARD, Moses or Jesus, 119-122; R.E. BROWN, Komm. I, 535-537; D.A. CARSON, Gospel, 343f.; C.H. DODD, Interpretation, 93-96.349f.; J. GNILKA, Christologie, 100; L. GOPPELT, Theologie, 631; H. HÜBNER, Theologie I, 191-193; E. LEIDIG, Jesu Gespräch, 222f.; F.J. MOLONEY, Komm., 270f.273; S. PANCARO, Law, 59-63; G. REIM, Studien, 172f.; H. RIDDERBOS, Komm., 300f.; R. SCHNACKENBURG, Komm. II, 59-70; S. SCHULZ, Komm., 132; S.S. SMALLEY, John, 186f.; B. WITHERINGTON III, Komm., 175; H. ZIMMERMANN, Das absolute Ἐγώ εἰμι als die neutestamentliche Offenbarungsformel, BZ (NF) 4 (1960), 54-69.266-276. U. SCHNELLE, Komm., 124f., lehnt eine monokausale Herleitung ab. Er verweist auf alttestamentlichen, weisheitlichen, altorientalischen, ägyptischen und synoptischen (Mk 13,6; 14,62) Einfluß. Ob aber solch ein breites Spektrum in gleicher Wertigkeit angeführt werden kann, sollte zweifelhaft sein. J. BECKER, Komm. I, 249ff., und K. BERGER, Anfang, 55f.195-199, äußern sich kritisch gegenüber der Bezugnahme auf das Alte Testament.

[70] Vgl. ähnlich J. BECKER, Komm. I, 347f. (Kontext: Wegschema).

[71] S. PANCARO, Law, 61.

[72] Dies wird zum einen daran deutlich, daß Jesus von den (bereits) glaubenden Juden das *Bleiben* in seinem Wort (V31; vgl. V43.47.51f.) verlangt, welches erst Jüngerschaft, Freiheit und Wahrheitserkenntnis vermittelt (VV31ff.). Zum anderen ist schon in der vorangehenden Offenbarungsrede (VV25ff.) die eigentliche Verschlossenheit der jüdischen Hörerschaft definitiv benannt worden (V27: οὐκ ἔγνωσαν ὅτι τὸν πατέρα αὐτοῖς ἔλεγεν). - Daß der Evangelist mit V31f. Judenchristen seiner Zeit zum Glauben anhalten will (u.a. wegen des in christlicher Gemeindeparänese verwendeten Motivs des

5.3. Die Sünde als Knechtschaft (Joh 8,34)

5.3.1. Die Rede Joh 8,31-36

Der folgende Redeabschnitt wird durch das Gegensatzpaar: Freiheit - Knechtschaft gedanklich zusammengehalten. Wie bereits in 8,12.21 setzt Jesus mit einer neuen Rede ein (ἔλεγεν οὖν ὁ Ἰησοῦς), wobei die Verknüpfung mit dem vorangehenden Redeteil durch die Stichworte „glauben" (V30.31) und „Sünde" (V21.24.34) deutlich ist. Die Gesprächspartner sind immer noch die Ἰουδαῖοι (V22.31), die zwischenzeitlich zu einem vordergründigen Glauben gekommen waren (V30).[73] Mit dem ab V37 einsetzenden Redeteil, der zum Höhepunkt der Auseinandersetzung um die Abrahamskindschaft und Teufelskindschaft führt, ist der vorliegende Redeteil durch die Stichworte σπέρμα Ἀβραάμ (V33.37; vgl. V39.53. 56), ἀλήθεια (V32.40.44.45) sowie erneut ἁμαρτία (V46) verbunden. Schon dieser Zusammenhang macht deutlich, daß der Begriff der Sünde ein leitender Faktor der Rede Joh 8 ist.

Die Auseinandersetzung in 8,31-36 spitzt sich durch den Gegensatz von Freiheit und Knechtschaft zu. Die Einleitung als Amen-Wort verleiht der Jesusrede in 8,34-36 besonderes Gewicht.[74] Der Begriff der Freiheit begegnet im 4. Evangelium nur an dieser Stelle. Er hat also eine besondere

---

„Bleibens" - Joh 15,1ff.; 1.Joh 2,27f.; 2.Joh 9 [R. SCHNACKENBURG, Komm. II, 259f.]), dürfte angesichts der Schärfe der folgenden Auseinandersetzung Jesu mit den *„Juden"* nicht zutreffend sein. R.E. BROWN, Ringen, 62f., und L. SCHENKE, Komm., 174f., rechnen mit einer Gruppe von Judenchristen, die in Rivalität zur joh Gemeinde standen. Das dürfte aber ebensowenig zutreffend sein wie die Deutung von C. HOEGEN-ROHLS, Johannes, 69-75, die Joh 8,31f. als „Verheißung" für glaubende Juden, nämlich für die Jünger, versteht. Es geht hier nicht um eine Verheißung, sondern um eine an eine Bedingung (ἐὰν κτλ.) geknüpfte Ankündigung. Das Ausbleiben der Standhaftigkeit im Glauben („Bleiben in meinem Wort") weist auf einen defizitären Glauben hin, den der Evangelist in 8,44 nur mit dem Teufel in Verbindung bringen kann. - Zum vorläufigen Glauben von 8,31 vgl. auch M. HASITSCHKA, Befreiung, 229-232; E.C. HOSKYNS, Komm., 338; M. DE JONGE, Expectations, 101; H.E. LONA, Abraham, 141.314f.; L. MORRIS, Gospel, 404; S. PANCARO, Law, 415-418; H. RIDDERBOS, Komm., 305f.; S. SCHULZ, Komm., 134; M.M. THOMPSON, Humanity, 64; J.A. TRUMBOWER, Born, 88f.; K. WENGST, Bedrängte Gemeinde, 125-127; ders., Darstellung, 33f.

[73] W. SCHMITHALS, Johannesevangelium, 367, erkennt in Joh 8,34-36 eine Auseinandersetzung mit gnostischen Häretikern. Für diese Annahme gibt es aber keinen Beweis.

[74] Doppelt einleitendes „Amen" gehört zum Stilmittel des Evangelisten (vgl. 1,51; 3,3.11; 5,19.24.25; 6,26.32.47.53 u.ö.).

Note. Das nähere Umfeld wird deutlich:[75] Ursprung der Freiheit ist die Wahrheit (V32), die, wie V36 verdeutlicht, im befreienden Wirken des Sohnes (vgl. Gal 5,1) zur Geltung kommt (vgl. 8,40.45f.; 14,6; 18,37).[76] Die Verwirklichung der Freiheit erfolgt durch das Bleiben im Wort Jesu (V31; vgl. V51), in welchem Jesus die Wahrheit offenbar macht. Ziel ist die Erkenntnis der Wahrheit, die nach joh Verständnis als Glaube die ζωή verbürgt (20,31). Und negative Basis, von der sich die Freiheit abhebt, ist die Knechtschaft der Sünde (V34). Im Blick auf den Knechtschaftsbegriff gilt es des weiteren, Joh 13,16; 15,20 und besonders 15,15 zu bedenken.

5.3.2. Der Begriff der Knechtschaft im jüdischen Kontext

Daß Jesus gerade am Laubhüttenfest das Thema Freiheit und Knechtschaft anspricht, ist nicht zufällig, denn dieses Fest diente der Erinnerung an die Befreiung aus der Versklavung Israels beim Auszug aus Ägypten (vgl. Lev 23,43; Ps 81). Hinzu kommt, daß die Befreiung aus politischer Knechtschaft zugleich als eine Erlösung aus der Knechtschaft der Sünde empfunden wurde.[77] Gerade deshalb wird die Äußerung in 8,32, daß die Wahrheit die Hörer *frei machen wird*, in jüdischen Ohren verständlicherweise als Provokation empfunden.[78] Aufgrund der Erinnerung an die bereits erfolgte Befreiung und der Gewißheit, die erwählten Nachkommen Abrahams zu

---

[75] Zum Verhältnis von Sohn, Wahrheit, Freiheit und Wort Jesu in Joh 8,31ff. vgl. näherhin Y. IBUKI, Wahrheit, 88-116; T. SÖDING, Macht, 54ff., sowie U. WILCKENS, Christus traditus, 371.

[76] Vgl. H. MERKLEIN, Wahrheit, 147f. Von einer „christologischen Bezogenheit der Wahrheit" spricht H.E. LONA, Abraham, 211.

[77] Auf diesen Zusammenhang von politischer Knechtschaft und Knechtschaft der Sünde macht J. MAIER, Sünde, 68, aufmerksam: „Die böse Weltmacht, vertreten durch Pharao, Sanherib, Nebukadnezar etc., wurde als herrschende böse Macht jedenfalls insofern auch als eine Macht der Sünde erfahren, als die Notlage sowohl als Straffolge der Sünden Israels als auch als Ursache neuer, weiterer Schuld-Verstrickung in gottwidrige Verhältnisse (Abtrünnigkeit und Fremdenkult) verstanden werden konnte." Von daher ist die joh Bewertung der Sünde als einer Art Zwangsverhältnis im jüdischen Grundempfinden gegenüber der eigenen Knechtschaftsgeschichte verankert. Die Gefangenschaft konnte zum Symbol der Sünde werden (P. RICOER, Symbolik, 110; G. RÖHSER, Sünde, 65-72.104-115). - Zum metaphorischen Gehalt des (sozialen) Paradigmas „Befreiung aus Sklaverei" im antiken Schrifttum alttestamentlich-jüdischer, nichtchristlicher und christlicher Herkunft vgl. H.-J. KLAUCK, Heil, 26-29.

[78] Der griechisch-hellenistische Gedanke der Knechtschaft durch Leiblichkeit oder Vergänglichkeit wird daher kaum als Verständnishorizont für Joh 8 in Rechnung zu stellen sein (so J.H. BERNARD, Komm., 307, mit Verweis auf Xenoph Mem IV,5.3; 2.Petr 2,19). Zwar spricht Joh auch von den ἐπιθυμίαι τοῦ πατρὸς ὑμῶν (8,44). Diese sind aber, wie der Kontext zeigt, nicht auf leibliche Begierden, sondern auf die Mordabsichten des Satans (8,44) bezogen, in dessen Nachfolge die Gegner Jesu stehen (8,40).

sein (vgl. Lk 3,8par),[79] ist der Gedanke einer erneuten Befreiung aus einer Knechtschaft für jüdische Hörer unakzeptabel (V33). „Die Juden verstehen V.33 ganz richtig, daß eine solche Verheißung das Urteil über sie enthält, sie seien Knechte".[80] Der Begriff des δοῦλος hat im Gegensatz zum παῖς-Begriff einen negativen Klang. Er beschreibt „ein erzwungenes oder unter bestimmten Umständen freiwillig übernommenes, aber immer als Beschränkung empfundenes Abhängigkeits- oder Dienstverhältnis...".[81] In der LXX wird die Wortgruppe um δουλ- zur Beschreibung des Dienstes gebraucht, den die Israeliten in Ägypten zu leisten hatten (Ex 14,5 u.ö.). „Für alle Zeit gilt Ägypten der Judenschaft als ein οἶκος δουλείας (Ex 13,3.14; 20,2; Lev 26,45 u.ö.)".[82] Aber von dieser Knechtschaft wußte man sich befreit (Ex 20,2; Ri 6,8f.; Jer 34,13).[83] Trotz erneuter politischer Bedrückung blieb das Bewußtsein der Freiheit durch die Sohnschaft Abrahams bestehen. In der Antwort Jesu wird die (leibliche) Abkunft der Hörer von Abraham (σπέρμα Ἀβραάμ) auch nicht bestritten (V37.56). Bestritten wird aber, daß sie sich als der Erwählung würdige τέκνα τοῦ Ἀβραάμ erwiesen haben, weil ihnen die entsprechenden ἔργα τοῦ Ἀβραάμ fehlen (V39). Aufgrund ihres Gefangenseins in der Sünde kann ihnen der beanspruchte Freiheitsstatus nicht mehr zuerkannt werden. Er muß erst neu durch das Bleiben im Wort Jesu, nämlich durch den Glauben, gewonnen werden (V31; vgl. V51).

H.E. Lona, Abraham, 254-261, führt Belege aus dem pharisäisch-jüdischen Schrifttum an, die die Freiheit in der Abrahamsnachkommenschaft und in der Bindung an die Tora begründet sehen. Joh 8,33 spiegle die Haltung des politisch neutralen pharisäischen Judentums nach 70 n. Chr. wider, das im Unterschied zu den priesterlichen Kreisen ent-

---

[79] Vgl. weiter STR.-BILL. I, 116-121; II, 523. R. SCHNACKENBURG, Komm. II, 263, führt eine Stelle nach Baba Qamma VIII,6 an. R. Akiba hat gesagt: „Selbst die Armen in Israel betrachtet man, als wenn sie vornehme Leute wären, die in ihren Vermögensverhältnissen zurückgekommen sind. Denn sie sind Söhne Abrahams, Isaaks und Jakobs." Weitere Belege zum Gedanken der Freiheit durch Abrahamskindschaft s. bei H.E. LONA, Abraham, 254f.

[80] R. BULTMANN, Komm., 335.

[81] K.H. RENGSTORF, Art. δοῦλος κτλ., ThWNT II, 269. Zu beachten ist auch der Unterschied, der zwischen δουλεύω und διακονέω besteht: „Die Wörter des δουλ-Stammes drücken vor allem das Abhängigkeitsverhältnis und die Unterordnung des δοῦλος dem κύριος gegenüber aus; διακονέω und seine Wortgruppe bringt dagegen viel stärker den Gedanken des Dienstes zugunsten von jemand zur Sprache" (A. WEISER, Art. διακονέω κτλ., EWNT I, 726f.).

[82] K.H. RENGSTORF, ebd.

[83] Vgl. auch ExR 15,11: „Damit, daß Israel gesagt ist: 'Ihr seid Söhne dem Herrn, eurem Gott' (Dt 14,1) sind sie aus der Knechtschaft in die Freiheit geführt." Zitat nach R. SCHNACKENBURG, Komm. II, 263.

stammenden Zeloten die Freiheit nicht politisch, sondern durch Anerkennung und Bewahrung der Tora garantiert sieht. Johannes würde in Umdeutung der pharisäisch-jüdischen Tradition durch V32 klar machen, daß nicht die Tora, sondern die Wahrheit in Christus die Grundlage der Freiheit bildet. Da Johannes nicht nur in Kap. 8 (vgl. 8,13), sondern auch sonst die Pharisäer als (feindliches) Gegenüber Jesu sieht (vgl. 7,32; Kap. 9; 11,46ff.; 12,42), hat der Gedanke einiges für sich. Wie Johannes sich in Kap. 9 mit dem an der Tora orientierten pharisäischen Sündenverständnis auseinandersetzt (s. Teil 3.3.3.3.), so tut er es hier mit dem an der Tora orientierten Freiheitsverständnis des pharisäischen Judentums. Allerdings ist der Toragedanke in 8,31ff. nur implizit mitbedacht (vgl. aber 8,17). Explizit geht es um die in der Abrahamskindschaft begründete Freiheit, die von jüdischer Seite mit dem Exodusgedanken verknüpft ist. Dafür spricht der Kontext des Laubhüttenfestes. Er läßt bei der Rede von der „Sklaverei" an die Bedrückung Israels in Ägypten denken (s.o.).

Joh 8,31ff. weist darüber hinaus einige Parallelen zur rabbinischen Lehre vom יֵצֶר הָרַע („böser Wille") auf[84]: Die Sünde bei Johannes und der „böse Wille" in der jüdischen Lehre sind eine Art von Begehren[85], das zu Knechtschaft (Sklaverei) und Tod führt. Sie gehören beide dem Bereich des Satans an. Sie stehen dem Willen Gottes feindlich gegenüber. Befreiung erfolgt durch das Gesetz einerseits oder durch Jesus und die Wahrheit andererseits. - Inwiefern Joh 8,31ff. auf diesem Hintergrund zu interpretieren ist, bleibt offen. Der israelgeschichtliche Hintergrund des Knechtschaftsbegriffs ist aufgrund der oben genannten Aspekte wohl eher zu Rate zu ziehen. Johannes geht es nicht primär um die anthropologisch orientierte Definition von Ursprung und Art der Sünde, sondern um ihren geschichtlichen Aspekt: Die „Juden" verweigern dem Sohn Gottes die Aufnahme und verwerfen so ihre im geschichtlichen Handeln Gottes begründete Abrahams- und Gottessohnschaft (vgl. Teil 5.3.4.).

5.3.3. Der Knechtschaftsbegriff bei Johannes

Der Evangelist setzt die mit dem Laubhüttenfest zusammenhängende Erinnerung an die Befreiung aus der Knechtschaft Ägyptens voraus, um auf einer höheren Ebene die Befreiung aus der Versklavung an die Sünde zu verdeutlichen. Der negativ akzentuierte Begriff der Knechtschaft in V33 hat in dem ebenfalls negativ gefaßten Begriff δοῦλος τῆς ἁμαρτίας[86]

---

[84] N. LAZURE, Valeurs, 296f. Zur rabbinischen Lehre vom „bösen Willen" vgl. J. KÖBERLE, Sünde, 510ff.; G.F. MOORE, Judaism, 479ff.; STR.-BILL. IV, 466-483. Die Beziehungen zum neutestamentlichen Sündenverständnis (hinsichtlich der ἡδονή) nennt G. STÄHLIN, Art. ἡδονή κτλ., ThWNT II, 920-928.

[85] Was der rabbinische Begriff יֵצֶר הָרַע (böser Wille, Wunsch, Trieb) zum Ausdruck bringt, ist der Sache nach in Joh 8,44 als ἐπιθυμίαι (τοῦ πατρὸς ὑμῶν) ähnlich beschrieben. Zur Beziehung von ἐπιθυμία/ἡδονή zum jüdischen „bösen Willen" vgl. F. BÜCHSEL, Art. θυμός κτλ., ThWNT III, 170; G. STÄHLIN, a.a.O., 919.

[86] Der Gen. τῆς ἁμαρτίας wird von einigen Zeugen des Westlichen Textes weggelassen (D it[b,d] syr[s] cop[bo mss] Clemens al). Die längere Lesart ist aber bestens bezeugt (P[66]; P[75]; ℵ; B u.a.). Die kürzere Lesart will stilistisch „verbessern", um entweder dem kurz zuvor begegnenden τὴν ἁμαρτίαν Rechnung zu tragen oder um eine geschlossenere Verbindung zu dem folgenden ὁ δὲ δοῦλος herzustellen. Vgl. B.M. METZGER, Textual Commentary, 224. Die Annahme einer interpretierenden Glosse (R. BULTMANN, Komm., 335 Anm. 7) ist deshalb nicht wahrscheinlich.

(V34; vgl. Röm 6,16.17.20[87]) seine Entsprechung, insofern beiderseits das Moment der Unfreiheit und Bedrückung zum Tragen kommt. Während V34 mit Hilfe eines Amen-Wortes (vgl. 8,51.58) diesen Sachverhalt in allgemeiner Gültigkeit und Dringlichkeit hervorhebt,[88] wird er in 8,35 durch ein Bildwort aus dem jüdischen Hausrecht verdeutlicht. Es begegnet in einer ähnlichen Form in Joh 15,15.[89] Ausdrücklich werden dort die angesprochenen Jünger von dem δοῦλος-Sein distanziert, ὅτι ὁ δοῦλος οὐκ οἶδεν τί ποιεῖ αὐτοῦ ὁ κύριος. Der δοῦλος ist der nichtwissende Untergebene, der uneigenständig dem Befehl des Herrn zu gehorchen hat. Er ist unfrei und abhängig. Demgegenüber werden die Jünger in den Stand des Freundes erhoben (ὑμᾶς δὲ εἴρηκα φίλους), weil ihnen die durch den Sohn vermittelte Erkenntnis des Vaters offensteht. Der Grund für dieses eröffnende Verhalten des Sohnes liegt in der Erwählung der Jünger (V16). Damit wird im Vergleich zu Joh 8,31ff. deutlich: Ziel des Wirkens Jesu ist die Befreiung von der Knechtschaft (der Sünde) zur Freiheit der als „Freunde" angenommenen Kinder Gottes (Joh 1,12; vgl. Röm 8,21!; Gal 4,1-7).[90] Vermittelt wird diese Freiheit durch die im Sohn sich eröffnende Erkenntnis der Wahrheit (Joh 8,33; 15,15fin). Begründet ist sie in der Erwählung durch den Sohn, die der entsprechenden Bewährung bedarf. Während der sündige Knecht aus dem Haus ausgeschlossen wird (8,35), werden die Jünger vom Vater erhört (15,16fin), wenn sie die „Frucht" der Bruderliebe aneinander erweisen (15,16f.).

Ist der Begriff des Knechtes an den besprochenen Stellen negativ akzentuiert, so erfährt er in dem Bildwort 13,16; 15,20 eine positive Nuance im Blick auf die Nachfolge der Jünger. Die Fußwaschung Jesu wird als Beispiel des hingebenden Liebesdienstes Jesu interpretiert. Sie gilt als „Vorabbildung des Kreuzesgeschehens"[91]. Der soteriologischen Grundlegung der ersten Deutung (V6-10) folgt sachgerecht eine ethische Deutung

---

[87] Zum Vergleich von Joh 8,34 mit Röm 6 vgl. H.E. LONA, Abraham, 262; U. WILCKENS, Christus traditus, 370.

[88] Vgl. M. HASITSCHKA, Befreiung, 239.

[89] Zum Vergleich der beiden Bildworte vgl. M. HASITSCHKA, a.a.O., 242f.

[90] Die Nähe zu Paulus im Verständnis des Heils als Befreiung von der Knechtschaft der Sünde und als Einsetzung zur Gotteskindschaft ist offensichtlich. Gemeinsam ist Joh und Paulus die christologische Begründung der Freiheit. Die Gesetzeskontroverse spielt beim joh Freiheitsverständnis jedoch keine Rolle. Einen Vergleich von Joh 8,31ff. mit Gal 4-5 und Röm 5-8 bieten M. HASITSCHKA, a.a.O., 246-249; H.E. LONA, Abraham, 266-271, und D. ZELLER, Paulus und Johannes, 178-180. S. auch M. HENGEL, Frage, 160.188.194. Zur hamartiologisch verwendeten Herr-Sklave-Metaphorik bei Paulus (und im antiken Schrifttum) vgl. G. RÖHSER, Sünde, 104-115.

[91] U. SCHNELLE, Neutestamentliche Anthropologie, 138; ders., Komm., 212.218.

(V12-17).[92] Die Jünger sollen in Entsprechung zu Jesu Tun einen ähnlichen Liebesdienst untereinander aufbringen (13,15). Jesu Fußwaschung hat exemplarische Bedeutung. Die Relation von δοῦλος und κύριος wird mit Hilfe des jüdischen Botenrechtes vergegenwärtigt, wonach der Abgesandte soviel gilt wie der Sendende.[93] In diesem Sinn können die Jünger dem Liebesdienst ihres Herrn nicht nachstehen, sondern sind zur gleichen Aufgabe verpflichtet (vgl. Gal 5,13). Ähnlich, jedoch im Kontext der Leidensnachfolge, wird das entsprechende Bildwort ohne die Redeeinführung durch doppeltes Amen und dem angefügten Spruch aus dem jüdischen Botenrecht mit ausdrücklichem Verweis auf die erstmalige Erwähnung (μνημονεύετε τοῦ λόγου οὗ ἐγὼ εἶπον ὑμῖν) in 15,20 wiederholt. Der Nachsatz zeigt, daß die Jünger-Knechte das gleiche Leidensschicksal zu erdulden haben wie ihr Herr (εἰ ἐμὲ ἐδίωξαν, καὶ ὑμᾶς διώξουσιν κτλ.). Im Blick auf 15,15 ergibt sich aber kein Widerspruch. „Wenn Jesus kurz vorher die Jünger nicht δοῦλοι, sondern φίλοι nennt (15,15), so ist dies kein Gegensatz: Die δοῦλος-κύριος-Relation steht im Kontext der Nachfolge-Paränese, die φίλος-Terminologie im Kontext der durch den Sohn ermöglichten Freiheit (vgl. Joh 8) und Vertrautheit."[94]

Welche Konsequenzen ergeben sich im Blick auf den Sündenbegriff? Die durch das Tun der Sünde erwirkte Knechtschaft hat ein Abhängigkeits- und Dienstverhältnis zur Folge, das in permanenter Unfreiheit zur Geltung kommt. Diese Unfreiheit muß auf psychologischer Ebene nicht

---

[92] Vgl. die Auslegungen der Fußwaschungsszene Joh 13,1ff. von J. BEUTLER, Heilsbedeutung, 194ff.; A. DETTWILER, Gegenwart, 67-74; J. GNILKA, Theologie, 314-317; H. KOHLER, Kreuz, 192-229; U. SCHNELLE, Neutestamentliche Anthropologie, 137-139; ders., Schule, 211-216; ders., Komm., 211ff.; W. SCHRAGE, Ethik, 250f.; M.M. THOMPSON, Humanity, 97-102. - U. SCHNELLE, Schule, 216, schreibt richtig: „Die Voordnung der soteriologischen Deutung ergibt sich aus dem Gesamtverständnis der Fußwaschung durch Johannes: Sie ist Vorwegnahme des Weges Jesu zum Kreuz, der seinerseits die Liebe der Jünger untereinander ermöglicht. Insofern ist die Abfolge soteriologische Grundlegung - ethische Deutung aus der Perspektive des Evangelisten sachgemäß." Die oft vertretene Annahme einer sekundären Hinzufügung der 2. Deutung (VV12ff.) durch eine spätere Redaktion (J. BEUTLER, a.a.O.; R.E. BROWN, Komm. II, 559-562; G. RICHTER, Fußwaschung; H. THYEN, Johannes 13, 343-356; R. SCHNACKENBURG, Komm. III, 26-32; A. WEISER, Theologie II, 176f.) ist daher nicht notwendig. Johannes läßt auch sonst auf soteriologisch-christologische Abschnitte einen Ruf zur Mimesis folgen (vgl. 12,25f. nach 12,24; Joh 15,1ff.; 1.Joh 3,16).

[93] Vgl. das Material bei STR.-BILL. I, 590; II, 558; III, 2-4.

[94] A. WEISER, Art. δουλεύω κτλ., EWNT I, 850f.; vgl. auch A. DETTWILER, Gegenwart, 108. - Außer den in Joh 8; 13 und 15 vorhandenen Belegen begegnet der δοῦλος-Begriff noch in 4,51; 18,10.18.26, jedoch ohne eine für unseren Zusammenhang relevante Bedeutung. „Es handelt sich dabei um die Erwähnung von Sklaven in Diensten eines Beamten und des Hohenpriesters" (a.a.O., 851).

unbedingt als solche empfunden werden - die „Juden" sind sich vielmehr ihrer „Freiheit" durch die Abrahamskindschaft gewiß -, sie wird aber durch das *Tun* der Sünde konstituiert (8,34). Andererseits kann der, der die Sünde tut und sich so als Knecht der Sünde erweist, nur sündige Taten hervorbringen. Wer Sünde tut, beweist, daß er ihr Sklave ist. Es ist der „teuflische" Kreislauf, daß die sündige Tat die Herrschaft der Sünde konstituiert und zugleich die Herrschaft der Sünde sündige Taten hervorbringt.[95] Er wird durch das offenbarende Wirken des Gottessohnes, der die befreiende Erkenntnis der Wahrheit vermittelt, aufgedeckt. Der nur in diesem Zusammenhang begegnende Freiheitsbegriff wird in seiner Funktion auf dem Hintergrund der Sünde als Knechtschaft deutlich. Während die bedrückende Knechtschaft der Sünde in ein unfreies Dienstverhältnis versetzt, ermöglicht die in der Erkenntnis der Wahrheit gewonnene Freiheit ein *freies* Dienstverhältnis,[96] in der die erwählten Jünger nicht mehr hörige „Knechte", sondern in die bewußte Nachfolge gerufene Diener des beispielhaften Liebeserweises Jesu werden.[97] Sie werden zugleich mit der Übernahme des in Jesu Weg vorgezeichneten Leidensschicksals zu rech-

---

[95] Vgl. H. HÜBNER, Theologie III, 181: „Unbestreitbar gilt: *agere sequitur esse.* Aber dies manifestiert sich wiederum in der entgegengesetzten Sequenz: *esse sequitur agere*" (Hervorhebung H.H.). Von der Verantwortlichkeit für die Sünde her gesehen ist jedoch das *esse sequitur agere* primär. Das legt sich durch Joh 8,34 nahe: „Jeder, der die Sünde *tut, ist* (folglich) eine Sklave der Sünde". Das Tun geht dem Sein voraus. Die Entscheidung des Unglaubens konstituiert das Sein des Menschen (R. BULTMANN, Komm., 240). Das aus dem Tun konstituierte Sein gebiert wiederum entsprechendes Tun. Deterministisch im Sinne eines prädestinatianischen Dualismus denkt Johannes nicht. Gegen R. BERGMEIER, Glaube, 213-236; H.-M. SCHENKE, Determination, 203-215.

[96] Die enge Korrelation von Freiheit und Dienst hat der joh Jesus gerade durch die Symbolhandlung der *Fußwaschung* zu erkennen gegeben. Nach jüdischem Recht gehört das Waschen der Füße zu den Obliegenheiten der Sklaven, und zwar nur der nichtjüdischen Sklaven (vgl. K.H. RENGSTORF, Art. δοῦλος κτλ., ThWNT II, 280f., die Belege bei STR.-BILL. II, 557, und K. WENGST, Bedrängte Gemeinde, 208). Indem Jesus eine in diesem Verhältnis vorausgesetzte äußerst unfreie Arbeit freiwillig verrichtet, um die Notwendigkeit des gegenseitigen Liebesdienstes zu erweisen, wird die als Knechtschaft aufgefaßte Arbeit eben dieses Charakters entkleidet. In Freiheit geführter Liebeserweis ist nicht Knechtschaft, sondern wesenhaft „Dienst". Eine solche δουλεία mit positiver Nuance ist auch bei Paulus vorausgesetzt (Röm 6,18.19.22; 7,25; 1.Kor 7,22; 9,19; 2.Kor, 4,5; Gal 5,13; Phil 2,22; 1.Thess 1,9).

[97] Dieses Verständnis der Freiheit als Befreiung zum Dienst ist von der Interpretation M. HASITSCHKAS, Befreiung, 245, abzuheben, der die Freiheit in der Sohnschaft an eine „Voraussetzung" gebunden sieht, die auf „das eigene Mittun" abhebt. Die freie Betätigung des Befreiten ist nicht Voraussetzung, sondern Folge der Befreiung durch Christus. Joh 8,36 vermerkt ausdrücklich: „Wenn der Sohn euch befreit, seid ihr wirklich (!) frei." Die Befreiung zur Sohnschaft geht dem Tun des Menschen voraus, während das Bleiben im Wort Jesu diese Sohnschaft für die Jünger zur Geltung bringt (8,31).

nen haben. Während die Sünde die Herrschaft über den Knecht ausübt, läßt der Offenbarer seine κυριότης über dem nachfolgenden Diener zur Geltung kommen, jedoch mit der bewußten Abweichung im Blick auf die Herrschaftsformen der Knechtschaft und Freiheit. Die Sünde wird also insofern als *Knechtschaft* zu verstehen sein, als sie im Kontrast zu dem freien, in gegenseitiger Liebe zu erweisenden *Dienst* der Nachfolge Jesu steht. An dieser Stelle ist die *christologische* Füllung des Sündenbegriffes deutlich. Aus der Perspektive der Überwindung der Sünde gilt: Indem durch Jesu Wirken die Sünde als Knechtschaft offenbar wird, wird zugleich der Weg der Freiheit in der dienenden Nachfolge eröffnet. Offenbarungstheologisch muß freilich umgekehrt definiert werden: Indem Jesus den Weg der freien, dienenden Liebe ermöglicht, wird zugleich die Sünde in ihrer knechtenden Funktion offenbar.[98]

5.3.4. Sünde und Kindschaft

Die Berufung der „Juden" auf ihre Abrahamskindschaft (vgl. Dtn 1,8; 6,10; 9,5; Tob 4,12; 3.Makk 6,3; 4.Makk 6,17.22; 7,19; Mt 3,9par; Lk 16,24.30; Apg 7,2; Röm 4,12; Jak 2,21; Just.Dial. 44,1; 140,2) hat im Zusammenhang mit dem Sündenbegriff des Joh insofern eine Bedeutung, weil sie als Begründung für die von ihnen beanspruchte Freiheit von Knechtschaft angeführt wird (V33). Wichtig ist in diesem Zusammenhang, daß Johannes offenbar ähnlich wie Paulus und die Täufertradition bei Lk und Mt zwischen leiblicher und geistlicher Abstammung von Abraham unterscheiden kann (V33.37.39.56; vgl. Röm 9,6-8; Gal 3,7; 4,21-31; Mt 3,7-10par).[99] Während der joh Jesus den jüdischen Hörern die leibliche Abstammung von Abraham zugesteht (V37.56), wird ihnen die geistliche Abstammung abgesprochen (Unterscheidung zwischen σπέρμα 'Αβραάμ und τέκνα τοῦ 'Αβραάμ). Zur Begründung dafür weist Johannes auf die fehlenden ἔργα τοῦ 'Αβραάμ hin (V39). „'Kindschaft' wird nicht bestimmt durch physische Abstammung, sondern durch das konkrete Verhalten und Tun."[100] Der Inhalt dieser „Werke" ist nicht explizit genannt. Er erschließt sich vom Kontext her. Zunächst ist deutlich, daß die Tötungsabsicht der „Juden" (V40) im Gegensatz zu den Abrahamswerken steht. Sie ist die Konsequenz dessen, daß ihnen die entsprechenden positi-

---

[98] Zum christologischen Bezug des Sündenbegriffes bei Joh vgl. auch J. BLANK, Krisis, 147-149.

[99] Zum Motivzusammenhang von Joh 8,33.37.39.56 mit Röm 9,6-8 und Mt 3,7-10par vgl. H.E. LONA, Abraham, 251-253.271-273.

[100] M. HENGEL, Schriftauslegung, 264; ähnlich M. THEOBALD, Fleischwerdung, 341.

ven Werke Abrahams fehlen. Bei diesen Werken handelt es sich um *ein* „Werk", nämlich das des Glaubens an den Sohn Gottes (V31.43.45.46).[101] Dieser Glaube fehlt den Hörern, weil sie die Werke ihres (eigentlichen) Vaters tun (V38.41), der, wie sich im folgenden Gespräch herausstellt, der Diabolos selbst ist (V44).[102]

Das Bewußtsein, Nachkomme Abrahams zu sein, bildet den Stolz Israels (vgl. Jes 41,8; Ps 105,6; PsSal 9,17; 3.Makk. 6,3; vgl. Lk 3,8par; 19,9; Apg 13,26; Röm 4,1; 9,3-5; 11,1; 2.Kor 11,22). Er begründet sich in der hervorragenden religiösen Rolle des Stammvaters. In der Literatur des Judentums begegnet Abraham u.a. als Gegner des Götzendienstes, als Verfechter der Anbetung des Einen Gottes, als Vorbild des Gehorsams gegen Gottes Gebote und des unerschütterlichen gläubigen Vertrauens gegen Gott, als Empfänger der Verheißung und des Bundes sowie als Fürsprecher für Israel.[103] In allem bekundet sich die feste Bindung an Gott. Sein vorbildlicher Glaube wurde betont (Gen 15,6; 1.Makk 2,52; Philo Abr 268-276; Her 90-95; Röm 4; Gal 3; Hebr 11,8-10.17-19) und seine Treue gegenüber Gott und Gesetz veranschaulicht (Sir 44,19-21; Jub 11-12; 20-22).

Wenn demnach Abraham nach jüdischem Verständnis durch Treue und Glaube gekennzeichnet ist, dann ist deutlich, daß hinter den vielfältigen „Werken Abrahams" (Joh 8,39) der eine Glaube steht, der ihm die Auszeichnung als „Freund Gottes" zukommen ließ.[104] Hätten sich die „Juden" als wahre Kinder Abrahams erwiesen, dann hätten sie auch die Abraham entsprechenden „Werke" des Glaubens getan.[105] Sie wären zum Glauben an den vollmächtigen Sohn Gottes gekommen, so wie Abraham Gott geglaubt hat. Die Einheit von Vater und Sohn, die diesen Anspruch erst legitimiert, wird im Joh des öfteren betont und ist auch in V40 durch den

---

[101] Vgl. auch den engen Zusammenhang vom „Tun der Werke Gottes" mit dem Glauben an den Gesandten in 6,28f. Der Glaube wird als „Werk" (Gottes) verstanden! Zur dieser Auslegung von Joh 8,39 s. näherhin Y. IBUKI, Wahrheit, 95f.; S. PANCARO, Law, 393-397; J. RIEDL, Heilswerk, 397-401.

[102] Der Zusammenhang zwischen der Sünde und dem Wirken des Satans ist auch in der Qumranliteratur gegenwärtig (1QS 1,23f.; 3,22). Hier sind Verbindungen zu Joh offensichtlich. Vgl. dazu O. BÖCHER, Dualismus, 57.

[103] Vgl. O. BETZ, Art. Ἀβραάμ, EWNT I, 4; J. JEREMIAS, Art. Ἀβραάμ, ThWNT I, 8, sowie B. EGO, Abraham, 25-40, mit entsprechenden Belegen. Zu den Werken Abrahams vgl. STR.-BILL. III, 186-201.

[104] Vgl. Jes 41,8; 2.Chr 20,7; Jak 2,23; 1.Clem 10,1; STR.-BILL. III, 755. Vgl. die entsprechende Prädikation der Jünger in Joh 15,15!

[105] Die paulinische Problematik, die „Werke" und Glaube als sich gegenseitig ausschließend versteht, ist an dieser Stelle auszublenden, da Paulus an die Werke des *Gesetzes* denkt. In Joh 8 ist mit den „Werken" Abrahams bzw. des Diabolos dagegen die jeweilige Ausdrucksform des Wirkens (Glaube oder Tötungsabsicht) gemeint, die auf die entsprechende Herkunft (Abraham, Diabolos) zurückschließen läßt.

Gedanken, daß Jesus die Wahrheit von Gott her redet, deutlich gemacht (vgl. auch V42). Demgegenüber verweigern „Juden" den Glauben an Jesus und verwirken damit auch den Anspruch auf Abrahamskindschaft, indem sie statt der „Werke Abrahams" die Werke *ihres* Vaters, nämlich des Teufels, tun (V41): Sie wollen Jesus töten (V37.40) und identifizieren sich dadurch als Kinder des ἀνθρωποκτόνος ἀπ' ἀρχῆς (V44; vgl. 1.Joh 3,8.15), auf dessen uranfängliches Wesen als Mörder sie festgelegt worden sind.[106] Im Gegensatz dazu würde der Glaube die - auch von den „Juden" beanspruchte (V41) - Gotteskindschaft aufzeigen (vgl. 1,12; 11,52, 13,33), die einerseits als ein Gezeugtsein von Gott her verstanden wird (1,12f.; vgl. 1.Joh 3,9f.),[107] zum anderen in der Liebe gegenüber dem Gottessohn offenbar wird (8,42; vgl. 1.Joh 5,1f.).[108]

Im Blick auf das Sündenverständnis ergibt sich folgende Konsequenz. Die Auszeichnung, zu den verheißenen Kindern Abrahams zu gehören, kann nur dann rechtmäßig beansprucht werden, wenn die damit zusammenhängenden „Werke", nämlich der von Abraham vorbildlich geleistete Glaube, auch bei den „Kindern" zur Geltung kommen. Die Gegner Jesu lassen diesen Glauben vermissen. Die sich als Knechtschaft auswirkende Herrschaft der Sünde läßt den Anspruch auf Abrahams- und Gotteskindschaft zunichte werden, so daß nur die Schlußfolgerung übrig bleibt: ἐκ τοῦ θεοῦ οὐκ ἐστέ (V47).[109] Sünde ist daher *der Ausschluß von*

---

[106] Ἀνθρωποκτόνος findet sich im NT nur in Joh 8,44 und 1.Joh 3,15. Im 1.Joh wird mit diesem Ausdruck derjenige bezeichnet, der (wie Kain 3,12) seinen Bruder haßt. Im Joh hebt er hervor, daß der Teufel hinter dem mehrfach und besonders am Laubhüttenfest erwähnten Bestreben steht, Jesus zu töten (vgl. 5,13; 7,1.19.20.25; 8,37.40; 11,53; 18,31). Ἀπ' ἀρχῆς spielt deutlich auf Paradies und Sündenfall des Genesisberichtes an (vgl. weiter Sap 2,24; Sir 25,24; Röm 5,12). In 1.Joh 3,8 (ἀπ' ἀρχῆς ὁ διάβολος ἁμαρτάνει) wird auch an Kain und Abel zu denken sein (vgl. 3,12), deren Bruderzwist im „Menschenmord" endete (3,15). Sowohl Joh als auch 1.Joh bringen damit zum Ausdruck, daß der Sünder auf das uranfängliche Wesen des Teufels als Mörder festgelegt ist.

[107] Joh 8,41b formuliert den Anspruch der „Juden". Zur Beziehung von Gotteskindschaft und Zeugung von Gott her vgl. neben Joh 1,12f. auch 1.Joh 3,9f.; 5,1f. (G. SCHNEIDER, Art. τέκνον, EWNT III, 819f.).

[108] Zum Begriff der Gotteskindschaft bei Johannes (1,12f.; 8,37ff.; 11,52; 13,33; 20,17; vgl. 3.3.5.7; 1.Joh 3,1f.; 5,2) vgl. J. FREY, Heiden, 244f.; M. DE JONGE, Son of God, 151ff.; S. PANCARO, Law, 181f.; K. SCHOLTISSEK, Kinder Gottes, 184-211; M. THEOBALD, Fleischwerdung, 337-344.

[109] Demgegenüber ist die Herkunft der „Juden" eindeutig bezeichnet: ὑμεῖς ἐκ τοῦ πατρὸς τοῦ διαβόλου ἐστέ κτλ. (V44). Die jeweilige Herkunft wirkt sich in den entsprechenden Taten aus. Immer wieder wird auf das *Tun* der Werke Abrahams (V39.40) bzw. das *Tun* der Werke des Diabolos (V38.41.44) abgehoben. Dabei stehen *Tun* und *Sein* in einem wechselseitigen Zusammenhang. Das Tun der Werke des Diabolos läßt die

den Segnungen der Abrahams- und Gotteskindschaft, die für die aus Gott gezeugten Kinder (1,12f.) die ζωή in Aussicht stellt (vgl. 8,51).

Im Blick auf die Gotteskindschaft gilt es noch ein Weiteres festzuhalten: Die Berufung der „Juden" auf die Gotteskindschaft ist in einem Zuge mit der Diskussion um die Abrahamskindschaft erfolgt (V41). Die Gegner Jesu haben gemerkt, daß mit der Bestreitung der (geistlichen) Abrahamskindschaft zugleich die Gotteskindschaft auf dem Spiel steht.[110] Dies wird bereits mit dem Bildwort V35 verdeutlicht.[111] Es zielt auf das bleibende freie Haus-, Besitz- und Erbrecht des Sohnes im Haus des Vaters (vgl. Lk 15,31), während das Hausrecht des unfreien Knechtes zeitlich begrenzt ist.[112] Auf der Bildebene spricht das Wort den bekannten Sachverhalt jüdischen Hausrechts an.[113] Es ist aber deutlich, daß es auf der Sachebene

---

„Juden" als dessen Kinder erscheinen. Andererseits konstituiert dieses Tun einen Seinszusammenhang, der sich auf das entsprechende folgende Tun rückwirkend auswirkt. Die Kinder des Diabolos *können* nicht anders, als die Werke desselben zu tun, so daß sie schließlich auch nicht das Wort Jesu hören *können* (V43b; vgl. 8,21; 12,39). Es ist dies das Phänomen, das die Sünde als versklavende Macht (δουλεία) versteht. Ähnlich, nur weitaus differenzierter im Blick auf den Zusammenhang von Gesetz, Sünde und Tod argumentiert Paulus in Röm 7.

[110] Der Wechsel vom Thema der Abrahamskindschaft zum Thema der Gotteskindschaft wirkt zwar zunächst hart, ist aber sachlich durchaus motiviert, weil beiderseits das Thema der Erwählung angesprochen ist (vgl. Gal 3,7 mit 4,5f.). Der ewige Bund zwischen Gott und Abraham gilt den Nachkommen Abrahams, die über die Erwählung des Patriarchen an der Erwählung Gottes Anteil bekommen (vgl. Gen 17,7f.). Zum anderen galt Abraham als vorbildlicher, Gott treuer Diener. „Wenn Jesus den Juden die Abrahamskindschaft abspricht, betrachten sie das als Angriff auf *ihre* Treue zu Gott" (R. SCHNACKENBURG, Komm. II, 285; Hervorhebung R.M.). Zu dem in Joh 8,41 ausgedrückten Selbstverständnis Israels als Gottes Kinder (Ex 4,22; Dtn 14,1; 32,6; Jes 63,16) vgl. STR.-BILL. I, 219.392-396, und G. DELLING, Die Bezeichnung „Söhne Gottes" in der jüdischen Literatur der hellenistisch-römischen Zeit, in: J. JERVELL/W.A. MEEKS (Hg.), God's Christ and His People (FS N.A. DAHL), Oslo u.a. 1977, 18-28.

[111] Vgl. dazu C.H. DODD, Tradition, 379-382, der den Spruch zu den „Parabolic forms" rechnet; B. LINDARS, Slave, 271-286; ders., Sayings, 89-95. Zur Knecht-Sohn-Metaphorik s. Mt 17,25f.; 18,25; 24,50f.; 25,30; Lk 12,46; 15,31; Röm 8,12ff.; Gal 4,21-31; Hebr 3,5. Vgl. weiter M. HASITSCHKA, Befreiung, 240ff., und H.E. LONA, Abraham, 263-266. Letzterer zieht zum Verständnis des Bildwortes die Traditionskomplexe der Sara-Hagar-Geschichte bei Paulus (Gal 4,21-32) und das Gleichnis von den bösen Winzern (Mk 12,1-12par) heran: Gegenüber von Sohn und Knecht, Freiheit und Knechtschaft.

[112] „Im Bild wird eine Hausgemeinschaft vorausgesetzt, in der es unfreie Knechte und einen Sohn des Hausvaters gibt. Die Knechte oder Sklaven verlassen einmal das Haus, der Sohn und Erbe bleibt" (R. SCHNACKENBURG, Komm. II, 264f.).

[113] Vgl. dazu Ex 21,2; Dtn 15,12; J. JEREMIAS, Jerusalem, 349-351; STR.-BILL. IV, 698-744. Jüdische Sklaven waren für 6 Jahre in diesem Abhängigkeitsverhältnis und

transparent wird im Blick auf die Kontextargumentation, wonach der Gegensatz von „Knechtschaft der Sünde" (V34) und wirklicher Freiheit (ὄντως ἐλεύθεροι V36) zur Debatte steht.[114] Die im Bild mitgeteilte Hintergründigkeit zielt auf die Hausgemeinschaft Gottes. Während die Knechte der Sünde ihre Anteilhabe am Hausrecht Gottes verwirken, wird es den Söhnen der Verheißung bleibend und für immer (εἰς τὸν αἰῶνα; vgl. 6,51.58; 8,51f.; 12,34 u.ö.)[115] zur Verfügung stehen (vgl. 14,2). Diese Hintergründigkeit wird in V36 noch einmal variiert, indem der Sohn christologisch gedeutet wird. Der Bezug auf die Söhne Gottes bleibt in V35 aber mitgesetzt.[116] Dies legt die Parallelität zum gleichfalls singularisch gefaßten, aber im Blick auf den Kontext von V34 generisch zu verstehenden Begriff ὁ δοῦλος nahe. Die Kinder Gottes (vgl. 1,12f.; 11,52; 20,17) sind die durch Christus von der Knechtschaft der Sünde befreiten Hauspartner Gottes, die der Sünde dienenden Sklaven dagegen verlieren ihren Anteil am Hausrecht Gottes, weshalb ihnen verwehrt ist, sich weiterhin als Kinder Gottes zu bezeichnen (V41f.). Die Sünde wird demnach im Gegensatz zur Kindschaft Gottes präzisiert. Während jene die Anteilhabe an der Hausgemeinschaft Gottes bleibend verwirkt, gewährt diese das bleibende (Haus-) Recht der Freiheit der Kinder Gottes (vgl. 14,2).

Der υἱός-Begriff wird im Joh sonst nur christologisch verwendet (vgl. 3,17.35.36; 5,19ff.; 6,40 u.ö.), während die Glaubenden als τέκνα θεοῦ bezeichnet werden (1,12f.; 11,52). Da es sich aber in V35 um ein *Bildwort* handelt, in dem Rechtsverhältnisse des jüdischen Hauses vorausgesetzt sind (Beziehung zwischen Hausknecht und Sohn [des Hausherrn]), ist der Begriff υἱός konsequent. Trotz der explizit christologischen Deutung in V36 ist V35 aufgrund des angegebenen Kontextes und der im Bildwort sich eröffnenden Hintergründigkeit für eine Bezugnahme auf die „Kinder Gottes" (1,12f.; 11,52) offen. Dafür spricht auch, daß die im Bildwort getroffene Äußerung vom „Bleiben" des Sohnes in V31 eine Parallele im Blick auf das „Bleiben" der Jünger im Wort Jesu hat. Gleiches gilt für die Wendung εἰς τὸν αἰῶνα, die in V51f. auf die Bewahrer des Wortes Jesu bezogen ist, wobei der Zusammenhang der Aussagen vom Bewahren des Wortes Jesu (V51) und vom Bleiben im Wort Jesu (V31) offensichtlich ist. Der doppelte

---

mußten im 7. Jahr freigelassen werden (STR.-BILL. IV, 699ff.). Zur Stellung des jüdischen Sklaven in der Hausgemeinschaft vgl. a.a.O., 709-716.

[114] Der Kontext der Sache bemächtigt sich des Bildes: Der Begriff δοῦλος τῆς ἁμαρτίας ist in dem unmittelbar anschließenden ὁ δὲ δοῦλος präsent; gleichfalls der Begriff ὁ υἱός in dem folgenden Bedingungssatz: ἐὰν οὖν ὁ υἱός κτλ. Grammatisch ist die unmittelbare Verbindung durch δέ und οὖν hergestellt.

[115] BAUER-ALAND, Art. αἰών, 52 (1b).

[116] Gegen H.E. LONA, Abraham, 216.320, der ausschließlich christologisch deutet. B. LINDARS, Slave, 279f., hebt einen in einem traditionellen Jesuslogion vorgegebenen ethisch-ekklesiologischen Bezug des Logions (vgl. Mt 17,26) von der christologischen Interpretation durch den Evangelisten ab. Zum Problem s. den folgenden Exkurs.

Bezug von V35 ist offenbar gewollt. Dadurch kommt zum Ausdruck, daß die zu Söhnen Gottes Befreiten an der Freiheit des einen Gottessohnes teilhaben.[117] Variabel in dieser Beziehung ist auch der paulinische Sprachgebrauch, zu dem es in der Deutung des Themas: Knechtschaft, Freiheit und Gotteskindschaft offensichtliche Parallelen gibt. Die ekklesiologische Deutung von υἱός wird vor allem durch Gal 4,21-31 gestützt.[118]

5.4. Die Sündlosigkeit Jesu: Joh 8,46; 7,18

Der letzte Beleg von ἁμαρτία in Joh 8 begegnet in V46a.[119] Er unterscheidet sich von den anderen Belegen des 8. Kapitels dadurch, daß nicht mehr die Sünde der Jesus feindlichen „Juden", sondern eine vermeintliche Sünde Jesu im Blick ist. Die rhetorische Frage, die eine verneinende Antwort erwarten läßt, findet eine explizite Antwort in 7,18. Die Sündlosigkeit Jesu (vgl. 2.Kor 5,21; Hebr 4,15; 7,26; 1.Petr 2,22; 3,18; 1.Joh 2,1.29; 3,3.5b.7) wird mit dem im Johannesevangelium nur hier begegnenden Begriff der ἀδικία präzisiert.[120] Aber nicht nur von dieser gleichen Thematik her sind beide Belege im Zusammenhang zu betrachten[121], sondern auch aufgrund einer auffälligen Übereinstimmung der Kontextmotive. Beiderseits geht es im Zusammenhang der Sündenproblematik um die Wahrheit

---

[117] U. WILCKENS, Christus traditus, 371.

[118] Den Zusammenhang zwischen Kindschaft, Knechtschaft und Freiheit hat Paulus in Gal 4,21-31 mit Hilfe einer Joh ähnlichen Motivverbindung entwickelt (Abraham, Abrahamskinder, Knecht, Freier). Die Kinder (!) der Unfreien, die im Sohn der Magd repräsentiert sind, werden schließlich aus dem Haus ausgewiesen (V25.30), während die Kinder (!) der Freien, die im Sohn der Sara repräsentiert sind, die Erbschaft antreten (V28.30f.). Im Unterschied zu Joh geht es aber bei Paulus in Gal 4 um die Freiheit vom Gesetz (4,1ff.21; vgl. Gal 4,1-7). - In Röm 8,21 wird der Gedankenkomplex in bezug auf die Befreiung der Schöpfung thematisiert. Röm 8,15f. benennt den Gegensatz von πνεῦμα δουλείας und πνεῦμα υἱοθεσίας, um das τέκνα θεοῦ-Sein der vom Geist Geführten hervorzuheben. - Zur „Freiheit der Kinder Gottes" vgl. auch Mt 17,26; dazu B. LINDARS, Slave, 276-279.

[119] Der Ausfall von V46 in D beruht auf Homoioteleuton.

[120] 1.Joh 1,9 und 5,17 belegen, daß ἀδικία mit ἁμαρτία sachlich verwandt, in bestimmten Zusammenhängen sogar synonym ist. Die Sündlosigkeit Jesu wird im 1.Joh mit dem Begriff „gerecht" (δίκαιος: 2,1.29; 3,7) und „rein" (ἁγνός: 3,3) erfaßt, wodurch sowohl eine sachliche Beziehung zu der in Joh 16,10 genannten Rechtfertigung Jesu als auch zu den in Joh 6,69; 10,36; 17,19 begegnenden Aussagen von der Heiligkeit Jesu gegeben ist. Vgl. dazu M. HENGEL, Frage, 187f.190f.

[121] Implizit ist die Sündlosigkeit Jesu auch in dem aus Ps 35,19 oder 69,5 entlehnten Zitat: „Sie haben mich grundlos gehaßt" (Joh 15,25) zum Ausdruck gebracht. Diese Stelle führt Joh als Reflexionszitat an, um die Realität des dem Sohn Gottes entgegengebrachten Hasses der Welt, an dem seine Jünger Anteil haben (15,18ff.), schrifttheologisch zu begründen.

der Rede Jesu (7,18; 8,45.46b) und den Streit um Jesu Ehre (7,18; 8,49f.54). Es wird sich zeigen, daß dieser Zusammenhang kein Zufall ist, da er das Problem der göttlichen Legitimation Jesu betrifft.

5.4.1. Der Vorwurf der Anmaßung

Der Redeteil 8,37-47 ist durch den Gegensatz von Abrahamskindschaft und Teufelskindschaft bestimmt. Er spitzt sich am Ende des Redeganges als Gegensatz von Wahrheit und Lüge, von Sohn und Teufel zu (8,44f.). Der Unglaube kennzeichnet das Verhalten der Jesus feindlichen Welt. Die Aussage über den Unglauben rahmt 8,46a (vgl. 8,45.46bf.). Sie vergegenwärtigt die in 8,21.24.34 erkennbaren Momente des joh Sündenbegriffs (Verblendung, Knechtschaft, Tod, Unfreiheit, Ausschluß von den Segnungen der Abrahams- und Gotteskindschaft; s.o.). Insofern ist dieser Sündenbegriff auch in 8,46a präsent, obgleich es hier um eine vermeintliche Sünde *Jesu* geht.[122] Man hat Jesus Sünde *vorgeworfen*. Dies geht aus der in 8,48ff. einsetzenden Antwort der „Juden" hervor, die Jesus abfällig als Samariter und Besessenen deklariert. Damit wird deutlich, daß die Sünde im Johannesevangelium ein *umstrittener* Begriff ist. Es spiegelt sich in ihm die Auseinandersetzung um die Legitimation Jesu wider. Bereits mehrfach hat Jesus in Joh 8 die „Juden" der Sünde überführt. Es ist klar, daß dieser Vorwurf nicht unbeantwortet bleiben konnte. Ihre Reaktion ist in der Frage Jesu von 8,46a angedeutet. Jedoch erst im Folgenden wird der Vorwurf der Sünde Jesu präzisiert (8,48). Wie auch sonst im Evangelium scheint Jesus in prophetischer Voraussicht das Verhalten seiner Gesprächspartner zu kennen und vorwegzunehmen (vgl. 1,47f.; 2,24; 4,16-18.19). Die Reaktion der „Juden" in V48 ist eine präzise Antwort auf die Frage Jesu in V46a, denn jetzt werden konkrete Vorwürfe benannt, die die Sünde Jesu aufweisen sollen. Zum einen soll er ein Samariter sein, zum anderen ein Besessener (V48; vgl.V52). Der erste Vorwurf läßt sich als Schimpfwort aufgrund des aus jüdischer Sicht unakzeptablen Umgangs Jesu mit einer *Samariterin* (vgl. Kap. 4) gut verstehen. Auffällig ist, daß Jesus diesen Vorwurf im Unterschied zu dem der Besessenheit nicht zurückweist (V49). Offenbar steht Jesus für Johannes in positiver Beziehung zu den Samaritanern (Joh 4). Zum zweiten Vorwurf sind noch entspre-

---

[122] Aus der Sicht des Evangelisten ist freilich klar, daß Jesus einer „Sünde" eigentlich nicht überführt werden kann, weil „Sünde" im qualifiziert theologischen Sinn des Evangeliums nur an der Stellung zum Offenbarer deutlich wird. Der Vorwurf des ἁμαρτωλός-Seins Jesu (vgl. Joh 9) bezieht sich dagegen auf seinen vermeintlichen Gesetzesbruch. Vgl. richtig S. PANCARO, Law, 49-51.

chende Parallelen in 7,20 und 10,20f. zu vergleichen, die eine verbreitete und prinzipielle Verdächtigung der Person Jesu erkennen lassen.

Es stellt sich die Frage, welche Inhalte mit diesen beiden Vorwürfen verbunden sind. Im Vorwurf „Samariter" verdichten sich verschiedene Aspekte:

(1) Die Ketzerei: Das Schisma zwischen Juden und Samaritanern[123] war u.a. Ausdruck einer verschieden ausgebildeten Jahweverehrung. Beide Seiten bestritten sich den Anspruch auf die legitime Gottesverehrung (vgl. Joh 4,20). Indem Jesus (scheinbar wie die Samaritaner) den „Juden" den Anspruch legitimer Gottesverehrung absprach (4,20-24), mußte er den jüdischen Gesprächspartnern wie jemand vorkommen, der sich auf die Seite der Samaritaner stellt und wie ein Samariter auftritt.[124] Wer so mit feindlichen Nachbarn paktiert, muß ein „Sünder" sein.[125] Im Kontext von Joh 8 hat dieses Problem der legitimen Gottesverehrung seinen Anhaltspunkt: Jesus bestreitet den „Juden" die Abkunft von Abraham und Gott und wirft ihnen die Herkunft vom Teufel vor (8,37ff.), ein Vorwurf, wie er ähnlich von Samaritanern gegenüber Juden erhoben wurde (s.u.). Auch gesteht er ihnen die Kenntnis Gottes nicht zu (8,55). Der Evangelist läßt jedoch deutlich werden, daß die Bestreitung der legitimen Gottesverehrung nur Konsequenz des hoheitlichen Anspruches Jesu, nicht seiner vermeintlichen Samariterfreundschaft ist.

Der durch Jesus in 8,44 erhobene Vorwurf der Teufelskindschaft und die Reaktion der „Juden" in V48 stehen offenbar in einem engen Zusammenhang. Bei den Samaritanern galten die Nachkommen Kains, zu denen sie die „Juden" rechneten, als Söhne Belials bzw. als Kinder der Finsternis. „8,44 sagt Jesus deshalb, seine jüdischen Gegner seien von der Art ihres Vaters, des Teufels; deshalb könnten sie die Wahrheit, von der er, Jesus, rede, nicht annehmen. Das war nun allerdings für einen Mann, der selbst Jude war, eine ganz erstaunliche Behauptung über jüdische Lehrer, und für diejenigen, denen sie galt, war es einfach ausgeschlossen, daß ein Jude etwas Derartiges über andere Juden sagte ... Vielmehr schien hier in dieselbe Kerbe geschlagen zu werden, in die die Samariter zu schlagen pflegten. Wenn nämlich die Juden die alte Geschichte aus 2 Kön 17,24f hervorholten, die von den kutäischen und anderen Siedlern im zerstörten Nordreich han-

---

[123] Vgl. dazu J. JEREMIAS, Art. Σαμάρεια κτλ., ThWNT VII, 89-91. Zum jüdisch-samaritanischen Konflikt vgl. R.J. COGGINS, Samaritans and Jews, London 1975, sowie jetzt die in A.D. CROWN (Hg.), The Samaritans, Tübingen 1989, und F. DEXINGER/R. PUMMER (Hg.), Die Samaritaner, Darmstadt 1992, gesammelten Beiträge.

[124] J. BLANK, Krisis, 241.

[125] Das Schisma zwischen Juden und Samritanern war z.Z. Jesu so groß, daß die Juden die Nachbarn mit Götzendienst (vgl. STR.-BILL. I, 538.549.553) und Magie (vgl. STR.-BILL. II, 524f.) in Verbindung brachten. Bestimmte Verbote schlossen die Samaritaner vom Jerusalemer Kultus aus. „Das heißt: praktisch waren die Samaritaner im 1.Jhdt mit den Heiden auf eine Stufe gestellt" (J. JEREMIAS, a.a.O., 91).

delt und die Samaritaner eine daraus entstandene Mischrasse nennt, so gingen ihre samaritanischen Antipoden noch weiter und behaupteten, die Juden seien nicht besser als Heiden: die Nachkommen Kains bevölkerten das Land und heirateten zum Teil Nachkommen Seths. Die Juden Söhne des Teufels zu nennen, wäre also für einen Samaritaner nicht ganz ungewöhnlich gewesen. Wenn jedoch die 'Juden' auf eine solche Äußerung hin Jesus einen Samaritaner nennen, so darf man das nicht wörtlich nehmen; es handelt sich nur darum, daß er sich wie ein Samaritaner verhielt, sofern er eine samaritanische Polemik aufzunehmen schien.“[126] Der joh Jesus hat sich demnach in der Diskussion auf die Seite derer gestellt, die die Abrahamsnachkommenschaft der „Juden“ in Frage stellten.[127] Dem entspricht, daß Jesus den Vorwurf, ein Samariter zu sein, im Unterschied zu dem Vorwurf der Besessenheit nicht ausdrücklich zurückweist. Hinzu kommt, daß Jesus sich in den Augen der „Juden“ offenbar mit samaritanischen Propheten vergleicht, die den Anspruch göttlicher Würde und Kraft erhoben haben (s.u.). Gewisse samaritanerfreundliche Tendenzen des Evangelisten lassen sich daher kaum bestreiten (vgl. Joh 4,1-42), wenngleich eine durchgehende Interpretation des 4. Evangeliums auf dem Hintergrund samaritanisch-jüdischer Kontroverse und enger Beziehungen des Evangelisten zu Samaria überzogen ist.[128] Joh hätte dann in Kap. 8 ein Motiv der jüdisch-samaritanischen Kontroverse aufgenommen.[129] - Nicht unerheblich ist auch, daß im Zusammenhang der in Jamnia in das Achtzehnbittengebet aufgenommenen birkath ha-minim sich sowohl Judenchristen als auch Samaritaner von der „Ketzerverwünschung“ betroffen wissen mußten.[130] Joh 8 reflektiert demnach in dem Vorwurf der Ketzerei Jesu die durch das (rabbinisch geprägte) Mehrheitsjudentum sich vollziehende Diskriminierung und Ausgrenzung der Judenchristen und Samaritaner als „Ketzer“.

(2) Der hoheitliche Anspruch Jesu steht in einer weiteren Hinsicht zur Debatte. Zum einen besteht Jesus darauf, nicht seine, sondern die Ehre Gottes zu suchen (8,49f.54; vgl. 5,41.44; 7,18; 12,43), zum anderen wird die göttliche Legitimation Jesu von den „Juden“ bestritten, indem sie ihm

---

126 J. BOWMAN, Probleme, 60f.

127 Das Motiv für diese Infragestellung ist freilich jeweils unterschiedlich. Während die Samaritaner auf den inferioren Einfluß der Nachkommenschaft Kains (und Seths) abheben, ist für Johannes der Mangel an Glauben verantwortlich für die Verfehlung an der Abrahamskindschaft (Joh 8,39f.).

128 Vgl. G.W. BUCHANAN, The Samaritan Origin of the Gospel of John, in: J. NEUSNER (Hg.), Religions in Antiquitiy: Essays in Memory of E.R. Goodenough, Leiden 1968, 149-175; E.D. FREED, Samaritan Influence in the Gospel of John, CBQ 30 (1968), 580-587; ders., Did John Write His Gospel Partly to Win Samaritan Converts?, NT 12 (1970), 241-256. Kritisch gegenüber Buchanan und Freed äußern sich R. KYSAR, The Fourth Gospel, 160-163 (Die Samaritaner waren kein dominierender Faktor für Johannes; primär ist der jüdisch-christliche Dialog); M. PAMMENT, Samaritan Influence, 221-230, und J.D. PURVIS, The Fourth Gospel, 161-198.

129 Zum Zusammenhang von Joh 8,44.48 mit der samaritanischen Theologie vgl. H.E. LONA, Abraham, 285-290.

130 Belege für die in rabbinischen Texten auftretende Verbindung von *minim* und Samaritanern bietet K. WENGST, Bedrängte Gemeinde, 93 Anm. 64. Zur Wirkung der birkath ha-minim auf entsprechende (ausgrenzbare) Gruppen einschließlich der Judenchristen vgl. ders., a.a.O., 89-104.

vorwerfen, sich über Abraham und die Propheten zu erheben (8,52f.56-
58). Der Vorwurf der *Anmaßung/Blasphemie*[131] gipfelt in der Frage von
8,53: τίνα σεαυτὸν ποιεῖς;[132] An dieser Stelle sind entsprechende Ansprüche samaritanischer Propheten zu vergleichen, die sich göttliche Würde und Kraft anmaßten.[133] „Die Juden stellen Jesus auf die gleiche Stufe,
weil er ähnliche Ansprüche erhebt."[134] In Joh 10,31-39 wird der Streit um
die Blasphemie Jesu offen ausgetragen. Der Vorwurf der göttlichen Anmaßung (ποιεῖς σεαυτὸν θεόν [10,33; vgl. 5,18; 8,53; 19,7]) findet in
Jesu Verweis auf seine in den Werken des Vaters offenbare Gottessohnschaft eine Antwort (10,36-38): „In dem, was Jesus sagt und tut, redet und
handelt, begegnet Gott selbst. In der Weise gilt es, daß er und der Vater
eins sind, daß er 'Gott' ist und 'Sohn Gottes'. Es geht nicht um die Vergöt-
zung eines Menschen, sondern um die Präsenz Gottes in Jesus."[135]

Die in 19,7 gegen Jesus erhobene Tötungsabsicht ist konsequent, weil der Anspruch Jesu
als Gotteslästerung im Sinne der Anmaßung einer gottgleichen Stellung und Würde verstanden wurde. Jesu Anspruch mußte als Angriff gegen die in Dtn 6,4 bekannte Einzig-
keit Jahwes aufgefaßt werden. „Als Gotteslästerung gelten dem antiken Judentum Worte
und Taten, die Gottes Ehre antasten und seine Heiligkeit verletzen ... So wird Gott gelä-
stert, wenn ein Mensch ihn schmäht, seinen Namen verflucht, sich göttliche Kräfte zuschreibt oder sich eine gottgleiche Stellung und Würde anmaßt. Jede Gotteslästerung ist
ein todeswürdiges Verbrechen (s. Lev 24,10ff; Num 15,30f), das gemäß Lev 24,16 mit
Steinigung (San 7,4; Sifra Lev zu 24,11ff) und gemäß Dtn 21,22f zusätzlich durch Auf-
hängen des Leichnams am Kreuz (San 6,4; Sifre Dtn z. St.) bestraft werden muß."[136] Die
Absicht der Steinigung Jesu ist Joh 8,59; 10,31.33; 11,8 zu entnehmen. Die Kreuzigung
Jesu erfolgte nach römischer Rechtsgrundlage (18,31f.).

---

[131] Zum Vorwurf der Blasphemie Jesu im Johannesevangelium vgl. J. ASHTON, Understanding, 137-151; K. BERGER, Anfang, 189-195; A.E. HARVEY, Jesus, 77-81; M. DE
JONGE, Son of God, 148f.; TH. KNÖPPLER, Theologia crucis, 190f.; S. PANCARO, Law,
53-76; J. RINKE, Kerygma, 142ff.; K. WENGST, Bedrängte Gemeinde, 117-122; U.
WILCKENS, Komm., 13.332ff.

[132] Vgl. J. BLANK, Krisis, 244, zu 8,53: „Wenn man dem Anspruch Jesu auf das
'größer' von vornherein ablehnend gegenübersteht, dann kann man nur fragen: Was
machst du selbst aus dir? Dann ist solch ein Anspruch ein übersteigertes 'etwas aus sich
machen'."

[133] Der Samaritaner Dositheus bezeichnete sich als „Sohn Gottes" (Orig Cels 6,11),
und Simon Magus wurde als die „große Kraft Gottes" (Apg 8,10) bzw. „der höchste
Gott" verehrt (Just Apol 26,3; vgl. Dial 120,6).

[134] R. SCHNACKENBURG, Komm. II, 293.

[135] K. WENGST, Bedrängte Gemeinde, 121. Vgl. dazu näherhin W.G. KÜMMEL,
Theologie, 239-244, im Blick auf den „Sohn"-Titel bei Johannes.

[136] O. HOFIUS, Art. βλασφημία κτλ., EWNT I, 530.

(3) Schließlich ist noch der Vorwurf der Besessenheit zu bedenken (δαιμόνιον ἔχειν 7,20; 8,48.49.52; 10,20f.). In den synoptischen Evangelien wird er im Zusammenhang der Dämonenbannungen Jesu erhoben (vgl. Mk 3,22-27; Mt 12,22-30par), von denen im Joh aber nichts berichtet wird. Im Kontext der mit dem Samariter-Vorwurf erhobenen Beschuldigung der göttlichen Anmaßung ergibt er aber einen guten Sinn, wenn man bedenkt, daß Auftreten und Erfolg der o.g. samaritischen Propheten auf dämonischen Einfluß zurückgeführt wurden (Just Apol 26,1.4.5; vgl. Mt 11,18 im Blick auf Johannes d. Täufer). Auch in Joh 8,52f. ist dieser enge Zusammenhang von Besessenheit und Anmaßung festgehalten: Die Erkenntnis, daß Jesus besessen ist (V52), gipfelt in der Frage: τίνα σεαυτὸν ποιεῖς (8,53)?

Die beiden durch die jüdischen Gegner Jesu erhobenen Vorwürfe, die eine Antwort auf die in V46 gestellte Frage nach der *Sünde Jesu* sind, lassen sich also unter den Begriffen der *Anmaßung (Blasphemie), der Ketzerei und Besessenheit* zusammenfassen. „Jesus wurde beschuldigt, ein vom Teufel besessener, halbheidnischer Magier zu sein."[137]

Die Antwort Jesu auf diesen Vorwurf ist eindeutig und entspricht dem auch sonst erkennbaren Anliegen des Evangelisten, die Legitimation Jesu durch die Einheit des Wirkens mit Gott hervorzuheben. Jesus weist den Vorwurf der Anmaßung und Besessenheit zurück, indem er nicht auf seine Person, sondern auf Gott verweist, dem er die gebührende Ehre entgegenbringt (8,49f.54f.). Ähnlich argumentiert Jesus auch in 7,18, wo er den Erweis der Ehre Gottes mit seiner Sündlosigkeit zusammendenkt! Demgegenüber lassen die „Juden" die Gott zukommende Ehre vermissen, da sie dem in Einheit mit dem Vater wirkenden Sohn die Ehre verweigern (5,23) und ihre eigene Ehre suchen (5,41-44; vgl. 12,43). Dieses δόξαν παρὰ ἀλλήλων λαμβάνειν ist die grundsätzliche Sünde des Unglaubens, die das Verhalten der jüdischen Gegner Jesu kennzeichnet (5,44!). Auch im Zusammenhang des Vorwurfes der Sünde Jesu (8,46a) wird auf diese Sünde des Unglaubens abgehoben (8,45.46bf.)! Darin wird deutlich: Indem Jesus seine *Sündlosigkeit* verteidigt, ist die *Sünde der Gegner Jesu* bleibend gegenwärtig! Während diese glauben, Jesus des Vergehens überführen zu können, werden sie an ihrem eigenen grundsätzlichen Vergehen gegen Gott gemessen.[138] Der *Streit um die Sünde* erweist sich für sie von

---

[137] M. HENGEL, Schriftauslegung, 264 Anm. 55.

[138] Die Gespräche 8,31ff. offenbaren die Sünde der „Juden". „Ohne daß die dreimalige Antwort Jesu auf die drei Erwiderungen der Juden (sc. 8,31-47) als ein ἐλέγχειν bezeichnet wird, kann sie der Sache nch (sic!) als solches gesehen werden. Jesus weist nach, daß sie sündigen und Sklaven der Sünde und des Teufels sind, und im Sinne von

vornherein als verloren, weil sie den Gehorsam gegenüber Gott verweigern (8,47). Insofern steht die Debatte um die Sünde Jesu im Kontext des joh Sündenbegriffes von 8,21.24.34 (und 1,29; 9,39-41; 15,22.24; 16,8f.), wo die Sünde der ungläubigen Welt thematisiert wird.

5.4.2. Die Sündlosigkeit Jesu als Erweis der Ehre Gottes

Es ist bereits darauf hingewiesen worden, daß Johannes die Sündlosigkeit Jesu mit dem Erweis der Ehre Gottes zusammendenkt (7,18; 8,46.49f.54; vgl. 5,23.41.44). Damit wird deutlich, daß sie nicht als moralische Eigenschaft der persönlichen Tadellosigkeit[139] oder der Gesetzesobservanz[140] zu verstehen ist, sondern als Ausdruck der *Theologie der Offenbarung* des 4. Evangeliums: *Theologie*, sofern es sich um *Gottes* Ehre handelt, die in Jesu Wirken zur Geltung kommt, und *Offenbarung*, sofern der *Wahrheitsanspruch des gesandten Sohnes* auf dem Spiel steht. Der erste Aspekt ist mit dem Begriff der δόξα (τοῦ) ϑεοῦ, der zweite mit den Begriffen der ἀλήϑεια und der Sendung (πέμπειν) verbunden.

Die ἀλήϑεια steht im Kontrast zur Lüge (8,44f.).[141] Letztere ist das spezifische Werk des Teufels, von dem sich die Wahrheitsrede Jesu abhebt. Unverständlich bleibt zunächst, warum die Gegner Jesu seiner Wahrheit nicht glauben (8,46b). Der tiefere Grund dafür liegt in ihrer Herkunft: weil sie nicht von Gott, sondern von ihrem Vater, dem Teufel, her stammen. Damit geben sie sich wie ihr Vater als Lügner zu erkennen (8,55; vgl. V44). Ein tiefer Kontrast von Wahrheit und Lüge kennzeichnet das Wirken beider Kontrahenten. Aber dieser Kontrast ist nicht das Ergebnis eines von Ewigkeit her festgelegten Faktums, sondern er ist durch das konkrete Verhalten gegenüber der Offenbarungswahrheit Gottes konstituiert. Weil die Gegner Jesu der in ihm geoffenbarten Wahrheit Gottes nicht

---

7,7 weist er der Welt nach, daß ihre Werke böse sind" (M. HASITSCHKA, Befreiung, 272).

[139] Vgl. R. BULTMANN, Komm., 245; Y. IBUKI, Wahrheit, 105; R. SCHNACKENBURG, Komm. II, 290.

[140] Vgl. S. PANCARO, Law, 49-51, der den pharisäisch geprägten ἁμαρτωλός-Begriff in Joh 9 vom joh geprägten ἁμαρτία-Begriff, wie er im Blick auf den Unglauben der „Juden" in Anwendung kommt, unterscheidet. Insofern können die „Juden" Jesus wohl als „Sünder" (= Übertreter des Gesetzes) anklagen (9,16.24; vgl. 9,31), nicht jedoch „der Sünde überführen" (8,46), weil sich mit dem Begriff der „Sünde" für Joh die Beschreibung des (Un)Wesens der ungläubigen Welt verbindet.

[141] Zum Wahrheitsbegriff in Joh 8,31ff. vgl. Y. IBUKI, Wahrheit, 88-116. Ibuki (88f.) bemerkt, daß von der Wahrheit Gottes im alttestamentlichen Rechtsstreit die Rede ist, so daß das häufige Vorkommen des Wahrheitsbegriffes in Joh 8,31-47 verständlich ist.

glauben, sind sie nicht „von Gott" und können im Unterschied zu den Seinen Jesu die „Worte Gottes", die in seinem Wort zur Geltung kommen, nicht hören (VV43.47; vgl. dagegen 5,25; 10,16.27; 18,37).[142] Es zeigt sich hier der schon benannte Zirkel: Unglaube konstituiert den Abfall von Gott, und der Abfall von Gott wirkt sich in ständig neuem Unglauben aus. Wo aber kommt die ἀλήθεια zur Geltung? Im Offenbarungswirken Jesu. Indem der Sohn die Ehre Gottes sucht, ist er ἀληθής (7,18) und redet die von Gott vernommene Wahrheit (8,40; vgl. 7,18; 8,32.45.46). An dieser Stelle wird ein zweifacher Bezug in der Rede von der *Doxa-Ehre Gottes* deutlich.[143] Es geht zunächst um das Handeln *Jesu vor Gott*: Der Sohn ehrt Gott (8,49f.; vgl. 5,41.44; 8,54). Er redet nicht von sich aus, sondern von Gott her (7,18). Darin bekundet sich seine Kenntnis von ihm (8,55). Er hält Gottes Wort (8,40.55) und vollendet seinen Sendungsauftrag auf der Erde (17,4). Der andere Aspekt bezieht sich auf das *Handeln Gottes an seinem Sohn:* Gott ehrt den (8,50.54), den er gesandt hat (7,18).[144] Den Kontext für das Verständnis dieser Rede bilden die Aussagen, die einerseits auf die präexistente und inkarnierte Doxa des Logos-Christus (1,14; 2,11; 11,4.40; 12,41; 17,5.22.24), andererseits auf die „Verherrlichung" Jesu Christi am Kreuz abzielen (7,39; 13,32; 16,14; 17,5 u.ö.). Joh 17,4f. macht deutlich, daß die kreuzestheologische Füllung des Doxabegriffes die Bestätigung, Bekräftigung und Vollendung des Sendungswerkes Jesu auf Erden umschreibt.[145]

---

[142] „Das lapidarische οὐ δύνασθε ἀκούειν klingt um so eindrucksvoller, wenn man bedenkt, daß das Tun der Juden durch das *Hören* auf ihren Vater bestimmt war (V.38). Aber bezüglich der Worte des Gottgesandten bleiben sie taub ohne Bereitschaft und Fähigkeit, sie aufzunehmen" (H.E. LONA, Abraham, 323).

[143] In Joh 5,41.44; 7,18; 8,50.54; 9,24; 12,43 hat δόξα die Bedeutung „Ehre, Geltung" (W. THÜSING, Erhöhung, 198-201). Sonst dominiert der Aspekt von „Herrlichkeit", „Glanz" (1,14; 2,11; 11,4.40; 12,41; 17,5.22.24). Das AT bietet Anlaß für diese doppelte Akzentuierung in dem hebr. Äquivalent כָּבוֹד mit seinen Bedeutungsnuancen von „Wichtigkeit", „Macht", „Ehre", „Würde", „Herrlichkeit" und „Glanz" (vgl. dazu M. WEINFELD, Art. כָּבוֹד, ThWAT IV, 23ff.). Für Johannes kulminieren der profane Gebrauch von Doxa („Ehre") und der theologisch-christologische Gebrauch von δόξα/ δοξάζειν („Verherrlichung", „verherrlicht") in der „von-her"-Beziehung: von Gott oder von Menschen her. Vgl. dazu Y. IBUKI, Doxa, 50ff.

[144] Zum Zusammenhang von göttlicher Doxa und Sendung Christi vgl. Y. IBUKI, a.a.O., 38-81(68f.).

[145] Zum Gebrauch des Doxa-Begriffes bei Joh vgl. näherhin J.T. FORESTELL, Word, 65ff.; H. HEGERMANN, Art. δόξα, EWNT I, 839-841; Y. IBUKI, a.a.O., 38-81; TH. KNÖPPLER, Theologia crucis, 52-65.165-173; S. PANCARO, Law, 233ff.; J. RIEDL, Heilswerk, 74-80.118ff.128ff.166ff.; W. THÜSING, Erhöhung, 240ff.; passim. Was den Gebrauch von τιμᾶν und δοξάζειν betrifft, stellt W. THÜSING, a.a.O., 44, fest: „Im Vergleich mit τιμᾶν kann gesagt werden, daß δοξάζειν zwar parallel zu diesem Begriff ist,

Die offenbarungstheologische Konzentration der Aussage von der *Sündlosigkeit Jesu* ist deutlich. Sie ist einerseits als *Inkraftsetzung und Bewahrheitung des Wortes Gottes durch seinen Sohn* zu verstehen, andererseits als ein *Handeln Gottes an Jesus,* nämlich als *Bestätigung, Bekräftigung und Vollendung des Sendungswerkes Jesu auf Erden durch die Verherrlichung am Kreuz. Die Sündlosigkeit Jesu ist also ein Aspekt des Heilswerkes Gottes an seinem Sohn. Sie ist Ausdruck des Offenbarungsanspruches Jesu.*[146] Die „Juden" erkennen das Offenbarungswirken Jesu nicht. Wer nicht die Ehre Gottes, sondern die eigene Ehre sucht (5,41-44; 5,18; 8,49f.54f.; 12,43), hat nicht die Liebe Gottes in sich (5,42), kann nicht glauben, daß Jesus der vollmächtige Gesandte Gottes ist (5,43f.; 7,18), und kennt Gott nicht (8,55). Das Suchen nach der eigenen Ehre verhindert die Erkenntnis der Doxa Gottes und damit auch die Erkenntnis der Sündlosigkeit dessen, der die Doxa Gottes zur Geltung bringt.

5.4.3. Der Rechtsstreit um die Sünde

Das Johannesevangelium benutzt die *literarische Gattung des Rechtsstreits,* die nach J. Becker[147] in Passagen wie 5,31-47; 7,15-24; 8,12-20; 10,22-39 und 15,18-16,15 deutlich wird. Hier geht es um die Legitimation des Gesandten.[148] J. Becker benennt vier Charakteristika dieser Texte: 1. Der Offenbarer vertritt zu Beginn den Heilsanspruch als Offenbarer und Gesandter Gottes (5,17f.19-30; 8,12; 9,35-41; 10,19-21). 2. Die ungläubigen „Juden" stellen die Legitimationsfrage (in 5,31ff. vorausgesetzt; 7,15; 8,13; 10,24). 3. Jesus legitimiert sich durch erneutes Selbstzeugnis (als seiner Einheit mit dem Vater) und erhebt die Anklage des Unglaubens der „Juden" (5,31-47; 7,16-24; 8,14-19; 10,25.30.32-38). 4. Der Rechtsstreit offenbart die Todfeindschaft der „Juden" gegen Jesus. Die Passion Jesu wird kompositionell vorbereitet (5,17; 7,19f.; 8,20; 10,31.39). Der Rechtsstreit zwischen dem Offenbarer und der ungläubigen Welt endet und voll-

---

aber - wenigstens an vielen Stellen - über ihn (nach der ontischen Seite hin?) hinausgeht." Spezifisch für δοξάζειν ist, daß es als Objekt nur den Vater und Jesus hat. Vgl. a.a.O., 242 Anm. 8.

[146] Vgl. R. BULTMANN, Komm., 245.

[147] J. BECKER, Komm. I, 298-300; vgl. auch J. BLANK, Krisis, 198-230; U.B. MÜLLER, Eigentümlichkeit, 31-34; U. WILCKENS, Komm., 115.

[148] In Joh 15,18-16,15 steht zwar die Auseinandersetzung der Gemeinde mit der Welt im Vordergrund, jedoch ist diese gerade in dem Rechtsstreit *Jesu* mit der Welt begründet, der eine Korrelation zwischen dem Geschick Jesu und der Gemeinde in Gang setzt (15,18-25). Diesen Text aufgrund seiner kirchlichen Blickrichtung von den vier anderen genannten Texten abzuheben und einer „Kirchlichen Redaktion" zuzuschreiben (so J. BECKER, Komm. I, 298; Komm. II, 583ff.), besteht kein Grund.

endet sich in dem offiziellen Prozeß, der Jesus den Tod bringt (18,28-19,16).[149] Dabei wird deutlich, daß das Prozeßmotiv das gesamte Evangelium, vor allem den ersten Teil 1,19-12,50 „wie einen roten Faden" durchzieht.[150] Immer wieder begegnen formale Elemente des Rechtsstreits wie Anklage, Verteidigung, Zeugnis und Gericht.

In diesen Texten spiegelt sich der Kampf des joh Christentums mit der jüdischen Gemeinde wider, wie er durch den Ausschluß aus der Synagoge motiviert wurde (9,22; 12,42; 16,2).[151] Damit ist der Anlaß für die Aufnahme des Rechtsstreitmotivs durch Johannes genannt. Der Evangelist verarbeitet mit seiner Hilfe den Konflikt zwischen Offenbarer und Jüngergemeinde einerseits und der ungläubigen Welt andererseits. In ihm verdichten sich die konkreten rechtsrelevanten Auseinandersetzungen zwischen joh Gemeinde und Synagoge z.Z. des 4. Evangeliums. Johannes zeichnet sie in die textinterne Ebene der Jesusgeschichte ein und läßt sie für die textexterne Leser- und Hörergemeinde transparent werden.[152]

Der religionsgeschichtliche Hintergrund dieses Rechtsstreites ist umstritten. Motive aus dem Rechtsstreit Jahwes mit Israel (vgl. Jes 3,13f.; 43,8-12; 44,6ff.; 46,6-11; Jer 2; Hos 4,1ff.; Mich 6,1-5)[153], aus dem hellenistischen Recht im Blick auf die Verteidigungsrede des angeklagten Philosophen[154] sowie aus dem jüdischen Botenrecht im Blick auf die enge Verbindung des Gesandten mit dem Sendenden[155] können ihren entsprechenden Niederschlag im Johannesevangelium gefunden haben. Die Frage nach der Legitimation des Gesandten verbindet diese Texte. Der hellenistischen Verteidigungsrede des Philosophen stehen Joh 7,20; 8,48.52; 10,20 nahe, wonach der Angeklagte sich gegen den

---

[149] Vgl. dazu J. BLANK, Die Verhandlung vor Pilatus Joh 18,28-19,16 im Lichte johanneischer Theologie, BZ NF 3 (1959), 60-81; T. SÖDING, Die Macht der Wahrheit und das Reich der Freiheit. Zur johanneischen Deutung des Pilatus-Prozesses (Joh 18,28-19,16), ZThK 93 (1996), 35-58: „Der Evangelist erzählt die gesamte Geschichte des irdischen Jesus als eine Geschichte immer neuer Infragestellungen des Anspruchs Jesu und immer neuer Nötigungen Jesu ... Der Prozeß gegen Jesus ist die logische Konsequenz" (37).

[150] J. BLANK, Krisis, 310.

[151] So auch U.B. MÜLLER, Eigentümlichkeit, 35.

[152] Zur textinternen und textexternen Leseebene des Johannesevangeliums vgl. U. SCHNELLE, Komm., 20ff. (9. Das johanneische Denken); ders., Perspektiven, 64-70. Zur Verschmelzung der Zeitebenen vgl. R.A. CULPEPPER, Anatomy, 53-75; A. DETTWILER, Gegenwart, 27-29; T. ONUKI, Gemeinde und Welt, 140-143; U.B. MÜLLER, Eigentümlichkeit, 28.

[153] Vgl. dazu J. BLANK, Krisis, 199f.212f.; P. STUHLMACHER, Gerechtigkeit Gottes, 137ff.; U. WILCKENS, Komm., 115.

[154] Vgl. dazu H.D. BETZ, Paulus, 13-42, der neben der Apologie des Sokrates und der Verteidigungsrede des Apollonius in Philostrats Vita Apollonii auf weitere Beispiele verweist.

[155] Vgl. J.-A. BÜHNER, Gesandte, 118-267.

Vorwurf der Goetie (Lüge, Scharlatanerie, Betrug, Magie u.ä.) zu verteidigen hat.[156] Andererseits versteht der 4. Evangelist Jesus nicht als wahren Philosophen, der wie Sokrates oder Philostrats Apollonius seine Ankläger der Sophistik überführt, sondern als Sohn Gottes, der Gottes Recht gegen das verstockte Volk (vgl. Joh 12,37ff.) zur Geltung bringt. Inhaltlich orientiert sich Jesu Verteidigung daher mehr am alttestamentlichen Rechtsstreit, der Gottes Recht gegen Israels Unrecht offenlegt. Zu bedenken sind auch die konkreten Zeit- und Umweltverhältnisse des Johannesevangeliums, die den Einfluß alttestamentlich-jüdischer Traditionen nahelegen. D. Schirmer hat in seiner Dissertation[157] gezeigt, daß das Johannesevangelium zum großen Teil auf dem Hintergrund jüdisch-rabbinischer Rechtsverhältnisse zu verstehen ist. In Texten wie Joh 5,10-16; 7,31-36.44-52; 9,8-34 und 11,46-57 spiegeln sich entsprechende juristische Verfahrensgänge wider, die in der Auseinandersetzung zwischen Jesus und seinen Sympathisanten sowie den jüdischen Rechtsbehörden eine Rolle spielen.[158] Schirmer benennt die entsprechende literarische Gattung „Rechtsbericht". - Zu einem ähnlichen Ergebnis kommt die Studie von A.E. Harvey: „Jesus on Trial" (London 1976). Harvey zeigt, daß das gesamte Johannesevangelium von der Prozeßsituation zwischen Jesus und der Welt bestimmt ist. Die literarische Form des Rechtsstreites bestimmt weitestgehend die Dispute zwischen Jesus und den „Juden". Rechtsrelevante Vorgänge sind: Zeugnis, Anklage, Verteidigung und Urteilsspruch. Das 4. Evangelium kann daher als eine Vergegenwärtigung der Ansprüche Jesu in Form eines ausgedehnten Prozesses („trial") verstanden werden (17).

Es ist bereits darauf hingewiesen worden, daß die Frage der Sünde zwischen Jesus und seinen Gegnern umstritten ist. In *Joh 8,46* wird vorausgesetzt, daß Jesus der Sünde beschuldigt wird. Wenn er fragt: „Wer kann mich (der) Sünde überführen?", so zeigt die Tötungsabsicht der „Juden" im weiteren Kontext (8,37.40), daß Verurteilung beabsichtigt ist und forensische Töne mitklingen. In Kap. 9 wird man Jesus aufgrund seines vermeintlichen Gesetzesbruches als „Sünder" bezichtigen (9,16.24.25).

Die Wendung ἐλέγχειν περὶ ἁμαρτίας begegnet im Joh noch einmal in 16,8f. Die ganze Stelle hat *forensischen* Charakter. Der Paraklet wird als Ankläger der Welt auftreten, um ihre Sünde *öffentlich* aufzudecken und zu überführen.[159] Die Begriffe ἐλέγχειν, δικαιοσύνη, κρίσις belegen

---

[156] Vgl. H.D. BETZ, Paulus, 33.38.

[157] Rechtsgeschichtliche Untersuchungen zum Johannes-Evangelium, Berlin 1964.

[158] A.a.O., 145-178. Zum alttestamentlich-jüdischen Prozeßrecht vgl. M. BLOCH, Das mosaisch-talmudische Strafgerichtsverfahren, Budapest 1901; A.E. HARVEY, Jesus, 46ff.; S. LEHMING/J. MÜLLER-BARDORFF, Art. Gerichtsverfahren, BHH I, 550-553; G. STEMBERGER, Judentum, 69ff.

[159] Auf den Öffentlichkeitscharakter des joh ἐλέγχειν macht J. BLANK, Krisis, 105 Anm. 171, aufmerksam, indem er es von dem entsprechenden Gebrauch des Weisheitsbuches abhebt: „Während im Weisheits-Buch das ἐλέγχειν eine Funktion des Sophia-Pneuma ist und hier vor allem die der menschlichen Innerlichkeit entsprungenen Regungen, Gedanken, Entschlüsse aufdeckt, hat das Wort bei Johannes einen ausgesprochenen Öffentlichkeitscharakter bekommen, der von der Geschichtlichkeit und der damit verbundenen Welt-Öffentlichkeit des Offenbarungsgeschehens herrührt."

den forensischen Sinn der Stelle.[160] Auch Joh 3,20 ist zu beachten: Wer
Böses tut, kommt nicht zum Licht, damit seine Werke nicht „aufgedeckt"
und „überführt" werden.[161] Dieser doppelte Sinn wird durch den Kontext
gedeckt. Zum einen sagt die Kontrastformulierung in 3,21, daß die Werke
des Wahrheitstäters „offenbart" werden (φανερωθῆναι), also wie beim
Täter des Bösen aus V20 einer „Aufdeckung" bedürfen,[162] zum anderen
beschreibt der Kontext von 3,18f. das Wirken des *Gerichtes*, das den
Glaubenden vom (verurteilenden) Gericht freispricht, den Nichtglaubenden aber der Liebe zur Finsternis überführt und entsprechend verurteilt.

Das Verb ἐλέγχειν hat eine juridische Grundbedeutung, die im einzelnen breit differenziert werden kann: (jemandes Schuld, Unrecht oder Irrtum) tadeln, zurechtweisen, stra-
fen, widerlegen, aufdecken, überführen.[163] So kann mit dem Verb „die ganze Skala des
Vorgehens in einem Prozeßverfahren bezeichnet werden"[164], d.h. die Prüfung einer
Rechtssache, das aufdeckende Verhör, der gerichtliche Tadel, die Verhängung der Strafe
und die Urteilsverkündigung mit dem Nachweis der Schuld.[165] In der LXX dominiert die
Bedeutung: „aufdecken, überführen", jedoch eher im moralisch-pädagogischen Sinn:
durch Aufdeckung von Sünde und Schuld mittels Erziehung und Strafe zur Umkehr führen.[166] Der joh Gebrauch ist weniger durch diesen moralisch-pädagogischen Sinn bestimmt. Im NT kommt Jud 15 begrifflich (ἐλέγχειν περί + Gen.) und sachlich dem forensischen Gebrauch des Joh am nächsten. Hier ist (mit Hen 1,9) vom Endgericht Gottes
über die Bösen die Rede. Diese werden mit dem Zweck der endgerichtlichen Verurteilung und Bestrafung ihrer gottlosen Werke überführt.[167] Der forensische Charakter von

---

[160] Zum Parakletspruch Joh 16,8-11 vgl. Teil 6.7.

[161] Die Wirkung des Lichtes bezieht sich auf ein „ans Tageslicht bringen" (vgl.
ἐλέγχειν in Eph 5,11.13; Ign Phld 7,1; Herm [v] I 1,5; Diog 2,8). Ein Joh 3,20 ähnlicher
Zusammenhang von „Aufdecken" und „Überführen" (der Sünde) ist in 1.Kor 14,24f.
hinsichtlich der Wirkung der prophetischen Rede genannt (*ἐλέγχεται ὑπὸ πάντων ... τὰ
κρυπτὰ τῆς καρδίας αὐτοῦ φανερὰ γίνεται ...*)!

[162] Freilich mit dem bedeutenden Unterschied, daß der Täter des Bösen seine Fin-
sterniswerke zu verschleiern versucht, während die Werke des Wahrheitstäters als gott-
gewirkt offen zutage liegen.

[163] Zum Begriff vgl. G.R. BEASLEY-MURRAY, John, 280f.; F. BÜCHSEL, Art.
ἐλέγχω κτλ., ThWNT II, 470-474; D.A. CARSON, Gospel, 534f.; U.B. MÜLLER, Prophetie, 24-26; F. PORSCH, Art. ἐλέγχω κτλ., EWNT I, 1041-1043; ders., Pneuma, 281-
285; I. DE LA POTTERIE, Vérité, 399-406; F.F. SEGOVIA, Farewell, 229.232f.

[164] F. PORSCH, Pneuma, 281.

[165] Ebd.

[166] F. BÜCHSEL, a.a.O., 470f.

[167] O. BETZ, Paraklet, 192-206 (vgl. auch U.B. MÜLLER, Parakletvorstellung, 69f.),
macht auf jüdische Parallelen, vor allem aus der Henochliteratur, aufmerksam, in denen
es um ein entsprechendes, meist mit dem Ziel der gerichtlichen Verurteilung gerichtetes
Überführen durch Wort oder Tat geht (vgl. Jub 4,23; 10,17; Hen[aeth] 14,1; 89,62f.70;
90,17). Dies hat für die Frage der religionsgeschichtlichen Einordnung des Parakletspruches Joh 16,8-11 Bedeutung. Vgl. dazu den Exkurs „Der Paraklet und die Paraklet-
Sprüche" bei R. SCHNACKENBURG, Komm. III, 156ff.

ἐλέγχειν ist auch Jak 2,9 zu entnehmen: Die Täter der προσωπολημψία erweisen sich als Täter der ἁμαρτία (!) und werden vom *Gesetz* als *Übertreter* (παραβάται) *überführt.* Des weiteren ist in diesem Zusammenhang auch die (Sünden) überführende Wirkung der prophetischen Rede in 1.Kor 14,3.24f. zu nennen.[168] - Der artikellose Gebrauch, der bei präpositionalen Wendungen vorkommen kann (ἐλέγχειν περὶ ἁμαρτίας), indiziert einen generischen bzw. qualitativen Sinn.[169] Ähnlich läßt Paulus den Artikel bei Abstrakta wie ἁμαρτία oder νόμος aus (vgl. Röm 3,20; 5,13; 6,14a .ö.). Jesus wird nicht einer einzelnen Sünde angeklagt, sondern der Sünde schlechthin, die sich für seine jüdischen Gegner in der blasphemischen Anmaßung der Gottessohnschaft kristallisiert (vgl. 5,18; 10,31ff.; 19,7).[170] Dem artikellosen περὶ ἁμαρτίας entspricht das artikellose ἀλήθειαν in 8,46b, das auf „τὴν ἀλήθειαν" in V45 zurückweist. Geht es hier um die Wahrheit des Offenbarers, der gegenüber es nur Glaube oder Unglaube gibt, dann ist das Konträrwort „Sünde" ähnlich grundsätzlich gefaßt im Sinn des Fernseins von Gott (V47; vgl. 9,16.31.33).

Wenn demnach Jesus nach 8,46 (vgl. auch 9,16.24ff.) als Sünder überführt werden soll, andererseits durch ihn die tiefe Befangenheit der Gegner in der Sünde erkannt und bloßgestellt wird (8,21.24.34; 9,39-41; 15,22.24; 16,8f.), hier - wie auch sonst im Joh - der Streit um die Legitimation Jesu offenbar wird, dann ist klar, daß der Konflikt zwischen ihm und ihnen ein *Streit um das Recht des Anspruches Jesu als Gesandter Gottes* ist.[171] An dieser Stelle sind die Aussagen von der Ehre Gottes, die Jesus zur Geltung bringt, zu erinnern (s.o.). Indem er nicht seine, sondern die Ehre Gottes sucht, erweist er sich als der in Wahrheit bevollmächtigte Gesandte Gottes (7,18).

Joh 7,18 ist wie Joh 8,46 im Kontext des Rechtsstreites Jesu mit der ungläubigen Welt auszulegen. Während Jesus die Schriftkenntnis abgesprochen wird (7,15), verweist er auf seine Legitimation durch die unmittelbare Gottgelehrtheit (7,16f.). Im folgenden (7,19ff.) bestreitet er seinen Gegnern die Einhaltung des Gesetzes. Die Kritik an der von Jesus vollzogenen Sabbatheilung (vgl. Kap. 5) wird mit dem Hinweis auf die auch am Sabbat zu leistende Beschneidung zurückgewiesen. Als Schlußmahnung folgt das Verbot des Richtens κατ᾽ ὄψιν. Es gilt, ein gerechtes Urteil (τὴν δικαίαν κρίσιν) zu fällen (7,24).[172] Dieser Kontext des Rechtsstreites

---

[168] Vgl. U.B. MÜLLER, Prophetie, 25f.; CHR. WOLFF, 1.Kor, 336f.

[169] Vgl. B.-D.-R. § 252; 255; 258. Περί „führt d(ie) Sache ein, auf die sich Überführung od(er) Nachweis beziehen" (BAUER-ALAND, 503).

[170] Auch der (konkrete) Vorwurf der Gesetzesübertretung, der Jesus die Bezeichnung „Sünder" einbringt (Joh 5,16.18; 9,16.24), wird auf dem Hintergrund des göttlichen *Anspruches* Jesu verständlich (5,18.19ff.; 9,29-33).

[171] So auch U.B. MÜLLER, Eigentümlichkeit, 34-37, zur Bedeutung des Rechtsstreites im Johannesevangelium.

[172] Die beiden Verse 7,18.24 bilden jeweils den Schlußpunkt der Unterabschnitte 7,15-18 und 7,19-24. Während 7,15-18 mehr prinzipiell die Ehre Jesu von Gott her the-

wird die Wahl des sonst im Johannesevangelium nicht begegnenden „ἀδικία" anstelle von „ἁμαρτία" (8,46) veranlaßt haben. Joh 7,24 greift auf 5,30 zurück (δικαία κρίσις): Jesus richtet gerecht, weil er den Willen Gottes erfüllt; die Gegner Jesu richten jedoch nach dem Augenschein. Die Mahnung, gerecht zu richten, impliziert, daß man Jesus ἀδικία vorgeworfen hat.[173] Die Zurückweisung dieses Vorwurfes dient der Betonung des gerechtes Gerichtes Jesu (ἡ κρίσις ἡ ἐμὴ δικαία ἐστίν). Dieses Gericht ist „wahr" (8,16), weil der Offenbarer selbst „wahr" ist (7,18). Solch eine Wahrheit ist darin begründet, daß er nicht von sich selbst, sondern von Gott her redet (7,17f.). Im Streit um das Recht vor Gott stehen sich die δικαία κρίσις Jesu und die κρίσις κατ' ὄψιν, die auch als κατὰ τὴν σάρκα κρίνειν bestimmt wird (8,15a),[174] gegenüber. Die Jesus vorgeworfene ἀδικία dürfte aufgrund des Kontextes (7,19-24; bes. V23), in dem es um Gesetz, Beschneidung und Sabbatbruch geht, als Unrecht vor Gott durch Gesetzesbruch zu bestimmen sein (vgl. Joh 5,16.18; 9,16.24.31). Jesus wehrt diesen Vorwurf ab, indem er zum einen darauf verweist, daß er als der Gesandte Gottes handelt (VV16-18), zum anderen, daß sein Handeln im Einklang mit dem im Gesetz niedergelegten Willen Gottes steht (VV21-24).

Der Begriff der ἀδικία („Unrecht", „Ungerechtigkeit") hat im Biblischen Sprachraum einen vielfältigen Bedeutungsgehalt.[175] Erst der jeweilige Kontext entscheidet über den genaueren Sinn: Gottlosigkeit, Betrug, Beleidigung, Schaden, Ungesetzlichkeit (Rechtsverletzung), Lüge, Unredlichkeit und Untreue.[176] Für Joh 7,18 dürfte die alttestamentliche Prägung bestimmend sein, wonach ἀδικία die Sünde gegen Gott ist.[177] Jene ist aus jüdisch-pharisäischer Sicht im Horizont des Gesetzes gefaßt (7,19-23). Die sachlich parallelen Wendungen ποιεῖν τὸ θέλημα τοῦ θεοῦ (7,17) und τὸν νόμον ποιεῖν (7,19) stehen im Zusammenhang der Erfüllung des Gesetzes[178] und zeigen, daß ἀδικία im Gegensatz zur δικαιοσύνη steht, die die im Gesetz niedergelegte Rechtsnorm Gottes beschreibt. Dies bestätigt auch der sprachliche Befund: Ἀδικία ist in der LXX in der Regel Wiedergabe der verschiedenen Begriffe für „Sünde": עָוֹן, חָמָס, עַוְלָה. Dem Gegensatzpaar ἀλήθεια - ἀδικία steht das häufiger verwendete Paar ἀλήθεια - δικαιοσύνη

---

matisiert, reflektiert 7,19-24 konkret den Sabbatkonflikt aus 5,1-18. „Wie V18 - für die Apologie typisch - mit der eigenen Unschuldsbeteuerung endete, so schließt V25 (sic! gemeint ist V24) mit der Aufforderung, ein gerechtes Gerichtsurteil zu fällen" (J. BECKER, Komm. I, 302).

[173] Das Gleiche ist von 8,46 zu sagen. Die Frage Jesu, wer ihn der Sünde überführe, setzt voraus, daß er der Sünde bezichtigt wurde. 8,48 präzisiert diesen Vorwurf.

[174] Zum Zusammenhang von Joh 7,24a mit 8,15a vgl. S. PANCARO, Law, 272-274.

[175] M. LIMBECK, Art. ἀδικέω κτλ., EWNT I, 74f.

[176] Vgl. dazu mit entsprechenden Belegen G. SCHRENK, Art. ἄδικος κτλ., ThWNT I, 150-163.

[177] Vgl. ders., a.a.O., 154f.

[178] Vgl. S. PANCARO, Law, 130ff.

([ה]קדצ - אמת) und das Gegensatzpaar ἀδικία - δικαιοσύνη (Dtn 32,4; Spr 11,5; 15,29; vgl. TestXII.Dan 6,10) gegenüber. Ἀδικία in Joh 7,18 ist also Kontrastbegriff zu δίκαιός ἐστιν, während δίκαιος in der LXX in der Regel קידצ korrespondiert.[179]

Der Kontext von Joh 7,18 und der sprachliche Hintergrund des Wortes ἀδικία legen also nahe, bei ἀδικία an den Bruch der Rechtsnorm Gottes, wie sie im Gesetz niedergelegt ist, zu denken. Eine Einschränkung auf den Begriff der „Lüge"[180] ist trotz einiger Belege der LXX, in denen ἀδικία gelegentlich für רקש steht (7mal und nur in den Psalmen), wenig wahrscheinlich. Die Verwunderung der „Juden" über die Lehre Jesu ist nicht in einer vermeintlich falschen Lehre Jesu begründet, sondern darin, daß Jesus als Ungelehrter (μὴ μεμαθηκώς) lehrend auftritt (7,14f.). Der Kontext von Joh 7,15-24 verdeutlicht, daß in diesem Zusammenhang - im Unterschied zu Joh 8,44f., wo das Gegensatzpaar „Wahrheit - Lüge" explizit erscheint -, gegen Jesus der Vorwurf des Gesetzesbruches erhoben wird, nicht der der Lüge.

Vice versa geht der Vorwurf der ἀδικία an die Adresse der Absender zurück, denn das Suchen nach der eigenen Ehre (7,18; vgl. 7,44; 8,49f.54f.), die Verweigerung gegenüber dem Sohn, die sich als Unglaube darstellt (5,43f.), ist das Unrecht der Sünde, dem sich die Gegner Jesu ausgesetzt haben. In *diesem* Sinn *kann* Jesus weder der ἀδικία noch der ἁμαρτία (8,46) überführt werden. ἁμαρτία kann Jesus nicht zukommen, weil der Begriff spezifisch das Wesen der ungläubigen Welt beschreibt. Aus pharisäischer Sicht wird Jesus des ἁμαρτωλός-Seins angeklagt, das sich nach alttestamentlich-jüdischem Vorbild an der Beziehung zum Gesetz entscheidet (9,16.24).[181] Während die Gegner Jesu also die Sünde am partiellen Fakt der jeweiligen Gesetzesübertretung verifizieren und Jesus als Gesetzesbrecher ausweisen (vgl. 9,16.24), blickt Jesus auf die grundsätzliche „Ursünde" des Unglaubens (vgl. 16,9).[182] Aus seiner Sicht hat der Begriff ἀδικία eine doppelte Perspektive: Zum einen wird deutlich gemacht, daß Jesus „gerecht", d.h. nach dem Willen Gottes richtet, nicht von sich selbst her redet und darin seine Wahrheit offenbart (s.o.), zum anderen kommt der Begriff im Kontext des Rechtsstreites zum Tragen. Der Vorwurf der ἀδικία Jesu wendet sich gegen die Ankläger selbst. Sie verweigern dem Gesandten Gottes den Glauben.

---

[179] Vgl. dazu S. PANCARO, a.a.O., 92f., mit den entsprechenden alttestamentlichen Belegen. Zu den hebräischen Äquivalenten von ἀδικία vgl. auch G. BERTRAM, Art. ἁμαρτάνω κτλ., ThWNT I, 268f.

[180] So neben R. BULTMANN, Komm., 207, S. PANCARO, a.a.O., 92-101.

[181] „The Pharisees can and must accuse and try to 'convict' Jesus of being a ἁμαρτωλός; Jn would never allow them to so much as accuse Jesus περὶ ἁμαρτίας. The context of 8,46 and the silence of the Jews indicates that Jn wishes to show that such a thought is absurd and such an accusation impossible" (S. PANCARO, a.a.O., 50).

[182] Ähnlich generalisierend ist auch 1.Joh 5,17 aufzufassen: ἀδικία als ἁμαρτία ist der Widerspruch gegen Gottes Willen. Vgl. R. SCHNACKENBURG, Komm. II, 186.

Der Parakletspruch 16,8-11 wird zeigen, daß in der Darstellung des Evangelisten der Rechtsstreit Jesu mit der Welt fortgeführt wird. Jesus und in seiner Nachfolge der Geist sind diejenigen, die gegenüber den „Juden" eine ἔλεγξις führen. Die Rollen sind vertauscht:[183] Die auf der Erzählebene bestehende Relation zwischen den Anklägern und dem Angeklagten kehrt sich von Gott her radikal um, so daß der Angeklagte (vgl. 7,18; 8,46) zum Ankläger wird (vgl. 9,39-41; 15,22-24) und die Ankläger zu Angeklagten werden. Der Geist führt das die Welt anklagende Werk Jesu weiter (16,8-11). Es gibt für sie keine Entschuldigung mehr (15,22), da das Gericht über ihren Unglauben bereits erfolgt ist (vgl. 3,18).

5.5. Zusammenfassung

(1) Der Sündenbegriff von Joh 8 ist auf dem Hintergrund des Konfliktes zwischen dem Offenbarer und der ungläubigen Welt zu interpretieren. Auf dem Laubhüttenfest (7,37-8,59) kommt es während des Aufenthaltes Jesu im Tempel zur Eskalation. Sie mündet in die Absicht der „Juden", Jesus zu töten (8,59). Der Begriff ἁμαρτία kommt in Joh 8 gehäuft vor (6mal). Bereits dieses Indiz weist auf die Brisanz der Thematik hin.

(2) In *Joh 8,21-24* wird die Sünde als das Unverständnis der „Juden" gegenüber dem göttlichen Gesandten präzisiert. Dieses Unverständnis ist Unglaube (V24). In dem freien sprachlichen Wechsel zwischen Singular und Plural von ἁμαρτία kommt der *umfassend gültige Tatbereich der einen Sünde des Unglaubens, die eine Wirklichkeit der Sünde in ihrem totalitären Anspruch,* zum Ausdruck. An einzelne moralische Vergehen oder die Unterscheidung von Grund- und Einzelsünde denkt Johannes nicht. Sünde ist definitiv Unglaube gegenüber dem Gesandten Gottes. In ihr kann das heilsame Licht der Welt (8,12) nicht „gefunden" werden (vgl. 7,33f. mit 8,21). Das Nicht-Finden Jesu, die Blindheit gegenüber dem Sohn Gottes (vgl. 9,39-41), führt zugleich zu einer Verblendung gegenüber dem eigenen Unheilszustand. Die Konsequenz des Sterbens in der Sünde will vom Sünder nicht wahrgenommen werden (8,21f.). Sünde äußert sich demnach als *Verdrängung* dieser Wahrheit. Deshalb bedarf es der Offenbarung und Überführung dieses Zustandes (16,8f.). Das „Licht" wird

---

[183] Zu diesem Motiv der „vertauschten Rollen" vgl. J. BLANK, Verhandlung, 60-65; ders., Komm. 3, 11f.; A. DAUER, Passionsgeschichte, 236-277; C. DIEBOLD-SCHEUER-MANN, Jesus, 207ff.; E. HAENCHEN, Jesus vor Pilatus, 144-156; F. PORSCH, Pneuma, 223f.; T. SÖDING, Macht, 40-42.

das (Un)Wesen der Finsternis *erhellen* (1,5; 3,19-21; 12,35) und so in ihrem sich verschließenden Wesen offenbar machen.

(3) Der Zusammenhang von *Sünde und Tod* ist von Johannes in eigentümlicher Hintergründigkeit gestaltet. In dem Mißverständnis des Weggangs Jesu als Selbstmord dokumentiert sich das Von-Unten-Sein der „Juden". Nicht „unten", im Bereich der Welt und des Todes, sondern „oben", bei Gott, ist Jesu Herkunft und Ziel. Die „Juden" erweisen ihr Von-Unten-Sein dagegen in der Absicht, Jesus zu töten. Diese Absicht der *Tötung* ist Indiz für ihr Befangensein in dem der Sünde folgenden *Tod*. Während Jesu Tod die in eigener Vollmacht übernommene Konsequenz seines Weges ist, ist der Tod der „Juden" die unfreiwillige Konsequenz ihres Gefangenseins in der Sünde. Hintergründig jedoch weist das ὑπάγειν Jesu auf das ἀποκτείνειν ἑαυτόν hin, insofern darin die Freiwilligkeit seines Todes angesprochen ist.

(4) Sünde ist die *Verhaftung an die Welt* (8,23). Wer „von unten" her ist, ist zugleich „von dieser Welt", die von dem ἄρχων τοῦ κόσμου bestimmt wird (12,31; 14,30; 16,11). Sein in der Sünde und Tun der Sünde konstituieren sich wechselseitig. Die Verweigerung des Glaubens ist der Grund für das Sein-von-der-Welt. Das Sein-von-der-Welt kann wiederum nichts anderes als Sünde hervorbringen. Es ist der „teuflische" Kreislauf, daß die sündige Tat die Herrschaft der Sünde konstituiert und zugleich die Herrschaft der Sünde sündige Taten hervorbringt. Johannes verdeutlicht diesen Sachverhalt am Begriff der Knechtschaft.

(5) In *Joh 8,31-36* wird die Sünde als *Knechtschaft* (δουλεία) expliziert. Jesu Rede von einer Befreiung aus der Sklaverei wirkt angesichts der aus Israels Sicht schon erfolgten Befreiung aus der Sklaverei Ägyptens, derer beim Laubhüttenfest gedacht wird, besonders brisant. Für Johannes ist der Kontext des Laubhüttenfestes ausschlaggebend, von der (allein) durch Jesus bewirkten Freiheit zu reden. Der Knecht der Sünde ist unfrei und abhängig (vgl. 8,35 mit 15,15). Dagegen ist der δοῦλος Jesu in das positive Verhältnis eines „Freundes" des Herrn versetzt (13,16; 15,15.20). Die Knechtschaft unter der Sünde wirkt sich als Abhängigkeits- und Dienstverhältnis, das in permanenter Unfreiheit zur Geltung kommt, aus. Dagegen ermöglicht die durch Jesus vermittelte Erkenntnis der Wahrheit ein *freies Dienstverhältnis* der in gegenseitiger Liebe zur Nachfolge Jesu berufenen Diener (13,16; 15,20). Durch Jesu Wirken wird die Knechtschaft der Sünde offenbar und der Weg der freien, dienenden Liebe und Nachfolge ermöglicht.

(6) Die Sünde steht im *Gegensatz zur Gotteskindschaft* und der im Glauben bewährten Abrahamskindschaft (8,37ff.). Sie erweist sich als

Teufelskindschaft (8,38.41.44). Die Gegner Jesu vollbringen die Werke ihres Vaters (V41), des Teufels, indem sie Jesus zu töten versuchen. Der mit dem Begriff „Werke Abrahams" (V39) umschriebene Glaube fehlt ihnen. Damit haben sie ihre beanspruchte Abrahamskindschaft verleugnet. Wer den Gesandten Gottes ablehnt, ist nicht von Gott (V47). Sünde ist daher der *Ausschluß von den Segnungen der Abrahams- und Gotteskindschaft*, die für die aus Gott gezeugten Kinder (vgl. 1,12f.) das Leben in Aussicht stellt (8,51). Während der Glaubende das freie Haus-, Besitz- und Erbrecht eines Sohnes im Haus seines Vaters genießt, verwirkt der Knecht der Sünde sein Hausrecht (V35). Die Kinder Gottes sind die durch Jesus befreiten Hauspartner Gottes. Die Sünde dagegen bewirkt den *Verlust des freien Hausrechtes Gottes*.

(7) Johannes benutzt in Kap. 8 - wie auch sonst des öfteren - die literarische Gattung des Rechtsstreites, in dem der Anspruch Jesu als Gesandter und Sohn Gottes auf dem Spiel steht. Dieser Anspruch wird als *Sündlosigkeit Jesu (8,46; 7,18)* zum Ausdruck gebracht. In dem Rechtsstreit reagiert Jesus auf den Vorwurf, ein Sünder zu sein (8,46; vgl. V48). Johannes macht damit deutlich, daß „Sünde" ein *umstrittener Begriff* ist, in dem sich die Auseinandersetzung um die Legitimation Jesu widerspiegelt. V48 präzisiert die vermeintliche Sünde Jesu. Er gilt als Samariter und Besessener. Darin verdichten sich die Vorwürfe der Ketzerei (Jesus bestreite seinen Gesprächspartnern die legitime Gottesverehrung), der Anmaßung/ Blasphemie (Jesus mache sich Gott gleich) und der Besessenheit. Während der erste Vorwurf durchaus einen Aspekt des Anspruches Jesu widerspiegelt, werden die Vorwürfe der Blasphemie und der Besessenheit zurückgewiesen. Jesus sucht vielmehr die Ehre Gottes (V49f.54f.) und bestätigt so die in ihm zur Geltung kommende Wahrheit (7,18). Seine Werke bezeugen seine Einheit mit Gott (10,36-38). Die „Juden" dagegen erweisen ihre Sünde dadurch, daß sie ihre eigene Ehre suchen (7,18; 5,41-44). Indem Jesus seine Sündlosigkeit verteidigt, wird die Sünde der Gegner offenbar. Im Streit um die Sünde werden die Sünde der „Juden" und die Sündlosigkeit Jesu aufgedeckt. Insofern im Offenbarungshandeln Jesu die Doxa-Ehre Gottes zur Geltung kommt, erweist sich die *Sündlosigkeit Jesu als ein Aspekt des Heilswerkes Gottes*. Sie ist daher nicht als moralische Eigenschaft oder als Ausdruck der Gesetzesobservanz zu deuten, sondern als *Ausdruck der Offenbarung der Wahrheit Gottes* in seinem Sohn (7,18; 8,32.40.45). Dem Unglauben muß diese Wahrheit der Sündlosigkeit Jesu verborgen bleiben (8,43f.46f.).

(8) Johannes hat das in seiner religiösen Umwelt, vor allem im alttestamentlich-jüdischen Schrifttum bekannte Motiv des *Rechtsstreits* aufge-

nommen und in die Jesusgeschichte des Evangeliums eingebaut. Darin verdichtet sich der rechtsrelevante Konflikt zwischen der joh Gemeinde und der Synagoge z.Z. des Evangelisten (vgl. 9,22; 12,42; 16,2). Johannes zeichnet den Konflikt in die textinterne Ebene der Jesusgeschichte ein und macht ihn für die textexterne Leser- und Hörergemeinde transparent. Auf der textinternen Ebene wird der sich in dem Vorwurf der Sünde abzeichnende Rechtsstreit zwischen Jesus und der Welt als Streit um die Rechtmäßigkeit des Anspruches Jesu, der Gesandte Gottes zu sein, ausgetragen. In ihm ist kein „Unrecht" (ἀδικία), weil sein Gericht gerecht und wahr ist (7,18.24; 5,30; 8,16), weil er den Willen Gottes erfüllt (5,30; 7,17a) und weil er darin die Wahrheit zur Geltung bringt (7,18; 8,16). Dagegen richten die „Juden" nach dem Augenschein (7,24) und „nach dem Fleisch" (8,15). Sie werfen Jesus vor, gegen die im Gesetz niedergelegte Rechtsnorm Gottes zu verstoßen (vgl. 7,19-24). Der Vorwurf der ἀδικία geht an die Welt zurück. Im Sinne des Evangelisten ist sie das Suchen nach der eigenen Ehre (7,18; vgl. 5,41-44; 8,49f.54f.), der Unglaube gegenüber dem Sohn (5,43f.), das Unrecht, dem sich die Gegner Jesu ausgesetzt haben. Nicht mehr das Gesetz, sondern die Verweigerung gegenüber dem Sohn Gottes bestimmt für Johannes, was „Sünde" (ἁμαρτία) und „Unrecht" (ἀδικία) bedeuten. Der Parakletspruch Joh 16,8-11 wird zeigen, daß und wie sich der Rechtsstreit Jesu mit der Welt fortsetzt. Die Rollen werden vertauscht. Jesus ist nur auf der äußeren Bühne der Angeklagte, in Wahrheit aber der Richter, der im Wirken des Parakleten nachösterlich gegenwärtig sein wird.

6. Der Sündenbegriff in den Abschiedsreden
(Joh 15,22-25; 16,8-11)

6.1. Die Abschiedsrede Joh 15,1-16,33

6.1.1. Die literarische Einheit von Joh 13,31-17,26

Stellung und Textfolge der Abschiedsreden Kap. 13-17 sind umstritten.[1] Der harte Übergang von 14,31 zu 15,1- man erwartet keine weiteren Reden Jesu mehr nach 14,31c- hat im wesentlichen zu zwei Erklärungsmodellen geführt.[2]

1. Textumstellungen: Mit Hilfe der Hypothese von Blattvertauschungen, die an sich in der Antike nicht unüblich waren,[3] werden - aus der Sicht des Exegeten - nachträglich „sinnvolle" Textabläufe erstellt. Diese Position geht davon aus, daß Teile des Evangeliums zufällig-versehentlich oder durch eine spätere Redaktion bewußt vertauscht worden sind. Im letzten Fall fragt man sich aber, warum die Endredaktion diese vermeintlich „sinnvollen" Textabläufe nicht beibehalten hat und erst eine für den heutigen Exegeten „anstößige" Textreihenfolge erstellt hat. Hinzu kommt, daß keine Handschrift ohne die jetzige Ordnung existiert. Handschriftlich lassen sich Blattvertauschungen für das Johannesevangelium nicht nachweisen.[4] Auch die Hypothese versehentlicher Blattvertauschungen rechnet mit vielen Unbekannten.[5] Zudem schafft sie neue Kompositionsprobleme.[6]

---

[1] Zur Diskussion des Problems vgl. J. BECKER, Die Abschiedsreden Jesu im Johannesevangelium, ZNW 61 (1970), 215-246; A. DETTWILER, Gegenwart, 34-52; W. LANGBRANDTNER, Gott, 50-69; U. SCHNELLE, Abschiedsreden, 64-79; ders., Komm., 237f.; S. SCHULZ, Komposition, passim; M. WINTER, Vermächtnis, 214-260.

[2] Vgl. J. BECKER, Abschiedsreden, 216ff., der noch einige andere, jedoch weniger überzeugende Deutungen referiert, sowie A. DETTWILER, ebd.

[3] Vgl. J. BECKER, Komm. I, 34-36, mit Verweisen auf LXX Sir 33,16b-36,13a und Hen(aeth) 93,1-10; 91,11-17.

[4] Insofern muß man zu der Hypothese ausweichen, die J. BECKER, a.a.O., 35, benennt: „Die Unordnung muß vor der Erstellung des Urahns der heute bekannten Textüberlieferung entstanden sein." Aber gibt es dafür einen Beweis?

[5] Z.B.: Waren die vorauszusetzenden Blätter so beschrieben, daß bei Vertauschung Wort- und Satzanschlüsse möglich waren?

[6] Vgl. A. DETTWILER, Gegenwart, 35ff.; E. HAENCHEN, Komm., 48-57; W. SCHMITHALS, Johannesevangelium, 130-135. - J.H. BERNARD, Komm., XXVIII-XXXII, erstellt folgende Reihenfolge: 13,31a; 15; 16; 13,31b-38;14; 17. R. BULTMANN, Komm.,

So kann man sagen: „Die Behauptung eines 'besseren' Textsinnes und literarkritisch verwertbarer Spannungen in der Textabfolge reichen allein
keineswegs aus, um durch Textumstellungen und das Ausscheiden angeblich sekundärer Passagen die ursprüngliche Gestalt des Johannesevangeliums wiederherzustellen. Eine überzeugende Erklärung für die Ursachen
der 'Unordnung' im 4. Evangelium kann nicht gegeben werden."[7]

2. Daher ziehen viele neuere Kommentare und Studien die Annahme
einer sekundären Einfügung von Kap. 15-16 (und evt. 17) vor.[8] Die Deu-
temodelle sind im einzelnen unterschiedlich. Zugespitzt ist die Variante,
die theologische Differenzen erkennt. J. Becker z.B. meint, daß vermeintliche theologische Verschiebungen, ja Gegenpositionen zu dem den Indikativ des Heils betonenden Evangelisten, der für die erste Abschiedsrede
in 13,31-14,31 verantwortlich erklärt wird, durch eine ethisch-kirchlich
orientierte zweite Abschiedsrede in Kap. 15-17, die auf das Konto der
„Kirchlichen Redaktion" gehen soll und mit ihrer Wertschätzung der „no-
va lex" in Richtung auf eine „frühkatholische Kirchlichkeit" schreitet,
bedingt sind.[9] Abgesehen von der Problematik vermeintlicher theologischer Gegenpositionen innerhalb der Abschiedsreden,[10] kann dieses Modell des sekundären Nachtrags[11] jedoch erst dann legitim eingebracht wer-

---

348-351, zieht Kap. 17 vor: 13,1-30; 17; 13,31-35; 15-16; 13,36-14,31. Diese und ähnliche Textumstellungen versuchen, Joh 15-17 in dem durch angeblich lockeren Aufbau gekennzeichneten Stück 13,31-38 einen Platz zu geben. Da aber 13,31-36 keinen Textman-
gel besitzt und auch nicht ohne eigene Struktur ist, schaffen solche Versuche nur mehr
Probleme als sie zu lösen. Zudem ist Joh 17 Höhepunkt und sinnvoller Abschluß der
Abschiedsreden (gegen Bultmann). Das Gespräch mit den Jüngern ist beendet, und Jesus
wendet sich nun in der Stunde des Abschieds im Gebet dem Vater zu.

[7] U. SCHNELLE, Schule, 203.

[8] Vgl. J. BECKER, Komm. I, 40f.; II, 572f.; ders., Abschiedsreden, 229ff.; R.E.
BROWN, Komm. I, XXXV-XXXIX; II, 586-588.594; A. DETTWILER, Gegenwart, 44-52;
C. DIETZFELBINGER, Abschied, 251-253.357f.; M. KOTILA, Zeuge, 184-187; B. LINDARS,
Gospel, 465ff.; G. RICHTER, Deutung, 66-73; J. RINKE, Kerygma, 304; R. SCHNACKEN-
BURG, Komm. III, 101f.; ders., Aufbau, 153-164; F.F. SEGOVIA, John 15,18-16,4a, 210-
216; A. WEISER, Theologie II, 174f.; W. WILKENS, Entstehungsgeschichte, 114f.; M.
WINTER, Vermächtnis, 231-260 u.a.

[9] J. BECKER, Abschiedsreden, 233.235f.

[10] Zur Kritik an Beckers Trennung von Soteriologie und Ethik vgl. M. HENGEL,
Frage, 259f. (Joh 15,4f. zeige den engen Zusammenhang von Indikativ und Imperativ);
H. KOHLER, Kreuz, 120-124; K. WENGST, Bedrängte Gemeinde, 32-38.

[11] Andere Entwürfe der Hypothese sekundärer Einfügung sind freilich differenzierter. A. DETTWILER, Gegenwart, 44-52, z.B. geht davon aus, daß Joh 15-17 nicht
einfach als (Joh 13,1-17.34f. und) die erste Abschiedsrede Joh 13,31-14,31 kritisierender
Gegentext, sondern als bewußt gestaltete Fortschreibung der joh Schule zu verstehen ist.
Unter dem Begriff der „Relecture" erfaßt er „diejenige Weise schriftlicher Reinterpreta-
tion, die sich durch die zweifache Bewegung von explizierender Rezeption und gleich-

den, wenn die literarische Einheitlichkeit von Joh 13-17 auf Kosten einer kohärenten Text- und Sinnpragmatik behauptet wird. Neuere Arbeiten haben jedoch entscheidende Akzente gesetzt, einen in sich sinnvollen Textzusammenhang zu erkennen.[12] Als Indizien dafür können angeführt werden:

(1) Der postjohanneische Charakter der Kap. 15-17 kann nicht nachgewiesen werden. Sprache und Stil sind „johanneisch". Ein Großteil der theologischen Leitthemen findet sich bereits in 13,31-14,31 wieder.

(2) Die Arbeitsweise eines Redaktors wäre unter der gegebenen Voraussetzung unverständlich. „Er hätte durch seine ungeschickte Einfügung von Joh 15-17 zwischen Joh 14,31 und 18,1 erst all die Probleme geschaffen, um deren Lösung sich die Exegese in diesem Jahrhundert bemüht. Allein durch die Plazierung der Kap. 15-17 vor Joh 14,30 hätte der Redaktor alle Schwierigkeiten umgehen können und somit auch für seine Leser und Hörer eine ‚befriedigende' Textfolge hergestellt."[13]

(3) Geht man davon aus, daß der 4. Evangelist die mk. Passionsgeschichte gekannt und aufgenommen hat,[14] daß er in Joh 12,27-29 eine Tradition des letzten Gebetskampfes Jesu voraussetzt, die deutliche Über-

---

zeitiger thematischer Akzentverlagerung auszeichnet" (12; zusammenfassend 293-304; zur Relecture-Hypothese vgl. J. ZUMSTEIN, Relecture, 394-411, sowie J. RAHNER, Tempel, 106-110; K. SCHOLTISSEK, Wege, 283f.). Aber auch diese Variante einer Nachtragshypothese ist problematisch, da sie von theologischen Defiziten als Anlaß für eine Weiterschreibung ausgeht. Neue und weiterführende Aspekte können auch vom gleichen Autor eingeführt werden (zur Kritik am Relecture-Modell vgl. U. SCHNELLE, Komm., 237; ders., Blick, 27). - M. HENGEL, Frage, 258-260, rechnet für Joh 15-17 mit einem Fragment des Evangelisten, das dieser angesichts der Spaltung in der Gemeinde durch die Sezessionisten (später) verfaßt habe. Ein oder mehrere Schüler haben es bei der Herausgabe des Werkes in das Evangelium eingebaut. Aber läßt sich (wie Hengel annimmt) die Existenz mehrerer Entwürfe zu Joh 15-17 nebeneinander nachweisen? Zudem müßten der oder die Herausgeber die literarischen Spannungen (unbemerkt?) erst geschaffen haben, aufgrund derer heute mit verschiedenen Schichten gerechnet wird. Zum Problem s.u. (2). - Die Annahme von W. SCHMITHALS, Johannesevangelium, 395ff., der eine literarische Schichtung in ein antijüdisches Grundevangelium und einen antihäretischen Redaktor (= Evangelist) erkennt, ist sowohl für die Abschiedsreden als auch für das ganze Evangelium wenig wahrscheinlich.

[12] Vgl. L. SCHENKE, Komm., 253-255; U. SCHNELLE, Die Abschiedsreden im Johannesevangelium, ZNW 80 (1989), 64-79; ders. Einleitung, 553-555; ders., Komm., 237f.; U. WILCKENS, Komm., 6f.235.

[13] U. SCHNELLE, Einleitung, 554.

[14] A.a.O., 563ff., bes. 567f. Vgl. auch T. ONUKI, Die johanneischen Abschiedsreden und die synoptische Tradition (AJBI 3), 1977, 157-268, und jetzt M. LANG, Herr, passim. R. BAUM-BODENBENDER, Hoheit, 176-218, erkennt nur für eine von ihr rekonstruierte redaktionelle Bearbeitungsschicht („B") synoptischen Einfluß an.

einstimmungen mit Mk 14,34-36 aufweist,[15] und daß in Joh 14,31c wohl der ursprüngliche Abschluß dieser Tradition des letzten Gebetskampfes begegnet,[16] dann ist die wörtliche Parallele zwischen dem Aufbruchbefehl Joh 14,31c und Mk 14,42a, die joh Umschreibung von Mk 14,42b (ὁ παραδιδούς με ἤγγικεν) mit ἔρχεται γὰρ ὁ τοῦ κόσμου ἄρχων in Joh 14,30b[17], die Bemerkung über die Rede Jesu Joh 18,1 und Mk 14,43, die sich an die Rede Jesu anschließende Begegnung mit Judas und die Gefangennahme Jesu zu beachten.[18] „Die vormk. Tradition wußte also um Worte Jesu auf dem Weg zu seinen Häschern. Für den 4. Evangelisten war damit ein *literarischer* Ort vorgegeben, um weitere Traditionen seiner Schule sowie von ihm selbst verfaßte Texte in den Erzähl- und Darstellungsablauf seines Evangeliums zu integrieren."[19]

(4) Das literarische Mittel der Wiederaufnahme des Erzählfadens, wie es in Joh 18,1 vorliegt, ist für den Evangelisten kein seltenes Stilmittel (vgl. z.B. Joh 2,1-11 mit 4,46; Joh 5 mit 7,23; 7,14 mit 7,25-30; Joh 9 mit 10,21; Joh 11,1-45 mit 12,9).

(5) Im Blick auf die textexterne Ebene des Lesers hat Joh 14,31c Signalcharakter.[20] Für die nachösterlichen Adressaten des Evangelisten (vgl. 17,20; 19,35fin; 20,29) sind die auf der Erzählebene des Evangeliums erst folgenden Ereignisse von Tod, Auferstehung und Erhöhung des Offenbarers in dem Befehl Jesu schon präsent. Der Leser ist dadurch in dem Aufbruch Jesu bereits auf die nachösterliche Situation verwiesen, so daß die ethische und ekklesiologische Ausrichtung von Kap. 15-17 im Anschluß an die erste Abschiedsrede 13,31-14,31 verständlich wird. In 14,30 hatte Jesus zwar gesagt, daß er den Jüngern „nicht mehr viel" sagen werde, aber gerade deshalb erwarten die ersten Leser noch etwas (vgl. 16,12f.). Sie konnten damit rechnen, daß Jesus sich über ihre fernere Zukunft noch äußern wird. 14,31c enthält demnach „die Aufforderung an die Lesergemeinde, mit dem nun gefestigten Glauben und der zurückerlangten Identität aufs neue in die Welt hinauszugehen."[21]

---

[15] Vgl. TH. KNÖPPLER, Theologia crucis, 141-144; T. ONUKI, a.a.O., 227-229.

[16] T. ONUKI, a.a.O., 229.

[17] A.a.O. Vgl. auch R.E. BROWN, Komm. II, 656; R. BULTMANN, Komm., 488 Anm. 1; R. SCHNACKENBURG, Komm. III, 99.

[18] Weitere Textparallelen bietet U. SCHNELLE, Abschiedsreden, 70.

[19] U. SCHNELLE, Einleitung, 554; vgl. TH. KNÖPPLER, Theologia crucis, 149. Gegen diese These von Schnelle richten sich J. BECKER, Komm. II, 571f., und A. DETTWILER, Gegenwart, 39-41, jedoch m.E. nicht überzeugend.

[20] Vgl. U. SCHNELLE, a.a.O., 555; ders., Komm., 13.238; U. WILCKENS, Komm., 7.235.

[21] T. ONUKI, Gemeinde und Welt, 101.

(6) Die literarischen und thematischen Verknüpfungen zwischen Kap. 15-17 und dem übrigen Evangelium sind so vielfältig und facettenreich, daß sie kaum einem anderen Verf. als dem Evangelisten selbst zugemutet werden können.[22] Die Annahme einer kirchlich orientierten Relecture der ersten Abschiedsrede durch einen oder mehrere Schüler des Evangelisten in Joh 15-17[23] ist überflüssig, weil der Evangelist selbst durch den Hinweis auf die Aufbruchsituation in 14,31c den Blick auf die nachösterliche Gemeinde gelenkt hat (s.o.).

Die zweite Abschiedsrede ist also deutlich das Werk des Evangelisten und Bestandteil der rhetorisch, strategisch und kompositorisch kunstvoll aufgebauten Abschiedsreden des 4. Evangeliums.[24] Die Annahme verschiedener Quellen ist unbegründet. Die Sündenthematik der zweiten Abschiedsrede kann ebensowenig wie die Rede selbst einem späteren Redaktor zugemutet werden.

6.1.2. Der Aufbau der Abschiedsrede Joh 15,1-16,33

Kap. 15 wird neu eröffnet durch ein Ich-bin-Wort (In 14,31 war dagegen vom Entschluß des Weggangs Jesu und der Jünger die Rede). Die Rede setzt an sich noch keine Abschiedssituation voraus. Sie gleicht eher der Hirtenrede Kap. 10, mit der sie das ekklesiologische Grundkonzept bei verschiedenem Bildmaterial teilt.[25] Sie behandelt das ethisch-ekklesiologisch bestimmte Thema vom Bleiben in Christus (Bildmaterial: Rebstock - Reben) und vom Fruchtbringen in der Bruderliebe, insofern den *Innenaspekt* der Jüngergemeinde im Unterschied zu dem 15,18ff. erkennbaren *Außenaspekt* (Verhältnis der Jünger zur feindlichen Welt).[26] Ihr vor-

---

[22] Vgl. G. MLAKUZHYIL, Structure, 221-228, und J. PAINTER, Quest, 353-355, die die vielfältigen Referenzen zwischen Joh 15f. und Joh 13,31-14,31 aufweisen.

[23] Vgl. R. SCHNACKENBURG, Komm. III, 141, im Blick auf das Verhältnis von Kap. 16 zu Kap. 14; ders., Aufbau, 153-164, zu Joh 15. Zum Relecture-Modell vgl. jetzt A. DETTWILER, Gegenwart, 44-52, sowie J. RAHNER, Tempel, 106-110, und J. ZUMSTEIN, Relecture, 394-411, die jedoch nicht mehr von einer den Basistext kritisierenden „Kirchlichen Redaktion", sondern von einer interpretierenden Weiterschreibung in der joh Schule ausgehen.

[24] Vgl. dazu F.F. SEGOVIA, Farewell, 283-329.

[25] Einen auf Joh 13,1-17.34f. zurückgreifenden und weiterentwickelnden Bezug hat A. DETTWILER, Gegenwart, 60-110, im Blick auf die Analyse von Joh 15,1-17 herausgestellt, sofern sich der in Joh 13,1ff. angelegte ethisch-ekklesiologische Akzent in Joh 15,1ff. verstärkt hat. Dettwiler benutzt zur Deutung dieses Rückbezuges das Modell der Relecture (s. Anm. 11).

[26] Vgl. A. DETTWILER, a.a.O., 56; ähnlich M. KOTILA, Zeuge, 186, im Anschluß an F.F. SEGOVIA. - Der in 15,18ff. zu erhebende Außenaspekt schlägt sich auch in den Parakletworten 15,26f.; 16,7-11 (im Unterschied zu den sich auf die Jüngergemeinschaft,

läufiges Ende ist demnach mit V17 gegeben, der inklusionsartig auf V12 zurückgreift.[27]

Mit V18 wechselt das Thema (Haß der Welt) - V18 und V25 bilden mit dem Stichwort „Haß" eine Inklusion - , aber erst in 16,5 begegnet die Ankündigung des Fortgangs, die in der Regel am Anfang einer Abschiedsrede steht.[28] Auffällig ist, daß die Wendung ταῦτα λελάληκα ὑμῖν in 16,1.4.6 rasch aufeinanderfolgt, so daß hier ein formales Gliederungselement vorhanden ist. Die genannte Wendung markiert den Abschluß einer Rede (14,25; 16,33). In V16,4b dient sie als Überleitung (vgl. 15,11; 16,25), weil sie nicht zurückblickt, sondern die nachfolgende Aussage Jesu vom Weggang (V5) vorbereitet,[29] während sie in 16,6a auf V5 zurückverweist (Zusammenhang zwischen Weggang Jesu und Trauer der Jünger).

Mit 16,5 setzt die eigentliche Abschiedsrede ein. Seit Joh 14 wird die Abschiedssituation erstmals aktualisiert (16,5-7). Zunächst ist das Wirken des Geistes nach Jesu Weggang in bezug auf den Kosmos (16,8-11) und auf die Jünger (16,13-15) beschrieben. V12 hat als überleitender Vers[30] die Funktion, auf die folgende nachösterliche Offenbarerwirksamkeit des Parakleten vorzubereiten. In V16 setzt die Abschiedsrede scheinbar neu ein (vgl. 13,33), indem auf die Trauer nach Jesu Abschied und die verheißene Freude eingegangen wird (VV16-33). Der Vers greift aber auf den in V5 angekündigten Weggang zurück (vgl. bereits 14,19), so daß kein echter Neuanfang einer Rede gegeben ist. Formal ist also in 16,4a das Ende der ersten Redeeinheit[31] gegeben, während 16,4b die bis 16,33 reichende Rede überleitend beginnen läßt. Beachtet man den in 15,18 gegebenen thematischen Neueinsatz, den formalen Schnittpunkt zwischen 16,4.5 sowie die sich daran anschließenden, bereits genannten inhaltlichen Akzentverschiebungen, so kann man eine Abgrenzung von drei Redeabschnitten erkennen: 1.Teil: 15,1-17; 2.Teil: 15,18-16,4a; 3.Teil: 16,4b-33.[32]

---

d.h. nach innen beziehenden Parakletworten 14,16f.26; 16,13-15) nieder (vgl. J. BLANK, Krisis, 330f.).

[27] Zur Komposition von Joh 15,1-17 vgl. C. DIETZFELBINGER, Abschied, 107f.; T. ONUKI, Gemeinde und Welt, 119-130.

[28] Zur Gattung der Abschiedsrede vgl. J. BECKER, Komm. II, 523-529.

[29] Vgl. M. KOTILA, Zeuge, 187.

[30] R.E. BROWN, Komm. II, 709; R. SCHNACKENBURG, Komm. III, 151.

[31] Vgl. R. SCHNACKENBURG, Komm. III, 103ff.; ders., Aufbau, 155.

[32] So auch G.R. BEASLEY-MURRAY, John, 269-271; R.E. BROWN, Komm. II, 546f.586-588; A. DETTWILER, Gegenwart, 56-59; M. KOTILA, Zeuge, 185-187; G. MLAKUZHYIL, Structure, 221-226; T. ONUKI, Gemeinde und Welt, 131ff.144ff., F.F. SEGOVIA, John 15,18-16,4a, 210-230; ders., Farewell, 125-127.170-174.215-217; R.

Da der Evangelist zwischen allen drei Teilen Textverknüpfungen geschaffen hat, gehen wir davon aus, daß der Textverlauf beider Kapitel eine vom Verf. gewollte Komposition darstellt.[33]

6.2. Die Sünde als Haß der Welt gegen den Offenbarer und seine Gemeinde (Joh 15,22-25)

Die Kontextanalyse hat ergeben, daß mit 15,18ff. ein neuer Sinnabschnitt einsetzt, in dem es im Unterschied zu 15,1-17 nicht mehr um das ethisch-ekklesiologisch orientierte Thema vom Bleiben in Christus und vom Fruchtbringen in der Bruderliebe geht, sondern um den Jesus und den Jüngern (vgl. 1.Joh 3,13) entgegengebrachten Haß der Welt.[34] V18 benennt dieses Leitthema des folgenden Abschnitts.[35] Deutlich ist in 15,18-21 die Entsprechung zwischen dem Leidensschicksal Jesu und dem seiner Jünger festgehalten.[36] Die Jünger erfahren in ihrem Leiden die Konformität mit

SCHNACKENBURG, Komm. III, 103ff.; ders., Aufbau, 155ff. (allerdings von 15,1ff. ab); D.F. TOLMIE, Farewell, 30f.79-89; M. WINTER, Vermächtnis, 249-252; B. WITHERINGTON III, Komm., 244f.; H. ZIMMERMANN, Struktur, 288f. - J. BECKER, Komm. II, 572f.583f.; ders.; Abschiedsreden, 236ff., C.H. DODD, Interpretation, 410; B. LINDARS, Persecution, 54, und H. RIDDERBOS, Komm., 485f., grenzen dagegen Joh 15,18-16,15 als selbständige Redeeinheit ab. R. BULTMANN, Komm., 421ff., sieht 15,18-16,11 als zusammenhängende Rede. Eine zweiteilige Untergliederung nehmen vor: C. DIETZFELBINGER, Abschied, 13f.247-253 (15,1-16,15; 16,16-33); G. KORTING, Struktur, 366ff. (15,1-16,19; 16,20-17,26), und F.J. MOLONEY, Komm., 416-418 (15,1-16,3; 16,4-33). - Die verschiedenen Gliederungsmöglichkeiten des Textes sind bei C. HOEGEN-ROHLS, Johannes, 86-91, aufgeführt.
[33] Die Verbindungslinien zwischen 15,1-17 und 15,18-27 hat u.a. R. SCHNACKENBURG, Komm. III, 104f., zusammengestellt. Einige Textverknüpfungen zwischen 15,1ff. 18ff. und 16,5ff. seien hier genannt: Sünde (15,22-24; 16,8f.); Verheißung des Parakleten (15,26f.; 16,5ff.); Erfüllung der Freude (15,11; 16,20-22.24). - Auch zwischen 16,4bff. und 16,16ff. bestehen Zusammenhänge: Begriff der λύπη (V.6.20-22; V33: θλῖψις); Motiv des Nicht-mehr-Sehens Jesu nach seinem Weggang (V10fin.16f.19fin). Neu ab V16 ist freilich die Verheißung des Wandels der Trauer in Freude (V20-22). Man muß also davon ausgehen, daß die Rede Joh 15,1-16,33 eine durch gemeinsame Motive zusammengehaltene geschlossene Komposition mit drei Redeeinheiten bildet. Vgl. dazu auch G. MLAKUZHYIL, Structure, 221-228.
[34] Das Wort „hassen" (μισεῖν) verwendet Joh insgesamt 12mal, davon in Joh 15,18ff. allein 7mal (15,18[2mal].19.23[2mal].24.25)! Dagegen dominiert in 15,1-17 das Verb ἀγαπᾶν (15,9[2mal].12[2mal].17).
[35] Vgl. C. HOEGEN-ROHLS, Johannes, 167; T. ONUKI, Gemeinde und Welt, 131.
[36] T. ONUKI, a.a.O., 131f., erkennt in dem Text 15,18-25 drei strukturbildende Merkmale, die die Entsprechung: Jesus-Jünger im Blick auf das Leiden zum Inhalt haben: 1. Haß der Welt gegen die Jünger (V19), 2. Haß der Welt gegen Jesus (VV22-25)

Jesus.[37] Werden sie in V20 auf das aus 13,16 bekannte Knechtswort (vgl. Mt 10,24f.) verwiesen (μνημονεύετε τοῦ λόγου οὗ ἐγὼ εἶπον ὑμῖν), das dort noch den in Jesu Fußwaschung vorgebildeten gegenseitigen Dienst als Gemeinderegel begründet hat, hier aber auf die Schicksalsgemeinschaft der Jünger mit Jesus abhebt,[38] so zieht V21 summarisch die Schlußfolgerung: ἀλλὰ ταῦτα πάντα ποιήσουσιν εἰς ὑμᾶς διὰ τὸ ὄνομά μου κτλ.[39] Das in der Gemeinschaft mit Christus angesagte Leidensschicksal der Jesusanhänger hat gerade in dem Bekenntnis zu Christus, in der bewußten Zugehörigkeit zu ihm seine Begründung.[40] Die negativen Erfahrungen der joh Gemeinde mit der Synagoge spiegeln sich darin wider.[41] Es

---

und 3. Identität beider Haltungen (V18.20f.). VV19-25 paraphrasieren das in V18 angegebene Grundthema. Der Text stellt sich somit als bewußte und reflektierte Komposition des Verf. dar. Aus diesem Grund ist die Annahme einer sekundären Bearbeitung einer „Offenbarungsredenquelle" (R. BULTMANN, Komm., 422f., mit V19bc.21.25) bzw. eines „selbständigen Offenbarungsspruches" (J. BECKER, Abschiedsreden, 236, plus V23) nicht sinnvoll.

[37] Vgl. K. WENGST, Bedrängte Gemeinde, 197f.

[38] Vgl. R.E. BROWN, Komm. II, 687; B. LINDARS, Persecution, 59f. - M. HASITSCHKA, Befreiung, 345: „Sowohl in der Gesinnung des Dienens als auch in der Bereitschaft, Verfolgung auf sich zu nehmen, dürfen es die Jünger nicht anders haben wollen als ihr Herr."

[39] Das in V18f. genannte Subjekt ὁ κόσμος wird ab V20b als constructio ad sensum durch die 3. Ps.Pl. vertreten.

[40] Die Wendung διὰ τὸ ὄνομά μου entspricht dem hebräischen לשם = „um jemandes willen". Die Erwähnung des ὄνομα-Begriffes dürfte an unserer Stelle kein Zufall sein. Die Verfolgung „um des Namens willen", also um der Zugehörigkeit zu Christus willen - „that is, because the disciples believe in Jesus, bear his name, and continue to proclaim his message to the world" (F.F. SEGOVIA, Farewell, 188) -, wird auf dem Hintergrund des Synagogenausschlusses verständlich, insofern gerade das Bekenntnis zu Christus zum Synagogenausschluß führte (vgl. Joh 9,22; 12,42). Die Wendung διὰ τὸ ὄνομά μου (vgl. Mk 13,13; Mt 10,22; 24,9; Lk 21,17; vgl. auch Mt 19,29; Apg 5,41) spiegelt also den status confessionis der ersten christlichen Gemeinde wider. Sie weist auf die Offenbarertätigkeit Jesu, an der die Seinen gläubig partizipieren, hin (F.G. UNTERGAßMAIR, Im Namen Jesu, 177-179). - Zum Traditions- und Motivzusammenhang der in Joh 15,20f. begegnenden Hapaxlegomenon-Wendungen des Joh (διώκειν; διὰ τὸ ὄνομά μου) sowie der Begriffe μισεῖν, θλῖψις, ἀποκτείνειν mit den synoptischen Verfolgungslogien Mk 13,9-13parr; Mt 10,17ff.; 24,9; Lk 6,22par; 12,11f.par vgl. R.E. BROWN, Komm. II, 692-695; C.H. DODD, Tradition, 407-413; B. LINDARS, Persecution, 51-54; F. PORSCH, Pneuma, 268f.; A. RUCK-SCHRÖDER, Ὄνομα, 225; U. WILCKENS, Komm., 247f.

[41] Vgl. hierzu T. ONUKI, Gemeinde und Welt, 131ff., der den Textabschnitt Joh 15,18-16,4a als Reaktion auf den Ausschluß der Gemeinde aus der Synagoge versteht. Er erkennt zu Recht eine Transparenz der textinternen, „historischen" Situation der Abschiedsrede Jesu zur textexternen joh Lesergemeinde (vgl. 17,20; 20,29). Onuki nennt dieses Phänomen (mit H.G. GADAMER) „Horizontverschmelzung" (140-143; vgl. auch R.A. CULPEPPER, Anatomy, 53-75; A. DETTWILER, Gegenwart, 27-29; J. FREY, Escha-

ist die Welt, die der Gemeinde durch Verfolgung nachstellt. Vers 16,2 belegt den Konflikt, der in den Ausschluß aus der Synagoge führt (vgl. 9,22; 12,42). Die Begriffe „Welt" und „die Juden" sind so eng aneinander gebunden, daß sie geradezu identisch werden. Letztere fungieren als Typos des ungläubigen Kosmos.[42]

R.E. Brown[43] bezieht den Begriff „Welt" in den Abschiedsreden auf Nichtjuden = Heiden, unter deren Druck Christen zu leiden hatten. Doch dafür gibt es keinen Beweis. Alles spricht dafür, daß Johannes auch ab Kap. 13 noch mit den „Juden" als Konfliktgruppe rechnet. Der Zusammenhang zwischen 16,2f. und 15,18ff. ist u.a. deutlich gemacht durch das Motiv des Nichtkennens des Vaters (und des Sohnes), das sowohl in 15,21 als auch in 16,3 als Begründung für das verfolgende bzw. synagogenausschließende Verhalten der „Juden" angeführt wird (vgl. weiter 1,10; 7,28; 8,19.43.55; 14,17; 17,25). Die Beziehung zwischen dem Kosmos und den „Juden" wird des weiteren deutlich „an der Parallelisierung des Hasses gegen die Jünger mit dem Haß gegen Jesus (hier können nur die Juden gemeint sein) und an der Rückführung dieses Hasses und seiner Grundlosigkeit auf das Gesetz der Juden ... : 'Doch das Wort soll sich erfüllen, das in *ihrem* Gesetz geschrieben steht: sie haben mich grundlos gehaßt' (15,25)."[44] Zur Problematik vgl. auch U. Schnelle[45], der jedoch keinen aktuellen Konflikt der johanneischen Gemeinde mit dem Judentum erkennt. Ähnlich wie U. Schnelle weist J. Frey[46] darauf hin, daß „die Juden" in den Abschiedsreden deutlich zurücktreten. Aber daß sie deshalb „praktisch keine Rolle mehr" spielen,[47] dürfte überzogen sein, wie 15,25 („ihr Gesetz") und 16,2f. beweisen. Eine Verallgemeinerung des Kosmos-Begriffes ist den Abschiedsreden nicht zu entnehmen. Der sich in Kap. 5-12 verschärfende Konflikt zwischen Jesus und seinen Jüngern einerseits und den „Juden" andererseits bleibt auch nachösterlich virulent. - Noch weniger wahrscheinlich ist die Annahme von W. Schmithals[48], der „die Juden" bzw. „die Welt" mit gnostisch-doketischen Irrlehrern gleichsetzt. „Welt" und Irrlehre werden erst im 1.Joh in Verbindung gebracht.[49]

---

tologie I, 455-470; C. HOEGEN-ROHLS, Johannes, passim; F.J. MOLONEY, Komm., 13-20; U.B. MÜLLER, Eigentümlichkeit, 28; L. SCHENKE, Komm., 400-405; ders., Christologie, 445ff., und U. SCHNELLE, Perspektiven, 64-70; ders., Komm., 21f.27). Die pragmatische Funktion des Textes sieht er darin, die Lesergemeinde aus ihrer Verkündigungs- und Verfolgungssituation herauszuholen, sie zu deren Sinndeutung im Blick auf den Dualismus von Gemeinde und Welt, d.h. zur Identitätsfindung der Gemeinde zu führen und sie dann erneut in dieselbe Verkündigungssituation (vgl. VV20ef.26f.) zu entlassen (140f.). (Zur pragmatischen Funktion der joh Abschiedsreden s. ders., Analyse, 178-183.) Vgl. weiter M.R. RUIZ, Missionsgedanke, 194-204.

[42] W. WIEFEL, Scheidung, 225.

[43] Ringen, 51-54.

[44] J. BEUTLER, Martyria, 358f.; ähnlich M. KOTILA, Zeuge, 195; A. OBERMANN, Erfüllung, 278f.; L. SCHENKE, Komm., 423; D.F. TOLMIE, Farewell, 140.214, und K. WENGST, Bedrängte Gemeinde, 82 Anm. 17.

[45] Einleitung, 543f.; ders., Komm., 165f.

[46] Heiden, 235f.

[47] A.a.O., 235.

[48] Johannesevangelium, 308.397.399.

[49] S. dazu Teil 9.1.4.(3).

Bezeichnend ist, daß innerhalb dieses Abschnittes, in dem es um den Haß der Welt gegenüber Jesus (vgl. 3,20; 7,7) und seiner Gemeinde geht (VV18-21.25), ein Wort über die Sünde der den Offenbarer ablehnenden Welt steht (VV22-24). Dabei findet das Thema des Kontextes (Haß: VV18-21.25) auch in den Worten VV22-24 seinen Niederschlag (V23. 24cβ),[50] so daß kontextuell und textintern das Verständnis der Sünde als Haß deutlich gemacht wird. Das Wort VV22-24, das sich aufgrund des Sündenbegriffs vom Kontext leicht abhebt, strukturell und thematisch aber in den Gesamtduktus von VV18-25 eingepaßt ist,[51] enthält einen erkennbaren schematischen Aufbau, in dem die jeweiligen Versteile einander parallel zugeordnet sind:

1. Der Irrealis V22ab entspricht dem Irrealis V24ab.
2. Die Antithese V22c entspricht der Antithese V24cα[52] (jeweils eingeleitet durch νῦν δέ).
3. V23 entspricht V24cβ[53] (Motiv des Hasses gegenüber Jesus und dem Vater).[54]

Wie V21 summarisch die Konsequenz aus der in VV18-20 thematisierten Entsprechung des Leidensschicksals Jesu mit dem seiner Jünger gezogen hat, so scheint V25 - wie V21 mit ἀλλά eingeleitet - den Jesus entgegengebrachten Haß, der in VV22-24 als Sünde zur Geltung kommt, zusammenzufassen, indem auf die Erfüllung eines Schriftwortes verwiesen wird, wonach der Gerechte grundlose Verfolgung erleidet (Ps 35,19; 69,5; vgl. PsSal 7,1).[55]

---

[50] 3mal wird das Verb „hassen" (μισεῖν) genannt!

[51] Vgl. hierzu T. ONUKI, Gemeinde und Welt, 131f., der in V19, V20c-21 und VV22-25 ein gleiches Aufbauprinzip erkannt hat: 1. Irrealis bzw. Konditionalis, 2. Antithese, 3. Begründung der Antithese.

[52] νῦν δὲ καὶ ἑωράκασιν (sc. τὰ ἔργα V24a).

[53] μεμισήκασιν καὶ ἐμὲ καὶ τὸν πατέρα μου.

[54] Eine ähnliche Struktur mit jeweils zwei parallelen Gliedern erkennt auch TH. KNÖPPLER, Theologia crucis, 79 Anm. 70. Er zieht allerdings καὶ μεμισήκασιν sachlich zu dem mit νῦν δὲ κτλ. eingeleiteten Versteil. Die Parallelität mit V23 zeigt jedoch, daß die Aussagen über den Haß gegen Jesus und den Vater thematisch zusammengehören (vgl. 13,20 in korrespondierender positiver Aussage). C. DIETZFELBINGER, Abschied, 157f., erkennt in V22.24 traditionelles Material zweier mit εἰ einsetzender Dreizeiler. V23 falle formal aus dem Rahmen und gehöre zu einer späteren Bearbeitung. Dadurch wird jedoch die innere Kongruenz der VV22-24 aufgelöst.

[55] Eine Analyse der Stelle bieten M.J.J. MENKEN, Quotations, 139-145, und A. OBERMANN, Erfüllung, 271-282. Zu der hier und an mehreren anderen Stellen (1,23; 2,17; 6,31.45; 10,34; 12,13.14f.38.40; 13,18; 19,24.28.36.37) erkennbaren Art der

In welcher Weise sind die beiden parallel aufgebauten Worte V22f. und V24 zu verstehen? Der Evangelist setzt das in Kap. 8 und 9 begegnende Motiv des *Rechtsstreites* Jesu mit der ungläubigen Welt fort. Textintern ist das Wort an die Jünger gerichtet. Darin spiegelt sich textextern die Auseinandersetzung des Offenbarers und seiner Gemeinde mit der ungläubigen Welt der „Juden", die die Gemeinde aus der Synagoge drängt (vgl. 16,2f.), wider. Es geht um die Sünde dieser ungläubigen Welt, die für die Verfolgung Jesu und seiner Anhänger verantwortlich ist (VV18ff.). Der Rechtsstreit nimmt die Gestalt einer einseitig vorgetragenen *Anklage* an. Der Sohn Gottes tritt als *Ankläger* auf. Tatbestand, Grund und Folge des Rechtsbruches werden offenbar. Mit Wort (vgl. 3,34; 7,17.26; 8,26. 28.38; 12,49.50; 14,10; 18,20) und Werk (5,36; 9,3f.; 10,25.38; 14,11), d.h. mit seinem gesamten Offenbarungswirken (V22a.24a),[56] legt Jesus die Sündenschuld des Kosmos offen.

Die beiden Irrealissätze (V22ab.24ab) verdeutlichen die *überführende Rolle des Anklägers*, der in seiner Person die angeklagte Welt bei ihrer Sündenschuld behaftet. Die Rede vom Nichthaben der Sünde meint nicht das pure Fehlen von Sünde, sondern bringt zum Ausdruck, daß ohne Wort und Werk Jesu die Welt ihrer Sünde, die gerade erst in der Begegnung mit Jesus offenbar wird, nicht überführt werden kann. Dies schließt nicht aus, daß die Welt nicht auch ohne das offenbarende Wirken des Sohnes schuldig ist; für Johannes ist jedoch die spezifisch als Unglaube gegenüber dem Sohn definierte Sünde (16,9) kein Tatbestand in der Welt an und für sich auffindbarer Verfehlungen, sondern unlösbar mit dem Auftreten des Gottessohnes verknüpft. Abgesehen von ihm gibt es keine Sünde.[57] Sie wird

---

Schriftauslegung im Johannesevangelium vgl. M. HENGEL, Schriftauslegung, 249-288; G. REIM, Studien, 42-45, passim; U. WILCKENS, Komm., 345ff.; jetzt vor allem A.T. HANSON, Gospel, passim; M.J.J. MENKEN, a.a.O., passim; A. OBERMANN, a.a.O., passim, und B.G. SCHUCHARD, Scripture, passim. Zur Bekanntschaft des 4. Evangelisten mit jüdischer Überlieferung vgl. auch J.C. THOMAS, The Fourth Gospel and Rabbinic Judaism, ZNW 82 (1991), 159-182.

[56] Vgl. J.T. FORESTELL, Word, 49ff.; M. DE JONGE, Signs and Works, 134f.; J. RIEDL, Heilswerk, 373.376.passim; U. SCHNELLE, Antidoketische Christologie, 166. Worte und Werke Jesu „gehören so eng zusammen, daß das eine für das andere stehen kann. Vgl. vor allem Jo 8,28; 14,10; 15,22-24" (W. THÜSING, Erhöhung, 58f.).

[57] Vgl. treffend H. KOHLER, Kreuz, 171: „Für das Denken des Evangelisten ist kennzeichnend, daß er die Sünde ausschließlich vom Inkarnationsgedanken her thematisiert. Er versagt sich jegliche Reflexion darüber, was denn *abgesehen* von der Fleischwerdung des Logos über die Sünde zu sagen wäre. Denn abgesehen von der Inkarnation gäbe es gar keine Sünde und folglich über die Sünde gar nichts zu sagen" (Hervorhebung H.K.). Ähnlich urteilt U. WILCKENS, Komm., 245.

erst mit dem Kommen des Offenbarers definitiv.[58] Die Verfehlung und
Verlorenheit der Welt ist zwar vorausgesetzt. Nur ist diese an sich noch
nicht „Sünde". Erst im Haß der Welt gegen Jesus und die Jüngergemeinde
wird sie als solche offenbar, *ist* sie im eigentlichen Sinn *Sünde*.[59] Jesu Offenbarung ist in der liebenden Zuwendung Gottes an die verlorene Welt
begründet (vgl. 3,16f.; 12,46f.). Wenn die Welt Jesus haßt, haßt sie zugleich Gott und seine Liebe (V23). Der Haß gegen diese Liebe ist darum
als „grundlos" zu benennen (V25).[60] Weil der Offenbarer gekommen ist,[61]
zur Welt gesprochen hat[62] und in Werken sich ausgewiesen hat,[63] deshalb
gilt für die, die ihn abgewiesen haben, daß sie „Sünde haben" und auf sie
dauerhaft[64] festgelegt sind (vgl. 9,41: „Eure Sünde bleibt"). Die Rede vom
ἁμαρτίαν ἔχειν[65] benennt darum nicht das Faktum der Sünde[66] oder einen
Besitzstatus[67], sondern den *Rechtsstatus* des Überführtseins der Sünde.
Diese Tendenz wird durch die beiden Irrealissätze zur Geltung gebracht,
hat aber auch in dem Hinweis auf das richtende Wort Jesu (vgl. 15,22a mit

---

[58] R. BULTMANN, Komm., 260: „... und so wird durch die Offenbarung die Sünde
erst definitiv zur Sünde." Ders., Theologie, 270: „Nur weil es Offenbarung Gottes gibt,
gibt es Feindschaft gegen Gott. Nur weil es Licht gibt, gibt es Finsternis ..."

[59] Treffend J. GNILKA, Komm., 72: „Es gilt zu beachten, daß die Gegenmächte, was
immer sie für Namen erhalten, *an sich* nicht existieren. Sie existieren allein in ihrer Ablehnung gegen Gott und seinen Offenbarer. An sich sind sie nichts" (Hervorhebung
J.G.).

[60] Vgl. dazu T. ONUKI, Gemeinde und Welt, 135.

[61] Die Sprüche vom „Kommen" des Offenbarers weisen diesen als Gesandten Gottes
aus (5,43; 7,28; 8,14.42; 9,39; 10,10; 12,47; 13,3; 16,28; 18,37). Vgl. T. SCHRAMM, Art.
ἔρχομαι, EWNT II, 143.

[62] Das λαλεῖν Jesu bezieht sich auf die im ersten Teil des Evangeliums (Kap. 2-12)
vor allem an die „Juden" ergangene Offenbarungsrede Jesu, die bei den Hörern meist auf
Ablehnung und Unglaube stößt (vgl. 3,11.34; 6,63f.; 7,17f.; 8,26.40; 12,48). Sie hat
richtende Wirkung (12,48).

[63] Die „Werke" Jesu beschreiben das gesamte Offenbarungswirken Jesu. Sie sind
Gaben Gottes und bezeugen die Sendung durch den Vater (vgl. 4,34; 5,20.36; 9,3f.;
10,25.32.37f.; 14,10-12; 17,4). Zum Begriff der „Werke" bei Joh vgl. J.T. FORESTELL,
Word, 49ff.; R. HEILIGENTHAL, Art. ἔργον, EWNT II, 124f.; M. DE JONGE, Signs and
Works, 117-140(131ff.); TH. KNÖPPLER, Theologia crucis, 174-183; J. RIEDL, Heilswerk, passim; U. SCHNELLE, Antidoketische Christologie, 161-167; W. THÜSING, Erhöhung, 50-75; W. WILKENS, Zeichen, 83-88.

[64] Der Aspekt der Kontinuität und Permanenz ist durch die Imperfektform
(εἴχοσαν) nahegelegt.

[65] Zu εἴχοσαν statt εἶχον (15.22.24) vgl. B.-D.-R. § 82; 84. Diese Form begegnet
nur hier im Neuen Testament. Vermutlich soll die bei εἶχον mögliche Verwechslung mit
der 1.Ps.Sg. ausgeschlossen werden.

[66] S. den folgenden Exkurs.

[67] So L. MORRIS, Gospel, 604 Anm. 54: „The expression implies that the sin in
question remains like a personal possession with the person who commits it."

12,48 im Blick auf die [richtende] Funktion von Wort und Rede Jesu) und
in dem Versteil 15,22c eine Bestätigung, insofern es für den durch den Offenbarer überführten Sünder keine Entschuldigung (vor dem Ankläger)
gibt.

Nach M. Hasitschka[68] konkretisiert sich im Haß der Welt das „Faktum der Sünde", das
durch Jesu Kommen „bedingt" (!) ist. Abgesehen von der problematischen Rede einer
Bedingung der Sünde durch Jesu Kommen - Ist Jesus „schuld" an der Existenz der Sünde? - läßt sich die Sünde kaum als ein „Faktum", als ein innerweltlicher Tatbestand, der
an und für sich reflektiert werden könnte, verstehen. Sie ist vielmehr als eine durch Jesu
Kommen und den damit ausgelösten Rechtsstreit zwischen dem Offenbarer und der Welt
geoffenbarte und richterlich überführte Schuld des Unglaubens zu verstehen (vgl. 16,9-
11). D.h., Sünde ist „faktisch", als an und für sich bestehender Tatbestand, nicht vorhanden, sondern nur als durch Jesus geoffenbarte Gegenwelt, die sich von dem Eigenen
(15,19), insbesondere vom Haß gegen Jesus (und Gott) her (15,23) nährt. Ohne diese
Gegenwelt zum Offenbarer hätte und hat „Sünde" keine Qualität, weil der Begriff der
Sünde nach Johannes nur an die durch Jesus vermittelte Offenbarung gekoppelt ist.
Demnach bezeichnet auch der Begriff ἁμαρτίαν ἔχειν in 9,41; 15,22.24; 19,11 nicht einen „Zustand, einen inneren Besitz"[69], sondern bezieht sich als eine den Rechtsstreit
qualifizierende Wendung auf das mit Jesu Kommen ausgelöste Rechtsurteil des Offenbarers über die „bleibende Sünde" der Welt (9,41). Dabei handelt es sich um die eine un-
teilbare Sünde des Unglaubens, die sich in Haß und Ablehnung Jesu konkretisiert. Hasitschkas Rede von einer „zusätzlichen" Sünde („... daß Menschen nicht nur die Finsternis mehr lieben als das Licht, sondern es auch noch hassen und so tiefer in die Finsternis
geraten [vgl. 3,19-20]"[70]), ist ohne Anhalt am Text, denn die in 3,19f. angesprochenen
Phänomene der Liebe zur Finsternis und des Hasses des Lichtes sind nur variierende
Umschreibungen für die eine Realität des Unglaubens (16,9), nicht jedoch sich steigernde Komponenten innerhalb des Sündenbegriffes.

Während es in V22ab.24ab um die überführende Rolle des Anklägers geht,
hat die mit νῦν δέ eingeleitete Antithese (V22c.24cα) die Funktion, den
Schuldbestand zu erheben (vgl. 8,39f.; 9,41).[71] Was V22c direkt zur Sprache bringt, daß nämlich die Welt für ihre Sünde keine „Entschuldigung"
hat (vgl. Röm 2,1),[72] wird durch V24cα indirekt gesagt: Weil die Welt die
Werke Jesu gesehen hat[73] und - so könnte man sinngemäß ergänzen - doch

---

[68] Befreiung, 348.

[69] A.a.O., 349.

[70] A.a.O., 351.

[71] M. HASITSCHKA, a.a.O., 348, bemerkt, daß νῦν δέ im Anschluß an den Irrealis
die reale Situation betont. Vgl. BAUER-ALAND, 1104: „Nicht selten wird mit νῦν δέ dem
irrealen Bedingungssatz der wahre Sachverhalt gegenübergestellt ... Lk 19,42. Vgl. J
8,40; 9,41; 15,22.24; 18,36; 1.Kor 12,18 v.l. 20; Hb 11,16 ..."

[72] Vgl. , Komm., 468; BAUER-ALAND, Art. πρόφασις, 1446; LIDDELL-SCOTT s.v.

[73] Trotz des vermeintlich korrelativen καί ... καί dürfte sich das „Sehen" allein auf
die Werke, das das Hören der Worte einschließt, beziehen (mit R.E. BROWN, Komm. II,

nicht zum Glauben gekommen ist (vgl. 6,36!), hat sie keine Entschuldigung für ihre Sünde. Ein Rückzug auf vermeintliche Unwissenheit ist nicht mehr möglich.[74]

Die einander korrespondierenden Sätze V23 und V24cβ enthalten schließlich die *Begründung* der Anklage, insofern sie zugleich Ursache, Erscheinungsbild und Folge der überführten Sündenschuld offenlegen. Während der Partizipialsatz V23 den Haß gegen den Sohn und den Vater als Phänomen der Sünde benennt[75], wird er in V24cβ als Folge des Unglaubens der Welt, der die eigentliche Begründung für die Sünde bildet (16,9), dargestellt (vgl. 6,36).[76] Dabei geht es in V23 dem Satzgefälle nach mehr um den Haß gegen den *Vater*, der sich im Haß gegen den Sohn offenbart.[77] V24cα legt dagegen den Akzent auf den *Haß* selbst, der sich unverständlicherweise trotz des Sehens der Werke Jesu gebildet hat.[78]

Die Analyse der VV22-24 hat also die Auseinandersetzung Jesu mit der ungläubigen Welt in der Form des Rechtsstreites klargestellt. Die an-

---

688; R. BULTMANN, Komm., 424 Anm. 3; anders J.H. BERNARD, Komm., 495). Das καί ... καί kann auch der Gegenüberstellung dienen: νῦν δὲ καὶ ἑωράκασιν καὶ („und doch") μεμισήκασιν καὶ („sowohl") ἐμὲ καὶ („als auch") τὸν πατέρα μου. (Vgl. B.-D.-R. § 444,3). Ein Sehen Jesu und *des Vaters* (vgl. 14,7.9) wird der joh Jesus seinen Gegnern kaum zugestehen können, da sie den Vater nicht kennen (vgl. 8,19; 15,21b; 16,3). Grammatisch kann ἑωράκατε objektlos stehen (vgl. 6,36, jedoch textkritisch unsicher).

[74] Vgl. O. BÖCHER, Dualismus, 59f., der die Johannesstelle im Kontext des alttestamentlich-jüdischen Verständnisses der an sich entschuldbaren Unwissenheitssünde erwähnt. Die Pointe bei Joh läuft diesem Verständnis freilich entgegen: Die durch den Gesandten offenbarte Sünde ist unentschuldbar! Dieser in V22c ausgedrückte Gedanke wird in V25 mit Hilfe des Psalmzitates abschließend zur Geltung gebracht: „Sie haben mich ohne Grund gehaßt." Unentschuldbar sind sie wegen ihres grundlosen Hasses. Diesen Zusammenhang zwischen V22c und V25 stellt auch F.F. SEGOVIA, Farewell, 194, heraus.

[75] Im Unterschied zu V24cα und V24cβ sind V22c und V23 durch keine Konjunktion zusammengehalten. Haß und Sünde stehen nebeneinander, so daß sich die Deutung nahelegt, daß die Sünde in der Form des Hasses erscheint.

[76] Das zweite καί des Teilsatzes („und doch", vgl. Anm. 73) zeigt die Annahme eines Ursache-Folge-Verhältnisses zwischen Sehen und Haß an, insofern das Sehen (der Werke) offenbar den Unglauben hervorruft (vgl. 6,36), der sich im Haß äußert. Von 6,36 her ist also zwischen dem ἑωράκασιν und dem μεμιμήκασιν noch ein οὐ πεπιστεύκασιν zu denken.

[77] „Wer mich haßt, haßt *auch* meinen Vater." Vom Haß gegen den Offenbarer war bereits in 3,20 und 7,7 die Rede, so daß der Leser von diesem Wissen nun die *neue* Information des sich darin äußernden Hasses gegen den Vater wahrnehmen kann.

[78] Formal ist dieser Unterschied zwischen beiden Versen daran erkennbar, daß V23 die Objekte des Hassens („mich", „meinen Vater") vor das entsprechende Verb gezogen hat, während in V24 das „μεμισήκασιν" deutlich präponderant ist.

geklagte Seite kommt dabei selbst nicht zu Wort. Sie muß sich die Anklage gefallen lassen. In Joh 9,39-41 sind Anklage und Verteidigung in Form der Diskussion erfolgt. 9,41 ist deutlich parallel zu 15,22ab.24ab:[79] Auf einen irrealen Bedingungssatz mit der Rede vom Nichthaben der Sünde (ἁμαρτίαν οὐκ ἔχειν) in der Apodosis folgt ein zweiter Satzteil, in dem die vorhandene Sünde der Gegner Jesu konstatiert wird.[80] Dieser Satzteil wird jeweils antithetisch durch νῦν δέ eingeleitet (vgl. auch 8,39d-40).[81] Geht es in Joh 15,22-24 vorrangig um die vom Offenbarer erhobene Anklage gegenüber der sündigen Welt, so eröffnet Joh 9,39-41 noch eine weitere Perspektive. Jesus spricht zugleich als *Richter* (vgl. V39!) das *Schuldurteil* und verhängt das *Strafmaß*, das sich darin äußert, der Sünde bleibend verhaftet zu sein (9,41). Aus diesem Bleiben in der Sünde folgt der Tod (8,21.24), der Ausschluß von dem durch den Offenbarer gewährten eschatologischen Leben (5,24.26; 10,10; 20,31). Der prozessuale Konflikt zwischen Jesus und der Welt wird also auf ganzer Linie konsequent entfaltet.

6.3. Das Zeugnis für Jesus (Joh 15,26f.)

Johannes hat in V22-25 den Rechtsstreit zwischen dem Offenbarer und der Welt verdeutlicht. In ihn ist auch die Gemeinde einbezogen, insofern sie das gleiche Verfolgungsschicksal wie er zu erwarten hat. Der Parakletspruch 15,26f., der sich wie Joh 16,8-11 auf das Wirken des Parakleten nach außen, auf den Kosmos bezieht,[82] führt die *Zeugen* für Jesus an. Der

---

[79] Vgl. die Gegenüberstellung bei M. HASITSCHKA, Befreiung, 348.

[80] Joh liebt solche Sätze, die mit einem Irrealis beginnen und durch eine antithetische Feststellung der faktischen Wirklichkeit fortgeführt werden (vgl. neben 9,41; 15.22.24 auch 5,46; 8,39f.42; 18,36). In allen diesen Stellen bekundet sich die Auseinandersetzung des Evangelisten mit der ungläubigen Welt. Vgl. dazu T. ONUKI, Gemeinde und Welt, 135f. - Zum formalen Vergleich von 9,41 und 15,22.24 vgl. auch M. REIN, Heilung, 251f.

[81] Die Parallelität zu Joh 8,39d-40 ist insofern prägnant, als sich die Sünde der Gegner Jesu (vgl. 8,21.24.34) in der Tötungsabsicht gegenüber Jesus kristallisiert!

[82] Vgl. J. BLANK, Krisis, 331f.; M.R. RUIZ, Missionsgedanke, 199-204. Anders F. PORSCH, Pneuma, 269-275, der das Zeugnis des Geistes für Jesus (V26) auf eine „innere" Belehrung der Glaubenden (vgl. Lk 12,11f.) bezieht, d.h. als ein inneres Zeugnis vor ihrem Gewissen versteht, das die Jünger in ihrem bedrohten Glauben bestärken soll. Dieses innere Zeugnis wird vom äußeren Zeugnis der Jünger vor der Welt (V27) abgehoben. Solch eine Differenzierung läßt jedoch der Text nicht zu. Das Zeugnis des Geistes für Jesus kommt vielmehr im Zeugnis der Jünger vor der Welt zur Geltung. Eine davon abzuhebende „innere" Glaubensbelehrung ist nicht angedeutet, ebensowenig, daß

alttestamentlichen Zeugenregel entsprechend (vgl. Joh 8,17f.), werden wie in 15,22.24 (Worte und Werke Jesu) zwei Zeugen genannt - der Paraklet und die Jünger (wobei im joh Denken deutlich wird, daß es um das eine Zeugnis des Geistes in der Verkündigung der Jüngergemeinde Jesu geht; s.u.). Der Rechtsstreit ist nicht mehr nur in der Form des Monologs durch den Ankläger präsent (s.o.), denn mit der Einführung von Zeugen wird eine *Gerichtsverhandlung* veranschaulicht.[83] Diese wird nicht verfahrenstechnisch genau wiedergegeben, sondern spezifisch aus der Sicht der mit dem Geist redenden Jesuszeugen angedeutet. Der Begriff „Zeugnis ablegen" (μαρτυρεῖν) ist dem juristischen Milieu entnommen (vgl. 5,31ff.; 8,13ff.).[84]

Nach jüdischem wie hellenistischem Recht galt der allgemein anerkannte Rechtsgrundsatz, daß ein Anspruch als Selbstzeugnis keine Verbindlichkeit hat. Es bedurfte (mindestens) zweier unabhängiger Zeugen (Dtn 17,6; 19,15; Mt 18,16; vgl. Joh 8,17).[85] So zeigt Joh 5,31ff., daß Jesus seinen Anspruch durch mindestens zwei solcher Zeugen

---

der Prozeß zwischen den Glaubenden und der Welt „im Innern, vor dem Gewissen des Menschen" (a.a.O., 275) ausgetragen wird. Der Kontext zeigt, daß es um das angefeindete Außenverhältnis der Gemeinde geht (15,18ff.; 16,1-3).

[83] Daß der Parakletspruch Joh 15,26f. forensischen Charakter hat, wird nicht nur durch die Nähe zum synoptischen Logion Mk 13,9.11parr belegt (s.u.), sondern auch durch den unmittelbaren Kontext Joh 16,1f.8-11 sichergestellt. Vgl. R. SCHNACKENBURG, Komm. III, 161. Vgl. weiter J. BEUTLER, Martyria, 273-276. J. BLANK, Krisis, 198ff.331f.; C. DIETZFELBINGER, Abschied, 163ff.; A.E. HARVEY, Jesus, 112f.; F. PORSCH, Pneuma, 267-275; anders G.R. BEASLEY-MURRAY, John, 276f.; H.-C. KAMMLER, Geistparaklet, 118f. - J. BEUTLER, a.a.O., 274, erkennt zudem den engen Zusammenhang von 15,26f. mit 15,22-24 darin, daß das Zeugnisthema des Parakletspruches mit den in 15,22.24 genannten „Zeugen" von Wort und Werk Jesu (vgl. 5,13-40; 8,12-20; 10,25) thematisch verbunden ist.

[84] Vgl. dazu J. BECKER, Komm. I, 296ff.; J. BLANK, Krisis, 331f.; R. BULTMANN, Komm., 30f. Anm 5; Y. IBUKI, Wahrheit, 162; ders., Zeugnis, 125f.; U.B. MÜLLER, Eigentümlichkeit, 31; F. PORSCH, Pneuma, 222-227; J. RIEDL, Heilswerk, 234-238. J. BEUTLER, Art. μαρτυρέω κτλ., EWNT II, 960f., verweist auf weitere entsprechende prozeßhafte und gerichtliche Ausdrücke des Joh wie: ἐλέγχω, κρίνω, κρίσις, παράκλητος usw. Daß in 15,26f. also auch der *Paraklet* von Jesus Zeugnis ablegt, dürfte aufgrund des sich hier äußernden Rechtsstreites kein Zufall sein! - Zur Verankerung des μαρτυρία/μαρτυρεῖν-Begriffs im Rechtsleben vgl. J. BEUTLER, Martyria, 43-168, mit umfangreichem Material aus dem griechischen, hellenistischen und alttestamentlich-jüdischen Schrifttum; H. STRATHMANN, Art. μάρτυς κτλ., ThWNT IV, 479 (außerbiblisches Griechisch).486 (LXX); zum joh Zeugnisbegriff des weiteren J. ASHTON, Understanding, 523-527; J. BEUTLER, a.a.O., 209-361; J. BLANK, Krisis, 198-216 (216ff. zum Zusammenhang des Zeugnisbegriffes mit dem Begriff der Krisis [Joh 8,13ff.]); N. BROX, Zeuge und Märtyrer, 70-92; Y. IBUKI, Zeugnis, 123-162; S. PANCARO, Law, 194-208.

[85] Vgl. J. BEUTLER, Martyria, 83-85.133.156f.; D. SCHIRMER, Rechtsgeschichtliche Untersuchungen, 27-61; STR.-BILL. I, 266-269.790f.

legitimieren muß, da er wegen des Vorwurfs der Blasphemie nach geltendem Recht mit der Todesstrafe zu rechnen hatte (5,18). „Dieser Zusammenhang macht deutlich, das Zeugnisablegen hat hier - wie auch sonst im Joh durchweg - *juristischen Sinn*: Durch eine *rechtsverbindliche Aussage* wird ein fraglicher Tatbestand als richtig (wahr, wirklich) bezeugt. Solches Zeugnis ist durch Wissen (oder Augenzeugenschaft) begründet und wird vor einem *öffentlichen Forum* abgegeben, das Recht spricht (Bultmann, Michel). Zur Rechtsfestsetzung erwartet man zwei unabhängige Zeugen (8,17). Dies entspricht jüdischem und hellenistischem Recht"[86] (Hervorhebung: R.M.).

Die Funktion der beiden benötigten (Verteidigungs-)Zeugen[87] übernehmen in 15,26f. zum einen der Geist-Paraklet (vgl. 1.Joh 5,6b), zum anderen die Jünger. Dabei besteht eine Korrespondenz zwischen dem vorösterlichen und dem nachösterlichen μαρτυρεῖν. Bereits das irdische Offenbarerwirken Jesu ist mit dem Terminus μαρτυρεῖν erfaßt worden (5,31ff.; 8,14.17f.; 10,25; 18,37). Die in 15,24 genannten „Werke" (und Worte) Jesu haben für den irdischen Jesus Zeugnis gegeben (5,36; 10,25). Der Geist wird das Offenbarungszeugnis Jesu nachösterlich fortführen. „Wie also die Werke für den irdischen Jesus Zeugnis abgelegt haben, so wird es nach Jesu Fortgang der Geist tun, und zwar im Zeugnis der Jünger (V27)."[88] Das Zeugnis des Geistes kommt nicht neben und unabhängig, sondern *im* Zeugnis der Jünger zur Geltung.[89] Zugleich ist die Transparenz

---

[86] J. BECKER, Komm. I, 302.

[87] Die Wendung μαρτυρεῖν περί (15,26) benennt die Funktion des uns geläufigen Advokaten und Verteidigers (vgl. dagegen Joh 7,7 im Sinn des Anklägers). Das alttestamentlich-jüdische Recht kannte jedoch kein eigenes, offizielles Amt eines Anklägers, das wir im Staatsanwalt besitzen, noch das eines berufsmäßigen Advokaten, eines Rechtsanwaltes im modernen Sinn. Diese Funktionen übernahmen die jeweiligen Belastungs- bzw. fürsprechenden Zeugen, deren Zeugnis dem Richter zugleich als Anklage oder Verteidigung diente. „Der Kreis der Zeugen war nicht beschränkt: ausser den Zeugen im strengen Sinn, die sich zum Tatbestand äusserten, konnte jeder andere, der beim Prozess zugegen war, das Wort ergreifen und seinen Einfluß für oder gegen den Angeklagten geltend machen ... Zu solch einer Art von Gerichtsverfahren passt der Begriff παράκλητος, der ja nicht den bestellten Advokaten, sondern den 'herbeigerufenen' Beistand meint" (O. BETZ, Paraklet, 36f.; vgl. 36-116). Zum alttestamentlich-jüdischen Zeugenrecht vgl. weiter D. SCHIRMER, Rechtsgeschichtliche Untersuchungen, 27-61. Zum alttestamentlich-jüdischen Prozeßrecht s. M. BLOCH, Das mosaisch-talmudische Strafgerichtsverfahren, Budapest 1901; A.E. HARVEY, Jesus, 46ff.; S. LEHMING/J. MÜLLER-BARDORFF, Art. Gerichtsverfahren, BHH I, 550-553; G. STEMBERGER, Judentum, 69ff.

[88] U.B. MÜLLER, Parakletenvorstellung, 66.

[89] J. BEUTLER, Martyria, 275f.; O. BETZ, Paraklet, 178f.; J. BLANK, Komm. 2, 168; R.E. BROWN, Komm. II, 698-701; R. BULTMANN, Komm., 426f.; D.A. CARSON, Gospel, 528.538; C. DIETZFELBINGER, Abschied, 164; J. GNILKA, Theologie, 281.291; M. HASITSCHKA, Sünde, 104; E.C. HOSKYNS, Komm., 481f.; Y. IBUKI, Wahrheit, 295; M. DE JONGE, The Fourth Gospel, 12; W.G. KÜMMEL, Theologie, 282f.; F.J. MOLONEY,

deutlich. In dem futurisch stilisierten Parakletspruch ist das nachösterliche Wirken des Geistes in der Gemeinde vergegenwärtigt (vgl. Apg 5,32). Die Zeugenfunktion der Jünger, die ἀπ᾿ ἀρχῆς mit Jesus zusammen sind und von ihm Weisung empfangen haben (vgl. 3,22; 6,64; 13,33; 14,9; 16,4b; 17,12; 1.Joh 1,1-4; 2,7.24; 3,11; 2.Joh 5f.; vgl. auch Lk 1,2; Apg 1,21), ist ähnlich wie in Joh 3,11 für die Gegenwart der nachösterlichen Gemeinde aktualisiert,[90] so daß sich der Rechtsstreit des Offenbarers mit der Welt vermittels der Zeugen des Parakleten und der nachösterlichen Gemeinde fortsetzt. Im Geist ist Jesus nachösterlich in der Gemeinde präsent.[91] Die Welt, die sich dem Zeugnis des irdischen Jesus entzogen hat, wird auch nach Jesu Weggang aus der Welt weiter mit seinem Zeugnis konfrontiert sein.[92] Wie Jesus gekommen ist und durch sein Wort und Werk die Sünde überführt hat (15,22.24), so wird auch der Geist in seinem Zeugnis die

---

Komm., 431; J. PAINTER, Quest, 361; H. RIDDERBOS, Komm., 527; J. RIEDL, Heilswerk, 237f.; L. SCHENKE, Komm., 260.307f.; U. SCHNELLE, Komm., 245f.; S. SCHULZ, Komm., 202.

[90] „Ihr Sein mit ihm ἀπ᾿ ἀρχῆς hat also mit seinem Abschied kein Ende gefunden, sondern besteht weiter" (R. BULTMANN, Komm., 427). „Die johanneische Wendung ἀπ ἀρχῆς wird in den johanneischen Schriften durchweg nicht nur im historisch-zeitlichen Sinn verwandt, sondern auch im Sinne einer Wesensbestimmung. Hier ist dieser zweite Sinn schwer auszuschließen. Er wird bestätigt durch das präsentische Zeitwort ἔστε" (T. ONUKI, Gemeinde und Welt, 136f.; ähnlich H.-C. KAMMLER, Geistparaklet, 119-122: ἀπ᾿ ἀρχῆς = „ursprunghaft", „wesenhaft" wie in Joh 8,44; 1.Joh 3,8). Vgl. auch U. SCHNELLE, Perspektiven, 65: „Im Wirken des Parakleten verschmelzen (somit) die Zeit-ebenen zu einer Einheit, das Zeugnis der Jünger setzt sich bruchlos im Zeugnis der Gemeinde fort." - In dem „Wir" von Joh 3,11 kommt ähnlich wie in Joh 9,4 und 1,14.16 die nachösterliche johanneische Gemeinde zu Wort (vgl. T. ONUKI, Gemeinde und Welt, 83f.; J. RINKE, Kerygma, 30-78; L. SCHENKE, Komm., 417).

[91] Das gesamte Christusgeschehen ist für Johannes nachösterlich perspektiviert. Es wird als geistgewirkte nachösterliche Anamnese vergegenwärtigt (Joh 2,17.22; 12,16; 13,7; 20,9). Dieser kommt die Funktion einer Lese- und Verstehenshilfe im Blick auf das Evangelium zu, in dem sich eine textinterne Ebene der Jesusgeschichte mit einer textex-ternen Ebene der joh Gemeinde verbindet. Vgl. dazu J. FREY, Eschatologie II, passim; F. MUßNER, Sehweise, 45ff.; A. OBERMANN, Erfüllung, 390-408; J. RAHNER, Tempel, 311-330; L. SCHENKE, Komm., 400-405; ders., Christologie, 445ff.; U. SCHNELLE, Perspek-tiven, 61ff.; ders., Komm., 21f.27; ders., Blick, 28f.; M.M. THOMPSON, Humanity, 122ff.; J. ZUMSTEIN, Relecture, 409-411.

[92] Vgl. J. BEUTLER, Martyria, 359; N. BROX, Zeuge und Märtyrer, 78-80; C. HOEGEN-ROHLS, Johannes, 170f.; M.R. RUIZ, Missionsgedanke, 199ff.215; W. THÜSING, Erhöhung, 142-145. Vgl. auch A. DETTWILER, Gegenwart, 228-230; C. DIETZFELBINGER, Paraklet, 392; T. ONUKI, Gemeinde und Welt, 147, im Blick auf 16,8-11 (s.u.), und L. SCHENKE, Komm., 307f.

Sünde der Welt überführen (15,26; vgl. 16,8-11).[93] Jesu Zeugnis wird durch das nachösterliche Wirken des Parakleten repräsentiert und aktualisiert. Es kommt in der Konfrontation mit der Synagoge, die zweifelsohne eine rechtsprozeßliche Seite hatte (vgl. 9,22; 12,42; 16,2), zur Geltung.[94] Der Rechtsstreit des Offenbarers mit der Welt (VV22-24.25) hat so in dem Rechtsstreit der Gemeinde mit der Welt eine Entsprechung.[95] Während im ersten Fall die Welt mit ihrer Sünde auf dem Spiel steht, geht es im zweiten Fall um die Existenz der Christusbekenner, deren Ausschluß aus der Synagoge auch die Verfolgung bis zum Tod nach sich ziehen konnte (9,22; 16,2). In ihrer Funktion als Zeugen vor Gericht erhalten die Christusbekenner den Beistand des Geistes. Wie es in Mk 13.9.11parr die Aufgabe der Jünger ist, vor Gericht Zeugnis abzulegen (εἰς μαρτύριον) und dabei unter dem Beistand des Geistes zu reden, so tritt auch nach Joh 15,26f. die Gemeinde als vom Beistand des Geistes geleiteter Zeuge Jesu Christi auf.[96] Der Geist übernimmt damit als Verteidigungszeuge Jesu zu-

---

[93] Y. IBUKI, Wahrheit, 293f., weist auf die Parallelität des sündenüberführenden Wirkens Jesu (V22 ἦλθον ... ἐλάλησα) und der entsprechenden Gerichtswirksamkeit des Geistes (V26 ἔλθη ... μαρτυρήσει) hin!

[94] Nicht zufällig wird das Faktum des Synagogenausschlusses, wie es in 9,22 erwähnt wird, szenarisch durch ein gerichtliches Verhör begleitet, in dem der Geheilte Rechenschaft über Heilung und Heiler geben muß. Am Ende (9,34) erfährt er das gleiche Schicksal des Synagogenausschlusses wie die in 9,22 erwähnten Christusbekenner!

[95] Es empfiehlt es sich daher nicht, den Parakletspruch 15,26f. als sekundären Einschub zu bewerten (z.B. J. BECKER, Abschiedsreden, 237; ders. Komm. II, 589). Er hat nicht nur eine für den Gedankengang von 15,18ff. konstruktive Funktion (D.A. CARSON, Gospel, 527f.; C. DIETZFELBINGER, Abschied, 163f.; C. HOEGEN-ROHLS, Johannes, 168; Y. IBUKI, Wahrheit, 290-292; G. MLAKUZHYIL, Structure, 226; T. ONUKI, Gemeinde und Welt, 131ff., bes. 138; H.-C. KAMMLER, Geistparaklet, 116), sondern scheint auch mit den in Mt 10,17ff. verarbeiteten Verfolgungstraditionen, die in Joh 15,18ff. begegnen, in Zusammenhang zu stehen (s. Anm. 96). Dies bestätigen auffällige Parallelen zwischen der mt. Aussendungsrede und Joh 15,18-16,4 (vgl. K. BERGER, Anfang, 283-285; R.E. BROWN, Komm. II, 692-695; Y. IBUKI, a.a.O., 291; G. MLAKUZHYIL, a.a.O., 333f.; F. PORSCH, Pneuma, 268f.; U. WILCKENS, Komm., 247f.): Joh 15,18 mit Mt 10,22: Haß der Welt gegen die Jünger; Joh 15,20 (13,16) mit Mt 10,24f.: Knechtswort; Joh 15,21 mit Mt 10,22: Verfolgung bzw. Haß „um meines Namens willen"; Joh 15,26 mit Mt 10,19f.: die Rede des Geistes vor Gericht (Mt: „der Geist eures Vaters"; Joh: der „vom Vater" gesandte Geist); Joh 16,2 mit Mt 10,21: der Tod als Verfolgungsschicksal; Joh 16,2 mit Mt 10,17: Synagoge. Ein gemeinsamer Motivzusammenhang ist deutlich: Synagoge, Zeugnis, Geist und Haß.

[96] Zum traditionsgeschichtlichen und sachlichen Zusammenhang des Parakletspruches Joh 15,26f. mit der in Mk 13,9-13parr; Mt 10,17-25; Lk 12,11f. vorliegenden Tradition, die die Wirksamkeit des Geistes mit der Verfolgungssituation der Jünger verbindet, vgl. R.E. BROWN, a.a.O.; C.H. DODD, Tradition, 407-413; Y. IBUKI, a.a.O.; B. LINDARS, Persecution, 63f.; F. PORSCH, a.a.O.; R. SCHNACKENBURG, Komm. III, 161; U. WILCKENS, Komm., 247f. Kritisch dagegen äußern sich J. BEUTLER, Martyria, 303, und

gleich die im Rechtsverfahren wichtige Rolle des *Fürsprechers, Anwalts und Verteidigers* der Gemeindezeugen.[97] Sein Zeugnis kommt im Christuszeugnis (περὶ ἐμοῦ) der Gemeinde, ihrer Verkündigung vor der Welt, zur Geltung.[98]

6.4. Die Sünde als Eigenliebe der Welt

Es ist bereits darauf hingewiesen worden (Teil 6.2.), daß der Sündenbegriff in V22ab.24ab in das Gefüge eines irrealen Bedingungssatzes der Jesusrede eingebettet ist. Darin ist eine Verwandtschaft mit 9,41 erkannt worden. In allen drei Sätzen wird vorausgesetzt, daß Sünde eine Möglichkeit ist, die die Welt de facto ergriffen hat. Zugleich wird ihr durch den Ankläger und Richter Jesus verdeutlicht, daß sie diese Sünde nicht hätte wählen müssen. Welt und Sünde sind nicht a priori identisch, sondern werden es erst aufgrund der Entscheidung der Welt gegen den Offenbarer.

In dem Passus 15,18ff. findet sich noch ein weiterer irrealer Bedingungssatz, der für die Bestimmung des joh Sündenbegriffs von Bedeutung ist (15,19). Diesmal geht es um die Jüngergemeinde Jesu, in der sich die joh Gemeinde wiederfindet (s. Teil 6.3.). Es wird deutlich, daß die Jünger aufgrund der Erwählung durch ihren Herrn (vgl. 6,70; 13,18; 15,15) „aus der Welt" (vgl. 17,14.16) entnommen sind. Diese „Entweltlichung", die besagt, daß die Glaubenden ihrer Wesensherkunft nach nicht der Welt zu-

---

C. HOEGEN-ROHLS, Johannes, 172f. Letztere weist darauf hin, daß bei Johannes anders als in der synoptischen Apokalypse keine konkrete Gerichtssituation im Zusammenhang der Geistverheißung benannt sei. Auch sei „kein Hinweis auf die Welt und ihre feindselige Haltung den Glaubenden gegenüber enthalten" (173). Aber diese Beobachtung übersieht den deutlich engen Zusammenhang mit Joh 16,2f. Das Zeugnis des Geistes und der Jünger kommt in der Perspektive von konkreter Gerichts- und Verfolgungserfahrung zur Geltung, ein Umstand, der der in Mk 13,9-11parr geschilderten Situation entspricht.

[97] Religionsgeschichtliche Parallelen aus dem alttestamentlich-jüdischen Sprachraum für die Rolle des Parakleten als Fürsprecher bietet J. BEHM, Art. παράκλητος, ThWNT V, 807-809. Zum sprachlichen Hintergrund vgl. ders., a.a.O., 799-801; R. SCHNACKENBURG, Komm. III, 157-159. Zur Diskussion um die Herkunft der Parakletvorstellung vgl. G.M. BURGE, Anointed Community, 10-30; C. DIETZFELBINGER, Abschied, 204-206; R. SCHNACKENBURG, a.a.O., 163-169.

[98] J. BLANK, Krisis, 332; C. DIETZFELBINGER, Abschied, 164f.; A.E. HARVEY, Jesus, 112f.; C. HOEGEN-ROHLS, Johannes, 171f.; M.R. RUIZ, Missionsgedanke, 199-204; L. SCHENKE, Komm., 307f.; U. WILCKENS, Komm., 246.250; B. WITHERINGTON III, Komm., 261f.

gehören, sondern im Glauben von Christus her leben,[99] ist der Grund für den den Jüngern entgegengebrachten Haß (vgl. 17,14). Die Welt muß die Jünger hassen, weil sie nicht ihr Eigentum sind. Sie greift nach dem, was ihr wesensmäßig zugehört, nämlich nach dem „Eigenen". Im Blick auf die Jünger greift sie an dieser Stelle fehl, weil diese durch die Erwählung Jesu dem Eigenen der Welt entnommen sind. Vorausgesetzt ist in der V19 gestalteten Apodosis des Bedingungssatzes, daß die Welt „das Eigene" liebt. Das Verhalten der Welt ist also wesensmäßig als *„Eigenliebe"* bestimmt.

Das substantivierte Adjektiv τὸ ἴδιον begegnet im Singular nur Joh 15,19. Das Neutrum kann bei Joh eine Gruppe von Personen repräsentieren (vgl. 1,11; 6,37.39; 17,2). Das Adjektiv ἴδιος, auch in der substantivierten Form als Plural, benutzt Joh an einigen weiteren Stellen. Für unseren Zusammenhang sind vor allem die Belege wichtig, in denen es um das Verhalten der Welt oder um das sich davon absetzende Wirken Jesu geht. ἴδιον bringt dabei die Wesensverwandtschaft zum Ausdruck. So wären einerseits Joh 1,11; 5,43; 7,18; 8,44 (und 15,19) im Blick auf die ungläubige Haltung der Welt, andererseits 5,18; 10.3f.(12) und 13,1 im Blick auf Selbstanspruch und Verhalten Jesu gegenüber den „Seinen" zu bedenken.[100]

Zunächst gilt es, das Verhalten der Welt zu beschreiben. In 1,11, der programmatischen Themenangabe für die Kap. 2-12, wird gesagt, daß die Welt den Logos abgelehnt hat. Dieser Kosmos ist τὰ ἴδια des Logos, sofern jener einerseits „durch ihn" geschaffen worden ist (1,3), zum anderen das dem Logos „eigene" Wirkungsfeld ist, in dem er als Licht in der Finsternis scheint (1,5). Die ἴδιοι, die Repräsentanten des Kosmos, haben dem Logos die Annahme verweigert (vgl. 5,43; 12,48).[101] Dieses Verhal-

---

[99] Die Jünger bleiben weiter „in der Welt" (17,11), aber sie sind „aus der Welt" erwählt worden und entsprechen darin dem Nicht-aus-der-Welt-Sein Jesu (17,14; vgl. 8,23). Zum Begriff der „Entweltlichung" bei Joh vgl. R. BULTMANN, Art. πιστεύω κτλ. D, ThWNT VI, 225-227; ders., Theologie, 427ff.; ders. Art. Johannesevangelium, ³RGG III, 848.

[100] In Joh 1,41; 4,44 tritt ἴδιος an die Stelle eines Possessivpronomens. τὰ ἴδια (Joh 16,32; 19,27) hat die Bedeutung „Heim, Heimat". Vgl. dazu H.-W. BARTSCH, Art. ἴδιος, EWNT II, 420-423.

[101] Der Streit darum, ob es sich bei τὰ ἴδια um die Menschenwelt (vgl. V10) und οἱ ἴδιοι die Menschen (vgl. V9) (R. BULTMANN; S. SCHULZ) oder um das „Eigentumsvolk Gottes" und die „Juden" (C.K. BARRETT; H. THYEN) handelt, ist insofern von geringerer Bedeutung, als im Verlauf des Joh klar wird, daß „die Juden" auf der literarischen Ebene des Evangeliums als Repräsentanten des ungläubigen Kosmos gelten. Das Recht der zweiten Deutung liegt freilich darin, daß es Joh nicht um die Auseinandersetzung Jesu mit der Menschenwelt an sich, sondern um den konkreten Streit mit den „Juden" geht, die Joh vor allem als die führenden Repräsentanten des Judentums versteht (Zur Diskussion vgl. M. THEOBALD, Fleischwerdung, 232-238, der sich jedoch für die erste Lösung entscheidet).

ten des Kosmos wird im folgenden des Evangeliums präzisiert. Wir halten uns dabei an die Stellen, in denen das Adjektiv ἴδιος eine Rolle spielt.

In Teil 5.4.2. ist die Sündlosigkeit Jesu als Erweis der Ehre Gottes erkannt worden. Im Gegenzug dazu (7,18) ist die Sünde das Suchen nach der „eigenen Ehre" (ἡ δόξα ἡ ἰδία). Eigenliebe und Eigenehre korrespondieren also einander. Dies wird durch 5,41-44 bestätigt. Während der Gesandte[102] auf die Doxa-Ehre[103] von Menschen verzichtet (V41) und im Gegensatz zu sich selbst legitimierenden, von den Gegnern gern akzeptierten Falschpropheten nicht in seinem eigenen (ἐν τῷ ὀνόματι τῷ ἰδίῳ), sondern im Namen Gottes auftritt (V43), ist das Verhalten der Gegner dadurch bestimmt, daß sie auf die Doxa-Ehre von Menschen bedacht sind (V44; vgl. 12,43), die Liebe zu Gott[104] vermissen lassen (V42) und den durch den Vater legitimierten Gesandten ablehnen (V43). In der Verweigerung der Doxa-Ehre gegenüber dem Sohn wird zugleich der Vater entehrt (5,23). Die Doxa „von den Menschen her" (5,44; 12,43) ist die „sarkische Verkehrung der Doxa (vgl. 8,15; 7,24)"[105], nämlich der Doxa, wie sie zwischen Gott und dem von ihm geliebten, gesandten und verherrlichten Sohn ungestört und unverfälscht zur Geltung kommt (1,14; 2,11; 7,18b; 8,54b; 11,4.40; 12,28.41; 13,31f.; 17,1.4f.22.24). *Damit wird deutlich, daß Eigenehre und Eigenliebe im Gegenzug zur Doxa-Ehre Gottes und zur Gottesliebe stehen.* Sie trüben den Doxa-Glanz Gottes.[106] Eigenglanz des Sünders und Glanz Gottes sind unvereinbar. Während der Glanz Gottes klar und unverfälscht in seinem Sohn offenbar wird, kann der Glanz des nach eigener Ehre suchenden Menschen nur getrübt sein, insofern die Lüge die Wahrheit Gottes zu brechen versucht.

---

[102] Zur Doxa des Gesandten vgl. Y. IBUKI, Doxa, 38-81.

[103] Zum Doppelgebrauch von δόξα im profanen Sinn „Ehre" und im theologisch-christologischen Sinn „Herrlichkeit" vgl. Y. IBUKI, a.a.O., 45ff. Ibuki macht darauf aufmerksam, daß beide Aspekte bei Johannes nicht unvermittelt nebeneinander stehen, sondern im Herkunftsaspekt zusammenlaufen: Während Jesus die Doxa von Gott her zukommt, wird sie dem Menschen von einem anderen bzw. von sich selbst gegeben.

[104] τὴν ἀγάπην τοῦ θεοῦ ist Gen. obj.: „Liebe zu Gott" (mit , Komm., 283; J. BECKER, Komm. I, 308; R. BULTMANN, Komm., 202). Die vermißte Gottesliebe der „Juden" entspricht der Aussage von 3,19: Die Menschen lieben die Finsternis mehr als das Licht. Dem Lieben korrespondiert das Kennen: Sie kennen den Vater nicht (7,28; 8,19.55; 15,21; 16,3). Die Wendung ἐν ἑαυτοῖς läßt zudem eher an eine Handlung der betreffenden Personen denken.

[105] Y. IBUKI, a.a.O., 53.

[106] Hebr. Äquivalent zu δόξα ist כָּבוֹד mit seinen Bedeutungsnuancen von „Wichtigkeit", „Macht", „Ehre", „Würde", „Herrlichkeit" und auch „*Glanz*" (vgl. dazu M. WEINFELD, Art.כָּבוֹד, ThWAT IV, 23ff.).

Damit ist ein weiterer Aspekt der ἴδιος-Rede benannt. Der Diabolos redet ἐκ τῶν ἰδίων, d.h. seine Rede ist: λαλεῖν τὸ ψεῦδος (8,44).[107] Er redet vom Eigenen her auf das Eigene hin. Er sucht also die Selbst-Herrlichkeit. Diesem ἐκ τῶν ἰδίων λαλεῖν entspricht das ἀφ' ἑαυτοῦ λαλεῖν desjenigen, der seine eigene Ehre sucht (7,18). Im Gegenzug zur Wahrheit, die durch den Gesandten zur Geltung gebracht wird (8,45f.), ist die *Lüge* das dritte Moment der in Eigenehre und Eigenliebe auf sich selbst bezogenen Welt. Die Lüge als Wesensmerkmal satanischen Seins hat in diesem Gespann eine fundamentale Funktion. Sie ist nicht nur eine von vielen Beschreibungen des Unglaubens der Welt, sondern die Konstante, durch die Eigenliebe und Eigenehre erst ihren sündigen Charakter offenbaren. Da die Welt nur wesenhaft auf sich selbst bedacht ist in ihrer Ehre und Liebe, widerspricht sie der von Gott gewollten Ausrichtung der Liebe und Ehre auf das Gegenüber. Dieser Widerspruch ist das ψεῦδος an sich, das der durch ἀλήθεια gestifteten Beziehung zwischen Vater, Sohn und Jüngergemeinde gegenübersteht. Durch die Lüge werden Eigenliebe und Eigenehre als *verkehrte* Ausdrucksformen einer von Gott gewollten Beziehung definiert. Sie sind nicht wie die (selbstlose) Liebe und Ehre werbend auf das Gegenüber des Partners gerichtet,[108] sondern reflektieren und kreisen in sich selbst. In Abwandlung der lutherischen „incurvatio hominis in seipsum" könnte man die Sünde der Welt definieren als *„incurvatio mundi in seipsum"*. Die in Lüge aufgebaute Eigenliebe und Eigenehre ist die Verkehrung der Wahrheit durch *Verkrümmung der Welt in sich selbst*.

Demgegenüber hat ἴδιος in bezug auf das Verhältnis von Gott, Gesandtem und Christusgemeinde eine grundsätzlich andere Nuance. Hier geht es nicht mehr um die monoreflexe, in sich selbst verkrümmte Beziehung auf das eigene Ich, sondern um ein Eigentums- bzw. Zugehörigkeitsverhältnis, in dem das Gegenüber der Partner in enger Wirkeinheit verstanden wird. Zum einen ist diese enge Wirkeinheit zwischen Gott und

---

[107] Y. IBUKI, Wahrheit, 102f.

[108] Diese werbende Liebe ist die Eigenart Gottes und seines Sohnes. So heißt es etwa nicht, daß Gott sich selbst geliebt hat, sondern daß er *die Welt* geliebt hat und dafür seinen *einzigen Sohn* hingegeben hat, um im Glauben an ihn das ewige Leben gewähren zu können! Diesem Verhalten Gottes entsprechen die Aussagen, die vom stellvertretenden Opfertod Jesu nicht nur für die Seinen (10,11.15.17.18; 15,13; 17,19), sondern auch für die Welt reden (1,29; 6,51c; vgl. 11,50.51f.). Die Aussagen vom „Ziehen" (ἑλκύειν) verdeutlichen den zur Welt gewandten Bezug der Liebe Gottes. Das liebende „Ziehen" Gottes, der sich in seinem Sohn manifestiert, kommt gegenüber *allen* zur Geltung (12,32; vgl. 6,44). Es ist die Absicht Gottes, daß sich alle zum Sohn hin „ziehen" lassen (vgl. Teil 6.5.).

seinem Sohn dadurch zum Ausdruck gebracht, daß dieser jenen als „seinen Vater" (πατὴρ ἴδιος) versteht (5,18), zum anderen ist die dem Hirten nachfolgende Gemeinde als „seine Schafherde" (τὰ ἴδια πρόβατα) begriffen (10,3f.12), die dem Hirten im Unterschied zu dem μισθωτός als Eigentum gehört (10,12). Dieses Eigentumsverhältnis wird dadurch begründet, daß der „gute Hirte" sein Leben für die Schafe läßt (10,11.15.17f.).

Will man den Unterschied zur Sünde als in Lüge gestifteter Eigenliebe und Eigenehre aufdecken, dann wird er an dieser Stelle deutlich. Während die Welt an dem ihr Eigenen interessiert ist und nur das ihr Eigene auch lieben kann, ist die Liebe des Gottessohnes sich selbst verschenkende Liebe, die in der Lebenshingabe für die Seinen zur Geltung kommt (vgl. 13,1; 15,13) und in der Bruderliebe der Gemeindeglieder eine Entsprechung findet (13,34f.;15,12).[109] Dabei mag es zunächst befremden, daß der zur Passion bereite Gottessohn ebenso von der Liebe gegenüber den „Seinen" (personal: ἴδιοι)[110] spricht (13,1), wie dies im Blick auf die Liebe des Kosmos gegenüber dem Eigenen (neutrisch: τὸ ἴδιον) gilt (15,18). Doch im Unterschied zur Liebe des Kosmos, die von je her nur auf das Eigene gerichtet ist, ist die Liebe des Hirten gegenüber den Seinen Konkretion der der ganzen Welt geltenden ursprünglichen Liebe Gottes zur Welt (3,16f.). R. Bultmann hat diesen Sachverhalt im Blick auf die Auslegung von 13,1 treffend zur Sprache gebracht: „Wer die ἴδιοι sind, braucht nach Kap. 10 nicht mehr ausgeführt zu werden. Es sind die Seinen (10,14), die ihm der Vater gegeben hat (10,29). Und wenn *sie* der Gegenstand seiner Liebe sind, während nach 3,16 der κόσμος das Objekt der Liebe des Vaters ist, so ist diese Differenzierung kein Widerspruch, sondern sachgemäß. Natürlich richtet sich die Liebe des Sohnes wie die des Vaters werbend auf die ganze Welt; aber diese Liebe kommt zur Verwirklichung nur dort, wo sich der Mensch ihr erschließt."[111]

Dieser nach außen gerichteten Liebe Gottes und seines Sohnes entspricht, daß der Geistparaklet ähnlich wie der Sohn nicht von sich selbst her legitimiert ist (16,13: οὐ λαλεῖν ἀφ ἑαυτοῦ; vgl. 12,49; 14,10), sondern seine Legitimation und Wahrheit von einem *anderen* empfängt - wie der Sohn von seinem Vater so der Geist vom Erhöhten (16,13; vgl. 8,26; 3,32; 12,49; 14,10). Entsprechend wird von Jesus gesagt, daß er nichts von sich aus tut (5,19.30; 8,28; vgl. 7,28; 8,42). Der von Gott unendlich unter-

---

[109] Vgl. T. ONUKI, Gemeinde und Welt, 133.

[110] „Die 'Seinen', das sind die, die ihm der Vater gegeben hat (6,37.39; 10,29; 17,2.6.9.24); zu Jesus kommen die, denen es von Gott gegeben ist (vgl. 6,37.44.65)" (R. BERGMEIER, Glaube, 236).

[111] Komm., 373.

schiedene und aufgrund der Sünde radikal geschiedene κόσμος ist dagegen dadurch qualifiziert, daß er ἀφ' ἑαυτοῦ redet und seine eigene Ehre sucht (5,44; 7,18).

6.5. Sünde als Sich-Entziehen aus der Liebe Gottes

Der letzte Satz R. Bultmanns führt zu einem weiteren Aspekt des joh Sündenverständnisses. Er hängt mit der in 3,16f. benannten Liebe Gottes gegenüber der Welt zusammen und bezieht sich auf das Motiv des *Ziehens* (ἕλκειν 6,44; 12,32).[112] Die beiden joh Belege stehen zwar (äußerlich gesehen) in keinem direkten Zusammenhang mit einem der joh ἁμαρτία-Belege, der Sache nach gehören sie aber in das Feld, das es zu bedenken gilt, wenn der Evangelist von „Sünde" redet.

In 12,32 wird gesagt, daß der Erhöhte „alle" (πάντας[113]) zu sich ziehen wird. 6,44 hält ausdrücklich fest, daß der Vater derjenige ist, der durch sein „Ziehen" den (heilsamen) Zugang zum Sohn verschafft. Im Ziehen des Sohnes kommt also das Ziehen des Vaters zur Geltung.[114] Es ist begründet im Heilswillen des Vaters, in dem er seinem Sohn anvertraut („gegeben") hat, was es zu retten gilt (vgl. 3,27.35; 6,37.39.65; 10,29; 17,2.6-10.24; 18,9).[115] Dieses Ziehen ist nicht nur auf einen kleinen Kreis beschränkt, sondern erweist sich nach 3,16f. als ein Zugriff der Liebe Gottes[116] auf die ganze Welt (vgl. 12,24: „viel Frucht"; 10,16; 11,52; 12,46f. zur universalen Ausrichtung des Heilswerkes Jesu). Demnach sind in den πάντες implizit alle Menschen des Kosmos einbegriffen, auch wenn letztlich nur die, die sich dem Zugriff Gottes und des Erhöhten nicht entziehen, sondern sich „ziehen" lassen, „von Gott gelehrt" (6,45; vgl.

---

[112] Vgl. dazu ausführlich W. THÜSING, Erhöhung, 22-31. Zum Zusammenhang von 12,32 mit 3,16f. s. a.a.O., 22f.

[113] Zum Vorzug der Lesart πάντας statt πάντα vgl. B.M. METZGER, Textual Commentary, 238.

[114] R. BULTMANN, Komm., 172; Y. IBUKI, Wahrheit, 106.

[115] M. DE JONGE, The Fourth Gospel, 18: „The Son gives eternal life to those whom the Father entrusts to him and whom he takes out of the world ... No one is lost (3,16; 6,39; 10,28; 18,9) except Judas (17,12)."

[116] „Es ist ein inneres, gnadenhaftes Ziehen, kein naturhafter oder magischer Zwang, vielmehr ein 'liebevolles Ansichziehen' (Oepke)" (R. SCHNACKENBURG, Komm. II, 76). U. SCHNELLE, Komm., 129: „die zuvorkommende Liebe und Gnade Gottes". Das Motiv des Ziehens durch die Liebe Gottes begegnet bereits in Jer 38,3 LXX und Hos 11,4 MT. Zum weiteren begriffsgeschichtlichen Umfeld von ἕλκειν vgl. A. OEPKE, Art. ἕλκω, ThWNT II, 500f.

14,26; 1.Joh 2,27), im Glauben gerettet (3,16) und ἐν τῇ ἐσχάτῃ ἡμέρᾳ auferweckt werden (6,44).[117] Bedenkt man den unmittelbaren Zusammenhang von Unglaube und Sünde bei Joh (8,24; 16,9), dann erweist sich die Sünde darin, daß sie sich dem (rettenden) Zugriff des Vaters und des Erhöhten, der die Seinen zu sich (ans Kreuz) und in die Herrlichkeit des Erhöhten führt (vgl. 12,32; 14,2f.; 17,24),[118] *entzieht. Sünde ist demnach das Sich-Entziehen aus dem liebenden Ziehen des durch den Sohn wirkenden Vaters.* Dabei ist zu bedenken, daß dieses Sich-Entziehen willentlich geschieht,[119] denn es ist in der oben genannten Eigenliebe und Eigenehre des Kosmos motiviert. Dieser steht unter der Herrschaft des ἄρχων τοῦ κόσμου τούτου, ist jedoch durch das Kreuz gerichtet (12,31; vgl. 16,11).[120] Bedenkt man den Zusammenhang von 12,31f. mit 16,8-11(s.u.), dann ist deutlich, daß mit dem Gericht über den Kosmos auch die Sünde aufgedeckt ist (16,8f.), d.h., *daß mit dem Ziehen des Erhöhten zugleich das Sich-Entziehen des Kosmos offenbar wird.* Wendet sich Gott in seinem Sohn der Welt liebend, d.h. *anziehend* zu, so wendet diese sich im gleichen Zuge von ihm *hassend* (vgl. 3,20; 7,7; 15,18ff.) ab. Damit wird deutlich, daß das Sich-Entziehen aus der Liebe Gottes nicht passiv-enthaltend, sondern aggressiv-feindschaftlich zur Geltung kommt (bes. 15,18ff.). Höhepunkt dieser sich der Liebe Gottes entziehenden Feindschaft der Welt ist der Kreuzestod Jesu, in dem in einem Zusammenhang das Recht Jesu und das Unrecht der Welt offenbar werden. Dieser Aspekt wird uns weiter unten im Blick auf den Parakletspruch 16,8-11 beschäftigen (Teil 6.7.).

---

[117] Die Wirksamkeit des göttlichen Ziehens kommt nach Joh 6,45 im Hören und Lernen des vom Vater Verbürgten zur Geltung. Demnach gilt mit R. BULTMANN, Komm., 172: „Nicht *hinter* der Glaubensentscheidung des Menschen, sondern in ihr vollzieht sich das 'Ziehen' des Vaters." Vgl. ähnlich W. SCHRAGE, Ethik, 245f.

[118] W. THÜSING, Erhöhung, 23 (Anm. 46), vermutet Metaphorik: V32 spiele „auf das Ausbreiten der Arme am Kreuz" an. Diese Metaphorik wird zwar nicht explizit ausgesagt, trifft aber die Intention des Evangelisten: „Es soll offenbar der Eindruck entstehen, daß der am Kreuz hängende Jesus die Menschen an sich zieht, daß er also vom Kreuze aus herrscht" (ebd.). Unwahrscheinlich ist die Deutung R. BULTMANNs, Komm., 331, der auf das Ziehen „in den Haß und die Verfolgung durch die Welt" deutet, da 12,32 wie auch 12,26; 14,2f.; 17,24 auf das in der Gemeinschaft mit dem Erhöhten erwirkte Heil abheben.

[119] Vgl. W. THÜSING, a.a.O., 26: Das „Ziehen schließt die Möglichkeit des Widerstrebens ein. Schon Os 11 zeigt das. Auch hierin tritt also der Gegensatz zu dem naturhaften Prozeß des gnostischen 'Ziehens' in Erscheinung."

[120] Der enge Zusammenhang von 12,31 und 12,32 verdeutlicht, daß das Gericht über den Kosmos durch die Erhöhung Jesu ans Kreuz vollzogen wird (vgl. ähnlich 16,8-11 s.u.). Das νῦν von V31 greift auf das νῦν der in 12,27 erwähnten Todesstunde (vgl. 12,23) zurück. Erhöhung und Kreuz stehen in engem Zusammenhang.

6.6. Sünde als Verlust der Gottesherrlichkeit und als Störung der Gottesbeziehung

Die oben (Teil 6.4. und Teil 6.5.) genannten Aspekte von Eigenliebe, Eigenehre und Sich-Entziehen aus der Liebe Gottes führen zu einem weiteren Sachverhalt der Sünde. Wo nach der eigenen Doxa und nicht nach der Doxa Gottes gesucht wird, besteht ein grundsätzlich gestörtes Verhältnis zwischen Gott und Mensch. Der Mensch kann der Doxa, der Lichtherrlichkeit, die ihm ursprünglich - vor der Sünde - mit der Schöpfung eigen war, nicht mehr entsprechen, weil sie ihm durch die Sünde verloren gegangen ist. Aus diesem Grund sucht er auch nicht die Ehre (Doxa) Gottes, sondern die eigene Ehre, weil sie der einzige verbliebene Bezugspunkt des in sich verkehrten Menschen geworden ist. Wo die Herrlichkeit Gottes verloren ist, bleibt nur die (verkehrte) „Herrlichkeit" des sündigen Menschen, an der er sich orientieren kann. Johannes spielt mit der doppelten Bedeutung des Begriffes δόξα = „Ansehen, Geltung, Ehre" einerseits und δόξα = „göttlicher Machtglanz, göttliche Herrlichkeit" andererseits.[121] So wie der Gesandte des Vaters Inhaber der göttlichen Doxa ist und dementsprechend nicht seine eigene Doxa-Ehre, sondern die Doxa-Ehre Gottes sucht, so besitzt der sündige Mensch diese Gottesherrlichkeit nicht mehr und kann deshalb nur seine eigene Doxa-Ehre suchen. Die Präsenz der göttlichen Doxa im Sohn Gottes zeichnet ihn vor der der Sünde verfallenen Welt aus. Darum kommt ihm auch Sündlosigkeit zu (Joh 7,18; 8,46). Johannes spricht in diesem Zusammenhang von der Doxa-Ehre Gottes, die der Sohn dem Vater erweist, und von der Doxa-Ehre der Menschen, die sie sich selbst erweisen (7,18; 8,49f.54; s.o.). Wo der Mensch sich selbst liebt, ehrt und aus der Liebe Gottes entzieht, da offenbart er sich als der, der seiner Schöpfungsordnung widersprechend der göttlichen Herrlichkeit ermangelt (vgl. Röm 3,23). Der Sohn vermag, von der Sünde zu befreien (Joh 8,31ff.), wenn er den Seinen, denen, die sich „ziehen" lassen (s.o.), die ihm selbst von Gott (präexistent: Joh 12,41; 17,5.24; vgl. 1,1f.) zuteil gewordene Doxa mitteilt, um sie in die göttliche Liebesgemeinschaft von Vater und Sohn hineinzunehmen (Joh 17,21-23.24). „Es ist die Herrlichkeit Gottes selbst, die der Vater dem Sohn gegeben hat, damit der verherrlichte Sohn sie als Offenbarungsgabe an alle Glaubenden weitergibt."[122]

---

[121] Zur Bedeutung des Begriffs δόξα im Neuen Testament vgl. H. HEGERMANN, Art. δόξα, EWNT I, 832ff. Zum Zusammenhang des profanen (Doxa = Ehre) und theologisch-christologischen Gebrauchs von Doxa (= Herrlichkeit) bei Joh vgl. Anm. 103.
[122] U. WILCKENS, Komm., 267.

Die Überwindung der Sünde wird so als Wiederaufleuchten der verlorenen Gottesherrlichkeit, als Überwindung der Feindschaft begründenden (Joh 7,7; 15,18ff.) Störung zwischen Gott und Mensch zur Geltung kommen.[123]

Johannes redet nicht explizit vom Verlust der Doxa durch die Sünde. Ein Satz wie Röm 3,23 begegnet bei ihm nicht. Dennoch legen die eben geäußerten Überlegungen nahe, daß Johannes den im jüdischen, rabbinischen und apokalyptischen Schrifttum verbreiteten Gedanken[124] vom Verlust der Gottesherrlichkeit, der imago Dei, gekannt und seinem Sündenverständnis zugrunde gelegt hat. Im Unterschied zu Paulus hat er die Überwindung dieses Sündenstandes nicht als Rechtfertigung (Röm 3,24-26), sondern als Hineinnahme der Glaubenden in die Lebens- und Liebeseinheit von Vater und Sohn interpretiert (17,21-23).[125] Insofern bedeutet δόξα in 17,22 „die Fülle göttlichen Lebens"[126]. Der Sohn ist es, der den Seinen die ζωὴ αἰώνιος mitteilt (Joh 17,2). Er gibt ihnen seine Herrlichkeit (17,22) - im Unterschied zur Welt, die nur Haß zu geben vermag (17,14-16; vgl. 7,7; 15,18ff.). Jesus und die Seinen sind aber nicht ἐκ τοῦ κόσμου (17,14.16; vgl. 8,23; 15,19), sondern partizipieren vielmehr gemeinsam (die Glaubenden vermittels Jesu) an der Doxa Gottes (17,22) in der Einheit mit dem Vater (17,21-23).

6.7. Der Parakletspruch Joh 16,8-11

Der Redeabschnitt 16,4b-11[127] hebt auf den Weggang Jesu zum Vater und das damit verbundene Kommen des Parakleten ab. Der Paraklet hat also eine nachösterliche Funktion. Er gilt als der Gesandte Jesu (V7fin; 15,26). Der Parakletspruch 16,8-11 definiert das Wirken des Parakleten im Blick auf den Kosmos.[128] Er „überführt" (ἐλέγχειν) die Welt und weist ihr ob-

---

[123] Zur Sache vgl. C. GESTRICH, Die Wiederkehr des Glanzes in der Welt. Die christliche Lehre von der Sünde und ihrer Vergebung in gegenwärtiger Verantwortung, Tübingen 1989.

[124] Vgl. die einschlägigen Kommentare zu Röm 3,23 (z.B. E. KÄSEMANN, H. SCHLIER, U. WILCKENS).

[125] Der Sache nach ist der Unterschied freilich gering. Beiderseits geht es um die Teilhabe an der lebensspendenden Doxa Christi (vgl. 2. Kor 3,18; Joh 17,2.10b).

[126] R. SCHNACKENBURG, Komm. III, 218.

[127] Zum Aufbau der Reden 15,18-16,4a und 16,4b-33 vgl. Teil 6.1.2.

[128] Die drei ὅτι-Sätze sind explikativ angeschlossen, nicht begründend (mit G.R. BEASLEY-MURRAY, John, 281; J. BECKER, Komm. II, 594; J. BLANK, Krisis, 336ff.; R.E. BROWN, Komm. II, 706; R. BULTMANN, Komm., 434; A. DETTWILER, Gegenwart, 223f.; C. DIETZFELBINGER, Abschied, 187; H.-C. KAMMLER, Geistparaklet, 130 Anm. 192; F. PORSCH, Pneuma, 285f.; H. RIDDERBOS, Komm., 532 Anm. 167; R. SCHNACKENBURG, Komm. III, 147; W. STENGER, Δικαιοσύνη, 5; gegen , Komm., 473f.; D.A. CARSON, Function, 561f.; ders., Gospel, 536-539; B. LINDARS, ΔΙΚΑΙΟΣΥΝΗ, 280; ders. Gospel, 502-504; F.J. MOLONEY, Komm., 445; L. MORRIS, Gospel, 616f.619; F.F. SEGOVIA, Farewell, 231).

jektiv die Schuld nach.[129] Nicht nur aufgrund dieses der Gerichtssprache entlehnten Terminus, sondern auch aufgrund der Begriffe δικαιοσύνη, κρίσις, κέκριται und des beschriebenen Vorganges, der an ein Gerichtsverfahren erinnert, ist der forensische Charakter der Szene deutlich.[130] Beachtenswert ist, daß die Wendung ἐλέγχειν περί offenbar in Parallele steht zu dem ebenfalls juristisch verankerten μαρτυρεῖν-Begriff. In Joh 7,7 wird ganz ähnlich gesagt, daß Jesus dem Kosmos bezeugt (μαρτυρεῖν περὶ αὐτοῦ), „daß seine Werke böse sind". Das μαρτυρεῖν übernimmt die Funktion des ἐλέγχειν.[131] Joh 3,20 beschreibt die Aktivität Jesu gegenüber dem, der das Licht haßt, mit dem gleichen Verb wie Joh 16,8f. (ἐλέγχειν). Das Werk Jesu und das Werk des Geistes entsprechen sich offenbar in der Weise, daß der Paraklet das richterliche Offenbarungs- und Überführungswerk Jesu (vgl. 3,19; 5,22.30; 8,16; 9,39) im Zeugnis der

---

[129] J. BLANK, Krisis, 335, definiert treffend: „überführen durch Aufdecken der Schuld" (ähnlich A. DETTWILER, Gegenwart, 222f.; J. PAINTER, Discourses, 543 Anm. 24; F. PORSCH, Art. ἐλέγχω κτλ., EWNT I, 1042; ders., Pneuma, 279ff.). Eine Übersicht über die verschiedenen Deutungsmöglichkeiten der Wendung ἐλέγχειν περί ... in 16,8-11 bietet D.A. CARSON, Function, 549-558. Zu schwach ist m.E. die Interpretation von A. LINDEMANN, Gemeinde und Welt, 152: Der Paraklet „konfrontiert" die Welt mit dem, was Sünde (sowie Gerechtigkeit und Gericht) ist. Der Paraklet wird so auf die Funktion der Mitteilung dessen, was Sünde, Gerechtigkeit und Gericht ist, reduziert (ähnlich S. SCHULZ, Komm., 204). Die drei Begriffe sind jedoch nicht nur Gegenstand der Mitteilung einer Tatsache (ähnlich W. STENGER, δικαιοσύνη, 4f., gegen E. HATCH), sondern Ausdruck des im Kreuz über die Welt ergangenen Gerichtes. Es geht um Heil oder Unheil, wenn der Paraklet aufdeckt und überführt. Schließlich spricht Joh 8,46 gegen diese Deutung: ἐλέγχειν περὶ ἁμαρτίας = „der Sünde überführen" (vgl. D.A. CARSON, a.a.O., 558; , Komm., 473f.; R. SCHNACKENBURG, Komm. III, 147). Das Überführen der Welt ist nicht nur ein Ereignis im Gewissen der Gläubigen (so I. DE LA POTTERIE, Vérité I, 409-416; F. PORSCH, Pneuma, 281-285), da es sich um einen öffentlichen, die Welt betreffenden Prozeß handelt, der im Zeugnis der Jüngerkirche gegenüber der Welt weiterhin zur Geltung kommt (vgl. 15,26f.; M.R. RUIZ, Missionsgedanke, 211ff., gegen de la Potterie). Es ist auch keine subjektive Sündenerkenntnis der Welt, um sie zum Glauben zu bewegen. Gemeinde und Welt stehen sich in den Abschiedsreden feindlich gegenüber (vgl. 14,17; 15,18ff.; 16,11; vgl. aber 17,21.23). Vgl. dazu mit ausführlicher Begründung H.-C. KAMMLER, Geistparaklet, 127-130.

[130] Vgl. J. BLANK, a.a.O., 336: „*'juristisch' belangvolle Tatbestände*" (kursiv: J.B.); ders., Komm. 2, 180; R.E. BROWN, Komm. II, 711-714; A. DETTWILER, Gegenwart, 221f.; C. DIETZFELBINGER, Abschied, 189f.; A.E. HARVEY, Jesus, 113f.; M.R. RUIZ, a.a.O., 211ff.; L. SCHENKE, Komm., 312f.; U. WILCKENS, Komm., 249-252. Den forensischen Sinn belegt auch die joh Rede von der δικαία κρίσις (5,30; 7,24). Skeptisch gegenüber dem forensischen Charakter der Szene äußert sich H. RIDDERBOS, Komm., 531f.

[131] „Das Zeugnis, das Jesus über den Kosmos gibt, deckt die bösen Werke des Kosmos, d.h. seine Bosheit überhaupt auf ... M.a.W., das μαρτυρεῖν ist hier als Ausfluß der richterlichen Tätigkeit des Offenbarers zu verstehen" (J. BLANK, a.a.O., 202; vgl. auch ebd., 100 Anm. 163).

Jünger und der nachösterlichen Gemeinde fortsetzt (vgl. 15,26f.).[132] Es
kommt zu einer „Revision des Prozesses Jesu".[133]

Der Paraklet hat gegenüber 15,26f. eine etwas andere Funktion. Er tritt
nicht mehr als Verteidigungszeuge Jesu und als Beistand der Gemeinde im
Rechtsstreit der Welt mit dem Offenbarer auf, sondern übernimmt die
Funktion des *Anklägers* der Welt vor dem Gericht Gottes.[134] Diese Ak-
zentverschiebung ist dadurch bedingt, daß im Unterschied zu 15,26f. nicht
mehr die Aufgabe des Parakleten gegenüber Jesus und den Gemeindezeugen vor dem Forum der Welt, sondern gegenüber dem Kosmos selbst bedacht wird. Auch im Blick auf 15,22-24 hat sich eine Veränderung ergeben. War dort Jesus selbst als Ankläger aufgetreten, der die Welt ihrer

---

[132] „Aufgrund der engen Beziehung der Parakletworte in 16,7-11 und in 15,26-27
kann auch eine Beziehung zwischen ἐλέγχω und μαρτυρέω angenommen werden.
ἐλέγχω bezeichnet ein Aufdecken, das eng mit der Zeugnistätigkeit für Jesus verbunden
ist. Ähnlich wie sich das Zeugnis des Parakleten für Jesus im Zeugnis der Jünger verkörpert, sind auch - wie man wohl sagen darf - hinsichtlich des ἐλέγχειν die Jünger die
'Instrumente', deren sich der Paraklet bedient, um irdisch sichtbar in der Welt zu wirken"
(M. HASITSCHKA, Befreiung, 375f.). Vgl. ähnlich D.A. CARSON, Function, 563-565;
ders., Gospel, 528.538; C. DIETZFELBINGER, Abschied, 196-198; J. GNILKA, Theologie,
292; C. HOEGEN-ROHLS, Johannes, 187f.; X. LÉON-DUFOUR, Komm. III, 225f.; F.J.
MOLONEY, Komm., 440f.; J. PAINTER, Quest, 363; L. SCHENKE, Komm., 312f.; S.
SCHULZ, Komm., 203f.; F.F. SEGOVIA, Farewell, 234f.; W. THÜSING, Erhöhung, 142-
145; U. WILCKENS, Komm., 249-252.

[133] F. PORSCH, Pneuma, 285.

[134] Vgl. J. BECKER, Komm. II, 592; J. BEHM, Art. παράκλητος, ThWNT V, 811;
R. BULTMANN, Komm., 433; A. DETTWILER, Gegenwart, 221f.; A.E. HARVEY, Jesus,
113f.; F. PORSCH, Art. ἐλέγχω κτλ., EWNT I, 1042; L. SCHENKE, Komm., 312f.; R.
SCHNACKENBURG, Komm. III, 162; S. SCHULZ, Komm., 203; U. WILCKENS, Komm.,
249f. J. BLANK, Krisis, 335, sieht in dem ἐλέγχειν das Moment des verurteilenden
Richterspruches gegeben. Doch als Richter agiert der Paraklet hier nicht. Anders dagegen stellt der Offenbarer in 9,39.41 richterlich das Urteil der bleibenden Sünde der Welt
fest (s. dort). - Die Rolle des Anklägers, freilich ein Unterschied zu Joh auf das Innere
des Menschen gerichtet, übt „der Geist der Wahrheit" (vgl. Joh 14,17; 15,26!) auch nach
TestJud 20,5 aus: „καὶ τὸ πνεῦμα τῆς ἀληθείας κατηγορεῖ πάντων καὶ
ἐμπεπύρισται ὁ ἁμαρτωλὸς ἐκ τῆς ἰδίας καρδίας, καὶ ἆραι πρόσωπον πρὸς τὸν
κριτὴν οὐ δύναται". R. SCHNACKENBURG, Komm. III, 162, bemerkt, daß die Funktion
des Parakleten als Ankläger eine Rolle ist, „die im Begriff und Gedanken eines Parakleten zunächst nicht gegeben ist - im jüdischen Bereich ist der parklit (= s'negor) ja gerade
der Gegenspieler zum Ankläger (kategor)." Insofern handelt es sich hier um „eine Weiterentwicklung des Parakletgedankens im Raum johanneischer Theologie." Die genannte
Stelle TestJud 20,5 belegt nach einer anderen Lesart (... μαρτυρεῖ πάντα καὶ
κατηγορεῖ πάντων), daß die Funktion des Zeugen und des Anklägers miteinander verbunden gedacht werden konnten (vgl. J. BEHM, a.a.O., 808). Für den Zusammenhang der
beiden Parakletsprüche bedeutet dies, daß das Zeugnis für Christus (15,26) der Welt
gegenüber zur Anklage vor Gottes Gericht wird.

Sünde überführt, so hat nun der Paraklet diese Rolle übernommen. Dieser nachösterliche Rollentausch ist nach 14,26 konsequent, da der Paraklet die Funktion der Lehre Jesu und damit die Stelle des irdischen Jesus selbst einnehmen wird. Er sorgt für die Präsenz und unbegrenzte Kontinuität des Werkes des Irdischen, das sich vom Ende her als πᾶσα ἡ ἀλήθεια erschließt (vgl. 16,13-15).[135]

Es stehen sich also in dem Rechtsstreit der Paraklet als Ankläger und der Kosmos als Angeklagter gegenüber.[136] Indem der Paraklet die Sünde der Welt aufdeckt und überführt, setzt er zugleich das Wirken Jesu ins Recht, bzw. offenbarungstheologisch vice versa formuliert: Indem Jesus ins Recht gesetzt wird, wird die Sünde der Welt aufgedeckt und überführt. Dieser theologische Zusammenhang ist die Erklärung für den vermeintlichen Perspektivenwechsel, der in V10 angedeutet ist: Während in V9.11 vom Schicksal des Kosmos die Rede ist, geht es in V10 um die Gerechtigkeit Jesu. Der Nachweis der Schuld der Welt ist an das offenbarende Wirken des Gesandten gebunden. Durch ihn wird das rechtskräftige Urteil über die Sünde der Welt gesprochen. Die im ὑπάγειν zum Vater zur Geltung kommende δικαιοσύνη Jesu ist demnach nicht in dem ethischen

---

[135] Vgl. J. BLANK, Krisis, 334: „Das besondere Werk des Geistes aber läßt sich, wenigstens nach einer seiner wichtigsten Seiten, kurz dahingehend charakterisieren, daß der Paraklet die gesamte Christusoffenbarung in ihrer eschatologischen Vollendung und unter Beibehaltung alles dessen, was zu ihrer wesenhaften Seinsstruktur gehört, zu vergegenwärtigen und immer neu zu erschließen hat." Zur nachösterlichen Anamnesis-Funktion des Geistes vgl. auch C. DIETZFELBINGER, Abschied, 220-225; M. HENGEL, Schriftauslegung, 271-275; U. SCHNELLE, Perspektiven, 63; ders., Komm., 21f, und J. ZUMSTEIN, Relecture, 409-411. - Die christologische Rückbindung der johanneischen Pneumatologie ist jetzt konsequent und überzeugend ausgearbeitet worden durch H.-C. KAMMLER, Jesus Christus und der Geistparaklet. Eine Studie zur Verhältnisbestimmung von Pneumatologie und Christologie, in: O. HOFIUS/H.-C. KAMMLER (Hg.), Johannesstudien. Untersuchungen zur Theologie des vierten Evangeliums (WUNT 1.88), Tübingen 1996, 87-190.

[136] Dem entspricht auf der Zeitebene der Jesusdarstellung des Evangeliums der Rechtsstreit zwischen dem Offenbarer und der Welt. Während sich nach dem Kalkül der Welt Jesus unter Anklage befindet, haben sich aus der Perspektive des Evangelisten die Rollen vertauscht. „Im Kreuzesgeschehen und in der Auferstehung Jesu kehrt sich die auf der vordergründigen, historischen Ebene bestehende Relation zwischen den Anklägern und dem Angeklagten *von Gott her* radikal um, so daß der Angeklagte zum Ankläger wird und die Ankläger zu Angeklagten werden" (H.-C. KAMMLER, a.a.O., 134). Zu diesem Motiv der „vertauschten Rollen" vgl. J. BLANK, Verhandlung, 60-65; ders., Komm. 3, 11f.; A. DAUER, Passionsgeschichte, 236-277; C. DIEBOLD-SCHEUERMANN, Jesus, 207ff.; E. HAENCHEN, Jesus vor Pilatus, 144-156; F. PORSCH, Pneuma, 223f.; T. SÖDING, Macht, 40-42.

Sinne von Rechtschaffenheit wie z.B. in 1.Joh 2,29; 3,7.10 zu verstehen[137] - der Begriff erläutert die Bruderliebe, wie 1.Joh 3,10.11ff. zeigt[138] -, sondern „in dem juristischen Sinne des Rechthabens, des Sieges im Prozeß".[139] „Gerechtigkeit" im Sinne des Evangelisten beschreibt nicht „eine moralisch-ethische Qualität Jesu bzw. seinen sich im Gang ans Kreuz vollendenden Gehorsam gegenüber Gott ... Es geht vielmehr um das dem Gekreuzigten durch seine Auferstehung und seine Erhöhung *von Gott selbst her widerfahrene Rechtfertigungsgeschehen*, durch das Jesus als sündlos und die Welt als gottlos erwiesen wird."[140] Dabei wird von Joh 17,25

---

[137] Das Substantiv δικαιοσύνη ist im 1.Joh nicht auf Christus bezogen! Anders das Adjektiv δίκαιος, in dem die Aspekte der Sündlosigkeit Jesu und des befreienden Christusgeschehens mitgesetzt sind (2,1.29; 3,7[vgl. 3,3: ἀγνός]; vgl. 1,9 in bezug auf Gottes in Christus wirksames Heilshandeln!).

[138] Vgl. R. SCHNACKENBURG, Johannesbriefe, 194. Signifikant ist die Wendung ποιεῖν (τὴν) δικαιοσύνην, die an allen drei Stellen begegnet und deutlich den ethischen Akzent des Begriffes umschreibt. Vgl. G. STRECKER, Johannesbriefe, 167, in bezug auf 1.Joh 3,7: „In der Tat veranlaßt die paränetische Zuwendung an die Gemeinde den Verfasser, einen kompromißlosen ethischen Satz zu formulieren, daß nämlich nur der ein δίκαιος ist, der δικαιοσύνη tut." In 1.Joh 3,10 wird die Wendung „πᾶς ὁ μὴ ποιῶν δικαιοσύνην" durch ein entsprechendes „καὶ ὁ μὴ ἀγαπῶν τὸν ἀδελφὸν αὐτοῦ" präzisiert (καὶ in der Bedeutung von „und zwar"; vgl. B.-D.-R. § 442,6a). „Gerechtigkeit" ist der Erweis der Bruderliebe.

[139] R. BULTMANN, Komm., 434.

[140] H.-C. KAMMLER, Geistparaklet, 131f. (Hervorhebung H.-C.K.). Zum forensischen Charakter der Gerechtigkeit in Joh 16,8.10 vgl. weiter K. BERGER, Anfang, 249; J. BLANK, Krisis, 337; ders., Komm. 2, 181; C. DIETZFELBINGER, Abschied, 190f.; A.T. HANSON, Gospel, 191f.; A.E. HARVEY, Jesus, 113f.; B. LINDARS, ΔΙΚΑΙΟΣΥΝΗ, 275-285; L. SCHENKE, Komm., 312f.; R. SCHNACKENBURG, Komm. III, 149f.; U. WILCKENS, Komm., 251. - In diesen Zusammenhang gehört auch die Rede von der Doxa Jesu, die ihm durch den κρίνων (!) erwiesen wird (8,50). Indem der Vater seinen Sohn „verherrlicht", setzt er als κρίνων ihn ins Recht. „Das 'Richten' Gottes, das Jesu Unschuld, seine Geschiedenheit von 'Sünde' (8,46), seine 'Ehre' herausstellt, geschieht definitiv mit seiner 'Verherrlichung', wenn ihn der Vater zu sich nimmt" (R. SCHNACKENBURG, Komm. III, 149). In einem ähnlichen Sinn wie Joh 16,10 sind forensisch bestimmte Rechtfertigung und Erhöhung Jesu Christi in 1.Tim 3,16 verbunden. Vgl. dazu N. BROX, Die Pastoralbriefe (RNT 7.2), Leipzig (Liz.) [4]1975, 160; R. DEICHGRÄBER, Gotteshymnus, 134-136; G. HOLTZ, Die Pastoralbriefe (ThHK 13), Berlin [4]1986, 91; H.-C. KAMMLER, Geistparaklet, 132f.; J. ROLOFF, Komm., 205f.; W. STENGER, Christushymnus, 38; K. WENGST, Christologische Formeln, 158f. - Zum Problem des joh Verständnisses der δικαιοσύνη in Joh 16,8.10 vgl. weiter F. PORSCH, Pneuma, 286-288; W. STENGER, Δικαιοσύνη in Jo. XVI 8.10, NT 21 (1979), 2-12. Die hier von Stenger favorisierte präexistenztheologische Fassung des δικαιοσύνη-Begriffes in 16,8.10 („die von Anfang an Jesus als dem aus der Welt Gottes stammenden Inkarnierten wesensmäßig zu eigene δικαιοσύνη"; a.a.O., 8) überzeugt insofern nicht, als einerseits der forensische Kontext von 16,8-11 vernachlässigt wird, zum anderen Johannes dort, wo von der Präexistenz Jesu die Rede ist (vgl. 1,1ff.18.30; 3,31; 6,46; 8,56ff.; 12,41; 17,5), den Gerechtigkeitsbegriff gerade

(πάτερ δίκαιε κτλ.) her deutlich, daß mit der *Gerechtigkeit Jesu* auch die *Gerechtigkeit Gottes* bedacht ist.[141] Indem Jesus am Kreuz von Gott her das Recht zuteil wird, das ihm von der Welt bestritten wird, kommt zugleich die Gerechtigkeit Gottes zur Geltung. Die Sünde des Menschen und die Gerechtigkeit Gottes stehen sich genauso unversöhnlich gegenüber wie Sünde und Gerechtigkeit Jesu.[142] Es legt sich folgende Entsprechung nahe: Wie der Vater als „gerecht" bezeichnet wird, insofern er seine Herrlichkeit seinem Sohn mitgeteilt (17,24) und ihn gesandt hat (17,25), so ist der Gesandte „gerecht", insofern er zum Vater zurückkehrt (16,10) und darin den Vater verherrlicht (12,23.28; 13,31f.; 17,1ff.). Verherrlichung Jesu und Gottes sowie Sendung und Rückkehr zum Vater bestimmen die Gerechtigkeit Gottes wie die Gerechtigkeit Jesu. Wie der Vater und der Sohn sich gegenseitig verherrlichen (17,1ff.), so erweisen sich der Vater und der Sohn gegenseitig die Gerechtigkeit.

M. Hasitschka[143] bestreitet den forensischen Hintergrund des δικαιοσύνη-Begriffes und versteht „Gerechtigkeit" als „Ausdruck für die Wirklichkeit der rechten, nicht durch Sünde getrübten Beziehung zu Gott und für ein Gemeinschaftsverhältnis zu Gott ...."[144] In dieser Gemeinschaft bekunde sich „Jesu einzigartige Gottesbeziehung"[145]. Hasitschka verkennt jedoch den Rechtscharakter des Sündenbegriffs, der gerade in dem Parakletwort 16,9-11 aufgrund des sich darin bekundenden Rechtsstreites Jesu mit der Welt, der sich im Wirken des Parakleten fortsetzt, offenbar ist. Zwar sieht der Verf., daß mit der Andeutung des Weggangs Jesu auf das Kreuz hingewiesen wird, auch, daß die drei in

---

nicht anführt. Der in 16,10 angekündigte Weggang Jesu zum Vater (vgl. 16,16.17.19) setzt zwar implizit die Präexistenz des Gottessohnes voraus (vgl. 7,33; 16,5.28), doch liegt darauf nicht der Akzent. Der gemeinsame Bezugspunkt von „Sünde", „Gerechtigkeit" und „Gericht" ist das Kreuz, in dem sich das Recht des Gottessohnes und das Unrecht der Welt offenbaren (s.u.).

[141] Auf den doppelten Aspekt der Gerechtigkeit Jesu und der Gerechtigkeit Gottes macht C. HOEGEN-ROHLS, Johannes, 184-186, im Blick auf den Zusammenhang von Joh 16,10 mit 17,24f. aufmerksam. - , Komm., 474, und B. LINDARS, ΔΙΚΑΙΟΣΥΝΗ, 281, wollen die in V10a genannte Gerechtigkeit auf die Glaubenden beziehen. V10b schließt diese Deutung jedoch aus (vgl. R.E. BROWN, Komm. II, 712f.; H.-C. KAMMLER, Geistparaklet, 131). Der angekündigte Weggang zum Vater ist die Auslegung des bevorstehenden *Todes Jesu* (vgl. 16,5a). Die Gerechtigkeit Jesu erweist sich im Weggang zum Vater (vgl. F. PORSCH, Pneuma, 286-288). Vgl. hierzu auch A. DETTWILER, Gegenwart, 225 Anm. 38, der die Deutung auf die Glaubenden und auch die auf ironisch-negativ verstandene, d.h. inadäquate „Gerechtigkeit" der Welt von D.A. CARSON, Function, 558-561 („the world's self-vaunted rigtheousness" [562]), zu Recht zurückweist.
[142] Der Gegensatz zwischen Sünde des Menschen und Gerechtigkeit (Recht) Gottes ist bereits alttestamentlich-jüdisch vorgeprägt (vgl. Ps 51,6; Dan 9,7; 1QS 11,11-15; 1QH 4,29-31).
[143] Befreiung, 368f.
[144] A.a.O., 368.
[145] A.a.O., 369.

16,9-11 genannten Überführungsvorgänge Explikationen des einen Kreuzesgeschehens sind (s.u.), doch zieht er daraus keine Konsequenzen für das Verständnis des im Kreuz ergangenen Rechtsurteils Gottes über die Welt. Es geht in 16,10 nicht um „Jesu einzigartige Gottesbeziehung" in der Weise einer ungetrübten Beziehung zu Gott, sondern um die im Kreuz ergangene Rechtsbeziehung *Gottes* zu Jesus und zur Welt.

Der für V10 angesprochene enge Zusammenhang zwischen dem Aufdekken der Sünde (V9) und der Rechtfertigung Jesu (Gottes) ist auch im Blick auf V11 deutlich zu machen, insofern das Gericht das Ereignis ist, durch das Sünde und Gerechtigkeit enthüllt werden können. Denn die Inkraftsetzung des Gerichtes über den „Herrscher dieser Welt" (vgl. 14,30) hat sich gerade am Kreuz, durch das die Verherrlichung des Gottessohnes geschieht, ereignet (vgl. 12,31 mit dem Kontext 12,23.27ff.; vgl. Hebr 2,14).[146] Auf das Kreuz deutet die Aussage vom Gericht über den „Herrscher dieser Welt", denn dieser ist für Joh der eigentliche Betreiber des Todes Jesu (12,31f.; 13,27-30; 14,30; vgl. 8,44). Insofern handelt es sich in 16,9-11 nicht um getrennte Vorgänge, sondern um das eine, mit dem *Kreuz* offenbarte Gericht über die Welt. In diesem können die drei Aspekte des Überführungsvorganges *unterschieden, jedoch nicht getrennt* werden.[147] Dabei muß man V10f. von hinten nach vorn lesen: Am Kreuz hat sich das Gericht über die Welt ereignet (V11).[148] Der Sohn wird zum

---

[146] Vgl. G.R. BEASLEY-MURRAY, John, 282; J. BECKER, Komm. II, 457ff.; J. BLANK, Krisis, 264-296; R.E. BROWN, Komm. II, 706.713f.; D.A. CARSON, Function, 562f.; R. SCHNACKENBURG, Komm. II, 489f.; W. STENGER, δικαιοσύνη, 8. - In 12,31 ist von dem Hinausgeworfen-Werden des Satans die Rede (ἐκβληθήσεται ἔξω). Man kann an den in Lk 10,18 und Apk 12,9f. genannten Vorgang denken. Setzt man die Vorstellung vom Satan als Ankläger im Himmel voraus (Hi 1,6f.; Sach 3,1; Apk 12,10) und bedenkt, daß in der joh Schule Christus als Paraklet bei Gott fungiert (1.Joh 2,1), dann ist an einen himmlischen Rollentausch zu denken: An die Stelle Satans als Ankläger tritt der himmlische Fürsprecher-Paraklet Christus (vgl. J. BLANK, a.a.O., 282-284). Dies bedeutet für unseren Zusammenhang, in dem es um den prozessualen Charakter der Überführung durch den Geist geht, daß dem im Kreuz ereigneten Gericht über den Kosmos, in dem dieser vom Geist-Parakleten angeklagt wird, der himmlische Prozeß vor Gott entspricht, in dem der Ankläger dem für die Seinen eintretenden Fürsprecher weichen muß.

[147] Ähnlich auch M. HASITSCHKA, Sünde, 104f.

[148] Das Perfekt (κέκριται) nimmt das von der Erzählebene gesehen nahe bevorstehende Ereignis proleptisch vorweg (vgl. die inhaltliche Parallele 12,31). „Die pragmatische Funktion dieses proleptischen Perfekts ist deutlich: Der bedrängten joh Gemeinde (vgl. 15,18-16,4; 16,5f.20-24.33) wird zugesagt, dass dieser Prozeß zwischen Jesus (resp. ihr) und der Welt schon entschieden ist, und zwar im Tod Jesu" (A. DETTWILER, Gegenwart, 227; vgl. ähnlich A. DAUER, Passionsgeschichte, 241).

Vater erhöht (ὑπάγειν V10),[149] so daß er den Jüngern nicht mehr sichtbar gegenwärtig ist (vgl. 16,16ff.).[150] Dabei wird Jesus vor der Welt ins Recht gesetzt (V10), und er siegt im Prozeß mit dem Kosmos (vgl. 16,33).[151] *Im gleichen Zuge* dieser Rechtfertigung Jesu wird die Welt ins *Unrecht* gesetzt.[152] Dieses durch das Gericht des Kreuzes geoffenbarte Unrecht der Welt ist die fortdauernde (Präsens: οὐ πιστεύουσιν!) Sünde ihres Unglaubens (V9).[153] Am Kreuz offenbart sich das Gericht über den Unglauben (vgl. 3,18). Das Kreuz hat also nicht nur eine christologische, sondern auch eine *hamartiologische* Seite, wobei sich die Sünde als am Kreuz offenbarte und überführte negative Wirklichkeit des Kosmos erweist.[154]

---

[149] Der mit ὑπάγειν bezeichnete Vorgang bezieht sich auf den *gesamten* Weg der Verherrlichung Jesu: auf seine Kreuzigung, seine Auferstehung und seinen Aufstieg zu Gott (vgl. 7,33; 8,14.21.22; 13,3.33.36; 14,4.5.28; 16,10.17; vgl. 13,1; 16,7). Die Ankündigung des nach dem Weggang erfolgenden Wiedersehens (16,16.17.19.22) bezieht sich auf die Geistmitteilung (20,19-23). Dies legen die beiden vorangehenden Parakletsprüche (16,7-11.12-15) nahe. Zur näheren Begründung vgl. T. ONUKI, Gemeinde und Welt, 152ff., bes. 155f.

[150] Vgl. J. BLANK, Krisis, 338.

[151] Vgl. ähnlich A. DETTWILER, Gegenwart, 224f. Das νενίκηκα τὸν κόσμον bestätigt abschließend den prozeßhaften Charakter der Auseinandersetzung Jesu mit der Welt. Im Rechtsstreit mit ihr geht Jesus als gerechtfertigter Sieger hervor. - Zum Zusammenhang von Gerechtigkeit und Sieg im orientalischen Sprachgebrauch vgl. R. BULTMANN, Komm., 434f. Anm. 7.

[152] Auf diesen doppelten Aspekt der in V10 genannten δικαιοσύνη macht zu Recht J. BLANK, Krisis, 337, aufmerksam: „Der Paraklet bringt die Gerechtigkeit an den Tag, und zwar in einer doppelten Form: Indem er klarstellt, auf wessen Seite das Recht und damit auch umgekehrt, auf wessen Seite das Unrecht ist" (ähnlich A. DETTWILER, Gegenwart, 225; H.-C. KAMMLER, Geistparaklet, 132; R. SCHNACKENBURG, Komm. III, 149). Diese Doppelung kommt auch in 17,25 zum Ausdruck. Auf die Anrede „Gerechter Vater" folgt eine Aussage, die eben die in der Anrede genannte Gerechtigkeit des Vaters auslegt: Während der Kosmos Gott nicht erkannt hat (sc. und damit sein Unrecht offenbart), hat Jesus Gott erkannt (sc. und damit sein Recht erwiesen). - Δίκαιος begegnet im Joh sonst nur 2mal: Joh 5,30 (die δικαία κρίσις Jesu) und Joh 7,24 (die Forderung nach der δικαία κρίσις der Gegner Jesu).

[153] Subjekt des οὐ πιστεύειν ist der Kosmos (V8), auch wenn das Verb in der 3.Ps.Pl. steht. Ein ähnlicher Wechsel (constructio ad sensum) liegt in 15,18f. und 15,20-25 vor! Der Kosmos repräsentiert sich in den genannten Menschen, die den Glauben verweigern. Vgl. M. HASITSCHKA, Befreiung, 367.

[154] Daß der Kosmos nicht wesenhaft, d.h. von seiner Bestimmung als Schöpfung her (1,3.10), sündig ist, dürfte von 3,16f. her klar sein. Der Kosmos ist und bleibt von Gott geliebte Schöpfung. Selbst in seiner durch die Sünde pervertierten Gestalt bleibt die Absicht der Rettung des Kosmos bestehen (vgl. 1,4f.7c.9.29; 3,17; 4,42; 5,34; 6,33.51; 12,46f.; 17,21d.23c; vgl. 1.Joh 2,2; 4,14). Vgl. dazu A. LINDEMANN, Gemeinde und Welt im Johannesevangelium, in: D. LÜHRMANN/G. STRECKER (Hrsg.), Kirche (FS G. BORNKAMM), Tübingen 1980, 133-161, sowie C. DIETZFELBINGER, Abschied, 179-182; U. SCHNELLE, Ekklesiologie, 38f.; ders., Perspektiven, 66; K. WENGST, Bedrängte Ge-

Sünde der Welt und Gerechtigkeit Jesu sind die sich ausschließenden Aspekte des (in V11 genannten) Gerichtes am Kreuz.[155]

Wird dieser in einem Zeitpunkt konzentrierte, sachlich jedoch in die genannten Momente unterscheidbare Vorgang des Gerichtes der Welt durch das Kreuz wahrgenommen, dann ist deutlich, daß es sich bei der hier genannten Sünde des Unglaubens nicht um ein innerweltlich vorfindbares und nach den Maßstäben allgemeiner Ethik und Vernunft zu beurteilendes Phänomen handelt. Es geht vielmehr um das im Kreuz gefällte Urteil des Unrechtes der Welt, das sich in der vom Parakleten geführten Verkündigung der nachösterlichen Jüngergemeinde fortsetzt (vgl. 15,26f.).[156] *„Sünde"* ist daher kein unmoralisches Verhalten oder Unwahrheit (Lüge) gegenüber einer allgemeingültigen Vernunft. Sünde ist vielmehr *offenbarungstheologisch definiert*.[157] Was der Paraklet im Modus der

---

meinde, 230-239; W. WIEFEL, Scheidung, 222f. M.R. RUIZ, Missionsgedanke, passim, hat die Perspektive der Heilsabsicht Gottes gegenüber der Welt anhand des joh Missionsthemas verdeutlicht (vgl. 7,35; 10,16; 11,52; 12,20-36; 14,12; 15,8.16.20.26f.; 17,18.20ff.; 20,19-23 u.ö.). Anders urteilen J. BECKER, Komm. II, 591ff., und U.B. MÜLLER, Parakletenvorstellung, 76, für die im Parakletspruch Joh 16,8-11 die Perspektive der bleibenden Heilsabsicht Gottes gegenüber dem Kosmos unberücksichtigt ist. Zur Auseinandersetzung mit Becker und Müller in dieser Frage vgl. T. ONUKI, Gemeinde und Welt, 146ff.; A. DETTWILER, Gegenwart, 228-230.

[155] Daß „Sünde" und „Gerechtigkeit" an dieser Stelle bewußt als Kontrastbegriffe formuliert sind, ergibt sich auch durch einen Vergleich mit Joh 8,21-24: Die in der Sünde des Unglaubens Befangenen können nicht dorthin gehen, wohin Jesus geht - insofern sie ἐκ τῶν κάτω = ἐκ τούτου τοῦ κόσμου sind (8,23) -, während die Gerechtigkeit Jesu nach 16,10 gerade darin besteht, daß er zum Vater geht - insofern er ἐκ τῶν ἄνω (8,23) ist. Vgl. dazu W. STENGER, δικαιοσύνη, 6f.

[156] Vgl. A. DETTWILER, Gegenwart, 229; C. DIETZFELBINGER, Abschied, 196-198; ders., Paraklet, 392; C. HOEGEN-ROHLS, Johannes, 187f.; H.-C. KAMMLER, Geistparaklet, 135). Der Kosmos empfängt im Unterschied zur Gemeinde (16,7) den Parakleten nicht (14,17). Subjektiv gesehen kann die Welt von diesem Prozeß gegen sie also nicht erfahren (J. BECKER, Komm. II, 592f.; R. BULTMANN, Komm., 433; S. SCHULZ, Komm., 203f.). Ist der Geist im Verkündigungswerk der Gemeinde gegenwärtig (vgl. 15,27), könnte man an die „geistinspirierten Äußerungen christlicher Prediger" denken, „die die Welt überführen" (C.K. BARRETT, Komm., 473). Allerdings müßte bei dieser Annahme berücksichtigt bleiben, daß menschliches Verkündigungswerk und göttliches Wort des Geistes zu unterscheiden - wenn auch nicht zu trennen - sind. Es bleibt auch in der Gemeindeverkündigung Werk des *Parakleten*, die Welt zu überführen, indem er das im Kreuz gefällte Urteil des Unrechtes der Welt vergegenwärtigt. Insofern *er* es ist, der die Gemeinde „in alle Wahrheit führen wird" (16,13), bleibt diese auf *sein* offenbarendes Wirken verwiesen. Der Kosmos wird zwar dieser Wahrheit aus dem Weg gehen, kann sich jedoch diesem Urteil über ihn nicht entziehen (vgl. R. BULTMANN, Komm., 436: „...und es gibt auch kein Sein des Menschen - das ist der Sinn der Sendung des Parakleten - das nicht durch *diese* Geschichte entscheidend qualifiziert würde").

[157] R. BULTMANN, a.a.O., 424.434.

Anklage der Welt gegenüber zur Geltung bringt, ist im Modus des Kreuzes ein tatsächlich vollzogenes Gericht über die Welt, in der der Offenbarer ins Recht, die Welt aber ins Unrecht gesetzt ist.

Die offenbarungstheologische Präzisierung des Sündenbegriffs zeigt, daß der Evangelist sein Sündenverständnis der *Christologie* entnommen hat. Diese Einsicht macht die These von G. Keil[158] unwahrscheinlich. Keil behauptet, daß der joh Sündenbegriff griechisch-philosophisch (z.B. Sokrates, Platon) geprägt ist: Sünde ist Unwahrheit, Lüge und Irrtum. Sünde ist nach Joh jedoch nicht die Abweichung gegenüber einer allgemeingültigen göttlichen Vernunft („Logos" in Joh 1,1ff.)[159], sondern konkret Unglaube, die Verweigerung gegenüber der Offenbarung Gottes in Jesus Christus.

In dem Prozeß, der zwischen Gott, Jesus und dem Parakleten einerseits sowie der ungläubigen Welt andererseits ausgetragen wird, wird das Wesen der Sünde offengelegt. Sünde ist definitiv *Unglaube*, d.h. die in eigener Selbstverschließung vor der Wahrheit des Offenbarers vollzogene und bewußte Ablehnung Jesu als des Gesandten Gottes (vgl. zu 9,39-41). Sie wird durch den Offenbarer aufgedeckt (15,22-24). Durch das Offenbarungsgeschehen ist dem Kosmos „jede πρόφασις περὶ ἁμαρτίας, d.i. jeder Vorwand und Scheingrund, weiter in der Sünde zu bleiben, aber auch jede Entschuldigung, aus der Hand genommen. Damit wird die Sünde im Unglauben zur nackten, unverhüllten Sünde."[160] Joh 16,9 definiert deutlich Sünde als Verwerfung Jesu: ὅτι οὐ πιστεύουσιν εἰς ἐμέ (16,9). In dem Präsens drückt sich die aktuelle und bleibende Verweigerung des Glaubens aus,[161] mit der auch die nachösterliche Gemeinde zu rechnen hat, insofern sie die gegen sie gerichteten akuten Äußerungen des Unglaubens erfährt (15,18ff.;16,1f.). Das nicht näher bestimmte Subjekt der οὐ πιστεύοντες εἰς ἐμέ dürfte durch den Kontext klar sein. Es handelt sich um den Kosmos, der seinen Haß gegen den Gesandten und seine Gemeinde ausübt (15,18ff.) und dessen feindliche Absicht gegenüber dem Offenbarer in Joh 1-12 bereits deutlich geworden ist. So wird in 16,9 ein Rückbezug auf das öffentliche Wirken Jesu, das im 1.Teil des Evangeliums thematisiert wird (Joh 1,19-12,50), hergestellt. Das negative Resultat sei-

---

[158] Komm., 137-160 (bes. 146ff.). Der Verf. weist die Texte Joh 8,1-11; 9,1-41; 7,33-36; 8,21-59 einem Evangelium „B" und „C" zu. Nach Keil ist der Text des Johannesevangeliums aus vier verschiedenen Evangelien zusammengesetzt („A" bis „D").

[159] Keil versteht den Logos aus Joh 1,1ff. als das Ewige, Göttliche, Allgemeingültige (a.a.O., 151) bzw. als die „Vernunft" (254).

[160] J. Blank, Krisis, 336.

[161] Ebenso beschreibt das Perfekt κέκριται V11 das dauernde Bestehen des jetzt vollzogenen Urteils. Vgl. R. Bultmann, Komm. 434 Anm. 4.

nes Wirkens ist in 12,37 zusammengefaßt (οὐκ ἐπίστευον εἰς αὐτόν).[162] Der Unglaube ist die Verwerfung Jesu und seines Offenbarungsanspruches (12,48: ὁ ἀθετῶν ἐμὲ καὶ μὴ λαμβάνων τὰ ῥήματά μου κτλ.). Er zieht sich das Gericht zu, das in Wort und Werk Jesu offenbar wird (3,18; 9,39-41; 12,48).

Weil die πίστις bei Joh[163] sich auf den in Einheit mit Gott wirkenden Gesandten Gottes richtet,[164] ist der *Unglaube* als Verweigerung gegenüber diesem Anspruch zu bestimmen. Er ist der Ungehorsam (ἀπειθεῖν) gegen den Sohn Gottes und zieht den Zorn Gottes auf sich (3,36). Der Zorn Gottes wirkt im Unglauben als das bereits gegenwärtige Gericht (3,18). Wie der Glaube durch „Hören", „Sehen" und „Erkennen" der Offenbarung Gottes zur Geltung kommt,[165] so ist der Unglaube durch Verblendung und Verstockung charakterisiert (8,43.47; 9,39-41; 12,37ff.). Er urteilt „nach dem Fleisch" (8,15) und „nach dem Augenschein" (7,24). Wie der Glaube das „Bleiben" in Wort und Werk Jesu beinhaltet (8,31; 15,4-7.9f.), die Annahme seiner Worte (17,8), das „Zu-ihm-Kommen" (6,35.37. 44f.65; 7,37; vgl. 3,20f.), das Suchen nach der Ehre Gottes (7,18b), das „Haben" des ewigen Lebens (3.15.16.36a; 5,24; 6,40.47; 20,31; 1.Joh 5,13; vgl. 8,51), so ist der Unglaube das „Nicht-Annehmen-Jesu" (1,11; 5,43), die Verwerfung Jesu (12,48), die Verweigerung der Annahme seiner Worte (12,48; vgl. 3,11), das Suchen nach der eigenen Ehre (5,41-44; 7,18a), das „Bleiben" in der Finsternis (12,46), das „Nicht-zum-Christus-Licht-Kommen" (vgl. 5,40; 6,35.37.44.45; 7,37). Er liebt die Finsternis (3,19), die seine Herkunft ἐκ τοῦ κόσμου zu erkennen gibt (15,19; 17,14) und dem Menschen das ewige Leben verwirkt (3,18.36b; 5,24; 8,24). Der Unglaube ist die Äußerung der sich dem Offenbarer verweigernden Welt.

Dieser Unglaube bzw. diese Sünde offenbart sich im *Tun des Bösen:* (τὰ) φαῦλα πράσσειν, πονηρὰ ἔργα (3,20f.; 5,29; 7,7). Johannes denkt dabei

---

[162] Vgl. T. ONUKI, Gemeinde und Welt, 147.

[163] Zum joh Glaubensbegriff vgl. G. BARTH, Art. πίστις κτλ., EWNT III, 226-228; J. BOGART, Perfectionism, 62-91; F.M. BRAUN, Foi, 357-377; R.E. BROWN, Komm. I, 512-515; R. BULTMANN, a.a.O., 422-445; ders., Art. πιστεύω κτλ. D, ThWNT VI, 224-230; C.H. DODD, Interpretation, 179-186; J.T. FORESTELL, Word, 103-113; J. GNILKA, Theologie, 275-286; F. HAHN, Glaubensverständnis, 51-69; W.G. KÜMMEL, Theologie, 265ff.; N. LAZURE, Valeurs, 161-206; H.E. LONA, Glaube, 168-184; G. MLAKUZHYIL, Structure, 287-291; R. SCHNACKENBURG, Komm. I, 508-524; J. PAINTER, Quest, 327-348; U. SCHNELLE, Neutestamentliche Anthropologie, 139-148; J. ZUMSTEIN, Strategie, 350-363 (aus narratologischer Sicht).

[164] „Solcher Glaube richtet sich darauf, daß Jesus vom Vater gesandt ist (5,24.38; 6,29; 12,44; 17,8.21), vom Vater ausgegangen ist (16,27.30; 17,8), daß Jesus im Vater und der Vater in ihm ist (14,10f; 17,21), daß er der Christus, der Sohn Gottes ist (3,18; 11,27; 1Joh 3,23; 5,1.5), der in die Welt gekommen ist (11,27; 12,46)" (G. BARTH, a.a.O., 227; vgl. auch R. SCHNACKENBURG, a.a.O., 510f.).

[165] Vgl. dazu R. BULTMANN, Theologie, 422-426; F. HAHN, Sehen, 125-141; V. HASLER, Glauben, 279-296; C. HERGENRÖDER, Herrlichkeit, 489-567; C.R. KOESTER, Hearing, 327-348; W.G. KÜMMEL, Theologie, 270-272; F. MUßNER, Sehweise, 18-44; H. SCHLIER, Glauben, 279-293.

nicht an konkrete moralische Verfehlungen.[166] Es ist auffällig, daß der joh Jesus seinen Opponenten keine Gesetzesübertretungen und moralische Vergehen vorwirft.[167] Es geht vielmehr um die grundsätzliche Feindschaft der ungläubigen Welt gegenüber dem Gesandten Gottes, deren einzige Konkretion in der Absicht und Vollendung der Tötung Jesu besteht.[168] Wie die „Werke" Jesu für sein gesamtes Offenbarungswirken stehen,[169] so faßt der Begriff der „bösen Werke" das gesamte Wirken der ungläubigen Welt in der Finsternis zusammen. Dies wird in 3,19-21 deutlich. Die Aussage, daß die Menschen die Finsternis mehr liebten als das Licht (3,19c), wird in 3,19d durch explikatives bzw. konsekutives γάρ erläutert. D.h., die Liebe zur Finsternis äußert sich in den bösen Werken (πονηρὰ ἔργα).[170] In V20 ist φαῦλα πράσσειν mit dem Haß des Lichtes identifiziert. Ebenso in Joh 7,7: die πονηρὰ ἔργα stehen für den Haß gegen Jesus. Nach Joh 15,18ff. ist der Haß der Welt Ausdruck von Unglaube und Sünde. Auch hier bestätigt sich also der enge Zusammenhang zwischen dem „Tun des Bösen" und dem Unglauben bzw. der Sünde. Schließlich weist die Rede vom „Überführen" bzw. vom „Aufdecken" der Werke (3,20) auf die beiden anderen Belege, in denen das „Überführen" bzw.

---

[166] Y. IBUKI, Wahrheit, 336-354; TH. KNÖPPLER, Theologia crucis, 77f. Anders R. SCHNACKENBURG, Komm. I, 430f., der von einer „moralischen Erklärung des Unglaubens" bzw. von einer „moralischen Verderbtheit" spricht. Parallel dazu wird die Wendung „die Wahrheit tun" (V21) auf das „sittlich gute, gottgemäße Handeln" bezogen, jedoch kaum überzeugend. Nach J. BOGART, Perfectionism, 59f., ist ein vorjohanneischer, jüdisch geprägter moralischer Sündenbegriff („comission of actual misdeeds") in 3,19b-21 (Beginn mit ἦν γὰρ αὐτῶν πονηρὰ τὰ ἔργα κτλ.) von der joh Konzeption der Sünde als Unglaube in 3,19a abzuheben. Der traditionelle Sündenbegriff findet keine positive Aufnahme bei Johannes. Jedoch selbst unter der Annahme traditioneller Terminologie („böse Werke", „Tun des Bösen") gibt es keine Spannung zwischen 3,19a und 3,19b-21. Johannes hat die traditionelle Terminologie in sein Konzept eingebunden. Er hat durch den Kontext („die Finsternis lieben"; „das Licht hassen") deutlich gemacht, daß der ganze Abschnitt 3,19-21 nicht im moralischen Sinn zu verstehen ist (s. im folgenden).

[167] Synonyme zu ἁμαρτία wie ἁμάρτημα, παράπτωμα oder παράβασις, ὀφείλω, παραβαίνω oder παραπίπτω, die traditionell die einzelne moralisch sündige Tat beschreiben, fehlen im joh Schrifttum! Der einzige moralisch geprägte Sündenbegriff μοιχεύειν (8,4) steht in einem sekundären Abschnitt des Johannesevangeliums. Umgekehrt verweisen Antonyme zu ἁμαρτία wie „die Wahrheit tun" (3,21), „das Gute tun" (5,29), „gerecht" (5,30), „(Jesus) lieben" (14,24 u.ö.) u.ä. auf kein konkretes ethisches Verhalten, sondern sind Ausdruck des Glaubens. Vgl. dazu A. STIMPFLE, Rein, 119f.

[168] So auch N. LAZURE, Valeurs, 301.

[169] Vgl. Anm. 63.

[170] Zu dieser Auslegung der Stelle vgl. J. BLANK, Krisis, 100-102, der von einem „γάρ explicativum" oder „epexegeticum" spricht, sowie A. HAMMES, Ruf, 150; Y. IBUKI, Wahrheit, 341f.

„Aufdecken" der *Sünde* erwähnt wird (8,46; 16,8f.). Für Johannes sind also die bösen Werke und Taten identisch mit der Sünde und dem Unglauben. Demgegenüber ist das „Werk Gottes" der Glaube an den Gesandten (6,28f.), den es - wie die Wahrheit in 3,21 - zu „tun" gilt.[171] Er ist das τὰ ἀγαθὰ ποιεῖν (5,29) bzw. das ποιεῖν τὴν ἀλήθειαν[172] (3,21).[173] Er entspricht dem durch das „Bleiben" im Wort Jesu verbürgten „Erkennen der Wahrheit" (8,31f.).[174] Gleichfalls parallel ist das Ziel zu verstehen, das einmal als „Kommen zum Licht" (3,21), zum anderen als Befreiung durch die Wahrheit (8,32) expliziert wird. In der Rede vom „Tun des Bösen" und vom „Tun der Wahrheit" verbirgt sich also der joh Gegensatz von Glaube und Unglaube.[175] Er ist in der Gerichtsaussage von Joh 3,18 bereits dispositionsartig benannt. „V.21 erklärt also die Situation des Glaubens, während V.20 diejenige des Unglaubens schildert."[176]

6.8. Zusammenfassung

(1) Die Abschiedsreden Joh 13-17 bilden eine literarische Einheit. Die zweite Abschiedsrede Kap. 15f. kann ebensowenig wie die in ihr enthaltene Sündenthematik der Hand einer späteren Redaktion zugewiesen werden. Sie ist das Werk des Evangelisten und originaler Bestandteil der kunstvollen Komposition der Abschiedsreden.

---

[171] Auf diesen Zusammenhang von „Glaube", „Wahrheit" und „tun" macht Y. IBUKI, a.a.O., 350f., aufmerksam.

[172] Zum alttestamentlich-jüdischen Hintergrund der Wendung „Wahrheit tun", die sich dort auf die Erfüllung der Gottesordnung und der Bundestreue bezieht, vgl. J. BLANK, Krisis, 106; R. BULTMANN, Komm., 114. Joh nimmt Tradition auf, deutet sie aber um. Die Wendung ist nicht ethisch oder nomistisch, sondern pistologisch geprägt.

[173] J. BLANK, a.a.O., 106f.; Y. IBUKI, Wahrheit, 336ff.

[174] Ähnlich ist die Wendung ποιεῖν τὴν ἀλήθειαν auch in 1.Joh 1,6 gefaßt. Sie entspricht den Formulierungen κοινωνίαν ἔχειν μετ' αὐτοῦ (sc. Gott; V6), ἐν τῷ φωτὶ περιπατεῖν (V7), ἡ ἀλήθεια ἔστιν ἐν ἡμῖν (V8) und ὁ λόγος αὐτοῦ (sc. Gottes) ἔστιν ἐν ἡμῖν (V10).

[175] Vgl. dazu ausführlich A. HAMMES, Ruf, 145-157; Y. IBUKI, Wahrheit, 336-354; M. HENGEL, Frage, 129f., der diesen Dualismus von „Gutes" und „Böses tun" in der breiten joh Tradition wiederfindet (vgl. Joh 5,29f.; 7,7; 8,39; 10,32; 1.Joh 2,11.29; 3,4.7f.10.15; 3.Joh 11); TH. KNÖPPLER, Theologia crucis, 77f., zur Interpretation von Joh 3,19-21; 7,7; 5,29; 6,28f. Nach O. SCHWANKL, Metaphorik, 146-149, transzendiert 3,19-21 die empirische Ebene. Johannes entwirft eine „ergopraktische Anthropologie", nach der in den jeweiligen Werken des Menschen sein wirkliches Wesen zum Vorschein kommt (148). - Zu dem hier verhandelten Komplex: Tun des Guten = Glaube; Tun des Bösen = Unglaube vgl. Teil 5.2.2.

[176] Y. IBUKI, a.a.O., 339.

(2) In dem Redeabschnitt Joh 15,18-16,4a wird die *Sünde als Haß der Welt* gegen den Offenbarer und seine Gemeinde präzisiert. In der Nachfolge Jesu erfahren die Glaubenden das gleiche Leidensschicksal wie ihr Herr. Darin spiegelt sich die negative Situation wider, die die joh Gemeinde z.Z. des Evangelisten unter dem Druck der Synagoge erfahren hat (vgl. 16,2). Der Evangelist verschmelzt die Horizonte der Jesuswirklichkeit und der nachösterlichen Gemeindewirklichkeit.

(3) Das Motiv des *Rechtsstreites*, das bereits in Joh 8 und 9 prägend war, bestimmt auch die Ausführungen zur Sünde in *Joh 15,22-24*. Der Gesandte Gottes erscheint als *Ankläger*, der Tatbestand, Grund und Folge des Rechtsbruches der Welt offenlegt. Durch Wort und Werk Jesu, durch sein gesamtes Offenbarungshandeln, wird die Sündenschuld der Welt offenbart und überführt (15,22ab.24ab). Erst in der Begegnung mit ihm, mit seinem Wort und Werk, kommt sie als „Sünde" zur Geltung. Die Verfehlung der Welt besteht zwar auch ohne den Offenbarer-Ankläger, aber erst durch sein Wirken kann von einem *Rechtsstatus des Überführtseins der Sünde* (ἁμαρτίαν ἔχειν vgl. 9,41) gesprochen werden. Für den durch den Offenbarer-Ankläger überführten Sünder gibt es daher keine Entschuldigung mehr (15,22c; vgl. Röm 2,1). Seine Schuld steht fest, weil er die Werke Jesu vernommen hat und dennoch nicht zum Glauben gekommen ist (V24cα; vgl. 6,36). Der sich in diesem Unglauben ausbildende Haß liefert die Begründung für die Anklage des Anklägers (V23.24cβ).

(4) Der Parakletspruch *Joh 15,26f.* bezieht die Gemeinde in den Rechtsstreit Jesu mit der Welt ein. Der Paraklet wird als nachösterlicher Repräsentant Jesu im Zeugnis der Gemeinde für Jesus eintreten. Er setzt mit ihrer Hilfe den Rechtsstreit Jesu fort. Mit dem Auftreten der (zwei) Zeugen wird eine *Gerichtsverhandlung* vergegenwärtigt, in der die nachösterliche Gemeinde vermittels des Parakleten die Anklage Jesu weiter zur Geltung bringt. So wird die Welt auch nach Jesu Weggang zum Vater weiter mit dem Gericht des Offenbarers konfrontiert. Wenn die Christusbekenner von der Welt vor Gericht gezogen werden (vgl. Mk 13,9.11par), so werden sie unter dem Beistand des Parakleten vor ihr für Jesus Zeugnis ablegen. Der Paraklet übernimmt die im Rechtsverfahren wichtige Rolle des Fürsprechers, Anwalts und Verteidigers der Glaubenszeugen. Sein Zeugnis kommt im Christuszeugnis der Gemeinde, ihrer Verkündigung vor der Welt, zur Geltung.

(5) Johannes versteht die Sünde speziell als *Eigenliebe der Welt* (15,19). Die Welt greift nach dem ihr Eigenen, indem sie ihre *eigene Ehre* (7,18) und die der Menschen (5,41.44) sucht. Dabei läßt sie die Liebe zu Gott vermissen (5,42). Eigenehre und Eigenliebe stehen im Gegensatz zur

Doxa-Ehre Gottes und zur Gottesliebe. Sie trüben den Doxa-Glanz Gottes, der im Gesandten unverfälscht und ungetrübt zur Geltung kommt. Weil die Jünger Jesu durch die Erwählung ihres Herrn der Macht der Welt entnommen sind (15,19; vgl. 17,14.16), kann die Welt die Glaubenden nicht ergreifen. Sie kann ihnen nur Haß entgegenbringen (15,19). Indem die Welt sich selbst ehrt und liebt, produziert sie die dem Teufel eigene *Lüge* (8,44). In dieser kommt das verkehrte Wesen von Eigenliebe und Eigenehre zur Geltung. Die Welt widerspricht in ihrer auf sich selbst bedachten Sicht der von Gott gewollten Orientierung der Liebe auf das Gegenüber. Dieser Widerspruch ist die Lüge an sich. In ihr werden Eigenliebe und Eigenehre *verkehrte* Ausdrucksformen einer von Gott gewollten Beziehung. Die Sünde der Welt ist daher die *„incurvatio mundi in seipsum"*, die Verkehrung der Wahrheit durch *Verkrümmung der Welt in sich selbst*. Während diese Sünde eine in Lüge gestiftete Eigenliebe und Eigenehre ist, wirkt die Liebe des Gottessohnes als sich selbst verschenkende Liebe (13,1; 15,13), die in der Bruderliebe der Gemeinde eine Entsprechung findet (13,34f.; 15,12). Sie ist Konkretion der der Welt geltenden ursprünglichen Liebe Gottes (3,16f.).

(6) Von diesem Aspekt der Liebe Gottes her wird im Zusammenhang der Symbolik vom „Ziehen" (ἕλκειν) ein weiterer Aspekt der Sünde deutlich. Während der Zugriff der Liebe Gottes auf die Welt als ein „Ziehen" aller Menschen in den Heilsbereich Gottes zur Geltung kommt (6,44; 12,32), ist es die Eigenart der Sünde, sich diesem liebenden Ziehen des durch den Sohn wirkenden Vaters zu *entziehen*. Sünde ist demnach das *Sich-Entziehen der Welt aus dem liebenden Ziehen des Vaters und des Sohnes*. Da das Ziehen die Möglichkeit des Widerstrebens einschließt, ist das Sich-Entziehen ein willentlicher Akt, der in der Eigenliebe und Eigenehre der Welt motiviert ist. Wird durch den Parakleten die Sünde der Welt aufgedeckt und überführt (16,8f.), dann wird mit dem Ziehen des Erhöhten (12,32) zugleich das Sich-Entziehen der Welt offenbar. Während Gott sich der Welt liebend und *anziehend* zuwendet, kann diese nur *abweisend* und hassend reagieren (3,20; 7,7; 15,18ff.). Das Sich-Entziehen der Welt ist daher nicht passiv, sondern aggressiv-feindlich. Es mündet in die Auslieferung Jesu an das Kreuz.

(7) Die Sünde als Eigenehre, Eigenliebe und Sich-Entziehen aus der Liebe Gottes spiegelt den im jüdischen Schrifttum verbreiteten und durch Paulus aufgenommenen Topos vom *Verlust der Gottesherrlichkeit* wider. Der auf sich selbst bezogene Mensch kann Gott nicht die Ehre geben, da er seiner Herrlichkeit nicht mehr teilhaftig ist. Dieser Verlust wirkt sich als *Störung* der ursprünglich ungetrübten Gottesbeziehung aus. Der Sohn

vermag die Seinen, die, die sich „ziehen" lassen, in die Lebens- und Liebesgemeinschaft des Vaters und des Sohnes hineinzunehmen, indem er ihnen Anteil an seiner präexistent vermittelten Doxa (12,41; 17,5.24) gewährt (Joh 17,22f.24). Die Überwindung der Sünde wird so als Wiederaufleuchten der verlorenen Gottesherrlichkeit, als Überwindung der Feindschaft begründenden (Joh 7,7; 15,18ff.) Störung zwischen Gott und Mensch, zur Geltung kommen.

(8) Der Parakletspruch *Joh 16,8-11* definiert das Wirken des Parakleten im Blick auf den Kosmos. Forensisch geprägte Begriffe und Motive verdeutlichen eine Gerichtsszene, in der der Paraklet nachösterlich die Rolle Jesu im *Rechtsstreit* mit der Welt weiter fortsetzt und zur Geltung bringt. Die Sünde der Welt wird durch ihn offenbart und überführt (ἐλέγχειν), indem er ihr die Schuld objektiv nachweist. Damit übernimmt er die Funktion des Anklägers der Welt vor dem Gericht Gottes (vgl. Joh 7,7; 9,39-41; 15,22-24 im Blick auf Jesu Anklägertätigkeit). Indem die Sünde der Welt überführt wird, setzt der Paraklet das Wirken Jesu ins Recht bzw. indem Jesus ins Recht gesetzt wird, wird die Sünde der Welt aufgedeckt. Kommt Jesus in seinem Weggang zum Vater durch das Kreuz „Gerechtigkeit" zu (V10), so der Welt das Unrecht. Indem Gott seinen Sohn am Kreuz ins Recht setzt, läßt er zugleich seine eigene Gerechtigkeit gelten, die er in der Sendung und Verherrlichung seines Sohnes offenbar macht (vgl. 17,24f.). Sie wirkt der Welt gegenüber als verurteilendes Gericht (V11). Sie kommt am *Kreuz* zum Tragen, in dem die verschiedenen Momente der Überführung der Welt (V9-11) zusammenkommen: Am Kreuz ist die Welt gerichtet (V11), Jesus ins Recht gesetzt (V10) und das Unrecht der Welt als ihre Sünde des Unglaubens offenbar gemacht (V9). Am Kreuz erweisen sich die Sünde der Welt und die Gerechtigkeit Jesu als die sich ausschließenden Aspekte des Gerichtes Gottes. Wird dieser kreuzestheologische Aspekt des joh Sündenbegriffs deutlich gemacht, dann kann die Sünde für Johannes nicht als innerweltlich vorfindbares und allgemein mit den Mitteln der Ethik und Vernunft zu beurteilendes Phänomen der Welt begriffen werden, sondern nur als das am Kreuz gefällte Urteil des Unrechts der Welt. Durch den Offenbarer und den Parakleten kommt die Sünde als nackte, unverhüllte Sünde zur Geltung. „*Sünde*" ist daher ein streng *offenbarungstheologisch definierter Begriff*, der nur als Unglaube, d.h. als die in eigener Selbstverschließung vor der Wahrheit des Offenbarers vollzogene Ablehnung Jesu als des Gesandten Gottes zu verstehen ist (vgl. Joh 9,39-41; 12,48). Äquivalent zum Unglauben ist das „Tun des Bösen" bzw. das Tun der „bösen Werke" (3,19-21; 5,29; 7,7).

7. Die „größere Sünde" von Joh 19,11

7.1. Joh 19,11 im Kontext der Verhörszene Joh 18,28-19,16a

Der Vers Joh 19,11 ist Teil der Passionsgeschichte, in der das Verhör Jesu vor Pilatus stattfindet (18,28-19,16a). „Alle neueren Arbeiten sind sich aus sprachlichen, strukturellen und theologischen Gründen einig, daß E (sc. der Evangelist) den Prozeß Jesu vor Pilatus intensiv gestaltet hat. So entstand eine dramatische Szenenfolge, die zu den eindrücklichsten Stükken solcher Art im Joh gehört."[1] Sieben Szenen, in denen Pilatus abwechselnd jeweils außerhalb oder innerhalb des Prätoriums agiert (ἔξω - ἔσω), bestimmen den kunstvollen Aufbau des Prozesses vor Pilatus:[2] Exposition

---

[1] J. BECKER, Komm. II, 661. Die Literatur zur joh Passionsgeschichte ist fast unübersehbar. Einige ausgewählte Arbeiten im Blick auf Joh 18,28-19,16a seien hier genannt: R. BAUM-BODENBENDER, Hoheit in Niedrigkeit. Johanneische Christologie im Prozeß Jesu vor Pilatus (Joh 18,28-19,16a), FzB 49, Würzburg 1984; J. BLANK, Die Verhandlung vor Pilatus Joh 18,28-19,16 im Lichte johanneischer Theologie, BZ 3 (1959), 60-81; ders., Die Johannespassion, in: K. KERTELGE (Hg.), Der Prozeß gegen Jesus (QD 112), Freiburg u.a. ²1989, 148-182; A. DAUER, Die Passionsgeschichte im Johannesevangelium (StANT 30), München 1972; C. DIEBOLD-SCHEUERMANN, Jesus vor Pilatus. Eine exegetische Untersuchung zum Verhör Jesu durch Pilatus (Joh 18,28-19,16a), SBB 32, Stuttgart 1996; C.H. GIBLIN, John's Narration of the Hearing Before Pilate (John 18,28-19,16a), Bib. 67 (1986), 211-239; E. HAENCHEN, Jesus vor Pilatus (Joh 18,28-19,25). Zur Methode der Auslegung, in: ders.: Gott und Mensch. Gesammelte Aufsätze, 144-156; F. HAHN, Der Prozeß Jesu nach dem Johannesevangelium (EKK.V 2), 1970, 23-96; J.P. HEIL, Blood and Water. The Death and Resurrection of Jesus in John 18-21 (CBQ.MS 27), Washington 1995; M. LANG, „Mein Herr und mein Gott" (Joh 20,28), Diss. theol., Halle/S. 1997; 93-178; I. DE LA POTTERIE, La passion de Jésus selon l'évangile de Jean, Paris 1986; M. MYLLYKOSKI, Die letzten Tage Jesu. Markus und Johannes, ihre Traditionen und die historische Frage (AASF 256.272), Helsinki 1991.1994; D.K. RENSBERGER, Overcoming the World, 87-106; D. SENIOR, The Passion of Jesus in the Gospel of John, Collegeville, Minnesota 1991; T. SÖDING, Die Macht der Wahrheit und das Reich der Freiheit. Zur johanneischen Deutung des Pilatus-Prozesses (Joh 18,28-19,16), ZThK 93 (1996), 35-58; M.W.G. STIBBE, John, 93-196. Weitere Lit. bei J. BECKER, Komm. II, 632ff.

[2] Zur Komposition von 18,28-19,16a vgl. R. BAUM-BODENBENDER, a.a.O., 23-96; R.E. BROWN, Death I, 757-759; A. DAUER, a.a.O., 101-112; C. DIEBOLD-SCHEUER-MANN, a.a.O., 23-104.105-138; F. HAHN, a.a.O., 30-32; J.P. HEIL, a.a.O., 8f.45-76 (18,28-19,11 in sechs Szenen); M. LANG, a.a.O., 93-98; F.J. MOLONEY, Komm., 493ff.; M. MYLLYKOSKI, Tage II, 32-35; L. SCHENKE, Komm., 348ff.; D. SENIOR, a.a.O., 68-73;

(18,28); 1.Szene (außerhalb): Pilatus und die „Juden" 18,29-32; 2.Szene (innerhalb): Pilatus und Jesus (18,33-38a); 3. Szene (außerhalb): Pilatus und die „Juden"; Preisgabe des Barabbas (18,38b-40); 4. Szene (innerhalb): Geißelung und Dornenkrönung (19,1-3); 5. Szene (außerhalb): Vorführung Jesu durch Pilatus (19,4-8); 6. Szene (innerhalb): Pilatus und Jesus; 2. Gespräch (19,9-12); 7. Szene (außerhalb): Verurteilung Jesu durch Pilatus unter dem Geschrei der „Juden" (19,13-16a). In den Gesprächen Jesu mit Pilatus bekundet sich die Vollmacht des Königs[3], der die Wahrheit bezeugt (vgl. 18,37). Solche Worte sind gleichsam eine letzte Offenbarungsrede Jesu,[4] in der er seine Souveränität demonstriert.[5] In diesen Zusammenhang fügt sich das Vollmachtswort 19,11, das das letzte Wort Jesu in der Verhörszene ist: Die Exousia über Jesu Geschick bleibt Gott vorbehalten. Schuld an der Preisgabe Jesu sind die „Juden" (vgl. 11,47ff.; 18,30.35.36; 19,4-16).

Der Vers Joh 19,11 weist deutlich joh Sprachmerkmale auf.[6] Dazu gehören: ἀπεκρίθη ohne weiteres Verbum dicendi findet sich 45mal bei Joh.[7] Die Konstruktion οὐ ... εἰ μή gehört zu den joh Spracheigentümlichkeiten.[8] Die Auslassung von ἄν beim Irrealis findet sich bei Joh des öfteren (vgl. Joh 8,39vl; 9,33; 15.22.24). Zu ἄνωθεν = „von oben" vgl. Joh 3.3.7.31 (sonst im NT nur noch 3mal im Jakobusbrief). Die Wendung ἁμαρτίαν ἔχειν kommt nur Joh 9,41; 15,22.24; 19,11; 1.Joh 1,8 vor, gleichfalls die Konstruktion ἦν δεδομένον nur Joh 3,27; 6,65; 19,11. Zum

---

T. SÖDING, a.a.O., 38-42; M.W.G. STIBBE, John, 105f.; ders., Komm., 186f.; A. WEISER, Theologie II, 168f.; U. WILCKENS, Komm., 277; B. WITHERINGTON III, Komm., 298f. - Nach G. MLAKUZHYIL, Structure, 113.116f.230, verwendet Johannes in 18,28-19,16a eine „Technique of Seven Scenes", die auch in Joh 9,1-41 und Joh 19,16c-42 auszumachen ist.

[3] Anklänge an das königliche Inthronisationsritual sind für den Teil 18,33-19,22 benannt worden u.a. von J. BLANK, Verhandlung, 62 u.ö.; R.E. BROWN, Komm. II, 863; A. DAUER, a.a.O., 249-275; F. HAHN, Prozeß, 40f.; TH. KNÖPPLER, Theologia crucis, 258-262: 1. Proklamation (18,33-38a); 2. Krönung, Investitur, Huldigung (19,1-3); 3. Präsentation und Akklamation (19,4-7.13-16a); 4. Inthronisation (19,16b-18); 5. weltweite Kundgabe (19,19-22). Kritisch dagegen R. BAUM-BODENBENDER, a.a.O., 66; C. DIEBOLD-SCHEUERMANN, a.a.O., 290-294; M. LANG, a.a.O., 97f.; R. SCHNACKENBURG, Komm. III, 296; U. SCHNELLE, Johannes und die Synoptiker, 1808f.; ders., Komm., 275.

[4] Vgl. A. DAUER, a.a.O., 103.

[5] J. BECKER, Komm. II, 642. Nach Becker ist der Evangelist besonders da in Passionsstoffen theologisch gestaltend tätig, wo Jesus redet (12,20-36; 13f.; 18,4-8.19-23; 18,28-19,16.30).

[6] Die Szene 19,8-11 ist redaktionell; vgl. A. DAUER, Passionsgeschichte, 117f.; R.T. FORTNA, The Fourth Gospel, 166.171f.176.

[7] E. RUCKSTUHL, Einheit, 201.

[8] E. RUCKSTUHL, a.a.O., 205; E. SCHWEIZER, Ego Eimi, 93.

Motiv des Verrats (παραδίδωμι) vgl. 6,64.71; 12,4; 13,2.11.21; 18,2.5.30. 35; 21,20. Die Annahme[9] einer sekundären Interpolation von V11b (von διὰ τοῦτο ab) empfiehlt sich demnach nicht.

7.2. Textprobleme

Joh 19,11 enthält einige Textprobleme, die für die Auslegung des Verses von Bedeutung sind. Daher ist auf diese einzugehen.

(1) Die Wendung ἁμαρτίαν ἔχειν ist johanneisch (9,41; 15,22.24; 1.Joh 1,8; sonst nicht im NT).[10] Statt εἶχες (Imperfekt) lesen einige Handschriften den Indikativ Präsens ἔχεις: ℵ, A, D^s, L, N, Ψ, 054, 33, 565, 1241 al. Der εἰ μή-Satz ist in diesem Fall nicht als irrealer Konditionalsatz, sondern als ein Satz, der eine Ausnahme andeutet, aufzufassen (εἰ μή in der Bedeutung von „außer" mit Indikativ[11]). Mit F. Hahn wäre er so zu verstehen: „Du hast keinerlei Vollmacht über mich, außer das (zu tun), was dir von oben gegeben (bestimmt) worden ist."[12] Doch ist diese Lesart mit Problemen belastet, auf die R. Baum-Bodenbender hingewiesen hat:[13] Der εἰ μή-Satz müßte ein anderes Tempus bieten (statt Plusquamperfekt Präsens oder Perfekt).[14] Zum anderen erhält der Satz nur einen Sinn durch eine nachträgliche Ergänzung („zu tun"). Unproblematisch ist dagegen das Verständnis als irrealer Konditionalsatz mit der Lesart εἶχες. Diese ist einerseits sehr gut bezeugt (P^{66}, B, W, Θ, *f*$^{1.13}$, *M,* latt, sy; Ir^{lat}, Or^{lat}), zum anderen kann die Partikel ἄν im Nachsatz des Irrealis wegfallen (vgl. Joh 8,39vl; 9,33; 15.22.24).[15] Der Satz wäre also so wiederzugeben: „Du hättest keine Vollmacht über mich, wenn es dir nicht von oben gegeben wäre." Die Einschränkung des Vordersatzes besagt in diesem Fall, daß Pilatus de facto Macht über Jesus hat, aber nur deshalb, weil ihm die

---

[9] E. SCHWARTZ, Aporien I, 356.

[10] Verbindungen mit ἔχειν sind typisch johanneisch: ἀγάπην ἔχειν Joh 5,42; 13,35; 15,13; εἰρήνην ἔχειν 16,33; χαρὰν ἔχειν 17,13 u.a.

[11] Vgl. BAUER-ALAND, s.v. VI. 9; B.-D.-R. § 376.

[12] F. HAHN, Prozeß, 46. Hahn interpretiert: „Nicht seine richterliche Vollmacht als solche und sein freies Verfügenkönnen ist ihm 'von oben' gegeben, sondern nur ein ganz bestimmtes, von Gott ihm vorbestimmtes Handeln" (ebd.).

[13] R. BAUM-BODENBENDER, Hoheit, 72.

[14] „Das ἦν δεδομένον wird denn auch in der von HAHN vorgeschlagenen Übersetzung nicht adäquat wiedergegeben" (ebd.).

[15] Vgl. B.-D.-R. § 360,1.

ἐξουσία zum Handeln an Jesus „von oben"[16] verliehen wurde. Der Nachsatz setzt eine Bedingung, die die Verfügungsgewalt des Pilatus über Jesus
eingrenzt.

(2) Die textlich besser bezeugte Form παραδούς (ℵ, B, Δ, Θ, 1424
pc) ist dem Präsenspartizip παραδιδούς vorzuziehen. Die Präsensform
läßt sich als Angleichung an ἔχει erklären.[17] Sie insinuiert eine Beziehung
zu dem Verräter Judas (18,2.5: ὁ παραδιδοὺς αὐτόν; vgl. 6,64.71; 12,4;
13,2.11.21; 21,20). Auch der Singular des Partizips wird als Argument für
die Deutung auf Judas herangezogen.[18] Jedoch lieferte Judas Jesus nicht
an *Pilatus* (σοι) aus.[19] Bei der Übergabe an den Prokurator ist er nicht
dabei (18,30).[20] Die Formulierung im Singular hat vielmehr generellen
Charakter in kollektivem Sinn:[21] alle, die an der Auslieferung beteiligt
gewesen sind.[22] Die Übergabe (παραδιδόναι) an Pilatus wird durch das
Volk und die jüdischen Autoritäten betrieben (18,30.35), an die hier zu
denken ist.[23] Aus 18,30.31 geht hervor, daß die Ausliefernden die „Juden"

---

[16] Hierbei ist nicht an die politische Macht gedacht, die Pilatus vom römischen
Staat und seinen Repräsentanten („von oben") erhält. ἄνωθεν hat bei Johannes immer
den Bezug auf Gott (Joh 3,3.7.31; vgl. 8,23). S.u. (3).

[17] C. DIEBOLD-SCHEUERMANN, Jesus, 17 Anm. 11.

[18] Vgl. C.K. BARRETT, Komm., 522.

[19] Im Unterschied zu 19,11 (vgl. 18,30.35) wird von Judas nie explizit gesagt, *wem*
er Jesus ausgeliefert hat. Es fehlt ein entsprechendes Dativobjekt.

[20] Vgl. J.H. BERNARD, Komm., 620: „He (sc. Judas) did not deliver Jesus up to *Pilate*; and he disappears from the Johannine narrative after the scene of the betrayal in the
garden (18,5) ... His part was finished when he identified Jesus at Gethsemane."

[21] Zum kollektiven Singular vgl. B.-D.-R. § 139.

[22] Vgl. R. SCHNACKENBURG, Komm. III, 302; R. BULTMANN, Komm., 513 Anm. 2:
„Der (generelle) Sing. ist durch die sentenzenhafte Formulierung veranlaßt" (ähnlich
3,3.5.18. 21.33.36; 4,14; 5,24 u.ö.).

[23] So z.B. R. BAUM-BODENBENDER, Hoheit, 74.120; J. BECKER, Komm. II, 684; J.
BLANK, Komm. 3, 97f.; R.E. BROWN, Komm. II, 878f.; ders., Death I, 842; R.
BULTMANN, a.a.O.; A. DAUER, Passionsgeschichte, 118f.267; C. DIEBOLD-SCHEUER-
MANN, Jesus, 70.282 Anm. 158; J.T. FORESTELL, Word, 86; R.T. FORTNA, The Fourth
Gospel, 172; E. HAENCHEN, Komm., 540; F. HAHN, Prozeß, 47; TH. KNÖPPLER, Theolo-
gia crucis, 217; N. LAZURE, Valeurs, 299; B. LINDARS, Gospel, 569; M. MYLLYKOSKI,
Tage II, 56; H. RIDDERBOS, Komm., 603; R. SCHNACKENBURG, Komm. III, 302; S.
SCHULZ, Komm., 232. Als Sachparallele ist das Gerichtswort des Stephanus über die als
προδόται bezeichneten Mitglieder des Synhedriums in Apg 7,52 zu vergleichen. - Die
Deutung auf Kaiphas (vgl. Joh 11,49; z.B. G.R. BEASLEY-MURRAY, John, 340; J.H.
BERNARD, Komm., 620; D.A. CARSON, Gospel, 601; F.J. MOLONEY, Komm., 500; L.
MORRIS, Gospel, 705; M.W.G. STIBBE, John, 170) hat am Text keinen Anhalt, da Kai-
phas beim Prozeß vor Pilatus nicht auftritt. Gleiches gilt für die Deutung auf den Satan,
dessen Werkzeug Judas ist (6,70; 13,2.27). E.C. HOSKYNS, Komm. 524, und U.
WILCKENS, Komm., 288, ziehen „die Juden", Judas und den Satan in einem in Betracht.
Diese vermittelnde Deutung ist jedoch wenig hilfreich. Gleiches gilt für J.P. HEIL,

sind, die immer wieder als die treibende Macht im Blick auf die Verurteilung Jesu erscheinen (18,38b-40; 19,7.12).

(3) Das Partizip δεδομένον im Bedingungssatz hat im Vordersatz keinen Bezugspunkt. Auf ἐξουσία kann es wegen des verschiedenen Geschlechts nicht bezogen werden. Vielmehr ist an eine joh Ausdrucksweise zu denken, die auf Gottes frei verfügendes Handeln in der Mitteilung seiner Vollmacht an ausgewiesene Empfänger hinweist. So sagt Johannes der Täufer in Joh 3,27: „Kein Mensch kann irgend etwas empfangen, *wenn es ihm nicht vom Himmel gegeben ist* (ἐὰν μὴ ᾖ δεδομένον αὐτῷ ἐκ τοῦ οὐρανοῦ)". In Joh 6,65 spricht Jesus: „Keiner kann zu mir kommen, *wenn es ihm nicht vom Vater gegeben ist* (ἐὰν μὴ ᾖ δεδομένον αὐτῷ ἐκ τοῦ πατρός)". Das entspricht genau der Redeweise von Joh 19,11. Die Vollmacht des Pilatus ist demnach nicht die göttliche Legitimation seiner Staatsmacht (vgl. Röm 13,1).[24] Eine solche Auslegung kommt zustande, wenn man (fälschlich) übersetzt: „Du hättest keine Macht über mich, wenn *sie* dir nicht von oben gegeben wäre". Es geht vielmehr um eine Vollmacht, die dem Heilsplan Gottes dient, d.h. konkret um die Vollmacht, Jesus zu entlassen oder auszuliefern und dem Kreuz preiszugeben, wie Joh 19,10 kurz zuvor feststellt.[25] Dementsprechend ist auch nicht allgemein

---

Blood, 73, der an alle denkt, die am Verrat Jesu beteiligt sind: Judas, Kaiphas, die Oberpriester und die Juden, die Jesus zu Pilatus bringen. Zur Frage vgl. weiter M. HASITSCHKA, Befreiung, 354ff. Hasitschka bemerkt ein „dunkles Geheimnis", das „die Kette der Auslieferung" bildet: „Judas ist daran beteiligt, daß Jesus den Juden und den Römern ausgeliefert wird, die Juden liefern ihn an Pilatus aus, dieser liefert ihn schließlich wieder ihnen aus" (356).

[24] So andeutend C.K. BARRETT, Komm., 522; deutlich H. SCHLIER, Jesus und Pilatus, 56-74; W. SCHMITHALS, Johannesevangelium, 406. R. BULTMANN, Komm., 512, hat seine Meinung in dieser Frage korrigiert (Ergänzungsheft, 54). Vgl. dazu D. LÜHRMANN, Staat, 372ff. Kritisch gegen die Bezugnahme auf Röm 13 und die Deutung im Sinn göttlich sanktionierter Staatsmacht äußern sich u.a. R. BAUM-BODENBENDER, Hoheit, 75 Anm. 125; J. BECKER, Komm. II, 683; J. BLANK, Verhandlung, 79f.; ders., Komm. 3, 96; R.E. BROWN, Komm. II, 892f.; ders., Death I, 841f.; H. V. CAMPENHAUSEN, Verständnis, 387-392; J.D.M. DERRETT, Victim, 122f.; M. HENGEL, Reich Christi, 171 Anm. 34; M. KOTILA, Zeuge, 124; M. MYLLYKOSKI, Tage II, 56; D.K. RENSBERGER, Overcoming the World, 98; H. RIDDERBOS, Komm., 603; L. SCHENKE, Komm., 355; R. SCHNACKENBURG, Komm. III, 301f.; U. SCHNELLE, Komm., 279; W. SCHRAGE, Ethik, 253; S. SCHULZ, Komm., 232; D. SENIOR, Passion, 92; U. WILCKENS, Komm., 287. Zu allgemein D.A. CARSON, Gospel, 601f.: „the event of the betrayal itself". Zum Problem s. D. LÜHRMANN, a.a.O., 359-375, der auch die Auslegungsgeschichte vor Bultmann behandelt.

[25] So R. BAUM-BODENBENDER, a.a.O., 75; G.R. BEASLEY-MURRAY, John, 339f.; J. BECKER, a.a.O., 683; R.E. BROWN, Komm. II, a.a.O.; ders., Death I, a.a.O.; H. V. CAMPENHAUSEN, ebd.; A. DAUER, Passionsgeschichte, 266; J.D.M. DERRETT, a.a.O., 25; C. DIEBOLD-SCHEUERMANN, Jesus, 68f.280; J. GNILKA, Komm., 142; E.C. HOSKYNS,

von einer staatlichen Macht des Pilatus, sondern konkret von der ἐξουσία „gegen" Jesus (κατ' ἐμοῦ)[26] die Rede. „Das 'mich' wird bewußt in diesem Zusammenhang herausgehoben und damit ein konkreter Fall in den Blick genommen."[27]

(4) Während V11b als Antwort auf die von Pilatus in V10 gestellte Frage gut verständlich ist (Stichwort ἐξουσία), bereitet der mit διὰ τοῦτο (= „deshalb")[28] eingeleitete Satz V11c scheinbar Schwierigkeiten als direkte Begründung für V11b. „Denn wie sich aus der Verleihung der Macht von oben an Pilatus die Schuld dessen ergibt, der Jesus an Pilatus ausliefert, ist nicht einzusehen."[29] Trotz dieser scheinbaren Inkongruenz berechtigt diese vermeintliche Spannung jedoch nicht zu literarkritischen Operationen.[30] Zum einen ist der Begründungssatz im unmittelbaren Zusammenhang durchaus sinnvoll. „Weil Pilatus nur der verlängerte Arm Gottes ist (διὰ τοῦτο rückbezüglich), unter den menschlichen Akteuren mehr ein Getriebener als ein Treibender, trifft ihn die geringere Schuld."[31] Die geringere Schuld gegenüber dem παραδούς ist also darin begründet, daß Pilatus als Werkzeug Gottes handelt (im Unterschied zu dem παραδούς). Zum anderen hat der Begründungssatz auch eine über die unmittelbare Verbindung mit dem Vordersatz hinausgehende Funktion.[32] Bedenkt man nämlich, daß Joh 19,11 das letzte Wort Jesu in der Verhörszene Joh 18,28-19,16a ist, so kommt ihm eine grundsätzliche Funktion in dem *Rechts-*

Komm., 524; M. LANG, Herr, 163; H. RIDDERBOS, ebd.; L. SCHENKE, a.a.O., 354f.; R. SCHNACKENBURG, ebd.; U. SCHNELLE, ebd.; T. SÖDING, Macht, 45 Anm. 15; U. WILCKENS, ebd.

[26] κατά mit Gen. kann in feindlichem Sinn („gegen, wider") gebraucht werden (BAUER-ALAND, s.v. I.2.b). Zwar wäre die Macht, Jesus freizulassen, keine Macht „gegen" Jesus im eigentlichen Sinn (L. MORRIS, Gospel, 705 Anm. 22), doch dürfte in der Antwort Jesu das Bewußtsein um sein kommendes gewaltsames Schicksal impliziert sein. Die ἐξουσία des Pilatus wird sich unter dem Druck der „Juden" gegen ihn wenden (VV12-16a).

[27] C. DIEBOLD-SCHEUERMANN, a.a.O., 66.

[28] BAUER-ALAND, s.v. διά B.II.2.

[29] R. BAUM-BODENBENDER, Hoheit, 120.

[30] So R. BAUM-BODENBENDER, a.a.O., 151, die V11c einer redaktionellen Bearbeitungsschicht zuweist.

[31] R. SCHNACKENBURG, Komm. III, 302; ähnlich C. DIEBOLD-SCHEUERMANN, a.a.O., 283.

[32] Mit διὰ τοῦτο eingeleitete Sätze finden sich bei Johannes des öfteren, jedoch in der Form, in der die Begründung für einen bestimmten Sachverhalt satzimmanent geboten wird: διὰ τοῦτο ὅτι (Joh 5,16.18; 8,47; 10,17; 12,18.39; 15,19; 1.Joh 3,1). Der Begründungssatz in Joh 19,11c verweist dagegen mit seinem einfachen διὰ τοῦτο auf einen größeren Begründungszusammenhang, der über das in dem unmittelbaren Vordersatz Gesagte hinausgeht.

streit zu (s.u.), den Jesus schon seit längerem mit den ihn verklagenden Ἰουδαῖοι austrägt (vgl. Joh 8; 9; 15f.). Das διὰ τοῦτο hat daher auf der *literarischen Ebene* des Evangeliums eine grundsätzliche Funktion. Es zeigt an, daß der Prozeß nur vordergründig zwischen Jesus und dem römischen Staatsbeamten ausgetragen wird. Hintergründig ist es der *Rechtsstreit* Jesu mit der ungläubigen „Welt", die - wie in Joh 8; 9 und 15f. - das rechtskräftige Urteil ihrer bleibenden Sünde durch den Mund des angeklagten Richters erfahren hat. Von jetzt ab (!) hat der irdische Jesus nichts mehr über das Schicksal der Welt zu sagen.[33] Ihre Sünde, die sich in der Forderung nach der Tötung Jesu manifestiert (vgl. Joh 8,37ff.),[34] steht unwiderruflich fest. Johannes hat also literarisch geschickt auf dem Höhepunkt des Verhörs zwischen Jesus und Pilatus zugleich das aus dem richterlichen Urteilsspruch des Offenbarers gewonnene Ergebnis des Prozesses zwischen dem Gesandten und der ungläubigen Welt eingebaut. Die Ἰουδαῖοι haben in diesem richterlichen Urteil kein Mitspracherecht. Ihr ἔχειν ἁμαρτίαν (vgl. 9,41; 15,22.24) steht fest.

7.3. Die μείζων ἁμαρτία und der Rechtsstreit Jesu mit den Ἰουδαῖοι

Der Komparativ μείζων begegnet bei Joh außer in 19,11 noch an 11 weiteren Stellen. Auf die Bedeutung des Werkes, der Stellung und der Vollmacht Gottes des Vaters heben die Belege 10,29; 14,28 ab. In 1,50f.; 4,12; 5,20.36; 8,53; 13,16; 15,13.20 geht es um Werk, Stellung und Vollmacht des Sohnes. Nur einmal wird das größere Werk der Glaubenden benannt (14,12). Der Komparativ μείζων wird also immer dann benutzt, wenn es um das Offenbarungswerk bzw. den Offenbarungsanspruch Gottes und des Sohnes geht. In 14,12 kommt noch die Vollmacht der Glaubenden hinzu, die freilich durch den Glauben an den Offenbarer ermöglicht wird. Nie jedoch - außer in 19,11 - erscheint der Komparativ μείζων im Zusammenhang einer Aussage, die auf die gottfeindliche Welt abhebt. Diese Beobachtung bestätigt die exponierte Stellung der Aussage von 19,11 und läßt zugleich die Frage aufkommen, in welchem Sinn bei Joh von einer μείζων ἁμαρτία die Rede sein kann.

---

[33] Die in der anschließenden Kreuzigungsszene begegnenden Worte Jesu sind entweder nur an ihm nahestehende Personen gerichtet (19,25-27) oder sind kurze Worte, die den frei und souverän gewählten Weg des Leidens Jesu verdeutlichen (19,28.30). Das Schicksal der Welt betreffende Aussagen wird erst der Auferstandene wieder geben, Worte, die - und das ist auffällig - nun wieder die *Sünde* der Welt betreffen (20,23)!

[34] Auffällig ist, daß die sechste Szene des Verhörs, in der das Wort über die Sünde der Ἰουδαῖοι begegnet, von zwei Szenen umgeben ist, in denen die Ἰουδαῖοι jeweils nachdrücklich die Verurteilung Jesu fordern (Joh 19,4-8; 13-16a)! Das Wort über die μείζων ἁμαρτία ist daher literarisch gesehen gut positioniert.

Aufgrund der in Teil 7.2.(2) genannten Beobachtungen ist deutlich, daß sich die Aussage über die μείζων ἁμαρτία weder auf Judas noch auf andere Jesus feindliche Mächte bezieht, sondern auf die jüdischen Autoritäten (exemplarisch die Oberpriester: 18,35; 19,6.15), die Jesus der Auslieferung preisgeben (18,30.35). Als dem Offenbarer widerstrebende Macht werden sie summarisch „die Juden" genannt (vgl. 18,31.36.38; 19,7.12. 14). Die Feindschaft der „Juden" gegenüber dem Offenbarer ist in Kap. 5-12 (und in 15,18-16,4a mit Blick auf die Jünger) ständig präsent gewesen. Nun bricht sie noch einmal auf, wenn es um das endgültige Schicksal Jesu geht. Dabei wird deutlich, daß die Kategorie des *Rechtsstreits*, die bereits für die Auslegung des Sündenbegriffs in Kap. 1, 8, 9 und 15f. relevant war, auch hier von Bedeutung ist. Welche Gerichtsaspekte sind im einzelnen zu benennen?

Das Verb παραδίδωμι ist des öfteren „Ausdruck der Polizei- und Gerichtssprache *zwangsweise vorführen, gefangen einliefern*"[35] (vgl. Mk 13,9.11; Mt 5,25; 10,17.19; 24,10; 27,18; Lk 21,16; Apg 3,13). Jesus wird dem zuständigen Beamten der römischen Gerichtsbehörde übergeben (vgl. Joh 18,30.35).

Das Anliegen der *Ankläger* ist bereits in der ersten Verhörszene deutlich (18,29-32). Formal wird das Verhör vor Pilatus (18,28-19,16a) dadurch motiviert, daß Jesus des Verbrechens (κακὸν ποιῶν) angeklagt wird (18,29f.). Dem Schuldigen soll die gebührende Strafe zukommen (18,29-31.40; 19,6f.12.15). Die in 19,7 erhobene Anklage der „Juden", daß Jesus sterben müsse, weil er sich die Gottessohnschaft anmaßt, beruft sich auf das *Gesetz* und erinnert an entsprechende Rechtsauseinandersetzungen Jesu mit seinen Gegnern (5,18; 8,53; 10,32-38; vgl. Teil 5.4.1.[2]). Gegen den Vorwurf der „Juden" bringt Jesus vor Pilatus sein königliches Amt als Zeuge der Wahrheit (18,37) ein.[36] Auch diese Funktion des *Zeugen der Wahrheit* deutet auf einen Rechtsstreit hin. In 8,46 hatte Jesus im Streit um sein Recht gerade auf die in ihm wirksame Wahrheit verwiesen, so daß er keiner Sünde überführt werden könne. Es offenbart sich demnach hinter dem Prozeß vor Pilatus der Rechtsstreit mit den „Juden", aus dem der Angeklagte als Unschuldiger (vgl. die dreimalige Unschuldserklärung des Pilatus) und am Ende doch Verurteilter hervorgeht.[37] Dabei wird

[35] BAUER-ALAND, s.v. 1b.
[36] Vgl. M. HENGEL, Reich Christi, 163-184; Y. IBUKI, Wahrheit, 139-175; M. DE JONGE, Jesus, 66-69; T. SÖDING, Macht, 40-42.45f.47ff.; M.W.G. STIBBE, John, 111f.
[37] Die erste Prozeßszene 18,29-32 zeigt, daß eigentlich die „Juden" den Prozeß betreiben, indem sie den in 11,47ff. gefaßten Todesbeschluß umsetzen wollen. Pilatus er-

deutlich, daß ähnlich wie in Joh 8 und Joh 9 die Rollen vertauscht werden:
der *Angeklagte* wird zum *Richter*, der den *Anklägern* die Hauptschuld der
μείζων ἁμαρτία zuweist und auch dem *Richter* Pilatus die geringere
Schuld nicht vorenthält.[38] „Der überlegene Angeklagte ist in Wahrheit
Ankläger und Richter; besser: an ihm kehren sich die Anklagen und das
Gericht um gegen die Ankläger selbst. Daher ist in dieser Situation fast
jedes Wort paradox."[39]

Dieser Rechtsstreit vollzieht sich aber im Unterschied zu Kap. 8; 9
nicht mehr in konkreter Auseinandersetzung mit den „Juden", sondern als
ein im Dialog mit Pilatus ergehendes Urteil des in Vollmacht sprechenden
„Königs der Wahrheit". Jesus äußert sich im Verlauf des Verhörs nur einmal über die Schuld der „Juden", nämlich in 19,11. Offenbar ist die Diskussion mit ihnen abgeschlossen, und auch im folgenden wird er sich ihnen nicht mehr zuwenden.[40] Damit erhält das Wort in Joh 19,11 eine literarisch bedeutende Funktion im Blick auf den (bereits abgeschlossenen)
Prozeß zwischen Jesus und den „Juden". Das rechtskräftige Urteil des
Richters über seine Ankläger steht fest (s.u.). Die „größere Sünde" und die
eigentliche Schuld an Jesu Tod trifft sie, wobei die Auslieferung Jesu nur
die Konsequenz ihres vor allem in Kap. 5-12 sich abzeichnenden Unglaubens gegenüber Jesu Offenbarungsanspruch ist.[41] Daß diese Auseinandersetzung mit dem Unglauben der Welt in dem Urteil über die μείζων
ἁμαρτία präsent ist, zeigen die andeutenden Querverbindungen zwischen
der Prozeßszene und dem übrigen Evangelium, wenn es um den Konflikt
zwischen Jesus und den Ἰουδαῖοι geht: 1. Zur Anmaßung der Gottessohn-

---

scheint aus politischen Gründen nur als die notwendige Hilfe, das von den „Juden" gefaßte Todesurteil rechtskräftig durchzuführen (vgl. 18,30.31).

[38] Vgl. R. BAUM-BODENBENDER, Hoheit, 76. Zum Stilmittel der vertauschten Rol-
len vgl. J. BLANK, J. BLANK, Verhandlung, 60-65; ders., Komm. 3, 11f.; A. DAUER,
Passionsgeschichte, 236-277; C. DIEBOLD-SCHEUERMANN, Jesus, 207ff.; E. HAENCHEN,
Jesus vor Pilatus, 144-156; F. PORSCH, Pneuma, 223f.; T. SÖDING, Macht, 40-42.

[39] J. BLANK, Verhandlung, 64.

[40] Vgl. Anm. 33. Das nächste und somit letzte Wort über die Sünde(n) blickt auf die
Vollmacht der Jünger (20,23). Die Sünde der ungläubigen Welt erscheint in diesem Wort
als Negativfolie („Sünden behalten") für die in Jesu Heilswerk begründete (vgl. 1,29)
Aufgabe der Vergebung der Sünden.

[41] Bezeichnend ist, daß der streitbare „Dialog" Jesu mit den „Juden" schon längst
verstummt ist (vgl. 12,36b). Auch im Verhör vor dem Hohenpriester lehnt Jesus ein
weiteres Gespräch mit ihnen ab (18,20f.). Der direkte Rechtsstreit mit ihnen ist in Kap.
12 beendet. Er bleibt aber trotzdem in der Offenbarung vor seinen Jüngern (15,18-
16,4a.b-11) sowie im Prozeß vor Pilatus (18,28-19,16a) präsent, weil sich das gottfeindliche Werk der „Welt" erst in der Tötung Jesu vollendet (19,16bff.).

schaft (19,7) vgl. 5,18; 8,53; 10,32-38.[42] - 2. Zu Jesus als Zeuge der Wahrheit (18,37) vgl. 8,45f.: Wahrheit im Gegensatz zur Sünde. - 3. Zur Rede „von oben" (19,11; vgl. 3,3.7.31; 8,23) im Gegensatz zur Rede „von unten" vgl. 8,21.23.24 („von unten" und „Sünde" im Zusammenhang!). - 4. Zum Vorwurf des Widerspruches gegen das Gesetz (19,7) vgl. 5,17; 9,16.24.31.

Bedenkt man diese Hinweise auf den Rechtsstreit Jesu mit den „Juden", dann erscheint das Verhör Jesu vor Pilatus nur als die vordergründige Ebene des Rechtsverfahrens, hinter der sich die eigentliche und bleibende Auseinandersetzung des Offenbarers mit der ungläubigen Welt abspielt. So kann der Angeklagte dem Richter Pilatus gegenüber schweigen (19,9f.; vgl. Mk 14,60f.par; 15,4f.par),[43] weil es ihm nicht um eine (politische) Rechtfertigung vor dem Repräsentanten des Staates geht, sondern um den Aufweis der Sünde des eigentlich Schuldigen.[44] Die apologetische Tendenz, Pilatus von der primären Schuld am Tod Jesu freizusprechen (18,38b; 19,4.6.12), die auch in 19,11 zum Tragen kommt, ist nicht um ihrer selbst willen von Johannes hervorgehoben, sondern dient der Verschärfung der Auseinandersetzung des Offenbarers mit der feindlichen Welt. Es geht um das Urteil der prinzipiellen und bleibenden (vgl. 9,41) Schuldverfallenheit der Welt an die „Sünde", das sich in 19,11 ausspricht.[45] Für Johannes ist die Auslieferung Jesu durch die „Juden" (18,30.35; 19,11) die Konsequenz der Ablehnung Jesu, sofern sie von Anfang an sein gewalsames Ende geplant haben (5,18; 11,47ff.) und darin ihre „Sünde des Unglaubens" (9,39-41; 16,9) offenbaren. Diese Sünde wird durch ihr Verhalten im Prozeßverlauf bestätigt: Zum einen gehen sie um der Reinheit willen nicht in das Prätorium (18,28). Damit schließen sie sich selbst von den Offenbarungsworten Jesu aus, die er innerhalb des Prätoriums zu Pilatus spricht. Zum anderen verwehrt ihnen die ängstliche

---

[42] Gemeint ist die Lästerung des Namens Gottes, auf die die Bestrafung der Steinigung stand (Lev 24,16).

[43] Zum Motiv des Schweigens des Angeklagten gegenüber dem Richter, das in der antiken Literatur verbreitet ist (Schweigen des Weisen vor Gericht), vgl. D. ZELLER, Jesus, 88-90. Auf die Unterschiede zum Schweigemotiv in der synoptischen Passionsgeschichte macht R. BAUM-BODENBENDER, Hoheit, 210-212, aufmerksam.

[44] Das Schweigen Jesu ist freilich auch textintern begründet. Jesus hatte bereits in 18,36f. begründet, daß er nicht ἐκ τοῦ κόσμου τούτου ist, so daß sich eine erneute Antwort auf die Frage nach seinem πόθεν erübrigt.

[45] Gut wird der forensische Ton von 19,11 durch A. DAUER, Passionsgeschichte, 267, erkannt: „Der so spricht, ist freilich kein armer Todeskandidat, sondern *der Richter, der, in unbestechlicher Gerechtigkeit, der Welt und auch dem Pilatus das Urteil spricht.* So offenbart sich Jesus als 'le juge de son juge'" (Hervorhebung A.D.).

Sorge, das Passamahl essen zu können, den Zugang zum wahren Passalamm Christus, das die „Sünde der Welt wegträgt" (1,29; vgl. 19,31ff.).[46]

Hat demnach die Rede von der μείζων ἁμαρτία ihren Ort in der
rechtlichen Auseinandersetzung Jesu mit den Ἰουδαῖοι, so ist die geringere Sünde des Pilatus auf der Ebene des Verhörs zu beurteilen, in dem das
Wirken Gottes hintergründig wahrzunehmen ist. Pilatus hat seine Vollmacht „von oben", d.h. von Gott selbst verliehen bekommen (vgl. Joh
3,3.7.27.31). Sowohl für den, der Jesus ausliefert, als auch für Pilatus gilt,
daß sich ihre Sünde in einem konkreten Handeln gegen Gott äußert. Die
„Juden" gehen jedoch in aktiver Feindschaft gegen Jesus vor. Die Minderung der Sünde des Pilatus ist darin begründet, daß er im Unterschied zu
den „Juden", die Jesus hassen (vgl. Joh 7,7; 15,18.23), als Bevollmächtigter Gottes handelt.[47] Seine geringere Sünde besteht darin, dem Drängen
der „Juden" nachzugeben und Jesus an sie auszuliefern (vgl. 19,10.16).[48]
Während er - freilich ohne es zu wissen - im Auftrag Gottes handelt, agie-
ren die „Juden" - auch ohne es von sich selbst zu wissen - im Auftrag ihres „Vaters", der in Kap. 8 als der Satan bestimmt wird (8,37ff.). Während
Pilatus seine Vollmacht „von oben" empfangen hat, offenbaren die „Juden" ihre Herkunft „von unten" (8,23). Beide - Pilatus und die „Juden" -
handeln freilich gegen Jesus,[49] aber nur die letzteren in bewußter und aktiver Feindschaft gegen ihn. Pilatus entscheidet vordergründig nach politischem Kalkül (vgl. 19,12-16a). Hintergründig ist der Wille Gottes am
Werk. So wird deutlich: „Die Macht, Jesus freizulassen und zu kreuzigen
und am Ende des Prozesses über ihn das Urteil zu fällen, ist nicht im Wesen der ἐξουσία begründet, die Pilatus als römischem Prokurator zukommt, sondern ist nur eine bestimmte, ihm gegebene Funktion und Aufgabe bei der Auseinandersetzung um die ἀλήθεια, die ihm deshalb letzt-

---

[46] Vgl. R. SCHNACKENBURG, Komm. III, 277f.; U. SCHNELLE, Komm., 271; T.
SÖDING, Macht, 39; A. WEISER, Theologie II, 168f.

[47] „Sowohl für den παραδούς als auch für Pilatus gilt, daß sich ihre ἁμαρτία in einem konkreten Handeln gegen Jesus äußert. Eine Minderung der ἁμαρτία des Pilatus ist
verursacht durch das Faktum, daß Gott ihm ἐξουσία gegen Jesus gegeben hat" (TH.
KNÖPPLER, Theologia crucis, 80 Anm. 76; ähnlich N. LAZURE, Valeurs, 300). Als „Unglaube" kann man diese geringere Sünde jedoch nicht bezeichnen (gegen J. BOGART,
Perfectionism, 59). Pilatus bleibt zwar die Offenbarung der Wahrheit in Jesus verborgen
(18,38; 19,9). Eine feindliche Ablehnung Jesu ist bei ihm jedoch nicht zu erkennen.
Darum ist die Sünde der „Juden" auch „größer", d.h. „Unglaube", weil sie nicht nur Unkenntnis, sondern Verweigerung gegenüber dem Offenbarer ist (8,24; 9,41; 16,9).

[48] Die ἐξουσία κατ᾽ ἐμοῦ von V11 bezieht sich auf die ἐξουσία des Pilatus von
V10 zurück, die als ἐξουσίαν ἔχειν ἀπολῦσαί σε καὶ ἐξουσίαν ἔχειν σταυρῶσαί σε
bestimmt wird.

[49] Vgl. die Rede vom ἔχειν ἐξουσίαν κατ᾽ ἐμοῦ im Blick auf Pilatus (19,11).

lich 'von oben' zukommt."[50] Dabei ist die ἐξουσία des Pilatus in einer eigentümlichen Verschränkung mit der ἐξουσία Jesu (10,18) zu sehen. Die beiden kreuzesbezogenen Aussagen von der Exousia im Johannesevangelium gehören sachlich zusammen. Die von Pilatus in Anspruch genommene Vollmacht über das Schicksal Jesu (19,10) steht nach politischem Ermessen der eigenen Vollmacht Jesu über seinen Tod entgegen. Da es sich aber hintergründig um eine von Gott verliehene Vollmacht handelt (19,11) und Jesus in Einheit mit dem Vater wirkt, ist sie Ausdruck der Souveränität und der Freiwilligkeit des Leidensweges Jesu: Pilatus vollstreckt nur, was in Jesu Willen bereits beschlossen ist: „Ich habe die Vollmacht es (sc. mein Leben) hinzugeben, und ich habe die Vollmacht, es wieder zu empfangen"! Jesus tut nur, was er als Auftrag von seinem Vater empfangen hat (10,18c).[51]

Das johanneische Konzept der freiwilligen, souveränen und vollmächtigen Übernahme des Leidens durch Jesus bestimmt nicht nur die johanneische Passionsgeschichte im engeren Sinn, sondern setzt von Beginn des Evangeliums an ein (vgl. 2,19b; 10,17f.; 11,7; 12,27f.; 13,1.3.26f.; 18,1ff.33-38; 19,11.17.26f.28.30).[52] Dabei ist vorausgesetzt, daß die Erhöhung Jesu ans Kreuz dem Willen des Vaters entspricht (vgl. 3,14; 11,51; 12,27f.; 14,31; 18,11; 19,24.28.36f.). Der Sohn vollendet das Werk des Vaters (4,34; 5,36; 17,4; 19,28ff.). Insofern ist die von Gott an Pilatus verliehene ἐξουσία parallel zu der ἐξουσία des Sohnes zu sehen. Vordergründig hat Pilatus die Verfügungsgewalt über Leben und Tod Jesu. Das ist aber nur die Perspektive des Machthabers. Hintergründig geht es um die freie und selbstgewählte Vollmacht Jesu, dem Willen des Vaters zu entsprechen, den Weg des Leidens zu gehen und das Werk des Vaters zu vollenden.[53] Der Jesus, über dessen Lebensende andere entscheiden, ist daher der Jesus, der eigentlich über sein Ende selbst entscheidet. Der Christus traditus ist der Christus se ipsum tradens.[54] - Während Pilatus als Bevollmächtigter Gottes wirkt, hat der ganz andere „Herrscher", der „Fürst dieser Welt", keine Verfügungsgewalt über Jesus (12,31; 14,30; 16,11). Im Augenblick seines Triumphes (vgl. 13,2.27) wird seine Macht gebrochen. „Sein scheinbarer Triumph, Jesu Tod am Pfahl der Schande, bedeutet in Wirklichkeit dessen Sieg und seine Entmachtung."[55]

---

[50] R. BAUM-BODENBENDER, Hoheit, 74f.

[51] Vgl. auch D. ZELLER, Jesus, 92, der Joh 19,11 als Veranschaulichung von Joh 10,18 versteht; ähnlich J.P. HEIL, Blood, 72; N. LAZURE, Valeurs, 299f.

[52] Vgl. hierzu den Abschnitt „Die Passion als Auftrag des Vaters und freiwillige Gehorsamstat Jesu" bei A. DAUER, Passionsgeschichte, 278-294; weiter R.J. CASSIDY, John's Gospel, 40-53; J.M. FORD, Jesus, 110-115; J.T. FORESTELL, Word, 82ff.; J. GNILKA, Christologie, 105; M. HENGEL, Reich Christi, 167f.; TH. KNÖPPLER, Theologia crucis, 248-252; M. LANG, Herr, 277-279; K. WENGST, Bedrängte Gemeinde, 195-197; U. WILCKENS, Christus traditus, 363-383.

[53] Vgl. ähnlich R. BAUM-BODENBENDER, a.a.O., 75.255-257; J. BECKER, Komm. II, 683.642; A. DAUER, a.a.O., 285; C. DIEBOLD-SCHEUERMANN, Jesus, 285f.295.

[54] U. WILCKENS, Christus traditus, 363-383.

[55] M. HENGEL, Reich Christi, 172.

Die ἁμαρτία in Joh 19,11 hat also einen vordergründigen und einen hintergründigen Sinn. Im Blick auf Pilatus ist die geringere Sünde die ἐξουσία, in der er sich schuldig macht, dem Drängen der „Juden" trotz besserer Einsicht nachzugeben. Im Blick auf die μείζων ἁμαρτία der „Juden" ist der tiefe und bleibende Unglaube gegenüber dem Offenbarer, dessen Konsequenz die Auslieferung Jesu an das Kreuz ist, angesprochen.[56] Als das letzte und grundsätzliche Urteil Jesu über die Schuld der „Juden" hat das Wort 19,11 eine exponierte Stellung inne. Der Evangelist hat in der Rede von der μείζων ἁμαρτία sein *theologisches Grundsatzurteil* über die gottfeindliche Welt zusammengefaßt. Am Ende des Weges Jesu wird ihre Absicht als die eigentlich *„große Sünde" des Unglaubens* offenbart. In dem Rechtsstreit Jesu mit der Welt, der sich hinter der Prozeßszene abspielt, agiert der Angeklagte als der wahre Richter, der das rechtskräftige Urteil der „bleibenden Sünde" (9,41) ausspricht. So ist die Rede vom ἔχειν ἁμαρτίαν nicht nur Ausdruck einer simplen Bestandsaufnahme, sondern das Ergebnis einer Prozeßsituation, in der durch richterlichen Erlaß das gerichtliche Urteil ausgesprochen und verhängt wird (vgl. 15,22.24).[57]

Bedenkt man, daß Joh 19,11 das letzte Wort Jesu in der Verhörszene sowie über die Schuld der „Juden" überhaupt ist, dann drängt sich die Nähe zum Matthäusevangelium auf[58], das in 27,25 von einer Schuld des Volkes am Tod Jesu ausgeht[59], mit dem Unterschied jedoch, daß für Johannes

---

[56] Insofern ist eine generalisierende Bestimmung der ἁμαρτία als „Schuld" unpräzise (so C.K. BARRETT, Komm., 522). Es muß zwischen der ἁμαρτία des Pilatus und der des παραδούς differenziert werden. Vgl. M. HASITSCHKA, Befreiung, 356: Die größere Sünde besteht darin, „daß man Jesus wegen seiner einzigartigen Beziehung zu Gott (Gottessohnschaft) und seines Anspruches auf die Menschen (Königsanspruch, vgl. 18,37) verurteilt und daß es die *Seinen* sind, die das tun ..." (Hervorhebung M.H.). Die Auslieferung Jesu ist als „äußerstes Zeichen von Unglauben (vgl. 6,64)" zu verstehen (356f.).

[57] Zu dieser Bedeutung der Wendung ἁμαρτίαν ἔχειν vgl. Teil 6.2.

[58] Joh und Mt sind insofern vergleichbar, als beide Evangelien den Konflikt mit dem pharisäisch-rabbinischen Judentum nach 70 n. Chr. widerspiegeln (vgl. dazu E.W. STEGEMANN/W. STEGEMANN, Urchristliche Sozialgeschichte, 196-216).

[59] Zur theologischen Bedeutung von Mt 27,25 vgl. H. FRANKEMÖLLE, Jahwebund und Kirche Christi. Studien zur Form- und Traditionsgeschichte des „Evangeliums" nach Matthäus (NTA.NF 10), Münster 1974, 204-211; K. HAACKER, „Sein Blut komme über uns". Erwägungen zu Matthäus 27,25 (Kirche und Israel 1), 1986, 47-50; R. KAMPLING, Das Blut Christi und die Juden. Mt 27,25 bei den lateinischsprachigen christlichen Autoren bis zu Leo dem Großen (NTA.NF 16), Münster 1984; F. MUßNER, Traktat über die Juden, München 1979, 305-310; K.H. SCHELKLE, Die „Selbstverfluchung" Israels nach Matthäus 27,23-25, in: W. ECKERT/N.P. LEVINSON/M. STÖHR (Hg.), Antijudaismus im

nicht mehr das Volk die Schuld am Blut Jesu auf sich nimmt, sondern daß umgekehrt Jesus über die „Juden" und somit über die ungläubige Welt das Rechtsurteil der „bleibenden" (9,41) Sündenschuld verhängt. Jesus spricht in eigener Vollmacht. Dieses Wort fügt sich daher in den Kontext der joh Passionschristologie, wonach der Offenbarer in eigener Vollmacht den Weg des Leidens geht.

7.4. Zusammenfassung

Johannes bringt an exponierter Stelle auf dem Höhepunkt des Verhörs Jesu in der dem Evangelisten eigenen Hintergründigkeit zum Ausdruck, daß der Prozeß Jesu vor Pilatus nur die äußere Bühne darstellt, um die tiefgehende und bleibende Sünde der „Juden" zu offenbaren. Durch einen Rollentausch werden die Ankläger zu den Verurteilten und der Angeklagte zum Richter. Die „Juden" zeigen in ihrer Absicht, Jesus zu töten, und durch die Auslieferung Jesu an Pilatus, daß sie sich weiterhin dem Offenbarer verschließen. Dieser spricht ein rechtskräftiges Urteil über sie aus. Sie werden aufgrund ihres Unglaubens, der im aktiven Vorantreiben des Prozesses offenbar wird und in der Absicht zur Tötung Jesu kulminiert, bei ihrer Sünde behaftet. Sie „haben" Sünde (vgl. 15,22.24) und „bleiben" in ihr (vgl. 9,41). Pilatus hat als Beauftragter des Willens Gottes die geringere Schuld, wenn er Jesus an die „Juden" ausliefert (vgl. 19,10.16). Die dem Prokurator von Gott zubemessene Macht über Jesus ist eigentlich Ausdruck der Vollmacht Jesu, in der er aus eigenem Willen frei und souverän den Weg des Leidens geht.

Neuen Testament?, München 1967, 148-156; W. TRILLING, Das wahre Israel. Studien zur Theologie des Matthäusevangeliums (EThSt 7), Leipzig 1959, 50ff.

8. Die sündenvergebende und -behaltende Vollmacht der Gemeinde (Joh 20,23)

8.1. Tradition und Redaktion in Joh 20,19-23

Der Zusammenhang der Berichte von Kap. 20 ist durch textinterne Verknüpfungen hergestellt. Der Erscheinungsbericht Joh 20,19-23 ist daher aus dem vorgegebenen Zusammenhang schwer zu lösen. Er ist in der Zeitangabe durch V19a mit V1 verbunden, so daß ein geschlossener Erzählzusammenhang vorliegt.[1] Die Chronologie des Ostertages ist traditionell vorgegeben (vgl. Lk 24,1.29.36ff.: Morgen - Abend). Das Ende der Geschichte vom leeren Grab (V10) dient als Hinführung zu V19 (Heimgang der Jünger). Die dazwischen berichtete Erscheinung vor Maria bereitet die folgende Erscheinung vor den Jüngern vor (V17f.). Das Motiv des „Sehens des Herrn" (V20b) verbindet alle drei Erscheinungsberichte von Kap. 20 (V18.20. 25.29). Die Thomasperikope steht darüber hinaus durch V26 in engem Zusammenhang mit dem Erscheinungsbericht vor den Jüngern (V19).[2] Sie ist offenbar von Johannes in Verbindung mit V19-23 gebildet worden,[3] um den für die nachösterliche Gemeinde gültigen Zusammenhang von Nicht-Sehen und Glauben zu klären (V29).

Joh 20,19-23 ist die johanneische Ausprägung der alten Tradition, die die Erscheinung des Auferstandenen vor dem Zwölferkreis berichtet (1.Kor 15,5b; vgl. Mt 28,16-20; Mk 16,14-18; Lk 24,36-49).[4] Die Akoluthie der Szenen von Joh 20,1-23(24-29) ist traditionell vorgegeben. Sie begegnet bereits in den synoptischen Osterberichten: Leeres Grab, Erscheinung vor einzelnen, Erscheinung vor den Jüngern (vgl. Mk 16,1-8 + 16,9-13.14ff.; Mt 28,1ff.9f.16ff.; Lk 24,1ff.13ff.36ff.; vgl. auch 1.Kor

---

[1] C. DIETZFELBINGER, Osterglaube, 39.

[2] Vgl. J. KREMER, Osterevangelien, 195ff.; M. LANG, Herr, 246f.; G. MLAKUZHYIL, Structure, 232f.

[3] V24 greift durch δέ und ὅτε ἦλθεν Ἰησοῦς auf V19-23 zurück und verschränkt beide Perikopen miteinander. Zur Zusammengehörigkeit beider Erscheinungsberichte als „Doppelgeschichte" vgl. im einzelnen J. KREMER, ebd. Nach G. MLAKUZHYIL, a.a.O., 117, verwendet der Evangelist in Joh 20,19-23.24-29 eine „Technique of Diptych-Scenes", wie sie auch in Joh 1,19-28.29-34 und Joh 1,35-42.43-51 erkennbar ist.

[4] C. DIETZFELBINGER, a.a.O., 40.

15,5.7 im Blick auf die Erscheinung vor einzelnen und vor den Jüngern). Für einen traditionellen Zusammenhang mit der Lk-Überlieferung (Lk 24,36ff.: Erscheinung in Jerusalem, vor dem Kreis der Jünger) sprechen die offensichtlichen Parallelen (unabhängig von den textkritischen Problemen in Lk 24,36b.40[5]): vgl. Lk 24,36b mit Joh 20,19c (das Stehen des Auferstandenen mitten unter den Jüngern und der Friedensgruß); Lk 24,37 mit Joh 20,19 (das Motiv der Furcht); Lk 24,39f. mit Joh 20,20 (das Zeigen der Hände und der Seite bzw. der Füße Jesu); Lk 24,41.52 mit Joh 20,20b (die Freude der Jünger, die den Herrn erkennen); Lk 24,47-49 (vgl. auch Mt 28,19f.; Mk 16,15; Apg 1,4f.8) mit Joh 20,21 (die Sendung der Jünger durch den Auferstandenen); Lk 24,47 mit Joh 20,23 (das Motiv der Sündenvergebung); Lk 24,49 mit Joh 20,22 (Geistverheißung bzw. Geistmitteilung).[6] Schließlich spricht der für die Gattung von Ostergeschichten enge Zusammenhang zwischen Erscheinung vor den Jüngern, Beauftragung und Sendung (vgl. Lk 24,36-49; Mt 16,16-20; Mk 16,14-20)[7] für eine dem Evangelisten vorliegende Tradition in Joh 20,19-23.

Johannes hat sprachlich und thematisch in die vorliegende Tradition eingegriffen.[8] V19 ist bis auf das Motiv der Furcht vor den Juden traditionell.[9] Dieses ist für Johannes typisch (vgl. 7,13; 9,22; 19,38; vgl. 12,42). V20 ist, wie die entsprechenden Parallelen in Lk 24,39f.41.52 zeigen, der Tradition zuzuweisen (s.o.). Der Hinweis auf die πλευρά Jesu (bei Lk sind es die Füße; πλευρά im NT sonst nur noch Apg 12,7; Mt 27,49 v.l.!) dürfte durch Johannes eingebracht worden sein, wie 19,34; 20,25.27 zeigen.[10] V21 ist sprachlich und thematisch johanneisch.[11] Der Friedensgruß (vgl. V26) und der Hinweis auf das Reden Jesu erweisen sich als joh Wiederaufnahme der Tradition in V19. Eine auf synchroner Ebene anzuneh-

---

[5] Zur Originalität von Lk 24,36b.40 vgl. A. Dauer, Johannes, 210-216.

[6] Vgl. dazu R.E. Brown, Komm. II, 1028f.; A. Dauer, Johannes, 207-296; C. Dietzfelbinger, ebd.; H. Grass, Ostergeschehen und Osterberichte, 66.68; E.C. Hoskyns, Komm., 544f.546f.; J. Kremer, a.a.O., 198; M. Lang, Herr, 246-253; T. Onuki, Gemeinde und Welt, 85; F. Porsch, Pneuma, 353-355; U. Wilckens, Auferstehung, 52ff. - Daß Joh auf Lk 24,36ff. zurückgegriffen hat, ist wahrscheinlich (M. Lang, a.a.O.).

[7] Vgl. dazu U. Wilckens, a.a.O., 50ff.

[8] Stil und Vokabular sind z.T. unjohanneisch, z.T. johanneisch. Vgl. dazu A. Dauer, Johannes, 219-248; R. Schnackenburg, Komm. III, 381 Anm. 67. Eine detaillierte Rekonstruktion von Tradition und Redaktion bietet A. Dauer, ebd.

[9] Vgl. A. Dauer, a.a.O., 219-224.

[10] Vgl. R. Bultmann, Komm., 535 Anm. 8; R.E. Brown, Komm. II, 1022; M. Myllykoski, Tage II, 89. A. Dauer, a.a.O., 224-232, rechnet dagegen mit traditionellem Einfluß.

[11] Im einzelnen vgl. A. Dauer, a.a.O., 234.

mende Verbindung zu 14,27; 16,33 dürfte bewußte Absicht des Evangelisten sein.[12] Der in V21c begegnende Sendungsgedanke[13] zeigt deutlich joh Sprache.[14] Da die Gattung der Erscheinungsberichte aber traditionell einen Sendungsbefehl enthält (s.o.), wird man davon ausgehen, daß der Evangelist einen in der Tradition vorhandenen Sendungsbefehl durch seinen eigenen ersetzt hat.[15] Die Sendung der Jünger durch Jesus wird bereits in 4,38; 13,16.20; 17,18 - auf der Ebene des joh Symbolismus auch in 14,31c[16] - erwähnt. Von der österlichen Sendung in 20,21 her weisen diese Stellen auf den joh Sendungsbefehl hin.[17] Schließlich spricht für den Evangelisten im Hinblick auf 20,21a.b die Beobachtung, daß er auch sonst gern mit Doppelungen arbeitet (vgl. 1,15.30; 27a.30b; 31a.33a; 32b.33b; 3,3.5; 8,52f.; 14,21.23).

V22 setzt mit einer redaktionellen Überleitung ein (καὶ τοῦτο εἰπών; vgl. 7,9; 9,6; 11,43; 13,21; 18,1.38; 20,20). Für V22f. ist der traditionelle Zusammenhang von Geistmitteilung und Sündenvergebung des öfteren bemerkt worden (vgl. Ez 36,25-27; 1QS 3,7f.; 4,20f.; Apg 2,38; 1.Kor 6,11; Tit 3,4-7).[18] Man wird also davon ausgehen können, daß V22f. im Grundbestand der vorjoh Tradition angehört.[19] Allerdings hat Johannes die

---

[12] Vgl. R.E. BROWN, Komm. II, 1035; A. DAUER, a.a.O., 223f.; T. ONUKI, Gemeinde und Welt, 87.

[13] Zur Gesandtenchristologie des Johannesevangeliums vgl. J.-A. BÜHNER, Der Gesandte, passim; J. GNILKA, Theologie, 255-261; K. HAACKER, Stiftung, 92-96; Y. IBUKI, Doxa, 38-81(57ff.); M. DE JONGE, Son of God, 141ff.; ders., Christologie, 133-135.183-187; W.R.G. LOADER, Christology, 171-173; J.P. MIRANDA, Vater, passim; ders., Sendung, passim; J. PAINTER, Quest, 204-208; R. SCHNACKENBURG, Person, 277-283; ders., Vater, 275-291; M. THEOBALD, Fleischwerdung, 373-380.

[14] Dazu gehören die καθώς/καγώ-Verbindung (vgl. 6,57; 10,15; 15,4.9.10; 17,11. 18.21.22), die Vorzugsverben πέμπειν/ἀποστέλλειν und die Verdopplung der Deszendenzformel Vater/Sohn/Glaubende (17,18; vgl. 15,9).

[15] Ähnlich R.E. BROWN, Komm. II, 1029f.; A. DAUER, a.a.O., 234-236.

[16] Vgl. T. ONUKI, Gemeinde und Welt, 111: „Wie die Abschiedsrede mit der Aufforderung Jesu 14,31c an die Jünger endet, wieder in die Welt (die Passionsgeschichte) hinauszugehen, so schickt das Johannesevangelium seine Lesergemeinde mit dem Sendungsbefehl Jesu 20,21-23 erneut in die gerichtete feindliche Welt hinein."

[17] Vgl. dazu M. HASITSCHKA, Befreiung, 396-401.

[18] Vgl. J. BECKER, Komm. II, 737; M. LANG, Herr, 252; R. SCHNACKENBURG, Komm. III, 385f.; U. WILCKENS, Komm., 313.

[19] J. BECKER, ebd.; R.E. BROWN, Komm. II, 1022-1024; A. DAUER, Johannes, 237-245; R.T. FORTNA, The Fourth Gospel, 200; M. MYLLYKOSKI, Tage II, 90; R. SCHNACKENBURG, Komm. III, 385-388. Singulär sind Begriffe wie πνεῦμα ἅγιον ohne Artikel (nur noch in 1,33; vgl. dagegen 7,39a; 14,17.26; 15,26; 16,13; in 7,39b artikelloses πνεῦμα, aber ohne ἅγιον), ἐμφυσάω (V22), ἀφιέναι und κρατεῖν im Zusammenhang mit dem Sündenbegriff. Zur Wendung λαμβάνειν πνεῦμα ἅγιον vgl. Apg 8,15.17.19; 19,2, freilich auch Joh 7,39; 14,17.

Tradition sich zu eigen gemacht, denn die Bindung der Geistmitteilung an die Erhöhung Jesu ist johanneisch (vgl. 7,39; 16,7).[20] Auch die Vollmacht zum Sündenvergeben und Sündenbehalten steht in einem konzeptionellen Zusammenhang mit dem Heils- und Gerichtswirken Jesu. V23 hat der Sprachgestalt nach zwar einen besonderen Charakter. Nirgends sonst in seinem Evangelium spricht Johannes vom „Nachlassen" (so 1.Joh 1,9; 2,12; vgl. 2,2; 3,5; 4,10; 5,16a) bzw. „Festhalten" (vgl. 1.Joh 5,16bf.) der Sünden. Jedoch hat er das Thema in 1,29.36 (Sündenvergebung) und 9,41; 15,22-24 („Bleiben" der Sünde) bereits benannt.[21] Der Plural ἁμαρτίαι kommt im Evangelium außer in 20,23 zwar nur dreimal vor[22] - im Blick auf die „Juden" (8,24 [2mal]) bzw. im Munde von Juden (9,34) -, ist aber vom singularischen ἁμαρτία bei Johannes inhaltlich nicht abzuheben (vgl. 1.Joh 1,8.9).[23] Zu joh Stileigentümlichkeiten zählen das unbestimmte Pronomen (ἄν) τινων (vgl. 13,20)[24] und das zweimalige ἄν = ἐάν.[25] Der Evangelist hat also sprachlich in den aus der Tradition überlieferten Vers eingegriffen und sich die aus der Tradition übermittelte Rede vom Nachlassen bzw. Festhalten der Sünden zu eigen gemacht. Daß sich darin bestimmte theologische Absichten verbinden, wird unten zu zeigen sein.

---

[20] Vgl. A. DAUER, ebd. - T. ONUKI, Gemeinde und Welt, 86-89, und C. DIETZFELBINGER, Osterglaube, 39.41, rechnen V22 der Redaktion des Evangelisten zu. Sie erkennen einen bewußt gestalteten Zusammenhang zu den übrigen Geistaussagen des Joh (1,33; 3,3.5.7.8; 7,38f.; 14,16-24; 15,26f.; 16,7-15; 19,34) und ziehen über das hapax legomenon ἐμφυσᾶν (vgl. Gen 2,7 LXX; Ez 37,9 LXX) Verbindungslinien zu den Schöpfungsaussagen des Prologs. Diese synchrone Interpretation kann unter der Voraussetzung erfolgen, daß die Verbindung des Motivs vom Heiligen Geist mit der Jüngersendung bereits traditionell vorgegeben ist (vgl. Mt 28,19; Lk 24,49; Apg 1,8). Einmal mehr zeigt sich, daß der 4. Evangelist seine Redaktion *mit* der Tradition entfaltet. Man darf „traditionelle Motive daher nicht isoliert, sozusagen in einem 'reinen vorjoh Stadium' betrachten. Sie nehmen jetzt vielmehr an der Gesamtkonzeption des Johev teil und sind von daher zu interpretieren" (F. PORSCH, Pneuma, 359). Auch im Blick auf den aus der Tradition entlehnten V23 wird die Einbindung in das Gesamtkonzept des Evangeliums zu berücksichtigen sein (s.u.).

[21] Von hier aus ergibt sich eine sachliche Verbindung zum übrigen Sündenbegriff des Joh, der im Kontext des Rechtsstreites Jesu mit der Welt erörtert wird (s.u.).

[22] Vgl. dagegen häufiger im 1.Joh (1,9; 2,2.12; 3,5; 4,10; vgl. 1,7; 3,9; 5,16f. im pluralischen Sinn).

[23] Die zwei Belege in Joh 8,24 sind mit „Sünde" (Sg.) in Joh 8,21 synonym, wie die gleiche Redeweise vom „Sterben in Sünde(n)" belegt. Der Plural von 9,34 erklärt sich durch die Verwandtschaft mit Ps 51,7. Vgl. dazu Teil 5.2.2.

[24] Vgl. E. SCHWEIZER, Ego Eimi, 93.

[25] E. RUCKSTUHL, Einheit, 195.

Das Logion V23 ist traditionsgeschichtlich mit Mt 16,19 und 18,18 verwandt, enthält jedoch beinahe keine wörtliche Übereinstimmung.[26] Bei Mt ist vom „Binden" und „Lösen" die Rede, während Joh vom „Nachlassen" und „Festhalten" der Sünde spricht. Im Unterschied zu den Mt-Belegen ist zuerst vom Nachlaß (Mt: „Lösen") und dann vom Festhalten (Mt: „Binden") die Rede. Die bei Mt erkennbare Vorstellung, daß das „Lösen" und „Binden" auf Erden demselben Vorgang im Himmel entspricht, fehlt bei Joh. Während Mt allgemein formuliert (ὃ ἐάν bzw. ὅσα ἐάν), stellt Johannes den personalen Bezug (ἄν τινων) zu den Sünden der einzelnen her, wobei der Bezug auf die Sünden bei Joh eindeutig ist, in Mt 18,18 durch den Kontext (18,15-17) deutlich gemacht wird, in Mt 16,19 aber höchstens als Nebenaspekt (mit)bedacht ist (vgl. Mt 23,13: Lehrvollmacht).[27] Im ganzen sind also die Mt-Logien und Joh 20,23 trotz traditionsgeschichtlicher Verwandtschaft recht verschieden.

Formal handelt es bei Joh 20,23 um zwei (iterative) Konditionalsätze, die einen antithetischen Parallelismus bilden. Die Partikel ἄν ist gleichbedeutend mit ἐάν[28] (vgl. 5,19 v.l. ℵ; B; 12,32 v.l. B; 13,20; 16,23). Konditionalsätze mit dem indefiniten Pronomen τις finden sich bei Joh des öfteren (3,3.5; 6,51; 7,17.37; 8,51.52; 9,22.31; 10,9 u.ö.).[29]

---

[26] Ein gemeinsamer Ursprung der Logien könnte in einem Wort liegen, das an Jes 22,22 erinnerte. Vgl. C.K. BARRETT, Komm., 547, mit Verweis auf J.A. EMERTON. Zum traditionsgeschichtlichen Zusammenhang der drei „Auftragsworte des Auferstandenen" vgl. weiter R.E. BROWN, Komm. II, 1030f.1039-1041; J.D.M. DERRETT, Binding and Loosing (Matt 16:19; 18:18; Joh 20:23), JBL 102 (1983), 112-117; C.H. DODD, Tradition, 347-349; F. PORSCH, Pneuma, 357f.; R. SCHNACKENBURG, Das Vollmachtswort vom Binden und Lösen, traditionsgeschichtlich gesehen, in: Kontinuität und Einheit (FS F. MUßNER), hrsg. v. P.G. MÜLLER/W. STENGER, Freiburg u.a. 1981, 141-157; A. VÖGTLE, Ekklesiologische Auftragsworte, 246f.250-252; H. THYEN, Sündenvergebung, 218-259.

[27] Vgl. U. LUZ, Mt II, 458f.465f. Dies gilt freilich für den matthäischen Kontext. Der ursprüngliche Bezug des traditionellen Logions dürfte unsicher sein. „Ob im traditionellen Logion ursprünglich eher an Lehrentscheidungen, an Rechtsentscheidungen oder an den gültigen Zuspruch von Heil und Unheil gedacht ist, ist kaum auszumachen, da die Formulierung sehr allgemein ist (ὅσα)" (a.a.O., 459). A. VÖGTLE, a.a.O., erkennt in Joh 20,23 (mit C.H. DODD) eine „wohl schon vorjohanneische spezifizierende Überlieferungsvariante zu der Mt 18,18 bezeugten Urform" (251). In dieser „dürfte die Binde- und Lösegewalt im Munde Jesu die gesamte autoritative Verkündigung und Vermittlung des Heils der Gottesherrschaft bezeichnen, eine Bevollmächtigung, die proklamierendes und lehrendes, ordnendes und verpflichtendes, Gnade und Gericht bewirkendes Handeln umfaßt, prinzipiell also doch sakrale Lehr- und Rechtsvollmacht" (252).

[28] Vgl. B.-D.-R. § 107².

[29] Zur literarischen Form des Satzes vgl. weiter M. HASITSCHKA, Befreiung, 404f.

8.2. Joh 20,23 im Kontext des Johannesevangeliums

Das Logion Joh 20,23 gehört zu den ekklesiologischen Auftragsworten des Auferstandenen.[30] Es erscheint in engem Zusammenhang mit Sendung (V21) und Geistverleihung (V22). Da der Evangelist sonst nicht explizit von *Sündenvergebung* (vgl. aber 1.Joh 1,[7.]9; 2,12) bzw. vom Festhalten der Sünden spricht,[31] stellt sich die Frage, ob - und wenn ja - in welchem Zusammenhang das Logion mit dem Kontext des Evangeliums steht. Um diese Frage zu beantworten, muß die Szene Joh 20,19-23 einbezogen werden. Denn es wird dem Leser deutlich, daß sie aufgrund komplexer Rückverweise auf synchroner Ebene mit dem Korpus des übrigen Evangeliums verbunden ist. Auffallend viele und deutliche Bezüge bestehen zu den Abschiedsreden.[32] Die Beobachtung läßt folgende Rückverweise erkennen:

(1) V19c: Das Motiv der Furcht vor den Juden. Hier sind die entsprechenden Belege 7,13; 9,22; 19,38 zu vergleichen. Die Feindschaft der Welt wirkt sich an Sympathisanten und Anhängern Jesu aus.

(2) V20a: Das Zeigen der Hände und der Seite verweist auf den Lanzenstich in die „Seite" (πλευρά) des Gekreuzigten (19,34) und das deutende Wort in 19,37.[33] Das Austreten von Blut und Wasser verweist symbolisch auf die lebendigen Ströme, die durch den Gekreuzigten vermittelt werden, nämlich die in Jesu Tod geschehene Sühne und Reinigung (vgl. 4,10.11ff.; 7,37-39 zum Lebenswasser; 6,53ff.; 1.Joh 1,7 zum Blut und zur Reinigung; 1.Joh 2,2; 4,10 zur Sühne). Mit Joh 20,20 wird das Heilswirken des Gekreuzigten vergegenwärtigt.

(3) V20b: Die Freude der Jünger beim Sehen des Herrn stellt sich als Erfüllung der Verheißung Jesu an die Jünger dar (16,20ff.; vgl. 15,11; 17,13).[34]

---

[30] A. VÖGTLE, Ekklesiologische Auftragsworte, 243-252.

[31] Die Wendungen ἁμαρτίας ἀφιέναι und ἁμαρτίας κρατεῖν sind Hapaxlegomena im 4. Evangelium.

[32] J.P. HEIL, Blood, 133ff.; E.C. HOSKYNS, Komm., 546; J. KREMER, Osterevangelien, 197; F.J. MOLONEY, Komm., 530f.; B. WITHERINGTON III, Komm., 339f.

[33] D.A. CARSON, Gospel, 47; A. DAUER, Johannes, 227; C. DIETZFELBINGER, Osterglaube, 40; H. GRASS, Ostergeschehen und Osterberichte, 66; M. HASITSCHKA, Befreiung, 382; J.P. HEIL, a.a.O., 138; F.J. MOLONEY, Komm., 531.

[34] G.R. BEASLEY-MURRAY, John, 379; J.H. BERNARD, Komm., 675; R.E. BROWN, Komm. II, 1035; R. BULTMANN, Komm., 536; D.A. CARSON, a.a.O., 647; A. DAUER, a.a.O., 233.241; C. DIETZFELBINGER, ebd.; J.T. FORESTELL, Word, 99; M. HASITSCHKA, a.a.O., 383; J.P. HEIL, Blood, 135; E.C. HOSKYNS, Komm., 546; H. KOHLER, Kreuz, 161; J. KREMER, Osterevangelien, 187; F.J. MOLONEY, Komm., 531; L. MORRIS, Gospel, 746; H. RIDDERBOS, Komm., 642; S. SCHULZ, Komm., 245; W. THÜSING, Erhö-

(4) V19.21: Der Friedensgruß des Auferstandenen vergegenwärtigt die entsprechende Verheißung des Friedens Jesu an die Jünger (14,27; vgl. 16,33).[35]

(5) V21: Die Sendung der Jünger durch den Auferstandenen stellt sich als Erfüllung der Ankündigung Jesu von der Sendung seiner Jünger in die Welt dar (17,18; vgl. 4,31-38; 13,16.20; 14,12; 15,20).[36]

(6) V22: Die Geistmitteilung ist die Verwirklichung der Ankündigung von der Mitteilung des Parakleten nach der Erhöhung Jesu (7,38f.; 14,16-26; 15,26f.; 16,7; vgl. 1,33; 4,23f.; 19,30)[37] und steht in engem Zusammenhang mit der in V21 genannten Sendung der Jünger (vgl. Joh 17,17-19: Sendung und [durch den Geist erwirkte] „Heiligung" der Jünger in der Wahrheit; vgl. 14,17; 15,26; 16,13: „Geist der Wahrheit").

(7) Die Wahl des Verbums „kommen" (V19; vgl. 20,24.26; 21,13) erinnert an die Ankündigung des verheißenen Kommens Jesu in den Abschiedsreden. Die gesamte Szene Joh 20,19-23 ist die Erfüllung der Ver-

---

hung, 268; H. THYEN, Sündenvergebung, 246; U. WILCKENS, Komm., 312f.; B. WITHERINGTON III, Komm., 340.

[35] Vgl. R.E. BROWN, a.a.O.; R. BULTMANN, a.a.O.; J. BECKER, Komm. II, 735; D.A. CARSON, a.a.O., 646f.; A. DAUER, a.a.O., 223f.241; C. DIETZFELBINGER, Osterglaube, 40; J.T. FORESTELL, a.a.O; M. HASITSCHKA, a.a.O., 381f.; J.P. HEIL, a.a.O., 135f.; C. HOEGEN-ROHLS, Johannes, 293; E.C. HOSKYNS, ebd.; H. KOHLER, a.a.O., 161.165; J. KREMER, a.a.O., 186.187f.; H. LEROY, Vergebung, 90; F.J. MOLONEY, a.a.O., 530f.; L. MORRIS, a.a.O.; M. MYLLYKOSKI, Tage II, 92; H. RIDDERBOS, ebd.; W. THÜSING, ebd.; U. WILCKENS, a.a.O., 312; B. WITHERINGTON III, a.a.O., 339.

[36] G.R. BEASLEY-MURRAY, a.a.O., 379; J.H. BERNARD, ebd.; R.E. BROWN, a.a.O., 1036; R. BULTMANN, a.a.O.; D.A. CARSON, a.a.O., 467f.; A. DAUER, a.a.O., 235; C. DIETZFELBINGER, ebd.; J.T. FORESTELL, a.a.O., 100; C. HOEGEN-ROHLS, a.a.O.; M. HASITSCHKA, a.a.O., 396-401; J.P. HEIL, Blood, 137; H. LEROY, a.a.O., 90; F.J. MOLONEY, Komm., 531; L. MORRIS, a.a.O., 747; H. RIDDERBOS, Komm, 642; R. SCHNACKENBURG, Missionsgedanke, 61-64; H. THYEN, Sündenvergebung, 246. - Im grammatischen Sinn ist 17,18 freilich keine „Ankündigung" der Sendung. Der Aorist ἀπέστειλα weist auf ein vollendetes Geschehen hin. Allerdings ist der Standort des Sprechers zu berücksichtigen. „Joh schreibt vom Standort seiner eigenen Zeit aus, aber er betrachtet auch die Sendung des Sohnes als im Grunde vollendet und die der Kirche als im Grunde begonnen ..." (C.K. BARRETT, Komm., 494). Die gleiche Perspektive bestimmt die Aussage vom Haß der Welt gegen die Jünger (17,14 Aorist: ἐμίσησεν), obwohl nach 15,18ff. der Haß der Welt die Situation der Jünger in Gegenwart (Präsens 15,18.19fin.23; Perfekt 15,24b) und Zukunft (Futur 15,20b.21; 16,2f.) nachösterlich bestimmen wird.

[37] O. BETZ, Paraklet, 165-169; R. BULTMANN, a.a.O., 536f.; A. DAUER, a.a.O., 241; C. DIETZFELBINGER, Osterglaube, 39; J.P. HEIL, a.a.O., 138; E.C. HOSKYNS, Komm., 546; J. KREMER, a.a.O., 189; H. LEROY, a.a.O., 91f.; F.J. MOLONEY, a.a.O., 531f.; S. SCHULZ, ebd.; W. THÜSING, Erhöhung, 266; anders J. BECKER, Komm. II, 737; D.A. CARSON, a.a.O., 649-655; B. WITHERINGTON III, Komm., 340.

heißung ἔρχομαι πρὸς ὑμᾶς (14,18ff.; vgl. 16,16ff.).[38] „Jetzt ist die Stunde des πάλιν δὲ ὄψομαι ὑμᾶς (16,22) gekommen, in welcher die Freude alles Fragen der Jünger verstummen läßt".[39]

(8) In diese Kette von Verweisen[40] reiht sich schließlich auch V23 ein: Der Auftrag zur Sündenvergebung vergegenwärtigt die entsprechende Heilstat Jesu hinsichtlich der Beseitigung der Sünde (1,29.36). Die Rede vom Festhalten der Sünde erinnert an Belege, in denen das definitive Gericht über die sündige Welt ausgesprochen wird (9,39-41; 12,31; 14,30; 15,22-24; 16,8-11; 19,11). Dieser Zusammenhang zwischen Christologie und Ekklesiologie bezüglich der Vollmacht gegenüber der Sünde muß freilich noch genauer untersucht werden (s.u.). An dieser Stelle genügt es, den Referenzcharakter der entsprechenden Belege festzustellen. Die Rückverweise in Joh 20,19-23 dienen der Vergegenwärtigung bzw. Verwirklichung von bereits Geschehenem oder Angekündigtem. Der Evangelist hat die Szene bewußt in den Kontext des übrigen Evangeliums gestellt. Das Wirken des Auferstandenen ist mit dem Wirken des Irdischen konzeptionell verbunden. In diese Verbindung gehört auch das Wirken der vorösterlichen und nachösterlichen Jüngerschar. Aus nachösterlicher Perspektive kann und muß das ekklesiologische Auftragswort Joh 20,23 im

---

[38] Vgl. R. BULTMANN, a.a.O., 535.536; A. DAUER, a.a.O., 241; C. DIETZFELBINGER, a.a.O., 40; J.T. FORESTELL, Word, 99; J.P. HEIL, Blood, 134f.; E.C. HOSKYNS, ebd.; M. DE JONGE, The Fourth Gospel, 5; J. KREMER, a.a.O., 186; M. MYLLYKOSKI, Tage II, 89; M.R. RUIZ, Missionsgedanke, 269; R. SCHNACKENBURG, Komm. II, 382; W. THÜSING, a.a.O., 263-269; U. WILCKENS, Komm., 312; B. WITHERINGTON III, a.a.O., 339. R. BULTMANN stellt heraus, daß Joh 20,19-23 die Erfüllung der Verheißung der Abschiedsreden darstellt (536). Da der in den Abschiedsreden für das Kommen des Parakleten vorausgesetzte Aufstieg Jesu zum Vater aber in 20,19-23 nicht explizit berichtet wird (vgl. 20,17), hat man auch Einwände gegen die Deutung der Ostererscheinungen als Erfüllung der Verheißungen der Abschiedsreden erhoben. Die oben genannten Rückbezüge von 20,19-23 zu den Abschiedsreden lassen sich aber kaum leugnen. Die Erhöhung Jesu zum Vater ist vorausgesetzt, denn die Mitteilung des Geistes ist an die Erhöhung Jesu gebunden (7,39; 16,7). F. PORSCH, Pneuma, 376, versteht die in 20,22 berichtete Mitteilung des Geistes als „reale(n) Beginn der Erfüllung der P(neuma)-Verheißungen". Damit wird dem Anliegen Rechnung getragen, daß das Kommen des Geistes in nachösterlicher Zukunft „immer nur als Verheißung angekündigt oder bezeugt werden" kann (ebd.). Die Ankündigung des Parakleten greift also über die österlich berichtete Mitteilung des Geistes hinaus bis in die nachösterliche Zeit.

[39] H. THYEN, Sündenvergebung, 246.

[40] Nicht direkt verweisend, aber doch formal und inhaltlich parallel zu Joh 20,23 sind die Worte über das erhörungsgewisse Beten bei Joh (14,13.14; 15,7.16; 16,23.26; 1.Joh 5,14f.). „Sowohl hinsichtlich des Bittgebetes als auch hinsichtlich der Sündenvergebung haben die Jünger die feste Gewißheit, daß ihrem Tun und ihrer Intention ein Geschehen von seiten Gottes entspricht" (M. HASITSCHKA, Befreiung, 405).

Kontext des gesamten Evangeliums interpretiert werden. Die folgende Analyse wird zeigen, daß das Sündenverständnis von Joh 20,23 auf dem Hintergrund des Sündenverständnisses des übrigen Evangeliums deutlich wird.

8.3. Die Fortsetzung des eschatologischen Offenbarungswerkes Jesu im Wirken der Gemeinde

Die in Joh 20,21 erfolgende Sendung der Jünger ist analog zur Sendung Jesu gedacht: „Wie mich der Vater gesandt hat, so sende auch ich euch." Damit wird deutlich, daß die nachösterliche Gemeinde, die sich im Schicksal und Wirken der Jünger wiederfindet (vgl. 3,11; 9,4; 14,12), das Werk des Gesandten fortsetzt.[41] Sie weiß sich ausdrücklich an seine Weisung gebunden. Es ist die Aufgabe der Gemeinde, ihren Herrn zu vertreten und sein Werk zur Geltung zu bringen. Wie der den Jüngern mitgeteilte Geist-Paraklet (V22) Werk und Wort Jesu nachösterlich vergegenwärtigen wird (vgl. 14,26; 15,26f.; 16,13-15), so steht auch die in V23 angesprochene Vollmacht gegenüber der Sünde in einem engen Zusammenhang mit dem Wirken des Gesandten. V21 und V23 hängen konzeptionell zusammen, insofern die Vollmacht zur Sündenvergebung und zum Sündenbehalten auf den *Gesandten Gottes* zurückgeführt wird, der als Gesandter selbst in der Vollmacht eines anderen, nämlich Gottes handelt (vgl. 13,20). D.h., Jesus als der Gesandte Gottes nimmt (1,29; s.u.) und behält Sünde (9,39-41; 15,22-24; s.u.) anstelle Gottes, weil er in Einheit mit ihm wirkt. Gleicherweise werden die Jünger als *Gesandte des Gesandten* Sünden wegnehmen und behalten in der durch Gott vermittelten Vollmacht Jesu und seiner nachösterlichen Gegenwart im Geist.[42] Sie werden dadurch die in 14,12 angekündigten „größeren Werke" vollbringen, die in Entsprechung und „Überbietung" zu den „größeren Werken" Jesu (5,20-22) als Fortsetzung und uneingeschränkte Vergegenwärtigung des rettenden und

---

[41] Die im Folgenden des öfteren benutzte Rede von der „Fortsetzung" des Wirkens Jesu durch seine bevollmächtigte Jüngerkirche soll die Kirche nicht als Christus prolongatus verstehen und auch nicht die Einmaligkeit des Christuswerkes in Frage stellen. Sie bringt vielmehr zum Ausdruck, daß das Heils- und Gerichtswirken des Gesandten gegenüber der Welt in der Gemeinde nachösterlich weiterhin zur Geltung kommt. Die das Werk Jesu nachösterlich vergegenwärtigende Größe ist der Paraklet, dessen Aufgabe deutlich im Sinn der Überlieferung, Bewahrung und Deutung der Jesustradition bestimmt wird.

[42] Zu diesem Zusammenhang von Sendungs- und Sündengedanken bei Johannes vgl. auch M. HASITSCHKA, Befreiung, 387-402; J. KREMER, Osterevangelien, 188.189f.

richtenden Wirkens Jesu zur Geltung kommen werden.[43] Dieser Zusammenhang des Jesuswerkes mit dem Werk der Gemeinde ist nicht nur durch 20,21.23 belegt, sondern wird auch durch die Einbindung von V23 in die Sündenthematik des Evangeliums gestützt.

Die Rede vom „Sünden erlassen"/„Sünden vergeben" bzw. „Sünden behalten"/„Sünden belassen" hat zunächst keine wörtliche Parallele im übrigen Evangelium.[44] Der Evangelist nimmt traditionelle Sprache auf,[45] eignet sie aber in seinem Sinn an. Welcher Art diese Aneignung ist, zeigt der Kontext des joh Sündenbegriffes.

(1) Joh 20,23 steht in einem konzeptionellen Zusammenhang mit 1,29(36).[46] Dieser legt sich durch den gemeinsamen Gedanken der Sün-

---

[43] Vgl. dazu C. DIETZFELBINGER, Die größeren Werke (Joh 14,12f.), NTS 35 (1989), 28-32. Deutlich ist, daß die „größeren Werke" Jesu in 5,20-22 auf das rettende und richtende Wirken Jesu bezogen sind. Das in Jesus offenbarte Heil und Gericht wird der Paraklet nachösterlich im Zeugnis der Gemeinde uneingeschränkt zur Geltung bringen (vgl. 15,26f.; 16,8-11). Sündenvergebung und Sündenbehalten (20,23) vermittels der glaubenden Gemeinde stehen so in Entsprechung zu den Werken Jesu (14,12). „Die Jünger 'übertreffen' Jesus noch dadurch, daß sie seinen 'größeren Werken', Lebenserweckung und Gericht, eine größere Wirkung geben - weil Jesus zum Vater geht und durch die Jünger fortwirkt" (R. SCHNACKENBURG, Komm. III, 81; vgl. ähnlich R. BULTMANN, Komm., 471f.; L. SCHENKE, Komm., 287).

[44] Als nächste sachliche Parallele wäre 1.Joh 5,16 zu erwähnen. Die Bitte für den Bruder, der nicht zum Tod sündigt und das Leben erhält, entspricht dem Vergeben der Sünden. Die Verweigerung der Fürbitte für den Todsünder entspricht der Aussage über das Festhalten der Sünden. Anders A. DAUER, Johannes, 243, der zwischen Joh 20,23 und 1.Joh 5,16 keine Beziehung sieht.

[45] Ἀφιέναι und ἄφεσις begegnen im biblischen Sprachraum häufig als Termini der Sündenvergebung (vgl. R. BULTMANN, Art. ἀφίημι κτλ., ThWNT I, 506-509; H. LEROY, Art. ἀφίημι κτλ., EWNT I, 436-441). Die Wendung κρατεῖν ἁμαρτίας (= nicht nachlassen, festhalten, zurückhalten der Sünden) ist in dieser Bedeutung im Neuen Testament einmalig (vgl. BAUER-ALAND, 911; der Sache nach Sir 28,1f.) und wird als Kontrastbildung zu ἀφιέναι ἁμαρτίας in die vorjoh Tradition Eingang gefunden haben (vgl. R.E. BROWN, Komm. II, 1024; R. BULTMANN, Komm., 537 Anm. 4; A. DAUER, Johannes, 244; zum antithetischen Gebrauch von ἀφιέναι und κρατεῖν vgl. Cant 3,4 LXX; Mk 7,8; auch Mk 1,31; Offb 2,4.13). Sie benennt das „Belassen der Sünden" (vgl. W. MICHAELIS, Art. κρατέω, ThWNT III, 911; P. V. D. OSTEN-SACKEN, Art. κρατέω, EWNT II, 778).

[46] Vgl. auch M. HASITSCHKA, Befreiung, 421; H. KOHLER, Kreuz, 170f.; N. LAZURE, Valeurs, 287 („une sorte d'inclusion"); T. ONUKI, Gemeinde und Welt, 90f.; M.R. RUIZ, Missionsgedanke, 274f. Auch R.T. FORTNA, The Fourth Gospel, 200, sieht den Zusammenhang von Joh 20,23 mit Joh 1,29, erkennt aber nur eine lockere Ähnlichkeit. Er rechnet in Joh 20,23 mit der Möglichkeit einer postjohanneischen Addition. Dafür gibt es aber keinen plausiblen Grund (s.u.).

denvergebung[47] und Geistmitteilung[48] nahe (vgl. 1,29.33 mit 20,22.23). Das Wirken Jesu und das Wirken der Jünger sind im Blick auf das Wirken des Geistes und die Befreiung von Sünde thematisch „wie ein Rahmen am Anfang und Schluß des Evangeliums" verklammert.[49] „So wie zur Sendung Jesu wesentlich das Hinwegnehmen der Sünde gehört, so gehört zur Sendung der Jünger die Sündenvergebung."[50] Die Jünger - ähnlich wie Jesus mit dem Geist Gottes bedacht - führen das Heilswerk Jesu an der Welt fort. Sie wenden ihr umfassend das Heil zu, das Jesus als Lamm Gottes durch seine einmalige Sühne am Kreuz für sie erwirkt hat. Dabei gilt es zu bedenken, daß die durch das Gotteslamm erfolgte und durch die Jünger vergegenwärtigte Beseitigung der Sünde der Welt im göttlichen Heilswillen für die Welt begründet ist (3,16f.; 4,42; 6,33.51c; 12,46f.; 17,21d.23c; vgl. 1.Joh 2,2; 4,9.14). Darum steht ähnlich wie in 9,39 (im Blick auf das Sendungswerk Jesu) die Heilsaussage gegenüber der Gerichtsaussage voran. Die Sünde kann nicht die Motivation, sondern nur der (äußere) Anlaß für das Handeln Gottes sein. Das (innere) Motiv ist die vorgängige Liebe Gottes (3,16),[51] um der Welt die in der Sünde verwirkte ζωή mitzuteilen (3,16f.; 6,51c; vgl. 12,46f.). Das entsprechende Werk Jesu und seiner Jünger ist in der Sendung Gottes begründet und legitimiert. Die durch die Jünger erfolgte Sündenvergebung steht in Entsprechung zu dem Heilswerk Jesu. Sie bewirkt eine Anteilgabe an der *Reinigung* und *Heiligung*, die die Jünger selbst durch Jesus und sein Wort erfahren haben (13,10; 15,2f.; 17,19; vgl. 1.Joh 1,7.9).[52]

Geht man von der Grundkonzeption der bleibenden Heilsabsicht Gottes aus, dann ist das Auftragswort Joh 20,23 in diesem Sinn zu interpretieren. Die nachösterliche Gemeinde wirkt als durch den Auferstandenen gesandte Offenbarungsempfängerin in Entsprechung zur göttlichen Sendung Jesu (V21). Die Heilsabsicht Gottes gegenüber dem Kosmos, die in der Sendung Jesu zur Geltung kommt, setzt sich in der Sendung der Gemeinde fort. Diese Fortsetzung wird dadurch möglich, daß der mitgeteilte

---

[47] Wortfeldmäßig besteht eine enge Analogie. Zur Synonymität von ἀφαιρεῖν und ἀφιέναι vgl. G. RÖHSER, Sünde, 61.

[48] Die Geistmitteilung in 20,22 weist auf die Rede von Jesus als Geisttäufer zurück (1,33). Vgl. M. HASITSCHKA, ebd.; R. SCHNACKENBURG, Komm. III, 388f.

[49] M. HASITSCHKA, ebd.

[50] Ebd.

[51] Vgl. dazu den Abschnitt „Gottes Liebe zur Welt (Joh 3,16)" bei K. WENGST, Bedrängte Gemeinde, 230-239.

[52] Vgl. dazu H. LEROY, Vergebung, 86-89.

Geist-Paraklet (V22) das Werk Jesu nachösterlich der Gemeinde vergegenwärtigt.

Der bleibenden Heilsabsicht Gottes gegenüber der Welt, die man als „Präponderanz des Heils" bezeichnen kann,[53] entspricht im Logion die Voranstellung der Sündenvergebung vor der Vollmacht, Sünden zu belassen.[54] Der Plural ἁμαρτίαι assoziiert nicht die Unterscheidung einzelner Tatsünden von einer Grundsünde. Joh 8,21.24 („Sterben in Sünde[n]") zeigt, daß „Sünde" und „Sünden" für Joh identisch sind.[55] Die „bösen Werke" (πονηρὰ ἔργα), die die Menschen in der Liebe zur Finsternis vollbringen (3,19-21), verdeutlichen ihre fundamentale Trennung von der (einen) Wahrheit (ἀλήθεια 3,21).[56] Insofern besteht eine deutliche Beziehung zu dem sonst überwiegend singularisch gefaßten Sündenbegriff des Joh.[57]

Das Passivum divinum ἀφέωνται[58] weist darauf hin, daß in und mit der Vergebung durch die Jünger die Vergebung durch Gott bzw. durch das

---

[53] Vgl. J. BLANK, Komm. Ia, 259; ders., Krisis, 87f.342.

[54] Vgl. K. KERTELGE, Sündenvergebung, 37; R. SCHNACKENBURG, Komm. III, 389; H. THYEN, Sündenvergebung, 248f.; U. WILCKENS, Komm., 314. Anders ist dies bei den traditionsgeschichtlichen Varianten Mt 16,19; 18,18 der Fall. Hier wird das „Binden" *vor* dem „Lösen" genannt! Ist Joh aufgrund dieser Konzeption für die gegenüber Mt 16,19; 18,18 erkennbare Umstellung der sündenvergebenden Vollmacht vor der sündenbehaltenden Vollmacht verantwortlich (so H. THYEN, Sündenvergebung, 248f.)? Diese traditionsgeschichtliche Frage ist schwer zu beantworten, da auch für Mt die Sündenvergebung leitende Motivation des gemeindlichen Verhaltens ist (Mt 18,21ff.; vgl. 6,14f.). Joh kommt die Voranstellung der Sündenvergebung aber insofern entgegen, als sie der bleibenden Heilsabsicht Gottes entspricht.

[55] Vgl. Anm. 23.

[56] Vgl. die Parallelität der Worte πονηρὰ ἔργα (3,19 Plural!) und φαῦλα (3,20 Singular!)!

[57] Die Wendung τὰς ἁμαρτίας ἀφιέναι bzw. κρατεῖν hat Joh aus der Tradition entnommen (s.o.). Sie singularisch abzuwandeln, bestand keine Notwendigkeit, da er in beiden Formen das Gleiche zum Ausdruck bringen konnte, wie Joh 8,21.24 zeigt. Der arithmetische Befund spricht freilich dafür, daß Joh die Singularform bevorzugt hat (Vgl. dazu Teil 5.2.2.).

[58] Textkritisch ist die Perfektform ἀφέωνται (vgl. Lk 7,48; von da aus in einige Hss. von Mk 2,5.9par eingedrungen) nicht sicher bezeugt. Es existieren daneben Lesarten im Präsens und Futur. Die Perfektform dürfte jedoch ursprünglich sein. Dafür spricht 1.Joh 2,12 (vgl. weiter Lk 5,20.23; 7,47.48). Auch der Vaticanus, der in erster Hand ἀφείονται bietet, könnte ein alter Zeuge für das Perfekt sein, wenn man annimmt, daß ιο für ω geschrieben worden ist. Schließlich spricht κεκράτηνται (V23b) für die Perfektform. Daß ἀφέωνται eine sekundäre Assimilation an κεκράτηνται sei, ist unwahrscheinlich. Wie die traditionsgeschichtlichen Parallelen Mt 16,19 und 18,18 zeigen, entsprechen sich die Zeitformen an dieser Stelle in der Protasis und der Apodosis [Mt 16,19: ἔσται δεδεμένον (v.l. δεδεμένα); ἔσται λελυμένον (v.l. λελυμένα); Mt 18,18: ἔσται δεδεμένα; ἔσται λελυμένα). Für eine Veränderung dieses zeitlichen Zusammen-

Lamm gewährt wird. Die geisterfüllte Jüngerkirche verkündigt mit Autorität, was im Himmel bereits beschlossen ist.[59] So wie in der Aufnahme der durch Jesus gesandten Jünger die Aufnahme Jesu und Gottes selbst sich ereignet (vgl. 13,20), so wird auch in der durch die Jünger erwirkten Vergebung die Vergebung durch Jesus und Gott selbst empfangen.[60] Das Heilswerk Gottes, Jesu und der Jünger stehen in engem Zusammenhang. Dabei wird durch die Perfektform zum Ausdruck gebracht, daß die Vergebung durch Jesu Tod bereits definitiv erfolgt ist (Joh 1,29; vgl. 1.Joh 2,2; 3,5; 4,10.14). „So muß man den Sündennachlaß durch die Jünger als die Zuwendung des Heils verstehen, das Jesus beschafft hat."[61] Die Menschen werden in die durch den Tod Jesu erfolgte Vergebung eingeschlossen.

Aus diesen Beobachtungen ergibt sich zunächst folgende Schlußfolgerung: Die nachösterliche Gemeinde setzt das durch das Gotteslamm bewirkte Heil für die Welt (1,29) fort, indem sie im Auftrag des Auferstandenen an der Welt sündenvergebend handelt (20,23).[62] In diesem Handeln vergegenwärtigt sie die in der Sendung Jesu erkennbare „Präponderanz des Heils", die Gott der Welt gegenüber walten läßt. Die sündige Welt stellt sich ihr weiterhin als Aufgabe dar. „Das besagt ..., daß Gottes Offenbarung trotz ihrer einmaligen Vollendung im Kreuz als immer neu wiederholtes Angebot in die Welt kommt, dabei aber, ständig mit sich selbst identisch bleibend, ein und dieselbe Offenbarung ist. *Diesem eschatologischen 'Immer-Wieder' des Kommens ein und derselben Offenbarung Gottes soll die bevollmächtigte Sendung und Verkündigung der johanneischen Gemeinde dienen.*"[63]

(2) Die Rede vom Belassen-Behalten-Festhalten der Sünden (κρατεῖν τὰς ἁμαρτίας) zielt auf einen anderen Aspekt, der mit dem Werk Jesu an der Welt in konzeptionellem Zusammenhang steht. Wie Jesus die sündige Welt gerichtet hat, so setzt die Gemeinde dieses bereits definitiv beschlossene Gericht[64] fort, indem sie im Auftrag des Auferstandenen dieses Gericht vor der sich weiter verweigernden Welt zur Geltung bringt.[65] Die

---

hanges bei Joh gibt es keinen Grund. - Zur Diskussion um das textgeschichtliche Problem vgl. M. HASITSCHKA, Befreiung, 402-404; B.M. METZGER, Textual Commentary, 255.

[59] L. MORRIS, Gospel, 749f.

[60] Vgl. M. HASITSCHKA, Befreiung, 410.420.

[61] R. SCHNACKENBURG, Komm. III, 389.

[62] Vgl. hierzu die Auslegung bei T. ONUKI, Gemeinde und Welt, 85-93.

[63] T. ONUKI, a.a.O., 92f. (Hervorhebung T.O.).

[64] Beachte das Perfekt κεκράτηνται!

[65] Das Logion Joh 20,23 impliziert, daß sich die Welt erneut der Zeugnisablegung durch die Gemeinde verweigern wird. „Ihre Erfahrung dieser Ablehnung ist es, die in

Vollmacht zum *Belassen-Behalten-Festhalten der Sünde* ist somit ein fortgesetztes Zur-Geltung-Bringen des in Jesus einmalig und definitiv beschlossenen Gerichtes über die ungläubige Welt (vgl. 3,19; 5,27; 9,39-41; 12,31; 14,30; 15,22-24; 16,8-11).[66] Sie unterstreicht „die Verbindlichkeit des vollmächtigen Handelns der Jünger im Blick auf die mögliche Unbußfertigkeit des Sünders".[67] Diese Vollmacht der Jünger entspricht dem durch Jesus über die Welt verhängten Gerichtsurteil vom *„Bleiben der Sünde"* (9,41) bzw. vom *„Haben der Sünde"* (15,22.24; 19,11)[68] und damit dem im Unglauben bereits erfolgten Gericht (3,18; 12,48), das sich als „Bleiben" des Zornes Gottes äußert (3,36). Das Gerichtsurteil wird durch die richterliche Vollmacht des Geistes, der im Zeugnis der Gemeinde gegenwärtig ist (15,26f.), als *Überführung der Sünde* fortgesetzt (16,8f.).[69] Insofern ist es zwar in Jesus definitiv und einmalig beschlossen, kommt aber immer wieder neu im entsprechenden Gerichtsurteil der Gemeinde als *Überführen-Belassen-Behalten-Festhalten der Sünde* mit der Konsequenz des *Bleibens und Habens der Sünde* zur Geltung. Wer sich dem vergebenden Angebot der Jünger Jesu verweigert, verschließt sich zugleich Gott selbst und stellt sich bleibend unter den Zorn Gottes (3,18.36). Damit wird deutlich, daß die *richterliche* Tätigkeit des Offenbarers in der *richterlichen* Vollmacht der Gemeinde weiterwirkt. Der Rechtsstreit Jesu mit der Welt setzt sich im Rechtsstreit der Gemeinde mit der Welt fort, zumal die Gemeinde die gleiche Ablehnung erfahren wird wie Jesus selbst (vgl. 15,18ff.). Joh 20,23 enthält daher einen juristisch geprägten Sündenbegriff, wie auch sonst im Johannesevangelium zu beobachten ist (vgl. zu 1,29; 7,18; 8,22.24.34.46; 9,39-41; 15,22-24; 16,8-11; 19,11).

3,11 anachronistisch zu Wort kommt. Das heißt: Der Unglaube des zeitgenössischen Judentums angesichts der johanneischen Verkündigung wird verstanden als Wiederholung der Ablehnung zur Zeit Jesu" (T. ONUKI, a.a.O., 92).

[66] Vgl. ähnlich J. BOGART, Perfectionism, 54; R.E. BROWN, Komm. II, 1042f.; R. BULTMANN, Komm., 537 („In der Wirksamkeit der Jünger wird sich also das Gericht, das sich im Kommen Jesu in die Welt ereignete [3,19; 5,27; 9,39], weiter vollziehen"); M. DE JONGE, The Fourth Gospel, 5; H. LEROY, Vergebung, 92f.

[67] K. KERTELGE, Sündenvergebung, 37.

[68] Die Analyse von Joh 9,41 (vgl. Teil 3.3.3.5) und Joh 15,22.24 (vgl. Teil 6.2.) hatte ergeben, daß an diesen Stellen die richterliche Vollmacht Jesu gegenüber der Sünde zum Tragen kommt.

[69] Auf den Zusammenhang des ἐλέγχειν des Geistes in 16,8-11 und der entsprechenden Vollmacht der Jünger in 20,23 machen C.K. BARRETT, Komm., 547, und R. BULTMANN, Komm., 537, aufmerksam. Vgl. auch C. HOEGEN-ROHLS, Johannes, 294: „Die Bevollmächtigung der Jünger durch den Geist enthält ... die Komponente, daß sie die elenchtische Funktion des Parakleten realisieren."

Diese Interpretation ist gegen die Auffassung einzubringen, daß das Wort vom Zurück-halten der Sünden „aus dem Bezugsrahmen der joh Theologie" fällt, da es ein „aktives Interesse am Vorenthalten der Liebe zum Ausdruck" bringe.[70] Liebe und Gericht könn-ten nicht in einem Zuge gedacht werden. Jedoch ist diese vermeintliche Antithese der spezifisch joh Ausdruck der Sendungschristologie. Gottes Liebe kommt in der Sendung seines Sohnes zur Geltung. Dem Unglauben offenbart der Gesandte das Gericht (3,16ff.). Dabei wird vorausgesetzt, daß die Liebe Gottes auch der ungläubigen Welt offensteht, um ihr die Möglichkeit der Rettung zu gewähren. Andernfalls gäbe es für Johannes kei-nen Zugang der Heiden zum Heil.[71] Zudem entspricht der bleibenden Liebe Gottes ge-genüber der Welt die Präponderanz der Sünden*vergebung* vor dem Sündenbehalten (20,23).[72] Es gilt zwar, daß die Welt gerichtet ist und auch bleibt (Perfekt κεκράτηνται), aber nur, sofern sie sich im Unglauben dem Angebot des Heils weiterhin verweigert. Nur insofern ist sie eine feindliche Gegenmacht Gottes. Darauf ist die Welt aber nicht per se festgelegt. Sie bleibt der im Wirkungsbereich des Logos umgrenzte Raum des Heils, in welchem das Licht „jeden Menschen" (πάντα ἄνϑρωπον) erleuchtet (1,9f.). In diesem Sinn ist die Sendung der joh Gemeinde als „werbender Dauerkampf mit der ungläubigen, gerichteten Welt" zu verstehen.[73]

Anhand dieser Beobachtungen wird deutlich, warum Johannes ein ekkle-siologisches Auftragswort aufgenommen hat, das sich auf die *Sünde(n)* der Welt bezieht. Zwei joh Anliegen sind zu berücksichtigen: das in Jesus be-wirkte definitive Gericht über die Welt und die bleibende Heilsabsicht für die Welt. Der ekklesiologische Auftrag ist christologisch begründet. Er erhält seine Notwendigkeit und Legitimation durch das Ereignis, das sich zwischen Offenbarer und Welt abgespielt hat. Im Auftrag des Auferstan-denen wird dieses Ereignis erneut vergegenwärtigt. Heil und Gericht set-zen sich fort im Wirken der Gemeinde gegenüber der Welt. Zwar sind Heil und Gericht definitiv beschlossen im Gekommensein des Offenbarers. Die Geschichte dieses Beschlossenseins ist aber weiterhin *offen:* Die Welt ist

---

[70] H. KOHLER, Kreuz, 172.

[71] Zur Frage der Heiden und Heidenmission im Johannesevangelium vgl. J. FREY, Heiden, 228-268; M. HENGEL, Frage, 298-306; T. OKURE, Mission, 292; M.R. RUIZ, Missionsgedanke, 36.73-162; R. SCHNACKENBURG, Missionsgedanke, 66ff.; U. SCHNEL-LE, Ekklesiologie, 40-43. Das Johannesevangelium ist freilich im Unterschied zum Mat-thäusevangelium keine „Missionsschrift". Es dient der Selbstvergewisserung der Ge-meinde, wie der Epilog Joh 20,31 zeigt. Es verfolgt jedoch eine gegenüber Heiden offe-ne Tendenz (vgl. Joh 4 im Blick auf die Samaritaner als „halbe Heiden"; 7,35; 10,16; 11,52; 12,20-22; 17,20). Zur Mission im Joh vgl. jetzt J. NISSEN, Mission, 213-231.

[72] Eine andere von Kohler, ebd., angeführte Deutung versteht das κρατεῖν ab-schwächend im Sinne eines „dem anderen etwas schuldig bleiben". Sündenvergebung gelingt nicht immer. Erst durch diese Ohnmacht käme es zum Festhalten der Sünden. Aber diese Deutung scheitert schon daran, daß κρατεῖν in dem vorausgesetzten Ver-ständnis nicht belegt ist (vgl. BAUER-ALAND, 910f.).

[73] T. ONUKI, Gemeinde und Welt, 180.

nicht auf die Verlorenheit in ihrer Sünde festgelegt.[74] Es bleibt ihr die Möglichkeit, aus dem Gericht aufzubrechen.[75] Daß diese Möglichkeit jedoch erst *möglich* werden kann, ist einerseits in dem bleibenden Heilswerk und der bleibenden Heilsabsicht des Offenbarers begründet, zum anderen durch das nachösterliche Wirken der Gemeinde offengehalten und fortgesetzt. Insofern ist in Joh 20,23 das Moment des definitiven Gerichtes nicht dominant. Das Vergeben der Sünden, das zuerst (!) benannt wird, entspricht der positiven Heilsabsicht des Jesusereignisses (1,29; 3,16f.; 4,42; 6,51c; 12,47).

(3) Der oben angesprochene juristische Kontext des Sündenbegriffs im Joh ist nicht nur aufgrund des vorausgesetzten Rechtsstreites Jesu mit der Welt nahegelegt, sondern auch durch das darin zur Geltung kommende *Recht Gottes*. So wie Gott im Sohn seinen Rechtsanspruch auf die sündige Welt erhebt, um sie zu retten (3,17), obwohl sie sich von dem im Logos offenbarenden Licht des Schöpfers abgewandt hat (1,4), so bringen die Jünger sündenvergebend und sündenbehaltend das Recht Gottes an seiner Stelle bzw. anstelle seines Sohnes weiterhin vor der Welt zur Geltung.[76] Gott, dessen *Recht* die Vergebung der Sünden ist, um dadurch eine „neue Schöpfung" zu ermöglichen (vgl. Ex 34,6f.; Num 14,18; Jes 40,2; 43,25; 44,22; 53,4f.; Jer 31,31; Ez 36,25ff.), läßt sein Recht in Jesus Christus offenbar werden (vgl. Mk 2,1-12; Lk 7,36ff.; Röm 3,21ff. u.ö.). Dieser wiederum gibt dieses vollmächtige Recht seinen Jüngern weiter (Joh

---

[74] Vgl. hierzu T. ONUKI, Gemeinde und Welt, 178-182, der im Blick auf den joh Weltbegriff von Joh 17 gegen Käsemanns gnostische Deutung einwendet: Die Welt ist zwar gerichtet, aber nicht verloren. Sie bleibt Gegenstand der heilsamen Zuwendung (17,18.21d.23c; vgl. 3,16; 6,33.51; 8,12; 12,46; 20,22f.) trotz der (nachösterlichen) Erfahrung weiter erfolgender Ablehnung (17,25; 20,23). In diesem Sinn versteht Johannes den Auftrag der Jünger-Gemeinde - und das ganz ungnostisch - nicht als Entzug aus der Welt (17,15: „Ich bitte nicht, daß du sie aus der Welt nimmst, sondern daß du sie vor dem Bösen bewahrst"), sondern als *Sendung in die Welt* (17,18). Insofern ist dem Evangelisten Johannes ein differenziertes Verständnis der Welt zuzugestehen. Sie ist (aufgrund ihres Unglaubens) im Kreuz gerichtet, bleibt aber weiterhin Gegenstand der heilsamen Zuwendung Gottes. Dies ist hier gegen die Deutung des Johannesevangeliums durch P. V. D. OSTEN-SACKEN, Leistung, 173-176, einzuwenden, der Johannes ein „gebrochenes Verhältnis zur Wirklichkeit" attestiert (173) und darin (gegenüber Paulus) einen Verlust an positivem Weltbezug (d.h. „christlicher Solidarität" für die Welt [175]) erkennt. Vgl. dagegen zum joh Welt-Begriff A. LINDEMANN, Gemeinde und Welt, 133-161; T. ONUKI, Gemeinde und Welt, passim, und W. WIEFEL, Scheidung, 222f.

[75] Insofern ist die Deutung von κρατεῖν = „ausdrückliches *Festlegen* des Menschen auf seine Sünde" (M. HASITSCHKA, Befreiung, 408; Hervorhebung R.M.) nicht zutreffend.

[76] Zu diesem Aspekt des in der Sündenvergebung wirkenden Gottesrechtes vgl. K. KERTELGE, Sündenvergebung, 27-44.

20,23; vgl. Mt 18,21ff.; Lk 24,47 u.ö.). Durch ihn wird das Rechtsurteil Gottes über die Welt offenbar (1,29), indem er ins Recht (16,10), die sündige Welt aber ins Unrecht versetzt wird.[77] Die Gemeinde trägt dieses Rechtsurteil Gottes durch Vergebung oder Behalten der Sünde weiter.

(4) Schließlich ist noch ein vierter Faktor zu bedenken. Das Logion Joh 20,23 hat einen personal-universalen Bezug. Es geht um die Sünden einzelner Menschen, die vergeben oder belassen werden können (ἄν τινων; vgl. dagegen das neutrische ὃ ἐάν bzw. ὅσα ἐάν in Mt 16,19; 18,18). Dabei ist weder eine Einschränkung auf die Taufe noch auf die (postbaptismalen) Sünden von Christen (= Buße) zu erkennen.[78] Ebensowenig ist an einen bestimmten innergemeindlichen Trägerkreis gedacht, der mit der Vollmacht zur Sündenvergebung und -festhaltung beauftragt wird (Amtsträger).[79] Das Logion bezieht sich auf die Vollmacht der gesamten nachösterlichen Gemeinde, deren Glieder durch den Parakleten den

---

[77] Vgl. Joh 7,18: In Jesus ist kein „Unrecht" (ἀδικία). „Jede ἀδικία ist Sünde" (1.Joh 5,17; vgl. 1,9).

[78] So z.B. R.E. BROWN, Komm. II, 1041f.44; (vorsichtig) G.R. BEASLEY-MURRAY, John, 384; J.T. FORESTELL, Word, 157; K. KERTELGE, Sündenvergebung, 39; J. KREMER, Osterevangelien, 190; B. SCHWANK, Komm., 485. Anders E.C. HOSKYNS, Komm., 545. Vgl. die Diskussion in der kirchlichen Auslegung bei R. SCHNACKENBURG, Komm. III, 388. F. PORSCH, Pneuma, 359-363, möchte aufgrund der (traditionellen) Pluralformulierung „die Sünden", die sich vom sonstigen singularischen Gebrauch des Sündenbegriffs im Blick auf den Unglauben der Welt abhebt (5,14; 9,2f.34 werden der Tradition zugewiesen), und einiger Aussagen des 1.Joh, die sich auf postbaptismale Sünden der Christen beziehen (1,8-10; 2,12.15-17; 5,16a), Joh 20,23 innergemeindlich interpretieren („innergemeindliche Disziplinargewalt" a.a.O., 363 Anm. 109). Für diese Eingrenzung gibt es aber keinen hinreichenden Grund. Abgesehen davon, daß der Evangelist mit der Pluralformulierung auch die eine Sünde des Unglaubens der Welt ansprechen kann (vgl. den Promiscue-Gebrauch in 8,21.24; 1.Joh 3,4-6), ist die durch Christus bewirkte Vergebung der Sünden (!) der Welt auch im 1.Joh im Blick (2,1f.; 3,4-6.8). Das Verständnis von Joh 20,23 ist durch den Zusammenhang mit 1,29 („Sünde der Welt") und anderen joh Sündenaussagen wie 9,39-41; 15,22-24; 16,8-11 vorgezeichnet (s.o.). Die Auskunft, daß es sich in 20,23 nicht um die „joh Sünde par excellence" (wie in 16,8f.) handle, „da man bei dieser Sünde wenig sinnvoll von einem Nachlassen oder Behalten sprechen kann" (a.a.O., 357), ist wenig überzeugend, denn in 1,29 wird gerade von dieser „Sünde par excellence" als einer durch das Christus-Lamm vergebenen Sünde der Welt gesprochen. Ein (wenn auch nur impliziter) Bezug von 20,23 auf postbaptismale Sünden der Christen ist jedoch nicht gänzlich auszuschließen (vgl. dazu Teil 9.2.2.1.[15]).

[79] Gegen G.R. BEASLEY-MURRAY, John, 384; H. GRASS, Ostergeschehen und Osterberichte, 67f.; E. KÄSEMANN, Wille, 68; mit J. BLANK, Komm. 3, 180f.; C. DIETZFELBINGER, Osterglaube, 37; L. MORRIS, Gospel, 749; J. ROLOFF, Kirche, 297; L. SCHENKE, Komm., 378f.; S. SCHULZ, Komm., 245 u.a.

direkten Zugang zur Wahrheit empfangen haben (16,13).[80] Der Adressat ihrer sündenvergebenden und sündenbehaltenden Vollmacht ist unbestimmt und ohne Einschränkung genannt (ἄν τινων). Es sind also sowohl Christen wie Nichtchristen bedacht. Freilich wird vom Sendungsauftrag in V21 her deutlich, daß Johannes primär an den Kosmos denkt,[81] denn dieser ist der Ort der Sendung der Gemeinde (vgl. 17,18!).[82] Die universale Ausrichtung des Logions legt sich auch durch den konzeptionellen Zusammenhang mit 1,29 nahe, wonach der Kosmos Ort des sündenvergebenden Wirkens des Gotteslammes ist (s.o.). Es handelt sich aber nicht um den Kosmos, sofern er nur summarisch-unbestimmt „alle und jeden Menschen" umfaßt,[83] sondern um den Kosmos, sofern er in die Entscheidung gerufen wird und im Geist-Zeugnis der joh Gemeinde mit Jesus Christus konfrontiert wird (15,26f.; 16,8-11). Die in Jesus bereits gerichtete Welt wird nachösterlich erneut in die Entscheidungssituation gestellt.[84] Erfahrungen wiederholter Ablehnung, aber auch des Zum-Glauben-Kommens

---

[80] „Es geht ... um die bevollmächtigte Sendung der *gesamten* johanneischen Gemeinde in die Welt. Mit der 2. Pers. Pl. von V.21-23 werden alle Mitglieder dieser Gemeinde angeredet, von denen sich jeder als bevollmächtigter Gottgesandter verstehen soll (13,20: ἄν τινα!). *Die so in die Welt gesandte johanneische Gemeinde ist gleichsam als ganze das Amt für die Vergebung und Festhaltung der Sünden der Welt"* (T. ONUKI, Gemeinde und Welt, 90; Hervorhebung T.O.). - Problematisch ist die Annahme, daß „Sündenvergebung mit und in der Kirche *institutionalisiert"* wird (K. KERTELGE, Sündenvergebung, 39; Hervorhebung K.K.). Von einer „'Verwaltung der Heilsmittel' durch die Kirche" (a.a.O., 44) kann in Joh 20,23 keine Rede sein. Kertelge trägt spätere kirchenrechtliche Tendenzen in das 4. Evangelium ein.

[81] Das Problem postbaptismaler Sünde beschäftigt vor allem den 1. Johannesbrief. Im Evangelium erscheint es nur am Rande, z.B. dort, wo es um die Reinheit und Heiligkeit der Gemeinde und ein daraus resultierendes Leben geht (Joh 15,1-8; vgl. 13,6-11). - W. SCHMITHALS, Johannesevangelium, 413, erkennt in 20,23 einen Konflikt zwischen rechtgläubigen Christen und dualistischen Irrlehrern, die Sünde und Sündenvergebung leugnen. Aber für solch einen Konflikt gibt es hier keinen Hinweis. Er wird im 1. Johannesbrief ausgetragen.

[82] Gegen J. BECKER, Komm. II, 736, der 20,21 von 17,18 (= „Kirchliche Redaktion") abheben will und 20,21 „stillschweigend gemeindebezogen" versteht. Abgesehen vom hypothetischen Charakter der Annahme einer „Kirchlichen Redaktion" enthält V23 eine über die Gemeinde hinausgehende Perspektive. Dies legt sich auch dann nahe, wenn man bedenkt, daß Johannes an dem konzeptionellen Zusammenhang zwischen V23 (Sündenvergebung) und V21 (Sendung [in die Welt]) gelegen ist, während der Zusammenhang zwischen Geistverleihung und Sündenvergebung schon traditionell vorgegeben ist (s.o.).

[83] So T. ONUKI, a.a.O, 90.

[84] Vgl. R. BULTMANN Komm., 390; T. ONUKI, a.a.O., 91.

spiegeln sich in diesem Auftragswort wider.[85] Die joh Gemeinde sieht sich „durch den Auferstandenen immer neu dazu *beauftragt*, gerade aus der gerichteten Welt neue Glieder zu gewinnen."[86] So setzt sich die Begegnung Jesu mit der Welt in der Begegnung der Gemeinde mit der Welt fort. Wie die Konfrontation des Gotteslammes mit der Welt das Heil der (von Gott gewollten) Welt zum *Ziel* hat (1,29), so stellt sich der Gemeinde die Welt weiterhin als Aufgabe dar, den bleibenden Heilswillen Gottes in Jesus per Sündenvergebung für die Welt zur Geltung zu bringen. Andererseits: Wie das Gericht Gottes in Jesus über die ungläubige Welt *de facto* definitiv ergangen ist (3,19; 9,39), so bringt die Gemeinde in ihrem Zeugnis das in Jesus offenbarte Gericht per Sündenbehalten weiterhin zur Geltung. Das Zeugnis der Gemeinde ist das durch den Parakleten vergegenwärtigte und prolongierte Christuszeugnis (15,26f.), in dem die Welt bleibend mit Jesus konfrontiert bleibt.[87] Die vom Geist geführte Jüngergemeinde setzt das sündenvergebende und sündenbehaltende Werk Jesu in der Welt fort.[88]

Angesichts dieser Deutung von Joh 20,23 wirkt die These abwegig, daß das Logion nicht in die johanneische Botschaft hinein gehört. E. Haenchen[89] begründet diese Sicht: Für Johannes „entscheidet nicht der Willensentschluß des Menschen, sich in die Jüngerschar Jesu einzugliedern. Keiner kann von sich aus das Wort Jesu und seiner Boten als Gottes

---

[85] Hier sind die Belege zu vergleichen, in denen anachronistisch von Ablehnung (vgl. 3,11) und Annahme des Glaubens (vgl. 12,42; 15,20ef mit 8,51) die Rede ist. M. HASITSCHKA, Befreiung, 409, spricht im Blick auf die Ablehnung des Glaubens von einer „Respektierung der Freiheit und der freien Entscheidung des Adressaten der Vergebung", der sich für die Vergebung nicht empfänglich zeigt. Jedoch: Die Verweigerung gegenüber dem Angebot der Rettung kann der Glaube nicht „respektieren". Die Jünger setzen das in Jesus bereits rechtskräftige Urteil über die im Unglauben verharrende Welt fort. Das ist mit der Wendung „κρατεῖν τὰς ἁμαρτίας" gemeint. Dabei muß bedacht werden, daß dieses Urteil nur der Spiegel der ablehnenden Haltung der Welt ist, die für das „Bleiben in der Sünde" selbst verantwortlich ist. Das Angebot der Rettung bleibt weiterhin offen, wie die Voranstellung der Sündenvergebung vor dem Sündenbehalten in 20,23 deutlich macht. Damit kommt zum Ausdruck, daß das Heilswerk Jesu gegenüber der Welt (3,17; 12,47 u.ö.) bleibend fortgeführt wird, daß die Jünger aber auch die Ablehnung dieses Heilswerkes weiterhin erfahren werden (können). Insofern werden sich die Adressaten der Jüngersendung sowohl für als auch gegen das Jüngerwerk entscheiden (können). Frei im Sinn der durch den Sohn erwirkten Freiheit kann die Entscheidung gegen das Jüngerwerk aber nicht sein, da sich in dieser Entscheidung des Unglaubens die Knechtschaft der Sünde kundtut (8,31ff.).

[86] T. ONUKI, a.a.O., 91f. (Hervorhebung T. O.).

[87] Vgl. ähnlich D.A. CARSON, Gospel, 656.

[88] Ähnlich F.J. MOLONEY, Komm., 533; H. RIDDERBOS, Komm., 642f.644; L. SCHENKE, Komm., 378.

[89] Komm., 572f.

Zuspruch vernehmen..." Von solch einem (eigenmächtigen) „Willensentschluß des Menschen" ist in dem Logion jedoch keine Rede. Die Jüngergemeinde handelt im Auftrag des Auferstandenen, der sie zur Erfüllung ihrer Aufgabe sendet. Über eine legitime oder illegitime Art der Rezeption dieses Auftrags bei den Menschen gibt das Wort keine Auskunft. Ein vermeintlicher, jedoch nicht nachzuweisender Pelagianismus kann kaum dazu berechtigen, das Wort aus der joh Botschaft zu streichen und es auf das Konto eines ominösen „Ergänzers" zu setzen. - Gleichfalls unangemessen scheint mir auch die Rede von einer Glaubensdisposition. Nach M. Hasitschka[90] könne man aufgrund der antithetischen Stellung der Verben ἀφίημι und κρατέω annehmen, „daß Sündenvergebung Aufnahmebereitschaft und eine entsprechende Disposition beim Empfänger voraussetzt ...". Vergebung soll nicht „billig" angeboten werden, „sondern ist auch an bestimmte Voraussetzungen geknüpft" (ebd.). Der Verf. bringt das katholische Verständnis der Glaubensdisposition ein. Das läßt sich für Joh jedoch wenig wahrscheinlich machen. Es werden keine anthropologischen Voraussetzungen für die Sündenvergebung genannt.[91] Geht man von der - auch von Hasitschka erkannten - Bezogenheit von 20,23 auf 1,29 aus, dann vollziehen die Jünger im Auftrag des Herrn und in Fortsetzung seines Heilswerkes ebenso bedingungslos das Heilswerk der Sündenvergebung wie ihr Herr selbst. Es geht Johannes um die Vollmacht der Jünger zur Sündenvergebung (bzw. zum Sündenbehalten), nicht aber um deren fragliche „Voraussetzungen".[92]

8.4. Zusammenfassung

Das ekklesiologische Auftragswort Joh 20,23 will im Sinn der Fortsetzung und Zur-Geltung-Bringung des in Jesus der Welt gegenüber einmalig und definitiv erfolgten Offenbarungsgeschehens, sofern es sich auf Heil und Gericht bezieht, verstanden werden. Insofern steht es in einem konzeptionellen Zusammenhang mit dem übrigen Corpus des Evangeliums, in dem dieses Offenbarungsgeschehen entfaltet wird. Dieser Zusammenhang ist auch für den *Sündenbegriff* gültig. Ein sachlicher Unterschied zwischen dem Plural (die Sünden) und dem Singular (die Sünde) ist nicht festzustellen (vgl. 8,21.24). Die der Gemeinde mitgeteilte Vollmacht zur Sündenvergebung entspricht der in Jesus zur Geltung gebrachten Prärogative

---

[90] Befreiung, 408.

[91] Zu diesen anthropologischen Voraussetzungen gehört nicht der Glaube selbst, da er nach dem Johannesevangelium ein Werk Gottes ist (Joh 6,29; vgl. 14,12). Der Glaube ist daher keine „Voraussetzung" für die Sündenvergebung, sondern das dem göttlichen Rettungsangebot entsprechende Werk Gottes.

[92] Entgegen der Intention von Joh 1,29, wo von einem von seiten des Menschen voraussetzunglosen Heilswerk Jesu als Lamm Gottes die Rede ist - eine glaubende oder abweisende Reaktion der Menschen wird in dem Täuferzeugnis 1,29-34 nicht erwähnt -, formuliert HASITSCHKA: „Gottes versöhnende Initiative kann ihr Ziel *nur* erreichen, wenn von seiten des Menschen eine entsprechende Disposition dafür vorhanden ist" (a.a.O., 409 Anm. 59; Hervorhebung R.M.). Ist „Gottes versöhnende Initiative" so schwach, daß sie einer Disposition des Menschen bedarf, um wirksam zu werden?

der Heilsabsicht Gottes gegenüber der Welt (1,29; vgl. 3,16f.; 4,42; 6,33. 51c; 9,39c; 12,46f.; 17,21d.23c; 1.Joh 2,2; 4,9.14). Die Gemeinde wendet umfassend das Heil zu, das Jesus nach Joh 1,29 durch seine einmalige Sühne am Kreuz für die Welt erwirkt hat. Die Vollmacht zum Belassen-Behalten-Festhalten der Sünde entspricht dem in Jesus definitiv erwirkten Gericht über die sündige Welt (9,39-41; 12,31; 14,30; 15,22-24; 16,8-11). Dabei hat die ekklesiologisch gefaßte Rede vom *Überführen-Belassen-Behalten-Festhalten der Sünde* eine sachliche Entsprechung in der christologisch orientierten Rede vom *Bleiben* und *Haben der Sünde* (9,41; 15,22.24; 19,11). Da sich hier das richterliche Urteil Jesu über die Welt bekundet, steht Joh 20,23 in engem Zusammenhang mit dem juristisch geprägten Sündenbegriff des übrigen Evangeliums (vgl. zu 1,29; 7,18; 8,22.24.34.46; 9,39-41; 15,22-24; 16,8-11; 19,11). So setzt sich der *Rechtsstreit* Jesu mit der Welt im Rechtsstreit der Gemeinde mit der Welt fort. Dabei wird deutlich, daß die sündenvergebende und sündenbehaltende Vollmacht der Gemeinde das im Gotteslamm geoffenbarte *Recht Gottes*, das die Sünde ins Unrecht versetzt, vor der Welt zur Geltung bringt. Das in der nachösterlichen Gemeinde bewirkte Geschehen von Heil und Gericht steht in Entsprechung zum vorösterlichen Werk Jesu. Die Jünger Jesu vertreten ihren Herrn. Sie vollbringen die „größeren Werke" von Heil und Gericht in der Vollmacht des Auferstandenen. Sie geben den entsprechenden „größeren Werken" Jesu eine größere Wirkung, indem sie sie uneingeschränkt in der nachösterlichen Verkündigung einbringen (vgl. 5,20-22 mit 14,12f.).

9. Der theologische Standort des Johannesevangeliums

Nachdem der Sündenbegriff des Johannesevangeliums anhand der einschlägigen Belege untersucht worden ist, gilt es, den theologischen Standort des Johannesevangeliums einzugrenzen. Daß die theologiegeschichtliche Stellung des 4. Evangeliums aus diesem spezifischen Blickwinkel nicht umfassend geklärt werden kann, dürfte selbstverständlich sein. Einige wichtige Einsichten können jedoch formuliert werden. Hier ist zum einen die Stellung innerhalb der johanneischen Literatur zu berücksichtigen. Vor allem der *1. Johannesbrief* mit seinem ausgeprägten Sündenverständnis muß bedacht werden. Deutliche Parallelen, aber auch Unterschiede zum Johannesevangelium erfordern eine Erklärung. Zu fragen ist, ob der am Sündenbegriff orientierte Vergleich beider Schriften Schlußfolgerungen für den literarischen und theologiegeschichtlichen Standort des Evangeliums innerhalb der johanneischen Literatur zuläßt. Zum anderen ist die deutliche Nähe des Johannesevangeliums zum Sündenverständnis des *Paulus* auffällig. Wenn es Verbindungen zur paulinischen Literatur gibt, dann ist der theologiegeschichtliche Standort des Paulus und des 4. Evangelisten zu klären.

Die *Johannesapokalypse*, die man in der Regel der joh Schule zurechnet (vgl. Teil 9.2.1.), kann an dieser Stelle zurückgestellt werden. Der Begriff ἁμαρτία begegnet nur in 1,5 und 18,4f. Er bezieht sich auf einzelne Sündentaten (ἁμαρτία nur im Plural). Eine eigene hamartiologische Konzeption ist im Unterschied zu Joh, 1.Joh und Paulus nicht zu erkennen. Der Verf. bewegt sich im Rahmen traditioneller Diktion und Motivik. Insofern ist sein Sündenbegriff mit dem theologisch profilierten Sündenbegriff im Joh, 1.Joh und in den Paulusbriefen nicht zu vergleichen. Die Doxologie 1,5b.6 bedient sich formelhafter Wendungen, die in Zusammenhänge des durch die Taufe vermittelten Heils weisen:[1] „Der uns liebt" erinnert an Gal 2,20; Eph 1,6; 2,4ff.; 5,25ff. „(Der) uns erlöst hat von unseren Sünden durch sein Blut" steht Kol 1,13f.; Eph 1,7.13f.; Hebr 9,15 nahe: Der Getaufte ist durch das Blut Christi von den begangenen Übertretungen befreit. Λύειν (in Verbindung mit ἁμαρτία auch Hi 42,9; Sir 28,2; Jes 40,2, aber nicht im NT) vertritt etwa das paulinische ἐξαγοράζειν (1.Kor 6,20; 7,23; Gal 3,13; 4,5) oder ἀπολύτρωσις (Röm 3,24; 8,23; 1.Kor 1,30). Die „Bestellung zur Königsherrschaft und zu Priestern" erinnert an die Parallele 1.Petr 2,9. Auch hier weist der Kontext (vgl. 1,23;

---

[1] Vgl. P. V.D. OSTEN-SACKEN, „Christologie, Taufe, Homologie". Ein Beitrag zu ApcJoh 1,5f., ZNW 58 (1967), 255-266, U.B. MÜLLER, Offenbarung, 74f.

2,1f.; 2,9fin.10) auf Taufsprache hin. - Apk 18,4f. formuliert den Aufruf des himmlischen Engels (vgl. 18,1f.) an das Gottesvolk, Babylon zu verlassen. Die Mahnung hat ihr Vorbild in prophetischen Aussagen wie Jer 50,8; 51,6.45; Jes 48,20; ApcBar(syr) 2,1. Die Sünden Babylons, von denen sich die Adressaten fernhalten sollen, sind in 18,2f. benannt. Es handelt sich um die πορνεία, an der alle Völker, Könige und Kaufleute teilgenommen haben (vgl. 18,9ff.). Unzucht (πορνεία) ist ein traditioneller Topos der Sünde (vgl. Mk 7,21f.; Mt 15,19; Röm 1,29f.; 1.Kor 5; 6,12ff.; 2.Kor 12,21; Gal 5,19-21; 1.Thess 4,3-5; Eph 5,3-5; Kol 3,5; Jud 7; ApkJoh 9,21). Zur Rede vom Auftürmen der Sünden bis zum Himmel vgl. Gen 18,20; Jer 51,9.

9.1. Das Johannesevangelium und der 1. Johannesbrief

Ein ausgeprägtes Sündenverständnis begegnet innerhalb der johanneischen Schule außer im Johannesevangelium auch im 1. Johannesbrief. Sprachliche und theologische Verwandtschaften beider Schriften sind seit langem bekannt. Umstritten ist jedoch das literarische Verhältnis, in dem sie zueinander stehen. Inwiefern die Untersuchung des Sündenbegriffes einen Beitrag zur Klärung dieser Frage leisten kann, ist ungewiß. Beide Konzeptionen sind so eng miteinander verwandt, daß nur mit Einschränkungen bestimmte Entwicklungslinien gezogen werden können. Weitere theologiegeschichtliche Faktoren der joh Schule müssen dafür berücksichtigt werden. Darauf wird später zurückzukommen sein. Zunächst bedarf es jedoch eines Vergleichs beider Schriften, insofern in der Sündenthematik erstaunliche Nähen zu benennen sind.

9.1.1. Sprachlicher Befund

Der Begriff ἁμαρτία begegnet in dem relativ kleinen Brief wie in dem umfangreichen Johannesevangelium insgesamt 17mal (!), davon 11mal im Singular (1,7.8; 3,4[2mal]; 3,5.8.9; 5,16[2mal]; 5,17[2mal]) und 6mal im Plural (1,9[2mal]; 2,2.12; 3,5; 4,10).[2] 10mal benutzt 1.Joh das Verb ἁμαρτάνειν (1,10; 2,1[2mal]; 3,6[2mal].8.9; 5,16[2mal]; 5,18), das bei Joh außer in dem textkritisch sekundären Stück Joh 7,53-8,11 3mal begegnet (Joh 5,14; 9,2.3; [8,11]). Allein dieser Befund zeigt, daß 1.Joh der Sündenthematik besondere Aufmerksamkeit gewidmet hat. Als Äquivalente kommen ἀδικία (1,9; 5,17) und ἀνομία 3,4 (2mal) vor. Das adjektivische Nomen ἁμαρτωλός benutzt 1.Joh nicht. Joh hat es auch nur in der aus vorjohanneischer Tradition stammenden Wundergeschichte Kap. 9 verwendet (9,16.24.25.31). Beide - Joh und 1.Joh - bevorzugen das Nomen ἁμαρτία. Es geht - wie auch die Exegese zeigt - um Sünde im gene-

---

[2] Im 2. und 3. Johannesbrief gibt es keine Belege für ἁμαρτία.

rellen Sinn.[3] Ähnlich wie Joh kann 1.Joh Singular und Plural promiscue gebrauchen (vgl. Joh 8,21.24 mit 1.Joh 1,8f.; 3,4f.). Im Unterschied zu Joh benutzt 1.Joh jedoch den Plural *ausschließlich* dann, wenn es um die Beschreibung der Heilstat der Befreiung von Sünde(n) geht (1.Joh 1,9; 2,2.12; 3,5; 4,10; vgl. Joh 20,23, anders jedoch Joh 8,24). Inhaltliche Unterschiede im Gebrauch des Singulars und Plurals, z.B. im Sinn einer dogmatischen Unterscheidung von Grund- und Aktualsünde, sind wie bei Joh auch im 1.Joh nicht festzustellen.[4] Die Begriffe „Sünde" und „Sünden" bezeichnen in gleicher Weise die eine Wirklichkeit der Sünde, die versklavende Macht der Welt, der Finsternis und des Teufels.[5] Eine Vorliebe für den Singular „Sünde" zur Beschreibung dieses Phänomens sowohl im Joh als auch im 1.Joh läßt sich nicht leugnen (vgl. das Verhältnis von Singular- und Pluralgebrauch bei Joh: 13:4 und 1.Joh: 11:6).[6]

R. Bultmann[7] hat aus der Singular-Plural-Differenz im 1.Joh literarkritische Schlußfolgerungen ziehen wollen. Man müsse unterscheiden zwischen dem Singular, der einer Vorlage zugehören soll (1,8; 3,4.8f.), und dem Plural, der auf den Verfasser zurückzuführen ist (1,9; 2,2.12; 3,5; 4,10). Die Rekonstruktion von Quellen bzw. Vorlagen im 1.Joh ist jedoch bisher nicht überzeugend gelungen.[8] Zum anderen ist der schnelle Wechsel zwischen Singular und Plural in 1,8f.; 3,4f. ähnlich wie in Joh 8,21.24 als sprachliche Variation des Verfassers zu werten,[9] durch die die eine Wirklichkeit der Sünde in ihrem totalitären Anspruch zur Geltung gebracht wird (vgl. 1,7: πᾶσα ἁμαρτία; 1,9: πᾶσα ἀδικία[10]). Der Wechsel bringt (wie bei Joh) den umfassend gültigen Tatbereich der einen Wirklichkeit der Sünde zum Ausdruck. Im Gegensatz zu Joh

---

[3] So auch S. LYONNET(/L. SABOURIN), Sin, 38f.

[4] Gegen J.T. FORESTELL, Word, 185; A. STROBEL, Erkenntnis, 47. Begriffe wie ἁμάρτημα, παράπτωμα oder παράβασις, die für die einzelne sündige Tat stehen, fehlen im joh Schrifttum!

[5] Qualitätsunterschiede zwischen beiden Schriften hinsichtlich des Sündenbegriffs gibt es nicht. Unverständlich ist daher das Urteil von S. LYONNET(/L. SABOURIN), Sin, 39: „The use of *hamartia* is less characterized in the First Epistle".

[6] Die Prävalenz des Begriffes „Sünde" im Singular gegenüber dem Pluralgebrauch hat eine Entsprechung bei Paulus. Er benutzt überwiegend ἁμαρτία im Singular, um die versklavende und tödliche Macht der Sünde zu benennen (Röm 3,9.20; 4,8; 5,12.13.20. 21; 6,1.2.6.7.10.12.13.14.16.17.18.20.22.23; 7,7.8.9.11.13.14.17.20.23.25b; 8,2.3.10; 14,23; 1.Kor 15,56; 2.Kor 5,21; 11,7; Gal 2,17; 3,22). Zum Gebrauch der Pluralform vgl. Röm 4,7; 7,5; 11,27; 1.Kor 15,3.17; Gal 1,4; 1.Thess 2,16 - vorwiegend in traditioneller Diktion (vgl. dazu G. RÖHSER, Sünde, 7f.).

[7] Johannesbriefe, 27f.

[8] Vgl. dazu R. SCHNACKENBURG, Johannesbriefe, 11-14; K. WENGST, Komm., 21-24.

[9] Vgl. R. SCHNACKENBURG, a.a.O., 88 Anm. 2, zu 1,8f.: „Der antithetische Parallelismus zwischen VV 8 u. 9 fordert, zwischen dem Sing. ἁμαρτίαν (V8) und Plural ἁμαρτίας (V9) keinen Unterschied zu machen."

[10] Vgl. H.-J. KLAUCK, Komm., 92: πάσης macht den Numeruswechsel „belanglos".

hat 1.Joh nicht mehr mit dem Unglauben der Außenwelt, sondern mit dem Falschglauben der Gegner bzw. mit Erscheinungen der Sünde in der Gemeinde zu tun (s.u.). Sofern man von Einzelsünden im 1.Joh sprechen kann, geht es um die Konkretion und Variation der einen Sünde der „Welt", die durch den Einfluß der Irrlehrer und durch in Untreue erfolgte Verfehlungen in der Gemeinde präsent wird. Demnach gilt mit G. Strecker: „Der Wechsel zwischen Singular und Plural ist nicht als Sachdifferenz zu verstehen und kann literarkritisch nicht ausgewertet werden."[11]

Auch der Gebrauch der Äquivalente zeigt eine Ähnlichkeit beider Schriften. ἀδικία steht anstelle von ἁμαρτία bzw. präzisiert sie (Joh 7,18; 1.Joh 1,9; 5,17).[12] ἀνομία (1.Joh 3,4) gebraucht Joh jedoch nicht.[13]

Eine ähnliche Gewichtung wie ἁμαρτία (11mal) hat das Verb ἁμαρτάνειν im 1.Joh (10mal), das bei Joh nur im Traditionsstoff der vorjohanneischen Wunderberichte begegnet (Joh 5,14; 9,2.3; [8,11]). Es wird promiscue mit der Nominalwendung ποιεῖν τὴν ἁμαρτίαν gebraucht (vgl. 1.Joh 3,4.8.9). Die figura etymologica ἁμαρτάνειν ἁμαρτίαν (5,16) bestätigt dies. Der Akzent der Wendung liegt auf dem Vollzug der sündigen Tat (vgl. Ex 32,30 LXX; Lev 5,6.10.13 LXX; Ez 18,24 LXX). Ähnlich kann auch Joh formulieren (Joh 8,34). Als Gegenüber zum ποιεῖν τὴν ἁμαρτίαν wird beiderseits das ποιεῖν τὴν ἀλήθειαν (Joh 3,21; 1.Joh 1,6) bzw. in 1.Joh 3,7.10 das ποιεῖν τὴν δικαιοσύνην genannt. Der im 1.Joh gegenüber Joh bevorzugte Gebrauch des Verbs ἁμαρτάνειν wird wohl aufgrund sprachlicher Variation erfolgt sein. Die Begriffe ἁμαρτία, ἁμαρτίαι und ἁμαρτάνειν begegnen in den Abschnitten 1,5-2,2; 3,4-10 und 5,16-21 in einer gewissen Dichte und Häufigkeit. Der Verfasser variiert sprachlich, wenn er Nomen und Verben im Wechsel gebraucht. Im Unterschied zum Nomen ἁμαρτίαι (Plural), das auch an vereinzelten Stellen, deren unmittelbarer Kontext kein Sündenthema enthält, gebraucht wird (2,12; 4,10), erscheint ἁμαρτάνειν nur in den genannten drei größeren Komplexen zum Thema Sünde, in denen auch ἁμαρτία/ἁμαρτίαι (Singular/Plural) begegnet. Hier bestätigt sich die Schlußfolgerung, daß ἁμαρτάνειν aus sprachlichen Gründen vom Verfasser des 1.Joh eingebracht wird. Zu solch einer Variation fühlte sich der Verfasser des Evangeliums nicht genötigt, da der Begriff ἁμαρτία/ἁμαρτίαι im Vergleich mit 1.Joh in größerer Vereinzelung, Verteilung und Streuung, die sprachliche Variationen nur bedingt nötig werden ließen (vgl. Joh 8,21.24: Wechsel von Singular und Plural; 8,34: ὁ ποιῶν τὴν ἁμαρτίαν - τῆς ἁμαρ-

---

[11] Komm., 84.

[12] ἀδικία und ἁμαρτία werden synonym gebraucht (vgl. Ex 34,7; Ps 51,4 LXX u.a.).

[13] Zu ἀνομία vgl. Anm. 55.

τίας), verwendet wird (Joh 1,29; 8,21.24.34.46; 9,34.41; 15,22.24; 16,8f.; 19,11; 20,23).

Der sprachliche Befund ergibt folgendes Bild. Der Begriff „Sünde" wird von beiden Schriften in der gleichen absoluten Häufigkeit benutzt. Das ähnliche Bezugsfeld des Begriffes (Verhältnis von Singular- und Pluralgebrauch; Vorliebe für den Singular „Sünde"; Vermeidung von ἁμαρτωλός [traditionell in Joh 9]; Gebrauch der Äquivalente; Umschreibung der Sündentat durch Nominalkonstruktionen [ποιεῖν τὴν ἁμαρτίαν]) läßt neben weiteren sprachlichen und inhaltlichen Parallelen auf einen gleichen oder vergleichbaren (im Lehrer-Schüler-Verhältnis stehenden) Verfasser beider Schriften schließen.[14] Bestätigt wird die enge Nähe in dieser Frage auch durch eine Gegenüberstellung der sprachlichen und inhaltlichen Parallelen. Die folgende Übersicht soll dies verdeutlichen.

9.1.2. Parallelen zwischen dem 1. Johannesbrief und dem Johannesevangelium[15]

Die folgende Übersicht geht von den drei großen Blöcken des 1.Joh aus, die dem Thema „Sünde" gewidmet sind: 1,5-2,2; 3,4-10; 5,16-21. Darüber hinaus sind vereinzelte Belege wie 2,12 und 4,10 zu berücksichtigen. Die Parallelen zum Johannesevangelium werden aus sprachlicher oder thematischer Sicht zugeordnet.

1. Johannesbrief	*Johannesevangelium*
1,5: Gott als Licht	8,12: Jesus als Licht (der Welt)
1,6: Gemeinschaft mit Gott schließt ein „Wandeln in der Finsternis" aus (vgl. 2,11) (Dualismus: Licht-Finsternis 1,5-7; 2,7-11)	8,12: Der Jesus Nachfolgende wird nicht „in der Finsternis wandeln" (Dualismus: Licht-Finsternis; vgl. 12,35b: Gegensatz von Lichtwandel und „Wandel in der Finsternis")
1,6: Dualismus: Lüge-Wahrheit (vgl. 2,4.21f.)	8,44f.: Dualismus: Lüge-Wahrheit
1,6: „die Wahrheit tun" im Gegensatz zu „Finsternis", „Lüge"	3,19-21: „die Wahrheit tun" im Gegensatz zu „Finsternis", „Böses tun"
1,7: Das Blut Jesu reinigt uns von aller Sünde	6,51c-58: Jesu Blut bewirkt: „das ewige Leben haben"

---

[14] Zur Frage der Verfasseridentität s.u. Teil 9.1.5.

[15] Zu den auch über die Sündenthematik hinausgehenden sprachlichen und inhaltlichen Gemeinsamkeiten (und Unterschieden) zwischen 1.Joh und Joh vgl. K. BERGER, Theologiegeschichte, 243-248 sowie H.-J. KLAUCK, Johannesbriefe, 88-99, mit Verweis auf entsprechende Detailanalysen von BROOKE, BROWN, HOLTZMANN u.a.

1,8: ἁμαρτίαν ἔχειν	9,41; 15,22.24; 19,11: ἁμαρτίαν ἔχειν[16]
1,8: „Sünden bekennen" (ὁμολογεῖν vgl. 2,23; 4,2f.15)	———
1,9: „Sünden vergeben" (ἀφιέναι τὰς ἁμαρτίας); vgl. 2,12	20,23: „Sünden vergeben" (ἀφιέναι τὰς ἁμαρτίας)
1,7.9: Jesus „reinigt" (καθαρίζειν) von Sünde und Ungerechtigkeit	13,10; 15,3: Die Jünger sind „rein" (καθαρός) durch Wasser und Wort Jesu
1,9: Sünde als ἀδικία (vgl. 5,17)	7,18: Sünde als ἀδικία
1,8.10: „Wir haben keine Sünde"	———
2,2; 4,10: stellvertretender Sühnetod Jesu als ἱλασμός für unsere Sünden und für die ganze Welt (vgl. 4,14)	1,29: stellvertretender Sühnetod Jesu als Lamm Gottes - zugunsten der Welt (vgl. 3,16f.; 4,42; 6,33.51c; 11,51f.; 12,46f. u.ö.)
2,11: Finsternis „verblendet" die Augen des Bruderhassers	9,39-41: Sünde als Verblendung (vgl. 12,40)
2,12: vgl. zu 1,9	
2,12-14: Den ἀπ' ἀρχῆς erkennen bedeutet: frei sein von der Sünde durch Christus	8,32.36: Die Wahrheit (= den Sohn) erkennen bedeutet: frei sein durch Christus
2,12-14: Frei sein von der Sünde (Vergebung 2,12) bedeutet: den „Bösen" besiegt zu haben	8,32.36.37ff.: Wenn frei durch Christus, dann nicht mehr Knecht der Sünde (8,34) bzw. unter der Herrschaft des Teufels (8,37ff.)
3,5: Jesus nimmt die Sünden weg (αἴρειν τὰς ἁμαρτίας)	1,29: Das Lamm Gottes nimmt die Sünde (der Welt) weg (αἴρειν τὴν ἁμαρτίαν)
3,4.8: „Jeder, der Sünde tut..."	8,34: „Jeder, der Sünde tut..."
3,5: Sündlosigkeit Jesu (vgl. 2,1. 29; 3,7: „gerecht"; 3,3: „heilig")	7,18; 8,46: Sündlosigkeit Jesu
3,6: Gegensatz: Sünde - Jesus erkennen	8,31-36: Gegensatz: Sünde - Wahrheit (= Jesus, vgl. 8,32.36) erkennen
3,7-10: Gegensatz: Sünde - Gerechtigkeit	16,9f.: Gegensatz: Sünde - Gerechtigkeit (Jesu)

---

[16] Verbindungen mit ἔχειν sind typisch johanneisch: ἀγάπην ἔχειν Joh 5,42; 13,35; 15,13; εἰρήνην ἔχειν 16,33; χαρὰν ἔχειν 17,13; κοινωνίαν ἔχειν 1.Joh 1,3.6.7; παράκλητον ἔχειν 1.Joh 2,1; χρῖσμα ἔχειν 1.Joh 2,20; τὸν υἱόν/τὸν πατέρα ἔχειν 1.Joh 2,23; 5,12; ζωὴν ἔχειν 1.Joh 5,12. - Zu 1.Joh 1,8a.10a vgl. H.-J. KLAUCK, Komm., 93: „'Sündigen' als Verbform zielt mehr auf die Tat, 'Sünde haben' mit dem Substantiv auf objektivierbare, vom Subjekt ablösbare Sachverhalte."

3,7-10: Sünde = nicht ἐκ τοῦ θεοῦ sein (vgl. 2,16: Gegensatz: „vom Vater" - „von der Welt"; 4,2-6: „von Gott sein" - „von der Welt sein"; 5,19: „von Gott sein")	8,37-47: Sünde = nicht ἐκ τοῦ θεοῦ sein (vgl. 8,23; 15,19: Gegensatz: „von der Welt sein" - „nicht von der Welt sein")
3,8: Zusammenhang von Sünde, Teufel und Knechtschaft; Kain stammt vom Bösen (Teufel) (3,12) und ist „Menschenmörder" (3,15); „Werke des Teufels"	8,34.44: Zusammenhang von Sünde, Teufel und Knechtschaft; der Teufel als „Menschenmörder"; „Werke eures Vaters (des Teufels)" (8,41)
3,9: Zusammenhang: aus Gott geboren sein - keine Sünde tun (vgl. 5,18)	3,3.5: Geburt „von oben" als Bedingung des Eingangs in die Basileia
3,10: Gegensatz: Kinder Gottes - Kinder des Teufels	8,37ff.: Gegensatz: Kinder Abrahams/Kinder Gottes - Kinder des Teufels
4,10: vgl. zu 2,2	
5,16f.: „Sünde zum Tod" - „Sünde nicht zum Tod" (vgl. 3,14)	8,21.24: Sünde führt zum Tod _____ Vgl. aber Joh 20,23: Unterscheidung von vergebbaren und nichtvergebbaren Sünden (ἀφιέναι - κρατεῖν τὰς ἁμαρτίας)
5,16f.: Fürbitte für den Sünder, der nicht zum Tod sündigt (5,14f.; 3,22: Gebetserhörung)	_____ (14,13f.; 15,7.16; 16,23f.26: Gebetserhörung)
5,18: vgl. zu 3,9	

9.1.3. Gemeinsamkeiten

Anhand der tabellarischen Übersicht und entsprechender Kontextbelege können die die Sünde betreffenden gemeinsamen Aussagen kurz benannt werden.

(1) Der stellvertretende Sühnetod Jesu hat eine von der Sünde befreiende und das Leben vermittelnde Funktion (1.Joh 1,7.9; 2,2.12; 3,5; 4,10; Joh 1,29; 6,51c-58).[17]

---

[17] G. STRECKER, Komm., 162f., interpretiert 1.Joh 3,5 zu Recht im Zusammenhang mit Joh 1,29 (so auch H.-J. KLAUCK, Komm., 187; W. VOGLER, Komm., 111f.). Die christologisch orientierte Rede vom „Wegtragen der Sünde(n)" (αἴρειν τὴν ἁμαρτίαν [τὰς ἁμαρτίας]) sowie der Gedanke des Sühnopfers verbinden beide Belege. Auch der

(2) Das Heilswerk Christi wird als Befreiung von der Sünde verstanden (αἴρειν τὴν ἁμαρτίαν [τὰς ἁμαρτίας]): 1.Joh 3,5; Joh 1,29. Die Rede vom Fortschaffen/Wegtragen (αἴρειν) der Sünde(n) findet sich nur hier im urchristlichen Schrifttum![18]

(3) Das sündenbefreiende Heilswerk Christi bezieht sich auf die ganze Welt (1.Joh 2,2; 4,14; Joh 1,29; 3,16f.; 4,42; 6,33.51c; 11,51f.; 12,46f.).

(4) Jesus ist sündlos (1.Joh 2,1.29; 3,5.7; Joh 1,29; 7,18; 8,46). Seine Fehllosigkeit ist Voraussetzung für sein sühnendes Heilswerk (1.Joh 2,1f.; 3,5; Joh 1,29). Im Johannesevangelium wird das Motiv der Sündlosigkeit Jesu darüber hinaus im Zusammenhang des Rechtsstreites Jesu mit der Welt benutzt (7,18; 8,46). Im 1. Johannesbrief dient es der Ethik. Es beschreibt die vorbildliche Gerechtigkeit Jesu (1.Joh 2,29; 3,7).

(5) Die Sündenthematik ist eingebaut in den Gegensatz von Licht und Finsternis, Wahrheit und Lüge (1.Joh 1,5-10; vgl. 2,4.9-11.12. 21f.; 4,6d; Joh 8,44-46).

(6) Sünde ist Blindheit gegenüber der Wahrheit Gottes in Christus (1.Joh 2,11 im Zusammenhang mit 2,12-14; Joh 9,39-41). Nach 1.Joh 2,11 wird die Verblendung der Augen auf die Finsternis zurückgeführt (anders Joh 12,40[19]). Erkenntnis Christi und Sündenvergebung stehen in engem Zusammenhang (1.Joh 2,12-14; Joh 1,29[20]).

(7) Sünde ist verfehlte Erkenntnis (1.Joh 3,6: Zusammenhang von Sünde und Christus nicht erkennen; Joh 8,31ff.: Gegensatz von Wahrheit erkennen und Sünde tun). Dagegen ist die Erkenntnis der Wahrheit (Joh

---

Nachsatz „καὶ ἁμαρτία ἐν αὐτῷ οὐκ ἔστιν" stellt eine Verbindung zum Johannesevangelium dar (Joh 7,18; 8,46; 1.Joh 2,1.29; 3,7). „Wie beim Opfertier Fehllosigkeit, so ist für Christus als einem Opferlamm Sündlosigkeit die notwendige Voraussetzung seines sühnenden Wirkens" (G. STRECKER, a.a.O., 163). Die Aussagen vom „Reinigen" (1.Joh 1,7.9) und „Vergeben" (1.Joh 1,9; 2,12) der Sünden entsprechen dem „Wegtragen" der Sünde(n) (Joh 1,29; 1.Joh 3,5) (vgl. H.-J. KLAUCK, a.a.O., 91f.). Zur Parallelität der Sühnopfervorstellungen in Joh und 1.Joh vgl. auch R. SCHNACKENBURG, Johannesbriefe, 37.

[18] Die Einleitung „Ihr wißt" zeigt, daß der Verf. in 1.Joh 3,5 entweder bekannte urchristliche Tradition aufnimmt oder Joh 1,29 zitiert (U. WILCKENS, Christus traditus, 368). Da die Rede vom Fortschaffen der Sünde urchristlich singulär ist, dürfte der Verf. auf Joh 1,29 verweisen. „Daß der Titel 'Lamm Gottes' hier fehlt, kann durch den Briefkontext bedingt sein" (ebd.).

[19] Zur Frage des Subjektes des in Joh 12,40 genannten Verblendens und Verstockens vgl. Teil 3.3. Anm. 168.

[20] Die Erkenntnis (der Heilsbedeutung) Jesu (βλέπει τὸν Ἰησοῦν) führt den Täufer zum Bekenntnis: „Siehe, das Lamm Gottes, das die Sünde der Welt fortträgt!" Zum soteriologisch geprägten Begriff βλέπειν im 4. Evangelium vgl. weiter Joh 5,19; 9,7.15.25. 39; 11,9.

8,32) bzw. Gottes und seines Sohnes (1.Joh 2,13f.) mit der Befreiung von der Sünde (1.Joh 2,12; Joh 8,34-36) verbunden.

(8) Sünde ist gekennzeichnet durch das „Von-der-Welt-Sein" im Gegensatz zum „Von-Gott-Sein" der Glaubenden (1.Joh 2,16; 3,9; 4,2-6; 5,19; Joh 8,23.46f.; 15,19).

(9) Sünde äußert sich als Haß der Welt gegen die Kinder Gottes (1.Joh 2,9.11; 3,13; 4,20; Joh 15,18-25; 17,14).

(10) Der Sünder steht unter der Herrschaft des Teufels (1.Joh 3,8; Joh 8,34.44) und vollbringt dessen „Werke" (1.Joh 3,8.12; Joh 8,41). Die Sünde des Teufels äußert sich im Mord. Deshalb gelten er (Joh 8,44) und der Bruderhasser (Kain) als „Menschenmörder" (1.Joh 3,12.15).

(11) Sünder stehen als „Kinder des Teufels" den „Kindern Gottes" entgegen (1.Joh 3,10; vgl. 3,1; Joh 8,37ff.). Die Freiheit von der Sünde (1.Joh 2,12; Joh 8,31-36) bedeutet Freiheit von der Knechtschaft des Teufels (1.Joh 2,13f.; Joh 8,37ff.).

(12) Der Tod ist die Konsequenz der Sünde (1.Joh 3,14f.; 5,16: ἁμαρτία πρὸς θάνατον; Joh 8,21.24). Die Unterscheidung einer „Sünde zum Tod" von einer „Sünde nicht zum Tod" (1.Joh 5,16f.) entspricht der in Joh 20,23 vorausgesetzten Unterscheidung von vergebbaren und nicht vergebbaren Sünden.[21]

(13) Die von der Sünde Befreiten werden als Kinder Gottes, die von Gott gezeugt sind, verstanden (1.Joh 2,1f.12.28f.; 3,1f.7-10; 5,1f.18; Joh 1,12f.; 11,52; 8,37ff.).

(14) Eine Kompositionsanalogie zwischen Joh 1 und 1.Joh 1 sowie zwischen Joh 20 und 1.Joh 5, d.h. zwischen Anfang und Ende beider Schriften, ist zu nennen: Wie Joh in 1,29 am *Beginn* seines Evangeliums eine für das Sündenverständnis des Evangeliums programmatische Aussage zur Universalität des Christusheilswerkes macht, so hält 1.Joh am Ende des auf den Prolog folgenden *Eingang*sabschnittes (1,5-2,2) in 2,2 die sündensühnende Wirkung des Christuswerkes für die ganze Welt fest. Wie Joh am *Ende* in 20,23 die Unterscheidung von vergebbaren und nicht vergebbaren Sünden aufnimmt, so verarbeitet 1.Joh am *Ende* seines Schreibens in 5,16f. dieses Problem. (1.Joh 5,14ff. ist originaler Bestandteil des Briefes [s.u.].)

9.1.4. Unterschiede

Die oben genannten Gemeinsamkeiten zeigen, daß der 1. Johannesbrief und das Johannesevangelium einen weitestgehend gleichen theologischen

---

[21] So auch U. SCHNELLE, Komm., 304f.

Standpunkt im Sündenverständnis vertreten. Dies betrifft die christologischen Grundlagen sowie die daraus sich ergebenden soteriologischen Konsequenzen. Dennoch hat der 1. Johannesbrief einige theologische Akzente gesetzt, die sich in dieser Weise im Johannesevangelium nicht wiederfinden lassen. Sie hängen mit der strikt gemeindeorientierten Argumentation des Briefes zusammen.

(1) Sünde wird im Unterschied zum Johannesevangelium als Bedrohung *in der Gemeinde* erfahren.[22] Diese Bedrohung wird einerseits durch die Gegner des Briefes, die aus der Gemeinde stammen (2,19), ausgelöst (s.u.), zum anderen ist sie Ausdruck von in der Gemeinde vorhandenen Verfehlungen.[23] Aussagen wie 1,7.8.9.10; 2,1f.12.15.28; 3,20; 4,10.17f.; 5,16f. setzen die Erfahrung von Sünde in der Gemeinde voraus.[24] Die erste, für den gesamten Brief typische Anrede „τεκνία" erfolgt bereits in 2,1. Sie setzt ein Signal, das die Leser des Briefes zur Aufmerksamkeit nötigt. Der Verfasser warnt vor der Sünde der Adressaten und markiert darin die Absicht seines Schreibens (ταῦτα γράφω ὑμῖν).[25] Offenbar hat er eine Gefahr erkannt, der er von Anfang an entgegen treten muß. Die Mahnungen zum Bleiben (im Vater/im Sohn) in 2,24.27f. (vgl. 2,6; 3,6.24) zeigen, daß es von seiten der johanneischen Gemeinde immer wieder Sünde in Form von Untreue gibt. Dem Wissen um die eigene Sündhaftigkeit muß ein Bekennen (ὁμολογεῖν) entsprechen (1,9). Zugleich bemerkt der Verfasser aber auch, daß das durch Christus erfolgte Heils-

---

[22] Vgl. J.T. FORESTELL, Word, 184-189; J. GNILKA, Theologie, 293. Das Problem postbaptismaler Sünde beschäftigt vor allem den 1. Johannesbrief. Im Evangelium erscheint es nur am Rande, z.B. dort, wo es um die Reinheit und Heiligkeit der Gemeinde und das daraus resultierende Leben geht (Joh 15,1-8; vgl. 13,6-11). In Joh 20,23 ist zwar aufgrund der Formulierung ohne Einschränkung (ἄν τνων) auch an Christen zu denken, denen Sünden vergeben oder behalten werden können. Der Evangelist denkt jedoch primär an die Sünde der Welt (1,29). Vgl. dazu Teil 8.3.(4).

[23] Diese doppelte Perspektive (Polemik und pastorales Anliegen) hat R. SCHNACKENBURG, Christ, 181-192, für die Sünde behandelnden Texte 1.Joh 1,6-2,2; 3,4-10 und 5,16-18 herausgearbeitet.

[24] Prägend sind die vielfältigen Sündenaussagen in der 1. und 2.Ps.Pl., die eine Konzentration auf die Innenperspektive erkennen lassen: 1,7: Das Blut Jesu reinigt *uns* von aller Sünde; 1,9: *Wir* bekennen *unsere* Sünden; er vergibt *uns* die Sünden und reinigt *uns* von aller ἀδικία; 2,1: „...damit *ihr* nicht sündigt"; 2,2a: Sühnung für *unsere* Sünden; 2,12: „... *euch* sind die Sünden vergeben..."; 4,10: Sühnung für *unsere* Sünden; 5,16: ein sündiger *Bruder*. Die unpersönlich gehaltenen Formulierungen von 3,4-10 (Jeder, der ... VV4.6bis.9.10) werden durch die direkte Anrede in V7a präzisiert: „Kinder, keiner soll euch verführen!"

[25] Zu der die Autorität des Verf. unterstreichenden Formulierung von γράφειν in der 1.Ps.Sg. (1.Joh 2,1.7.8.12-14.21.26; 5,13) bzw. in der 1.Ps.Pl. (1.Joh 1,4) vgl. M. HENGEL, Frage, 152.

werk eine Befreiung „von jeder Sünde" erwirkt hat und weiterhin erwirkt (1,7: Das Blut Jesu reinigt [Präsens!] uns von jeder Sünde [vgl. 1,9]; 2,12: „Vergeben sind [Perfekt!] euch die Sünden..."; 2,2: Christus ist [Präsens!] ἱλασμός für unsere Sünden; vgl. 4,10). Weil das Heilswerk Christi weiterwirkt, ist mit seinem Beistand für uns bei Gott zu rechnen (2,1).[26]

Den Aussagen von der Sünde als Realität in der Gemeinde stehen Aussagen gegenüber, die von der *Sündlosigkeit des Gottgezeugten* sprechen (3,6.9; 5,18).[27] Diese Sündlosigkeit wird in Entsprechung zur Sündlosigkeit Jesu gesehen (3,5). Dabei ist der Grundsatz von 2,6 zu bedenken: „Wer sagt, er bleibe in ihm, muß so, wie jener das Leben geführt hat, auch selbst das Leben führen." Diese Analogie impliziert eine Sündlosigkeit der Christen.[28] Denn wer in Jesus, dem Sündlosen, bleibt, muß auch wie jener sündlos wirken.[29] Sonst wäre „in ihm" ja Sünde, in dem doch keine ist! Der sündlose Jesus hat sich die Seinen so nahe gebracht, „daß sie nunmehr ihren Lebensort 'in ihm' haben und in seiner Lebensführung an seiner Sündlosigkeit teilhaben".[30] Die Lebensführung in Entsprechung zur Lebensführung Jesu ist demnach der Inhalt der Aussagen zur Sündlosigkeit der Christen. Das „Bleiben" in Jesus mahnt zur Treue gegenüber dem, der von aller Sünde geschieden ist. „Das Nicht-Sündigen bezeichnet also nicht ein Wesen oder Sein, sondern ein bestimmtes, von Jesus bestimmtes Tun, das derjenige vollbringt, der in ihm bleibt."[31] Die Sündlosigkeit wird im

---

[26] Vgl. I. GOLDHAHN-MÜLLER, Grenze, 50, den Abschnitt 1.Joh 1,6-2,2 zusammenfassend: „Bedeutet Gottesgemeinschaft den Wandel im Licht, so ist sie doch nie unverlierbarer Besitz, sondern bedarf der steten Erneuerung. Niemand, der in der 'Wahrheit' ist, kann leugnen, daß er Sünder ist. Ist auch das ausgesprochene Ziel das Meiden der ἁμαρτία, so kommen Verfehlungen weiterhin vor, müssen in christlichem Realismus benannt werden und sind aufgrund der sühnenden Kraft des Blutes Christi und seiner Fürsprache als Paraklet vergebbar. Von Gott, der seine Treue und Gerechtigkeit im Sühnopfer Christi ein für allemal erwies, darf auch der postbaptismale Sünder noch Reinigung ἀπὸ πάσης ἀδικίας (V9) erwarten."

[27] Die verschiedenen Deutungsmöglichkeiten zu dem spannungsvollen Problem der Realität innergemeindlicher Sünde einerseits und der Sündlosigkeit des Gottgezeugten andererseits werden bei J. BOGART, Perfectionism, 39ff., I. GOLDHAHN-MÜLLER, Grenze, 65-68; H.-J. KLAUCK, Komm., 195-197; R. SCHNACKENBURG, Johannesbriefe, 281ff., bes. 283f., und L.E. WADE, Impeccability, 7-61, besprochen. Vgl. auch D. RUSAM, Gemeinschaft, 137-139.

[28] Zum ethischen καθώς, durch welches eine Entsprechung zwischen dem Verhalten Jesu und dem der Glaubenden festgehalten wird, vgl. auch 1.Joh 3,3.7.

[29] Zum imperativisch gebrauchten μένειν vgl. 2,24.27.28 u.ö.

[30] U. WILCKENS, Christus traditus, 368.

[31] K. WENGST, Komm., 134. Ähnlich auch J. BOGART, Perfectionism, 46f.; R. BULTMANN, Johannesbriefe, 56 (zu 1.Joh 3,6); J. PAINTER, Quest, 382.389f.; die paränetische Auslegung G. STRECKERs, Komm., 164f. zu 1.Joh 3,6; 173f. zu 1.Joh 3,9, sowie

Unterschied zur Position der Gegner nicht ontologisch als verwirklichte Gegebenheit, sondern paränetisch als Aufgabe begründet. Sie ist „notwendige Folge der Zeugung durch Gott, sie ist eine dem Christen auferlegte Verpflichtung".[32] Das Bleiben in Jesus bzw. das Aus-Gott-Gezeugtsein (3,9; 5,1.4.18) gilt es stets zu bewähren, um der vorbildhaften Sündlosigkeit Jesu zu entsprechen. Die Aussagen von 3,6.9; 5,18 zielen daher nicht auf eine Seinsbestimmung des Menschen, sondern auf eine Verhaltensbestimmung, die durch das Aus-Gott-Gezeugtsein, durch das Bestimmtsein durch den Geist als „Samen Gottes" (3,9)[33] und durch das Bleiben in Christus ermöglicht wird.[34] Sie widersprechen nicht den Aussagen, die faktisch mit der Realität der Sünde in der Gemeinde rechnen. Das „non posse peccare" von 3,9 definiert die Sünde als „unmögliche Möglichkeit". „Nur als das Unmögliche, das Ausgeschlossene, das Absurde, nur unter der Voraussetzung, daß wir nicht wir sind, ja, daß Jesus Christus nicht Jesus Christus ist, kann Sünde als unsere Zukunft in Betracht kommen."[35] Die Sünde ist ihrem Wesen nach unsere Vergangenheit, die durch das Heilswerk in Christus außer Kraft gesetzt ist (2,2.12; 3,5; 3,8b; 4,10). Ein Zwang zur Sünde (non posse non peccare) besteht nicht mehr, weil die „Möglichkeit des Nichtsündigens" gegeben ist - „eine Möglichkeit, die freilich stets zu realisieren ist".[36] Die Sünde kann demnach nur als „unmögliche Möglichkeit" für das kommende Verhalten der Christen in Rechnung gestellt werden, aber auch dann nur als eine solche, die von der Gewißheit der bleibenden Fürsprache Christi vor Gott bestimmt ist (2,1b), die mit der Erhö-

---

I. GOLDHAHN-MÜLLER, Grenze, 63.68f.: „Das Bleiben des σπέρμα τοῦ ϑεοῦ fordert gerade den liebenden Lebenswandel nach Christi Urbild und Vorbild, das περιπατεῖν καϑὼς ἐκεῖνος περιεπάτησεν (2,6) und damit das οὐχ ἁμαρτάνειν, das nie Zustand, sondern stets aktive Tat der Liebe ist (2,29; 4,7)" (70f., Hervorhebung I.G.-M.).

[32] R.E. BROWN, Ringen, 97 (Hervorhebung R.E.B.).

[33] Zur Deutung des „Samens" auf den Geist Gottes (2,26f.; 3,24; 4,13; vgl. 2,20.27) vgl. R.E. BROWN, Epistles, 408-411; I. GOLDHAHN-MÜLLER, Grenze, 64f.; H.-J. KLAUCK, Komm., 194; R. SCHNACKENBURG, Johannesbriefe, 190; G. STRECKER, Komm., 171f.; W. VOGLER, Komm., 116; K. WENGST, Komm., 140; WINDISCH-PREISKER, Komm., 122.

[34] Vgl. ähnlich U. SCHNELLE, Neutestamentliche Anthropologie, 165: „Nicht eine neue ontologische Qualität, allein das Sein und Bleiben in der Lebenswirklichkeit Gottes bringen die Sündlosigkeitsaussagen des 1. Johannesbriefes zum Ausdruck."

[35] K. BARTH, KD I/2, 439. Ähnlich, jedoch mit etwas anderer Akzentuierung, bezeichnet W. NAUCK, Tradition, 110, die faktische Sünde des Gläubigen als „'irreguläre Abweichung' von dem durch Gottes Geist gewirkten Sein des Gläubigen". Nauck beschreibt dieses Phänomen auf dem Hintergrund der Kampfsituation der Anfechtung des Gläubigen durch die Sünde (104ff.). Zur Deutung der Sünde als „unmögliche Möglichkeit" vgl. auch U. SCHNELLE, Neutestamentliche Anthropologie, 162ff.

[36] R. BULTMANN, Johannesbriefe, 58; vgl. H.-J. KLAUCK, Komm., 97.102.196.

rung des für den sündigen Bruder vor Gott dargebrachten Gebetes (5,14-15.16-17), mit der Beschwichtigung des uns verklagenden Herzens vor Gott (3,19f.)[37] und mit Furchtlosigkeit sowie Zuversicht am Tag des Gerichts (4,17f.; vgl. 3,21) rechnet. Die „mögliche Möglichkeit" ist das Christus entsprechende Verhalten, das der Sünde widersteht (2,1a) und als Tun der Gerechtigkeit (2,29; 3,7.10), als Bewahren der Gebote Gottes (2,4) und als Tun der Liebe (4,7) verifiziert wird. Während die Gegner des Briefes ihre Sündlosigkeit in einer durch Erkenntnis gestifteten seinshaften Teilhabe an Gott begründet sehen (1,6a; 2,4a.9a), ist die vom Verf. des Briefes beanspruchte Sündlosigkeit der Adressaten ein dynamisches Ereignis, das in Vergebung und Reinigung und im Bekenntnis der Sünde zum Ausdruck kommt (1,9).[38]

Diese Auslegung der Sünde der Christen als „unmögliche Möglichkeit" ist gegen die Interpretation von R. Schnackenburg[39] einzubringen. Schnackenburg folgert aus der Zeugung aus Gott die „Unfähigkeit des Christen zum Sündigen" (191). Sie wird verwirklicht durch die im Geist erfolgte „seinsmäßige Umwandlung" (ebd.), in der „(sakramental vermittelte[n]) göttliche(n) Lebenskräfte" (287) so am Werk sind, daß die „Tatsächlichkeit des Nichtsündigens" (279) erwirkt wird. Diese Auslegung überspielt jedoch die „Tatsächlichkeit des Sündigens", wie sie durch den 1.Joh in der Gemeinde vorausgesetzt wird. Es geht nicht um ein Sein („Unfähigkeit"), sondern um ein Verhalten („Unmöglichkeit") im Blick auf die in der christlichen Gemeinde existierende, jedoch zu bekennende (1.Joh 1,9) und auszuschließende Sünde. Ähnliches wäre auch gegen die Auslegung von D. Rusam[40] zu sagen, der im Anschluß an H.-M. Schenkes[41] Äußerungen zur Determination im 1.Joh die Sündlosigkeit als in Prädestination determinierte „Unfähigkeit" zum Sündigen versteht. Der Gotteskindschaft kommt nach Rusam eine „quasi-'sakramentale' Bedeutung" zu, ein „*character indebilis*" (146, Hervorhebung D.R.), wodurch die „Unmöglichkeit, aus der Gotteskindschaft herauszufallen" (!) (140), besteht. Entsprechend wäre die Todsünde als Folge der in der Teufelskindschaft (3,7-10) begründeten Determination zu verstehen.[42] Gegen diese deterministisch-gnostische Interpretation[43] der Sündlosigkeit dürfte aber die Tendenz von 1.Joh 2,19 sprechen. Die

---

[37] Vgl. R. SCHNACKENBURG, Christ und Sünde, 115, im Blick auf 1.Joh 3,19f.: „Gott, der große Liebende, ist größer als unser kleines, uns anklagendes Herz; 'er weiß alles', auch dies, daß wir schwache und fehlerhafte Menschen bleiben". Vgl. ders., Christ, 190f.; ders., Johannesbriefe, 201ff. (Erörterung der Textprobleme 202); H.-J. KLAUCK, Komm., 214-221; W. NAUCK, Tradition, 82f. z. St.

[38] Vgl. J. PAINTER, Quest, 382.

[39] Johannesbriefe, 190-192.

[40] Gemeinschaft, 137-147.

[41] H.-M. SCHENKE, Determination und Ethik im ersten Johannesbrief, ZThK 60 (1963), 203-215.

[42] D. RUSAM, Gemeinschaft, 137: „Und für beide Gruppen gilt das οὐ δύναται, d.h. sie *müssen* tun, was sie tun" (Hervorhebung R.M.).

[43] R.E. BROWN, Ringen, 117f., weist darauf hin, daß die gnostischen Nachfolger der Dissidenten im 2. Jahrhundert die Sündlosigkeit des Gottgezeugten in diesem ontologi-

Irrlehrer, die aus der Gemeinde abgefallen sind, waren nicht seit je her vom Teufel, sondern haben sich diese Teufelskindschaft durch ihren Schritt gegen die Gemeinde zugeeignet. Erst dadurch, daß sie, die vorher auch aus Gott Gezeugte waren, diese ihre Herkunft verleugnet haben, geben sie zu erkennen, daß sie sich dem Teufel überantwortet haben. Andererseits ist die Sündlosigkeit der Gemeindeglieder keine unverlierbare Wesenseigenschaft. Die Todsünde bleibt auch für sie eine Bedrohung, vor der gewarnt wird (5,21). Alles hängt an der Auslegung des οὐ δύναται (3,9). Der Sache nach dürfte die Wiedergabe durch „er kann (= er darf) nicht" der Interpretation „er ist unfähig" vorzuziehen sein.[44] Der aus Gott Gezeugte darf (eigentlich) keine Sünde tun. Weil er de facto aber dennoch sündigt (2,1f.), ist die Sünde auch für den aus Gott Gezeugten eine realisierbare Möglichkeit, freilich eine von Gott ausgeschlossene, uneigentliche, nicht für ihn zugedachte Möglichkeit, daher eine „unmögliche Möglichkeit". Insofern ist das Verhältnis zwischen Herkunft (von Gott bzw. vom Teufel) und Tat (Tun der Gerechtigkeit bzw. Tun der Sünde, vgl. 3,7-10) nicht nur einseitig von der Herkunft her zu definieren („Die Herkunft bestimmt zwangsläufig [sic!] Wesen und Taten" [a.a.O, 135]). Vielmehr gilt (primär), daß die jeweiligen Taten auch die seinsmäßige Herkunft konstituieren. 1.Joh verdeutlicht diesen wechselseitigen Zusammenhang, indem er zum einen die Tat der Herkunft, zum anderen die Herkunft der Tat vorordnet: 2,7: „Der, der seinen Bruder haßt (= Tat), ist in der Finsternis (= Sein) ..."; 3,7: „Der, der die Gerechtigkeit tut (= Tat), ist gerecht (= Sein)..." (vgl. 2,29); 3,8: „Der, der die Sünde tut (= Tat), ist vom Teufel (= Sein) ..." (vgl. Joh 8,34: „Jeder, der die Sünde tut [= Tat], ist ein Sklave der Sünde [= Sein]"); 3,10: „Der, der die Gerechtigkeit nicht tut (= Tat), ist nicht von Gott (= Sein)...". - Jedoch: 3,9: „Jeder, der aus Gott gezeugt ist (= Sein), tut keine Sünde (= Tat)..." (vgl. 5,18); 5,4: „Denn alles, was aus Gott gezeugt ist (= Sein), besiegt die Welt (= Tat)".[45]

Der Konzentration auf die innergemeindliche Sünde entspricht die Unterscheidung von „Sünde zum Tod" und „Sünde nicht zum Tod" in 1.Joh 5,16f., die offenbar im Zusammenhang der Ausbildung der frühchristlichen Lehre von der zweiten Buße zu sehen ist.[46] Die vorausgesetzte Differenzierung in vergebbare und nicht vergebbare Sünden[47] hat in Joh 20,23

---

schen Sinn aufgefaßt haben. Sündlosigkeit konnte im gnostischen Milieu „eher verstanden werden als Resultat aus der Licht-Kindschaft denn als Ergebnis des Glaubens an das heiligende Wort Jesu. So wie Jesus ist damit der Glaubende von Natur aus der Sünde entgegengesetzt" (118).

[44] Richtig R.E. BROWN, a.a.O., 97: „Ich verstehe sein (des Verf., R.M.) 'kann nicht sündigen' in dem Sinne, daß er nicht *in Übereinstimmung* damit sündigen kann; denn an anderer Stelle gibt er zu, daß Christen fallen können trotz des 'sollten', (Hervorhebung R.E.B.).

[45] Zum Verhältnis von Prädestination und Entscheidung im joh Glaubensbegriff vgl. U. SCHNELLE, Neutestamentliche Anthropologie, 148-151. Einseitig im Sinne des prädestinatianischen Dualismus votiert R. BERGMEIER, Glaube, 213-236.

[46] Vgl. dazu I. GOLDHAHN-MÜLLER, Grenze, passim, und den Exkurs bei G. STRECKER, Komm., 299-304.

[47] Vgl. hierzu die alttestamentlich-jüdische Unterscheidung von versehentlichen, unwissenden und schweren vorsätzlichen Sünden (Num 15,22-29.30f.). Versehentliche Sünden können durch Opfer gesühnt werden (Lev 4,2ff.; 5,1ff.; Num 15,22ff.). Vorsätz-

eine Parallele, ist dort aber nicht auf die Innenperspektive der Gemeinde („Sünde des Bruders") beschränkt (vgl. den kompositionellen Zusammenhang mit Joh 1,29: „Sünde der *Welt*"). In der in 1.Joh 5,16f. angesprochenen Problematik spiegelt sich die Auseinandersetzung der joh Gemeinde mit den Dissidenten wider. Der Verf. des Briefes bemüht sich um die Klärung der Frage, wie die eigenen Sünden in der Gemeinde von den „Todsünden" der Dissidenten zu unterscheiden sind und wie mit diesem Problem in der Praxis umzugehen ist.

Nach K. Wengst[48] steht Joh 5,16f. im Widerspruch zum übrigen Briefkorpus (1,1-5,13): Die Unterscheidung „Sünde zum Tod" und „Sünde nicht zum Tod" sei singulär im Brief.[49] Sie widerspreche den in 1,7; 2,2; 3,5.8 getroffenen Aussagen, wonach durch Christus eine Sühnung für *jede* Sünde erfolgt ist. In 5,16fin wird jedoch die Fürbitte für den Todsünder ausgeschlossen. Kann ein Sünder angesichts des universalen Heilswerkes Christi von der Fürbitte ausgeschlossen werden?[50] Wengst zieht im Verbund mit weiteren Argumenten den Schluß, daß Joh 5,14-21 einen sekundären Anhang zum Briefkorpus bildet.[51] Doch dafür gibt es keine zwingenden Gründe. Sprache, Komposition, kontextuelle Einbindung und der Charakter als Schlußmahnung weisen das Stück 1.Joh 5,14-21 als ursprünglichen Bestandteil des Briefes aus.[52] Besonders die dichte sprachliche und thematische Vernetzung mit dem Briefkorpus spricht für die Ursprünglichkeit von

---

liche Sünden sind unvergebbar und werden mit dem Tod bestraft (Lev 18,29; 19,8; 20,1-18.27; Num 15,30f.; Num 18,22; Jub 21,22; 26,34; 33,13.18; TestXII.Iss 7,1; TestXII. Gad 4,6; 1QS 8,21-9,2). S. dazu I. GOLDHAHN-MÜLLER, a.a.O., 38f.; H.-J. KLAUCK, Komm., 328; J. KÖBERLE, Sünde, 628ff.; W. NAUCK, Tradition, 141ff.

[48] Komm., 218f.

[49] G. STRECKER, Komm., 293, rechnet dagegen mit Aufnahme einer „schon bestehende(n) Gemeindepraxis", die wie auch V21 auf „vorjohanneische Tradition" zurückzuführen sei.

[50] Vgl. ähnlich R. SCHNACKENBURG, Christ, 190, in der theologischen Bewertung des Ausschlusses des Sünders aus der Fürbitte: „Da zeigt sich in der joh. Gemeinde doch ein Mangel an Öffnung für die Außenwelt."

[51] Vgl. auch R. BULTMANN, Johannesbriefe, 89; ders., Art. Johannesbriefe, ³RGG III, 837, der durch die Unterscheidung von zwei Klassen von Sündern in 1,5ff. die in 1,5ff. und 3,4ff. angenommene Dialektik christlichen Seins (Geschenk der Sündlosigkeit - Ruf zur Entscheidung) aufgehoben sieht. Zur Kritik an Bultmann vgl. G. STRECKER, Komm., 303f., sowie W. NAUCK, Tradition, 133ff. - Mit einem sekundären Nachtrag von 5,14-21 rechnen auch I. BROER, Einleitung, 230f.; H.-J. KLAUCK, Johannesbriefe, 56-58; ders., Komm., 318f.; G. SCHUNACK, Komm., 100f.; W. VOGLER, Komm., 171f.; F. VOUGA, Komm., 78.

[52] Vgl. dazu im einzelnen I. GOLDHAHN-MÜLLER, a.a.O., 29-34. „Wie andere ntl Briefe rekapituliert er (sc. der 1. Johannesbrief, R.M.) am Ende die wichtigsten Topoi und schließt mit einer eindringenden Paränese" (33). Mahnungen gegenüber Abweichlern finden sich traditionell am Briefende. Zu den brieflichen Ketzerschlüssen (Röm 16,17f.; 2.Thess 3,14f.; 1.Tim 6,20f.; Tit 3,9ff.; Jak 5,19f.; 2.Petr 3,17; Jud 22f.; Hebr 13,9-16) vgl. K. BERGER, Formgeschichte, 142-144.

5,16f.[53] Der Terminus „Bruder" wird bereits in 2,9-11; 3,10.13.16f.; 4,20f. als Adressatenbezeichnung benutzt.[54] Die Identifizierung der Sünde mit der „Ungerechtigkeit" (ἀδικία) begegnet in 1,9 und hat eine Entsprechung in 3,7-10: Sünde = nicht Gerechtigkeit tun. Der Präzisierung der ἁμαρτία als ἀδικία (5,17) entspricht das Äquivalent ἀνομία (3,4).[55] 1.Joh 5,18a hält wie 3,9 den Zusammenhang von Sündlosigkeit und Aus-Gott-gezeugt-Sein fest. 1.Joh 5,18c spricht wie 2,13f.; 3,8b von der Freiheit des Gottgezeugten aus der Macht des Teufels. 1.Joh 5,21 bietet die für den Brief typische Anrede τεκνία (vgl. 2,1.12.28; 3,7 u.ö.).[56] Auch die unter Teil 9.1.3.(14) genannte Kompositionsanalogie zwischen Joh 1 und 1.Joh 1 sowie zwischen Joh 20 und 1.Joh 5 spricht für die Kohärenz von 1.Joh 1,1-5,21. Die Unterscheidung „Sünde zum Tod"[57] und „Sünde nicht zum Tod" sowie die abschließende Warnung vor den Götzen haben zudem im Briefkorpus einen Anhalt und stehen mit dem ganzen Schreiben in unmittelbarem Zusammenhang, sofern die Auseinandersetzung mit den Gegnern das Profil des 1. Johannesbriefes bestimmt. Sie lassen sich gut als abschließende Verdeutlichung und Präzisierung des Briefkorpus verstehen. „Dann aber muß das φυλάξατε ἑαυτὰ ἀπὸ τῶν

---

[53] Darauf hat bereits W. NAUCK, Tradition, 136.141ff., aufmerksam gemacht. Zu 5,14f. vgl. 3,22 (Gebetserhörung); 2,28; 3,21; 4,17 (παρρησία [πρὸς τὸν θεόν]).

[54] Zum ἀδελφός-Begriff im 1.Joh vgl. D. RUSAM, Gemeinschaft, 126f.

[55] Das Wort ἀνομία ist im johanneischen Schrifttum nur in 1.Joh 3,4 bezeugt. Es wird hier (ähnlich wie ἀδικία in 1,7fin.9fin; 5,17; vgl. Joh 8,46 mit 7,18!) mit ἁμαρτία identifiziert. Das entspricht dem LXX- und frühchristlichen Sprachgebrauch, in dem ἁμαρτία und ἀνομία synonym gebraucht werden (vgl. Jer 33,15; Ps 31,1; 50,4.7; 58,4; Röm 4,7; Hebr 10,17; 1Clem 8,3 u.ö.; Herm vis II,2,2; mand X,3,2; zur Synonymität von ἀδικία und ἀνομία vgl. Röm 6,13 mit 6,19; 2.Thess 2,3.7.8 mit 2,10.12). Eine antinomistische Note (ἀνομία = „Gesetzlosigkeit") ist dem Wort nicht zu entnehmen (νόμος begegnet im 1.Joh nicht; vgl. H.-J. KLAUCK, Komm., 186). Der Kontext zu 3,4 und die Parallele zu 5,17 zeigen, daß ἀνομία wie ἀδικία gebraucht wird. Das Gegenüber zum ποιεῖν τὴν ἀνομίαν ist das ποιεῖν τὴν δικαιοσύνην (2,29; 3,7.10), das sich im konkreten mitmenschlichen Verhalten als ἀγαπᾶν τὸν ἀδελφὸν αὐτοῦ erweist (3,10). Von daher ist mit ἀνομία das dem „Willen Gottes" (2,17; 5,14) widersprechende Verhalten gemeint (vgl. Mt 7,21-23). Das dem Willen Gottes entsprechende Verhalten orientiert sich an der καινὴ ἐντολή der Bruderliebe (2,7f.; vgl. 3,11 im Anschluß an 3,4-10; 2.Joh 5f.; Joh 13,34). G. STRECKER, Komm., 160, erkennt eine Steigerung: „Wer sich der ἁμαρτία schuldig macht, der verfällt auch der ἀνομία." Der Gebrauch von ἀνομία im 1.Joh dürfte durch den apokalyptischen Kontext (2,18ff.) motiviert sein, denn in der jüdisch-christlichen Apokalyptik begegnet das Wort „Ungerechtigkeit" = „Bosheit" häufig im Zusammenhang des endzeitlichen, Gott widersprechenden Wirkens des Satans und Antichristen (vgl. TestDan 5,4-6; 6,1-6; 1QS IV, 9.17.19; III, 20-24; 2.Thess 2,3f.7f.; 2.Kor 6,14; Mt 13,41; 24,12; Lk 13,27 v.l.; Mk 16,14; 1.Joh 3,4.7f.10; Did 16,3f.; Barn 4,1-4 u.ö.). Damit qualifiziert 1.Joh die Sünde als endzeitliche, diabolische Bosheit, wie sie besonders durch das Wirken der Irrlehrer repräsentiert wird. Die eschatologisch-apokalyptische Deutung vertreten u.a. R.E. BROWN, Epistles, 399f.; R. BULTMANN, Johannesbriefe, 55; I. GOLDHAHN-MÜLLER, Grenze, 61f.; N. LAZURE, Valeurs, 307-309; S. LYONNET(/L. SABOURIN), Sin, 42f.; W. NAUCK, Tradition, 16; I. DE LA POTTERIE, péché, 65-83; E. RUCKSTUHL, Komm., 54; R. SCHNACKENBURG, Johannesbriefe, 186; W. VOGLER, Komm., 110f.; K. WENGST, Komm., 133.

[56] Zum τεκνία-Begriff im 1.Joh vgl. D. RUSAM, a.a.O., 128f.

[57] Die Formulierung ist gut johanneisch (vgl. Joh 11,4: „Krankheit zum Tod").

εἰδώλων den Sinn einer Mahnung haben, nicht der Irrlehre zu verfallen, weil die Warnung vor dieser den ganzen Brief durchzieht."[58] Sofern man das Stück als sekundär ausgrenzt, ergibt sich die Frage nach dem ursprünglichen Ort desselben. So hat man die Rede von der Todsünde im Zusammenhang mit der Warnung vor den Götzen auf eine vom Briefkorpus verschiedene Situation der Verfolgung der Christen von seiten des Staates gedeutet und darin eine Bestätigung für den sekundären Charakter von 5,14-21 sehen wollen.[59] Aber daß ein späterer Redaktor bzw. Herausgeber(kreis) ein mit der Situation und Fragestellung des Briefes völlig verschiedenes Stück als Anhang an das Briefkorpus gesetzt hat, ist unwahrscheinlich. Eidololatrie im Blick auf heidnische Götter oder gottähnliche Herrscher spielt im 1.Joh sonst keine Rolle.[60] Demnach gilt: „1Joh 5,14-21 schließt nicht nur einfach das vorherige Schreiben ab, sondern die angebotene Lösung der Sündenproblematik und die Warnung vor Apostasie haben appellativen Charakter, sie sind für das Gesamtverständnis des 1Joh konstitutiv."[61]

---

[58] R. BULTMANN, Johannesbriefe, 93; ähnlich R.E. BROWN, Epistles, 616ff.629; M. HENGEL, Frage, 153 Anm. 6; E. RUCKSTUHL, Komm., 68; W. VOGLER, Komm., 179; F. VOUGA, Komm., 77. Das εἴδωλον ist der falsche Gott, der Götze (BAUER-ALAND, s.v. 2.), dem der Verf. bewußt den „wahren Gott" gegenüberstellt (V20c). Es steht hier als Metapher für die Gefahr des Abfalls vom rechten Glauben und entspricht der ἁμαρτία πρὸς θάνατον von V16f. Irrlehre verbindet sich mit Götzenverehrung (vgl. ApkJoh 2,14f.20). Solch ein Bezug der Irrlehre auf den Bereich des Widergöttlichen ist auch der Charakterisierung der Dissidenten als Antichristen (2,18ff.), Teufelskinder (3,10) und Falschpropheten (4,1) zu entnehmen. - N. LAZURE, a.a.O., 314-317; W. NAUCK, a.a.O., 137f., und R. SCHNACKENBURG, a.a.O., 292, deuten die εἴδωλα auf die Sünde im allgemeinen (mit Verweis auf die spiritualisierte Deutung der εἴδωλα in 1QS 2,11f.17; 1QH 4,15.18f.; vgl. TestRub 4,5f.; 2.Kor 6,14-16). Ähnlich allgemein I. GOLDHAHN-MÜLLER, a.a.O., 32: „was die Gemeinschaft mit Gott und die Liebe zum Glaubensbruder zerstört". Doch berücksichtigen diese Deutungen zu wenig die akut-polemische Tendenz des Schreibens. - Gegen die metaphorische Deutung von εἴδωλον wendet sich u.a. H.-J. KLAUCK, Komm., 341-343.

[59] K. WENGST, Komm., 225; vgl. weiter H.-J. KLAUCK, Komm., 343; G. SCHUNACK, Komm., 106; E. STEGEMANN, Kindlein, 288f., der jedoch für Einheitlichkeit des 1.Joh plädiert. Weitere Deutungsmöglichkeiten zu 5,21 zählen R.E. BROWN, Epistles, 626-629, I. GOLDHAHN-MÜLLER, Grenze, 30-32, und G. STRECKER, Komm., 311f., auf.

[60] „Als Warnung vor Götzenbildern und heidnischen Kulten wäre dieser Satz am Ende des 1.Joh. sinnlos" (H. BALZ, Komm., 210).

[61] U. SCHNELLE, Einleitung, 525. Gegen die Hypothese eines sekundären Nachtrags von 1.Joh 5,14-21, wie sie im wesentlichen durch die Argumente R. BULTMANNs (Redaktion, 381-393) gestützt wird (Zusammenfassung der Argumente Bultmanns bei I. GOLDHAHN-MÜLLER, a.a.O., 29; W. NAUCK, Tradition, 133f.; W. VOGLER, Komm., 36f.171f.), sprechen sich u.a. aus: R.E. BROWN, Epistles, 631; I. GOLDHAHN-MÜLLER, Grenze, 29-34; W.G. KÜMMEL, Einleitung, 387f.; W. NAUCK, Tradition, 133ff.; U. SCHNELLE, Einleitung, 524f.; E. STEGEMANN, Kindlein, 284-294; G. STRECKER, Komm., 293.

Joh 5,14-21 warnt also im Sinn des Briefkorpus vor den Gegnern und stellt ihre Sünde unter das Signum des Todes (ἁμαρτία πρὸς θάνατον).[62] Es ist die Sünde, die ihr Resultat im Tod findet.[63] Für diese Beurteilung hat 1.Joh schon in 3,14f. Anlaß gegeben, wenn er den von den Gegnern praktizierten Bruderhaß mit dem Resultat des Todes in Verbindung bringt („μένειν ἐν τῷ θανάτῳ" und „οὐκ ἔχειν ζωὴν αἰώνιον ἐν αὐτῷ μένουσαν"), während die Adressaten „vom Tod in das Leben hinüberge-schritten sind" (vgl. Joh 5,24). Dementsprechend erhält ein sündiger Bru-der durch die Fürbitte des Mitbruders das „Leben" (5,16: δώσει αὐτῷ ζωήν).[64] Das Bekenntnis der Sünde (1,9) und die Fürsprache Christi (2,1)

---

[62] Mit H. BALZ, Komm., 208f.; W. BITTNER-SCHWOB, Art. Johannesbriefe, GBL III, 1090; R. BULTMANN, Johannesbriefe, 93; R.E. BROWN, Epistles, 617.629.636; J. GNILKA, Theologie, 314; E. RUCKSTUHL, Komm., 67; W. VOGLER, Komm., 175f.; F. VOUGA, Komm., 76.78. Anders G. STRECKER, Komm., 298, der 1.Joh 5,16f. als „genui-ne Gemeindeparänese" versteht und einen Bezugnahme der „Sünde zum Tod" auf die Gegner des Briefes ausschließt (a.a.O., 304 Anm. 45; vgl. auch I. GOLDHAHN-MÜLLER, Grenze, 47-50). Versteht man jedoch - wie auch Strecker voraussetzt - 5,14ff. nicht als sekundären Nachtrag, dann bietet sich der Zusammenhang von 5,16f. mit der gegneror-ientierten Aussage von 3,14f. an. Der durch die Irrlehrer praktizierte Bruderhaß (vgl. den Zusammenhang von 3,4-10a.10b.11ff.) bewirkt ein „Bleiben im Tod" und den Verlust des „ewigen Lebens". R. SCHNACKENBURG, Christ und Sünde, 117f., interpretiert zwar Joh 5,16f. im Zusammenhang mit 3,14f., schließt aber eine Bezugnahme der „Sünde zum Tod" auf die Gegner aus (120f.). Anders urteilt er in: ders., Christ, 189: „Das Nächstlie-gende ist nach der durchgängigen Polemik des Schreibens gegen die Dissidenten, daß der Verf. eine Fürbitte für diese aus der Gemeinde Ausgeschiedenen ablehnt, weil sie für ihn durch ihre christologische Lüge und ihre Verweigerung der Bruderliebe im Bereich der 'Finsternis' (2,11) und des 'Todes' (3,15) verharren." Zum Zusammenhang von 5,16f. mit 3,14f. vgl. auch H.-J. KLAUCK, Komm., 329, der die „Sünde zum Tod" mit der le-bens- und liebeszerstörenden Sünde der Dissidenten in Verbindung bringt. KLAUCK rechnet jedoch im Fall von 5,14-21 mit einem sekundären Nachtrag. - D. RUSAM, Ge-meinschaft, 142ff., stellt zu Recht heraus, daß zwischen der Sünde der Gottgezeugten in der Gemeinde (= „Sünde nicht zum Tod", die bekannt und vergeben wird; vgl. 1,9; 2,1f.) und der „Sünde zum Tod", die durch die Irrlehrer begangen wird und keine Vergebung erfährt (3,6.9; 5,16f.18), zu unterscheiden ist.

[63] D. RUSAM, a.a.O., 142ff., arbeitet aufgrund sprachlicher Beobachtungen zum Ge-brauch von πρός im 1.Joh (= „an", „bei"; vgl. 1,2; 2,1; 3,21; 5,14) heraus, daß die Wen-dung ἁμαρτία (οὐ) πρὸς θάνατον keinen Ortswechsel beschreibt, sondern die Sünde als „Signum des Todes" definiert. Allerdings dürfte das finale Moment nicht auszu-schließen sein (vgl. Joh 4,35; 11,4 [„Krankheit zum Tode"]; πρός mit Akk. zur Angabe der Bestimmung, des Zweckes, des Erfolges; vgl. B.-D.-R. § 239.7 mit Anm. 7). „Sünde zum Tod" wird unter der Herrschaft des Todes vollzogen („Signum"), zielt aber auch auf den Tod als Resultat des Verhaltens (vgl. 1.Joh 3,14: „vom Tod zum Leben" - „im Tod bleiben"). Ähnlich kennt das alttestamentliche Recht eine Sünde, die die Todesstrafe nach sich zieht (Lev 18,29; 19,8; 20,27; 24,15f.; Dtn 17,12; 22,23-26).

[64] Zu dieser Auslegung der Wendung δώσει αὐτῷ ζωήν vgl. H.-J. KLAUCK, Komm., 325f.: „Der *Beter* wird *dem sündigen Mitbruder* Leben schenken. Durch sein

gewähren weiterhin das Bleiben des sündigen Glaubenden im Leben. Worum es sich bei der ἁμαρτία οὐ πρὸς θάνατον handelt, wird nicht näher gesagt.[65] Aber auch hier ist eine Verbindung zum Briefkorpus zu erkennen, insofern der Verfasser des Briefes mit in der Gemeinde vorhandenen Verfehlungen rechnet, die als „unmögliche Möglichkeit" des erneuerten Menschen de facto begegnen (s.o.), jedoch unter der Gewißheit der Fürsprache Christi vor Gott (vgl. 2,1) keine lebensnegierende Funktion (mehr) haben, so daß der Sünder noch Zuversicht „am Tag des Gerichts" haben kann (4,17). Insofern trägt der Verfasser der Gemeinderealität Rechnung. Das zwischen Leben und Tod unterscheidende Merkmal ist die Liebe zum Mitbruder, die sich vom Verhalten der Gegner abhebt: „Wir wissen, daß wir vom Tod in das Leben hinübergeschritten sind, *weil* (!) wir die Brüder lieben" (3,14). Die Todsünde dagegen äußert sich im Haß (2,9-11; 3,15).[66] Bekenntnismäßig unterscheidet sich die „Sünde nicht zum Tod" von der „Sünde zum Tod" darin, daß letztere im Unterschied zur ersten Christus und Gott verleugnet (2,22f.). Die „Sünde zum Tod" ist also „durch ihre christologische Lüge und ihre Verweigerung der Bruderliebe"[67] gekennzeichnet.

Ein weiteres Unterscheidungsmerkmal ist durch die Fürbitte gegeben. Die in Christus erfolgte universale Sühnung der Sünde (der Welt) ist ein objektives, im Tod Christi extra nos erwirktes Heilsereignis. Dennoch kann dem Todsünder der Welt keine Fürbitte gewährt werden (vgl. Joh 17,9). Er hat sich durch seine Sünde selbst die Konsequenz des Todes (im Gericht vgl. 4,17) erwirkt und damit per se vom eschatologischen Leben ausgeschlossen (3,14f.). Für eine zum Tod erfolgte Sünde gibt es kein Gebet, weil der Tod nicht mehr zum Leben gehört; nur für das - wenn auch in „unmöglicher Möglichkeit" sich verfehlende - Leben ist eine Fürbitte sinnvoll.[68] Diese Fürbitte orientiert sich am Beispiel des himmlischen Pa-

---

Beten, dem die Erhörung zugesichert ist, fließt Leben als göttliche Gabe auf den Sünder herab" (Hervorhebung H.-J.K.). Vgl. Jak 5,20; 2.Clem 19,1.

[65] Eine Darstellung der Auslegungsmodelle zu diesem Begriff bietet I. GOLDHAHN-MÜLLER, Grenze, 38-47.

[66] Vgl. N. LAZURE, Valeurs, 310-314. Lazure verweist auf TestXII.Gad 2,1; 4,7 als Parallelen. Hier werden Haß, Sünde und Tod in Verbindung gebracht.

[67] R. SCHNACKENBURG, Christ, 189. Die Erfüllung der ἐντολή Gottes ist positiv genau entgegengesetzt: der Glaube an seinen Sohn Jesus Christus und die Bruderliebe (1.Joh 3,23).

[68] Vgl. R. SCHNACKENBURG, a.a.O., 188: „Wer eine Sünde begeht, die nicht zum Tode führt, ist ja aus dem göttlichen Lebensbereich noch nicht ausgeschieden." SCHNACKENBURG denkt bei der „Sünde nicht zum Tod" an eine Schwächung des göttlichen Lebens im Christen (ebd.).

rakleten Jesus Christus, der beim Vater für uns eintritt, wenn wir sündigen (2,1). Damit ist jedoch noch nichts über das endgültige Schicksal der Todsünder ausgesagt (vgl. Mk 10,27). Denn auch sie stehen - wie der Kosmos im ganzen - unter dem Heilswerk Christi.[69] Der Verfasser hat an dieser Stelle nicht weitergedacht. (In welchem Verhältnis steht das Heilswerk Christi zu den Todsünden?) Ihm geht es um die im Brief bereits angesprochene Differenzierung der Sünde der Gegner von den Sünden in der Gemeinde, wobei die Fürbitte für die Sünder, die nicht zum Tod sündigen, leitender Gesichtspunkt der Argumentation ist.[70] Insofern macht 5,16f. vielleicht einen unabgeschlossenen Eindruck, steht jedoch nicht im Gegensatz zu den universalen Heilsaussagen, die das Christusgeschehen betreffen. Es gibt keine zwingenden Gründe für die Annahme eines Widerspruchs zwischen 1.Joh 5,16f. und dem Sündenbegriff des übrigen Briefes. Es handelt sich vielmehr um eine summarische Präzisierung der bereits vorher angedeuteten Unterscheidung der (unvergebbaren) Sünde der Gegner von den (vergebbaren) Sünden in der Gemeinde. Leitender Gesichtspunkt ist die Frage der Fürbitte (5,14f.).

(2) Sünde wird im Unterschied zum Johannesevangelium nicht als Unglaube der (dem Offenbarer entgegenstehenden) Welt (vgl. Joh 8,24; 15,22-24; 16,9), sondern als *verfehlter Glaube* und *soziales Fehlverhalten der Gegner/Irrlehrer*, die in der Gemeinde wirksam sind,[71] erfahren. Eine

---

[69] W. NAUCK, Tradition, 145, bemerkt, daß der Verf. in 5,16f. den Rat zum Vorenthalten der Fürbitte für den Todsünder „in einer merkwürdig zurückhaltenden subjektiven Form" erteilt. „Der Verfasser wagt nicht, seinen Lesern in dieser schwierigen Frage ein praeceptum zu geben, sondern er erteilt nur ein consilium." Offenbar verspürt der Verf., daß die Entscheidung über das endgültige Schicksal der Todsünder Gott allein vorbehalten bleibt. Das Neue Testament kennt u.a. die Perspektive, daß schwere Sünder dem (strafenden) Gericht Gottes überlassen werden, damit dieser sie züchtige, um sie am Ende zu retten (vgl. 1.Kor 5,5; 1.Tim 1,20). Zur Interpretation in diesem Sinn vgl. auch D. RUSAM, Gemeinschaft, 145.

[70] Die Erörterung von 5,16f. steht im Kontext der Gewißheit des Erhörens der Fürbitte (5,14f.). Am Ende (5,17b) kehrt der Verf. zu seiner Aufforderung zur Fürbitte zurück. (Textkritisch ist die LA von V17b mit οὐ gut gesichert!) „Von vornherein will beachtet sein, daß die Rede von der Sünde zum Tod (nur in 16f) erheblich weniger die Rede ist als von der Sünde nicht zum Tode (in 16be.17b). Der Ton liegt auf der positiven Aussage: Lebenserhaltung (16d) trotz Sünde" (H.-J. KLAUCK, Komm., 325; ähnlich R. SCHNACKENBURG, Christ, 190). Anders urteilt I. GOLDHAHN-MÜLLER, Grenze, 36, die 5,16f. im Blick auf das unwiderrufliche (!) eschatologische Gericht über den Todsünder auslegt.

[71] Der Verf. des Briefes sieht die Gefahr, die das Wirken der Gegner *in der Gemeinde* ausgelöst hat. Dies gilt unabhängig von der Streitfrage, ob sie als christliche Häretiker (so die meisten Exegeten) oder als Apostaten (so D. RUSAM, Gemeinschaft, 172ff.; E. STEGEMANN, Kindlein, 284-294; H. THYEN, Johannesbriefe, 192f.) einzustu-

verfehlte Erkenntnis äußert sich in einem *verfehlten Lebenswandel*. Dieser doppelte Aspekt wird bereits in dem auf das Proömium folgenden Abschnitt 1,5-2,2 deutlich. Der Anspruch auf eine in der Erkenntnis Gottes begründete Gemeinschaft mit Gott wird durch die Realität des ἐν τῷ σκότει περιπατεῖν (vgl. Joh 8,12; 11,9f.; 12,35; 1.Joh 2,11) konterkariert. Er erweist sich daher als Lüge (1,6). Die aus diesem Anspruch der Gemeinschaft mit Gott und der Teilhabe am Geist (vgl. 2,20.27; 3,9) gezogene Schlußfolgerung: „Wir haben keine Sünde"[72] (1,8a.10a) stellt sich ebenfalls als Lüge dar, wenn ihr das entsprechende ἐν τῷ φωτὶ περιπατεῖν (V7; vgl. 2.Joh 4; 3.Joh 3.4: περιπατεῖν ἐν ἀληθείᾳ) fehlt.[73] Diese Lüge ist Selbstbetrug (V8b) und Betrug gegenüber Gott (V10b).[74]

---

fen sind. Sie entstammen der Gemeinde (2,19) und fühlen sich offenbar ihr weiterhin zugehörig, wie es den in 1,6 („Wir haben Gemeinschaft mit ihm"), 1,8 („Wir haben keine Sünde"), 1,10 („Wir haben nicht gesündigt"), 2,4 („Ich kenne ihn"), 2,6 („Ich bleibe in ihm"), 2,9 („Ich bin im Licht") und 4,20 („Ich liebe Gott") wiedergegebenen Parolen der Gegner zu entnehmen ist. „Die Aussagen der Gegner, die sich aus 1Joh 1,6.8.10 und 2,4.6.9 ableiten lassen, führen zu der Vermutung, daß auch 'Abweichler' mit der Gemeinde noch in Kontakt sind und auch ihr Handeln vor der Gemeinde zu verantworten suchen, um Gemeindegliedern dieses Handeln und Denken begreiflich und nachvollziehbar zu machen. Wollten sie sich einfach von der Gemeinde distanzieren und nichts mehr mit ihr zu tun haben, dann wären Sätze wie 'Wir haben Gemeinschaft mit ihm' (vgl. 1Joh 1,6) oder 'Ich kenne ihn' (vgl. 1Joh 2,4) oder 'Ich bleibe in ihm' (vgl. 1Joh 2,6) unverständlich" (D. RUSAM, a.a.O., 172). Vgl. auch H.-J. KLAUCK, Komm., 33: „Vermutlich haben die 'Sezessionisten' ungerührt am gleichen Ort weitergelebt, sich selbst als die einzig wahre johanneische Gemeinde gefühlt und den Briefautor mit seinen Anhängern als Splittergruppe betrachtet. Eine förmliche Exkommunikation der Gegner hat gewiß nicht stattgefunden, dazu fehlten sämtliche Voraussetzungen."

[72] Wahrscheinlich haben sich die Dissidenten mit dieser Parole auf die joh Position Joh 8,31ff. berufen, wonach der Glaubende durch Jesus von der Sünde befreit worden ist. Vielleicht haben sie auch diesen Status der Gotteskindschaft mit der Sündlosigkeit des Gottessohnes (Joh 8,46) in Verbindung gebracht. Jedenfalls sind diese Schlußfolgerungen der Dissidenten an der johanneischen Überlieferung angelegt, wenn auch nicht im Sinne einer notwendigen Entwicklung. Denn der Verf. des Briefes hat aus dem entsprechenden Status der Gottessohnschaft gegenteilige Schlußfolgerungen gezogen, wonach die Sündlosigkeit nicht ontologisch, sondern paränetisch begründet wird (vgl. dazu R.E. BROWN, Ringen, 96-98).

[73] Die Beschreibung der Irrlehrer ist analog zu den fast 50 Jahre älteren Enthusiasten in Korinth. „Ein die reale Wirklichkeit des Alltags der Welt transzendierender Geist-Enthusiasmus und die konkrete Einhaltung der für die Bewährung in diesem Alltag gegebenen Gebote passen schlecht zueinander und müssen in Widerstreit geraten" (M. HENGEL, Frage, 186). Überhaupt bestehen enge Berührungen zwischen der johanneischen und der paulinischen Tradition. Vgl. dazu Teil 9.2.

[74] Als „Betrug" (πλάνη) und „Lüge" (ψεῦδος) erweist sich die Behauptung der Sündlosigkeit insofern, als sie dem universalen Vergebungswerk Christi widerspricht (V7c). „Die Universalität der Befreiung von der Sünde durch den Sühntod Jesu Christi

Die Gegner[75] offenbaren sich als „Antichristen" (2,18ff.; vgl. 4,3; 2.Joh 7), die den „Geist des Irrtums" im Gegensatz zum „Geist der Wahrheit" vertreten (4,6). Diesen Anspruch der Gegner auf Gemeinschaft mit Gott erwidert der Verfasser des 1.Joh bemerkenswerterweise nicht mit einer Gegenbehauptung (z.B.: *„Wir* haben Gemeinschaft mit Gott"). Er verweist vielmehr zuerst auf die Lebenspraxis, die Aufschlüsse über eine entsprechende κοινωνία (mit Gott) gewährt. Dabei läßt er seine am sozialen Verhalten ausgerichtete Argumentation erkennen. „Gemeinschaft mit Gott beschränkt sich nicht auf individuelle Gotteserfahrungen, sondern schlägt in konkretes und damit für jedermann nachprüfbares Verhalten um. Dazu gehört: Gemeinschaft mit Gott führt in die Gemeinde der Glaubenden."[76] Nicht der bloße Anspruch, Gemeinschaft mit Gott zu haben, sondern die im Lichtwandel realisierte *Gemeinschaft untereinander* (κοινωνία μετ' ἀλλήλων[77]) ist in Wahrheit Ausweis der Freiheit von Sünde (vgl. 3,6.9; 5,18).[78] Der Verfasser verweist bewußt auf diese Gemeinschaft, die näherhin als Bruderliebe[79] gekennzeichnet wird, weil gerade das Fehlen der Bruderliebe und der praktizierte Bruderhaß die Gemeinschaft mit Gott in Frage stellen und als ἐν τῇ σκοτίᾳ περιπατεῖν offenbar werden (2,7-

---

bestätigt die Universalität von ἁμαρτία und ἀδικία (V.8-10)" (G. STRECKER, Komm., 84).

[75] VV1,6a.8a.10a geben offenbar wie 2,4.6.9; 4,20 Thesen der Gegner wieder (H. BALZ, Komm., 173f.; J. BOGART, Perfectionism, 25ff.; R.E. BROWN, Epistles, 197 u.ö.; ders., Community, 123ff.; R. BULTMANN, Johannesbriefe, 22; H.-J. KLAUCK, Komm., 88; J. PAINTER, Opponents, 54-64; ders., Quest, 375f.379-393; E. RUCKSTUHL, Komm., 38f.45; R. SCHNACKENBURG, Christ, 184; ders., Johannesbriefe, 80; G. SCHUNACK, Komm., 26.29. u.ö.; J.A. TRUMBOWER, Born, 137; K. WENGST, Komm., 52f.). Anders urteilen I. GOLDHAHN-MÜLLER, Grenze, 51; M. HASITSCHKA, Befreiung, 146f.; G. STRECKER, Komm., 80f.; U. SCHNELLE, Antidoketische Christologie, 74; F. VOUGA, Komm., 28.47, und WINDISCH-PREISKER, Komm., 111, die in der 1.Ps.Pl. homiletischen Sprachstil des Verfassers erkennen: Er weise auf die Gefahr ethischen Fehlverhaltens in der Gemeinde hin. Nach D. NEUFELD, Reconceiving Texts, 82-95, handelt es sich nicht um Thesen der Gegner, sondern um hypothetische Sprachakte, die die Glaubens- und Verhaltensweisen des Autors verdeutlichen und die Leser zur entsprechenden Sicht leiten sollen. Der Gebrauch von πλανᾶν (1,8; vgl. 2,26; 3,7; 4,6: τὸ πνεῦμα τῆς πλάνης; 2.Joh 7) läßt jedoch deutlich polemische Argumentation erkennen (mit W. VOGLER, Komm., 113). Mit einer doppelten Perspektive (Polemik und pastorales Anliegen) rechnen R. SCHNACKENBURG, Christ, 184f., und W. VOGLER, a.a.O., 61.63.

[76] W. VOGLER, a.a.O., 64.

[77] Die durch einige Hss vertretene Lesart μετ' αὐτοῦ dürfte als sekundäre Glättung (vgl. V6a) zu verstehen sein (vgl. R.E. BROWN, Epistles, 201; H.-J. KLAUCK, Komm., 86; G. STRECKER, Komm., 81f.; W. VOGLER, a.a.O., 64).

[78] Vgl. J. PAINTER, Quest, 392f.

[79] Zur Bruderliebe im 1.Joh vgl. R.E. BROWN, Community, 131-135.

11).[80] Der enge Zusammenhang von verfehlter (Gottes-)Erkenntnis und verfehltem Lebenswandel - „Jeder, der sündigt, hat ihn nicht gesehen und nicht erkannt" (3,6) - ist charakteristisch für das Auftreten der Gegner. Wenn Erkenntnis und Lebenswandel im Widerspruch stehen, dann spricht man von Lüge (1,6.8.10). Dieser Zusammenhang wird in 2,4 deutlich festgehalten: „Wer behauptet: 'Ich habe ihn erkannt' und bewahrt seine Gebote nicht, ist ein Lügner ...". Ein *soziales Fehlverhalten* ist das Auftreten der Gegner insofern, als sich ihre (Fehl-)Erkenntnis in der brüderlichen Gemeinschaft zerstörend auswirkt. Wenn soziale Bindungen, mitmenschliche Verpflichtungen und Beziehungen angesichts einer „hochmütigen Geistlichkeit" (2,4) gleichgültig werden und notwendige Hilfe unterbleibt (vgl. 2,16; 3,17f.),[81] dann ist die κοινωνία μετ' ἀλλήλων (1,7) zerstört. Der Verfasser fordert grundsätzlich die Bewahrung des Gebotes der Bruderliebe ein (2,7-11; 3,11ff.; 4,19f.). Das negative Pendant zur Bruderliebe ist nicht etwa nur das Fehlen von Liebe, sondern aktiver Bruderhaß.

(3) Entsprechend der Konzentration des 1. Johannesbriefes auf das in der Gemeinde virulente Problem der Sünde der Gegner steht der Begriff der Sünde nicht wie bei Joh im Kontext des Rechtsstreites Jesu mit der ungläubigen Welt.[82] „Welt" ist für 1.Joh zwar wie für Joh eine Chiffre für die Perversion durch die Sünde,[83] jedoch präzisiert der Brief den *Welt-Begriff ekklesiologisch*: „Welt" ist nicht wie im Evangelium die ungläubi-

---

[80] Vgl. G. STRECKER, Komm., 80: „Die Gemeinschaft, die mit Gott verbindet und für alle Christen als grundlegend vorausgesetzt ist, impliziert eine ethische Verpflichtung; sie muß zur κοινωνία untereinander führen (V.7)." In 1,3 hatte der Verf. klargestellt, daß die Adressaten in die durch die Augen- und Ohrenzeugen vermittelte Gemeinschaft (κοινωνία) mit dem Vater und dem Sohn integriert werden.

[81] Zum sozialen Problem von Arm und Reich im 1.Joh (2,16; 3,17) vgl. D. RUSAM, Gemeinschaft, 215-218.

[82] Bezeichnend ist, daß 1.Joh den für das Rechtsstreitmotiv des Johannesevangeliums konstitutiven Begriff κρίσις (11mal)/κρίνειν (19mal) nicht benutzt (Ausnahme: 1.Joh 4,17, hier jedoch im traditionellen Sinn des eschatologischen Gerichtstages)! „Es ist ein typisches Thema des Joh, das zudem meist in Jesusworten und mehrmals in der Auseinandersetzung mit den Juden vorkommt" (E. RUCKSTUHL/P. DSCHULNIGG, Stilkritik und Verfasserfrage, 50).

[83] Wir gehen hier nur der Frage nach, wie sich die Welt als „Gegenwelt" zur Gemeinde verhält. Insofern ist das Phänomen der Sünde als Interpretationskontext heranzuziehen. Der sachlichen Vollständigkeit halber muß freilich berücksichtigt werden, daß sowohl für Joh als auch für 1.Joh die „Welt" nicht durch ihre Perversionserscheinung *definiert* ist. In dieser Hinsicht sind die entsprechenden Aussagen des Evangeliums und des Briefes zu berücksichtigen, die die (bleibende) Heilsabsicht Gottes gegenüber der Welt benennen und sie damit per definitionem als von Gott gewollte und geliebte Welt bestimmen (Joh 3,16f.; 4,42; 6,33.51c; 11,51f.; 12,46f.; 17,21d.23c; 1.Joh 2,2; 4,9.14). Zum Zusammenhang von Heil und Gericht für die Welt bei Joh vgl. Teil 8.3.

ge Außen-Welt, sondern die durch Fehlglaube und Fehlverhalten repräsentierte „Welt" der Gegner *in der Gemeinde*. „Jetzt stehen die Dissidenten für 'die Welt' (1.Joh. 4,5), und sie werden als Kinder des Satans gegei-
ßelt (3,10), nicht mehr 'die Juden'."[84] Ein Überblick über die Verwendung
des Begriffs „κόσμος" im 1.Joh kann dies verdeutlichen.

Exkurs: Der Begriff κόσμος im 1. Johannesbrief

κόσμος ist in der johanneischen Theologie „sowohl die Gesamtheit des
Geschaffenen wie der bes. Aspekt des das Geschaffene in seiner Gottesferne repräsentierenden Menschen."[85] Der erste Aspekt des mit der Schöpfung Gegebenen ist im Johannesevangelium noch stärker präsent (vgl.
1,3.10) als im 1. Johannesbrief (Bezeichnenderweise begegnet κόσμος
nicht im Prolog des 1.Joh!). Er klingt nur nebenbei mit an (1.Joh 3,17: ὁ
βίος τοῦ κόσμου). Der zweite Aspekt ist sowohl im Joh als auch im 1.Joh
dominant. Der Begriff „Welt" bezeichnet die in der Gottesferne stehenden
Menschen.[86] Während aber der Evangelist diese Menschen als die die
„Welt" repräsentierenden „Juden" versteht,[87] wird im 1.Joh die „Welt" mit

---

[84] R.E. BROWN, Ringen, 76. Brown, a.a.O., 103f., sieht richtig, daß die dualistische
Sprache, die im Johannesevangelium „in den Angriffen Jesu auf die Welt und auf 'die
Juden' vorkam (Liebe/Haß; Licht/Finsternis; Wahrheit/Lüge; von oben/von unten; von
Gott/vom Satan) jetzt bei den Angriffen auf die Christen angewendet wird, mit denen der
Verfasser sich auseinandersetzt" (103). Vgl. zur Finsternis Joh 1,5; 3,19-21; 8,12;
12,35.46 mit 1.Joh 2,9-11; zur Teufelskindschaft Joh 8,44 mit 1.Joh 3,10f.; zur Verstok-
kung Joh 12,39f. mit 1.Joh 2,11.

[85] H. BALZ, Art. κόσμος, EWNT II, 772. Zum „Welt"-Begriff bei Johannes vgl.
weiter J. ASHTON, Understanding, 206-208; G. BAUMBACH, Gemeinde und Welt, 121-
125; J. BLANK, Krisis, 186-198; R.E. BROWN, Komm. I, 508-510; R. BULTMANN,
Theologie, 367ff.; C. DIETZFELBINGER, Abschied, 177-186; J. GNILKA, Theologie, 239-
246; W.G. KÜMMEL, Theologie, 256-258; A. LINDEMANN, Gemeinde und Welt, 133-
161; T. ONUKI, Gemeinde und Welt, passim; A. REINHARTZ, Word, 38-41; U.
SCHNELLE, Komm., 76f.; W. WIEFEL, Scheidung, 22 iff.

[86] Vgl. R. SCHNACKENBURG, Christ und Sünde, 103: „'Welt' steht für ihn (1.Joh,
R.M.) unter dem Aspekt des geschichtlichen Verhaltens der Menschen, ihres moralischen
Versagens, ihrer Neigung zum Bösen." Zu bedenken ist, daß der Welt als Schöpfung
Gottes (vgl. Joh 1,3.10) und Ort seiner liebenden Zuwendung (Joh 3,16f.; 4,42;
6,33.51c; 12,46f.; 1.Joh 2,2; 4,9.14) keine wesensmäßige Inferiorität zukommt. „Nur der
Unglaube qualifiziert den Kosmos als einen negativen Bereich, so daß Johannes von der
Welt als Objekt der Liebe Gottes positiv, als Ort des Handelns neutral und als Bereich
des Unglaubens negativ sprechen kann" (U. SCHNELLE, Antidoketische Christologie,
221).

[87] R.E. BROWN, Ringen, 51-56, unterscheidet eine ungläubige Gruppe der „Juden"
von der ungläubigen Gruppe der „Welt". Während in Kap. 5-12 „Welt" und „Juden"
identisch sind, kommen ab 12,20ff. die Heiden in den Blick. In den Abschiedsreden
würde der Begriff „Welt" als Synonym für Nichtjuden = Heiden stehen, unter deren

den aus der Gemeinde stammenden (2,19) Irrlehrern in Verbindung gebracht. Im Joh beschreibt κόσμος den Aspekt der außerhalb der Gemeinde wirkenden „Welt", im 1.Joh beschreibt κόσμος den Aspekt der *in* der Gemeinde wirkenden Welt.

Zunächst sind die Aussagen zu benennen, die den Außenaspekt von „Welt" mitenthalten:

(1) 1.Joh 2,2; 4,9.14: Hier handelt es sich um geprägte soteriologische Aussagen, die das universale Heilswerk Christi zur Geltung bringen. Sie stimmen der Tendenz nach mit den im Johannesevangelium begegnenden Aussagen der heilsamen Weltzuwendung Gottes durch seinen Sohn überein (Joh 1,29; 3,16f.; 4,42; 6,51; 12,47).[88]

(2) 1.Joh 4,1.3 (vgl. 2.Joh 7): Die Falschpropheten sind in die Welt „hinausgegangen", so daß sie jetzt „in der Welt" sind. Die Welt hört auf sie (4,5c). Es wird vorausgesetzt, daß Welt und Irrlehrer zu unterscheiden sind. „Welt" ist der Ort ihres Wirkens. Hier wird ihnen Aufmerksamkeit entgegengebracht. Sie sprechen eine weltkonforme Sprache. „Deshalb hört die Welt denen, die so sprechen, gerne zu, weil sie darin bewußt oder unbewußt ihre eigene Stimme wiedererkennt."[89]

Andererseits wird deutlich, daß die Gegner „aus der Welt" sind und daß sie „aus der Welt reden" (4,5a.b).[90] Das heißt, daß die Welt nicht ein-

---

Druck die joh Gemeinde zu leiden hatte. Aber für diese Veränderung im Weltbegriff bei Johannes gibt es keine überzeugenden Hinweise. Trotz des Fehlens des Begriffes „Juden" in den Abschiedsreden, bleibt der Bezug des Weltbegriffs auf die „Juden" bestehen. Darauf weist u.a. der Zusammenhang von 15,18ff. mit 16,2 hin (vgl. Teil 6.2.).

[88] K. BERGER, Theologiegeschichte, 246, meint, daß die Welt im 1. Johannesbrief negativer beurteilt wird als im Johannesevangelium. Das läßt sich aber anhand der genannten Belege nicht nachweisen. Daß in 1.Joh 2,15-17 die Liebe zur Welt verboten wird, hängt nicht damit zusammen, daß 1.Joh eine Liebe (Gottes) zur Welt nicht kennt, sondern daß die durch die Irrlehrer repräsentierte „Welt" in der Gemeinde Unheil wirkt. Die grundsätzlich bestehende Zuwendung Gottes zur Welt in Christus steht außer Frage (vgl. 1.Joh 4,14 und Joh 4,42: „Retter der Welt").

[89] H.-J. KLAUCK, Komm., 240.

[90] 1.Joh 4,5 zeigt eine deutliche Nähe zu Joh 8,23, wo gesagt wird, daß die „Juden" „aus dieser Welt" sind. „Bezieht sich der Verfasser (des 1.Joh, R.M.) auf diese Stelle, dann liegt darin eine besonders scharfe Polemik, indem er sie (die Irrlehrer, R.M.) in eine Linie mit den ungläubigen Juden 'von unten' stellt, während sie beanspruchen, mit dem Christus 'von oben' konform zu sein" (K. WENGST, Komm., 174). - Die Präposition „von, aus" (ἐκ) deutet sowohl die Herkunft wie die Wesensart an. „Mit εἶναι ἐκ (sein aus) bestimmt die johanneische Sondersprache Ursprung und Wesen eines Phänomens innerhalb des dualistischen Begriffsrahmens von Himmel, oben, Geist, Vater vs. Erde, unten, Fleisch, Teufel (vgl. Joh 8,44)" (H.-J. KLAUCK, Komm., 142). Antithetisch sind „aus Gott" (Joh 1,13; 8,47; 1.Joh 2,29; 3,9.10; 4,2-6.7; 5,1.4.18.19) und „nicht aus Gott"

fach nur der neutrale Raum des Wirkens der Irrlehrer ist, sondern daß er der (Unheils-)Bereich ist, der durch ihr Wirken in der Gemeinde aufgebaut wird. Die gottfeindliche Außenwelt, die wesenhaft nicht zum Innenbereich der Gemeinde gehört, ist durch das verführende Wirken der Irrlehrer (2,26) in der Gemeinde präsent gemacht. „Welt" wird daher als ein Phänomen *in* der Gemeinde wirksam, obwohl diese selbst nicht ἐκ τοῦ κόσμου ist. In der Welt wirken die Falschpropheten, weil sie den johanneischen Gemeindeverband, aus dem sie stammen, verlassen haben (2,19), obwohl sie sich selbst wohl nicht als Abweichler und Sezessionisten verstanden haben.[91] Aus diesem Grund sind sie für den Verf. nur formal, nicht aber eigentlich ἐξ ὑμῶν (2,19), sondern ἐκ τοῦ κόσμου. Sie haben sich dem ἐν τῷ κόσμῳ wirkenden Antichristen angeschlossen (4,3) und so die mit dem johanneischen Gemeindeverband gemeinsame Basis des ἐκ τοῦ θεοῦ-Seins (4,3.6) aufgegeben. Sie übernehmen die Funktion, die durch den Antichristen präsente Außenwelt als „Welt" in der Gemeinde zu konstituieren, die „Welt" in die Gemeinde hineinzuziehen, indem sie in ihr ἐκ τοῦ κόσμου reden (4,5) und damit selbst „Welt" in der Gemeinde werden. Gerade deshalb sind sie eine Gefahr, der der Verfasser des 1.Joh entgegentreten muß.

Die eben angedeutete ekklesiologische Komponente des Weltbegriffs kann im 1.Joh mehrfach deutlich gemacht werden:

1.Joh 2,15-17: Die in 2,12-14 durch die Begriffe τεκνία (παιδία), πατέρες und νεανίσκοι angesprochenen Adressaten[92] werden in 2,15-17

---

bzw. „aus der Welt"/„nicht von oben" (Joh 3,3.7.31; 8,23; 15,19; 17,11.16; 1.Joh 2,16; 4,5).

[91] Vgl. dazu Anm. 71.

[92] Aufgrund der sich in den Nebensätzen gegenseitig interpretierenden Sachverhalte ist in den unterschiedlichen Anreden eine rhetorische Variation zu sehen. Die „sachliche Verschränkung aller Aussagen miteinander zeigt, daß es sich bei ihnen um zusammengehörige Aspekte derselben Sache handelt. In ihrer Einheit und Zusammengehörigkeit beschreiben diese Aussagen das Christsein; und so können sie nicht einzeln und isoliert voneinander jeweils einer bestimmten Gruppe von Christen zugeordnet werden" (K. WENGST, Komm., 88). τεκνία (V14 παιδία) steht als erste Anrede und gilt auch sonst im Brief als auf das Gotteskindschaftsverhältnis der Adressaten anspielende grundlegende Anrede des Verfassers (2,1.18.28; 3,7 u.ö.). Die Differenzierung in πατέρες und νεανίσκοι hat ihren Anhaltspunkt am Inhalt der Nebensätze: Dem Alter und der Weisheit des πατήρ entspricht das γινώσκειν und das präzisierende ἀπ᾽ ἀρχῆς. Der Dynamik und Stärke des νεανίσκος entspricht das Bild vom Starksein und Siegen. H.-J. KLAUCK, Johannesbriefe, 48, plädiert von der rhetorischen Stilfigur der distributio her, die ein Ganzes benennt und anschließend seine Teile aufzählt, für eine die Altersgruppen der πατέρες und νεανίσκοι differenzierende Auslegung (vgl. auch H. BALZ, Komm., 179; G. STRECKER, Komm., 115).

vor der ἐπιθυμία der Welt gewarnt. Wer dieser ἐπιθυμία nachgeht, stammt nicht vom Vater, sondern von der Welt (2,16). Eben dieser Gegensatz beschreibt das Gegenüber von Gemeinde und Irrlehrer (4,5f.). Der durch die Irrlehrer repräsentierte Kosmos ist in der Form der ἐπιθυμία (vgl. Joh 8,44 „die Begierden eures Vaters") in der Gemeinde gegenwärtig.[93]

1.Joh 3,1: Während die Adressaten als „Kinder Gottes" den Vater „erkannt" haben (vgl. 2,14; 4,6.7), „kennt" der Kosmos weder „uns" noch Gott. Für beide Defizite bietet die Auseinandersetzung mit den *Irrlehrern* in 4,1-6 eine Parallele: „Wer *Gott* erkennt, hört auf *uns*. Wer nicht aus *Gott* ist, hört nicht auf *uns*" (4,6). Es sind die Dissidenten, die nach Ansicht des Verf. als „Welt" eine (wahre) Erkenntnis Gottes und seiner Gemeinde wie ihrer Vertreter vermissen lassen. Wer Gott und die Kinder Gottes nicht kennt, „hört" auch nicht auf das, was sie zu sagen haben.[94]

1.Joh 3,13-18: Der Haß der „Welt" gegenüber den ἀδελφοί wird als Bruderhaß definiert (V15).[95] Er kommt in dem lieblosen und unsozialen Verhalten der Pseudopropheten (4,1) zur Geltung (3,17; vgl. 2,16; 2,9-11;

---

[93] Streben nach Besitz (Habgier), Geiz (Neid) und „Prahlen mit dem Vermögen" (zu dieser Auslegung der in 2,16 genannten Begriffe vgl. K. WENGST, a.a.O., 95f.) kommen nach 3,17 als Lieblosigkeit (3,15: Bruderhaß) der Irrlehrer gegenüber dem Mitbruder zur Geltung. Sie kennzeichnen die Verfehlungen, vor der die Gemeinde gewarnt wird, insofern sie „immer wieder in der Gefahr (steht), selbst *Welt* zu werden" (K. WENGST, a.a.O., 97). Die „moralische" Interpretation des Welt-Begriffs in 1.Joh 2,15-17 durch R. SCHNACKENBURG, Johannesbriefe, 133-137 (Welt = „Haus der bösen Lüste" [135]; vgl. ders., Christ und Sünde, 103-106), kann dagegen nicht überzeugen. Die ἐπιθυμία im joh. Sinn geht, wie Joh 8,44 zeigt, über den sinnlich-geschlechtlichen Bereich hinaus. Sie muß im Kontext des lieblosen und unsozialen Verhaltens der Gegner, deren Verweigerung der Bruderliebe in Habgier und Neid mündet, verstanden werden (vgl. 1.Joh 2,16 mit 3,17).

[94] Für einen Bezug des „Welt"-Begriffs auf die Gegner in 3,1 spricht sich auch K. WENGST, a.a.O., 125, aus: „Sie, die sich aufgrund der ... Zeugung aus Gott selbst exklusiv für Gotteskinder hielten, streiten der Gemeinde die Gotteskindschaft ab...". καὶ ἐσμέν legt darauf wert, daß die johanneische Gemeinde sich in Abgrenzung zu den Gegnern der Gotteskindschaft versichert.

[95] Der Haß der Welt gegenüber der johanneischen Gemeinde ist ein Haß, wie er nur zwischen ungleichen „Brüdern" ausgetragen wird (vgl. 3,11f.: Kain und Abel). Die sonst im 1.Joh nicht weiter begegnende Anrede „Brüder" wird der Verfasser in 3,13 bewußt zur Abgrenzung von den Gegnern eingeführt haben, um zu verdeutlichen: Nur die in Liebe zueinander stehenden Gemeindeglieder verdienen es, „Brüder" genannt zu werden, während die durch den „Bruderhaß" bestimmten Gegner in der Linie des „Menschenmörders" Kain stehen (3,15) und dadurch zur „Welt" gehören.

4,20).[96] Joh versteht dagegen den Haß der Welt als die durch die Außenwelt der „Juden" Jesus und der Gemeinde entgegengebrachte Aggression (7,7; 15,18-25; 17,14).[97]

1.Joh 4,17: Die furchtlose Existenz ἐν τῷ κόσμῳ τούτῳ ist durch den engen Zusammenhang von Gottesliebe, Liebe zu Gott und Bruderliebe bestimmt (4,7-16.17-21). Im Gegensatz zum Bruderhaß (4,20), der für das lieblose Wirken der Irrlehrer kennzeichnend ist und als Haß der Welt in der Gemeinde verspürt wird (3,13-18), ist die von der Liebe Gottes bestimmte Existenz der Gemeinde „in dieser (durch die Gegner repräsentierten Haß-) Welt" in einer entsprechenden, dem Bruder zugute kommenden Liebe wirksam. Sie orientiert sich an der in Jesus Christus wirksamen Liebe Gottes (V17c; vgl. 3,16; 4,9f.).

1.Joh 5,4f.: Der die „Welt" überwindende Glaube ist der Glaube an Jesus als Sohn Gottes, ein Glaube, den die Irrlehrer nach Ansicht des Verfassers gerade vermissen lassen (vgl. 2,2f.; 4,2f.15; 5,1.5.13). Der Sieg (νικᾶν) über die Welt ist der Sieg über die Gegner, die in der Gemeinde die „Welt" vertreten (4,4), bzw. der Sieg über den Bösen (2,13f.), der im Bruderzwist wirksam ist (3,10.11ff.).

1.Joh 5,19: κόσμος und Sein „von Gott" standen sich schon in 4,1-6 im Blick auf die „von Gott" stammenden Kinder Gottes und die „von der Welt" stammenden Pseudopropheten gegenüber. Die generalisierende Aussage vom κόσμος ὅλος (vgl. 2,2), der ἐν τῷ πονηρῷ = „im Machtbereich des Bösen"[98] liegt, bezieht sich vom Kontext her auf die in 5,16f. genannte Todsünde, die für das Wirken der Gegner in Anschlag genommen wird. Diese sind es, die den vom Teufel bestimmten Kosmos in der Gemeinde repräsentieren. Sie weisen statt der Bruderliebe den Bruderhaß auf und stellen sich so in den Dienst des Teufels (3,8.10), während die Adressaten durch das Festhalten am Wort Gottes „den Bösen" besiegt haben (2,14). Dem ἐκ τοῦ διαβόλου εἶναι (3,8) entspricht das Negativbeispiel des Brudermörders Kain, der ἐκ τοῦ πονηροῦ war (3,12). Sünde (3,4ff.), Bruderhaß (2,9-11; 3,11ff.; 4,20), ἐκ τοῦ διαβόλου- und ἐκ τοῦ

---

[96] Daß das Auftreten von „Lügenpropheten" im urchristlichen Schrifttum nicht nur mit einer verfehlten Lehre, sondern auch mit einer verfehlten Lebenspraxis in Zusammenhang gebracht wurde, zeigen u.a. Mt 7,15-23; Did 11 und Herm mand 11.

[97] Die von R. SCHNACKENBURG, Johannesbriefe, 197, für 1.Joh 3,13 vorgeschlagene Deutung: Kosmos = „ungläubige und gottfeindliche *Menschenwelt*" (Hervorhebung R.S.) trifft daher für das Johannesevangelium, nicht jedoch für 1.Joh zu!

[98] Zu dieser Übersetzung vgl. G. STRECKER, Komm., 306. ὁ πονηρός = der Teufel wie in 2,13f.; 3,12; vgl. 3,8.10; Joh 17,15; Mt 13,19; Eph 6,16; 2.Thess 2,3. Zum Bösen als feindliche Macht vgl. E. BRANDENBURGER, Das Böse, 72ff. (73f. zu Joh/1.Joh).

πονηροῦ-Sein präzisieren die Aussage von 5,19: ὁ κόσμος ὅλος ἐν τῷ πονηρῷ κεῖται. Die Mahnung von 5,21 schließt als Warnung vor den Irrlehrern den Brief ab und läßt die Trennung von „Rechtgläubigkeit" und „Ketzerei" deutlich werden (vgl. 4,6d: τὸ πνεῦμα τῆς ἀληθείας - τὸ πνεῦμα τῆς πλάνης).

Dieser Überblick verdeutlicht, daß 1.Joh (im Unterschied zu Joh) den Kosmos-Begriff ekklesiologisch interpretiert hat. „Kosmos" ist die durch das Wirken der Irrlehrer/Gegner in der Gemeinde repräsentierte Welt, in der der geforderte Glaube an den Sohn Gottes durch „Lüge" (ψεῦδος 1,6.8.10; 2,4.21.22.27; 4,1.20; 5,10) und die geforderte Bruderliebe durch Bruderhaß konterkariert werden. Der ekklesiologisch orientierten Rede von der Sünde im 1.Joh entspricht ein ekklesiologisch orientierter Welt-Begriff. Beide Aspekte unterscheiden sich vom vergleichbaren Sünden- und Welt-Begriff des Johannesevangeliums.[99]

Der Begriff „Welt" in dem genannten theologisch gefüllten Sinn kommt im johanneischen Schrifttum, insbesondere im Johannesevangelium und im 1. Johannesbrief, als Größe vor, von der sich die Gemeinde abgrenzt. Der den Glauben an Christus versagende κόσμος und die als Gemeinschaft der φίλοι (vgl. Joh 11,11; 15,13-15; 3.Joh 15) bzw. der Gotteskinder (Joh 1,12; 11,52; 13,33) definierte Gemeinde[100] stehen sich konträr gegenüber. Dennoch ist die an sozialgeschichtlichen Studien von M. Weber[101], E. Troeltsch[102], B.R. Wilson[103] und R. Scroggs[104] orientierte Stigmatisierung der johanneischen Gemeinde als *„Sekte"* wenig hilfreich.[105] Das Konstrukt einer „Großkirche", von der sich elitär ausgerich-

---

[99] Insofern dürfte die These U. SCHNELLEs, Antidoketische Christologie, 257f., daß das Johannesevangelium „sich nach innen und nicht nach außen" richtet, nicht ganz zutreffend sein. Das Evangelium richtet sich nach innen *und* außen, der Brief dagegen richtet sich nach innen! (Vgl. den folgenden Teil 9.1.5.)

[100] Vgl. C. DIETZFELBINGER, Abschied, 144-148; M. DE JONGE, Son of God, 151ff.; H. KLEIN, Gotteskinder, 59-67; J. ROLOFF, Kirche, 290-309 (299-302); K. SCHOLTISSEK, Kinder Gottes, 184-211; S. V. TILBORG, Love, 111-168. Weitere ekklesiologische Eigenprädikationen der joh Gemeinde lauten οἱ ἴδιοι (Joh 10,3.4; 13,1; vgl. 10,14) und ἀδελφοί μου (Joh 20,17; vgl. 1.Joh 2,10; 3,14; 4,21). Sie unterstreichen die enge Gemeinschaft der joh Gemeinde mit ihrem Herrn.

[101] Sekten, 207-236.

[102] Soziallehren, 358-426.794-848.

[103] Analyse, 311-336.

[104] Communities, 1-23.

[105] Als „Sekte" bzw. sektenähnliche Gemeinschaft verstehen die joh Gemeinde z.B. J. BECKER, Komm. I, 59ff.; J. BOGART, Perfectionism, 136-141; M. DE JONGE, Expectations, 99; E. KÄSEMANN, Wille, 72f.87f.101f.117.131f.134-139.152; ders., Ketzer, 179;

tete Konventikelgemeinschaften wie die johanneische Gemeinde im 1. Jahrhundert abgegrenzt haben,[106] hat sich nicht bewährt.[107] Zum anderen hat der Begriff „Sekte" (αἵρεσις = „Schulmeinung, Schule, [Religions-] Partei"[108]) trotz seiner wertneutralen Ursprünge (vgl. Apg 5,17; 15,5; 24,5.14; 26,5; 28,22) bis heute seine negative Bedeutung beibehalten (vgl. 1.Kor 11,19; Gal 5,20; Tit 3,10; 2.Petr 2,1), so daß es „schwerlich gelingen (wird), im Deutschen einen wertfreien Gebrauch des Terminus 'Sekte' zu etablieren".[109] Auch als Bezeichnung zur Abgrenzung von der Welt leistet der Begriff keine guten Dienste. Für die johanneische Literatur wären auf alle Fälle ihre weltoffenen Tendenzen zu bedenken, die ein Verständnis der johanneischen Gemeinde als ein elitäres Konventikel gerade ausschließen (vgl. Joh 1,29; 3,16f.; 4,42; 6,33.51c; 8,12; 12,46f.; 1.Joh 2,2; 4,14).[110] Die tiefgreifende und weitgehende Wirkung, die der Verf.

W.A. MEEKS, Man from Heaven, 69f. (Funktion, 280f.); P. V.D. OSTEN-SACKEN, Leistung, 156f.; W. REBELL, Gemeinde, 112-123; G.L. RENNER, Life-World, 119-146; D.K. RENSBERGER, Overcoming the World, 27f.135ff.; J. ROLOFF, Kirche, 307-309; D. RUSAM, Gemeinschaft, 228ff.; F.F. SEGOVIA, Love, 271f.; D.M. SMITH, Christianity, 223f. Kritisch äußern sich dagegen zu Recht J. BEUTLER, Kirche, 42-57; R.E. BROWN, Community, 14-17.88-91; M. HENGEL, Frage, 219-224.243f.269f.; H.-J. KLAUCK, Johannesbriefe, 173f.; ders., Komm., 281f.; ders., Gemeinde, 107-128; A. LINDEMANN, Gemeinde und Welt, 133-161; W. SCHMITHALS, Theologiegeschichte, 287f.; R. SCHNACKENBURG, Bruderliebe, 178f.; H. THYEN, Johannes-Evangelium, 128f.; W. VOGLER, Komm., 45f.

[106] Vgl. die von E. TROELTSCH (a.a.O., 375) vorgenommene Unterscheidung von „Kirche" und „Sekte", d.h. „Anstaltskirche" und „Freiwilligkeitskirche". Nach J. ZUMSTEIN, Geschichte, 420ff., hat sich das spätere joh Christentum (Joh 21; 1.-3. Joh) von der sektiererischen Gnosis der Gegner abgewandt und der „Großkirche" geöffnet.

[107] Nach R.E. BROWN, Ringen, 67, ist mit der „Großkirche" erst ab dem 2. Jahrhundert zu rechnen, „als die apostolischen Kirchen bereits durch eine zunehmend gemeinsame Struktur von Bischofs- und Presbyteramt in gegenseitiger Anerkennung enger zusammengeschlossen wurden". M. HENGEL, Frage, stellt zu Recht fest, daß die johanneischen Gemeinden keine separatistischen Tendenzen hatten, „sondern eher den Anschluß und Einfluß in den von Paulus und seinen Mitarbeitern gegründeten älteren Gemeinden angestrebt haben" (224). „Evangelium und Briefe tragen nichts Sektiererisches an sich, sie sind gegenüber anderen Gemeinden durchaus offen, und es fehlt in ihnen jegliche direkte Polemik gegen ein anderes kirchliches Christentum" (269).

[108] G. BAUMBACH, Art. αἵρεσις κτλ., EWNT I, 96.

[109] H.-J. KLAUCK, Johannesbriefe, 174. KLAUCK hält eine Überprüfung dieser konfessionell belasteten Terminologie für angebracht und fordert, man solle „lieber nach anderen, der Antike angemesseneren Begriffen suchen ..., um die Einzelphänomene zu beschreiben, die man in den Johannesbriefen zu beobachten meint" (174).

[110] „Das Weltverhältnis der johanneischen Christen ist nicht so völlig gebrochen, ihr Exklusivitätsbewußtsein und ihre Abschottung nach außen nicht so total, wie es die Sektenthese voraussetzt" (H.-J. KLAUCK, Komm., 282). Vgl. auch C. DIETZFELBINGER, Abschied, 148-151.

des Evangeliums und seine Schule im 2. Jahrhundert in Kleinasien und
darüber hinaus auch in anderen Teilen des Römischen Reiches entfaltet
haben (vgl. den Osterstreit zwischen Rom und Kleinasien), spricht gegen
die Annahme eines sektiererischen Selbstverständnisses der johanneischen
Gemeinde.[111] Die vermeintliche Einengung der Ethik auf das Innen der
Gemeinde („Bruderliebe") kann die Annahme eines sektiererischen Kon-
ventikels nicht stützen, wenn man bedenkt, daß Evangelium und Briefe
nicht eine allgemeine ethische Belehrung der Gemeinde beabsichtigen,
sondern die mangelnde Bruderliebe der Irrlehrer bekämpfen.[112] Schließlich
ist zu bedenken, daß αἵρεσις weder im johanneischen Schrifttum noch in
anderen Bereichen des Neuen Testaments eine Selbstbezeichnung christlicher Gemeinschaft geworden ist.[113] Ekklesiologische Beschreibungen
werden nicht primär durch Abgrenzung, sondern durch Identifikati-
onssymbolik gewonnen (Kirche Christi, Haus Gottes, Tempel Gottes, Volk
Gottes etc.; im johanneischen Schrifttum: „Freunde", „Brüder"; „Kinder
[Gottes]"). Sprache und Denkwelt lassen ohne Zweifel einen eigenen Charakter der johanneischen Gemeinde erkennen. Insofern kommt ihr eher das
Stigma einer „christlichen Sondergemeinschaft" zu, die freilich aufgrund
ihrer Traditionsgebundenheit z.B. im Blick auf die Kenntnis und Verwendung synoptischer Überlieferung (Mk, vielleicht auch Lk), die Verbindung
mit der paulinischen Tradition (Ephesus!) sowie den mit allen urchristlichen Schriften gemeinsamen Rückbezug auf das AT einen nicht zu unter-
schätzenden Zusammenhang mit anderen urchristlichen Strömungen und
Gemeinden erkennen läßt. Eine Definition, die sich vom „Welt"-Begriff
her leiten läßt (Gemeinde = „Gegenwelt"),[114] ist jedoch ebenso wenig hilfreich. Denn als eine Art „Kosmos" versteht sich die Gemeinde gerade

---

[111] Vgl. hierzu ausführlich die Darstellung bei M. HENGEL, Frage, 9-95, sowie 219-
224 im Blick auf die johanneische Schule. Den Begriff „johanneische Schule" versteht
HENGEL ausschließlich in der durch die eine Persönlichkeit des Presbyters von Ephesus
geprägten und von seinen Schülern weiter verfolgten kleinasiatischen Lehrtradition. Zum
Begriff vgl. auch M. LABAHN, Jesus, 21-30; U. SCHNELLE, Einleitung, 495-500; ders.;
Antidoketische Christologie, 53-75; ders., Schule, 198-217; G. STRECKER, Schule, 31-
47, und R.A. CULPEPPER, School, passim, der den Traditions- und Lehrbetrieb ver-
gleichbarer antiker Schulen untersucht. Culpepper vertritt jedoch das Sektenmodell. -
Skeptisch gegenüber der Annahme einer johanneischen Schule äußert sich W.
SCHMITHALS, Johannesevangelium, 208-214.

[112] Vgl. W. SCHMITHALS, Theologiegeschichte, 287f.: „Es ist der begrenzte geschichtliche Anlaß der Johannesbriefe, der die Nächstenliebe ebenso wie in den entsprechenden Passagen des Johannesevangeliums auf die Bruderliebe konzentriert" (288).

[113] Zum Gebrauch von αἵρεσις im NT vgl. G. BAUMBACH, Art. αἵρεσις κτλ.,
EWNT I, 96f.

[114] W. REBELL, Gemeinde, passim.

nicht. Sie bezieht ihr Selbstverständnis von der Gemeinschaft mit Christus (vgl. Joh 10,1ff.; 15,1ff.) und mit Gott (vgl. Joh 1,12; 1.Joh 3,1f.9f.; 4,7 u.ö.) her.

9.1.5. Schlußfolgerungen für das literarische Verhältnis beider Schriften

Das Problem des literarischen Verhältnisses zwischen 4. Evangelium und 1. Johannesbrief läßt zunächst die Frage nach der Verfasseridentität aufkommen. Sie kann im Rahmen dieser Arbeit nur angeschnitten werden. Nach R. Schnackenburg[115] ist aufgrund sprachlicher, stilistischer und theologischer Parallelen mit dem gleichen Verfasser zu rechnen. Die Unterschiede sind bedingt „durch den verschiedenen Gegenstand, die Art des Schreibens, die Editionsweise und vor allem die äußeren Umstände (Irrlehrerbekämpfung im 1Joh)."[116] Die Annahme eines gemeinsamen Soziolektes und einer joh Schule führt dagegen zur Konsequenz, daß verschiedene Autoren für die beiden Schriften verantwortlich gemacht werden können. Hier wäre das Problem des Verhältnisses von Idiolekt und Soziolekt zu klären.[117] Neuere sprachanalytische Arbeiten wie die von E. Ruckstuhl/P. Dschulnigg[118] haben die Annahme eines einzelnen Verfassers aufgrund großer gemeinsamer sprachlicher und stilistischer Merkmale wahrscheinlich gemacht. Die Unterschiede sind bedingt durch verschiedene Schriftgattungen und durch deren spezifische sprachliche Elemente, durch die verschiedene Adressatensituation, die unterschiedliche Gesamtlänge und die Rezeption von Tradition sowie mindestens eines Evangeliums (Mk).[119] In der Dichte der Gemeinsamkeiten unterscheiden sich Johannesevangelium und Johannesbriefe vom restlichen neutestamentlichen Schrifttum. „Daneben feststellbare kleinere Unterschiede inhaltlicher und sprachlicher Art sind im Vergleich mit den grossen Gemeinsamkeiten zweitrangig und erklären sich leicht aufgrund der Verschiedenheit von Zeit, Gattung und Situation."[120] Die Autoren kommen zu dem Schluß, die Annahme einer Abfassung der beiden Schriften durch verschiedene Autoren der johanneischen Schule mit z.T. sich widersprechenden Auffassungen sei „außerstande, die Gemeinsamkeiten ihrer Sprache und ihres Stils bis in kleinste Einzelheiten und Nebensächlichkeiten zu erklären. Eine solche durchgeformte Schulsprache gibt es unseres Wissens in der Antike nirgends."[121] Auch inhaltlich sind die Differenzen nicht so groß, daß sie eine Verfasseridentität ausschließen müssen.[122] Der Brief ist vielleicht als Kommentar zum Evangelium verfaßt worden (s. Anm. 148). In diesem Fall muß man freilich Joh 21 davon ausnehmen, denn dieses Kapitel geht auf einen Schülerkreis zurück (Joh 21,24f.).

---

[115] Johannesbriefe, 34-38.

[116] A.a.O., 38.

[117] Vgl. J. FREY, Eschatologie I, 439-442; H.-J. KLAUCK, Komm., 45f.; M. LABAHN, Jesus, 107-109, und E. RUCKSTUHL, Zur Antithese von Idiolekt und Soziolekt im johanneischen Schrifttum, SNTU 12 (1987), 141-181.

[118] Stilkritik und Verfasserfrage, 44-54.

[119] A.a.O., 51f.

[120] A.a.O., 53.

[121] A.a.O., 246; vgl. ähnlich auch M. HENGEL, Frage, 238ff.

[122] Sie betreffen v.a. die Christologie, die Pneumatologie und die Eschatologie und sind bedingt durch den aktuellen Konflikt, den der Verf. des Briefes mit den Irrlehrern austrägt. Vgl. im einzelnen E. RUCKSTUHL, Komm., 35f.

Joh 1-20 und 1.Joh können also vom gleichen Verf. stammen. Die Reihenfolge der Entstehung wäre dann Joh 1-20; 1.Joh; Joh 21.[123]

Der Sündenbegriff wird im Johannesevangelium und im 1. Johannesbrief aufgrund einer jeweils verschiedenen Front (Joh: die „Juden"; 1.Joh: die Irrlehrer/Gegner) entsprechend unterschiedlich eingebracht. Beide Schriften enthalten in der theologischen Prägung des Sündenbegriffs Gemeinsamkeiten (Konstanten), die in aktueller Auseinandersetzung jeweils unterschiedlich präzisiert werden. Dieses Konzept der Variation gemeinsamer Konstanten läßt jedoch allein vom Sündenbegriff her keine sicheren Rückschlüsse auf jeweils frühere oder spätere Abfassungsverhältnisse zu. Daß der Sündenbegriff im 1.Joh innerhalb des kirchlichen Kontextes erörtert wird, hängt mit der innerkirchlichen Problematik des ganzen Schreibens zusammen. Die Rede von einer „Verkirchlichung"[124] durch den Brief würde in unzulässiger Weise Werturteile über das zeitliche und theologische Verhältnis beider Schriften zueinander einbringen, die den Texten nicht gerecht werden.[125] Die Frage des Umgangs mit Sündern nicht nur außerhalb, sondern auch innerhalb der Gemeinde war für die sich ausbildende Kirche von Anfang an ein Problem (vgl. 1.Kor 5,1ff.; 2.Kor 2,5-11; Mt 18,15-20; Apg 5,1ff.)[126] und ist nicht erst ein Merkmal (fälschlich sog.) „frühkatholischer" Literatur.[127] Umgekehrt ist das Verhältnis zur jüdischen Nachbargemeinde nicht nur ein Problem des (relativ späten) Johannesevangeliums, sondern vieler Schriften des Neuen Testaments wie z.B. der

---

[123] Vgl. H.-J. KLAUCK, Komm., 46f. Anders urteilen M. LABAHN, Jesus, 17-21; G. STRECKER, Komm., 27f.; ders., Schule, 31-47; ders., Theologie, 441f., und U. SCHNELLE, Antidoketische Christologie, 65; ders., Einleitung, 500: Die Johannesbriefe sind zeitlich vor dem Johannesevangelium anzusetzen.

[124] So neuerdings wieder J. ZUMSTEIN, Geschichte, 422, im Blick auf das Nachtragskapitel Joh 21, das nach Meinung des Verf. wie die Johannesbriefe (420-422) dem Anliegen der „Großkirche" entgegenkommt. Mit Begriffen wie „Verkirchlichung", „Frühkatholizismus" und „Großkirche" arbeitet auch S. SCHULZ, Komm., 5.9.

[125] Vgl. U. SCHNELLE, Einleitung, 532: „Die Theorie einer Verkirchlichung joh. Theologie im 1Joh orientiert sich immer noch am protestantischen Gedanken des Abfalls von der ursprünglichen Lehre, die hier in der von Zusätzen gereinigten Theologie des Evangeliums erblickt wird. Demgegenüber zählen ... der Traditionsgedanke, die futurische Eschatologie, die Sühnetodaussagen und die Betonung der Sakramente zu den theologischen Themen, die in der joh. Schule von Anfang an dominieren." U. SCHNELLE, ebd., und G. STRECKER, Theologie, 442, setzen sich kritisch mit der seit H. CONZELMANN üblich gewordenen Charakterisierung des 1.Joh als „johanneischen Pastoralbrief" auseinander.

[126] Vgl. dazu I. GOLDHAHN-MÜLLER, Grenze, 115ff.

[127] Kritisch gegenüber der Verbindung: 1.Joh = „Frühkatholizismus" äußert sich auch H.-J. KLAUCK, Johannesbriefe, 172f.

(relativ alten) Paulusbriefe. Die doppelte Problematik innerkirchlicher Verfehlung und außerkirchlicher Auseinandersetzung mit der jüdischen Gemeinde spielt auch in anderen Schriften, die in der einen oder anderen Form mit dem johanneischen Wirkungsgebiet Kleinasien verbunden sind, eine Rolle, z.B. im Epheserbrief (2,11ff.; 4,17ff.25ff.; 5,1ff.) oder in der ApkJoh. Die ApkJoh, die man - wenngleich mit Abstand - zur „johanneischen Literatur" rechnet, bekämpft in den Sendschreiben zum einen die Gefahr des Glaubensabfalls durch Irrlehrer[128] in den Gemeinden und zum anderen die Gefahr durch die „Synagoge des Satans" (2,9; 3,9). Das unterschiedliche Grundphänomen: Sünde der „Welt" = Außenwelt (Joh) - Sünde der „Welt" = Innenwelt (1.Joh) läßt so gesehen keine Rückschlüsse auf eine zeitliche Vor- oder Nachordnung beider Schriften zu. Die Johannesapokalypse (ca. 90-95 n. Chr.)[129] zeigt, daß schon einige Jahre vor Abfassung des Evangeliums und der Briefe der doppelte Konflikt (Juden, Irrlehrer) im Adressatengebiet Kleinasien gleichzeitig bestand und bewältigt werden mußte. Daß er einige Jahre später noch im Johannesevangelium präsent ist, ist beachtenswert. Für eine plötzliche Veränderung dieser Situation in den Johannesbriefen gibt es keine Hinweise. Der Konflikt mit der Synagoge wird für die joh Gemeinde in einer latenten Weise weiterbestanden haben.[130] Dies bestätigt auch Ignatius von Antiochien, der zu Beginn des 2. Jahrhunderts in Kleinasien mit einer im Johannesevangelium und in den Johannesbriefen verwandten doketischen Irrlehre zu kämpfen hatte[131] und gleichzeitig auf die Gefahr eines dem Χριστιανισμός gegen-

---

[128] Zur Charakterisierung der Irrlehrer in ApkJoh 2-3 vgl. U.B. MÜLLER, Offenbarung, 96-99; U. SCHNELLE, Einleitung, 601-603.

[129] Zur Datierung der Johannesapokalypse gegen Ende der Regierungszeit Domitians vgl. W.G. KÜMMEL, Einleitung, 412-414; U.B. MÜLLER, Offenbarung, 40-42; U. SCHNELLE, a.a.O., 591f.

[130] Gegen S. PANCARO, Law, 250ff., der mit einer grundsätzlichen Veränderung der Gemeindesituation rechnet. Es gilt aber zu bedenken: Wenige Jahre früher konnte der Verf. der Johannesapokalypse - unabhängig von der Frage, ob er mit dem Verf. des Evangeliums und der Briefe identisch ist - in Kleinasien ansässige Juden noch mit der „Synagoge des Satans" in Verbindung bringen (Apk 2,9; 3,9). Es ist wenig wahrscheinlich, daß ein Konflikt, der sich im Johannesevangelium einige Jahre später fortsetzt (vgl. Joh 8,44: die „Juden" als Teufelskinder), plötzlich völlig aufgelöst worden ist. Das Problem der Teufelskindschaft ist auch im 1.Joh weiterhin virulent (3,8.10.12)! Im 2. Jahrhundert gibt es mehrere Zeugen für eine fortbestehende Auseinandersetzung der christlichen Gemeinde mit der Synagoge (s. Anm. 132). Zu bedenken ist aber auch die Möglichkeit, daß der engere Adressatenkreis der Briefe weniger Kontakt mit Synagogen hatte als der engere Adressatenkreis des Evangeliums. Für diese Annahme wäre die Existenz örtlich getrennter johanneischer Gemeindekreise vorauszusetzen (s. Anm. 136).

[131] Zu den Gegnern der Ignatiusbriefe vgl. H. PAULSEN, Briefe, 64f.

überstehenden Ἰουδαϊσμός aufmerksam gemacht hat (IgnMagn 10,3; Phld 6,1; vgl. Magn 8,1; 9,1).[132] Nicht eine grundsätzlich veränderte Gemeindebasis und Gemeindesituation, sondern die verstärkte Problematik, die sich mit dem Einfluß der Irrlehrer ergeben hat, wird dazu geführt haben, daß die Briefe die Auseinandersetzung mit den „Juden" zurückstellen konnten (s.u.).[133] Dies würde bedeuten, daß der Doppelkonflikt ein dauerndes, mehr oder weniger virulentes Problem der joh Gemeinde geblieben ist. Vielleicht sind die Briefe und das Evangelium in etwa gleichzeitig, d.h. ohne größere Abstände voneinander entstanden (H.-J. Klauck).[134] Auch mit einer ungefähr gleichzeitigen Herausgabe der Schriften ist zu rechnen (H.-J. Klauck, H. Thyen, M. Hengel).[135] Für solch eine zeitliche (und örtliche[136]) Nähe beider Schriften sprechen die konzeptionellen Kon-

---

[132] Zum Konflikt zwischen Juden und Christen in den Ignatiusbriefen vgl. C.K. BARRETT, Johannesevangelium, 53-57. Nicht ganz sicher zu klären ist die Frage, ob die mit „Judaismus" bezeichnete Position (Magn 8-11; Phld 5-9) mit der christlichen Häresie des „Doketismus" in den Ignatiusbriefen identisch ist, oder ob es sich um zwei verschiedene Fronten handelt. Nach H. PAULSEN, Briefe, 65, ist eine „historische Festlegung zu vermeiden und mit (soziologisch nachweisbaren) unterschiedlichen Positionen zu rechnen". - Als weitere Zeugen für den Konflikt des Christentums mit dem Judentum im 2. Jahrhundert wären z.B. das Polykarpmartyrium, Justin und später Tertullian zu nennen. Vgl. W. SCHMITHALS, Theologiegeschichte, 232, mit den entsprechenden Belegangaben.

[133] Richtig R.E. BROWN, Ringen, 76: „Psychologisch ist leicht zu erklären, warum die Auseinandersetzung mit Außenstehenden aus dem Gesichtskreis der Briefe verschwindet: Wenn eine Gemeinde in sich selbst scharfe Differenzen aufweist, wird dies sehr rasch für sie zum vordringlichen Kampf ums Überleben." Dieses Urteil impliziert zugleich die Annahme der zeitlichen Priorität des Evangeliums. Nach F.J. MOLONEY, Komm., 4f., sind die Briefe nach dem Evangelium entstanden. Der Konflikt mit den Gegnern außerhalb der Gemeinde („Juden") wird durch den inneren Konflikt in der Gemeinde abgelöst.

[134] S. Anm. 135.

[135] M. HENGEL, Frage, 156f. Anm. 18: Das Evangelium „ist schon geraume Zeit im Werden, ja es mag schon zu einem guten Teil fixiert gewesen sein, als die Briefe geschrieben wurden, es wurde aber erst eine gewisse Zeit nach denselben - bald nach dem Tode des Autors - von den Schülern herausgegeben und verarbeitet, m.E. zusammen mit den Briefen" (zur Position HENGELs s.u.). Wird der Brief als Kommentar zum Evangelium (Joh 1-20) gedacht, ist mit einer gleichzeitigen Herausgabe zu rechnen (vgl. Anm. 145). - H.-J. KLAUCK, Komm., 46f., vermutet die Entstehungsfolge: Joh 1-20; 1.Joh; Joh 21, räumt aber ein, daß „allzu große zeitliche Abstände" nicht vorauszusetzen sind.

[136] Man wird davon ausgehen können, daß es nicht nur eine, in sich geschlossene johanneische Gemeinde in einem Ort, sondern mehrere johanneische Gemeindekreise (Hauskirchen) mit z.T. verschiedenen Ortsverbänden gegeben hat. Dafür spricht einerseits die Familienmetaphorik in den joh. Schriften (D. RUSAM, Gemeinschaft, passim; K. SCHOLTISSEK, Kinder Gottes, 184-211), zum anderen die Missionstätigkeit des Presbyters und der Wandermissionare. Es „ist zu vermuten, daß die johanneische Schule auf eine Mehrzahl von Gemeinden und Städten Kleinasiens Einfluß ausgeübt hat; so macht

stanten wie z.B. der Kosmos-Begriff, mit dem beide Schriften die der Gemeinde und Gott feindlich gegenüberstehende Welt bezeichnen. Im Johannesevangelium ist „Welt" der Bereich, der durch die „Juden" repräsentiert wird, im 1. Johannesbrief sind es die Irrlehrer. Dabei ist zu beachten, daß Joh in den ekklesiologisch orientierten Abschiedsreden gehäuft vom Kosmos spricht (38 der 78 Kosmosbelege im Joh), nicht aber von den „Juden" (außer in Joh 13,33). Die der Gemeinde gegenüberstehende Gefahr geht also vom Kosmos selbst, sofern er unter dem Einflußbereich des Teufels steht (Joh 12,31;14,30; 16,11; vgl. 1.Joh 4,4; 5,18f.), aus. Dies gilt für Joh wie für 1.Joh und verbindet beide Schriften vom Ansatz her. Erst die im übrigen Evangelium sich abzeichnende akute Auseinandersetzung mit dem Judentum seiner Zeit führt den Evangelisten zur Verbindung der Begriffe „Juden" und „Kosmos". Gleiches gilt der Sache nach auch für 1.Joh: Erst die aktuelle Auseinandersetzung mit den Irrlehrern führt zur Verbindung von „Kosmos" und „Falschpropheten" (4,1-6). Im Begriff „Welt" kristallisiert sich demnach das jeweilige Konfliktpotential. „So wie im Evangelium auf Grund des Kampfes Jesu um sein eigenes Volk die Juden als Paradigma der 'Menschenwelt' hervortreten, so im 1. Brief die Sezessionisten, die 'aus der Welt' sind und darum begeistert von dieser aufgenommen werden. Die polemische Schärfe ist im Evangelium und in den Briefen dieselbe."[137]

Man wird also davon ausgehen können, daß der Konflikt mit der Synagoge im Brief keine erkennbare Rolle spielt, weil eine andere, innerkirchliche Gefahr die volle Konzentration des Verfassers auf sich gezogen hat. Das heißt aber nicht, daß das Problem des Verhältnisses zur Synagoge z.Z. des 1.Joh nicht mehr bestand,[138] sondern nur, daß es aufgrund der akut-aktuellen innerkirchlichen Problematik, die vielleicht durch ein verstärkt unsoziales Verhalten der Sezessionisten ausgelöst wurde (s.u.), zu-

---

es die im 2 und 3 Joh dokumentierte Korrespondenz und Missionstätigkeit des Presbyters wahrscheinlich" (G. STRECKER, Komm., 27). Nach H.-J. KLAUCK, Gemeinde, 115, dienten die Häuser als „Stützpunkte für jene johanneischen Gruppen, die nicht in der Stadt Ephesus wohnten, sondern in den Städten und Orten des Umlandes." Die Kontakte wurden durch Wandermissionare aufrechterhalten (vgl. Joh 13,16.20; 2.Joh 10 [von den Gegnern]; 3.Joh 5-8.10). Mit mehreren Ortsgemeinden und Hauskirchen rechnen auch R.E. BROWN, Epistles, 101f.; ders., Ringen, 77; J. ROLOFF, Kirche 293; R. SCHNACKENBURG, Gemeinde, 35-38; ders., Ephesus, 48f.60f., im Blick auf die in etwa zeitgleiche Koexistenz paulinischer und johanneischer Gemeinden in Ephesus; U. SCHNELLE, Komm., 2f. mit Anm. 14. - Zum Phänomen der Hausgemeinden vgl. H.-J. KLAUCK, Hausgemeinde, Stuttgart 1981.

[137] M. HENGEL, Frage, 298.
[138] Vgl. Anm. 130.

rückgestellt werden konnte. Der Kosmos-Begriff war für beide Fronten in der jeweiligen Konstellation verwendbar. Man mußte also nicht erwarten, daß die Präzisierung des Johannesevangeliums (Kosmos = „Juden") im 1.Joh seine Spuren hinterlassen haben müßte, wenn der Brief erst nach dem Evangelium entstanden ist.[139] War die johanneische Gemeinde durch beide Fronten in einer etwa gleichen Zeit bestimmt, dann konnte der Verfasser das Problemfeld in diesem engen Zeitrahmen variieren. Dafür spricht das Johannesevangelium selbst, das implizit eine Auseinandersetzung mit dem Doketismus enthält (1,14; 3,3.5; 6,51c-58; 19,34b.35; 20,24-29.30f.).[140] Im Unterschied zum 1.Joh wird dieser Konflikt aber nicht offen polemisch ausgetragen. „Im Evangelium wird diese bedrohliche innerkirchliche Auseinandersetzung nur am Rande und indirekt sichtbar."[141] Eine akute Gefahr, auf die man polemisch-apologetisch reagieren mußte, scheinen die Doketen für den Evangelisten im Unterschied zu den „Juden" nicht gewesen zu sein. Die Irrlehrer werden außer in der Szene Joh 6,60-71 (s.u.) namentlich nicht erwähnt. Hier begegnen sie eher passiv, als von Jesus enttäuschte und verärgerte „Jünger" (6,60f.). Sie betreiben jedoch noch keine aggressive Agitation (vgl. 1.Joh 2,18ff.). Im Johannesevangelium ist der offene Konflikt mit der Synagoge („Juden"; „Pharisäer") dominant.[142] Wahrscheinlich haben sich innerhalb eines kurzen

---

[139] Gegen U. SCHNELLE, Einleitung, 544 mit Anm. 132.

[140] Eine Auseinandersetzung mit dem Doketismus ist nach U. SCHNELLE, Antidoketische Christologie, passim, bes. 249-258, auf breiterer Ebene vorauszusetzen. SCHNELLE führt die Wunderberichte, die Sakramente und den Prolog an. Über die bereits genannten Belege hinaus nennt SCHNELLE die Gattung „Evangelium" mit der „vita Jesu", den Traditionsgedanken (Lieblingsjünger, Paraklet) und die Kreuzestheologie des Evangelisten. Einen Reflex der Auseinandersetzung mit den Irrlehrern erkennt M. HENGEL, Frage, 163, auch in der Warnung vor dem ἀλλότριος und dem Dieb (Joh 10,5.10) sowie in der Bitte um die Einheit der Jüngerschaft (Joh 17,22f.). Mit Doketismus im Johannesevangelium rechnen u.a. C. COLPE, Art. Gnosis II, RAC 11 (1981), 611; J. GNILKA, Christologie, 101-104; M. HENGEL, a.a.O., 183 (Anm. 91).194.265; M. DE JONGE, Variety, 206-210; R. KYSAR, The Fourth Evangelist, 157-159; M. LABAHN, Jesus, 30ff., B. LINDARS, Gospel, 61-63; J. ROLOFF, Einführung, 235; R. SCHNACKENBURG, Person, 323; E. SCHWEIZER, Jesus, 161-168. Dagegen J. BECKER, Komm. II, 745-752; U.B. MÜLLER, Menschwerdung, 62-83; E. RUCKSTUHL, Komm., 39.

[141] M. HENGEL, a.a.O., 141; vgl. auch M. DE JONGE, ebd.; R. KYSAR, ebd.; J. RINKE, Kerygma, 27.

[142] Vgl. hierzu die Diskussion von K. WENGST, Bedrängte Gemeinde, 82-85, der das Johannesevangelium auf dem Hintergrund der (akuten) Auseinandersetzung mit dem zeitgenössischen Judentum versteht, mit U. SCHNELLE, der das Johannesevangelium ausschließlich innerkirchlich (antidoketisch) interpretiert. Die Wahrheit wird - wie in der Regel meistens - in der Mitte liegen, wobei es einer genaueren Bestimmung des Verhältnisses beider Problemkreise (noch) bedarf. Oft rechnet man mit dem doppelten Kon-

Zeitraums, in dem die Entstehung von Joh und 1.Joh (2.Joh) denkbar ist, die Fronten jeweils zur einen oder anderen Seite hin verschoben. Die Irrlehrerproblematik hat den Verfasser beider Schriften offenbar länger beschäftigt und ist so in beiden Schriften in der einen oder anderen Weise präsent.[143] Dies bestätigt auch der 2. Johannesbrief, in dem das Problem der Irrlehre im Blick auf die Gefahr von Wandermissionaren zur Sprache kommt (2.Joh 7.10). Inwiefern anhand der christologischen Debatte Entwicklungstendenzen von einer Schrift zur anderen erkennbar sind, kann hier nicht entschieden werden. U. Schnelle rechnet mit einer Vertiefung des Problems vom 1.Joh zum Joh hin.[144] Denkbar wäre aber auch, daß eine explizite und polemische Auseinandersetzung mit den doketischen Irrlehrern[145] im 1.Joh durch bestimmte, Reaktion auslösende Ereignisse erst

---

fliktfeld, sieht aber im Antidoketismus ein sekundäres Motiv einer späteren Traditions- bzw. Entwicklungsstufe des Evangeliums (vgl. R. KYSAR, The Fourth 'Gospel, 157-159, mit den Positionen von R.E. BROWN, B. LINDARS, G. RICHTER, W. WILKENS). Nach W. SCHMITHALS, Johannesevangelium, 217-219.292-294 u.ö. (ders., Theologiegeschichte, 239.263; ähnlich J. ROLOFF, Kirche, 291-294), ist ein älteres „antijüdisches" (!) Grund- evangelium, das im Konflikt mit der Synagoge steht, durch einen späteren antihäreti- schen Redaktor (Evangelist) bearbeitet worden. Diese und ähnliche Lösungen sind aber wenig überzeugend. Das Problem wird auf zwei (oder mehrere) Schichten mit je ver- schiedenen Entstehungszeiten und theologiegeschichtlichen Standpunkten verlagert. Zu bedenken ist des weiteren, daß das Johannesevangelium über die zwei Konfliktfelder hinaus die Auseinandersetzung mit Täuferjüngern enthält. Folgt man R.E. BROWN, Community, 59-88, ist sogar noch mit weiteren (heidnischen, jüdischen, judenchristli- chen und christlichen) Gruppen zu rechnen, mit denen sich das Evangelium auseinander- setzt. (Vgl. auch J.L. MARTYN, Glimpses, 149-175, der mit vier jüdischen und juden- christlichen Gruppen rechnet. K. BERGER, Anfang, 66-76, benennt sechs christliche Gruppen.) Es scheint also ein Zeugnis einer vielschichtigen inner- und außerkirchlichen Diskussion zu sein.

[143] Dem entspricht, daß die christliche Literatur der zweiten Hälfte des ersten Jahr- hunderts, zu deren Ende hin Joh und 1.Joh entstanden sind, fast durchgängig und über längere Zeit mit Irrlehrern zu kämpfen hatte (Apg [20,29-31]; 2.Thess, Kol, Eph [4,14], Pastoralbriefe, Jud, 2.Petr, 2.3 Joh, ApkJoh). Ein großer Teil dieser Schriften (Kol, Eph, Pastoralbriefe, Jud, 2.3 Joh, ApkJoh) stammt mit relativer Sicherheit wie Joh und 1.Joh aus Kleinasien. Vgl. auch IgnEph 6,2; 7,1; 9,1.

[144] U. SCHNELLE, Einleitung, 500.521: „Der Brief nennt das Problem, eine theologi- sche Antwort findet sich aber erst im Evangelium." Vgl. ders., Antidoketische Christolo- gie, 249ff.

[145] H. THYEN, Art. Johannesbriefe, TRE 17 (1987), 191, lehnt das Modell einer „johanneischen Entwicklungslinie" ab, indem er die in 1./2.Joh bekämpften Gegner ähn- lich wie in Joh 8,31; 6,60-71 als abtrünnige Juden, die einst an Jesus geglaubt haben, versteht. Aber die bereits von A. WURM (1903) vertretene These einer jüdischen Geg- nerschaft im 1.Joh/2.Joh kann das emphatische ἐν σαρκί (1.Joh 4,2; 2.Joh 7) nur schwer erklären - eine „fleischliche" Existenz des Messias war für Juden selbstverständlich, so daß in diesem Fall der Streit unverständlich wäre (vgl. Joh 7,27.41f.52)! Die Wendung

motiviert worden ist - vielleicht durch das unsoziale Verhalten der Irrlehrer gegen ihre Mitbrüder (vgl.1.Joh 3,17 mit 2,9-11; 3,11f.14f.; 4,20) -, während die doketische Christologie vorher noch nicht als eine solche akute Gefahr empfunden wurde, daß der Verfasser des Evangeliums gegen sie polemisch auftreten mußte, sondern sich in theologischer Argumentation (nur) implizit mit ihr auseinandersetzt. Zu berücksichtigen sind auch die Gattungsunterschiede. Die Briefe sprechen in eine konkrete Gemeindesituation. Sie argumentieren adressatenbezogen und sind auf Konfliktbewältigung ausgerichtet. Anders das Evangelium, dem es (primär) um die positive Darbietung der Gottessohnschaft Jesu und der damit verbundenen Heilsteilhabe der Glaubenden geht (Joh 20,31). Eine extensive Konfliktbewältigung ist im Evangelium daher nicht zu erwarten.[146] Rechnet man demnach mit der Priorität des Evangeliums vor dem Brief - wofür nach wie vor gute Gründe bestehen[147] -, so haben die Doketen der jo-

---

ἐν σαρκί hat modalen Sinn: „Fleisch ist die Art und Weise des Gekommenseins und des Daseins Jesu Christi" (H.-J. KLAUCK, Komm., 233). Demnach betrifft der Streit zwischen dem Autor und seinen Gegnern die soteriologische Relevanz des irdischen Jesus (vgl. dazu H.-J. KLAUCK, a.a.O., 232-238). - Eine Diskussion um das Profil der Gegner des 1.Joh (Juden[christen], Gnostiker, Doketisten, Ultra-Johanneer) bietet H.-J. KLAUCK, Johannesbriefe, 127-151, ohne eine konkrete historische Verortung vorzunehmen. Vgl. weiter W. BITTNER-SCHWOB, Art. Johannesbriefe, GBL III, 1087f.; J. BLANK, Irrlehrer, 166-193; J. BOGART, Perfectionism, 123-136; R.E. BROWN, Epistles, 47-68.69-115; ders., Community, 103ff.; M. HENGEL, Frage, 161-185; H.-J. KLAUCK, Komm., 34-42; D. NEUFELD, Reconceiving Texts, 6-36 (forschungsgeschichtlich); J. PAINTER, Opponents, 48-71; ders., Quest, 371-399; E. RUCKSTUHL, Komm., 37-39; U. SCHNELLE, Antidoketische Christologie, 76-83; ders., Einleitung, 526-529; ders., Komm., 135-137; G. STRECKER, Komm., 131-139; M. THEOBALD, Fleischwerdung, 411-421; W. VOGLER, Komm., 12-20; F. VOUGA, Komm., 46-48; K. WENGST, Häresie, 15ff.; ders., Probleme, 3758-3761; WINDISCH-PREISKER, Komm., 127f. Ein Zusammenhang mit den bei Ignatius und Polykarp (Polyc 7,1) bekämpften doketischen Irrlehrern ist wahrscheinlich (U. SCHNELLE). Die Parallelität ist nicht nur in der Christologie (Trennung zwischen himmlischem Christus und irdischem Jesus), sondern auch in der Ethik (Entzug der Liebeswerke gegenüber den Notleidenden [vgl. IgnSm 6,2 mit 1.Joh 3,17]) wahrzunehmen.

[146] Vgl. M. HENGEL, Frage, 141.162, für den die Darstellung des Konfliktes mit den Irrlehrern im Evangelium keinen Platz hatte. „Vielmehr passen die Irrlehrer nicht in das Konzept des Evangeliums von der Selbstverkündigung Jesu, in der sich alles auf seine Person konzentriert und in dem für den späteren Abfall noch kein Raum ist" (162).

[147] Das Johannesevangelium kann wohl eine gewisse Zeit ohne den 1.Joh existiert haben, der Brief jedoch kaum ohne das Evangelium. Vgl. dazu H.-J. KLAUCK, Johannesbriefe, 105-109, bes. 107: „Immer wieder macht man beim Einzelvergleich der zahlreichen Parallelen ... die Erfahrung, daß man das Evangelium braucht, um Verse aus dem Brief wirklich zu verstehen ...". Wenn dies der Fall ist, sind auch die „Differences in Thought", die R.E. BROWN, Epistles, 25-28 (vgl. auch H.-J. KLAUCK, a.a.O., 96-99; ders., Komm., 42-47), aufstellt, eher verständlich. H.-J. KLAUCK, Johannesbriefe, 94-97; ders., Komm., 56-58.319f, zeigt am Beispiel von 1.Joh 1,1-4 (Joh 1,1-18) und 1.Joh

hanneischen Gemeinde auf diese (antidoketischen) Äußerungen des Evangeliums offenbar scharf ablehnend reagiert und die brüderliche Gemeinschaft aufgegeben. Der Verf. des Briefes sah sich daraufhin genötigt, entsprechend polemisch und apologetisch in brieflicher Form zu antworten. Der 1. Johannesbrief hätte dann die Funktion, als Kommentar und Lesehilfe zum Johannesevangelium (Joh 1-20)[148] ein doketisches Mißverständnis des 4. Evangeliums und der joh Überlieferung abzuwehren und ein „orthodoxes" Verständnis des Evangeliums abzusichern.[149] Zu diesem Zweck bindet er die Adressaten an die durch die Augen- und Ohrenzeugen garantierte Überlieferung (1.Joh 1,1-4).[150]

U. Schnelle[151] versteht das johanneische Schisma in Joh 6,60-71 als Reflex auf 1.Joh 2,19.[152] In beiden Texten ist „die soteriologische Bedeutsamkeit der Inkarnation Jesu

---

5,13 (Joh 20,31), daß die Brieftexte an den Evangelientexten (als Vorlage) orientiert sind. Ähnlich urteilen I. BROER, Einleitung, 234f.; R.E. BROWN, a.a.O., 151-187; M. THEOBALD, Fleischwerdung, 421-436, und J. ZUMSTEIN, Relecture, 397-400, im Blick auf das Verhältnis von Evangelienprolog und Briefproömium. M. THEOBALD (407-411) versteht die dualistische Christologie der Gegner im 1.Joh als Weiterentwicklung entsprechender Ansätze im Evangelium (408): „Vom christologischen Dualismus der *Aspekte* im Evangelium zum *ontischen* christologischen Dualismus der gegnerischen Gruppe war nur ein kleiner Schritt" (Hervorhebung M.T.). Nach W. VOGLER, Komm., 23f., ist die einmalige Form des 1.Joh - es fehlen Präskript und Postskript - als bewußte formale Analogie zum (bereits vorhandenen) 4. Evangelium zu verstehen. Der Verf. des 1.Joh gibt sich dadurch als Bewahrer der joh Tradition zu erkennen. F. VOUGA, Komm., 11-13, verweist auf eine „Rezeptionsgeschichte des JohEv im 1Joh". Zur Sache vgl. weiter R.E. BROWN, a.a.O., 48ff.; J. RINKE, Kerygma, 25-28.246ff.; W. VOGLER, a.a.O., 6-10; K. WENGST, Häresie, 15ff.

[148] Versteht man 1.Joh als kommentierendes Schreiben (vgl. R.E. BROWN, a.a.O., 90-92; H. THYEN, Art. Johannesbriefe, TRE 17 [1987], 191; dagegen W. VOGLER, Komm., 23), als Lesehilfe für das richtige Verständnis des Evangeliums, würde sich das formgeschichtliche Problem des 1.Joh lösen lassen: Ein Kommentar muß keine Briefstilmerkmale tragen. Dafür spricht auch die Korrespondenz zwischen Prolog (Joh 1,1-18; 1.Joh 1,1-4) und Epilog (Joh 20,30f.; 1.Joh 5,13), die Evangelium und Brief in einer gemeinsamen Lesestrategie verbinden. Vgl. dazu eingehend J. ZUMSTEIN, Relecture, 397-400.401-404, der 1.Joh als Relecture, d.h. als Leseanleitung für Joh versteht. Mit Prolog und Epilog imitiert 1.Joh bewußt die literarische Struktur des Evangeliums.

[149] Vgl. R.E. BROWN, ebd.; H.-J. KLAUCK, Gemeinde, 113, und J. ZUMSTEIN, Geschichte, 421.

[150] Das Proömium 1.Joh 1,1-4 bringt in Anspielung auf den Evangelienprolog und in deutlich antidoketischer Absicht (vgl. „hören", „sehen", „berühren" im Blick auf das Wort des Lebens) das Gewicht der durch den Verf. verbürgten Tradition ein! Zum Briefprolog vgl. jetzt die kommunikationstheoretische Analyse von J. RINKE, Kerygma, 172ff.

[151] Einleitung, 521; ders., Komm., 137-140.

[152] Ähnlich J. PAINTER, Quest, 239f. Anders K. WENGST, Bedrängte Gemeinde, 123-127, der das Schisma als „Verlassen der johanneischen Gemeinde und Rückwendung zum Mehrheitsjudentum" interpretiert (124). L. SCHENKE, Das johanneische

Anlaß zur Spaltung unter den Jüngern".[153] Doch für die Annahme, daß der Brieftext die (zeitliche und sachliche) Voraussetzung für den Evangelientext bildet, gibt es keine Hinweise. Der Interpretationskontext ist jeweils unterschiedlich. Joh 6 deutet das Schisma auf dem Hintergrund des Kontrastes: Abfall des weiteren Jüngerkreises - Treue der Zwölf (Elf). Für den Brieftext bildet die endzeitliche Verführung durch den Antichristen den sachlichen Hintergrund (1.Joh 2,18ff.). Der Eindruck ist, daß Joh 6,60-71 eher eine frühere Stufe des Doketismusproblems repräsentiert. Die Irrlehrer sind im Unterschied zum 1.Joh, wo sie als aggressive Antichristen auftreten (1.Joh 2,18ff.), noch nicht zur Eigeninitiative übergegangen. Sie begegnen vielmehr als die Enttäuschten und Verärgerten (6,60f.), die sich von Jesus frustriert abwenden (6,66). Der Evangelist hatte noch keinen Anlaß, polemisch-apologetisch zu reagieren. - Fragwürdig ist auch die These U. Schnelles, daß die Johannesbriefe „sich auf Polemik und Verteidigung des rechten Bekenntnisses" beschränken, während das Evangelium „eine umfassende theologische Bewältigung des Doketismus" erkennen läßt.[154] Diese Annahme setzt voraus, daß die Johannesbriefe nicht „theologisch", sondern polemisch argumentieren. Die Frage ist aber, ob diese Aspekte („theologisch" - „polemisch") sich gegenseitig ausschließen. Der polemische Akzent der Briefe ist ohne Zweifel stärker als im Evangelium. Aber dies ist zum einen in der akuten Auseinandersetzung mit der Irrlehre bedingt, zum anderen in dem Charakter des Briefes, der stärker als die Gattung „Evangelium" das situative Moment berücksichtigt (vgl. die z.T. stark apologetisch-polemisch ausgerichteten Paulusbriefe). Schließlich läßt sich in und hinter der Polemik und Apologetik der Briefe ein dezidiert *theologischer* Standpunkt mit einem pointiert *theologischen* Problembewußtsein erkennen (vgl. 1.Joh 1,5-22; 2,3-11; 2,22f.; 3,4-10; 3,11ff.; 4,1-6; 4,9f.14; 5,16f.; 5,16f.18f.; besonders das Problem von Sünde und Sündlosigkeit, das in Auseinandersetzung mit den Gegnern erörtert wird: 1,5-2,2; 3,4-10; 5,16f.18). „Entwicklungen" zwischen den Briefen und dem Evangelium sind nur schwer zu verifizieren. So bleibt es m.E. offen, ob „der Konflikt mit den doketischen Gegnern der methodisch einzig sichere Ausgangspunkt (ist), um die zeitliche Reihenfolge zwischen dem 1Joh und dem JE zu bestimmen".[155]

Noch einmal anders ist die Frage des literarischen Verhältnisses der joh Schriften zu beurteilen, wenn man wie M. Hengel[156] nicht mit einer eindeutigen zeitlichen Vor- und Nachordnung der Briefe und des Evangeliums rechnen kann. Der originelle Entwurf Hengels geht davon aus, daß der Presbyter Johannes als Verf. des Evangeliums und der Briefe ein Theologe des mündlichen Wortes war (2.Joh 12; 3.Joh 13). In mündlichem Lehrvortrag hat er Christusverkündigung und Geistlehre (über längere Zeit) entfaltet. Die kleinasiatischen Häretiker haben sich dann auf die Geistlehre berufen und sie enthusiastisch mißdeutet - ebenso wie sie die Christologie doketisch mißdeutet haben. Sie haben die kunstvolle Dialektik zwischen dem irdischen Jesus und dem himmlischen Christus zugunsten der Verleugnung der wahren Menschlichkeit aufgelöst. Dabei haben sie sich an dem verbreiteten philosophisch-religiösen Dogma von der Unveränderlichkeit und

---

Schisma und die „Zwölf" (Johannes 6,60-71), NTS 38 (1992), 105-121, erkennt in den Schismatikern Vertreter einer frühen judenchristlichen Christologie.

[153] Einleitung, a.a.O. Nach Joh 6,60 ist die Trennung einiger Jünger in der vorangehenden Rede Jesu über sein Fleisch und Blut begründet (6,51c-58). Im 1. Johannesbrief kennzeichnet u.a. 2,22f. die Position der in 2,19 genannten Dissidenten.

[154] U. SCHNELLE, Antidoketische Christologie, 249.

[155] A.a.O.

[156] Frage, 155-148.201-203.251f.252-274.

Leidensunfähigkeit Gottes (und nicht am Evangelium!?) orientiert (Einfluß Kerinths).
Daraufhin sieht sich „der Alte" genötigt, in akuter Gefahr zur Feder zu greifen und
schreibt die Briefe. Er bringt (gleichzeitig; etwas später?) antidoketische Blöcke in das
bis dahin unfertige Evangelium ein (Joh 1,1-14; 6,51-71; 13-17 u.ö.). Erst nach dem Tod
„des Alten" hat sein Schülerkreis (Joh 21) das Evangelium zusammen mit den Briefen
herausgegeben. D.h., Evangelium und Briefe sind nach Hengel Produkte eines Entwick-
lungsprozesses in einer über längere Zeit anhaltenden Diskussion. Die Briefe sind nicht
vor oder danach, sondern *mit* dem (in längerer Entwicklung sich befindenden) Evangelium[157] entstanden und mit ihm zusammen herausgegeben worden. So „wird im Entste-
hungsprozeß des Evangeliums *sowohl die Vorbereitung wie die nachfolgende theologische Überwindung des Konflikts sichtbar.*"[158] Bei diesem Entwurf bleibt freilich unklar,
warum der Evangelist über längere Zeit nicht zum Abschluß seines Werkes gekommen
ist. Ist es wirklich das „Vermächtnis" eines alternden Theologen, der die Summe seiner
Lehrtradition für seine Schüler und die Kirche zusammenfaßt und weitergibt?[159] Weist
nicht der akute Konflikt mit den Ἰουδαῖοι in eine bestimmte, zeitlich begrenzte Phase?
Stellen wie Joh 9,22; 12,42; 16,2 machen doch nicht den Eindruck, als ob sie nur auf
eine verbreitete urchristliche Tradition über die Verfolgung von Christen durch Juden
hinweisen würden.[160] Hier ist ein akuter und zeitlich fixierter Konflikt zu vernehmen,
aufgrund dessen u.a. der Evangelist zur Feder greifen mußte.[161] Hengels Entwurf macht
aber dennoch deutlich, daß Evangelium und Briefe nicht unabhängig voneinander, sondern in zeitlicher und literarischer Nähe zueinander entstanden sind.

Das Problem kann an dieser Stelle nicht weiter diskutiert werden. Als
Fazit bleibt bestehen: Aus dem Sündenbegriff des Evangeliums und des
Briefes allein können ohne Berücksichtigung anderer theologiegeschichtli-
cher Faktoren keine sicheren Schlußfolgerungen über Entwicklungsten-
denzen oder Abfassungsverhältnisse beider Schriften gewonnen werden.
Evangelium und Brief präzisieren den konstanten konzeptionellen Gehalt

---

[157] Die Entstehungszeit des Evangeliums setzt HENGEL, a.a.O., 242, auf ca. 40-50
Jahre an (zwischen 60/70-100/110 n. Chr.)!

[158] A.a.O., 156 Anm. 18 (Hervorhebung M.H.).

[159] A.a.O., 6.

[160] Nach HENGEL, a.a.O., 288-298, liegt der Konflikt mit den Juden längere Zeit zurück. Die Ausstoßung der Judenchristen beginnt bereits mit der Verfolgung der Hellani-
sten in Jerusalem (Apg 6-8) und zieht sich über längere Zeit bis zum Jüdischen Krieg hin
(Joh 16,2 bezieht HENGEL auf die Hinrichtung des Herrenbruders Jakobus zusammen mit
anderen führenden Judenchristen im Jahr 62 n.Chr. durch Hannas II.). Die Schärfe der
Auseinandersetzung mit den Juden im Evangelium gehe „auf damalige traumatische
Erfahrungen" des Autors zurück (a.a.O., 325). Aber kann ein solcher über das ganze
Evangelium ausgedehnter Konflikt wirklich nur der Reflex länger (jahrzehntelanger)
zurückliegender Erinnerung sein? Warum sollte der Evangelist diese schmerzliche Erfahrung verarbeiten, wenn sie bereits lange zurückliegt und offensichtlich kein Problem
mehr darstellt? - Ähnlich wie HENGEL erkennt U. SCHNELLE, Komm., 246, in der joh
ἀποσυνάγωγος-Thematik die Aufnahme verbreiteter urchristlicher Verfolgungstradition
(1.Thess 2,14-16; Mt 5,10f.; 10,17ff.; Mk 13,12ff.; Lk 6,22; 12,4; 21,12).

[161] Kritisch gegenüber HENGELs These einer längeren [jahrzehntelangen] Entstehungszeit des Evangeliums äußert sich K. WENGST, Bedrängte Gemeinde, 263f.

des Sündenbegriffs (Sünde als versklavende Macht der Welt, der Finsternis und des Teufels) in einer durch die jeweilige Adressatensituation bedingten Variation (Joh: Sünde der Außen-Welt; 1.Joh: Sünde der Welt in der Gemeinde). Stellt man die oben genannten Beobachtungen zum theologiegeschichtlichen Standort beider Schriften in Rechnung, so kann man sagen, daß die spezifische Variation der Sündenthematik in beiden Schriften ihre je eigenen gemeindebezogenen Konfliktfelder authentisch widerspiegelt. Der Sündenbegriff ist Ausdruck der je eigenen Adressatensituation des Evangeliums und des Briefes.

9.1.6. Zusammenfassung

(1) Der 1. Johannesbrief hat einen dem Johannesevangelium sehr ähnlichen Sündenbegriff ausgeprägt. Beide bevorzugen das Nomen ἁμαρτία im Singular. Der Wechsel von Singular und Plural bringt den umfassend gültigen Tatbereich der Sünde zum Ausdruck. Es geht um die eine Wirklichkeit der Sünde in ihrem totalitären Anspruch, um die versklavende Macht der Welt, der Finsternis und des Teufels. Gegenüber dem Johannesevangelium bevorzugt der 1. Johannesbrief aber auch das Verb ἁμαρτάνειν, um den Vollzug der sündigen Tat zu betonen. Wie im Fall des Wechsels von Singular und Plural bringt der Gebrauch des Verbs eine sprachliche Variation ein. Die Verwendung des Begriffs „Sünde" in gleicher absoluter Häufigkeit und ein ähnliches Bezugsfeld des Begriffes (Verhältnis von Singular- und Pluralgebrauch; Vorliebe für den Singular; Vermeidung von ἁμαρτωλός [traditionell in Joh 9]; Gebrauch von Äquivalenten [ἀδικία]; Umschreibung der Sündentat durch Nominalkonstruktionen [ποιεῖν τὴν ἁμαρτίαν]) lassen auf einen gleichen oder vergleichbaren Verfasser schließen. Diese Schlußfolgerung wird durch die vielfältigen sprachlichen und inhaltlichen Parallelen im Sündenbegriff bestätigt.[162] Die christologischen und soteriologischen Grundlagen und Konsequenzen des Sündenbegriffs sind ähnlich formuliert.

(2) Die vom Evangelium abweichenden Akzente des Briefes legen nicht ein grundsätzlich anderes Konzept im Sündenbegriff nahe, sondern sind durch die gegenüber dem Evangelium ausschließlich innergemeindlich orientierte Konfrontation mit den Dissidenten aus der eigenen Gemeinde bedingt. Sünde ist demnach nicht mehr der Unglaube der „Juden" gegenüber dem Gesandten Gottes, sondern eine Bedrohung, die aus der Gemeinde selbst kommt. Sie ist zum einen der verfehlte Glaube und das soziale Fehlverhalten der Gegner, zum anderen eine reale Gefahr der aus

---

[162] Vgl. Teil 9.1.2. und 9.1.3.

Gott Gezeugten, Sünde in Form von Untreue. Das spannungsvolle Problem der Behauptung innergemeindlicher Sünde einerseits und der Sündlosigkeit der Gottgezeugten andererseits ist Ausdruck einer spezifisch theologischen Konzeption, wonach die Sünde als „unmögliche Möglichkeit" ein von Gott nicht gewolltes Verhalten des Menschen ist. Die in der Gemeinde weiterhin vorhandenen Verfehlungen der Gottgezeugten gelten als „Sünde nicht zum Tod", sofern die Glaubenden vom Tod in den Bereich des Lebens gelangt sind (3,14) und das Bekenntnis der Sünde (1,9), die Fürbitte des Bruders (5,16) sowie die Fürsprache Christi vor Gott (2,1) die ζωή des sündigen Glaubenden weiterhin gewähren. Die „Sünde zum Tod" ist das Schicksal der Dissidenten, die durch ihren verfehlten Glauben (Verleugnung Gottes und Christi 2,22f.) und durch ihr soziales Fehlverhalten (Bruderhaß) sich den Tod als bleibende Konsequenz zugezogen haben (3,14f.). Die Sünde der Dissidenten im Brief ist wie die Sünde der „Juden" im Evangelium Ausdruck des Verhaftetseins an die Welt. „Welt" ist jedoch im Unterschied zum Evangelium nicht mehr die ungläubige Außen-Welt der Gemeinde, sondern die durch Fehlglaube und Fehlverhalten repräsentierte „Welt" der Dissidenten in der Gemeinde.

(3) Evangelium und Brief setzen den Sündenbegriff aufgrund einer jeweils verschiedenen Front unterschiedlich ein. Die im Prinzip gleiche Prägung des Sündenbegriffs beider Schriften erfährt in der aktuellen Auseinandersetzung ihre jeweilige Variation. Aufgrund dieses Paradigmas 'Variation des Konstanten in einer jeweils verschiedenen Adressatensituation' sind Rückschlüsse auf die zeitliche Entstehung beider Schriften allein vom Sündenbegriff her schwer möglich. Das Problem innerkirchlicher und außerkirchlicher Sünde hat die urchristliche Kirche von Anfang an und im folgenden immer wieder beschäftigt. Die Kategorien „Verkirchlichung" oder „Frühkatholizismus" sind daher für den 1. Johannesbrief nicht angemessen. Der Konflikt mit der Synagoge blieb auch nach dem Johannesevangelium ein virulentes Problem. Daß der Brief auf diesen Konflikt nicht eingeht, wird weniger damit zusammenhängen, daß er z.Z. des Briefes nicht mehr existierte, sondern eher damit, daß die aktuelle Problematik des Abfalls der Dissidenten in der Gemeinde die volle Aufmerksamkeit des Verf. erforderte, so daß der Konflikt mit der Synagoge zurückgestellt werden konnte. Dieser Konflikt mit der Synagoge wird für die joh Gemeinde in einer latenten Weise weiterbestanden haben. Vielleicht ist auch mit verschiedenen Gemeindekreisen an verschiedenen Orten zu rechnen, so daß die unmittelbaren Adressaten des Evangeliums stärker mit Juden zu tun hatten als die unmittelbaren Adressaten des Briefes. Der Doppelkonflikt ist jedoch ein dauerndes, mehr oder weniger virulentes Problem der jo-

hanneischen und nachjohanneischen Gemeinde geblieben (vgl. ApkJoh; Ignatius v. Antiochien). Beide Schriften können in zeitlicher und örtlicher Nähe entstanden und herausgegeben worden sein. Dafür sprechen ihre konzeptionellen Konstanten (z.B. „Kosmos" als gottfeindliche Welt). Der Konflikt mit der Irrlehre ist sowohl hier als auch dort präsent. Dies scheint darauf hinzuweisen, daß die Irrlehrerproblematik den Verf. beider Schriften länger beschäftigt hat. Dafür spricht auch die Existenz des 2. Johannesbriefes, in dem das Problem der Irrlehre im Blick auf die Gefahr von Wandermissionaren zur Sprache kommt. Geht man von der zeitlichen Priorität des Evangeliums vor dem Brief aus - wofür es nach wie vor gute Gründe gibt -, könnte der akute Konflikt mit den Irrlehrern im Brief durch ihr unsoziales Verhalten ausgelöst worden sein, das diese zusammen mit ihrer christologischen Irrlehre verschärft offenbar gemacht haben, nachdem sie sich von der impliziten antidoketischen Kritik des Evangeliums getroffen fühlen mußten. Der Verf. des Briefes stand nach dieser mehr implizit-theologischen Debatte um die Christologie im Evangelium der Notwendigkeit gegenüber, auf die inzwischen akut gewordene Problematik christologischer Irrlehre und sozialen Fehlverhaltens in einer mehr polemischen und apologetischen Form des Briefes zu reagieren. Daß diese Polemik im 1. Johannesbrief zum Tragen kommt, wird auch mit spezifischen Gattungseigenschaften des Briefes zusammenhängen. Der Brief argumentiert stärker adressatenbezogen als das „Evangelium", dem es (primär) um die positive Darbietung des in Jesus zur Geltung kommenden Heilsereignisses geht (Joh 20,31). Als Kommentar und Lesehilfe zum Evangelium (Joh 1-20) hat der Brief vermutlich die Funktion, ein doketisches Mißverständnis des Evangeliums bzw. der joh Überlieferung abzuwehren und ein „orthodoxes" Verständnis des Evangeliums zu sichern. Dafür werden die Adressaten an die Tradition der Augen- und Ohrenzeugen gebunden (1.Joh 1,1-4).

Stellt man diese Beobachtungen in Rechnung, so kann man sagen, daß die spezifische Variation der Sündenthematik beider Schriften ihre gemeindebezogenen Konfliktfelder auf je eigene Weise authentisch widerspiegelt. Der Sündenbegriff ist Ausdruck der je eigenen Adressatensituation des Evangeliums und des Briefes. Der konstante konzeptionelle Gehalt des Sündenbegriffs (Sünde als versklavende Macht der Welt, der Finsternis und des Teufels) wird für die jeweilige Adressatensituation variiert zur Geltung gebracht (Joh: Sünde der Außen-Welt; 1.Joh: Sünde der Welt in der Gemeinde).

9.2. Das Johannesevangelium und Paulus

9.2.1. Die johanneische und die paulinische Schule

Die Forschung ist sich darüber einig, daß das Johannesevangelium neben den drei Briefen und wahrscheinlich auch der Johannesapokalypse[1] zu den Schriften gehört, die aufgrund enger sprachlicher und theologischer Gemeinsamkeiten einem gemeinsamen Kreis von Theologen entstammen. Selbst bei der Annahme einer einzigen hervorragenden Lehrerpersönlichkeit, die für den größten Teil der Schriften verantwortlich ist, weist Joh 21,24f. auf einen nachträglichen Herausgeberkreis des Evangeliums hin.[2] Dieses und weitere Indizien[3] lassen auf ein „Produktionsmilieu"[4] schließen, das man „johanneische Schule" nennt.[5] Diese Schule ist, wie M. Hengel wahrscheinlich machen konnte, durch die eine, bei Papias erwähnte Lehrerpersönlichkeit des Presbyters Johannes aus Ephesus gegründet und (über Jahrzehnte hinweg) geprägt worden.[6] Ihr Sitz dürfte zur Wende vom 1. zum 2. Jahrhundert *Ephesus* gewesen sein. Dafür sprechen die Auseinandersetzung mit den Täuferjüngern (vgl. Apg 19,1-7), der Konflikt mit dem Judentum[7], die antidoketische Polemik, die altkirchli-

---

[1] Zum Standort der Johannesapokalypse innerhalb der johanneischen Literatur vgl. J. FREY, Erwägungen, 326-429; A. HEINZE, Johannesapokalypse, passim; E. SCHÜSSLER-FIORENZA, Quest, 402-427; J.W. TAEGER, Johannesapokalypse, passim.

[2] Ein relativer Konsens besteht in der Forschung über den sekundären Charakter von Joh 21 als späteren Zusatz. Die Argumente dafür haben u.a. J. BECKER, Komm. II, 758f., und U. SCHNELLE, Komm., 314f., zusammengefaßt.

[3] Z.B. ekklesiologische Termini, gruppenbezogene ethische Aussagen, Darstellung Jesu als „Lehrer", Traditionsgedanke von 1.Joh 1,1-3.

[4] J. ZUMSTEIN, Geschichte, 422.

[5] Vgl. R.E. BROWN, Community, 99-103; O. CULLMANN, Kreis, passim; W. ELLIGER, Ephesos, 157-160; M. HENGEL, Frage, 219-224; H.-J. KLAUCK, Komm., 45-47; M. LABAHN, Jesus, 21-30; U. SCHNELLE, Einleitung, 495-500 (mit Literatur 495!); ders., Antidoketische Christologie, 53-75; ders., Schule, 198-217; ders., Komm., 1-3; E. SCHÜSSLER-FIORENZA, Quest, 402-427; G. STRECKER, Komm., 19-28; ders., Schule, 31-47; J. ZUMSTEIN, ebd., und v.a. R.A. CULPEPPER, School, passim, der den Traditions- und Lehrbetrieb vergleichbarer antiker Schulen untersucht hat. Skeptisch gegenüber der Annahme einer johanneischen Schule äußert sich W. SCHMITHALS, Johannesevangelium, 208-214.

[6] M. HENGEL, a.a.O., passim.

[7] Zur Stellung der Juden in Ephesus vgl. W. ELLIGER, a.a.O., 154f.; M. HENGEL, a.a.O., 291f.; E. SCHÜRER/G. VERMES/F. MILLAR, History III/1, 17-36; W. THIESSEN, Ephesus, 15-17; P. TREBILCO, Jewish Communities in Asia Minor (MSSNTS 69), Cambridge 1991. Das Verhältnis zu den Christen war gespannt (vgl. Apg 19,8f.). Die Johannesapokalypse bezeugt einige Jahrzehnte nach Paulus den bestehenden Konflikt zwischen Christen und Juden in Kleinasien (vgl. ApkJoh 2,9; 3,9). In ähnlicher Weise do-

chen Zeugnisse, die Wirkungsgeschichte der johanneischen Schule, die „Interferenzen" zwischen der erzählten Welt des Johannesevangeliums und der realen Welt der ephesinischen Leser[8] und auch die theologischen Übereinstimmungen mit Paulus.[9] Ephesus war eine Generation früher durch die Wirksamkeit des Paulus Sitz der paulinischen Schule geworden, deren literarische Zeugnisse (Kol, Eph, Past, 2.Thess [?]) bis in die Zeit

---

kumentiert der 4. Evangelist das gespannte Verhältnis (vgl. Joh 8,37ff.). Der Konflikt mit dem Judentum scheint sich also im Laufe der Jahre nach Paulus zum Ende des 1. Jahrhunderts noch verschärft zu haben. Auf jeden Fall ist dieser Konflikt (wie auch die Auseinandersetzung mit den Täuferjüngern) kein zwingendes Argument dafür, daß die johanneische Literatur (oder ein Teil derselben) im jüdisch geprägten syrisch-palästinensischen Bereich (Syrien, Ostjordanland etc.) entstanden sein muß. Er weist eher nach Kleinasien, denn das pharisäische Judentum, mit dem Joh konkurriert, konnte wahrscheinlich auch hier Fuß fassen. Nach ELLEN SALTMAN ist aufgrund literarischer und archäologischer Untersuchungen im westlichen Kleinasien das dortige Judentum als „Pharisaic" zu bezeichnen (zitiert bei S.E. JOHNSON, Asia Minor, 98f.; vgl. auch W. THIESSEN, a.a.O., 17). Von einigen palästinischen Rabbinen wie Aqiba, Meir, Natan und Nahum wird berichtet, daß sie in Kleinasien reisten und lehrten (Belege bei G. KITTEL, Judentum, 14).

[8] Die neue Studie von S. V. TILBORG, Reading, passim, zeigt, daß das sprachliche Material des Johannesevangeliums vielfältige Parallelen zu den griechischen Inschriften der Stadt Ephesus aufweist (H. WANKEL u.a. [Hg.], Die Inschriften von Ephesus, Bd. 1-8, Bonn 1979-1984). Im Evangelium spiegeln sich soziale, politische, religiöse und kulturelle Verhältnisse der Stadt im 1. Jahrhundert wider. Die Welt des Evangeliums war demnach den Lesern aus Ephesus vertraut. S. V. TILBORG weist u.a. auf Korrespondenzen im Blick auf Personennamen, Namensformen, christologische Titel und Kaiser- und Götterbezeichnungen (vgl. Joh 20,28), geographische Rahmenangaben, soziale Bedingungen, religiöse Gruppen, Schüler- und Freundeskreise sowie die besondere Rolle der Frauen hin.

[9] Vgl. I. BROER, Einleitung, 211f.; R.E. BROWN, Epistles, 102f.; M. HENGEL, Frage, 9-95.219-224; R. SCHNACKENBURG, Ephesus, 59f.; U. SCHNELLE, Einleitung, 499f.; ders., Paulus und Johannes, 225f.; ders., Komm., 2f.6f.; S.S. SMALLEY, John, 119-121.148f.; G. STRECKER, Komm., 27; ders., Schule, 38f.; W. VOGLER, Komm., 33; B. WITHERINGTON III, Komm., 29. - Die Frage nach dem Ort der Entstehung der johanneischen Schriften bleibt in der Forschung umstritten. Einen Ausgleich zwischen den traditionellen Positionen (Ostjordanland/Syrien oder Ephesus) bietet die Annahme eines Umzuges der Gemeinde von Syrien bzw. vom Ostjordanland nach Kleinasien, wonach das Evangelium im ersten Gebiet, die Briefe im zweiten Gebiet entstanden seien (W. BITTNER-SCHWOB, Art. Johannesbriefe, GBL III, 1091; R.E. BROWN, ebd.; H.-J. KLAUCK, Gemeinde, 112f.; B. OLSSON, History, 32f.; E. RUCKSTUHL, Komm., 41f.; K. WENGST, Komm., 30; J. ZUMSTEIN, Geschichte, 423). Daß aber auch das Evangelium in Ephesus entstanden und herausgegeben worden ist, dafür bieten die genannten Autoren (z.B. M. HENGEL, U. SCHNELLE; S. V. TILBORG) gute Argumente. L. SCHENKE, Komm., 436-440, rechnet mit einem Umzug der Gemeinde, die Abfassung des Evangeliums (und der Briefe) erfolgte aber erst unter Kenntnisnahme der Synoptiker in Ephesus.

des johanneischen Schrifttums ca. 100 n. Chr reichen.[10] „In keiner anderen Stadt wirkte Paulus so lange missionarisch, in Ephesus versammelte er einen großen Mitarbeiterstab um sich, und hier hat er nach Apg 19,9f zwei Jahre lang im Lehrsaal des Rhetors Tyrannos geredet. In Ephesus wurden wahrscheinlich auch einige Deuteropaulinen abgefaßt (Kol, Eph, Past), und es ist anzunehmen, daß in dieser Stadt gegen Ende des 1. Jahrhunderts eine Sammlung von Paulusbriefen existierte."[11] Die Bedeutung, die Ephesus für die Entwicklung des Christentums im 1. Jahrhundert überhaupt hatte, ist angesichts der herausragenden Exponenten des neutestamentlichen Schrifttums, die hier gewirkt haben, nämlich Paulus und Johannes, nicht zu unterschätzen.[12] Daß es eine „Entwicklung einer Gemeinde von Paulus zu Johannes"[13] gegeben hat, ist angesichts der geographischen (und zeitlichen) Nähe, in der beide Theologen gewirkt haben, und vor allem der theologischen Parallelen zueinander nicht nur möglich, sondern durchaus wahrscheinlich. Auf diese Parallelen ist in mehreren Studien bereits hingewiesen worden.[14] Zwar läßt sich eine literarische Benut-

---

[10] Zur paulinischen Schule mit ihrem Standort in Ephesus vgl. H. CONZELMANN, Weisheit, 177-190 (179), ders., Schule, 85-96; U. SCHNELLE, Einleitung, 45-50.

[11] U. SCHNELLE, Paulus und Johannes, 225f. Zur Missionstätigkeit des Paulus in Ephesus (unter Berücksichtigung der Angaben in Apg 18-19; 1.Kor; 2.Kor; Phlm; Phil; Kol) vgl. M. GÜNTHER, Frühgeschichte, 31-67; W.-H. OLLROG, Paulus, 32-62; R. RIESNER, Frühzeit, 189-194; R. SCHNACKENBURG, Ephesus, 43-49; W. THIESSEN, Ephesus, 90-142. Die Nachwirkung der paulinischen Mission und Theologie in Ephesus (Apg 20,17ff., Eph, Past, IgnEph) beschreibt R. SCHNACKENBURG a.a.O., 50-56.

[12] Zur Geschichte des Christentums in Ephesus im 1. Jahrhundert vgl. C.E. ARNOLD, Ephesians, passim; M. GÜNTHER, a.a.O., passim; G.H.R. HORSLEY, Inscriptions, passim; R. STRELAN, Paul, passim; W. THIESSEN, a.a.O., passim. Zur Bedeutung der Stadt in der Antike vgl. W. ELLIGER, Ephesos; J. KEIL, Ephesos; D. KNIBBE/W. ALZINGER, Ephesus, 748-830; F. MILTNER, Ephesos.

[13] So der Titel des Aufsatzes von R. SCHNACKENBURG, Ephesus: Entwicklung einer Gemeinde von Paulus zu Johannes, BZ NF 35 (1991), 41-64. Der Begriff „Entwicklung" ist jedoch nicht im Sinn einer prozeßartigen Ablösung der einen durch die andere Gemeinde bzw. Theologie zu verstehen. Das paulinische Christentum geht nicht in das johanneische auf. Beide Gemeindekreise konnten nebeneinander existieren (s.u.). Erst im 2./3. Jahrhundert scheint - wie die vielschichtige kleinasiatische Johannestradition zeigt - eine Verschiebung zur johanneischen Tradition eingetreten zu sein (M. HENGEL, Frage, 94: „... die paulinische Tradition wurde durch die johanneische verdrängt").

[14] A.E. BARNETT, Paul becomes a literary Influence, Chicago 1941, 106-142; K. BERGER, Theologiegeschichte, 224-236; ders., Anfang, 259-277; R. SCHNACKENBURG, Paulinische und johanneische Christologie, in: ders., Komm. IV, 102-118; U. SCHNELLE, Einleitung, 569-571; ders., Paulus und Johannes, 212-228; S. SCHULZ, Komm., 5f.; R. SCROGGS, Christology in Paul and John, Philadelphia 1988; S.S. SMALLEY, John, 155-157; M.W. WETHINGTON, Paul and John, Duke University 1984; D. ZELLER, Paulus und Johannes, BZ NF 27 (1983), 167-182. U. SCHNELLE nennt Übereinstimmungen in Chri-

zung der Paulusbriefe und der Deuteropaulinen durch die johanneische Schule nicht belegen,[15] jedoch weisen die vielfältigen „Übereinstimmungen darauf hin, daß eine traditionsgeschichtliche Verbindung zwischen Paulus und Johannes, der paulinischen und johanneischen Schule bestanden haben muß. Wenn in Ephesus die paulinische Theologie gepflegt, überliefert und eigenständig weiterentwickelt wurde, dann ist anzunehmen, daß zumindest durch die mündliche Tradition Johannes von der paulinischen Theologie Kenntnis nahm."[16] Solch eine Beeinflussung ist wahrscheinlich, wenn man bedenkt, daß sich die Christen in Ephesus in mehreren kleineren Gemeinden nach Art von Hauskirchen verbunden haben, zwischen denen ein reger Kontakt und Austausch stattgefunden haben

---

stologie, Anthropologie, Ethik, Gesetzeskritik und Eschatologie. Er erkennt in der Wertschätzung der Heilsbedeutung des Christusgeschehens die „theologische Klammer" zwischen Paulus und Johannes. Die Christologie unterliegt einer „kerygmatischen Stilisierung" (Paulus und Johannes, 227). D. ZELLER, a.a.O., 181, faßt den Ertrag seines Vergleichs so zusammen: „Sie (Paulus und Johannes) sehen die Welt im Licht Gottes bzw. des Evangeliums ähnlich, sie beschreiben vor allem die Initiative Gottes für die Menschheit mit denselben Formeln und tragenden Begriffen. Diese Initiative führt nach beiden Theologen zu einer Polarisierung im Glauben. Darin fällt die Entscheidung auf Leben und Tod. Der Glaube setzt sich aber auch ab gegen das Gesetz des Mose und die physische Abrahamskindschaft. Er hat im wesentlichen gleiche Folgen für das christliche Handeln." Mit M. HENGEL, Frage, 138, kann gesagt werden: „Die Gemeinsamkeit mit gewissen Grundaussagen der paulinischen Theologie ist auf jeden Fall stärker als das Trennende."

[15] So noch A.E. BARNETT, a.a.O., passim.

[16] U. SCHNELLE, Paulus und Johannes, 227. R. BULTMANN, Theologie, 357-362; ders., Art. Johannesevangelium, ³RGG III, 846, hat zwar die „tiefe sachliche Verwandtschaft zwischen Johannes und Paulus" (361) bestätigt, er hat jedoch daran festgehalten, daß die johanneische Theologie ohne paulinischen Einfluß entstanden ist. Sie ist nach seinem Urteil keine Fortbildung der paulinischen Theologie (ähnlich auch S. SCHULZ, Komm., 5f.). So schließt er traditionsgeschichtliche (oder literarische) Verbindungen aus. Dieses Urteil ist begründet in der religionsgeschichtlichen Einordnung des Evangeliums. Nach BULTMANN gehört es dem syrisch-gnostischen Randchristentum an (362-366; ders., Komm., passim; ders., Art. Johannesevangelium, 849). Es repräsentiere daher einen völlig eigenständigen Strang urchristlicher Theologiebildung, und zwar unbeeinflußt von Paulus und den Synoptikern. Dieses Urteil ist jedoch durch die neueren Untersuchungen zum Verhältnis: Paulus - Johannes sowie Synoptiker - Paulus zu revidieren. - Nach K. BERGER, Anfang, 259-277 (260), hat der Evangelist paulinische Tradition über ein „präjohanneisches" judenchristliches Milieu, mit dem Paulus in einer frühen Phase seines Christseins Kontakt hatte, empfangen. Die Beziehungen werden aber nicht auf eine direkte Vermittlung paulinischer Tradition, sondern auf ein dem Evangelisten und Paulus gemeinsames judenchristliches Milieu und beiden vorliegende christliche Traditionen zurückgeführt. Zu BERGERs These vgl. weiter den folgenden Exkurs.

wird.[17] Es ist also mit einer Koexistenz von johanneischen und paulinischen Hausgemeinden zu rechnen. Sie werden das Gespräch miteinander gesucht haben, ohne sich als direkte Konkurrenten zu verstehen.[18] Die Rezeption der paulinischen Tradition durch die johanneische Gemeinde spricht dafür, daß die Initiative zum Kontakt vielleicht eher von der jüngeren als von der älteren Gemeinde ausging.[19]

Nach K. Berger[20] ist das Johannesevangelium in *Damaskus* entstanden. Es spricht Judenchristen solcher Art an, wie es sie in Damaskus gab. Zu diesen Judenchristen gehörte auch Paulus nach seiner Bekehrung (Apg 9). Die Berührung zwischen Johannes und Paulus fand demnach in Damaskus statt. Berger führt für seine Hypothese einige theologische Parallelen an, die Paulus, Johannes und das damaskenische Christentum nach Apg 9 verbinden. Dies betrifft die Grundbedingung: Judenchristentum und Christenverfolgung sowie das Verständnis von Taufe (mit Wasser und Geist) und Sohn-Gottes-Christologie, die Annahme eines prophetisch geprägten Christentums ohne kirchliche Amtsträger sowie begriffliche und motivische Gemeinsamkeiten („Weg", „Licht", Christusbekenntnis, Blindenheilung). Im einzelnen muß man freilich fragen, ob diese Gemeinsamkeiten so überzeugend sind, daß sie diese Hypothese stützen können. Das prophetische Christentum ist z.B. bei Johannes im Unterschied zu Apg 9 nicht visionär (Hananias). Die Taufe ist bei Johannes nicht mit der Handauflegung verbunden. Das joh Christentum setzt im Unterschied zu Apg 9 die Trennung der Gemeinde von der Synagoge voraus. Begriffe und Motive wie „Weg", „Licht", das Christusbekenntnis oder die Blindenheilung sind bei Johannes z.T. anders verwendet als in Apg 9.[21] Hinzu kommt,

---

[17] Vgl. hierzu R. SCHNACKENBURG, Ephesus, 48f.60f., der die Existenz von Hausgemeinden in Ephesus seit Paulus aus einem Vergleich mit der sozialen Struktur der Gemeinde von Korinth, aus 1.Kor 16,19f. und aus der Irrlehrerproblematik in den Johannesbriefen (vor allem 3.Joh) erschließt. Wie eng der Kontakt zwischen paulinischen und johanneischen Gemeinden wirklich gewesen ist, darüber läßt sich wenig sagen. Von einer Integration der joh Gemeinde(n) in die durch Petrus und Paulus vertretene „Großkirche" (so SCHNACKENBURG, ebd.), sollte man jedoch angesichts der Problematik des Begriffes „Großkirche" zum Ende des 1. Jahrhunderts nicht sprechen. Die johanneischen Gemeinden repräsentieren einen eigenen Zweig der urchristlichen Theologiegeschichte. Richtig bemerkt M. HENGEL, Frage, 159, dazu: „Da es zwischen 90 und 100 noch keinen allgemein anerkannten monarchischen Episkopat gab, die Ortsgemeinden vielmehr, in der Regel geleitet von einem Ältesten- oder 'Propheten'-Kollegium, relativ locker in den Hausgemeinden untergliedert waren, konnten verschiedene Lehrtraditionen neben- und miteinander wirksam werden."

[18] Darauf weist zu Recht W. ELLIGER, Ephesos, 159, hin.

[19] „Der Alte und seine Schüler mögen, wie es damals üblich war, selbständige Hauskirchen eingerichtet haben, doch werden diese nicht die Separation, sondern eher den Anschluß und Einfluß in den von Paulus und seinen Mitarbeitern gegründeten älteren Gemeinden angestrebt haben" (M. HENGEL, a.a.O., 223f.).

[20] Theologiegeschichte, 233-236; ders., Anfang, 62-64.

[21] Der Begriff „Weg" wird bei Johannes christologisch (Joh 14,6), nicht ekklesiologisch (als Bezeichnung der neuen Lehre) (Apg 9,2) verwendet. Die „Blindenheilung" von Apg 9 ist keine Heilung im eigentlichen Sinn durch einen Wundertäter wie in Joh 9, sondern eine durch Handauflegung und Geistmitteilung bewirkte Aufhebung einer durch

daß Paulus selbst über seine Zeit in Damaskus schweigt (Gal 1,17). Über den Entwicklungsstand seiner Theologie dort wissen wir fast gar nichts. Die vielfältigen theologischen Gemeinsamkeiten zwischen Paulus und Johannes setzen jedoch ein entwickelteres, späteres Stadium paulinischer Theologie, auf die Johannes zurückgreift, voraus. Die oben genannten Argumente lassen daher eher an Ephesus als Kontaktpunkt johanneischer und paulinischer Theologie denken.

Die Art der Paulus-Rezeption durch Johannes bestimmt U. Schnelle näherhin als *Anknüpfung*, d.h. als „eigenständige Verarbeitung und Weiterführung", als „Transformation paulinischer Aussagen".[22] Diese Form der Rezeption setzt voraus, was in der Regel für die meisten neutestamentlichen Schriftsteller gilt. Sie „übernahmen nicht sklavisch alle ihnen zur Verfügung stehenden oder bekannten Traditionen, sondern unterzogen sie einer theologischen Reflexion und trafen eine ihrer theologischen Zielsetzung und geschichtlichen Situation entsprechende *Auswahl*."[23] Johannes konnte also im Rückgriff auf paulinische und andere Traditionen (AT, Mk, Lk) nach dem in 20,30f. genannten Kriterium eigenständig auswählen und theologisch profilieren.[24] Dies ist für die Problematik des Sündenbegriffs zu berücksichtigen, insofern sich die spezifischen Nuancen des johanneischen Sündenbegriffs im Vergleich mit dem paulinischen Sündenbegriff aus der Situation der joh Gemeinde sowie dem theologischen Profil des 4. Evangelisten verstehen lassen. Deutlich ist, daß die These U. Schnelles gut die geographischen, zeitlichen und theologischen Verbindungen zwischen Paulus und Johannes zu erklären vermag. „Paulus gehört neben anderen Traditionen in die Vorgeschichte der johanneischen Theologie."[25] Christliche Zeugen des 2. Jahrhunderts wie Polykarp von Smyrna

---

die Lichtherrlichkeit Christi hervorgerufenen vorübergehenden Blendung des Paulus (vgl. Apg 22,11; A. WEISER, Apostelgeschichte, 133). Allenfalls für den christologisch geprägten „Licht"-Begriff sowie für das Christusbekenntnis (Apg 9,22; Joh 9,22) gibt es bedenkenswerte Parallelen.

[22] Paulus und Johannes, 227.

[23] Ebd. (Hervorhebung R.M.).

[24] „Er integrierte jene Traditionen in sein Evangelium, die nach seiner Meinung geeignet waren, ein Verstehen des Christusgeschehens und den Glauben an Jesus Christus als den fleischgewordenen Gottessohn zu fördern. Dieser Rezeptionsvorgang läßt die theologische und schriftstellerische Kompetenz des 4. Evangelisten erkennen. Johannes gestaltet Tradition und Redaktion zu einem erzählerisch und theologisch neuen Ganzen aus" (U. SCHNELLE, Einleitung, 571).

[25] U. SCHNELLE, Paulus und Johannes, 228. Anders S. SCHULZ, Komm., 5f., und D.M. SMITH, Theology, 50-53.65-67.73f., die eine Rezeption des Paulus durch Johannes bestreiten, jedoch wenig überzeugend. Smith weist u.a. auf die gemeinsame Basis frühchristlichen Glaubensinhaltes hin. Die Parallelen zwischen Johannes und Paulus gehen jedoch über das gemeinsame frühchristliche Glaubensgut hinaus. Sie sind so eng, daß

(um 130-150 n.Chr.)[26] und Irenäus von Lyon (um 180 n.Chr.)[27] setzen die Verbindung von paulinischer und johanneischer Tradition in Kleinasien voraus.

9.2.2. Der paulinische und johanneische Sündenbegriff im Vergleich

Im folgenden kann auf eine Darstellung des paulinischen Sündenbegriffs im einzelnen verzichtet werden.[28] Es genügt, die Paulus und Johannes gemeinsame Argumentationsbasis zu beschreiben. Aus den Gemeinsamkeiten und den durch Johannes erfolgten Veränderungen können die spezifischen Entwicklungstendenzen im Verständnis der Sünde aufgezeigt werden. Sie bestätigen den Einfluß paulinischer Tradition im Johannesevangelium.[29]

9.2.2.1. Gemeinsamkeiten

(1) Johannes bevorzugt wie Paulus den *Begriff ἁμαρτία im Singular*. Er begegnet 59mal bei Paulus - davon 48mal im Römerbrief! -, 17mal im Johannesevangelium und 11mal im 1. Johannesbrief. Das Verb ἁμαρτάνω tritt gehäuft in 1.Joh (10mal), Röm und 1.Kor auf (je 7mal). ἁμαρτωλός

---

eine direkte Verbindung zwischen paulinischer und johanneischer Theologie wahrscheinlich ist.

[26] Vgl. Polyc 3,2; 9,1; 11,2f. (Paulus) mit 7,1(1.Joh 4,2f.; 2.Joh 7). S. dazu M. HENGEL, Frage, 161: „Daß der Polykarpbrief, an die von Paulus begründete, selbstbewußte Gemeinde in Philippi gerichtet, eine Gemeinde, die älter war als jene von Smyrna, sowohl paulinische wie johanneische Traditionen aufnimmt, sich aber dabei expressis verbis nur auf Paulus beruft, ist ... typisch für die kleinasiatische Situation, wo die ältere paulinische von der johanneischen Tradition überlagert wurde ...“

[27] Adv. haer. III,3,1; III,15,1 zu Paulus und III,1,1 zu Johannes. Die Autorität der Gemeinde von Ephesus besteht für Irenäus darin, daß sie „von Paulus gegründet wurde und Johannes in ihr geblieben ist bis in die Zeit Trajans" (III,3,4). Vgl. dazu R. SCHNACKENBURG, Ephesus, 61f.

[28] Vgl. dazu J. BECKER, Paulus, 409-423; G. BORNKAMM, Paulus, 131-139.143f.; ders., Sünde, 51-69; E. BRANDENBURGER, Adam und Christus, passim; ders., Fleisch und Geist, passim; R. BULTMANN, Theologie, §21-§27; G. EICHHOLZ, Paulus, 63-100.172-188; J. GNILKA, Theologie, 58ff.; ders., Paulus, 216-228; W. GRUNDMANN, Art. ἁμαρτάνω κτλ. F. Die Sünde im NT, 305-320 (311-317); K. KERTELGE, Grundthemen, 161-183; W.G. KÜMMEL, Theologie, 153-165; E. LOHMEYER, Sünde, 75ff.; S. LYONNET/ L. SABOURIN, Sin, 46-57; H. MERKLEIN, Paulus, 123-163; G. RÖHSER, Sünde, passim; K.H. SCHELKLE, Theologie I, 122ff.; III, 61-63; H. SCHLIER, Grundzüge, 64-121 (64-77); W. SCHMITHALS, Anthropologie, 34-83; G. STRECKER, Theologie, 124-147; A. STROBEL, Erkenntnis, 47-55; P. STUHLMACHER, Theologie I, 268-283 (Lit.: 268f.).

[29] Der Zusammenhang des Sündenverständnisses des Johannesevangeliums mit dem des Paulus ist bei K. BERGER, Theologiegeschichte, 507-510, in seinem § 360 „Die paulinische Sündenlehre im Rahmen der urchristlichen Theologiegeschichte" (!) unterschätzt. Auf Johannes kommt BERGER nicht zu sprechen!

begegnet bei Paulus und Johannes seltener (Röm 3,7; 5,8.19; Gal 2,15.17; Joh 9,16.24.25.31). Es wird von den Synoptikern bevorzugt (mit 29 von insgesamt 47 Belegen im NT).[30] ἁμαρτία können Paulus und Johannes promiscue im Singular und Plural gebrauchen (Röm 4,7f.; 7,5.7ff.; 1.Kor 15,3.17.56; Joh 8,21.24; 1.Joh 1,8f.; 3,4f.). Der Sprachgebrauch ist demnach bei beiden Autoren ähnlich.

(2) Paulus und Johannes verwenden *Äquivalente* wie ἀνομία oder ἀδικία (Röm 1,18; 2,8; 3,5; 4,7f.; 6,13.19; Joh 7,18; 1.Joh 1,9; 3,4; 5,17).

(3) Beide Autoren gehen über das traditionell alttestamentlich-jüdische Verständnis von ἁμαρτία als *Gesetzesübertretung* hinaus. Verstöße gegen den Willen Gottes kann Paulus zunächst αἱ ἁμαρτίαι (1.Thess 2,16; Gal 1,4; 1.Kor 15,3), τὰ ἁμαρτήματα (Röm 3,25; vgl. 1.Kor 6,18), τὰ παραπτώματα (Röm 4,25; 5,16; 2.Kor 5,19) oder auch αἱ παραβάσεις (Gal 3,19; vgl. Röm 2,23[25.27]; 4,15) nennen. Gelegentlich greift er auf vorpaulinische Tradition (Röm 3,25; 4,25; 1.Kor 15,3; 2.Kor 5,19; Gal 1,4) oder auf den Sprachgebrauch des griechich sprechenden Judentums (Röm 1,18; 4,7f.) zurück. Diese Traditionen hat er des öfteren im Kontext seiner christologisch applizierten Rechtfertigungsaussagen ausgelegt (vgl. Röm 1,17.18; 3,24-26; 4,1-8; 2.Kor 5,19-21). Dadurch erfahren Begriffe wie ἁμάρτημα, ἀδικία, ἀνομία und παράπτωμα eine auf das Christus- und Rechtfertigungsgeschehen hin typische Generalisierung. - Johannes hat die Übertretung des Gesetzes in Joh 9,2f.16.24.25.34 im Blick. Er benutzt dafür jedoch nie den Begriff ἁμαρτία, sondern ἁμαρτάνειν (vgl. Röm 2,12; 3,23) bzw. ἁμαρτωλός. Paulus ist flexibler, wenn er die genannten Synonyme für ἁμαρτία im Wechsel verwenden kann.[31] Der Sprachgebrauch bei Johannes ist polarisierender. Allein ἁμαρτία steht für die Sünde im generellen Sinn. Doch bilden beide die für sie charakteristische Redeweise von Sünde als die durch die *Christusoffenbarung* zur Geltung kommende versklavende Todesmacht aus (ἁμαρτία im Singular, s.u.). Sie konstituiert sich als Unglaube (Röm 14,23; Joh 8,24; 16,9). Die-

---

[30] P. FIEDLER, Art. ἁμαρτία κτλ., EWNT I, 158. K.H. RENGSTORF, Art. ἁμαρτωλός κτλ., ThWNT I, 336, schreibt zu ἁμαρτωλός: „Das Wort war durch die Geschichte auf jüdischem Boden wohl zu stark mit dem Tone der Überlegenheit über die 'Sünder' belastet, als daß es in der neuen Verkündigung, zumal unter den Nichtjuden, unbefangen hätte gebraucht werden können. So will es beachtet sein, daß es bei *Johannes* nur im Munde der Pharisäer, also als pharisäischer Schulterminus, erscheint, der damit zugleich als unberechtigt abgelehnt wird, und daß *Paulus* es nur als besonders starken Ausdruck verwendet, und zwar stets unter Einbeziehung seiner eigenen Person" (Hervorhebung K.H.R.).

[31] Vgl. Röm 5,12-21: ἁμαρτάνειν, παράπτωμα, παράβασις, ἁμαρτία; 2.Kor 5,19.21: παράπτωμα, ἁμαρτία; Gal 3,19.22: παράβασις, ἁμαρτία.

se bei Paulus erkennbare Generalisierung und Typisierung der Sünde zur Unheilsmacht ist von Johannes aufgenommen worden.

Die Tendenz zur Generalisierung und Typisierung der Sünde angesichts der Christusof-fenbarung wird nicht nur in Röm 5-8 - von den 48 ἁμαρτία-Belegen im Römerbrief begegnen allein 42 Belege in Röm 5-8! -, sondern bereits in Röm 1-3 deutlich. Hier (1,18.32; 2,23.25.27) versteht Paulus die Sünde zunächst in traditioneller Hinsicht als Übertretung des Gesetzes, der Rechtsforderung Gottes (παράβασις τοῦ θεοῦ).[32] Jedoch benutzt er nicht ἁμαρτία, um diese Übertretungssünde zu benennen. Erst in 3,9.20 be-gegnet ἁμαρτία (3,23: ἁμαρτάνειν; vgl. Gal 3,22). Paulus formuliert apodiktische Sät-ze aus christlicher Perspektive. Sie sind bereits von der Erkenntnis über die in Christus zur Geltung kommende Gerechtigkeit Gottes her bestimmt (3,21ff.). Abgesehen von Christus läßt sich nach Paulus (wie nach Johannes) nicht sachgerecht von ἁμαρτία re-den.

(4) Die Sünde kommt im Kontrast zur Christusverkündigung als *verskla-vende Macht mit dem Ziel des Todes* zur Geltung (Röm 5,12-8,10; Gal 3,22; Joh 5,24; 8,21.24.34; 1.Joh 5,16f.). Der von der Sünde beherrschte Mensch unterliegt dem Zorn Gottes (Röm 1,18; Joh 3,36), so wie auch der gesamte Kosmos der Vergänglichkeit und dem Gericht preisgegeben ist (Röm 3,6.19; 1.Kor 6,2; 11,32; Joh 9,39; 12,32; 16,8.11). Die bei Paulus zu beobachtende Personifizierung der Sünde als dämonische Unheils-macht[33] ist bei Johannes nur noch in schwachen Zügen wahrnehmbar (Joh 8,34). Mit Paulus verbindet aber das Verständnis der vom Satan be-herrschten Sündenwelt (2.Kor 4,4; Joh 12,31; 14,30; 16,11).

(5) Sünde wird näherhin als *Unglaube bzw. Ungehorsam gegenüber der Gottes- und Christusoffenbarung* verstanden (Röm 1,18; 2,8; 3,9ff.; 10,16; 14,23; Gal 3,22; Joh 5,38; 8,24; 9,39-41; 12,38; 15,22-24; 16,9).[34] Sie ist Feindschaft gegen Gott (Röm 5,10; 8,7) bzw. gegen Christus (Joh 8,37ff.; 15,22-25).

(6) Beide Autoren präzisieren die *Sünde als Knechtschaft im Gegen-über zu der durch Christus erwirkten Freiheit der Gotteskinder* (Gal 4,1-7.21-31; vgl. Röm 6,16ff. mit 8,1-17.21; Joh 8,31-36). Die Teilhabe an der Abrahamskindschaft erfolgt durch den Glauben (Gal 3,6-4,7; Röm 4,11f. 13ff.; 9,7ff.; Joh 8,31-36.37ff.). In ihm vollzieht sich der „Herrschafts-wechsel" - von der Sünde als altem Herrn zu Gott als neuem Herrn (Röm 6,11; Joh 8,34-36).

---

[32] Vgl. dazu H. MERKLEIN, Paulus, 124-127.159f.

[33] Vgl. dazu S. LYONNET/L. SABOURIN, Sin, 54-57; G. RÖHSER, Sünde, 131-177.

[34] Paulus und Johannes greifen für die Deutung des Unglaubens auf das gleiche Zi-tat aus Jes 53,1 (LXX) zurück (Röm 10,16; Joh 12,38)!

(7) Beide Autoren entwickeln im Zusammenhang der Sündenproblematik ein hochentwickeltes *Kosmos-Verständnis*. Die durch die Sünde pervertierte Schöpfung erscheint als die in Widerspruch zu Gott geratene (Menschen-)Welt (Röm 5,12; 1.Kor 3,19; 5,10; 7,31; Joh 8,23; 9,39; 12,25.31; 13,1; 14,30; 16,11), die dem Gericht Gottes preisgegeben ist (Röm 3,6.19; 1.Kor 6,2; 11,32; Joh 9,39; 12,31; 16,8.11) und der Macht des „Herrschers dieser Welt" unterworfen ist (2.Kor 4,4; Joh 12,31; 14,30; 16,11). Der Kosmos ist wesensmäßig gut (Röm 1,20.25; Joh 1,3.10; 3,16f.). Erst durch die Macht der Sünde wird er dem Schöpferwillen entfremdet. Dementsprechend ist das Sein des Glaubenden in der Welt dialektisch. Er lebt in der Welt (1.Kor 5,10; Joh 17,11), aber nicht aus der Welt (1.Kor 7,29-31; 2.Kor 1,12; 5,17; Gal 4,3; Joh 15,19; 17,14.16).

(8) Paulus und Johannes verstehen die *Sünde als sarkische Existenz*. Die paulinische Opposition von „Geist" und „Fleisch" (Röm 8,1-17; Gal 5,16ff.) hat der Evangelist in Joh 3,6; 6,63 aufgenommen. Der paulinische Dualismus klingt noch nach. Er steht jedoch bei Johannes nicht mehr im engeren Kontext der Sündenproblematik.[35] Der enge Zusammenhang von „Fleisch" und „Sünde" (Röm 7f.)[36] spielt bei ihm keine prägende Rolle. Die dezidierte Bestimmung der Sarx als alles beherrschende Macht der Sünde läßt sich bei Johannes nicht nachweisen. Sarx ist nicht die (personal gedachte) Größe, die die Sünde begeht, sondern bezeichnet das menschliche Sein in seiner Unfähigkeit und Untauglichkeit für das Heil (Joh 1,13 im Blick auf die Gotteskindschaft; 3,6 im Blick auf die Basileia Gottes; 6,63 im Blick auf den Glauben an Jesus; 17,2 im Blick auf die ζωὴ αἰώνιος).[37] Insofern kommt der Sarx bei Joh nicht wie bei Paulus eine die ἁμαρτία konstituierende Funktion zu. Jedoch versteht Johannes (wie Paulus) die sarkische Existenz als eine Form des Unglaubens (6,63 [vgl. V64]; 8,15 [vgl. V14]). Vereinzelt greift er auf paulinische Terminologie zurück. Die Wendung κατὰ τὴν σάρκα (Joh 8,15) zur Kennzeichnung der Gott zuwider lebenden Seinsweise des Menschen erinnert an Röm 8,4-5; 2.Kor 5,16; 10,2f. (vgl. Röm 8,9). - Auch sonst gibt es sprachliche Pa-

---

[35] Die joh Antithetik von „Geist" und „Fleisch" erinnert an den Dualismus von „oben" und „unten", Himmel und Erde. Vgl. M.M. THOMPSON, Humanity, 49.

[36] Vgl. R. BULTMANN, Theologie, §23; H. MERKLEIN, Paulus, 147f.; G. STRECKER, Theologie, 132ff.; P. STUHLMACHER, Theologie I, 276f.

[37] Die christologisch bestimmten Sarx-Belege in Joh 1,14 und 6,51c-58 sind hiervon auszunehmen. Da Jesus Sündlosigkeit zukommt (7,18; 8,46), kann Sarx an diesen Stellen nicht inferior gedacht sein. Zum Sarx-Begriff bei Johannes vgl. M.M. THOMPSON, Humanity, 39-49, sowie TH. KNÖPPLER, Theologia crucis, 38-52, der den anthropologisch bestimmten Sarx-Begriff des Evangelisten im Kontext der christologisch bestimmten Sarx-Belege (1,14; 6,51c-58) auslegt.

rallelen. In 1.Joh 2,16f. ist von der „Begierde des Fleisches" die Rede (vgl. Joh 8,44). Paulus beschreibt mit dieser Wendung „die 'Laster' der Sinnlichkeit und der Selbstsucht"[38] (Gal 5,16.17.24; Röm 13,14; vgl. Eph 2,3).[39] Johannes hat der Wendung im Brief eine eigene Bedeutung gegeben, die das unsoziale Verhalten der Gegner erfaßt.[40]

(9) Beide Autoren verstehen Sünde nicht als Schicksal oder Verhängnis einer in sich gottfernen Welt (Gnosis), sondern der alttestamentlichen Tradition entsprechend als *konkrete Schuld*. Sie ist in der Mißachtung der Verantwortung des Menschen vor Gott begründet (Röm 1,18-3,20). So kommt die Sünde durch das Sündigen in die Welt (Röm 5,12).[41] Johannes bringt die Eigenverantwortlichkeit des Sünders dadurch zum Ausdruck, daß er die Ablehnung der Gottesoffenbarung in Jesus als willentliche Verweigerung gegenüber dem Anspruch Jesu versteht. Diese vor allem in Kap. 5-12 immer wieder erkennbare Tendenz der Auseinandersetzung Jesu mit der ungläubigen Welt kulminiert in der Überführung und Behaftung der Sünde des Unglaubens (8,24; 9,41; 16,8f.). - Paulus und Johannes sind sich aber zugleich bewußt, daß infolge der Sündentat ein *Schicksals- und Tatzusammenhang* aufgebaut wird, aus dem der Mensch aus eigener Kraft nicht erlöst werden kann. Deshalb spricht Paulus von der seit Adam gültigen Herrschaft der Sünde im Tod (Röm 5,12ff.) und versteht sie in Gal 3,22; Röm 6,16.20.23; 7,14 als Sklavenhaltermacht, an die alle verkauft werden. „Sünde ist nach paulinischer Glaubenseinsicht ein Schicksals- und Tatzusammenhang, aus dem nur Christus befreien kann, weil nur er die Herrschaft der Sünde überwunden hat (Röm 5,12-21; 8,3-4)."[42] Ähnlich hat auch Johannes den Zusammenhang von Sündentat, Sündenmacht und Befreiung durch Christus erkannt. Die Sündentat baut sich zur Sünde der „Welt" auf (Joh 1,29; 16,8) und bewirkt einen Schicksalszusammenhang, der in der Verstockung durch Gott zur Geltung kommt (Joh 12,39f.)

---

[38] R. BULTMANN, a.a.O., 239.

[39] Zum Vergleich der Aussagen vgl. N. LAZURE, Valeurs, 322-326. Weitere ähnliche Belege finden sich in 1.Petr 2,11; 2.Petr 2,10.18; Did 1,4.

[40] Vgl. dazu K. WENGST, Komm., 96: Unter „Begierde des Fleisches" ist „die der irdisch-menschlichen Sphäre eigentümliche Begehrlichkeit nach Besitz, die der Brüderlichkeit direkt entgegenwirkende und der Hingabe völlig entgegengesetzte Habgier zu begreifen."

[41] „Die Wirklichkeit der Sünde gründet im Sündigen (aller), wie sie umgekehrt ihre Macht durch das Sündigen (aller) ausübt" (H. MERKLEIN, Paulus, 130). Zum Verständnis von Röm 5,12 vgl. weiter E. BRANDENBURGER, Adam und Christus, 156f.; R. BULTMANN, Theologie, 251; J. GNILKA, Theologie, 65f.; G. STRECKER, Theologie, 137f.; P. STUHLMACHER, Theologie I, 280; U. WILCKENS, Römer I, z. St.

[42] P. STUHLMACHER, ebd.

und im Tod sein Ziel findet (8,21.24). Die Sünde bleibt als rechtskräftiges Urteil des Richters über die Verurteilten in Geltung (9,41; 15,22.24; 19,11: Rede vom „Bleiben" und „Haben" der Sünde). Der Geist führt nachösterlich dieses Gerichtswerk Jesu an der Welt fort (16,8-11; 20,23b). Erst die in Jesus erwirkte (1,29) und nachösterlich fortgesetzte Vergebung der Sünde(n) (20,23a) vermag aus dem Unheilszusammenhang von Sünde und Tod zu befreien.

(10) Beide Theologen - Paulus explizit, Johannes implizit - verstehen die Sünde als *Verlust der göttlichen Herrlichkeit* (vgl. Teil 6.6.). Paulus redet davon in Röm 3,23, bei Johannes sind die Aussagen von der Doxa-Ehre zu vergleichen, die die Menschen sich selbst erweisen, während sie Gott die Doxa-Ehre verweigern (Vgl. Joh 5,41-44; 7,18; 8,49f.54; 12,43). Das Suchen des Sünders nach der eigenen Ehre ist Indiz für den Mangel an göttlicher Doxa. Der Verlust der göttlichen Herrlichkeit bedeutet eine Störung des ursprünglich ungetrübten Gottesverhältnisses des Menschen. Diese Störung wirkt sich als Feindschaft gegen Gott (Röm 5,10; 8,7) bzw. gegen seinen Sohn (Joh 7,7; 15,18ff.) aus. Sie wird überwunden durch die Hineinnahme des Menschen in die lebensspendende Doxa Christi (Röm 3,24-26: Rechtfertigung durch die in Christus bewirkte Erlösung; 2.Kor 3,18; Joh 17,2.10b.22f.24).

(11) Die Befreiung von der Sünde wird durch die *stellvertretende Sühne Jesu Christi* bewirkt (Röm 3,25f.; 4,25; 5,8f.; 8,3; 1.Kor 15,3; 2.Kor 5,21; Gal 1,4; 3,13; Joh 1,29; 1.Joh 2,2; 4,10).[43] Ziel des Heilswerkes Jesu ist die Verurteilung und Vernichtung der Sünde. Es wirkt sich als Befreiung von ihr aus (Röm 6,1-11.18.22; 8,2f.; 2.Kor 5,21; Joh 1,29; 8,36; 1.Joh 1,7.9; 3,5). Weil die Christen befreit sind aus der Macht der Sünde, haben sie ein Gericht, das sie verurteilen könnte, hinter sich gelassen (Röm 5,16; 8,1; Joh 3,18.36; 5,24). Das in Christus erwirkte Erlösungs- und Vergebungswerk kommt auch der ganzen Welt zugute (2.Kor 5,19; Joh 1,29; 1.Joh 2,2; 4,14).

(12) Johannes kennt wie Paulus das Motiv der *Sündlosigkeit Jesu* (2.Kor 5,21; Röm 8,3; Joh 7,18; 8,46; 1.Joh 3,3f.5f.7 [vgl. 2,1.29]). Bei beiden dient es der Verdeutlichung des Heilswerkes Jesu (Röm 8,3; 2.Kor 5,21; Joh 1,29; 1.Joh 2,1f.; 3,5). Im Johannesevangelium ist es darüber hinaus Bestandteil des Rechtsstreites Jesu mit der Welt. Es bezeugt seine

---

[43] Zum Motiv des stellvertretenden Sühnetodes Jesu bei Paulus vgl. H. MERKLEIN, Sühnetod, 166-175, ders., Paulus, 149ff.; P. STUHLMACHER, Theologie I, 294-300; bei Johannes vgl. TH. KNÖPPLER, Theologia crucis, 88-101.201-216; J. BLANK, Versöhnung, 85-89; M. HENGEL, Frage, 189ff.; B. LINDARS, Passion, 71-74.

Unschuld und Gerechtigkeit. Im 1. Johannesbrief dient es der Ethik. Es beschreibt die vorbildliche Gerechtigkeit Jesu (1.Joh 2,29; 3,7).

(13) Das 4. Evangelium spricht wie Paulus von der Sünde der *nichtchristlichen Welt* (vgl. Gal 2,15; 1.Kor 6,9-10; Röm 1,18-3,20). Das Problem aktueller Christensünde tritt bei Paulus vereinzelt in den Blick (1.Kor 5,1-13; 6,1-8; 8,12; 11,27-31; 2.Kor 12,21).[44] „Gleichwohl hat Paulus noch nicht im Stil des 1 Johannesbriefes von den Verfehlungen der Christen gesprochen, und auch in Röm 7,7-25 + 8,1-17 noch kein bis zum Tode unaufhebbares Zugleich von Sünde und Gerechtigkeit im Leben der Christen vor Augen gehabt."[45] Die Problematik der postbaptismalen Sünde ist im 1Joh durch das Wirken der aus der Gemeinde stammenden Sezessionisten veranlaßt worden. Die gesamtjohanneische Perspektive der Sünde als Sünde der Welt einerseits und als Christensünde andererseits hat bei Paulus jedoch ihre Entsprechung.

(14) Das Wesen der Sünde ist erst aus der *nachösterlichen Perspektive* zu beschreiben. Im Rückblick des Glaubenden auf den vor- und außerchristlichen Zustand wird die versklavende und tötende Macht der Sünde offenbar. Das Christusgeschehen ist der Erkenntnisgrund für die Sünde. Zwar gab es auch vor Christus Sünde; sie wird aber erst in Christus als solche, nämlich als todbringende Macht offenbar. Darum sagt Paulus, daß das Gesetz die Aufgabe hat, die Sünde auf Christus hin zu steigern, um ihr feindliches und todbringendes Wesen zu offenbaren und die noch stärkere Macht der Gnade zur Geltung kommen zu lassen (Röm 5,20f.; 7,13; Gal 3,19ff.). Johannes verwendet zwar nicht den paulinischen Vorstellungskomplex: Sünde-Gesetz-Christus, er bindet aber wie Paulus die Offenbarung und Erkenntnis der Sünde an das Christusgeschehen (Joh 9,39-41; 15,22-24). Der Geist vergegenwärtigt nachösterlich das bereits in Jesus entschiedene Rechtsurteil Gottes über die Sünde der Welt (Joh 16,8-11). Paulus und Johannes gehen davon aus, daß das in Christus offenbare „Licht" die „Finsternis" der Welt aufdeckt und sie so als das erkennbar macht, was sie ist, nämlich als gottferne Welt (2.Kor 4,4; Joh 1,5.9ff.; 3,19-21; 7,7; 1.Joh 1,5-7). Der Dualismus zwischen Gott und Welt, Licht und Finsternis ist daher eine Funktion der Christologie.

---

[44] Vgl. dazu H. MERKLEIN, Paulus, 154ff. Nur gelegentlich benutzt Paulus explizit den Begriff „Sünde"/„sündigen", um christliches Fehlverhalten zu bezeichnen (1.Kor 6,18; 7,28.36; 8,12; 15,34; Gal 6,1: παράπτωμα; Gal 2,12: ἁμαρτωλός). Als Gefahr einer im neuen Leben bereits überwundenen Vergangenheit des Christen ist das Phänomen „Sünde" u.a. in Röm 6,12ff.; 8,4-11.12f.; Gal 5,13.16ff. bedacht.

[45] P. STUHLMACHER, Theologie I, 282.

(15) Die Befreiung von der Sünde (*Indikativ*) erlaubt kein weiteres Verbleiben in der Sünde (*Imperativ*). Faktisch besteht zwar weiterhin auch für den Glaubenden die Möglichkeit zur Sünde. Sub specie aeternitatis ist sie aber eine „unmögliche Möglichkeit", d.h. eine von Gott ausgeschlossene, für den einmal von der Sünde Befreiten nicht gewollte Möglichkeit, mit der er sich erneut der Macht des Todes unterstellt (Röm 6,1f.6f.11.12. 14.15.23; 1.Joh 1,6-10; 3,4-10; 5,16f.18). Da im Johannesevangelium das Problem der Christensünde aufgrund des akuten Konfliktes mit den „Juden" weniger deutlich ist, findet sich dort die Problematik der Sünde als „unmögliche Möglichkeit" nicht explizit verhandelt. Sie ist aber aus Joh 20,23 zu erschließen[46] und in Joh 8,34 angedeutet: Jeder, der sündigt, d.h. auch der postbaptismale Sünder, erweist sich als Knecht der Sünde. Die Hinweise auf die Heiligkeit und Reinheit der Gemeinde (Joh 13,6-11; 15,2f.; 17,19; vgl. 3,25) lassen erahnen, daß auch das 4. Evangelium das Problem innergemeindlicher Verfehlung nicht gänzlich außer acht gelassen hat.[47] Joh 15,1ff. expliziert das paulinische Verhältnis von Indikativ und Imperativ. Dem Schon-rein-Sein (15,3) folgt das Fruchtbringen und das In-Christus-Bleiben.[48] In der Androhung des Gerichtes über unfruchtbare Reben bekundet sich die Erfahrung, daß auch „Heilige" und „Reine" der Gefahr der Sünde weiter ausgesetzt sind.

Die oben aufgelisteten vielfältigen Parallelen im Sündenverständnis lassen sich am besten verstehen, wenn man von einer traditionsgeschichtlichen Vermittlung des Paulusgutes auf Johannes hin ausgeht (s.o.). Die spezifischen Unterschiede in der Nuancierung des Sündenbegriffes, auf die jetzt noch einzugehen ist, deuten auf eine veränderte theologiegeschichtliche Lage hin, in der Johannes das Evangelium von Jesus Christus (neu) zur Geltung zu bringen hatte.

---

[46] Der Auftrag zur Sündenvergebung und zum Sündenbehalten ist ohne Einschränkung formuliert, er bezieht sich also auf die Sünde der „Welt" (1,29) wie auch (implizit) auf Sünden der Christen. Johannes denkt freilich primär an die Sünde der Welt. Vgl. dazu Teil 8.3.(4).

[47] Anders J.A. TRUMBOWER, Born, 119-124, der eine (sei es auch nur implizite) Anspielung auf das Problem der Christensünde in Form der Sündenvergebung im Johannesevangelium ausschließt.

[48] Zum Indikativ-Imperativ im johanneischen Schrifttum s. ausführlich W. SCHRAGE, Ethik, 242-260. Immer wieder macht Johannes deutlich, wie ein bestimmtes gefordertes Verhalten in einem (vorgängigen) Sein des Glaubenden begründet ist (vgl. Joh 13,6-11.12-20.34; 1.Joh 2,6; 3,3.7.16).

9.2.2.2. Entwicklungstendenzen von Paulus zu Johannes

(1) Der paulinische Zusammenhang von *Sünde, Gesetz und Tod* (Röm 5-8)[49] mitsamt seiner diffizilen, bis auf Adam zurückgehenden Argumentationsstruktur begegnet bei Johannes nicht. Der Evangelist hat sein Sündenverständnis im Unterschied zu Paulus nicht mehr am Gesetz orientiert.[50] Dies hängt mit der veränderten theologiegeschichtlichen Lage zusammen. Die Streitfrage: Christus und/oder das Gesetz ist z.Z. des Johannes bereits entschieden. Das Gesetz hat als Schrift nur noch die Funktion des Zeugen für Christus (Joh 1,45; 5,39.46f.; 12,41).[51] Obwohl es ursprünglich das Leben zum Ziel hat (vgl. Dtn 28,1-14; 30,15-20; Joh 5,39; Röm 7,10), kann es diese Funktion nicht mehr erfüllen. Es kann nur auf Christus hinführen, durch den allein das Leben vermittelt wird (Joh 5,39f.).[52] Wo es um die Vermittlung des Heils geht, sind das Gesetz und Mose genauso abgetan wie bei Paulus (Joh 6,32; vgl. Röm 10,4). Die paulinische Antithetik Christus - Gesetz steht unangefochten fest (Joh 1,17).[53] Der Kampf um das gesetzesfreie Evangelium ist bereits vorüber.[54] Die Frage der Le-

---

[49] Vgl. dazu J. BECKER, Paulus, 409-423; G. BORNKAMM, Paulus, 131-139.143f.; ders. Sünde, 51-69; J. GNILKA, Theologie, 58-77; ders., Paulus, 220-228; E. LOHSE, Grundriß, 92-95; S. LYONNET/L. SABOURIN, Sin, 54-57; H. MERKLEIN, Paulus, 127ff.; H. SCHLIER, Grundzüge, 64-121; G. THEIßEN, Aspekte, 181-268; H. WEDER, Gesetz und Sünde, 357-376.

[50] Zum Verständnis des Gesetzes bei Paulus vgl. H. HÜBNER, Gesetz, passim; U. LUZ, Gesetz, 89-112. Zum joh Gesetzesverständnis (mit z.T. voneinander abweichenden Positionen) vgl. J. BEUTLER, Hauptgebot, 222-236; C.H. DODD, Interpretation, 75-86; W.R.G. LOADER, Law, 432-491; U. LUZ, a.a.O., 119-128; S. PANCARO, Law, 514ff.; U. SCHNELLE, Antidoketische Christologie, 42-45; ders., Paulus und Johannes, 221-223; D. ZELLER, Paulus und Johannes, 176-178; K. WENGST, Bedrängte Gemeinde, 135f. - Die Begriffe „Gesetz" und „Sünde" stehen bei Johannes niemals in engem Zusammenhang (wie bei Paulus). Anders steht es mit dem Verhältnis von Gesetz und Christus (s. nächste Anm.).

[51] Vgl. U. SCHNELLE, Paulus und Johannes, 222: „In den zahlreichen Auseinandersetzungen zwischen Jesus und 'den Juden' kommt dem Gesetz nur die Rolle eines positiven oder negativen Hilfsargumentes in primär christologisch orientierten Debatten zu (vgl. Joh 7,19.23; 8,17; 10.31.39; 15,25). Bei Johannes wird das Gesetz gänzlich von der Christologie usurpiert und verliert jede eigenständige Bedeutung. Das Gesetz, die Schrift, legt Zeugnis für Jesus ab und bestätigt seine Messianität (vgl. Joh 2,22; 5,39; 7.38.42; 10,35; 17,12; 19,24.28.36f; 20,9)."

[52] Johannes setzt sich mit der in der rabbinischen Literatur verbreiteten Vorstellung auseinander, daß das Gesetz bzw. die Bewahrung des Gesetzes das Leben vermittelt (vgl. Pirqe Aboth 7,6; Mech. Exod. 13,3; Pesiqta 102b). Nicht die Tora, sondern Christus ist der Weg zum Leben. Nicht die „Worte der Tora", sondern seine Worte sind das Leben (Joh 6,63). Vgl. ähnlich W.R.G. LOADER, Law, 463.

[53] Zum antithetischen Verständnis von Joh 1,17 vgl. Teil 3.3. Anm. 123.

[54] Vgl. M. HENGEL, Frage, 298f.

gitimation *gesetzesfreier* Heidenmission war z.Z. des Evangelisten nicht mehr aktuell.[55] Sofern die Heidenmission angesprochen wird (Joh 4: Samaritaner = „halbe Heiden"; 7,35; 10,16; 11,52; 12,20ff.; 17,20; vgl. 3.Joh 7), erscheint sie eher subtil und unproblematisch im Blick auf das die „zerstreuten Kinder Gottes" (11,52) zusammenführende Heilswirken des „Retters der Welt" (4,42).[56] Die Zeit der Ernte ist bereits gekommen (4,35-38). Für Johannes steht selbstverständlich fest, daß Heiden Anteil am Heil des Gesandten erlangen. Heidenchristliche Adressaten des Evangeliums können sich in den „Griechen" von Joh 12,20ff. wiederfinden.[57] Ein Kon-

---

[55] K. BERGER, Theologiegeschichte, 653-657 (654), und M. BARTH, Juden, 67-71, führen das Fehlen einer breiteren Missionsthematik im Johannesevangelium als ein Argument für die Frühdatierung des Evangeliums an (nach BERGER 66-70 n.Chr.; nach BARTH 45-65 n.Chr.). Aber dieses kann ebensowenig wie die von beiden Autoren aufgeführten weiteren Argumente überzeugen. Der Umgang des Evangelisten mit dem Missionsthema spricht gerade für eine spätere Abfassungszeit. Schriften, die zur Mitte und im letzten Drittel des ersten Jahrhunderts entstanden sind, wie die Paulinen, Mk, Mt oder Lk ringen noch mit dem Problem der Heidenmission. Zur Zeit der Jahrhundertwende ist das Thema „Heidenmission" bereits Vergangenheit (Pastoralbriefe, Johannesbriefe, Apokalypse des Johannes). Die Schriften dieses Zeitraums haben eher mit Irrlehrern in der Gemeinde zu kämpfen, ein Problem besonders der o.g. Schriften aus Kleinasien, mit denen das 4. Evangelium in etwa durch Zeit und Herkunft verbunden ist. Mission mußte für eine Gemeinde wie die des Johannes, die sich ihrer eigenen Glaubensgrundlagen versichern wollte (Joh 20,30f.), kein Thema mehr sein. Joh 11,48 und die späte Rezeption des Evangeliums sprechen außerdem gegen eine Frühdatierung des Evangeliums. - K. BERGER hat seine Position jetzt ausgebaut (ders., Anfang, passim; bes. 79ff.; kritisch K. SCHOLTISSEK, Wege, 281-283).

[56] Vgl. hierzu M. HENGEL, a.a.O, 298-304. J. WELLHAUSEN, Evangelium, 123: „Der Universalismus des Christentums wird zwar nicht so polemisch herausgehoben, wie zuweilen bei Lukas oder Matthäus, er wird aber als vollkommen selbstverständlich angesehen und spricht sich vielfach nebenbei und ohne besonderen Nachdruck aus. Jesus ist zu der Welt gesandt, um der Welt zu predigen und die Welt zu retten." Jedoch ist daraus ein vorwiegend heidenchristlicher Standpunkt des Johannesevangeliums (so M. HENGEL, ebd., J. FREY, Heiden, 228-268; U. SCHNELLE, Komm., 8-10) nicht zu erschließen. Der Synagogenausschluß (9,22; 12,42; 16,2) ist ein akutes Problem, dem sich die judenchristliche Gemeinde des Johannes ausgesetzt sieht (L. SCHENKE, Komm., 421ff.; K. WENGST, Bedrängte Gemeinde, 75-104). Die breite und offene Diskussion mit den „Juden" um die Messianität Jesu ist deutlich prävalent, eine Diskussion, die nur auf dem Hintergrund jüdisch-judenchristlicher Kontroverse um Jesus sinnvoll erscheint (vgl. K. WENGST, a.a.O., 105-122). Ein Problem bilden die Heiden für Johannes nicht mehr. Eher nebenbei und unscheinbar wird die Existenz von Heidenchristen in der joh Gemeinde vorausgesetzt (vgl. 12,20ff.). Sie werden ihrer Anteilhabe am „neuen Gottesvolk" aus Juden und Heiden versichert (Joh 10,15f.; 11,50-52).

[57] U. SCHNELLE, Komm., 202-204. - H.-J. KLAUCK, Gemeinde, 116, bemerkt, daß eine weitausgreifende Mission im Johannesevangelium nicht zu erkennen ist. Der joh Jesus betreibt eher Individualseelsorge an Einzelpersonen (Joh 1,35-51: Jüngernachfolge; Joh 3: Nikodemus; 4: Samariterin; 9: Blindgeborener). „Das missionarische Bestre-

flikt zwischen Juden- und Heidenchristen besteht jedoch nicht mehr.[58] Der
Sohn Gottes versammelt Juden- und Heidenchristen zu einem neuen Gottesvolk (Joh 10,15f.; 11,50-52).[59] Er ist selbstverständlich der „Retter der
Welt" (4,42). Aktuell sind für Johannes andere Probleme. Sie spiegeln sich
einerseits in der christlich-jüdischen Debatte um die Messianität Jesu
(Kap. 1-12),[60] andererseits in dem innerchristlichen Streit um die Leiblichkeit des Gottessohnes (JohEv: Antidoketische Passagen; 1.Joh) wider.[61] Die Gesetzesproblematik paulinischen Typs hatte hier keinen Platz
mehr. „Das für Paulus so wichtige Problem 'Gesetz - Gnade' ist für den
Evangelisten längst gelöst ...".[62] Aus diesem Grund fehlt bei Johannes

---

ben der Gemeinde sieht sich zu einer Politik der kleinen Schritte gezwungen. Damit wird
es auch zusammenhängen, daß der missionarische Impuls insgesamt gesehen im Johannesevangelium etwas zurückgenommen erscheint" (ebd.).

[58] Darum ist das Johannesevangelium auch keine „Missionsschrift" wie das Matt-
häus- oder Lukasevangelium (mit M. HENGEL, a.a.O., 300f.; U. SCHNELLE, Komm., 312;
W. SCHMITHALS, Johannesevangelium, 154f.; J. ZUMSTEIN, Geschichte, 424; ders.,
Strategie, 354f.). Es ist innerkirchlich orientiert (vgl. Joh 20,30f.), wenngleich es für die
Werbung von Juden und Heiden offen ist (mit R. SCHNACKENBURG, Missionsgedanke,
67f.). Deutlich ist, daß Joh einen Missionsauftrag, unter den Völkern zu predigen, ihre
Umkehr zu bewirken oder sie zu taufen (vgl. Mt 28,19; Mk 16,15; Lk 24,47), nicht enthält. - Ähnlich unproblematisch wie im Johannesevangelium ist das Thema der gesetzesfreien Heidenmission in dem etwas früher und wahrscheinlich auch in Ephesus entstan-
denen Epheserbrief (vgl. U. SCHNELLE, Einleitung, 352) verhandelt. Eph 2,11ff. macht
den Eindruck, als ob der Verf. bereits auf die in Christus bewirkte Versöhnung von Juden und Heiden zurückblickt. Der Abbau des Gesetzes als Grenze und Scheidewand ist
bereits perfekt. Die Rechtfertigungslehre ist nur noch ein Randthema und klingt völlig
unproblematisch im Kontext von Taufaussagen an (Eph 2,5.8-10).

[59] J. GNILKA, Theologie, 304f.

[60] J. PAINTER, Quest, passim, untersucht in seinem Buch die „Quest for the Messiah
and Rejection Stories", die sich vorwiegend in Kap. 1-12 wiederfinden und von der Frage nach der Messianität Jesu bestimmt sind. Der Begriff „Christos" findet sich dementsprechend besonders häufig in diesem Teil des Evangeliums wieder (G. MLAKUZHYIL,
Structure, 245-256). Zur Messianitätsdebatte im Joh vgl. weiter J.D.M. DERRETT, Victim, 162-189; C.H. DODD, Interpretation, 87-93; J. GNILKA, Theologie, 270-275; M. DE
JONGE, Expectations, 77-116; J.L. MARTYN, History, 90-100; U.B. MÜLLER, Eigentümlichkeit, 24-55; D.M. SMITH, Theology, 85ff.; K. WENGST, Bedrängte Gemeinde, 105-
122; ders., Darstellung, 31. Nach U.B. MÜLLER, a.a.O., 29f., dient das Johannesevangelium der „Legitimitätssicherung": Es geht im Streit mit den „Juden" um den Aufweis,
daß Jesus legitim der Messias (Christus, Gottessohn) ist (20,30f.). Das Evangelium ist
daher apologetisch: Jesus ist zu Recht der Sohn Gottes. Trifft diese Analyse für Kap. 1-
12 im wesentlichen zu, so ist zu fragen, ob Joh 20,30f. nicht darüber hinaus geht und
(primär) innerchristlich orientiert ist: *Jesus* ist der Sohn Gottes (betontes Ἰησοῦς am
Anfang). Die antidoketische Orientierung des Evangeliums läßt sich m.E. kaum bestreiten (s. nächste Anm.).

[61] U. SCHNELLE, Antidoketische Christologie, passim; ders., Komm., 135-137.

[62] Ders., Antidoketische Christologie, 43.

auch die für Paulus typische, mit der Gesetzesproblematik eng verbundene Vorstellung von der *Rechtfertigung des Sünders* (Röm 4,5; vgl. Röm 5,6.8; Gal 2,16f.), wenngleich der darin ausgedrückte Sachverhalt einer Befreiung von Sünde durch den stellvertretenden Sühnetod Jesu (Röm 3,24-26; 4,25; 5,9f.; 2.Kor 5,19.21; vgl. Joh 1,29; 1.Joh 2,2; 4,10) und eines Glaubens, der Rettung bewirkt (Röm 1,16f.; 10,9f.; vgl. Joh 3,15.18. 36; 5,24; 8,31f.), von Johannes rezipiert wird.[63]

(2) Die Entfaltung der Sündenproblematik im Zusammenhang des *Rechtsstreites* bei Johannes ist aus der spezifischen Konfliktsituation zu verstehen, in der sich die joh Gemeinde innerhalb des pharisäisch-rabbinischen Judentums z.Z. des Evangelisten befindet. Die Kategorie des Rechtsstreites hat Johannes der alttestamentlichen Tradition entnommen. Mit ihrer Hilfe kann er den Konflikt von Glaube und Unglaube, Jesusjünger und Mosejünger (Joh 9,28), Gemeinde und Welt pointiert zur Geltung bringen. Der Begriff „Sünde" wird innerhalb dieses Konfliktes zu einer zentralen Deutekategorie. Er beschreibt die vorösterliche und nachösterliche Verweigerung der „Welt" gegenüber der Christusoffenbarung.

(3) Das paulinische Thema der *Universalität der Sünde* von Juden und Heiden (wie auch der entsprechenden Universalität der Gnade für Juden und Heiden) (Röm 1,18-3,31) hängt ähnlich wie die Antithese Gesetz und Christus mit der (für Paulus noch akuten) Frage nach dem Verhältnis von Juden und Heiden zusammen (s.o.). Das Problem der gesetzesfreien Heidenmission ist bei Johannes bereits gelöst. Die Universalität der Sünde ist daher (wie die Universalität der Gnade) für ihn kein diskutables Thema mehr. Selbstverständlich und scheinbar unproblematisch spricht Johannes von der Befreiung der „Welt" durch den stellvertretenden Sühnetod Jesu Christi (Joh 1,29; 1.Joh 2,2; 4,9f.). Die Sündenproblematik wird anhand des Konfliktes mit den „Juden" (JohEv) und den innergemeindlichen Irrlehrern (1.Joh) aktualisiert.

(4) Ein wichtiger Unterschied besteht zwischen Paulus und Johannes in der Frage, *wodurch die Sünde überführt wird*. Bei Paulus hat das *Gesetz* die Funktion, die Sünde offenbar und justiabel zu machen, um sie als Gegenstand des göttlichen Zorns und seiner richterlichen Entscheidung auszuweisen (Röm 3,20; 5,13; Gal 3,19).[64] Es überführt die Sünde als Verstoß gegen den Willen Gottes (Röm 5,13.20; 7,7), so daß sie anrechen-

---

[63] Das Fehlen von δικαιοῦν bei Johannes bedeutet also nicht notwendig, daß Johannes das paulinische Sündenverständnis nicht gekannt hat (gegen D.M. SMITH, Theology, 81f.).

[64] Vgl. H. MERKLEIN, Paulus, 127ff.

bar, haftbar und verurteilbar ist. Christus ist das Ziel, auf das das Gesetz die Sünde hin steigert, um die Übermacht der Gnade gegenüber der Macht der Sünde zur Geltung kommen zu lassen (Röm 5,20f.; Gal 3,19ff.). Diese tiefgehende Dialektik (Sünde-Gesetz-Christus) findet sich bei Johannes nicht wieder, da die Antithetik Christus - Gesetz für ihn kein Thema mehr ist (s.o.). Bei Johannes übernimmt *der Gesandte und Offenbarer selbst* die Rolle, die Paulus dem Gesetz zubemessen hat.[65] Er überführt die Sünde, die vor seinem Kommen (bei Paulus vor dem Gesetz) nicht „angerechnet" werden kann (vgl. Röm 5,13 mit Joh 15,22), als Verstoß gegen den Willen Gottes. Er ist Ankläger und Richter in einer Person (9,39-41; 15,22-24), zugleich aber auch (im Unterschied zum Gesetz) derjenige, der von der Sünde befreit (1,29; 8,31-36). Die Sünde muß nicht erst durch den „Zuchtmeister" des Gesetzes (Gal 3,24) Christus zugeführt werden. Sie ist bereits in der konkreten Begegnung mit ihm so „groß" (vgl. Röm 5,20; 7,13), daß sie durch Christus überführt und beseitigt werden kann. Freilich, die Offenbarung der Sünde als gottfeindliche Macht ist auch bei Paulus Christus allein vorbehalten. Da das Gesetz selbst von der Sünde mißbraucht und pervertiert worden ist (Röm 7,7ff.), unterliegt es der Macht der Sünde. Es kann erst in Christus von der Macht der Sünde befreit werden und seiner ursprünglichen Funktion als gute Lebensordnung Gottes, wie sie in Christus erneut zur Geltung kommt, (wieder) zugeführt werden (vgl. Röm 3,31; 7,12.14; 8,2-4; 1.Kor 9,21; Gal 6,2). Insofern gilt mit P. Stuhlmacher: „Gottes geistlicher Wille (Röm 7,14) tritt für Paulus erst in und mit Christus vollendet zutage."[66] Daß die Sünde das Gesetz mißbraucht hat und durch das Gesetz den Tod gewirkt hat (Röm 7,7ff.), ist erst aus der Sicht des Glaubens, d.h. post Christum erkennbar (Röm 7,14ff.).[67] Insofern ist die Bestimmung des Wesens der Sünde eine Funktion der Christusoffenbarung. Erst im Glauben kann die Sünde erkannt und bekannt werden.[68] Dieses Anliegen hat Johannes von Paulus übernommen

---

[65] Vgl. ähnlich A. STROBEL, Erkenntnis, 50; J.A. TRUMBOWER, Born, 112.

[66] Theologie I, 268.

[67] Zur Auslegung von Röm 7,14ff., wonach Paulus aus der Sicht des Glaubens im Rückblick den unheilsvollen Zustand des Menschen unter der Herrschaft des „Gesetzes der Sünde" schildert, vgl. G. BORNKAMM, Sünde, 51-69; R. BULTMANN, Röm 7, 198-209; K. KERTELGE, Grundthemen, 174-183; W.G. KÜMMEL, Römer 7, 74-138; G. STRECKER, Theologie, 142-147; H. WEDER, Mensch, 130-142; U. WILCKENS, Römer II, 76-78.

[68] Angesichts der Christusoffenbarung gelangt der Sünder zum *Bekenntnis* seiner Sünde (vgl. Röm 7,24f. mit 8,1f.). „So entsteht bei Paulus die *Sündenerkenntnis* am Gesetz, sein *Sündenbekenntnis* aber geschieht im Blick auf Christus" (A. STROBEL, Erkenntnis, 54, Hervorhebung R.M.).

und deutlicher noch als Paulus herausgestellt, indem er die Sünde der Welt in direkter Konfrontation mit Christus zur Geltung bringt. Der Rechtsstreit ist das literarische Mittel, durch das die Offenbarung des Wesens der Sünde verdeutlicht wird.

Paulus stimmt - im Unterschied zu Johannes - mit dem Frühjudentum in der Beurteilung der Sünde als Übertretung des Gesetzes, der Rechtsforderung Gottes, die auch für die Heiden in der Schöpfungsordnung Gottes zu erkennen ist, überein (Röm 1,18.32; 2,12.23.25.27).[69] Im Gegensatz zum Frühjudentum hat für Paulus jedoch das Gesetz keine Heilsfunktion mehr. Die Befreiung von Sünde erfolgt allein durch den Sühnetod Jesu (Röm 3,25f.; 4,25; 1.Kor 15,3; 2.Kor 5,21; Gal 1,4).[70] Darin trifft sich Johannes mit Paulus. Johannes geht aber über Paulus hinaus, wenn er die Sünde als Sünde gegen *Christus*, d.h. als Ablehnung des Offenbarers versteht.[71] Diese Differenz ist in der bereits genannten unterschiedlichen Stellung und Bewertung des Gesetzes begründet. Johannes sieht die Manifestation des Heilswillens Gottes ausschließlich in Christus erfüllt.[72] Dem Gesetz mißt er keine Bedeutung mehr zu. Dagegen bleibt für Paulus (als ehemaligen Pharisäer) klar, daß das Gesetz auch weiterhin, d.h. post Christum den Rechtswillen Gottes (Röm 1,32) als vom Geist und von Christus bestimmtes Gesetz offenbart (vgl. Röm 8,2.4; 1.Kor 9,21; Gal 6,2).

(5) Paulus hat die Entstehung der Sünde *geschichtstheologisch* gedeutet. Er führt sie auf die in *Adam* begonnene und von jeder weiteren Generation ständig neu aktualisierte „Ursünde" zurück (Röm 5,12-21), so daß alle Menschen ante Christum als Sünder erscheinen (Röm 1,18-3,20). Er nimmt dabei alttestamentlich-jüdische Traditionen vom Verfall und Niedergang der Welt aufgrund der Sünde Adams auf.[73] Diese geschichtstheologische Deutung bietet Johannes nicht mehr.[74] Schrift und Gesetz haben für ihn nur die Funktion des Zeugen für Christus (Joh 1,45; 5,39.46f.; 12,41). Sünde ist nicht mehr ein Charakteristikum aller Menschen ante Christum, sondern all jener, die den Offenbarer (post Christum) verwer-

---

[69] Vgl. dazu H. MERKLEIN, Paulus, 124-127.159f.

[70] Vgl. H. MERKLEIN, a.a.O., 149ff. Das Judentum ist sich bewußt, daß das Gesetz selbst die Sühnemittel bereit hält für diejenigen, die das Gesetz übertreten haben. Vgl. dazu A. BÜCHLER, Sin, passim; J. MAIER, Sühne, 145-171; ders., Sünde, 61-63; G.F. MOORE, Judaism I, 497-552.

[71] Nur ein Mal versteht Paulus Sünde explizit auch als Sünde gegen Christus, jedoch - im Unterschied zu Johannes, der von der Sünde der Welt spricht - als *christliche* Sünde (1.Kor 8,12).

[72] Vgl. Teil 3.3.3.3.3.

[73] Vgl. P. STUHLMACHER, Theologie I, 270f.; ders., Römer, 78f.

[74] Die gesamte heilsgeschichtliche Konzeption von Adam über Mose bis zu Christus hat im Johannesevangelium keine Aufnahme gefunden (R. BULTMANN, Art. Johannesevangelium, ³RGG III, 846; S. SCHULZ, Komm., 6).

fen.[75] Dennoch ist sich auch Johannes der Röm 5,12ff. enthaltenen Vorstellung von der *Totalität der Sünde* mit der Konsequenz des Todes bewußt. Es ist die Sünde der „Welt" (Joh 1,29; 16,8f.), die im Unglauben fortbesteht (8,34; 9,41) und den Tod nach sich zieht (8,21.24). Der sündige Kosmos ist dem ἄρχων τοῦ κόσμου τούτου (12,31; 14,30; 16,11) unterworfen.

(6) Dem für Paulus wichtigen Begriff σῶμα, den er im Zusammenhang mit σάρξ und ἁμαρτία verwenden kann (Röm 6,6.12; 7,24; 8,10. 13), hat Johannes offenbar keine Bedeutung mehr zubemessen. Er erscheint im 4. Evangelium nur 3mal in dem gebräuchlichen Sinn der Körpersubstanz, jedoch ohne Beziehung zur Sündenproblematik (Joh 2,21; 19,31; 20,12). Hier bestätigt sich die anfangs angesprochene Beobachtung, daß Johannes je nach Bedarf auf Tradition zurückgreift. Gleiches gilt für die anthropologischen Begriffe, mit Hilfe derer Paulus das Sündigen als ἐπιθυμεῖν, μεριμνᾶν, καυχᾶσθαι und πεποιθέναι beschreibt.[76] Johannes hat auf sie verzichtet. Keines der Verben begegnet bei ihm. Wenn er von der Sünde spricht, hat er nicht mehr wie Paulus die tiefgehenden anthropologischen Konsequenzen mitsamt der inneren Spaltung des Sünders vor Augen (vgl. Röm 7,14ff.). Die Abgründe der menschlichen Existenz interessieren Johannes nicht mehr so sehr wie der sündige Abgrund der Welt an sich. Hier sind die persönlichen Erfahrungen des bekehrten und berufenen Apostels, der seinen Wandel von seiner von der Selbstgerechtigkeit geprägten Vergangenheit als Pharisäer zu einer durch die Glaubensgerechtigkeit geprägten Existenz als Apostel Jesu Christi reflektiert, zu berücksichtigen (vgl. Phil 3,4b-11).[77] Solche Reflexionen über einen radikalen Existenzwandel vom Gesetz zu Christus finden sich bei dem Ende des 1. Jahrhunderts schreibenden Evangelisten, der die konfliktreichen Erfahrungen zwischen Kirche und Synagoge widerspiegelt, nicht mehr. Über das persönliche Profil wie auch über eventuelle Konflikte, die mit der Vergangenheit des Evangelisten zusammenhängen könnten, wissen wir so gut wie gar nichts.[78] Er denkt in einem grundsätzlichen Sinn über

---

[75] Vgl. J.A. TRUMBOWER, Born, 98: „Sin in the Fourth Gospel is never something which characterizes the existence of all human beings, but the term is used only of those who reject Jesus."

[76] Vgl. dazu R. BULTMANN, Theologie, §23.2. Die Sünde des ἐπιθυμεῖν, μεριμνᾶν, καυχᾶσθαι und πεποιθέναι.

[77] Vgl. hierzu G. THEIßEN, Aspekte, 235-244.

[78] Ein sehr detailliertes Bild über den Evangelisten bietet M. HENGEL, Frage, passim, das er auf S.324f. zusammenfaßt. Aber die Erwägungen über die Jugend des Johannes (er sei von der Täuferbewegung ergriffen worden, von Jesu Wirksamkeit angezogen worden und noch sehr jung zur ersten Urgemeinde gestoßen) bleiben äußerst hypothe-

die „Sünde der Welt" angesichts der Christusoffenbarung nach. Der innere Konflikt, in den der Mensch nach Paulus durch das Gesetz gerät, spielt keine Rolle mehr. Sünde ist nicht die vorchristliche Situation des Christen (Röm 7,7ff.; Gal 3,19ff.), sondern die nichtchristliche Situation der Christus gegenüberstehenden „Welt", die erst post Christum und per Christum ihrer Sünde überführt werden kann (Joh 15,22.24).

9.2.3. Zusammenfassung

Johannes hat (wahrscheinlich durch mündliche Überlieferung) während seiner Tätigkeit als Lehrer in Ephesus u.a. von dem paulinischen Sündenverständnis Kenntnis erhalten. Nach dem in Joh 20,30f. geltenden Kriterium hat er paulinische Aussagen eigenständig ausgewählt und theologisch profiliert. So lassen sich die spezifischen Nuancen des johanneischen Sündenbegriffs im Vergleich mit Paulus erklären, wenn man die eigene Situation und Herausforderung in der johanneischen Gemeinde sowie das theologische Profil des Evangelisten berücksichtigt. Er hat den Begriffsapparat und die wesentlichen Akzente des paulinischen Sündenbegriffs rezipiert und in einer gegenüber Paulus veränderten theologiegeschichtlichen Lage zur Geltung gebracht. Im Konflikt mit dem Judentum Kleinasiens und den in der Gemeinde auftretenden Irrlehrern konnte er an den Grundintentionen des paulinischen Sündenbegriffs festhalten: Totalität der Sünde, Macht des Todes, Knechtschaft-Freiheit, Unglaube bzw. Ungehorsam, Kosmos-Verständnis, Schuld-Schicksals-Zusammenhang, sarkische Seinsweise, Verlust der Herrlichkeit Gottes, Befreiung durch die stellvertretende Sühne Christi, Verifizierung durch die Christusoffenbarung, nachösterliche Perspektive, Welt- und Christensünde, Indikativ-Imperativ-Verhältnis. Das Zurücktreten des Problems der gesetzesfreien Heidenmission z.Z. des Evangelisten führte dazu, daß Johannes den Gesetzesbegriff aus der Sündenproblematik ausgeklammert hat. Die Darstellung der widersprüchlichen Existenz des Menschen unter dem Gesetz mitsamt den anthropologischen Konsequenzen der Sünde, die Paulus aus der Sicht des durch Christus bekehrten Apostels beschreibt, findet beim Evangelisten keine Aufnahme. Er dürfte aus der Perspektive einer anderen (nicht von dem Konflikt mit dem Gesetz bestimmten) persönlichen Erfahrung her schreiben. Daher bestimmt er Sünde nicht als vorchristliche Situation des Christen, sondern als nichtchristliche Situation der Christus gegenüberste-

---

tisch, da dafür keine Quellen zur Verfügung stehen. Sie lassen auch kaum Rückschlüsse auf Bekehrungserfahrungen und damit verbundene Konfliktbewältigung, wie wir sie ähnlich von Paulus kennen, zu.

henden „Welt". Der akute Konflikt mit dem Judentum seiner Zeit hinsichtlich des Streits um die Messianität Jesu veranlaßte ihn, den Sündenbegriff mit Hilfe der Kategorie des Rechtsstreites zur Geltung zu bringen.
Darin wird - im Unterschied zu Paulus - deutlich, daß der Gesandte selbst
die sündenüberführende und anklagende Rolle des Gesetzes übernimmt.
Daß jedoch Christus allein von der Macht der Sünde zu befreien vermag,
darin stimmt Johannes mit Paulus ebenso überein wie in der dadurch begründeten Erkenntnis, daß das Wesen der Sünde erst post Christum durch
die im Glauben vermittelte Offenbarung zu verstehen ist.

10. Ergebnis

Da eine Zusammenfassung der verschiedenen Aspekte des johanneischen Sündenverständnisses bereits am Ende der einzelnen Arbeitsschritte erfolgt ist, kann an dieser Stelle auf eine Wiederholung verzichtet werden. Abschließend bleibt noch die Aufgabe, die grundlegenden Perspektiven im johanneischen Sündenverständnis zu verdeutlichen.

(1) Die anfangs erwähnte Position von E. Haenchen[1], daß der *Sünden-begriff im Johannesevangelium* keine konstitutive Rolle spielt, hat sich als nicht tragfähig erwiesen. Johannes hat ein ausgeprägtes Sündenverständnis entwickelt. Er bringt es an theologisch bedeutenden Teilen über das ganze Evangelium verstreut ein: Die im Sündenbegriff zur Geltung kommende Konfrontation von Gott und Welt ist bereits im Prolog programmatisch angedeutet (1,5.10.11). Das Täuferzeugnis hält zu Beginn des öffentlichen Wirkens Jesu fest, wo diese Konfrontation ausgetragen wird, nämlich durch das Lamm Gottes (1,29). In Kap. 5-12 wird der Konflikt Jesu mit der ungläubigen Welt erzählerisch, monolog- und dialogartig entfaltet. Was in Joh 5,14 im Blick auf den johanneischen Sündenbegriff zunächst nur andeutend vernommen wird - Sünde als Verweigerung des Glaubens (vgl. V15f.) -, liegt in Joh 8 und Joh 9 klar auf der Hand. Der Haß der Welt potenziert sich im Kampf gegen den Offenbarer zu einer Blindheit, die nach dem Leben des Gesandten trachtet. Bis zur Passion Jesu bleibt die treibende Kraft des „Herrschers dieser Welt" am Werk (12,31; 14,30; 16,11). Darum wird auch den „Juden", die die Verurteilung Jesu fordern, die „größere Sünde" attestiert (19,11). In den vor der Gefangennahme Jesu eingebrachten Abschiedsreden (Joh 13-17) schaut der Gesandte voraus auf die Zeit nach Ostern. Die Jüngergemeinde wird in den Konflikt zwischen Offenbarer und Welt einbezogen. Sie erfährt das gleiche Verfolgungs-schicksal wie ihr Herr (15,18ff.), erhält aber zugleich Anteil an der Voll-macht Jesu, wenn sie vermittels des Parakleten die im Gesandten ausgetra-gene Konfrontation mit der Welt und der Sünde weiter zur Geltung bringt (15,26f.; 16,8-11). Die österliche Sendung der Jünger (20,21-23) verdeut-licht diesen engen Zusammenhang zwischen dem Werk Jesu und dem der

---

[1] Komm., 493f.

Seinen im Ausblick auf die kommende Zeit der vom Parakleten geleiteten Gemeinschaft.

(2) Das Johannesevangelium ist ein Spiegel seiner Zeit. Der *Konflikt mit dem pharisäisch-rabbinischen Judentum* in der Wende vom 1. zum 2. Jahrhundert wird an mehreren Stellen deutlich. Johanneische Gemeinde und Synagoge geraten in Streit um die Frage nach der Legitimität Jesu (Joh 5-12). Das Gesetz kann den Anspruch Jesu nach Ansicht der „Juden" nicht legitimieren. Umgekehrt ist für Johannes das Gesetz kein zureichendes Kriterium für die Beurteilung des Gesandten. Es hat nur noch die Funktion eines auf Christus verweisenden Zeugnisses (1,45; 5,39; 8,17f.; 15,25). Der Heilswille Gottes offenbart sich exklusiv im Sohn Gottes. Darum kommt dem Gesetz keine Heilsfunktion mehr zu. Der Sohn ist allein Maßstab für die Bestimmung dessen, was das gottfeindliche Wesen der Welt ausmacht. Johannes geht daher im Verständnis der Sünde zum einen über das pharisäische Judentum seiner Zeit, das sich in den Begriffen „Pharisäer" und „Juden" widerspiegelt, und zum anderen über die vorjohanneische Wundertradition, die jenen am Gesetz orientierten Sündenbegriff teilt (Joh 5; 9), hinaus. „Sünde" läßt sich mit den Mitteln des Gesetzes nicht mehr zureichend erfassen. Im Wirken Jesu stehen in einem umfassenden Sinn Glaube und Unglaube, Heil und Gericht auf dem Spiel (5,19-30; 9,39-41). Darum kann Sünde nicht mehr als einzelne Tat des Gesetzesverstoßes verstanden werden. Sie ist vielmehr Ausdruck einer grundsätzlichen Blindheit und Feindschaft der Welt gegen den im Offenbarer zur Geltung kommenden Willen Gottes. Weil im Sohn Gottes Heil und Unheil der Welt in einem umfassenden Sinn auf dem Spiel stehen, darum kann er allein Offenbarungsmaßstab und Kriterium sein, um das eine Wesen der Sünde offenzulegen. Der johanneische Sündenbegriff ist nicht nomistisch, sondern konsequent christologisch bestimmt, weil durch ihn der grundsätzliche Konflikt zwischen Offenbarer und Welt deutlich wird.

(3) Da Johannes die traditionellen Wunderberichte in das Gesamtkonzept des Evangeliums integriert hat, ist auch nach der Funktion des am Gesetz orientierten Sündenbegriffs für das Evangelium zu fragen. Der Evangelist nimmt ihn zwar nicht positiv auf, weil er post Christum defizitär ist, bezieht ihn aber gerade wegen dieser Defizienz in das christologische *Gesamtkonzept von Offenbarung, Heil und Gericht, Glaube und Unglaube* ein. Daher ist für die Interpretation des traditionellen Sündenbegriffs durch den Evangelisten die synchrone Ebene des Evangeliums zu berücksichtigen. Joh 5,14 ist als Warnung vor dem Unglauben, der das Urteil des Gerichtes nach sich zieht, zu verstehen (vgl. Joh 5,19-30). Die

Belege Joh 9,16.24.25.31.34 sind von 8,46f.; 9,39-41 her auszulegen: Der
Rechtsstreit zwischen Offenbarer und Welt wird zugunsten Jesu entschieden. Er ist kein „Sünder", kein Gesetzesübertreter, weil er als Gesandter
Gottes dessen Willen gänzlich zur Geltung bringt (9,31-33) und deshalb
im Rechtsstreit mit der Welt als von Gott Gerechtfertigter hervorgeht
(16,10). Im Zusammenhang des am Rechtsstreit orientierten Sündenbegriffs des Evangelisten (s.u.) ergibt sich daher ein einheitliches und kon-
stantes Bild. Der Evangelist hat den traditionellen Sündenbegriff überboten, indem er ihn der Beschränkung auf das Gesetz enthob und in sein Gesamtkonzept der rechtlichen Konfrontation von Offenbarer und Welt integrierte. Die Annahme, daß er Tradition mitschleift, ohne ihr einen positiven Sinn beizumessen, oder daß eine spätere Redaktion gegensätzliche
Akzente zum Verf. des Evangeliums eingebracht hat, läßt sich vom Sündenverständnis her nicht bestätigen. Die Rekonstruktion einer „Geschichte" des johanneischen Sündenbegriffs mit sich gegenseitig ausschließenden Konzeptionen kann daher nicht gelingen.

(4) Das tragende Gerüst im Verständnis der Sünde bei Johannes ist das
Motiv des *Rechtsstreites* Jesu mit der Welt, das bereits im anfänglichen,
als Verhör gestalteten Täuferzeugnis vom Gotteslamm (1,19-34) zur Geltung kommt. Gott, Offenbarer einerseits und ungläubige Welt andererseits
befinden sich in einem rechtsrelevanten Konflikt. In der johanneischen
Rezeption des Rechtsstreitmotives offenbaren sich die Auseinandersetz-
zungen, die die Gemeinde z.Z. des Evangelisten mit jüdischen Rechtsbehörden auszutragen hatte (vgl. 9,22; 12,42; 16,2). Johannes verdichtet sie
literarisch auf textinterner Ebene der Jesusgeschichte und macht sie für die
textexterne Leser- und Hörergemeinde transparent. Des öfteren begegnen
Motive einer Gerichtsverhandlung wie Zeugnis, Anklage, Verteidigung
und Richterspruch (9,39-41; 15,22-24; 16,8-11). Auf der literarischen
Bühne des Evangeliums wird zunächst deutlich, daß die „Juden" Jesus
unter Anklage (des Gesetzesverstoßes) stellen. Der Evangelist jedoch zeigt
mehrfach in der ihm eigentümlichen Hintergründigkeit, daß sich sub specie aeternitatis die Rollen vertauschen: die Ankläger werden zu Verurteilten, und der Angeklagte zum Richter (9,39-41; 15,22-24; 16,8-11;
19,11). In diesem Rechtsstreit wird dem Sohn (von Gott) das Recht, der
ungläubigen und sündigen Welt aber das Unrecht zugesprochen. Der Angeklagte ist vor Gott gerechtfertigt (16,10). Ihm kommt keine „Sünde" zu
(7,18; 8,46), weil er der Offenbarer der Wahrheit Gottes ist. Umgekehrt
wird die Welt bei ihrer Sünde behaftet. Hierher gehört die Rede vom
„Überführen", „Bleiben" und „Haben" der Sünde (9,41; 15,22.24; 16,8;
19,11). Die Welt befindet sich im Rechtsstatus des Überführtseins der

Sünde, aus dem heraus es keine Entschuldigung mehr gibt (15,22). Während der Offenbarer ins Recht gesetzt wird, wird die Sünde ins Unrecht gesetzt. Die Parakletsprüche 15,26f. und 16,8-11 zeigen, daß und wie sich der Rechtsstreit Jesu mit der Welt im Zeugnis der Jüngergemeinde nachösterlich fortsetzt. Der Paraklet wird das Offenbarungs- und Überführungswerk Jesu an der Welt weiterhin zur Geltung bringen. Er spricht durch die Gemeinde. Die Rede vom Belassen-Behalten-Festhalten der Sünde (20,23) ist die ekklesiologische Entsprechung zum gerichtlichen Werk Jesu an der Welt (9,39-41; 12,31; 14,30; 15,22-24; 16,8-11).

(5) Sünde ist für Johannes weder eine nomistische noch eine moralische Kategorie. Sie läßt sich als Verstoß gegen eine allgemein gültige menschliche Werteordnung nicht zureichend erfassen. Das in (4) genannte Rechtsstreitmotiv und die in (2) erwähnte christologische Orientierung deuten darauf hin, daß Sünde transmoralisch, transphilosophisch und transnomistisch, d.h. *offenbarungstheologisch* zu verstehen ist. ἁμαρτία wird bei Johannes nicht als Ausdruck für einzelne Vergehen, für Unwahrheiten gegenüber einer allgemeingültigen Vernunft oder für Gesetzesverstöße benutzt. Der prävalent singularische Gebrauch - zwischen Singular und Plural besteht kein Bedeutungsunterschied - weist darauf hin, daß Johannes den Begriff „Sünde" im generellen Sinn gebraucht hat. Sünde ist die eine, im Widerspruch gegen Gottes Offenbarung sich manifestierende Verweigerung der Welt gegenüber dem Gesandten Gottes. Sie erhebt einen totalitären Anspruch auf den, der ihr erliegt (8,34). Sie wird am Kreuz offenbar und mit ihrer Offenbarung zugleich überwunden (1,29). Hier ist der Ort, an dem die Sünde der Welt und das Recht Jesu als die sich ausschließenden Aspekte des Gerichtes Gottes aufgewiesen werden (16,8-11). Der Evangelist macht deutlich, daß von Sünde nicht an und für sich unter Absehung des Christusereignisses gesprochen werden kann (15,22.24). Er versteht Sünde im definitiven Sinn offenbarungstheologisch. Nur als im Kreuz überwundene Sünde ist sie zugleich offenbar, d.h. verifizierbar. Und nur als offenbarte Sünde ist sie zugleich beseitigt. Am Kreuz wird sie zu einem Phänomen der Vergangenheit, weil besiegt und überwunden - ohne Rechtsanspruch auf die von Gott geliebte Welt (3,16). Unabhängig vom Kreuz kann sie als „Sünde" im definitiven Sinn des Wortes nicht bestimmt werden. Sünde ist daher das am Kreuz gefällte Urteil des Unrechtes der Welt (16,9-11). Insofern kann man im johanneischen Sinn sachgerecht von Sünde nur reden, wenn man zugleich deutlich macht, daß sie post Christum als offenbarte, d.h. nackte, unverhüllte und überwundene Sünde gilt.

(6) Diese exklusiv offenbarungstheologische Konzeption beinhaltet die *Prävalenz des Heils*. Johanneische Rede von „Sünde" läßt sich sachgerecht nur unter der Perspektive der *Befreiung von Sünde* zur Geltung bringen. Die bereits anfänglich im Täuferzeugnis benannte Konfrontation von Gott und Welt durch das Lamm Gottes (1,29) definiert die „Heilsgeschichte" im johanneischen Sinn: Gott macht sich in seiner freien Liebe zur Welt (3,16) auf den Weg, um sie von ihrer Sünde zu retten. Die Liebe zu ihr ist das Motiv seines Handelns. Am Kreuz treffen die Sünde der Welt und das Leben Gottes in der Weise zusammen, daß die Konfrontation für die Sünde vernichtend, für die Welt aber heilsam ausgeht (vgl. 6,51c). Hier geschieht Sühne, die durch die stellvertretende Lebenshingabe des Passalammes bewirkt wird. Das endzeitliche Passalamm beseitigt die Sünde (1,29) und schafft eine Befreiung der Welt aus der Knechtschaft der Sünde (8,31-36). Die Prävalenz des Heils kommt in der Verklammerung von 1,29 und 20,23 zum Ausdruck. Die der Gemeinde österlich mitgeteilte Vollmacht zur Sündenvergebung (20,23) entspricht der in Christus zur Geltung gebrachten Prärogative des Heils Gottes für die Welt (vgl. 3,16f.; 4,42; 6,33.51c; 9,39c; 12,46f.; 17,21d.23c; 1.Joh 2,2; 4,9.14). Die Gemeinde wird nachösterlich im Auftrag ihres Herrn das Befreiungs- und Vergebungswerk Christi fortsetzen, indem sie das am Kreuz einmalig und unwiederholbar erwirkte Heil Gottes durch ihr Verkündigungswerk weiterhin für die Welt einbringt.

(7) Das *Spektrum des johanneischen Sündenbegriffs* ist ausgesprochen vielfältig. Es läßt sich mit der Definition: Sünde = Unglaube (8,24; 16,9) vorerst nur generalisierend erfassen. Das οὐ πιστεύειν muß inhaltlich gefüllt werden. Dabei sollen die genannten Aspekte nur kurz in Erinnerung gerufen werden: Haß der Welt gegen den Offenbarer und die Seinen (3,20; 7,7; 15,18ff.); Sklaverei unter der Herrschaft der Sünde mit dem Ziel des Todes (8,21.24.34-36); geistliche Blindheit gegenüber dem Anspruch des Offenbarers (9,39-41); Verdrängung der Sünde (8,21f.); Verhaftung an die Welt (8,23) und ihren „Herrscher" (12,31; 14,30; 16,11); Teufelskindschaft, die sich in der Absicht der Tötung Jesu äußert (8,37ff.; 19,11); Ausschluß aus dem freien Hausrecht Gottes durch Verletzung der im Gottes- und Abrahamsbund gewährten Verheißung (8,35.37ff.); Eigenliebe (15,19) und Eigenehre der Welt (7,18; 5,41.44) im Gegensatz zur geforderten Liebe und Ehre Gottes; daraus resultierende, in Lüge (8,44) bewirkte Verkrümmung der Welt in sich selbst; Sich-Entziehen aus der Liebe Gottes (vgl. 6,44; 12,32); Verlust der göttlichen Herrlichkeit (vgl. 17,22.24 mit 7,18; 5,41.44). Alle genannten Aspekte hängen freilich innerlich zusammen. Sie bilden die vielfarbigen Facetten eines Bildes, das

durch seinen Gesamteindruck besticht. Der Evangelist „definiert" diesen Gesamteindruck als „Unglaube". Es wird ein Sündenverständnis deutlich, das in der durch Christus vermittelten Gegenwart gewonnen wird - einer Gegenwart, in der Satan, Sünde und Welt einerseits sowie der Offenbarer und seine Gemeinde andererseits sich gegenüberstehen. Unter der Herrschaft des Satans und der Sünde gerät die Welt in einen „teuflischen" Kreislauf, in dem die Sünde die Herrschaft der Sünde und des Satans konstituiert und die Herrschaft der Sünde und des Satans nichts anderes als Sünde hervorbringt.

(8) Der Sündenbegriff des Evangelisten Johannes läßt unter Berücksichtigung weiterer Faktoren Aufschlüsse über den *theologiegeschichtlichen Standort* des Johannesevangeliums zu. Der dem Evangelium nahestehende *1. Johannesbrief* entfaltet den Sündenbegriff im Unterschied zum Evangelium in einer akuten innergemeindlichen Konfliktsituation. Dabei wird eine gleiche Grundkonzeption deutlich. Sünde ist die eine, den Menschen total beanspruchende Macht der Welt, der Finsternis und des Todes, die im Heilstod Christi beseitigt und beendet wird. Die vom Evangelium abweichenden Akzente des Briefes lassen nicht auf eine grundsätzlich veränderte Gemeindesituation oder ein grundsätzlich anderes Konzept im Sündenbegriff schließen, sondern sind durch eine aktuelle Herausforderung, nämlich die gegenüber dem Evangelium ausschließlich innergemeindlich orientierte Konfrontation mit den Dissidenten aus der eigenen Gemeinde, bedingt. Nicht der Sündenbegriff an sich, sondern die (konkrete) Ausprägung des Sündenbegriffes verläuft in verschiedenen Bahnen. Die gleiche sprachliche und im Grundansatz gleiche inhaltliche Prägung des Sündenbegriffs beider Schriften sowie die vielfältigen konzeptionellen Konstanten auch über den Sündenbegriff hinaus weisen darauf hin, daß ein gleicher oder vergleichbarer (im Lehrer-Schüler-Verhältnis stehender) Verfasser für die Schriften verantwortlich ist sowie, daß Brief und Evangelium in zeitlicher und örtlicher Nähe entstanden und herausgegeben worden sind. Der Brief ist vielleicht als Kommentar und Lesehilfe für das Evangelium (Joh 1-20) konzipiert worden, um der Adressatengemeinde ein „orthodoxes" Verständnis des Evangeliums in Abwehr doketischer Auslegung zu gewähren. Wurde die doketische Irrlehre im Evangelium noch implizit zurückgewiesen, und kam es inzwischen zu einer offensichtlichen Trennung der Doketen aus der Gemeinde (1.Joh 2,19), so mußte Johannes jetzt auf die akut gewordene Problematik christologischer Irrlehre und sozialen Fehlverhaltens in einer gegenüber dem Evangelium mehr polemischen Form des Briefes reagieren. Stellt man diese Überlegungen in Rechnung, so kann man sagen, daß die spezifische Variation der

Sündenthematik beider Schriften, nämlich die Sünde der Außenwelt einerseits (Joh) und die in der Gemeinde wirkende Sünde der Welt andererseits (1.Joh), ihre gemeindebezogenen Konfliktfelder auf je eigene Weise widerspiegelt. - Das johanneische Sündenverständnis ist stark von *Paulus* geprägt. Johannes hat - wahrscheinlich durch mündliche Überlieferung - während seiner Tätigkeit als Lehrer in Ephesus vom paulinischen Sündenverständnis Kenntnis erhalten. Den Begriffsapparat und die wesentlichen Akzente desselben hat er in einer gegenüber Paulus veränderten theologiegeschichtlichen Lage zur Geltung gebracht. Da das Problem des Gesetzes und der gesetzesfreien Heidenmission z.Z. des Evangelisten zurückgetreten war, konnte Johannes den Gesetzesbegriff mitsamt seinen anthropologischen Konsequenzen aus der Sündenthematik ausklammern. Noch stärker als Paulus, mit dem Johannes in der Erkenntnis übereinstimmt, daß das Wesen der Sünde erst post Christum durch die im Glauben vermittelte Offenbarung zu bestimmen ist, hat Johannes die christologisch orientierte Sündenproblematik zur Geltung gebracht, wenn er nicht mehr dem Gesetz, sondern Christus selbst und seiner nachösterlichen Präsenz im Parakleten die Funktion der Offenbarung und Überführung der Sünde zuschreibt. Johannes denkt aus einer anderen, nicht mehr vom Konflikt mit dem Gesetz bestimmten persönlichen Erfahrung her. Er hat paulinische Aussagen eigenständig ausgewählt und theologisch profiliert. So lassen sich die spezifischen Nuancen des johanneischen Sündenbegriffs im Vergleich mit Paulus erklären, wenn man die konkreten Erfordernisse in der Gemeinde und das theologische Profil des Evangelisten berücksichtigt. Daher kann man sagen, daß Johannes das Anliegen paulinischer Soteriologie in eigener Verantwortung unter anderen Gemeindeansprüchen neu zur Geltung gebracht hat. Es würde jedoch zu weit gehen, ihn deshalb als Schüler des Paulus zu bezeichnen. Die johanneische Schule hat gegenüber der paulinischen Schule eine eigene Lehrtradition ausgebildet, die es erlaubt, von zwei verwandten, im ganzen aber doch unterschiedlich geprägten Lehr- und Glaubensgemeinschaften zu sprechen. Sie werden in den ephesinischen Hausgemeinden einen regen Kontakt und Austausch gesucht haben, ohne sich als Kontrahenten zu verstehen. Die durch U. Schnelle[2] eingebrachte Erkenntnis, daß Paulus neben anderen Traditionen in die Vorgeschichte der johanneischen Theologie gehört, läßt sich durch unsere Überlegungen zum theologiegeschichtlichen Standort des Johannesevangeliums bestätigen.

---

[2] Paulus und Johannes, 228.

Abschließend soll die in der Einleitung erwähnte Problematik der *Sünde als Verdrängung* in Erinnerung gerufen werden. Wo damals wie heute gilt, daß die Perspektivenblindheit des Menschen gegenüber der einen Perspektive unseres Lebens, nämlich Gott selbst, als Sünde zu benennen ist, weil in ihr der Mensch sich selbst absolut setzt und der durch Gott gesetzten Setzung widersetzt, da ist auch auf die Stimme des Evangelisten Johannes zu hören. Wenn Gott selbst nicht nur in Vergessenheit gerät, sondern darüber hinaus zum Vergessen verurteilt wird, dann ist der Mensch darauf aus, seine eigenen Welt- und Gestaltungsperspektiven zur absoluten Norm des Seins und Handelns zu erheben. Er wird nicht nur andere und anderes (aus der Schöpfung) vergessen und rücksichtslos gegen diese und dieses vorgehen, er wird auch sich selbst als das von Gott geliebte Geschöpf verdrängen und der Option seiner alles andere ausblendenden Perspektivität opfern. Wo in der Weise sämtliche Beziehungen zwischen Ich und Mensch, Ich und anderem, Ich und Ich und letztlich Ich und Gott gestört sind, da herrscht im definitiven Sinn *Sünde als die Zer-Störung aller Gemeinschaftsformen*. Johannes - und nicht nur Johannes - hat darauf hingewiesen, daß die fundamentale Zer-Störung der Gottes-, Welt- und Menschenbeziehung, die für ihn exzeptionell als *Verdrängung der in Christus wirkenden Offenbarung Gottes* erscheint, nur durch den einen Sohn Gottes beseitigt wird, der *per se* Mensch und Welt wieder in die eine gelungene, von Anfang an von Gott gewollte, nämlich ungestörte Beziehung *einbezieht* und so den Sünder an einer über seine beschränkten Möglichkeiten hinausgehenden Perspektive, nämlich der Perspektive Gottes, die im Sohn aufleuchtet, teilhaben läßt. Diese Teilhabe an der Perspektive Gottes, in der ungestörte, weil durch Christus wiederhergestellte Beziehung besteht, nennt Johannes ζωή - ein „Leben", in dem jede Sünde nur noch als gebrochene und zerstörte Wirklichkeit der alten, vom Satan beherrschten Welt vorkommt.

Literaturverzeichnis

Das folgende Literaturverzeichnis stellt Textausgaben, Kommentare und Abhandlungen unterschiedslos unter dem Namen ihrer Verfasser oder Herausgeber zusammen. Die Kommentare zum Johannesevangelium und zu den Johannesbriefen werden separat vorangestellt. Zitiert wird mit abgekürzten Titeln, gelegentlich auch vollständig.

1. Kommentare zum Johannesevangelium und zu den Johannesbriefen

Barrett, C.K., Das Evangelium nach Johannes, Berlin (Liz.) 1990 (Komm.)

Beasley-Murray, G.R., *John* (WBC 36), Waco, Texas 1987

Becker, J., Das Evangelium nach Johannes. Kap.1-10 (ÖTK 4/1); Das Evangelium nach Johannes. Kap.11-21 (ÖTK 4/2), Gütersloh [3]1991 (Komm. I-II)

Bernard, J.H., A Critical and Exegetical Commentary on the Gospel according to St. John (ICC), Edinburgh [5]1958 (Komm.)

Blank, J., Das Evangelium nach Johannes (GSL.NT 4/1-3), Düsseldorf (Komm. 1a: [2]1990; 1b: [2]1990; 2: [3]1991; 3: [2]1988)

Brown, R.E., The Gospel according to John (AncB 29/29a), 2 Bde., New York 1966/70 (Komm.)

- The *Epistles* of John (AncB 30), New York 1982

Bultmann, R., Das Evangelium nach Johannes (KEK 2), Göttingen [14]1956 (Komm.)

- Die drei *Johannesbriefe* (KEK 14), Göttingen 1967

Carson, D.A., The *Gospel* according to John, Leicester-Grand Rapids 1992

Gnilka, J., Johannesevangelium (NEB.NT 4), Würzburg 1983 (Komm.)

Haenchen, E., Das Johannesevangelium. Ein Kommentar, aus den nachgelassenen Manuskripten hg. v. U. Busse, Tübingen 1980 (Komm.)

Heitmüller, W., Das Johannes-Evangelium (SNT 4), Göttingen [3]1920, 9-184 (Komm.)

Hirsch, E., Das vierte *Evangelium* in seiner ursprünglichen Gestalt verdeutscht und erklärt, Tübingen 1936

Hoskyns, E.C., The Fourth Gospel, London [2]1948 (Komm.)

Keil, G., Das Johannesevangelium. Ein philosophischer und theologischer Kommentar, Göttingen 1997 (Komm.)

Klauck, H.-J., Der erste Johannesbrief (EKK 23/1), Neukirchen-Vluyn 1991 (Komm.)

Kysar, R., *John* (Augsburg Commentary on the NT), Minneapolis 1986

Léon-Dufour, X., Lecture de l'Évangile selon Jean. Parole de Dieu. 3 Bde., Paris 1988-1993 (Komm. I-III)

Lindars, B., The *Gospel* of John (NCeB), London 1972 (reprinted 1977)

Moloney, F.J., The Gospel of John (SPS 4), Collegeville, Minnesota 1998 (Komm.)

Morris, L., The *Gospel* according to John (NICNT), Grand Rapids [2]1995

Ridderbos, H., The Gospel of John, Grand Rapids/Cambridge 1997 (Komm.)

Ruckstuhl, E., Jakobusbrief. 1.-3. Johannesbrief (NEB.NT 17/19), Würzburg 1985 (Komm.)

Schenke, L., Johannes. Kommentar, Düsseldorf 1998 (Komm.)

Schlatter, A., Der Evangelist *Johannes*. Wie er spricht, denkt und glaubt. Ein Kommentar zum vierten Evangelium, Stuttgart 1930 ([3]1960)

Schnackenburg, R., Das Johannesevangelium, Teil 1-3 (HThK 4/1-3), Leipzig (Liz.) 1971-1975 (Komm. I-III)

- Die *Johannesbriefe* (HThK 13/3), Freiburg [6]1979

Schnelle, U., Das Evangelium nach Johannes (ThHK 4), Leipzig 1998 (Komm.)

Schulz, S., Das Evangelium nach Johannes (NTD 4), Göttingen [16]1987 (Komm.)

Schunack, G., Die Briefe des Johannes (ZBK.NT 17), Zürich 1982 (Komm.)

Schwank, B., Evangelium nach Johannes, St. Ottilien 1996 (Komm.)

Stibbe, M.W.G., John. Readings Commentary, Sheffield 1993 (Komm.)

Strecker, G., Die Johannesbriefe (KEK 14), Göttingen 1989 (Komm.)

Vogler, W., Die Briefe des Johannes (ThHK 17), Leipzig 1993 (Komm.)

Vouga, F., Die Johannesbriefe (HNT 15/3), Tübingen 1990 (Komm.)

Wellhausen, J., Das *Evangelium* Johannis, Berlin 1908

Wengst, K., Der erste, zweite und dritte Brief des Johannes (ÖTK 16), Gütersloh [2]1990 (Komm.)

Wilckens, U., Das Evangelium nach Johannes (NTD 4), Göttingen [17]1998 (Komm.)

Witherington III, B., John's Wisdom. A Commentary on the Fourth Gospel, Cambridge 1995 (Komm.)

2. Monographien, Aufsätze, Kommentare

Aland, K., *Studien* zur Überlieferung des Neuen Testaments und seines Textes, Berlin 1967

- /Aland, B., Der *Text* des Neuen Testaments. Einführung in die wissenschaftlichen Ausgaben sowie in Theorie und Praxis der modernen Textkritik, Stuttgart [2]1989

Althaus, P., Zur *Kritik* der heutigen Kerygmatheologie, in: H. Ristow/K. Matthiae (Hg.), Der historische Jesus und der kerygmatische Christus. Beiträge zum Christusverständnis in Forschung und Verkündigung, Berlin 1960, 236-265

Annen, F., Art. θαυμάζω, EWNT II, 332-334

- Art. θαυμαστός κτλ., EWNT II, 335.

Arens, E., The ἦλθον-*sayings* in the synoptic Tradition. A historico-critical Investigation (OBO 10), Freiburg/Schweiz/Göttingen 1976

Arnold, C.E., *Ephesians*: Power and Magic. The Concept of Power in Ephesians in Light of ist Historical Setting (MSSNTS 63), Cambridge 1989

Ashton, J., *Understanding* the Fourth Gospel, Oxford 1991 (reprinted 1993)

Backhaus, K., *Täuferkreise* als Gegenspieler jenseits des Textes. Überlegungen zu einer kriteriologischen Verlegenheit, in: J. Hainz (Hg.), Methodenstreit zum Johannesevangelium. Dokumentation des Symposions vom 29. und 30. Juni 1990 in Kelkheim, Darmstadt 1991, 16-44

Baldensperger, D.W., Der *Prolog* des vierten Evangeliums, sein polemisch-apologetischer Zweck, Freiburg 1898

Ball, D.M., *„I Am"* in John's Gospel. Literary Function, Background and Theological Implications (JSNT.SS 124), Sheffield 1996

Balz, H./Schneider, G. (Hg.), Exegetisches Wörterbuch zum Neuen Testament. 3 Bde. Stuttgart u.a., 1980-1983 (EWNT I-III)

Balz, H., Art. κόσμος, EWNT II, 765-773

- /Schrage, W., Die „Katholischen" Briefe. Die Briefe des Jakobus, Petrus, Johannes und Judas (NTD 10), Berlin (Liz.) 1982 (Komm.)

Barnett, A.E., *Paul* becomes a literary Influence, Chicago 1941

Barrett, C.K., The *Lamb* of God, NTS 1 (1954/55), 210-218

- Das *Johannesevangelium* und das Judentum (Franz Delitzsch-Vorlesungen 1967), Stuttgart u.a. 1970

Barth, G., Art. πίστις κτλ., EWNT III, 216-231

- Der *Tod* Jesu Christi im Verständnis des Neuen Testaments, Neukirchen-Vluyn 1992

Barth, K., Die Kirchliche Dogmatik I/2, Zollikon-Zürich ⁵1960 (KD)

Barth, M., Die *Juden* im Johannes-Evangelium. Wiedererwägungen zum Sitz im Leben, Datum und angeblichen Anti-Judaismus des Johannes-Evangeliums, in: D. Neuhaus (Hg.), Teufelskinder oder Heilsbringer - die Juden im Johannesevangelium (AT 64), Frankfurt a.M. 1990, 39-94

Bartsch, H.-W., Art. ἴδιος, EWNT II, 420-423

Bauer, W./Aland, K., Griechisch-deutsches Wörterbuch zu den Schriften des Neuen Testaments und der frühchristlichen Literatur, Berlin-New York ⁶1988 (Bauer-Aland)

Baum-Bodenbender, R., *Hoheit* in Niedrigkeit. Johanneische Christologie im Prozeß Jesu vor Pilatus (Joh 18,28-19,16a), FzB 49, Würzburg 1984

Baumbach, G., *Gemeinde und Welt* im Johannesevangelium, in: Kairos 14 (1972), 121-136

- Art. αἵρεσις κτλ., EWNT I, 96f.

Beck, D.R., The Discipleship *Paradigm*. Readers and Anonymous Characters in the Fourth Gospel (BIS 27), Leiden u.a. 1997

Becker, H.-J., Auf der Kathedra des Mose (ANTZ 4), Berlin 1990

Becker, J., Das *Heil Gottes*. Heils- und Sündenbegriffe in den Qumrantexten und im Neuen Testament (StUNT 3), Göttingen 1964

- Die *Abschiedsreden* Jesu im Johannesevangelium, ZNW 61 (1970), 215-246

- Das Johannesevangelium im Streit der Methoden (1980-1984), ThR 51 (1986), 1-78

- *Paulus*. Der Apostel der Völker, Tübingen ²1992

Becker, U., Jesus und die Ehebrecherin (BZNW 28), Berlin 1963

Behm, J., Art. παράκλητος, ThWNT V, 798-812

van Belle, G., The *Signs Source* in the Fourth Gospel. Historical Survey and Critical Evaluation of the Semeia Hypothesis (BEThL 116), Leuven 1994

Berger, K., Das Buch der Jubiläen (JSHRZ 2), Gütersloh 1981

- *Formgeschichte* des Neuen Testaments, Heidelberg 1984

- *Hellenistische Gattungen* im Neuen Testament, in: ANRW II, 25.2 (1985), 1031-1432.1831-1885

- *Theologiegeschichte* des Urchristentums. Theologie des Neuen Testaments, Tübingen 1994

- Im *Anfang* war Johannes. Datierung und Theologie des vierten Evangeliums, Stuttgart 1997

Bergmeier, R., *Glaube* als Gabe nach Johannes. Religions- und theologiegeschichtliche Studien zum prädestinatianischen Dualismus im vierten Evangelium (BWANT 112), Stuttgart u.a. 1980

Bertram, G., Art. θαῦμα κτλ., ThWNT III, 27-42

- Art. θεοσεβής κτλ., ThWNT III, 124-128

Betz, H.D., Der Apostel *Paulus* und die sokratische Tradition. Eine exegetische Untersuchung zu seiner „Apologie" 2. Korinther 10-13 (BHTh 45), Tübingen 1972

Betz, O., Der *Paraklet*. Fürsprecher im häretischen Spätjudentum, im Johannes-Evangelium und in neu gefundenen gnostischen Schriften (AGSU 2), Leiden-Köln 1963
- Art. Ἀβραάμ, EWNT I, 3-7
- Art. σημεῖον, EWNT III, 569-575
- Art. Ich-bin-Worte, GBL III, 943f.
- Art. Kreuz/Kreuzigung. Theologisch, GBL III, 1307-1312
- Art. Laubhüttenfest, GBL III, 1352f.
- Art. Passa, GBL IV, 1747-1751
Beutler, J., *Martyria*. Traditionsgeschichtliche Untersuchungen zum Zeugnisthema bei Johannes (FTS 10), Frankfurt a.M. 1972
- *Kirche* als Sekte? Zum Kirchenbild der johanneischen Abschiedsreden, in: K. Rahner/O. Semmelroth (Hg.), Theologische Akademie 10, Frankfurt a.M. 1973, 42-57
- Die *Heilsbedeutung* des Todes Jesu im Johannesevangelium nach Joh 13,1-20, in: K. Kertelge (Hg.), Der Tod Jesu. Deutungen im Neuen Testament (QD 74), Freiburg u.a. 1976, 188-204
- Art. μαρτυρέω κτλ., EWNT II, 958-964
- Das *Hauptgebot* im Johannesevangelium, in: K. Kertelge (Hg.), Das Gesetz im Neuen Testament (QD 108), Freiburg u.a. 1986, 222-236
- /R.T. Fortna (Hg.), The *Shepherd Discourse* of John 10 and its Context. Studies by Members of the Johannine Writings Seminar (MSSNTS 67), Cambridge 1991
Bittner, W.J., *Jesu Zeichen* im Johannesevangelium. Die Messias-Erkenntnis im Johannesevangelium vor ihrem jüdischen Hintergrund (WUNT 2.26), Tübingen 1987
Bittner-Schwob, W., Art. Johannesbriefe, GBL III, 1086-1091
- Art. Johannesevangelium, GBL III, 1091-1103
- Art. Zeichen, GBL VI, 2664-2670
Blank, J., Die *Verhandlung* vor Pilatus Joh 18,28-19,16 im Lichte johanneischer Theologie, BZ NF 3 (1959), 60-81
- *Krisis*. Untersuchungen zur johanneischen Christologie und Eschatologie, Freiburg 1964
- Die *Irrlehrer* des Ersten Johannesbriefes, in: Kairos 26 (1984), 166-193
- Weißt du, was *Versöhnung* heißt? Der Kreuzestod Jesu als Sühne und Versöhnung, in: ders./J. Werbick (Hg.), Sühne und Versöhnung (Theologie zur Zeit 1), Düsseldorf 1986, 21-91
- Die *Johannespassion*. Intention und Hintergründe, in: K. Kertelge (Hg.), Der Prozeß gegen Jesus (QD 112), Freiburg u.a. ²1989, 148-182
Blass F./Debrunner, A./Rehkopf, F., Grammatik des neutestamentlichen Griechisch, Göttingen ¹⁵1979 (B.-D.-R.)
Blinzler, J., *Johannes* und die Synoptiker. Ein Forschungsbericht (SBS 5), Stuttgart 1965
Bloch, M., Das mosaisch-talmudische Strafgerichtsverfahren, Budapest 1901
Böcher, O., Der johanneische *Dualismus* im Zusammenhang des nachbiblischen Judentums, Gütersloh 1965
- Art. ᾅδης, EWNT I, 72f.
Bogart, J., Orthodox and Heretical *Perfectionism* in the Johannine Community as evident in the First Epistle of John (SBLDS 33), Missoula 1977
Boismard, M.-É., Du *Baptême* à Cana (Jean 1,19-2,11) (LeDiv 18), Paris 1956
- *Moses or Jesus*. An Essay in Johannine Christology (BETL 84-A), Leuven 1993
Borgen, P., *John* and the Synoptics, in: D.L. Dungan (Hg.), The Interrelations of the Gospels (BETL 95), Leuven 1990, 408-437

Bornkamm, G., Die Theologie Rudolf Bultmanns in der neueren Diskussion. Zum Problem der Entmythologisierung und Hermeneutik, ThR 29 (1963), 33-141

- *Sünde*, Gesetz und Tod. Exegetische Studie zu Röm 7, in: ders., Das Ende des Gesetzes. Paulusstudien. GA I (BEvTh 16), München [5]1966, 51-69

- Die *Heilung* des Blindgeborenen. Johannes 9, in: ders.: Geschichte und Glaube II, GA IV (BEvTh 53), München 1971, 65-72

- Paulus, Stuttgart u.a. [5]1983

Borse, U., Die Entscheidung des Propheten. Kompositorische Erweiterung und redaktionelle Streichung von Joh 7,50.(53)-8,11 (SBS 158), Stuttgart 1994

Bowman, J., Samaritanische *Probleme*. Studien zum Verhältnis von Samaritanertum, Judentum und Urchristentum (Franz Delitzsch-Vorlesungen 1959), Stuttgart 1967

Brandenburger, E., *Adam und Christus*. Exegetisch-religionsgeschichtliche Untersuchung zu Röm 5,12-21 (1.Kor 15) (WMANT 7), Neukirchen-Vluyn 1962

- *Fleisch und Geist*. Paulus und die dualistische Weisheit (WMANT 29), Neukirchen-Vluyn 1968

- *Das Böse*. Eine biblisch-theologische Studie (ThSt 132), Zürich 1986

Braun, F.M., *Jean* le Théologien (II). Sa Théologie. Le Mystère de Jésus-Christ (EtB), Paris 1966

- La *foi* selon Saint Jean, RevThom 69 (1969), 357-377

Breytenbach, C., Das *Problem* des Übergangs von mündlicher zu schriftlicher Überlieferung, Neotestamentica 20 (1986), 47-58

- *Versöhnung*, Stellvertretung und Sühne. Semantische und traditionsgeschichtliche Bemerkungen am Beispiel der paulinischen Briefe, NTS 39 (1993), 59-79

Brodie, T.L., The *Quest* for the Origin of John's Gospel. A Source-Oriented Approach, New-York/Oxford 1993

Broer, I., Art. ἀγγέλλω κτλ., EWNT I, 29-32

- *Einleitung* in das Neue Testament. Band I (NEB. Ergänzungsband 2/I), Würzburg 1998

Brown, R.E., The *Community* of the Beloved Disciple. The Life, Loves and Hates of an Individual Church in New Testament Times, London 1979 (Deutsch: *Ringen* um die Gemeinde. Der Weg der Kirche nach den Johanneischen Schriften, Salzburg 1982)

- The *Death* of the Messiah. From Gethsemane to the Grave, New York u.a. 1994

Brox, N., *Zeuge und Märtyrer*. Untersuchungen zur frühchristlichen Zeugnis-Terminologie (StANT 5), München 1961

- Die Pastoralbriefe (RNT 7.2), Leipzig (Liz.) [4]1975

- Der erste Petrusbrief (EKK 21), Leipzig (Liz.) 1988 (1.Petr)

Buchanan, G.W., The Samaritan Origin of the Gospel of John, in: J. Neusner (Hg.), Religions in Antiquitiy: Essays in Memory of E.R. Goodenough, Leiden 1968, 149-175

Büchler, A., Studies in *Sin* and Atonement in the Rabbinic Literature of the First Century, London 1928

Büchsel, F., Art. ἐλέγχω κτλ., ThWNT II, 470-474

- Art. θυμός κτλ., ThWNT III, 167-173

Bühler, P., Ist *Johannes* ein Kreuzestheologe?, in: M. Rose (Hg.), Johannesstudien (FS J. Zumstein), Zürich 1991, 191-207

Bühner, J.-A., *Der Gesandte* und sein Weg im 4. Evangelium. Die kultur- und religionsgeschichtlichen Grundlagen der johanneischen Sendungschristologie sowie ihre traditionsgeschichtliche Entwicklung (WUNT 2.2), Tübingen 1977

Bull, K.M., *Gemeinde* zwischen Integration und Abgrenzung (BET 24), Frankfurt a.M. u.a. 1992

Bultmann, R., Art. ἀφίημι κτλ., ThWNT I, 506-509

- Art. πιστεύω κτλ. D, ThWNT VI, 203-230
- Art. Johannesbriefe, ³RGG III, 836-839
- Art. Johannesevangelium, ³RGG III, 840-850
- Die Geschichte der synoptischen Tradition, Berlin (Liz.) ⁴1961 (GST)
- *Theologie* des Neuen Testaments, Tübingen ⁴1961
- Die kirchliche *Redaktion* des ersten Johannesbriefes, in: ders., Exegetica. Aufsätze zur Erforschung des Neuen Testaments, hrsg. v. E. Dinkler, Tübingen 1967, 381-393 (zuerst in: In Memoriam E. Lohmeyer, Stuttgart 1951, 189-201)
- *Röm 7* und die Anthropologie des Paulus, in: ders., Exegetica. Aufsätze zur Erforschung des Neuen Testaments, hrsg. v. E. Dinkler, Tübingen 1967, 198-209
Burge, G.M., The *Anointed Community*. The Holy Spirit in the Johannine Tradition, Grand Rapids 1987
Burkett, D., The *Son of Man* in the Gospel of John (JSNT.SS 56), Sheffield 1991
Burkhardt, H. u.a. (Hg.), Das große Bibellexikon, Bde. I-VI, Wuppertal/Gießen 1996 (1. Taschenbuchauflage)
Busse, U., *Metaphorik* in neutestamentlichen Wundergeschichten? Mk 1,21-28; Joh 9,1-41, in: K. Kertelge (Hg.), Metaphorik und Mythos im Neuen Testament (QD 126), Freiburg u.a. 1990, 110-134

v. Campenhausen, H., Zum *Verständnis* von Joh 19,11, ThLZ 73 (1948), 387-392
Carey, G.L., The *Lamb* of God and Atonement Theories, TynB 32 (1981), 97-122
Carson, D.A., The *Function* of the Paraclete in John 16:7-11, JBL 98 (1979), 547-566
Cassidy, R.J., *John's Gospel* in New Perspective. Christology and the Realities of Roman Power, New York 1992
Chamberlain, W.D., The *Need* of Man. The Atonement in the Fourth Gospel, Int 10 (156), 157-166
Coggins, R.J., Samaritans and Jews, London 1975
Colpe, C., Art. Gnosis II, RAC 11 (1981), 537-659
Conzelmann, H., Paulus und die *Weisheit*, in: ders., Theologie als Schriftauslegung (BEvTh 65), München 1974, 177-190
- Die *Schule* des Paulus, in: C. Andresen/G. Klein (Hg.), Theologia Crucis - Signum Crucis (FS E. Dinkler), Tübingen 1979, 85-96
Crown, A.D. (Hg.), The Samaritans, Tübingen 1989
Cullmann, O., *Urchristentum* und Gottesdienst (AThANT 3), Zürich ⁴1962
- Der johanneische *Kreis*. Sein Platz im Spätjudentum, in der Jüngerschaft Jesu und im Urchristentum. Zum Ursprung des Johannesevangeliums, Tübingen 1975
Culpepper, R.A., The Johannine *School*. An Evaluation of the Johannine-School Hypothesis Based on an Investigation of the Nature of Ancient Schools (SBLDS 26), Missoula 1975
- *Anatomy* of the Fourth Gospel. A Study in Literary Design, Philadelphia 1983
- *John 5,1-18*. A Sample of Narrative Critical Commentary, in: M.W.G. Stibbe (Hg.), The Gospel of John as Literature. An Anthology of Twentieth-Century Perspectives (NTTS 17), Leiden u.a. 1993, 193-207

Dauer, A., Die *Passionsgeschichte* im Johannesevangelium. Eine traditionsgeschichtliche und theologische Untersuchung zu Joh 18,1-19,30 (StANT 30), München 1972
- *Johannes* und Lukas. Untersuchungen zu den johanneisch-lukanischen Parallelperikopen (FzB 50), Würzburg 1984
Dautzenberg, G., Art. ἀμνός κτλ., EWNT I, 168-172

Davies, M., *Rhetoric* and Reference in the Fourth Gospel, Sheffield 1992

Davies, W.D., *Reflections* on Aspects of the Jewish Background of the Gospel of John, in: R.A. Culpepper/C.C. Black (Hg.), Exploring the Gospel of John (FS D.M. Smith), Louisville, Kentucky 1996, 43-64

Deichgräber, R., *Gotteshymnus* und Christushymnus in der frühen Christenheit. Untersuchungen zu Form, Sprache und Stil der frühchristlichen Hymnen (StUNT 5), Göttingen 1967

Delling, G., Die Bezeichnung „Söhne Gottes" in der jüdischen Literatur der hellenistisch-römischen Zeit, in: J. Jervell/W.A. Meeks (Hg.), God's Christ and His People (FS N.A. Dahl), Oslo u.a. 1977, 18-28

Denaux, A. (Hg.), John and the Synoptics (BETL 101), Leuven 1992

Derrett, J.D.M., Binding and Loosing (Matt 16:19; 18:18; Joh 20:23), JBL 102 (1983), 112-117

- The *Victim*. The Johannine Passion Narrative Reexamined, Shipston-on-Stour, Warwickshire 1993

Descamps, A., *Le péché* dans le Nouveau Testament, in: P. Delhaye/A. Descamps, Théologie du Péché (BT.M 7), Tournai 1960, 49-124

Dettwiler, A., Die *Gegenwart* des Erhöhten. Eine exegetische Studie zu den johanneischen Abschiedsreden (Joh 13,31-16,33) unter besonderer Berücksichtigung ihres Relecture-Charakters (FRLANT 169), Göttingen 1995

Dexinger, F./Pummer, R. (Hg.), Die Samaritaner, Darmstadt 1992

Diebold-Scheuermann, C., *Jesus* vor Pilatus. Eine exegetische Untersuchung zum Verhör Jesu durch Pilatus (Joh 18,28-19,16a), SBB 32, Stuttgart 1996

Diem, H., *Dogmatik*. Ihr Weg zwischen Historismus und Existentialismus, München ^{2}1957

Dietzfelbinger, C., *Paraklet* und theologischer Anspruch im Johannesevangelium, ZThK 82 (1985), 389-408

- Die größeren Werke (Joh 14,12f.), NTS 35 (1989), 27-47

- Johanneischer *Osterglaube* (ThSt 138), Zürich 1992

- Der *Abschied* des Kommenden. Eine Auslegung der johanneischen Abschiedsreden (WUNT 1.95), Tübingen 1997

- *Sühnetod* im Johannesevangelium?, in: O. Hofius u.a. (Hg.), Evangelium. Schriftauslegung. Kirche (FS P. Stuhlmacher), Göttingen 1997, 65-76

Dodd, C.H., The *Interpretation* of the Fourth Gospel, Cambridge 1954

- Historical *Tradition* in the Fourth Gospel, Cambridge 1963

Dschulnigg, P., Der *Hirt* und die Schafe (Joh 10,1-18), SNTU 14 (1989), 5-23

Dunderberg, I., *Johannes* und die Synoptiker. Studien zu Joh 1-9 (AASF.DHL 69), Helsinki 1994

- Johannine *Anomalies* and the Synoptics, in: J. Nissen/S. Pedersen (Hg.), New Readings in John. Literary and Theological Perspectives (JSNT.SS 182), Sheffield 1999, 108-125

Ego, B., *Abraham* als Urbild der Toratreue Israels. Traditionsgeschichtliche Überlegungen zu einem Aspekt des biblischen Abrahambildes, in: F. Avemarie/H. Lichtenberger (Hg.), Bund und Tora (WUNT 1.92), Tübingen 1996, 25-40

Eichholz, G., Die Theologie des *Paulus* im Umriß, Neukirchen-Vluyn 1972

Elliger, W., *Ephesos*. Geschichte einer antiken Weltstadt, Stuttgart u.a. 1985

Ernst, J., *Johannes der Täufer*. Interpretation - Geschichte - Wirkungsgeschichte (BZNW 53), Berlin-New York 1989

Evans, C.A., To See and Not Perceive. Isaiah 6,9-10 in Early Jewish and Christian Interpretation [JSOT 64], Sheffield 1989

Fiebig, P., Jüdische Wundergeschichten des neutestamentlichen Zeitalters unter besonderer Berücksichtigung ihres Verhältnisses zum Neuen Testament bearbeitet, Tübingen 1911
Fiedler, P. *Jesus* und die Sünder (BET 3), Frankfurt/M.-Bern 1976
- Art. ἁμαρτία κτλ., EWNT I, 157-165
- *Sünde* und Sündenvergebung in der Jesustradition, in: H. Frankemölle (Hg.), Sünde und Erlösung im Neuen Testament (QD 161), Freiburg u.a. 1996, 76-91
Fitch, W.O., The Interpretation of St. John 5,6, StEv 4 (1968), 194-197
Ford, J.M., *Jesus* as Sovereign in the Passion according to John, BTB 25 (1995), 110-115
Forestell, J.T., The *Word* of the Cross. Salvation as Revelation in the Fourth Gospel (AnBib 57), Rom 1974
Fortna, R.T., The *Gospel* of Signs. A Reconstruction of the Narrative Source Underlying the Fourth Gospel (MSSNTS 11), Cambridge 1970
- The Fourth Gospel and its Predecessor. From Narrative Source to the Present Gospel, Edinburgh 1989
Frankemölle, H., Jahwebund und Kirche Christi. Studien zur Form- und Traditionsgeschichte des „Evangeliums" nach Matthäus (NTA.NF 10), Münster 1974
Freed, E.D., Old Testament *Quotations* in the Gospel of John (NT.S 11), Leuven 1965
- Samaritan Influence in the Gospel of John, CBQ 30 (1968), 580-587
- Did John Write His Gospel Partly to Win Samaritan Converts?, NT 12 (1970), 241-256
- *Jn 1,19-27* in Light of Related Passages in John, the Synoptics, and Acts, in: F. van Segbroeck u.a. (Hg.), The Four Gospels (FS F. Neirynck) (BETL 100), Leuven 1992, 1943-1961
Frey, J., *Erwägungen* zum Verhältnis der Johannesapokalypse zu den übrigen Schriften des Corpus Johanneum, in: M. Hengel, Die johanneische Frage (WUNT 1.67), Tübingen 1993, 326-429
- *Heiden* - Griechen - Gotteskinder. Zu Gestalt und Funktion der Rede von den Heiden im 4. Evangelium, in: R. Feldmeier/U. Heckel (Hg.), Die Heiden. Juden, Christen und das Problem des Fremden (WUNT 1.70), Tübingen 1994, 228-268
- Die johanneische *Eschatologie I.* Ihre Probleme im Spiegel der Forschung seit Reimarus (WUNT 1.96), Tübingen 1997
- Die johanneische *Eschatologie II.* Das johanneische Zeitverständnis (WUNT 1.110), Tübingen 1998
Friedrich, G., Die *Verkündigung* des Todes Jesu im Neuen Testament (BThSt 6), Neukirchen-Vluyn [2]1985
Frühwald-König, J., *Tempel* und Kult. Ein Beitrag zur Christologie des Johannesevangeliums (BU 27), Regensburg 1998
Füglister, N., Die *Heilsbedeutung* des Passa (StANT 8), München 1963
Fuller, R.H., Die *Wunder* Jesu in Exegese und Verkündigung, Düsseldorf 1967

Gardner-Smith, P., Saint John and the Synoptic Gospels, Cambridge 1938
Gese, H., Die *Sühne*, in: ders., Zur biblischen Theologie. Alttestamentliche Vorträge, München [3]1989, 85-106
Gestrich, C., Die *Wiederkehr* des Glanzes in der Welt. Die christliche Lehre von der Sünde und ihrer Vergebung in gegenwärtiger Verantwortung, Tübingen 1989

Giblin, C.H., John's Narration of the Hearing Before Pilate (John 18,28-19,16a), Bib. 67 (1986), 211-239

Gnilka, J., Zur *Christologie* des Johannesevangeliums, in: W. Kasper (Hg.), Christologische Schwerpunkte, Düsseldorf 1980, 92-107

- Das Evangelium nach Markus (EKK 2/1 und 2/2), Leipzig (Liz.) 1982 (Mk I, II)

- *Theologie* des Neuen Testaments (HThK.S 5), Freiburg u.a. 1994

- *Paulus* von Tarsus. Apostel und Zeuge, Freiburg i.B. u.a. 1996

Goldhahn-Müller, I., Die *Grenze* der Gemeinde. Studien zum Problem der Zweiten Buße im Neuen Testament unter Berücksichtigung der Entwicklung im 2. Jh. bis Tertullian (GTA 39), Göttingen 1989

Goppelt, L., Der Erste Petrusbrief, hrsg. v. F. Hahn (KEK 12/1), Göttingen 1978 (1.Petr)

- *Typos.* Die typologische Deutung des Alten Testaments im Neuen, Darmstadt 1981 (Nachdr.)

- *Theologie* des Neuen Testaments, Berlin (Liz.)1983

Grässer, E., Die *Juden* als Teufelssöhne in Johannes 8,37-47, in: W. Eckert/N.P. Levinson/M. Stöhr (Hg.), Antijudaismus im Neuen Testament? Exegetische und systematische Beiträge, München 1967, 157-170

Grass, H., Ostergeschehen und Osterberichte, Göttingen [3]1964

Grigsby, B.H., The *Cross* as an Expiatory Sacrifice in the Fourth Gospel, JSNT 15 (1982), 51-80

Gryglewicz, F., Das *Lamm* Gottes, NTS 13 (1966/67), 133-146

Gundry, R.H., *Mark.* A Commentary on His Apology für the Cross, Grand Rapids 1993

Günther, M., Die *Frühgeschichte* des Christentums in Ephesus (ARGU 1), Frankfurt a.M. u.a. 1995

Haacker, K., „Sein Blut komme über uns". Erwägungen zu Matthäus 27,25 (KuI 1), 1986, 47-50

- Die *Stiftung* des Heils. Untersuchungen zur Struktur der johanneischen Theologie (AzTh I/47), Stuttgart 1972

Haag, H., Vom alten zum neuen *Passa.* Geschichte und Theologie des Osterfestes (SBS 49), Stuttgart 1971

Haas, J., Die Stellung Jesu zu *Sünde* und Sünder nach den vier Evangelien (SF 7), Fribourg 1953

Haenchen, E., *Jesus vor Pilatus* (Joh 18,28-19,25). Zur Methode der Auslegung, in: ders., Gott und Mensch. Gesammelte Aufsätze, Tübingen 1965, 144-156

- Johanneische Probleme, in: ders., Gott und Mensch. Gesammelte Aufsätze, Tübingen 1965, 78-113

Hahn, F., *Christologische Hoheitstitel.* Ihre Geschichte im frühen Christentum, Berlin (Liz.) [2]1965

- Der *Prozeß* Jesu nach dem Johannesevangelium. Eine redaktionsgeschichtliche Untersuchung (EKK. V 2), Neukirchen Zürich 1970, 23-96

- *Sehen* und Glauben im Johannesevangelium, in: H. Baltensweiler/B. Reicke (Hg.), Neues Testament und Geschichte. Historisches Geschehen und Deutung im Neuen Testament (FS O. Cullmann), Tübingen 1972, 125-141

- *Beobachtungen* zu Joh 1:18,34; in: J.K. Elliott (Hrsg.), Studies in New Testament Language and Text (FS G.D. Kilpatrick), Leiden 1976, 239-245

- Die *Hirtenrede* in Joh 10, in: Theologia crucis - signum crucis (FS E. Dinkler), Tübingen 1979, 185-200

- „Die *Juden*" im Johannesevangelium, in: P.-G. Müller/W. Stenger (Hrsg.), Kontinuität und Einheit (FS F. Mußner), Freiburg u.a. 1981, 430-438
- Art. υἱός, EWNT III, 912-937
- Das *Glaubensverständnis* im Johannesevangelium, in: E. Grässer/O. Merk (Hg.), Glaube und Eschatologie (FS W.G. Kümmel), Tübingen 1985, 51-69

Hainz, J., Neuere *Auffassungen* zur Redaktionsgeschichte des Johannesevangeliums, in: ders. (Hg.), Theologie im Werden. Studien zu den theologischen Konzeptionen im Neuen Testament, Paderborn u.a. 1992, 157-176
- „Zur *Krisis* kam ich in die Welt" (Joh 9,39). Zur Eschatologie im Johannesevangelium, in: H.-J. Klauck (Hg.), Weltgericht und Weltvollendung. Zukunftsbilder im Neuen Testament (QD 150), Freiburg u.a. 1994, 149-163

Hammes, A., Der *Ruf* ins Leben. Eine theologisch-hermeneutische Untersuchung zur Eschatologie des Johannesevangeliums mit einem Ausblick auf ihre Wirkungsgeschichte (BBB 112), Bodenheim 1997

Hanson, A.T., The Prophetic *Gospel*. A Study of John and the Old Testament, Edinburgh 1991

Harvey, A.E., *Jesus* on Trial. A Study in the Fourth Gospel, London 1976

Hasitschka, M., *Befreiung* von Sünde nach dem Johannesevangelium. Eine bibeltheologische Untersuchung (IthS 27), Innsbruck/Wien 1989
- Befreiung von *Sünde* nach dem Johannesevangelium, in: H. Frankemölle (Hg.), Sünde und Erlösung im Neuen Testament (QD 161), Freiburg u.a. 1996, 92-107

Hasler, V., *Glauben* und Erkennen im Johannesevangelium, EvTh 50 (1990), 279-296

Heekerens, H.-P., Die *Zeichen-Quelle* der johanneischen Redaktion. Ein Beitrag zur Entstehungsgeschichte des vierten Evangeliums (SBS 113), Stuttgart 1984

Hegermann, H., Art. δόξα, EWNT I, 832-841

Heil, J.P., *Blood* and Water. The Death and Resurrection of Jesus in John 18-21 (CBQ.MS 27), Washington 1995

Heiligenthal, R., Art. ἔργον, EWNT II, 123-127

Heinze, A., *Johannesapokalypse* und johanneische Schriften. Forschungs- und traditionsgeschichtliche Untersuchungen (BWANT 142), Stuttgart u.a. 1998

Heise, J., *Bleiben*. Menein in den Johanneischen Schriften (HUTh 8), Tübingen 1967

Helms, R., *Gospel Fictions*, New York 1989

Hengel, M., The *Cross* of the Son of God. Containing: The Son of God. Crucifixion. The Atonement, London 1986
- Die *Schriftauslegung* des 4. Evangeliums auf dem Hintergrund der urchristlichen Exegese, JBTh 4 (1989), 249-288
- *Reich Christi*, Reich Gottes und Weltreich im Johannesevangelium, in: ders./A.M. Schwemer (Hg.), Königsherrschaft Gottes und himmlischer Kult im Judentum, Urchristentum und in der hellenistischen Welt (WUNT 1.55), Tübingen 1991, 163-184
- Die johanneische *Frage*. Ein Lösungsversuch. Mit einem Beitrag zur Apokalypse von J. Frey (WUNT 1.67), Tübingen 1993
- Das *Johannesevangelium* als Quelle für die Geschichte des antiken Judentums, in: ders., Judaica, Hellenistica et Christiana. Kleine Schriften II (WUNT 1.109), Tübingen 1999, 293-334

Hergenröder, C., Wir schauten seine *Herrlichkeit*. Das johanneische Sprechen vom Sehen im Horizont von Selbsterschließung Jesu und Antwort des Menschen (FzB 80), Würzburg 1996

Hoegen-Rohls, C., Der nachösterliche *Johannes*. Die Abschiedsreden als hermeneutischer Schlüssel zum vierten Evangelium (WUNT 2.84), Tübingen 1996

Hofius, O., Art. βλασφημία κτλ., EWNT I, 527-532
- Jesu *Zuspruch* der Sündenvergebung. Exegetische Erwägungen zu Mk 2,5b, JBTh 9 (1994), 125-143
Hofrichter, P., *Modell* und Vorlage der Synoptiker. Das vorredaktionelle „Johannesevangelium", Hildesheim u.a. 1997
Holtz, G., Die Pastoralbriefe (ThHK 13), Berlin [4]1986
Hooker, M.D., John the Baptist and the Johannine Prologue, NTS 16 (1969/70), 354-358
Horsley, G.H.R., The *Inscriptions* of Ephesus and the New Testament, NT 34 (1992), 105-168
Howard, J.K., *Passover* and Eucharist in the Fourth Gospel, SJTh 20 (1967), 239-337
Howard, W.F., *Christianity* according to St. John, London 1943
Hübner, H., Art. μένω, EWNT II, 1002-1004
- Art. νόμος, EWNT II, 1158-1172
- Das *Gesetz* bei Paulus (FRLANT 119), Göttingen [3]1982
- Biblische *Theologie* des Neuen Testaments. Band 1. Prolegomena, Göttingen 1990; Band 3: Hebräerbrief, Evangelien und Offenbarung. Epilegomena, Göttingen 1995

Ibuki, Y., Die *Wahrheit* im Johannesevangelium (BBB 39), Bonn 1972
- Das *Zeugnis* Jesu im Johannesevangelium, AJBI 8 (1982), 123-161
- Die *Doxa* des Gesandten, AJBI 14 (1988), 38-81

Janowski, B., *Sühne* als Heilsgeschehen. Studien zur Sühnetheologie der Priesterschrift und zur Wurzel KPR im Alten Orient und im Alten Testament (WMANT 55), Neukirchen-Vluyn 1982
Jeremias, J., Art. Ἀβραάμ, ThWNT I, 7-9
- Art. αἴρω κτλ., ThWNT I, 184-186
- Art., ἀμνός κτλ., ThWNT I, 342-345
- Art. Σαμάρεια κτλ., ThWNT VII, 88-94
- *Jerusalem* zur Zeit Jesu, Göttingen [3]1962
- Die *Wiederentdeckung* von Bethesda. Joh 5,2 (FRLANT 41), Göttingen 1949 (erweitert und verbessert: The Rediscovery of Bethesda, Louisville 1966)
- Die *Abendmahlsworte* Jesu, Göttingen [4]1967
Johnson, S.E., *Asia Minor* and Early Christianity, in: J. Neusner (Hg.), Christianity, Judaism and other Graeco-Roman Cults (FS M. Smith), Part 2: Early Christianity (SJLA 12), Leiden 1975, 77-145
Jones, L.P., The *Symbol* of Water in the Gospel of John (JSNT.SS 145), Sheffield 1997
de Jonge, M., Jewish *Expectations* about the „Messiah" according to the Fourth Gospel, NTS 19 (1972/1973), 246-270, wieder in: ders., Jesus: Stranger from Heaven and Son of God. Jesus Christ and the Christians in Johannine Perspektive (SBL.SBS 11), Missoula 1977, 77-116 (zitiert nach: Stranger from Heaven)
- *Jesus* as Prophet and King in the Fourth Gospel, EThL 49 (1973), 160-177, wieder in: ders., Jesus: Stranger from Heaven and Son of God. Jesus Christ and the Christians in Johannine Perspektive (SBL.SBS 11), Missoula 1977, 49-76 (zitiert nach: Stranger from Heaven)
- *Signs and Works* in the Fourth Gospel, in: ders., Jesus: Stranger from Heaven and Son of God. Jesus Christ and the Christians in Johannine Perspektive (SBL.SBS 11), Missoula 1977, 117-140

- *The Fourth Gospel*: The Book of the Disciples, in: ders., Jesus: Stranger from Heaven and Son of God. Jesus Christ and the Christians in Johannine Perspektive (SBL.SBS 11), Missoula 1977, 1-27
- The *Son of God* and the Children of God, in: ders., Jesus: Stranger from Heaven and Son of God. Jesus Christ and the Christians in Johannine Perspektive (SBL.SBS 11), Missoula 1977, 141-168
- *Variety* and Development in Johannine Christology, in: ders., Jesus: Stranger from Heaven and Son of God. Jesus Christ and the Christians in Johannine Perspektive (SBL.SBS 11), Missoula 1977, 193-222
- *Christologie* im Kontext. Die Jesusrezeption des Urchristentums, Neukirchen-Vluyn 1995

Käsemann, E., *Aufbau* und Anliegen des johanneischen Prologs, in: ders., Exegetische Versuche und Besinnungen II, Göttingen 1964, 155-181
- *Ketzer* und Zeuge. Zum johanneischen Verfasserproblem, in: ders., Exegetische Versuche und Besinnungen I, Göttingen [6]1970, 168-187
- An die Römer (HNT 8a), Tübingen [2]1974
- Jesu letzter *Wille* nach Joh 17, Tübingen [4]1980
Kammler, H.-C., Jesus Christus und der *Geistparaklet*. Eine Studie zur Verhältnisbestimmung von Pneumatologie und Christologie, in: O. Hofius/H.-C. Kammler (Hg.), Johannesstudien. Untersuchungen zur Theologie des vierten Evangeliums (WUNT 1.88), Tübingen 1996, 87-190
Kampling, R., Das Blut Christi und die Juden. Mt 27,25 bei den lateinischsprachigen christlichen Autoren bis zu Leo dem Großen (NTA.NF 16), Münster 1984
Keil, J., *Ephesos*. Ein Führer durch die Ruinenstätte und ihre Geschichte, Wien 1964
Kertelge, K., *Sündenvergebung* an Stelle Gottes. Eine neutestamentlich-theologische Darlegung, in: TThSt 31 (1974), 27-44
- *Grundthemen* paulinischer Theologie, Freiburg u.a. 1991
Kirchgässner, A., *Erlösung* und Sünde im Neuen Testament, Freiburg 1950
Kittel, Gerhard/Friedrich, G. u.a. (Hg.), Theologisches Wörterbuch zum Neuen Testament, 10 Bde., Stuttgart u.a., 1933ff. (ThWNT I ff.)
Kittel, Gerhard, Das kleinasiatische *Judentum* in der hellenistisch-römischen Zeit. Ein Bericht zur Epigraphik Kleinasiens, ThLZ 69 (1944), 9-20
Kittel, Gisela, Die biblische Rede vom *Sühnopfer Christi* und ihre unsere Wirklichkeit erschließende Kraft. Eine didaktische Reflexion, JBTh 9 (1994), 285-313
Klaiber, W., Die *Aufgabe* einer theologischen Interpretation des 4. Evangeliums, ZThK 82 (1985), 300-324
Klauck, H.-J., *Hausgemeinde* und Hauskirche im frühen Christentum (SBS 103), Stuttgart 1981
- Die Frage der *Sündenvergebung* in der Perikope von der Heilung des Gelähmten (Mk 2,1-12 parr), BZ NF 25 (1981), 223-248
- *Gemeinde* ohne Amt? Erfahrungen mit der Kirche in den johanneischen Schriften, BZ NF 29 (1985), 193-220, wieder in: H.-J. Klauck, Gemeinde - Amt - Sakrament, Würzburg 1989, 195-222, und in: ThJb (Leipzig) 1990, 107-128 (zitiert nach ThJb 1990)
- Die *Johannesbriefe* (EdF 276), Darmstadt [2]1995
- *Heil* ohne Heilung? Zu Metaphorik und Hermeneutik der Rede von Sünde und Vergebung im Neuen Testament, in: H. Frankemölle (Hg.), Sünde und Erlösung im Neuen Testament (QD 161), Freiburg u.a. 1996, 18-52

- Die kleinasiatischen *Beichtinschriften* und das Neue Testament, in: H. Lichtenberger (Hg.), Geschichte - Tradition - Reflexion (FS M. Hengel), Teil 3. Frühes Christentum, Tübingen 1996, 63-87

Klein, I., Die Gemeinschaft der *Gotteskinder*. Zur Ekklesiologie der johanneischen Schriften, in: Kirchengemeinschaft - Anspruch und Wirklichkeit (FS G. Kretschmar), Stuttgart 1986, 59-67

Klöpper, A., Zur Lehre von der *Sünde* im 1 Joh, ZWTh 43 (1900), 585-602

Knibbe, D./Alzinger, W., *Ephesus* vom Beginn der römischen Herrschaft in Kleinasien bis zum Ende der Principatszeit, in: ANRW II, 7.2 (1980), 748-830

Knöppler, Th., Die *theologia crucis* des Johannesevangeliums. Das Verständnis des Todes Jesu im Rahmen der johanneischen Inkarnations- und Erhöhungschristologie (WMANT 69), Neukirchen-Vluyn 1994

Koch, D.-A., Der *Täufer* als Zeuge des Offenbarers. Das Täuferbild von Joh 1,19-34 auf dem Hintergrund von Mk 1,2-11, in: F. van Segbroeck u.a. (Hg.), The Four Gospels (FS F. Neirynck) (BETL 100), Leuven 1992, 1963-1984

Koch, K., Die israelitische *Sühneanschauung* und ihre historischen Wandlungen, Habil., Erlangen 1956

- Gibt es ein *Vergeltungsdogma* im Alten Testament? in: ders. (Hg.), Um das Prinzip der Vergeltung in Religion und Recht des Alten Testaments (WdF 125), Darmstadt 1972, 130-180 (zuerst in: ZThK 52 [1955], 1-42)

Köberle, J., *Sünde* und Gnade im religiösen Leben des Volkes Israel bis auf Christum. Eine Geschichte des vorchristlichen Heilsbewusstseins, München 1905

Koester, C.R., *Hearing*, Seeing and Believing in the Gospel of John, Bib. 70 (1989), 327-348

Kohler, H., *Kreuz* und Menschwerdung im Johannesevangelium. Ein exegetisch-hermeneutischer Versuch zur johanneischen Kreuzestheologie (AThANT 72), Zürich 1987

Korting, G., Die esoterische *Struktur* des Johannesevangeliums. 2 Teile (BU 25), Regensburg 1994

Kotila, M., Umstrittener *Zeuge*. Studien zur Stellung des Gesetzes in der johanneischen Theologiegeschichte (AASF.DHL 48), Helsinki 1988

Kowalski, B., Die *Hirtenrede* (Joh 10,1-18) im Kontext des Johannesevangeliums (SBB 31), Stuttgart 1996

Krafft, E., Die *Personen* des Johannesevangeliums, EvTh 16 (1956), 18-32

Kraus, W., Der *Tod* als Heiligtumsweihe. Eine Untersuchung zum Umfeld der Sühnevorstellung in Römer 3,25-26a (WMANT 66), Neukirchen-Vluyn 1991

Kremer, J., Die *Osterevangelien* - Geschichten um Geschichte, Stuttgart [2]1981

Küchler, M., Zum „Probatischen *Becken*" und zu „Betesda mit den fünf Stoën", in: M. Hengel, Judaica, Hellenistica et Christiana. Kleine Schriften II (WUNT 1.109), Tübingen 1999, 381-390

Kühschelm, R., *Verstockung*, Gericht und Heil. Exegetische und bibeltheologische Untersuchung zum sogenannten „Dualismus" und „Determinismus" in Joh 12,35-50 (BBB 76), Frankfurt a.M. 1990

Kuhn, K.G., *Peirasmos* - hamartia - sarx im Neuen Testament und damit zusammenhängende Vorstellungen, ZThK 49 (1952), 200-222

Kümmel, W.G., Die *Theologie* des Neuen Testaments nach seinen Hauptzeugen Jesus, Paulus, Johannes, Berlin (Liz.) 1971

- *Römer 7* und das Bild des Menschen im Neuen Testament (TB 53), München 1974
- *Einleitung* in das Neue Testament, Berlin (Liz.) [21]1989

Kysar, R., *The Fourth Evangelist* and His Gospel. An examination of contemporary scholarship, Minneapolis 1975

Labahn, M., Eine *Spurensuche* anhand von Joh 5,1-18. Bemerkungen zum Wachstum und Wandel der Heilung eines Lahmen, NTS 44 (1998), 159-179
- *Jesus* als Lebensspender. Untersuchungen zu einer Geschichte der johanneischen Tradition anhand ihrer Wundergeschichten (BZNW 98), Berlin-New York 1999
Landis, S., Das *Verhältnis* des Johannesevangeliums zu den Synoptikern, Berlin New York 1994
Lang, M., „Mein *Herr* und mein Gott" (Joh 20,28). Aufbau und Struktur von Joh 18,1-20,31 vor dem Hintergrund von Mk 14,43-16,8 und Lk 22,47-24,43, Diss. theol., Halle/S. 1997 (jetzt als ders., Johannes und die Synoptiker [FRLANT 182], Göttingen 1999)
Langbrandtner, W., Weltferner *Gott* oder Gott der Liebe? Der Ketzerstreit in der johanneischen Kirche. Eine exegetisch-religionsgeschichtliche Untersuchung mit Berücksichtigung der koptisch-gnostischen Texte aus Nag-Hammadi (BET 6), Frankfurt a. M. u.a. 1977
Laufen, R., Die *Doppelüberlieferungen* der Logienquelle und des Markusevangeliums (BBB 54), Königstein-Bonn 1980
Lazure, N., Les *valeurs* morales de la théologie johannique (Évangile et Épîtres), Paris 1965
Le Déaut, R., *La Nuit* Pascale (AnBib 22), Rom 1963
Lee, D.A., The *Symbolic Narratives* of the Fourth Gospel. The Interplay of Form and Meaning (JSNT.SS 95), Sheffield 1994
Lee, E.K., The Religious *Thought* of St. John, London 1950
Légasse, L., Art. νήπιος, EWNT II, 1142f.
Lehming, S./Müller-Bardorff, J., Art. Gerichtsverfahren, BHH I, 550-553
Leidig, E., *Jesu Gespräch* mit der Samaritanerin und weitere Gespräche im Johannesevangelium (TheolDiss 15), Basel 1979
Leroy, H., Das johanneische *Mißverständnis* als literarische Form, BiLe 9 (1968), 196-207
- *Rätsel* und Mißverständnis. Ein Beitrag zur Formgeschichte des Johannesevangeliums (BBB 30), Bonn 1968
- Zur *Vergebung* der Sünden. Die Botschaft der Evangelien (SBS 73), Stuttgart 1974
- Art. ἀφίημι κτλ., EWNT I, 436-441
- Art. Βηϑζαϑά κτλ., EWNT I, 512f.
Lichtenberger, H., *Täufergemeinden* und frühchristliche Täuferpolemik im letzten Drittel des 1. Jahrhunderts, ZThK 84 (1987), 36-57
- *Messianische Erwartungen* und messianische Gestalten in der Zeit des Zweiten Tempels, in: E. Stegemann (Hg.), Messias-Vorstellungen bei Juden und Christen, Stuttgart 1993, 9-20
Liddell, H.G./Scott, R., A Greek-English Lexicon, Oxford [9]1940 (Supplement 1968), This impression 1994 (Liddell-Scott)
Lieu, J.M., *Blindness* in the Johannine Tradition, NTS 34 (1988), 83-95
Limbeck, M., Art. ἀδικέω κτλ., EWNT I, 74-79
- Art. ϑέλημα, EWNT II, 338-340
Lindars, B., *ΔΙΚΑΙΟΣΥΝΗ* in Jn 16.8 and 10, in: Mélanges Bibliques en hommage au B. Rigaux, publ. par A. Descamps et A. de Halleux, Gembloux 1970, 275-285, wie-

der in: ders., Essays on John (StNTA 17), Leuven 1992, 21-31 (zitiert nach: Mélanges Bibliques)

- Behind the Fourth Gospel, London 1971
- The *Passion* in the Fourth Gospel, in: J. Jervell/W.A. Meeks (Hg.), God's Christ and His People (FS N.A. Dahl), Oslo u.a. 1977, 71-86, wieder in: ders., Essays on John (StNTA 17), Leuven 1992, 67-85 (zitiert nach: Essays)
- *Traditions* behind the Fourth Gospel, in: M. de Jonge (Hg.), L'Évangile de Jean. Sources, rédaction, théologie (BETL 44), Leuven 1977, 107-124, wieder in: ders., Essays on John (StNTA 17), Leuven 1992, 87-104
- Discourse and Tradition: The Use of the *Sayings* of Jesus in the Discourses of the Fourth Gospel, JSNT 13 (1981), 83-101, wieder in: ders., Essays on John (StNTA 17), Leuven 1992, 113-129 (zitiert nach: JSNT 13)
- The *Persecution* of Christians in John 15,18-16,4a, in: W. Horbury/B. McNeil (Hg.), Suffering and Martyrdom in the New Testament. Studies Presented to G.M. Styler, Cambridge 1981, 48-69, wieder in: ders., Essays on John (StNTA 17), Leuven 1992, 131-152 (zitiert nach: Suffering and Martyrdom)
- *Slave* and Son in John 8,31-36, in: W.C. Weinrich (Hg.), The New Testament Age (FS B. Reicke), Macon 1984, 271-286, wieder in: ders., Essays on John (StNTA 17), Leuven 1992, 167-182 (zitiert nach: The New Testament Age)

Lindemann, A., *Gemeinde und Welt* im Johannesevangelium, in: D. Lührmann/G. Strekker (Hg.), Kirche (FS G. Bornkamm), Tübingen 1980, 133-161

v. Lips, H. , *Anthropologie* und Wunder im Johannesevangelium. Die Wunder Jesu im Johannesevangelium im Unterschied zu den synoptischen Evangelien auf dem Hintergrund johanneischen Menschenverständnisses, EvTh 50, (1990), 296-311

Loader, W.R.G., The *Christology* of the Fourth Gospel. Structure and Issues (BET 23), Frankfurt a.M. u.a. 1989
- Jesus' Attitude towards the *Law*. A Study of the Gospels (WUNT 2.97), Tübingen 1997

Lohmeyer, E., *Sünde*, Fleisch und Tod, in: ders., Probleme paulinischer Theologie, Darmstadt 1954, 75-156

Lohse, E., *Märtyrer* und Gottesknecht. Untersuchungen zur urchristlichen Verkündigung vom Sühntod Jesu Christi (FRLANT 64), Göttingen [2]1963
- *Grundriß* der neutestamentlichen Theologie (ThW 5), Stuttgart u.a. 1974
- Die Texte aus Qumran. Hebräisch und Deutsch, München [4]1986

Lona, H.E., *Abraham* in Johannes 8. Ein Beitrag zur Methodenfrage (EHS.T 65), Bern/Frankfurt a.M. 1976
- *Glaube* und Sprache des Glaubens im Johannesevangelium, BZ NF 28 (1984), 168-184

Lüdemann, G., Art. ἐκ, EWNT I, 977-980

Lührmann, D., Der *Staat* und die Verkündigung. R. Bultmanns Auslegung von Joh 18,28 bis 19,16, in: C. Andresen/G. Klein (Hg.), Theologia Crucis - Signum Crucis (FS E. Dinkler), Tübingen 1979, 359-375
- Das Markusevangelium (HNT 3), Tübingen 1987 (Mk)

Luz, U., *Theologia crucis* als Mitte der Theologie im Neuen Testament, EvTh 34 (1974), 116-141
- Das Evangelium nach Matthäus. Mt 8-17 (EKK 1/2), Neukirchen-Vluyn 1990 (Mt II)

Lyonnet, S./Sabourin, L., *Sin*, Redemption, and Sacrifice. A Bilical and Patristic Study (AnBib 48), Rom 1970

Maier, J., *Sühne* und Vergebung in der jüdischen Liturgie, JBTh 9 (1994), 145-171

- Jüdisches Grundempfinden von *Sünde* und Erlösung in frühjüdischer Zeit, in: H. Frankemölle (Hg.), Sünde und Erlösung im Neuen Testament (QD 161), Freiburg u.a. 1996, 53-75

Manke, H., *Leiden* und Herrlichkeit. Eine Studie zur Christologie des 1. Petrusbriefes, Diss., Münster 1975

Malatesta, E., Interiority and Covenant. An Exegetical Study of the εἶναι ἐν and μένειν ἐν Expressions in 1Joh (AnBib 69), Rom 1976

Marguerat, D., La „*source des signes*" existe-t-elle? Réception des récits de miracle dans l'évangile de Jean, in: La communauté johannique et son histoire, hg. v. J.-D. Kaestli u.a., Genf 1990, 69-93

Martyn, J.L., *Glimpses* in the History of the Johannine Community. From its Origin through the Period of its Life in which the Fourth Gospel was composed, in: M. de Jonge (Hg.), L'Évangile de Jean. Sources, rédaction, théologie (BETL 44), Leuven 1977, 149-175

- *History* and Theology in the Fourth Gospel, Nashville ²1979

McClendon, J.W., The Doctrine of *Sin* in the First Epistle of John, Diss., Princeton 1942

Meeks, W.A., The *Prophet-King*. Moses Traditions and the Johannine Christology (NT.S 14), Leiden 1967

- The *Man from Heaven* in Johannine Sectarianism, JBL 91 (1972), 44-72, Deutsch: Die *Funktion* des vom Himmel herabgestiegenen Offenbarers für das Selbstverständnis der johanneischen Gemeinde, in: ders. (Hg.), Zur Soziologie des Urchristentums. Ausgewählte Beiträge zum frühchristlichen Gemeinschaftsleben in seiner gesellschaftlichen Umwelt (TB 62), München 1979, 245-283

Melito von Sardes, Vom Passa. Die älteste christliche Osterpredigt, übers., eingel. u. kommentiert von J. Blank, Freiburg i. Br. 1963

Menken, M.J.J., The Old Testament *Quotation* in John 19,36. Sources, Redaction, Background, in: F. van Segbroeck u.a. (Hg.), The Four Gospels (FS F. Neirynck) (BETL 100), Leuven 1992, 2101-2118

- Old Testament *Quotations* in the Fourth Gospel (BET 15), Kampen 1996

Merklein, H., Der *Sühnetod* Jesu nach dem Zeugnis des Neuen Testaments, in: H. Heinz u.a. (Hg.), Versöhnung in der jüdischen und christlichen Theologie (QD 124), Freiburg i.B. u.a. 1990, 155-183

- „Die *Wahrheit* wird euch frei machen" (Joh 8,32), in: J.J. Degenhardt (Hg.), Die Freude an Gott - unsere Kraft (FS O.B. Knoch), Stuttgart 1991, 145-149

- *Paulus* und die Sünde, in: H. Frankemölle (Hg.), Sünde und Erlösung im Neuen Testament (QD 161), Freiburg u.a. 1996, 123-163

Metzger, B.M., A *Textual Commentary* on the Greek New Testament. A Companion Volume to the United Bible Societies' Greek New Testament (third edition), Stuttgart 1975

Metzner, R., Der Geheilte von Johannes 5 – Repräsentant des Unglaubens, ZNW 90 (1999), 177-193

Meyer, R., Der Prophet aus Galiläa, Leipzig 1940

- Der *Am-ha-Ares*, in: ders., Zur Geschichte und Theologie des Judentums in hellenistisch-römischer Zeit, Berlin 1989, 21-39

Michaelis, W., Art. κρατέω, ThWNT III, 910f.

- Art. σκηνοπηγία, ThWNT VII, 391-394

Michel, O, Art. ὁμολογέω κτλ., ThWNT V, 199-220

Miltner, F., Ephesos. Stadt der Artemis und des Johannes, Wien 1958

Miranda, J.P., Der *Vater*, der mich gesandt hat. Religionsgeschichtliche Untersuchungen zu den johanneischen Sendungsformeln. Zugleich ein Beitrag zur johanneischen Christologie und Ekklesiologie (EHS.T 7), Bern/Frankfurt a.m. 1972
- Die *Sendung* Jesu im vierten Evangelium. Religions- und theologiegeschichtliche Untersuchungen zu den Sendungsformeln (SBS 87), Stuttgart 1977
Mlakuzhyil, G., The Christocentric Literary *Structure* of the Fourth Gospel (AnBib 117), Rom 1987
Moloney, F.J., The Johannine *Son of Man* (BSRel 14), Rom [2]1979
Moore, G.F., *Judaism* in the First Centuries of the Christian Era (3 Bde.), Cambridge (1927-1930) [8]1958
Müller, Th., Das *Heilsgeschehen* im Johannesevangelium. Eine exegetische Studie, zugleich der Versuch einer Antwort an R. Bultmann, Zürich/Frankfurt a.M., o.J.
Müller, U.B., Die *Parakletenvorstellung* im Johannesevangelium, ZThK 71 (1974), 31-77
- Die *Bedeutung* des Kreuzestodes im Johannesevangelium, KuD 21 (1975), 49-71
- Die *Geschichte* der Christologie in der johanneischen Gemeinde (SBS 77), Stuttgart 1975
- *Prophetie* und Predigt im Neuen Testament (StNT 10), Gütersloh 1975
- Die *Offenbarung* des Johannes (ÖTK 19), Gütersloh-Würzburg 1984
- Die *Menschwerdung* des Gottessohnes (SBS 140), Stuttgart 1990
- Zur *Eigentümlichkeit* des Johannesevangeliums. Das Problem des Todes Jesu, ZNW 88 (1997), 24-55
Mußner, F., Die johanneische *Sehweise* und die Frage nach dem historischen Jesus (QD 28), Freiburg u.a. 1965
- *Traktat* über die Juden, München 1979
Myllykoski, M., Die letzten *Tage* Jesu. Markus und Johannes, ihre Traditionen und die historische Frage (AASF 256.272), Helsinki 1991.1994

Nauck, W., Die *Tradition* und der Charakter des ersten Johannesbriefes. Zugleich ein Beitrag zur Taufe im Urchristentum und in der alten Kirche (WUNT 3), Tübingen 1957
Neirynck, F., *John and the Synoptics*, in: M. de Jonge (Hg.), L'Évangile de Jean. Sources, rédaction, théologie (BETL 44), Leuven 1977, 73-106
- *John* and the Synoptics: Response to P. Borgen, in: D.L. Dungan (Hg.), The Interrelations of the Gospels (BETL 95), Leuven 1990, 438-450
- The *Signs Source* in the Fourth Gospel. A Critique of the Hypothesis, in Evangelica II. Collected Essays (BETL 99), Leuven 1991, 651-678
Neufeld, D., *Reconceiving Texts* as Speech Acts. An Analysis of 1 John (BIS 7), Leiden u.a. 1994
Neusner, J., Early Rabbinic *Judaism*. Historical Studies in Religion, Literature and Art (SJLA 13), 1975
- The *Formation* of Rabbinic Judaism: Yavneh (Jamnia) from A.D. 70 to 100, in: ANRW II, 19.2 (1979), 3-42
- Das pharisäische und talmudische *Judentum*. Neue Wege zu seinem Verständnis (TSAJ 4), Tübingen 1984
Nicol, W., The *Semeia* in the Fourth Gospel. Tradition and Redaction (NT.S 32), Leiden 1972

Nielsen, H.K., John's *Understanding* of the Death of Jesus, in: J. Nissen/S. Pedersen (Hg.), New Readings in John. Literary and Theological Perspectives (JSNT.SS 182), Sheffield 1999, 232-254

Nielsen, K., Old Testament *Imagery* in John, in: J. Nissen/S. Pedersen (Hg.), New Readings in John. Literary and Theological Perspectives (JSNT.SS 182), Sheffield 1999, 66-82

Nissen, J., *Mission* in the Fourth Gospel: Historical and Hermeneutical Perspectives, in: ders./S. Pedersen (Hg.), New Readings in John. Literary and Theological Perspectives (JSNT.SS 182), Sheffield 1999, 213-231

Nortjé, S.J., *Lamb* of God (John 1:29): an explanation from ancient Christian art, Neotest. 30 (1996), 141-150

Obermann, A., Die christologische *Erfüllung* der Schrift im Johannesevangelium. Eine Untersuchung zur johanneischen Hermeneutik anhand der Schriftzitate (WUNT 2.83), Tübingen 1996

O'Day, G.R., *Revelation* in the Fourth Gospel. Narrative Mode and Theological Claim, Philadelphia 1986

Oepke, A., Art. ἕλκω, ThWNT II, 500f.

- Art. λούω κτλ., ThWNT IV, 297-309

Okure, T., The Johannine Approach to *Mission* (WUNT 2.31), Tübingen 1989

Ollrog, W.-H., *Paulus* und seine Mitarbeiter (WMANT 50), Neukirchen 1979

Olsson, B., The *History* of the Johannine Movement, in: Hartman, L./Olsson, B. (Hg.), Aspects on the Johannine Literature (CB.NTS 18), Uppsala 1987, 27-43

Onuki, T., Die johanneischen Abschiedsreden und die synoptische Tradition - eine traditionskritische und traditionsgeschichtliche Untersuchung (AJBI 3), 1977, 157-268

- Zur literatursoziologischen *Analyse* des Johannesevangeliums - auf dem Wege zur Methodenintegration (AJBI 8), 1982, 162-216

- *Gemeinde und Welt* im Johannesevangelium. Ein Beitrag zur Frage nach der theologischen und pragmatischen Funktion des johanneischen „Dualismus" (WMANT 56), Neukirchen-Vluyn 1984

v.d. Osten-Sacken, P., „Christologie, Taufe, Homologie". Ein Beitrag zu ApcJoh 1,5f., ZNW 58 (1967), 255-266

- Der erste Christ. Johannes der Täufer als Schlüssel zum Prolog des vierten Evangeliums, TheolViat 13 (1975/76), 155-173

- *Leistung* und Grenze der johanneischen Kreuzestheologie, EvTh 36 (1976), 154-176

- Art. κρατέω, EWNT II, 776-778

Ottillinger, A., *Vorläufer*, Vorbild oder Zeuge? Zum Wandel des Täuferbildes im Johannesevangelium (Diss.T 45), St. Ottilien 1991

Otto, E., Art. פסח, פֶּסַח, ThWAT 6 (1989), 659-682

Painter, J., The Farewell *Discourses* and the History of Johannine Christianity, NTS 27 (1981), 525-543

- The *'Opponents'* in 1 John, NTS 32 (1986), 48-71

- *John 9* and the Interpretation of the Fourth Gospel, JSNT 28 (1986), 31-61

- The *Quest* for the Messiah. The History, Literature und Theology of the Johannine Community, Edinburgh 1991

- *Inclined to God*. The Quest for Eternal Life - Bultmannian Hermeneutics and the Theology of the Fourth Gospel, in: R.A. Culpepper/C.C. Black (Hg.), Exploring the Gospel of John (FS D.M. Smith), Louisville, Kentucky 1996, 346-368

Pamment, M., Is There Convincing Evidence of *Samaritan Influence* on the Fourth Gospel?, ZNW 73 (1982), 221-230

Panackel, C., Ἰδοὺ ὁ ἄνθρωπος (Jn 19,5b). An Exegetico-Theological Study of the Text in the Light of the Use of the Term ἄνθρωπος Designating Jesus in the Fourth Gospel, Rom 1988

Pancaro, S., The *Law* in the Fourth Gospel. The Torah and the Gospel, Moses and Jesus, Judaism and Christianity according to John (NT.S 42), Leiden 1975

Patsch, H., Art. ὑπέρ, EWNT III, 948-951

Paulsen, H., Die *Briefe* des Ignatius von Antiochia und der Brief des Polykarp von Smyrna, Tübingen ²1985

Pedersen, S., *Anti-Judaism* in John's Gospel: John 8, in: J. Nissen/S. Pedersen (Hg.), New Readings in John. Literary and Theological Perspectives (JSNT.SS 182), Sheffield 1999, 172-193

Pesch, R., Das Markusevangelium I (HThK II/1), Freiburg u.a. ⁴1984 (Mk)

Petzl, G., *Sünde*, Strafe, Wiedergutmachung, Epigraphica Anatolica 12 (1988), 155-166

- Die *Beichtinschriften* Westkleinasiens (Epigraphica Anatolica 22), Bonn 1994

Porsch, F., *Pneuma* und Wort. Ein exegetischer Beitrag zur Pneumatologie des Johannesevangeliums (FTS 16), Frankfurt a.M. 1974

- Art. ἐλέγχω κτλ., EWNT I, 1041-1043

Potterie, I. de la, „Le *péché*, c'est l'iniquité" (1 Jn 3,4), in: ders./S. Lyonnet, La vie selon l'esprit, condition du chrétien, Paris 1965, 65-83

- La *vérité* dans Saint Jean I: Le Christ et la vérité. L'Esprit et la vérité; II: Le croyant et la vérité (AnBib 73), Rom 1977

- La passion de Jésus selon l'évangile de Jean, Paris 1986

Prunet, O., La *morale* chrétienne d'après les écrits johanniques (Évangile et épîtres), Paris 1957

Purvis, J.D., *The Fourth Gospel* and the Samaritans, NT 17 (1975), 161-198

Quell, G./Bertram, G./Stählin, G./Grundmann, W., Art. ἁμαρτάνω, ἁμάρτημα, ἁμαρτία, ThWNT I, 267-320

Radl, W., Art. αἴρω, EWNT I, 97-99

Rahner, J., „Er aber sprach vom *Tempel* seines Leibes". Jesus von Nazareth als Ort der Offenbarung Gottes im vierten Evangelium (BBB 117), Bodenheim 1998

Rebell, W., *Gemeinde* als Gegenwelt. Zur soziologischen und didaktischen Funktion des Johannesevangeliums (BET 20), Frankfurt a.M. u.a. 1987

Reicke, B./Rost, L. (Hg.), Biblisch-historisches Handwörterbuch, Bde. I-III, Göttingen 1962-1966 (BHH I-III)

Reim, G., *Studien* zum alttestamentlichen Hintergrund des Johannesevangeliums (MSSNTS 22), Cambridge 1974

- *Joh 9* - Tradition und zeitgenössische messianische Diskussion, BZ 22 (1978), 247-253, wieder in: ders., Jochanan. Erweiterte Studien zum alttestamentlichen Hintergrund des Johannesevangeliums, Erlangen 1995, 321-330 (zitiert nach: Jochanan)

- *Joh 8,44* - Gotteskinder/Teufelskinder. Wie antijudaistisch ist „die wohl antijudaistischste Äußerung des NT"?, NTS 30 (1984), 619-624, wieder in: ders., Jochanan. Erweiterte Studien zum alttestamentlichen Hintergrund des Johannesevangeliums, Erlangen 1995, 352-359 (zitiert nach: Jochanan)

- *Der Augenzeuge*. Tradition - Komposition und Interpretation im Johannesevangelium, in: ders., Jochanan. Erweiterte Studien zum alttestamentlichen Hintergrund des Johannesevangeliums, Erlangen 1995, 425-486
Rein, M., Die *Heilung* des Blindgeborenen (Joh 9). Tradition und Redaktion (WUNT 2.73), Tübingen 1995
Reinhartz, A., The *Word* in the World. The Cosmological Tale in the Fourth Gospel (SBL.MS 45), Atlanta 1992
Rengstorf, K.H., Art. ἁμαρτωλός, ἀναμάρτητος, ThWNT I, 320-339
- Art. δοῦλος κτλ., ThWNT II, 264-283
- Art. μανθάνω κτλ., ThWNT IV, 392-465
Renner, G.L., The *Life-World* of the Johannine Community: An Investigation of the Social Dynamics which Resulted in the Composition of the Fourth Gospel, Diss., Boston University 1982
Rensberger, D.K., *Overcoming the World*: Politics and Community in the Gospel of John, London 1989
Resseguie, J.L., *John 9*: A Literary-Critical Analysis, in: M.W.G. Stibbe (Hg.), The Gospel of John as Literature. An Anthology of Twentieth-Century Perspectives (NTTS 17), Leiden u.a. 1993, 115-122
Rhea, R., The Johannine *Son of Man* (AThANT 76), Zürich 1990
Richter, G., Die *Fußwaschung* im Johannesevangelium (BU 1), Regensburg 1967
- Die *Deutung* des Kreuzestodes Jesu in der Leidensgeschichte des Johannesevangeliums (Joh 13-19), in: ders., Studien zum Johannesevangelium (Hg. J. Hainz) (BU 13), Regensburg 1977, 58-73
- Zur *Frage* von Tradition und Redaktion in Joh 1,19-34, in: ders., Studien zum Johannesevangelium (Hg. J. Hainz) (BU 13), Regensburg 1977, 288-314
Ricoer, P., *Symbolik* des Bösen. Phänomenologie der Schuld II, Freiburg-München 1971
Riedl, H., *Zeichen* und Herrlichkeit. Die christologische Relevanz der Semeiaquelle in den Kanawundern Joh 2,1-11 und Joh 4,46-54 (RSTh 51), Frankfurt a.M. 1997
Riedl, J., Das *Heilswerk* nach Johannes (FThSt 93), Freiburg u.a. 1973
Riesner, R., Bethany beyond the Jordan (John 1:28). Topography, Theology and History in the Fourth Gospel, TynB (1987), 29-63
- Art. Betesda, GBL I, 283-285
- Art. Bethanien II., GBL I, 282f.
- Die *Frühzeit* des Apostels Paulus. Studien zur Chronologie, Missionsstrategie und Theologie (WUNT 1.71), Tübingen 1994
Rinke, J., *Kerygma* und Autopsie. Der christologische Disput als Spiegel johanneischer Gemeindegeschichte (HBS 12), Freiburg u.a. 1997
Rissi, M., Art. κρίμα, EWNT II, 785f.
- Art. παραλυτικός, EWNT III, 72-74
Röhser, G., Metaphorik und Personifikation der *Sünde*. Antike Sündenvorstellungen und paulinische Hamartia (WUNT 2/25), Tübingen 1987
Rösel, M., Art. *Pesach I*. Altes Testament, TRE 26 (1996), 231-236
Roloff, J., Das *Kerygma* und der irdische Jesus. Historische Motive in den Jesus-Erzählungen, Göttingen 1970
- Der erste Brief an Timotheus (EKK 15), Neukirchen-Vluyn 1988 (Komm.)
- Die *Kirche* im Neuen Testament (NTD Ergänzungsreihe 10), Göttingen 1993
- *Einführung* in das Neue Testament, Stuttgart 1996
Ruck-Schröder, A., Ὄνομα. Eine exegetisch-theologische Untersuchung zur Bedeutung der Namensaussagen im Neuen Testament, Diss. theol., Berlin 1997

Ruckstuhl, E., Die literarische *Einheit* des Johannesevangeliums. Der gegenwärtige Stand der einschlägigen Forschung (NTOA 5), Freiburg/Schweiz-Göttingen [2]1987
- Zur Antithese von Idiolekt und Soziolekt im johanneischen Schrifttum, SNTU 12 (1987), 141-181
- /Dschulnigg, P., *Stilkritik und Verfasserfrage* im Johannesevangelium. Die johanneischen Sprachmerkmale auf dem Hintergrund des Neuen Testaments und des zeitgenössischen hellenistischen Schrifttums (NTOA 17), Freiburg/Schweiz-Göttingen 1991
Ruiz, M.R., Der *Missionsgedanke* des Johannesevangeliums. Ein Beitrag zur johanneischen Soteriologie und Ekklesiologie (FzB 55), Würzburg 1987
Rusam, D., Die *Gemeinschaft* der Kinder Gottes. Das Motiv der Gotteskindschaft und die Gemeinden der johanneischen Briefe (BWANT 133), Stuttgart Berlin Köln 1993

Sanders, E.P., *Paulus* und das palästinische Judentum. Ein Vergleich zweier Religionsstrukturen (FRLANT 17), Göttingen 1985
Schäfer, P., *Geschichte* der Juden in der Antike. Die Juden Palästinas von Alexander dem Großen bis zur arabischen Eroberung, Stuttgart 1983
Schelkle, K.H., Die „Selbstverfluchung" Israels nach Matthäus 27,23-25, in: W. Ekkert/N.P. Levinson/M. Stöhr (Hg.), Antijudaismus im Neuen Testament? Exegetische und systematische Beiträge, München 1967, 148-156
- *Theologie* des Neuen Testaments. Bde. 1-4/2, Düsseldorf 1968-1976
Schenke, H.-M., *Determination* und Ethik im ersten Johannesbrief, ZThK 60 (1963), 203-215
Schenke, L., Die literarische *Entstehungsgeschichte* von Joh 1,19-51, BN 46 (1989), 24-57
- Joh 7-10. Eine dramatische Szene, ZNW 80 (1989), 172-192
- Das johanneische Schisma und die „Zwölf" (Johannes 6,60-71), NTS 38 (1992), 105-121
- Das *Johannesevangelium*. Einführung - Text - dramatische Gestalt, Stuttgart u.a. 1992
- *Christologie* und Theologie. Versuch über das Johannesevangelium, in: Von Jesus zum Christus (FS P. Hoffmann), hrsg. von R. Hoppe/U. Busse (BZNW 93), Berlin-New York 1998, 445-465
Schille, G., Traditionsgut im vierten Evangelium (TheolVers 12), Berlin 1981, 77-89
Schirmer, D., *Rechtsgeschichtliche Untersuchungen* zum Johannes-Evangelium, Berlin 1964
Schlatter, A., Die *Sprache* und Heimat des vierten Evangelisten (BFChTh 6,4), Gütersloh 1902, wieder in: K.H. Rengstorf (Hg.), Johannes und sein Evangelium (WdF 82), Darmstadt 1973, 28-201
Schlier, H., *Jesus und Pilatus* nach dem Johannesevangelium, in: ders., Die Zeit der Kirche. Exegetische Aufsätze und Vorträge, Freiburg i.Br. 1956, 56-74
- *Glauben*, Erkennen, Lieben nach dem Johannesevangelium, in: ders., Besinnung auf das Neue Testament. Exegetische Aufsätze und Vorträge II, Freiburg u.a. 1964, 279-293
- *Grundzüge* einer paulinischen Theologie, Freiburg u.a. 1978
- Der Römerbrief (HThK 6), Freiburg [2]1979
Schmithals, W., Die theologische *Anthropologie* des Paulus. Auslegung von Röm 7,17-8,39, Stuttgart u.a. 1980
- Art. Rudolf Bultmann, in: TRE 7 (1981), 387-396

- *Johannesevangelium* und Johannesbriefe. Forschungsgeschichte und Analyse (BZNW 64), Berlin-New York 1992
- *Theologiegeschichte* des Urchristentums. Eine problemgeschichtliche Darstellung, Stuttgart u.a. 1994
- Vom *Ursprung* der synoptischen Tradition, ZThK 94 (1997), 288-316
Schnackenburg, R., Das vierte *Evangelium* und die Johannesjünger, HJ 77 (1958), 21-38
- *Christ und Sünde* nach Johannes, in: ders., Christliche Existenz nach dem Neuen Testament, Bd. 2, München 1968, 97-122
- Das Vollmachtswort vom Binden und Lösen, traditionsgeschichtlich gesehen, in: Kontinuität und Einheit (FS F. Mußner), hrsg. v. P.G. Müller/W. Stenger, Freiburg u.a. 1981, 141-157
- *Aufbau* und Sinn der Rede in Joh 15, in: ders., Das Johannesevangelium. Ergänzende Auslegungen und Exkurse (HThK 4/4), Freiburg 1984, 153-164
- Der *Missionsgedanke* des Johannesevangeliums im heutigen Horizont, in: ders., Das Johannesevangelium. Ergänzende Auslegungen und Exkurse (HThK 4/4), Freiburg 1984, 58-72
- Die johanneische *Gemeinde* und ihre Geisterfahrung, in: ders., Das Johannesevangelium. Ergänzende Auslegungen und Exkurse (HThK 4/4), Freiburg 1984, 33-58
- Paulinische und johanneische Christologie, in: ders., Das Johannesevangelium. Ergänzende Auslegungen und Exkurse (HThK 4/4), Freiburg 1984, 102-118
- Tradition und Interpretation im Spruchgut des Johannesevangeliums, in: ders., Das Johannesevangelium. Ergänzende Auslegungen und Exkurse (HThK 4/4), Freiburg 1984, 72-89
- Zur *Redaktionsgeschichte* des Johannesevangeliums, in: ders., Das Johannesevangelium. Ergänzende Auslegungen und Exkurse (HThK 4/4), Freiburg 1984, 90-102
- *Christ* und Sünde (nach Johannes), in: ders., Die sittliche Botschaft des Neuen Testaments, Bd. 2, Freiburg u.a. 1988, 181-192
- Die *Bruderliebe* als Bewährung der Christus- und Gottesgemeinschaft, in: ders., Die sittliche Botschaft des Neuen Testaments, Bd. 2, Freiburg u.a. 1988, 171-181
- „Der *Vater*, der mich gesandt hat". Zur johanneischen Christologie, in: C. Breytenbach/H. Paulsen (Hrsg.), Anfänge der Christologie (FS F. Hahn), Göttingen 1991, 275-291
- *Ephesus*: Entwicklung einer Gemeinde von Paulus zu Johannes, BZ NF 35 (1991), 41-64
- Die *Person* Jesu Christi im Spiegel der vier Evangelien (HThK.S 4), Freiburg u.a., 1993
Schneider, G., Art. τέκνον, EWNT III, 817-820
- Art. τυφλός, EWNT III, 902-905
- Art. ἴδε, EWNT II, 420
- Art. ἰδού, EWNT II, 424f.
- Art. ὕσσωπος, EWNT III, 978
Schnelle, U., *Antidoketische Christologie* im Johannesevangelium. Eine Untersuchung zur Stellung des vierten Evangeliums in der johanneischen Schule (FRLANT 144), Göttingen 1987
- *Paulus und Johannes*, EvTh 47 (1987), 212-228
- Die *Abschiedsreden* im Johannesevangelium, ZNW 80 (1989), 64-79
- *Perspektiven* der Johannesexegese, in: SNTU 15 (1990), 59-72
- Johanneische *Ekklesiologie*, NTS 37 (1991), 37-50
- *Neutestamentliche Anthropologie*. Jesus - Paulus - Johannes (BThSt 18), Neukirchen-Vluyn 1991

- *Johannes und die Synoptiker,* in: F. van Segbroeck u.a. (Hg.), The Four Gospels III (FS F. Neirynck) (BETL 100), Leuven 1992, 1799-1814
- *Einleitung* in das Neue Testament, Göttingen 1994 (^{3}1999; zitiert nach 1. Auflage)
- Die johanneische *Schule,* in: F.W. Horn (Hg.), Bilanz und Perspektiven gegenwärtiger Auslegung des Neuen Testaments (FS G. Strecker) (BZNW 75), Berlin-New York 1995, 198-217
- Die *Tempelreinigung* und die Christologie des Johannesevangeliums, NTS 42 (1996), 359-373
- Ein neuer *Blick.* Tendenzen gegenwärtiger Johannesforschung, BThZ 16 (1999), 21-40

Schnider, F., Art. προφήτης, EWNT III, 442-448

Scholtissek, K., *Kinder Gottes* und Freunde Jesu. Beobachtungen zur johanneischen Ekklesiologie, in: R. Kampling/T. Söding (Hg.), Ekklesiologie des Neuen Testaments, Freiburg u.a. 1996, 184-211
- Neue *Wege* in der Johannesforschung. Ein Forschungsbericht I, ThGl 89 (1999), 263-295
- „*In ihm* sein und bleiben". Die Sprache der Immanenz in den johanneischen Schriften (HBS 21), Freiburg u.a. 1999

Schrage, W., Art. συναγωγή κτλ., ThWNT VII, 798-850
- Art. τυφλός κτλ., ThWNT VIII, 270-294
- *Ethik* des Neuen Testament, Berlin (Liz.) 1985

Schramm, T., Art. ἔρχομαι, EWNT II, 138-143

Schrenk, G., Art. ἄδικος κτλ., ThWNT I, 150-163
- Art. θέλω κτλ., ThWNT III, 43-63

Schröter, J., *Erinnerung* an Jesu Worte. Studien zur Rezeption der Logienüberlieferung in Markus, Q und Thomas (WMANT 76), Neukirchen 1997

Schuchard, B.G., *Scripture* within Scripture. The Interrelationship of Form and Function in the Explicit Old Testament Citations in the Gospel of John (SBLDS 133), Atlanta 1992

Schüling, J., *Studien* zum Verhältnis von Logienquelle und Markusevangelium (FzB 65), Würzburg 1991

Schürer, E./Vermes, G./Millar, F., The *History* of the Jewish People in the Age of Jesus Christ (175 B.C. - A.D. 135), I-III/2, Edinburgh 1973-1987

Schüssler-Fiorenza, E., The *Quest* for the Johannine Scholl: The Apocalypse and the Fourth Gospel, NTS 23 (1977), 402-427

Schulz, S., *Komposition* und Herkunft der johanneischen Reden (BWANT 81), Stuttgart u.a. 1960
- Die *Stunde* der Botschaft. Einführung in die Theologie der vier Evangelien, Berlin (Liz.) 1969

Schwank, B., *Ortskenntnisse* im Vierten Evangelium, EuA 57 (1981), 427-442

Schwankl, O., Die *Metaphorik* von Licht und Finsternis im johanneischen Schrifttum, in: K. Kertelge (Hg.), Metaphorik und Mythos im Neuen Testament (QD 126), Freiburg u.a. 1990, 135-167
- *Licht* und Finsternis. Ein metaphorisches Paradigma in den johanneischen Schriften (HBS 5), Freiburg u.a. 1995

Schwartz, E., *Aporien* im vierten Evangelium, NGG, Berlin 1907, 342-372 (I); 1908, 115-188.497-560 (II)

Schweizer, E., *Ego Eimi.* Die religionsgeschichtliche Herkunft und theologische Bedeutung der johanneischen Bilderreden, zugleich ein Beitrag zur Quellenfrage des vierten Evangeliums (FRLANT 56), Göttingen (1939) ^{2}1965

- *Jesus* der Zeuge Gottes. Zum Problem des Doketismus im Johannesevangelium, in: Studies in John (FS J.N. Sevenster), NT.S 24, Leiden 1970, 161-168
- Das Evangelium nach Markus (NTD 1), Göttingen [17]1989 (Mk)
Scroggs, R., The Earliest Christian *Communities* as Sectarian Movement, in: J. Neusner (Hg.), Christianity, Judaism and other Graeco-Roman Cults (FS M. Smith), Part 2: Early Christianity (SJLA 12), Leiden 1975, 1-23
- Christology in Paul and John, Philadelphia 1988
Seeberg, R., Die *Sünden* und die Sündenvergebung nach dem ersten Brief des Johannes, in: Das Erbe M. Luthers (FS L. Ihmels), Leipzig 1928, 19-31
Segovia, F.F., The *Love* and Hatred of Jesus and Johannine Sectarianism, CBQ 43 (1981), 258-272
- *John 15,18-16,4a*: A First Addition to the Original Farewell Discourse? (CBQ 45), 1983, 210-230
- The *Farewell* of the Word. The Johannine Call to Abide, Minneapolis 1991
Sellin, G., „*Gattung*" und „Sitz im Leben" auf dem Hintergrund der Problematik von Mündlichkeit und Schriftlichkeit synoptischer Erzählungen, EvTh 50 (1990), 311-331
Senior, D., The *Passion* of Jesus in the Gospel of John, Collegeville, Minnesota 1991
Sjöberg, E., *Gott* und die Sünder im Palästinischen Judentum. Nach dem Zeugnis der Tannaiten und der Apokryphisch-Pseudepigraphischen Literatur (BWANT 79), Stuttgart 1938
Smalley, S.S., *John*. Evangelist and Interpreter, Exeter 1978 (1992)
Smend, R./Luz, U., Gesetz, Stuttgart u.a. 1981
Smith, C.R., The Bible Doctrin of *Sin* and The Ways of God with Sinners, London 1953
Smith, D.M., Johannine *Christianity*: Some Reflections on its Charakter and Delineation, NTS 21 (1975), 222-248
- *Judaism* and the Gospel of John, in: J.H. Charlesworth (Hg.), Jews and Christians: Exploring the Past, Present and Future, New York 1990, 76-99
- The *Theology* of the Gospel of John, Cambridge 1995
Söding, T., Die *Macht* der Wahrheit und das Reich der Freiheit. Zur johanneischen Deutung des Pilatus-Prozesses (Joh 18,28-19,16), ZThK 93 (1996), 35-58
Stählin, G., Art. ἡδονή κτλ., ThWNT II, 911-928
Staley, J.L., *Stumbling in the Dark*, Reaching for the Light: Reading Character in John 5 and 9, Semeia 53 (1991), 55-80
Stegemann, E., „*Kindlein*, hütet euch vor den Götterbildern!" Erwägungen zum Schluß des 1. Johannesbriefes, ThZ 41 (1985), 284-294
- /Stegemann, W., *Urchristliche Sozialgeschichte*. Die Anfänge im Judentum und die Christusgemeinden in der mediterranen Welt, Stuttgart-Berlin-Köln 1995
Stegemann, H., Die *Essener*, Qumran, Johannes der Täufer und Jesus, Freiburg u.a. [7]1998
Stemberger, G., Das klassische *Judentum*. Kultur und Geschichte der rabbinischen Zeit, München 1979
- *Pharisäer*, Sadduzäer, Essener (SBS 144), Stuttgart 1991
Stenger, W., Der *Christushymnus* 1Tim 3,16. Aufbau - Christologie - Sitz im Leben, TThZ 78 (1969), 33-48
- *Δικαιοσύνη* in Jo. XVI 8.10, NT 21 (1979), 2-12
Steyer, G., ΠΡΟΣ ΠΗΓΗΝ ΟΔΟΣ. Handbuch für das Studium des neutestamentlichen Griechisch. 2 Bde., Berlin 1962/65 (Handbuch)
Stibbe, M.W.G., *John* as storyteller. Narrative criticism and the fourth gospel (MSSNTS 73), Cambridge 1992

Stimpfle, A., „Ihr seid schon *rein* durch das Wort" (Joh 15,3a). Hermeneutische und methodische Überlegungen zur Frage nach „Sünde" und „Vergebung" im Johannes-evangelium, in: H. Frankemölle (Hg.), Sünde und Erlösung im Neuen Testament (QD 161), Freiburg u.a. 1996, 108-122

Stowasser, M., *Johannes der Täufer* im Vierten Evangelium. Eine Untersuchung zu seiner Bedeutung für die johanneische Gemeinde (ÖBS 12), Klosterneuburg 1992

Strack, H.L./Billerbeck, P., Kommentar zum Neuen Testament aus Talmud und Midrasch. 6 Bde., München 1922ff. (Str.-Bill.)

Strathmann, H., Art. μάρτυς κτλ., ThWNT IV, 477-520

Strecker, G., Die Anfänge der johanneischen *Schule*, NTS 32 (1986), 31-47

- /Schnelle, U., *Einführung* in die neutestamentliche Exegese, Göttingen 1983

- *Literaturgeschichte* des Neuen Testaments, Göttingen 1992

- *Schriftlichkeit* oder Mündlichkeit der synoptischen Tradition, in: F. van Segbroeck u.a. (Hg.), The Four Gospels (FS F. Neirynck) (BETL 100), Leuven 1992, 159-172

- *Theologie* des Neuen Testaments, Berlin-New York 1996

Strelan, R., *Paul*, Artemis and the Jews in Ephesus (BZNW 80), Berlin-New York 1996

Strobel, A., Der *Termin* des Todes Jesu, ZNW 51 (1960), 69-101

- *Erkenntnis* und Bekenntnis der Sünde in neutestamentlicher Zeit (AzTh I/37), Stuttgart 1968

Stuhlmacher, P., *Gerechtigkeit Gottes* bei Paulus (FRLANT 87), Göttingen 1965

- Der Brief an die *Römer* (NTD 6), Göttingen 1989

- Biblische *Theologie* des Neuen Testaments. Band 1. Grundlegung von Jesus zu Paulus, Göttingen 1992

- Das *Lamm Gottes* - eine Skizze, in: H. Cancik u.a. (Hg.), Geschichte - Tradition - Reflexion III (FS M. Hengel), Tübingen 1996, 529-542

Taeger, J.W., *Johannesapokalypse* und johanneischer Kreis (BZNW 51), Berlin-New York 1988

Taylor, V., The *Atonement* in the New Testament Teaching, London [2]1945

Theissen, G., Psychologische *Aspekte* paulinischer Theologie (FRLANT 131), Göttingen 1983

- Urchristliche *Wundergeschichten*. Ein Beitrag zur formgeschichtlichen Erforschung der synoptischen Evangelien (StNT 8), Gütersloh [6]1990

- /Merz. A., Der historische *Jesus*. Ein Lehrbuch, Göttingen 1996

Theobald, M., Die *Fleischwerdung* des Logos. Studien zum Verhältnis des Johannesprologs zum Corpus des Evangeliums und zu 1 Joh (NTA.NF 20), Münster 1988

Thiessen, W., Christen in *Ephesus*. Die historische und theologische Situation in vorpaulinischer und paulinischer Zeit und zur Zeit der Apostelgeschichte und der Pastoralbriefe (TANZ 12), Tübingen-Basel 1995

Thoma, C., Der *Pharisäismus*, in: J. Maier/J. Schreiner (Hg.), Literatur und Religion des Frühjudentums, Würzburg 1973, 254-272

Thomas, J. C., The Fourth *Gospel* and Rabbinic Judaism, ZNW 82 (1991), 159-182

- „Stop sinning lest something worse come upon you": The Man at the Pool in John 5, JSNT 59 (1995), 3-20

Thompson, M.M., The *Humanity* of Jesus in the Fourth Gospel, Philadelphia 1988

Thüsing, W., Die *Erhöhung* und Verherrlichung Jesu im Johannesevangelium (NTA 21, 1-2), Münster [3]1979

Thyen, H., Studien zur *Sündenvergebung* im Neuen Testament und seinen alttestamentlichen und jüdischen Voraussetzungen (FRLANT 96), Göttingen 1970

- *Johannes 13* und die „Kirchliche Redaktion" des vierten Evangeliums, in: G. Jeremias/H.-W. Kuhn/H. Stegemann (Hg.), Tradition und Glaube (FS K.G. Kuhn), Göttingen 1971, 343-356
- Aus der Literatur zum Johannesevangelium, ThR 39 (1975), 1-69.222-252.289-330; 42 (1977), 211-270; 43 (1978), 328-359; 44 (1979), 97-134
- „Niemand hat größere *Liebe* als die, daß er sein Leben für seine Freunde hingibt" (Joh 15,13): Das johanneische Verständnis des Kreuzestodes Jesu, in: C. Andresen/G. Klein (Hg.), Theologia Crucis - Signum Crucis (FS E. Dinkler), Tübingen 1979, 467-481
- Art. *Johannesbriefe*, TRE 17 (1987), 186-200
- Art. *Johannesevangelium*, TRE 17 (1987), 200-225
- Das *Johannes-Evangelium* als literarisches Werk, in: D. Neuhaus (Hg.), Teufelskinder oder Heilsbringer - die Juden im Johannesevangelium (AT 64), Frankfurt a.M. 1990, 112-132

v. Tilborg, S., Imaginative *Love* in John (BIS 2), Leiden u.a. 1993
- *Reading* John in Ephesus (NT.S 83), Leiden u.a. 1996

Tobler, E., Vom *Mißverstehen* zum Glauben. Ein theologisch-literarischer Versuch zum vierten Evangelium und zu Zeugnissen seiner Wirkung (EHS.T 23), Frankfurt a.M. u.a. 1990

Tolmie, D.F., Jesus' *Farewell* to the Disciples. John 13,1-17,26 in Narratological Perspective (BIS 12), Leiden u.a. 1995

Trapnell, D.H./ Bittner-Schwob, W., Art. Krankheit, GBL III, 1287-1294

Trebilco, P., Jewish Communities in Asia Minor (MSSNTS 69), Cambridge 1991

Trilling, W., Das wahre Israel. Studien zur Theologie des Matthäusevangeliums (EThSt 7), Leipzig 1959
- *Gegner Jesu* - Widersacher der Gemeinde - Repräsentanten der „Welt". Das Johannesevangelium und die Juden, in: ders., Studien zur Jesusüberlieferung (SBAB 1), Stuttgart 1988, 209-231 (zuerst in: H. Goldstein [Hg.], Gottesverächter und Menschenfeinde?, Düsseldorf 1979, 190-210)

Trocmé, É., Jean et les Synoptiques: l'exemple de Jn 1,15-34, in: F. van Segbroeck u.a. (Hg.), The Four Gospels (FS F. Neirynck) (BETL 100), Leuven 1992, 1935-1941

Tröger, K.-W., *Ja oder Nein zur Welt*. War der Evangelist Johannes Christ oder Gnostiker? (TheolVers 7), 1976, 61-80

Troeltsch, E., Die *Soziallehren* der christlichen Kirchen und Gruppen. Gesammelte Schriften I, Aalen 1965 (= Tübingen 1922)

Trumbower, J.A., *Born* from Above. The Anthropology of the Gospel of John (HUTh 29), Tübingen 1992

Untergaßmair, F.G., *Im Namen Jesu*. Der Namensbegriff im Johannesevangelium. Eine exegetisch-religionsgeschichtliche Studie zu den johanneischen Namensaussagen (FzB 13), Stuttgart 1974
- Das *Johannesevangelium*. Ein Bericht über neuere Literatur aus der Johannesforschung, ThRv 90 (1994), 91-108

Vögtle, A., *Ekklesiologische Auftragsworte* des Auferstandenen, in: ders., Das Evangelium und die Evangelien. Beiträge zur Evangelienforschung (KBANT), Düsseldorf 1971, 243-252

Vogler, W., *Johannes* als Kritiker der synoptischen Tradition, BThZ 16 (1999), 41-58

Vouga, F., Geschichte des frühen Christentums, Tübingen 1994

Wade, L.E., *Impeccability* in 1 John: An Evaluation, Diss. phil., Andrews University 1986

v. Wahlde, U.C., The Johannine „*Jews*": A Critical Survey, NTS 28 (1982), 33-60

Walter, N., Die *Auslegung* überlieferter Wundererzählungen im Johannes-Evangelium (TheolVers 2), Berlin 1970, 93-108

Weber, M., Die protestantischen *Sekten* und der Geist des Kapitalismus, in: ders., Gesammelte Aufsätze zur Religionssoziologie I, Tübingen ⁵1963, 207-236

Weder, H., *Gesetz und Sünde*. Gedanken zu einem qualitativen Sprung im Denken des Paulus, NTS 31 (1985), 357-376

- Der *Mensch* im Widerspruch. Eine Paraphrase zu Röm 7,7-25, GlLern 4 (1989), 130-142

- Die *Asymmetrie* des Rettenden. Überlegungen zu Joh 3,14-21 im Rahmen johanneischer Theologie, in: ders., Einblicke ins Evangelium. Exegetische Beiträge zur neutestamentlichen Hermeneutik, Göttingen 1992, 435-465

Weinfeld, M., Art. כָּבוֹד, ThWAT IV, 23-40

Weiser, A., Art. διακονέω κτλ., EWNT I, 726-732

- Art. δουλεύω κτλ., EWNT I, 844-852

- Die *Apostelgeschichte* (ÖTK 5/1-2), Leipzig (Liz.)1989

- *Theologie* des Neuen Testaments II. Die Theologie der Evangelien, Stuttgart u.a. 1993

Weiß, H.-F., Art. *Pharisäer* I. Judentum, TRE 26 (1996), 473-481

Welck, Chr., *Erzählte Zeichen*. Die Wundergeschichten des Johannesevangeliums literarisch untersucht. Mit einem Ausblick auf Joh 21 (WUNT 2.69), Tübingen 1994

Wengst, K., *Christologische Formeln* und Lieder des Urchristentums (StNT 7), Gütersloh 1972

- *Häresie* und Orthodoxie im Spiegel des ersten Johannesbriefes, Gütersloh 1976

- *Probleme* der Johannesbriefe, in: ANRW II, 25.5 (1988), 3753-3772

- Die *Darstellung* der „Juden" im Johannes-Evangelium als Reflex jüdisch-judenchristlicher Kontroverse, in: D. Neuhaus (Hg.), Teufelskinder oder Heilsbringer - die Juden im Johannesevangelium (AT 64), Frankfurt a.M. 1990, 22-38

- *Bedrängte Gemeinde* und verherrlichter Christus. Ein Versuch über das Johannesevangelium, München ⁴1992

Werbick, J., Die biblische *Rede* von Sünde und Erlösung im Horizont der Grunderfahrungen des modernen Menschen, in: H. Frankemölle (Hg.), Sünde und Erlösung im Neuen Testament (QD 161), Freiburg u.a. 1996, 164-184

Wethington, M.W., Paul and John. A comparative study of their language of internalization, Ph.D., Duke University 1984

Wiefel, W., Die *Scheidung* von Gemeinde und Welt im Johannesevangelium auf dem Hintergrund der Trennung von Kirche und Synagoge, ThZ 35 (1979), 213-227

Wilckens, U., Art. σοφία κτλ., ThWNT VII, 497-529

- *Auferstehung*. Das biblische Auferstehungszeugnis historisch untersucht und erklärt, Gütersloh ⁴1988

- Der *Brief an die Römer* I-III (EKK VI/1-3), Zürich u.a. 1978(³1992). 1980(³1993). 1982(²1989)

- *Christus traditus*, se ipsum tradens. Zum johanneischen Verständnis des Kreuzestodes Jesu: in: E. Brandt u.a. (Hg.), Gemeinschaft am Evangelium (FS W. Popkes), Leipzig 1996, 363-383

Wilkens, W., Die *Entstehungsgeschichte* des vierten Evangeliums, Zollikon 1958

- *Zeichen* und Werke. Ein Beitrag zur Theologie des 4. Evangeliums in Erzählungs- und Redestoff (AThANT 55), Zürich 1969

Wilson, B.R., Eine *Analyse* der Sektenentwicklung, in: F. Fürstenberg (Hg.), Religions-soziologie (Soziologische Texte 19), Neuwied-Berlin [2]1970, 311-336

Windisch, H., *Taufe* und Sünde in der ältesten Christenheit bis auf Origenes. Ein Beitrag zur altchristlichen Dogmengeschichte, Tübingen 1908

- /Preisker, H., Die Katholischen Briefe (HNT 15), Tübingen [3]1951 (Komm.)

Wink, W., *John the Baptist* in the Gospel Tradition (MSSNTS 7), Cambridge 1968

Winter, M., Das *Vermächtnis* Jesu und die Abschiedsworte der Väter. Gattungsge-schichtliche Untersuchung der Vermächtnisrede im Blick auf Joh. 13-17 (FRLANT 161), Göttingen 1994

Witkamp, L.T., The Use of *Traditions* in John 5,1-18, JSNT 25 (1985), 19-47

Wolff, Chr., Der erste Brief des Paulus an die Korinther (ThHK 7), Leipzig 1996 (1.Kor)

Wöllner, H., Zeichenglaube und Zeichenbuch, Diss. theol., Leipzig 1988

Worden, T., The *Meaning* of „Sin", Scrip 9 (1957), 44-53

- The *Remission* of Sins, Scrip 9 (1957), I, 65-79; II, 115-127

Zeller, D., *Paulus und Johannes*. Methodischer Vergleich im Interesse einer neutesta-mentlichen Theologie, BZ NF 27 (1983), 167-182

- *Jesus* und die Philosophen vor dem Richter (zu Joh 19,8-11), BZ NF 37 (1993), 88-92

Zimmermann, H., Das absolute Ἐγώ εἰμι als die neutestamentliche Offenbarungsformel, BZ NF 4 (1960), 54-69.266-276

- *Struktur* und Aussageabsicht der joh Abschiedsreden (Joh 13-17), in: BiLe 8 (1967), 279-290

- Neutestamentliche *Methodenlehre*. Darstellung der historisch-kritischen Methode. Neubearbeitet von K. Kliesch, Stuttgart [7]1982

Zumstein, J., Der Prozeß der *Relecture* in der johanneischen Literatur, NTS 42 (1996), 394-411

- Zur *Geschichte* des johanneischen Christentums, ThLZ 122 (1997), 417-428

- Das Johannesevangelium: Eine *Strategie* des Glaubens, ThBeitr. 28 (1997), 350-363

Stellenregister
(in Auswahl)

I. Altes Testament

Genesis
2,17	48
3,19	48
20,11	72

Exodus
12,1-14	130
12,10	147f.
12,22	155
12,46	147f.
20,5	70
20,14	51
32,30	286
34,7	155, 277

Leviticus
5,6	286
5,10	286
5,13	286
14,4	155
14,49-51	155
20,10	51
32,43	175
24,16	190
26,45	176

Numeri
9,12	147f.
14,18	277
19,6	155
19,18	155
24,18	153

Deuteronomium
1,8	181
2,7	58
2,14	57, 58
5,9	70

5,12-15	71
6,1f.	73
6,4	190
16,2	130
16,5f.	130
17,6	220
18,15	85
18,18	85
19,15	220
21,22f.	190
22,22	51
24,16	171
28,1-14	91, 342
30,15-20	91, 342
34,10-12	85

2. Samuel
17,23	169

2. Könige
17,24f.	188

1. Chronik
13,2	119

2. Chronik
30,15-17	119, 130

Esra
3,8	119
6,20	119

Nehemia
12,1	119

Hiob
1,1	73
1,8	73
2,3	73

Psalmen
27,1	110
34,16	75
34,21	147f.
35,19	186, 214
40,9	72
44,23	151
50,7	163
51,7	76
51,9	155
51,15	73
66,18	75
69,5	186, 214
103,3	60
108,7	75

Sprüche
15,8	75
15,29	75

Qohelet
12,13	73

Jesaja
1,15	75
3,13f.	195
6,9f.	87, 95, 98, 100, 110
29,18	94
35,5	94
35,5-7	57
40,2	277
42,1	149, 150
42,6f.	94, 110
42,16	94, 110
42,18	95, 110
43,8	95
43,8-12	195
43,25	277
44,6ff.	195
44,22	277
46,6-11	195
49,6	110
52,13	149
53	143ff.
53,1	87, 100, 149
53,4	153, 277
53,6f.	149, 150, 151
53,9	149
53,11	153
53,12	153
56,10	95
59,2f.	75
60,6	110
61,1	94

Ezechiel
34	151
36,25-27	264, 277
45,21f.	130

Hosea
4,1ff.	195

Micha
6,1-5	195

II. Apokryphen und Pseudepigraphen des Alten Testaments

Tobit
4,12	181

Judit
11,7	72f.

3. Makkabäer
6,17	181
6,22	181
7,19	181

Sirach
1,25f.	73

Syrische Baruchapokalypse
54,15	48

Jubiläenbuch
49,9	130
49,15	130
49,20	130

Psalmen Salomos
3,13	48
2,32-37	75
4,23-25	75
7,1	214

III. Qumranisches Schrifttum

Gemeinderegel (1QS)
1,18f.	119
3,7f.	264
4,20f.	264
9,9-11	85

Kriegsrolle (1QM)
1,1	110
1,3	110
1,9	110
1,11	110
1,13	110

Kupferrolle (3Q15)
11,12f.	58

4QTest
5,8	85

IV. Rabbinisches Schrifttum

Mischna

Pesachim
5,6	130

Babylonischer Talmud

Nedarim
41a	60, 76

Midraschim

Exodus Rabba
15,13	130

Mekhilta Exodus
12,6	130

V. Jüdisch-hellenistisches Schrifttum

Josephus

Antiquitates Judaicae
2,312	130, 155
18,85f.	85
20,97f.	85

De Bello Judaico
2,26ff.	85
2,258ff.	85

Philo

De Specialibus Legibus
2,145f.	130
2,147	130

VI. Neues Testament

Matthäus
3,2	133, 137
3,7-10	116, 181
3,9	181
5,14	110
5,17-19	51, 77
5,25	255
6,10	77
7,21	77
8,17	155
10,16	151
10,24f.	212
11,2f.	94
11,5f.	57
11,14	118
11,18	191
11,23	169
11,25-27	96
12,1-14	77
12,22-30	37, 191
12,43-45	49
12,45	50
12,50	77
15,14	95, 96
16,16-20	263
16,19	25, 78, 163, 266, 278
18,14	77
18,15-20	315
18,16	220
18,18	25, 78, 163, 266, 278
21,31	77
23,2	77
23,3	51, 95
23,13	266
23,23	77
26,28	137
27,25	260

27,49	263	3,3	133, 136
28,16-20	262	3,8	133, 176, 182
28,19f.	263	4,18	95
		7,11ff.	35
Markus		7,36-48	60, 277
1,1	117	10,3	151
1,2ff.	118ff., 122, 124, 156	10,21f.	96
1,3	116	11,24-26	49
1,4	138, 160	13,1-5	47, 48
1,7	116	15,31	184
1,9	116, 120	16,24	181
1,10	116, 120	16,30	181
1,11	116, 120, 121, 150	21,16	255
1,14	117	22,37	155
1,42	59	24,36-49	262f.
2,1-12	35, 40, 41, 43, 44, 60, 112, 277	24,47	278
2,5	43, 45, 59, 60	*Johannes*	
2,7	153	1,3	225, 306, 337
2,9	43	1,4	32, 168, 277
2,11f.	43, 60	1,5	31, 94, 125, 156, 168, 202, 225, 340, 351
2,23-28	51	1,6	84
3,1-6	51	1,6-8	115, 119, 125, 136
3,22-27	37, 191	1,9	110, 122
3,29	97	1,10	31, 125, 156, 306, 337, 351
5,25f.	50, 58	1,11	31, 33, 125, 156, 225, 351
7,35	59	1,12	32, 33, 184, 185, 203, 291, 311, 314
8,22-26	35, 62	1,13	337
9,12f.	118	1,14	47, 145, 193, 226, 319
10,27	302	1,15	121, 125, 127, 136
10,46-52	35, 62f.	1,17	91, 342
10,52	59	1,19	118, 119, 125, 126
11,15-19	135	1,19-28	115, 118, 126
13,9	223, 245	1,19-34	63, 115ff., 124, 156, 353
13,11	223, 245	1,23	116
14,34-36	152, 208	1,24	119, 125
14,42	208	1,25	126
14,43	208	1,26f.	116, 119f., 137, 145
14,58	135	1,28	120
14,61	149	**1,29**	6, 10, 11, 13, 15, 17, 23, 27, 29, 30, 111, 115-158, 265, 269, 271f., 274, 277, 278, 279, 280, 288, 289, 290, 297, 312, 338,
15,5	149		
15,36	155		
16,14-20	262, 263		
16,15	263		
Lukas			
1,2	222		
1,17	118		
1,53	148		
1,76	118		

	339, 345, 346, 348, 351, 354, 355	3,20	164f., 197, 214, 230, 233, 242, 243, 244, 246, 355
1,29-34	115, 118, 120, 126, 145	3,21	164f., 197, 244, 273, 286
1,30	121, 127	3,23	120
1,31	121, 146	3,25	341
1,32	116, 120, 125, 137-139	3,26	125
1,33	121, 137, 146, 154, 272	3,27	249, 252, 258
		3,28	125
1,34	116, 118, 120, 121, 125, 149f.	3,31	169, 170, 172, 249, 257, 258
1,35	120, 123, 126	3,32	127
1,36	17, 115-158, 265, 269, 271	3,36	33, 61, 65, 99, 275, 336, 339, 345
1,43	120, 126	4,20	188
1,45	90, 123, 166, 342, 347, 352	4,20-24	110, 135, 157, 188
		4,34	56, 79, 88, 90, 152
1,51	123, 135	4,38	264
2,1	121, 126	4,39	127
2,1-11	44, 132	4,42	140, 272, 277, 282, 290, 312, 343, 344, 355
2,11	44, 47, 82, 112, 193, 226		
2,13	40, 146	5,1	40
2,13-22	110, 135, 157	5,1-18	35, 40ff., 56, 61
2,19	110, 135	5,2	57, 58
2,21	110, 135, 157	5,2-9	40, 43, 44, 45, 48, 50
2,23	146	5,3	57
3,2	71, 78, 84	5,5	41, 43, 57
3,3	249, 257, 258, 289, 319	5,6	41, 43, 45
		5,7	57
3,5	289, 319	5,8	43, 46, 57
3,6	172, 337	5,9	45, 46
3,7	249, 257, 258	5,9-16	40, 41, 43, 44, 63
3,11	31, 222, 270	5,10	43, 50
3,14	148, 152	5,11	49
3,16f.	93, 114, 140, 142, 154, 157, 173, 216, 228, 229, 246, 272, 277, 282, 290, 312, 337, 354, 355	5,13	45
		5,14	11, 16, 24, 43, 44ff., 82, 107, 113, 114, 286, 351, 352
3,18	33, 103, 201, 239, 242, 244, 275, 339, 345	5,15	44, 45, 46, 49, 53f., 58, 61
		5,16	42, 44, 45, 46, 47, 50, 53, 61, 62
3,19	94, 99, 102, 233, 243, 275, 280	5,17f.	42, 46, 53, 61, 65, 112, 257
3,19-21	26, 164f., 168, 202, 243, 247, 273, 287, 340	5,18	42, 43, 59, 61, 127, 169, 170, 190, 194, 221, 228, 255, 257

5,19ff.	40, 42, 46, 52, 56, 61, 352
5,20-22	270, 282
5,21	56, 57, 61
5,22	53, 56, 233
5,23	191, 192, 226
5,24	33, 48, 56, 59, 61, 94, 103, 170, 219, 300, 336, 339, 345
5,24-26	53, 56, 57
5,27	53, 275
5,29	26, 48, 53, 61, 242, 244, 247
5,30	56, 79, 88, 90, 199, 204, 228, 233
5,31ff.	119, 219, 127, 128, 194, 220, 221
5,33	53, 125
5,33-35	128, 136
5,35	128
5,36	84, 152, 221
5,39	56, 71, 88, 90, 91, 342, 347, 352
5,41	189, 192, 193, 226, 245, 355
5,41-44	191, 194, 203, 204, 226, 339
5,42	194, 226, 245
5,43	31, 194, 200, 204, 225, 226
5,44	189, 191, 192, 193, 226, 229, 245, 355
5,45-47	56, 88, 90, 342, 347
6,28f.	244
6,32	90, 91, 122, 342
6,33	140, 272, 282, 290, 312, 355
6,36	218
6,37	229
6,38	90
6,38-40	56, 79, 88, 90
6,39	229
6,44	229f., 246, 355
6,45	229
6,50	170
6,51	25, 112, 122, 131, 140, 153, 157, 185, 272, 277, 282, 290, 312, 355
6,51-58	287, 289, 319
6,58	170, 185
6,60f.	319
6,60-71	319, 322f.
6,63	337
6,64	250, 251
6,65	229, 249, 252
6,66	323
6,69	132, 135
6,70	224
6,71	250, 251
7,1	127, 169, 170
7,7	26, 127, 164, 165, 170, 214, 230, 232, 233, 242f., 246, 247, 258, 310, 339, 340, 355
7,13	267
7,15	98, 198
7,17	56, 88, 198, 199, 204
7,18	26, 186ff., 203, 204, 226, 227, 229, 231, 245, 286, 288, 290, 335, 339, 353, 355
7,19	169, 170
7,23	57, 58
7,24	98, 198f., 204, 226
7,31	84
7,33f.	161, 165f., 168, 171, 201
7,34	165, 166
7,35f.	161, 168, 169, 343
7,37-39	110, 267
7,38f.	268
7,39	193, 265
7,43	127
7,49	71, 74, 95, 96
7,53-8,11	51, 60, 284
8,11	50, 51, 286
8,12	19, 92, 94, 110, 160, 166, 168, 174, 201, 287, 303, 312
8,12-20	127, 160, 161, 194
8,12-59	159-204
8,13	160, 163
8,14	161, 165, 221
8,15	199, 204, 226, 337
8,16	178, 199, 204, 233
8,17f.	79, 220, 221, 352
8,20	159, 160

8,21	23, 24, 31, 52, 140, 158, 160, 161ff., 201, 219, 257, 273, 281, 285, 289, 291, 335, 336, 339, 348, 355, 336, 339, 348, 355	8,43	171, 203
		8,44	103, 170, 182, 183, 188, 192, 203, 227, 246, 287, 289, 291, 309, 338, 355
8,21-30	160, 161, 162	8,45	187, 191, 174, 182, 193, 203
8,22	161, 162, 168, 169, 171	**8,46**	23, 24, 26, 104, 106, 114, 149, 162, 172, 174, 186ff., 203, 227, 231, 244, 288, 290, 291, 339, 353
8,23	168, 169, 171, 172, 202, 257, 258, 289, 291, 337, 355		
8,24	24, 31, 52, 140, 158, 161ff., 201, 219, 230, 257, 265, 273, 281, 285, 289, 291, 302, 335, 336, 338, 339, 348, 355	8,47	106, 183, 192, 193, 203
		8,48	187, 191, 203
		8,49	187, 191
		8,49f.	189, 191, 192, 193, 194, 200, 203, 204, 231, 339
8,25	161		
8,28	228	8,51	176, 178, 184, 185, 203
8,31	175, 176, 244, 345		
8,31-36	158, 174, 202, 288, 290, 291, 336, 346, 355	8,52	162, 187, 190, 191
		8,53	190, 191, 255, 257
		8,54	187, 189, 191, 192, 193, 194, 200, 203, 204, 226, 231, 339
8,31-59	160		
8,32	175, 193, 203, 244, 288		
		8,55	188, 192, 193, 194
8,33	176, 177, 178, 181	8,56	176, 181
8,34	23, 140, 163, 164, 174ff., 286, 288, 289, 336, 341, 354	8,58	178
		8,59	159, 161, 201
		9,1	62, 107, 108
8,34-36	156, 174, 291, 336, 355	9,1-41	35, 62ff.
8,35	178, 184, 185, 202, 203	**9,2**	24, 44, 47, 62, 63, 75f., 77, 82f., 112, 113, 286, 335
8,36	175, 185, 288, 339	**9,3**	24, 44, 47, 62, 63, 75, 82f., 108, 112, 113, 286, 335
8,37	127, 170, 174, 176, 181, 183, 196		
8,37ff.	103, 160, 187, 188, 204, 254, 258, 288, 289, 291, 336, 355	9,3b-5	65, 69, 92
		9,4	65, 107, 109, 112, 270
8,38	182, 203	9,5	19, 92, 94, 166, 168
8,39	176, 181, 182, 203, 217, 249, 250	9,6f.	62
		9,7	38, 58, 62, 64, 66, 107, 109
8,40	103, 127, 170, 181, 182, 183, 193, 196, 203	9,8	62
		9,9	66
8,41	182, 183, 184, 203, 291	**9,16**	24, 66, 71, 73, 75, 77, 86, 106, 107, 108, 112, 127, 200, 257, 284, 335, 353
8,42	183		

9,17	66, 84		254, 260, 261, 265,
9,18	66, 86		275, 282, 288, 338,
9,22	66, 80, 87, 105, 127,		339
	195, 204, 213, 223,	10,1-18	67f., 150f., 209, 314
	267, 324, 353	10,3	228
9,24	24, 68, 69, 71, 74, 75,	10,6	68
	77, 107, 112, 200,	10,10	219
	257, 284, 335, 353	10,11	112, 122, 131, 153,
9,25	24, 69, 75, 77, 107,		228
	112, 284, 335, 353	10,12	228
9,27	108, 110	10,14	228
9,28	67, 74, 87, 95, 110,	10,15	112, 122, 131, 153,
	345		228, 344
9,29	67, 74, 84, 95, 101	10,16	343
9,30	67, 102	10,17	112, 153
9,31	24, 51, 56, 69, 71, 72,	10,17f.	171, 228
	74, 75, 77, 79, 86, 88,	10,18	259
	90, 95, 107, 112, 113,	10,19	127
	257, 284, 335, 353	10,19-21	67f.
9,31-33	67, 74, 76, 83, 90,	10,20f.	188, 191
	113, 114, 353	10,25	84, 127, 221
9,32	78, 107, 108	10,29	228, 229
9,33	67, 78, 90, 107, 249,	10,31-39	135, 190
	250	10,33	190
9,34	24, 47, 62, 67, 69, 71,	10,34	79
	74, 75f., 76, 82f., 95,	10,36	132, 135
	96, 98, 105, 108, 112,	10,36-38	190, 203
	113, 163, 265, 335,	10,38	135
	353	10,40	120
9,35f.	48, 114	10,40-42	120, 136
9,35-38	61, 64f., 76, 90, 92,	10,41	125
	96, 98, 102, 107, 108,	11,1ff.	35
	114, 127	11,4	44, 47, 82, 112, 193,
9,39	93, 95, 96, 97, 99,		226
	102, 103, 104, 107,	11,25f.	61, 170
	233, 272, 280, 282,	11,40	44, 47, 82, 112, 193,
	336, 337, 355		226
9,39-41	17, 25, 39, 47, 64f.,	11,46	49, 55
	68, 69, 79, 83, 86, 88,	11,51f.	112, 122, 131, 152,
	91ff., 113, 114, 127,		153, 290, 344
	166, 201, 219, 242,	11,52	25, 185, 291, 311, 343
	247, 257, 269, 275,	11,53	127
	282, 288, 336, 340,	11,55	146
	346, 352, 353, 354,	11,57	49
	355	12,1	146
9,40	98, 103, 104	12,4	250, 251
9,41	23, 67, 69, 95, 97, 98,	12,17	127
	99, 103, 104f., 107,	12,20ff.	343
	111, 216, 217, 219,	12,23	237
	224, 245, 249, 250,	12,24	229

12,25	48	14,17	268
12,27-29	152	14,26	230, 235, 270
12,28	226, 237	14,27	264, 268
12,31	172, 202, 230, 238,	14,30	202, 207, 208, 238,
	269, 275, 282, 318,		269, 275, 282, 318,
	336, 337, 348, 351,		336, 337, 348, 351,
	354, 355		354, 355
12,32	229f., 246, 336, 355	14,31	152, 205, 207, 208,
12,35	168, 202, 287, 303		209, 264
12,35f.	94, 168	15-17	206, 207, 208, 209
12,37	88, 242	15,1	122, 205
12,37ff.	31, 87, 100	15,1-17	210, 211, 314, 341
12,38	149, 336	15,1-16,33	205, 209
12,39	171, 338	15,2f.	272, 341
12,40	95, 98, 100f., 288, 290	15,3	288, 341
12,41	90, 193, 226, 231,	15,7	289
	247, 341, 347	15,8-16,4a	210, 245
12,42	80, 127, 195, 204,	15,11	267
	213, 223, 324, 353	15,12	210, 228, 246
12,43	189, 191, 194, 226,	15,13	25, 112, 122, 131,
	339		153, 228, 246
12,46f.	93, 94, 114, 168, 216,	15,15	175, 178f., 202, 224
	272, 282, 290, 312,	15,16	178, 289
	355	15,17	210
12,47f.	103, 140, 277	15,18	210, 211, 228, 258
12,48	31, 225, 242, 247, 275	15,18ff.	103, 170, 209, 211,
13,1	132, 133, 146, 171,		214, 224, 230, 232,
	228, 246, 337		241, 243, 246, 247,
13,2	250, 251		291, 310, 339, 351,
13,6-11	132, 178, 341		355
13,8	132	15,19	224, 225, 245, 246,
13,10	132, 272, 288		289, 291, 337, 355
13,11	250, 251	15,20	175, 178f., 202, 212
13,12-17	179	15,21	212, 214
13,15	179	**15,22**	23, 24, 93, 104, 142,
13,16	175, 178, 202, 212,		201, 214, 215, 217,
	264		220, 222, 245, 249,
13,18	224		250, 254, 260, 261,
13,20	264, 265, 270, 274		288, 339, 346, 349,
13,21	250, 251		353, 354
13,31f.	226, 237	15,22-24(25)	25, 30, 104, 201,
13,31-17,26	205		211ff., 234, 241, 245,
13,32	193		247, 265, 269, 275,
13,33	165, 311		282, 302, 336, 340,
13,34f.	228, 246		346, 353, 354
14,2	185, 230	15,23	214, 216, 218, 245,
14,6	135, 171		258
14,9	135	**15,24**	23, 93, 104, 142,
14,12	270, 282		211ff., 220, 221, 222,
14,13f.	289		245, 249, 250, 254,

	260, 261, 288, 339, 349, 353, 354
15,25	210, 213, 214, 216, 352
15,26f.	79, 219ff., 240, 245, 268, 270, 275, 279, 280, 351, 354
16,2	80, 195, 204, 213, 215, 223, 245, 324, 353
16,4	210
16,4b-33	210
16,5	171, 210
16,7	265, 268
16,8	23, 24, 25, 230, 233, 240, 246, 336, 337, 338
16,8-11	30, 143, 157, 168, 196, 201, 204, 219, 223, 230, 232ff., 237f., 247, 269, 275, 279, 282, 288, 338, 339, 340, 348, 351, 353, 354
16,9	23, 25, 31, 143, 163, 164, 200, 215, 218, 230, 235, 239, 241, 247, 257, 302, 335, 336, 355
16,10	107, 114, 143, 171, 235, 237, 238, 239, 247, 278, 353
16,11	143, 172, 202, 230, 235, 238, 240, 247, 318, 336, 337, 348, 351, 355
16,12	208, 210
16,13	228, 268, 279
16,13-15	235, 270
16,14	193
16,16	210
16,20ff.	267
16,22	269
16,26	289
16,33	143, 210, 239, 264, 268
17,2	229, 337, 339
17,4	152, 193, 226
17,5	193, 231, 247
17,9	301
17,11	337
17,13	267
17,14	170, 224, 225, 246, 291, 310, 337
17,16	224, 246, 337
17,18	264, 268, 279
17,19	112, 122, 131, 132, 135, 141, 272, 341
17,20	208, 343
17,21	272, 282, 355
17,21-23	231, 232
17,22	193, 226, 232, 339, 355
17,23	272, 282, 255
17,24	193, 226, 229, 230, 231, 237, 247, 339, 355
17,25	25, 236f.
18,1	207, 208
18,2	250, 251
18,5	250, 251
18,9	229
18,11	152
18,14	25, 112, 122, 131
18,23	127
18,28	122, 124, 129, 133, 146, 147, 157, 249, 257
18,28-19,16a	149, 195, 248, 253, 255
18,29f.	135, 255
18,30	250, 251, 255
18,31	251, 255
18,35	250, 251, 255
18,36	255
18,37	127, 221, 249, 255, 257
18,38	255, 257
18,39	133, 146
19,4	157, 257
19,5	134, 146, 157
19,6	255, 257
19,7	135, 190, 252, 255, 257
19,9	149, 257
19,10	252, 253, 258, 259, 261
19,11	6, 16, 24, 25, 30, 104, 248-261, 269, 275,

	282, **288**, 339, 351, 353, 355
19,12	135, 252, 255, 257
19,14	111, 122, 124, 129, 133, 134, 146, 147, 157, 255
19,15	133, 157, 255
19,16	258, 261
19,24	152
19,28	152
19,29	133, 155
19,30	79, 133
19,31	146, 147, 348
19,31-37	122, 124, 129, 133, 157, 258
19,33	111
19,34	132, 263, 267, 319
19,35	319
19,36	111, 147, 152
19,37	267
19,38	134, 157, 267
19,42	146, 147
20,1	262
20,10	262
20,12	348
20,17	185, 262
20,19	262, 263, 267, 268
20,19-23	262, 267, 268, 269
20,20	263, 267, 272
20,21	263, 264, 267, 268, 270, 272, 279
20,22	154, 263, 264, 267, 268, 270, 272
20,23	6, 10, 11, 23, 24, 27, 29, 30, 111, 142, 162, 163, 262-282, 285, 289, 291, 296, 339, 341, 354, 355
20,24	268
20,25	263
20,26	262, 263, 268
20,27	263
20,28	102
20,29	208, 262
20,30f.	38, 43, 60, 117, 166, 319, 333, 349
20,31	175, 219, 321, 327
21,13	268
21,20	250, 251
21,24f.	314, 328

Apostelgeschichte

1,4f.	263
1,8	263
1,21	222
2,19	169
2,27	169
2,31	169
2,38	264
3,13	255
5,1-6	48, 315
5,17	312
5,32	222
7,2	181
8,32f.	155
9,1ff.	332
12,7	263
13,11	96
15,5	312
19,1-7	328
19,9f.	330
24,5	312
24,14	312
26,5	312
26,26	128
28,22	312

Römerbrief

1,16f.	335, 345
1,18	99, 335, 336
1,18-3,20	338, 340, 345, 347
1,20	337
1,25	337
1,32	48
2,1	217, 245
2,8	335, 336
2,12	335
2,18	72
2,19	95f., 97
2,23	335
3,5	335
3,6	336, 337
3,7	335
3,19	336, 337
3,20	345
3,23	231, 232, 335, 339
3,24-26	232, 335, 339, 345
3,25f.	335, 339
3,31	346
4,5	345
4,7f.	335

4,12	181	13,14	338
4,15	335	14,23	335, 336
4,25	335, 339, 345		
5,6	345	*1. Korintherbrief*	
5,8	335, 339, 345	3,19	337
5,10	336, 339	5,1ff.	315, 340
5,12	337, 338	5,7	130, 148
5,12ff.	48, 59, 338, 347, 348	5,10	337
5,13	345, 346	6,1-8	340
5,16	335, 339	6,2	336, 337
5,19	335	6,9f.	340
5,20	340, 345, 346	6,11	264
6,1	341	6,18	335
6,3	108	7,31	337
6,6	341, 348	8,12	340
6,11	336, 341	9,21	346, 347
6,12	341, 348	11,2	37
6,13	335	11,19	312
6,14	341	11,23	37
6,15	341	11,27-31	340
6,16	178, 338	11,32	336, 337
6,16ff.	336	14,3	198
6,17	178	14,24f.	198
6,19	335	15,3	37, 131, 335, 339, 347
6,20	178, 338	15,5	262f.
6,23	48, 171, 338, 341	15,7	262
7,5	335	15,17	335
7,7	345	15,56	335
7,7ff.	335, 340, 346, 349		
7,10	91, 342	*2. Korintherbrief*	
7,12	346	1,12	337
7,13	340, 346	2,5-11	315
7,14	338, 346	3,18	339
7,14ff.	59, 346, 348	4,4	336, 337, 340
7,24	348	5,16	337
8,1	339	5,17	337
8,1-17	336, 337, 340	5,19	335, 339, 345
8,2-4	339, 346	5,21	186, 339, 345, 347
8,3	338, 339	10,2f.	337
8,4f.	337	12,21	340
8,7	336, 339		
8,9	337	*Galaterbrief*	
8,10	348	1,4	335, 339, 347
8,13	348	1,17	333
8,21	178, 336	2,15	335, 340
9,6-8	181	2,16f.	335, 345
10,4	342	3,7	181
10,9f.	345	3,13	339
10,16	336	3,19	335, 345
13,1	252	3,19ff.	340, 346, 349

3,22	336, 338	1,8	65, 104, 162, 249, 250, 265, 285, 288, 292, 303, 305, 311, 335
3,24	346		
4,1-7	178, 336		
4,3	337		
4,21-31	181, 181, 336	1,9	26, 154, 162, 265, 267, 272, 284, 285, 286, 288, 289, 292, 293, 295, 326, 335, 339
5,1	175		
5,13	179		
5,16	338		
5,16ff.	337		
5,17	338	1,10	284, 288, 292, 303, 305, 311
5,20	312		
5,24	338	2,1	186, 284, 290, 291, 292, 293, 294, 326, 339
6,2	346, 347		
		2,2	25, 112, 122, 135, 140, 154, 265, 267, 274, 282, 285, 288, 289, 290, 293, 294, 307, 310, 312, 339, 345, 355
Epheserbrief			
2,3	338		
2,11ff.	316		
4,17ff.	316		
4,25ff.	316		
5,1ff.	316	2,4	295, 305, 311
		2,6	292, 293
Philipperbrief		2,7	222
3,4b-11	348	2,9	291
		2,11	288, 290, 291, 303
1. Thessalonicherbrief		2,12	265, 267, 285, 288, 289, 291, 292, 293, 294
2,16	335		
Titusbrief		2,12-14	288, 290, 308
3,4-7	264	2,14	309, 310
		2,15	292
1. Petrusbrief		2,15-17	308
1,19	148	2,16	291, 305, 309, 338
2,3	148	2,18ff.	304, 319, 323
2,9	110, 283	2,19	292, 295, 307, 308, 322, 356
2,21ff.	155		
2,22	186	2,20	303
3,10-12	148	2,22	311, 326
3,18	131, 186	2,24	222, 292
		2,26	308
1. Johannesbrief		2,27	230, 292, 303, 311
1,1-4	222, 322, 327	2,28	291, 292
1,5	287	2,29	155, 186, 236, 290, 295, 339, 340
1,5-2,2	286, 287, 291, 323		
1,6	286, 287, 295, 303, 305, 311	3,1	291, 309, 314
		3,3	132, 186, 339
1,6-10	290, 341	3,4	26, 284, 285, 286, 288, 335
1,7	25, 112, 122, 154, 155, 267, 272, 287, 288, 289, 292, 293, 305, 339		
		3,4-10	286, 287, 323

3,5	24, 25, 112, 122, 129, 140, 142, 154, 155, 186, 265, 274, 285, 288, 290, 293, 294, 339	5,4	294, 310
		5,6	132, 221
		5,10	311
		5,12	33
		5,13	53
3,6	284, 288, 290, 292, 293, 294, 304, 305	5,14f.	302
3,7	155, 186, 236, 286, 288, 290, 295, 339, 340	5,14-21	286, 287, 291, 295, 297-299, 300
		5,16	284, 291, 326
3,7-10	288f., 295, 341	5,16f.	98, 265, 289, 291, 292, 296, 297, 302, 323, 336, 341
3,8	155, 183, 284, 286, 288, 289, 291, 294, 310		
		5,17	26, 284, 286, 335
3,9	183, 284, 286, 289, 291, 292, 293, 303, 304, 314	5,18	284, 289, 291, 293, 294, 304, 318, 323, 341
		5,19	154, 289, 310f.
3,10	236, 286, 289, 291, 295, 306, 310	5,21	296, 298, 311
3,11	222, 321	**2. Johannesbrief**	
3,12	291, 310	4	303
3,13	211, 291	7	304, 307, 320
3,13-18	309, 310	10	320
3,14	53, 170, 291, 300, 321, 326	12	323
3,15	183, 291, 309	**3. Johannesbrief**	
3,16	25, 112, 122, 155	3	303
3,17	305, 306, 309, 321	4	303
3,20	292, 295	13	323
3,22	289		
3,24	292	**Hebräerbrief**	
4,1	307, 309, 311	2,14	238
4,1-6	291, 309, 310	4,15	186
4,3	304, 307, 308	6,4	108
4,4	310, 318	6,5	148
4,5	306, 307, 308, 309	7,26	186
4,6	304, 308, 309, 311	7,27	131
4,7	295, 309, 314	9,1ff.	129
4,9	94, 272, 282, 307, 345, 355	9,7	131
		9,14	132
4,10	25, 112, 122, 135, 154, 265, 267, 274, 285, 288, 289, 292, 293, 294, 339, 345	9,19	155
		9,22	132
		9,28	155
		10,12	131
4,14	140, 272, 274, 282, 288, 290, 307, 312, 339, 355	10,32	108
		Jakobusbrief	
4,17	168, 292, 295, 310	2,9	198
4,20	291, 310, 311, 321	2,21	181
5,1	183, 291, 294	4,8	132

Judasbrief
7   284
15   197

Johannesapokalypse
1,5   283
1,6   283
2,9   316, 329
3,2   169
3,5   106
3,9   316, 329
3,17   96
3,18   110
5,13   169
9,21   284
12,9f.   238
18,1f.   284
18,4f.   283f.
18,9ff. 284
20,13f. 169

VII. Frühchristliche Literatur

Ignatius

Magnesier
8,1   317
9,1   317
10,3   317

Philadelphier
6,1   317

Justin

Apologia
26,1   191
26,4   191
26,5   191

Dialogus
44,1   181
140,2   181

Namen- und Sachregister

Abraham 175, 176, 181ff., 190
Abrahamskindschaft 160, 176, 177, 180, 181ff., 187, 202, 203, 289, 336
Abschiedsreden 30, 205ff., 213, 244, 267, 268, 318, 351
Adam 76, 112, 338, 342, 347
Am-ha-Aretz 71, 74, 95, 98, 112, 113
Anklage 104, 194, 195, 196, 215, 218, 219, 241, 245, 255, 256, 353
Anmaßung (Blasphemie) 187ff., 203, 221
Antijudaismus 82
Apollonius v. Tyana 196

Baum-Bodenbender, R. 250
Becker, J. 116, 206
Befreiung (von Sünde) 3, 9, 10, 13f., 15, 17, 21, 55, 132, 133, 142, 154, 156, 158, 175, 176, 177, 178, 202, 244, 272, 285, 290, 291, 293, 338, 339, 341, 345, 355
Belassen/Behalten/Festhalten (der Sünde) 271, 274f., 282, 354
Berger, K. 37, 332
Bertram, G. 72
Beschneidung 198, 199
Besessenheit 49f., 187, 191, 203
Bethesda 43, 57f., 60, 98
birkath ha-minim 189
Blattvertauschungen 205
Bleiben (in Christus) 209, 211, 242, 244, 292, 293, 294, 341
Blindenheilung 14, 67, 93, 107
Blindheit 14, 18, 20, 26, 30, 68, 83, 86, 88, 91ff., 103, 104, 113, 166, 168, 201, 290, 352, 355
Bogart, J. 11
Boismard, M.-É. 141f.
Brown, R.E. 213
Bruderhaß 300, 304, 305, 309, 310f., 326

Bruderliebe 209, 211, 228, 236, 246, 301, 304, 305, 310, 311, 313
Bultmann, R. 3, 6-9, 11, 34f., 81, 156, 159, 221, 228f., 285
Bund 69
Bundesnomismus 69

Carson, D.A. 60

Damaskus 332
Dienst 176, 178f., 180, 181, 202
Doketismus (doketisch) 316, 319, 320, 321, 322, 323, 327, 356
Doxa (Ehre/Herrlichkeit Gottes) 66, 100, 145, 189, 191, 192-194, 203, 226, 231, 332, 246, 339, 355
Dschulnigg, P. 42, 317
Dualismus 3, , 7, 9, 25, 32, 287, 337, 340

Eigenehre 226, 227, 228, 230, 231, 245, 246, 355
Eigenliebe 224ff., 231, 245, 246, 355
Elia 118
Ephesus 313, 328ff., 349, 357
Erhöhung Jesu 208, 236, 265, 268
Erlösung 2, 57, 58, 59, 114, 149, 175, 339
Erwählung 69, 176, 178, 224, 225, 246
Eva 76, 112

Forestell, J.T. 9
Formgeschichte 37
Fortna, R. 44
Freiheit 6, 7, 16, 17, 20, 170, 174ff., 181, 185, 186, 202, 291, 304, 336
Frey, J. 213
Fürbitte 289, 297, 300, 301f., 326
Fußwaschung 109, 178, 179, 212

Gebetskampf 207, 208
Geistmitteilung 263, 264, 265, 268, 272

Geistverleihung 267
Gerechtigkeit
-, Gottes 237, 247, 336
-, Jesu 235, 236, 237, 240, 247, 288,
    290
Gericht (Gottes) 25, 28, 33, 48, 52f.,
    56, 61, 94, 99, 103, 143, 157, 197,
    199, 201, 204, 230, 234, 238, 239,
    247, 269, 274, 275, 276, 277, 280,
    281, 282, 336, 337, 352
Gerichtsverhandlung 104f., 114, 220,
    245, 353
Gesetz 11, 12, 15, 25, 28, 51, 56, 61,
    69, 70, 71, 72, 74, 77f., 79, 88, 89,
    90, 95, 96, 97, 98, 106, 107, 112,
    113, 199f., 213, 255, 257, 340, 342,
    344, 345, 346, 347, 348, 352, 353,
    357
Glaube 1, 5, 7, 8, 10, 28, 31, 33, 53, 61,
    92, 93, 97, 102, 103, 107, 113, 114,
    160, 172f., 182, 183, 203, 242, 244,
    302, 310, 311, 345, 352
Glaubensdisposition 16, 281
Gnosis 6f., 338
Gottesfurcht 72f., 88
Gotteskindschaft 17, 18, 32, 183f., 187,
    202, 203, 295, 309, 310, 311, 337
Gottesknecht (leidender) 15, 142,
    143ff.
Gotteslästerung 190
Grundmann, W. 5f.
Güttgemanns, E. 37

Haenchen, E. 23, 280, 351
Hahn, F. 250
Hanson, A.T. 148
Harvey, A.E. 196
Hasitschka, M. 12-17, 101, 129, 137,
    143ff., 163, 166, 217, 237, 281
Haß (der Welt) 211f., 225, 241, 243,
    245, 246, 291, 301, 309f., 351, 355
Heil 2, 28, 33, 61, 113, 272, 276, 280,
    281, 282, 352, 355
Heiligung 132, 268, 272
Heilung 14, 40, 43, 45, 57, 60
Hengel, M. 36, 81, 317, 323f., 328
Hirt 150f., 228
Hübner, H. 19f.

Idiolekt 314

Ignatius v. Antiochien 316, 327
imago Dei 232
Irenäus v. Lyon 334
Irrlehrer (Dissidenten, Sezessionisten)
    297, 302, 306, 307ff., 315, 316,
    317, 318, 320, 321, 340, 345, 356

Johannesapokalypse 283, 316, 328
Johannes d. Täufer 116, 118, 119, 121,
    125, 126, 128, 134, 136, 156, 157
Judas 251, 255
Judentum (pharisäisch-rabbinisches)
    69f., 79ff., 352
Juden, die 82, 213, 254ff., 324

Käsemann, E. 141
Kain 188f., 289, 291, 310
Kant, I. 1
Keil, G. 241
Kelber, W.H. 37
Ketzerei 188, 189, 191, 203
Klauck, H.-J. 317
Kleinasien 313, 316, 334, 349
Knechtschaft (der Sünde) 6, 7, 17, 18,
    20, 55, 101, 156, 158, 174ff., 202,
    289, 291, 336, 355
Knöppler, Th. 17-19, 22, 82, 129, 163
Kohler, H. 22
Kosmos, s. Welt
Krankheit (als Folge von Sünde) 43,
    44, 45, 47, 49f., 61, 75f., 82f., 113
Kreuz (Jesu) 11, 22, 129, 132, 133ff.,
    140-142, 155f., 157, 193f., 230,
    236ff., 247, 272, 274, 282, 354f.

Lamm Gottes 15, 17, 124, 128ff., 150,
    151, 153, 156, 157, 272, 274, 282,
    288, 351, 355
Laubhüttenfest 14, 68, 110, 159, 175,
    177, 201f.
Lazure, N. 4, 60
Leben (ewiges) 48, 52f., 56, 57, 59, 90,
    91, 157, 203, 219, 242, 287, 289,
    300f., 342
Licht/Finsternis 6, 7, 19, 20, 32, 92, 93,
    113, 164, 168, 201f., 217, 225, 243,
    287, 290, 340
Liebe Gottes 228, 229ff., 246, 272,
    276, 310, 355
Lona, H.E. 176

Lüge 6, 7, 187, 192, 199f., 227, 228, 240, 246, 287, 290, 301, 303, 305, 311, 355
Lyonnet, S. 4

Menken, M.J.J. 148
Menschensohn 65, 102, 110, 123, 150
Mose 74, 85
Mosejünger 67, 71, 93, 95, 108, 110
Müller, U.B. 141f.
mündlich/schriftlich 35, 36, 37

Nachfolge 178, 179, 180, 181, 202
Nietzsche, F. 1
non posse peccare 294
non posse non peccare 294

Obermann, A. 148
Offenbarung 3, 7, 9, 10, 20, 21, 28, 31, 32, 48, 56, 98, 101, 102, 104, 112, 113, 142, 157, 173, 181, 192-194, 203, 235, 240, 241, 245, 247, 274, 281, 335, 336, 347, 350, 352, 354, 355, 357, 358
Oralität 37
v.d. Osten-Sacken, P. 82

Pancaro, S. 74, 88
Paraklet 5, 14, 196, 204, 219ff., 232ff., 245-247, 268, 270, 278, 280, 301, 351f., 354, 357
Parakletspruch 215, 222, 230, 232, 245, 247
Passa(fest) 129ff., 133, 141, 143, 146f., 156, 157f.
Passalamm 15, 119, 123, 124, 129, 135, 143ff., 157f., 355
Paulus 3, 6, 17, 22, 37, 72, 246, 283, 357, 328ff.
Philostrat 196
Pilatus 24, 134f., 248ff.
Plato 241
Polykarp v. Smyrna 333
Prolog 30, 32, 120, 125, 156, 351
Prophet 84f.

Recht Gottes 196, 277, 282
Rechtsstreit 15, 17, 19, 20, 23, 25, 28, 29, 30, 39, 102, 107, 113, 114, 125, 128, 156f., 194ff., 203f., 215, 217,

219, 220, 223, 234, 235, 245, 247, 253f., 254ff., 260, 275, 277, 282, 290, 305, 345, 347, 350, 353f.
Reinigung 22, 132, 155, 267, 272, 295
Relecture 209
Rengstorf, K.H. 89
Roloff, J. 93
Ruckstuhl, E. 39, 314
Rusam, D. 295

Sabbatkonflikt/Sabbatbruch 41, 42, 43, 44, 46, 51, 68, 77, 199
Samariter/Samaritaner 187-189, 191, 203
Sanders, E.P. 69
Sarx 337
Schenke, H.-M. 295
Schirmer, D. 106, 196
Schmithals, W. 213
Schnackenburg, R. 9, 110, 111, 131, 142, 295, 314
Schnelle, U. 35, 117, 213, 320, 322f., 333, 357
Schriftlichkeit 37
Schuldurteil 219
Schule
-, johanneische 17, 283, 284, 314, 328ff., 357
-, paulinische 17, 29, 328ff., 357
Scroggs, R. 311
Sekte 311f.
Selbstmord 169-171, 202
Semeiaquelle 34ff., 44
Sohn Gottes 149f., 182, 190, 196, 201, 203, 204
Sokrates 196, 241
Soziolekt 314
Stellvertretung 10, 25, 129ff., 141, 339, 345
Stimpfle, A. 20f.
Strafmaß 103, 104, 105, 219
Streitgespräch 44, 50, 60, 62, 80, 87, 113, 160
Stuhlmacher, P. 346
Sühne 5, 6, 10, 11, 26, 27, 129ff., 135, 140f., 153, 156, 157, 158, 267, 272, 282, 339, 355
Sühnetod Jesu 22, 111, 128ff., 141, 156, 288, 289, 345, 347

Sünde
-, zum Tod 289, 291, 296ff., 326
-, nicht zum Tod 289, 291, 296ff., 326
Sündenvergebung 6, 10, 25, 27, 57ff.,
    61, 107ff., 114, 162, 267, 269, 270,
    271f., 273, 276, 278, 280, 281, 290,
    355
Sündlosigkeit
-, Jesu 17, 26, 149, 155, 186ff., 203,
    226, 231, 288, 290, 339
-, der Gemeinde 11, 293ff., 298, 326
Synagoge 67, 80, 81, 110, 195, 204,
    212, 215, 223, 245, 316, 318, 319,
    326, 348, 352
Synagogenausschluß 67, 80f., 105, 106,
    111, 195, 213, 223
Synoptiker 116ff.

Taufe 57, 107ff., 114, 278, 283, 332
Täuferzeugnis 27, 29, 30, 115, 118,
    120, 124ff., 128, 137, 156f., 351,
    353, 355
Tempel 110, 119, 135, 147, 157
Tempelreinigung 135
Teufel (Satan, Diabolos) 6, 13, 20, 177,
    183, 187, 188, 191, 192, 203, 227,
    246, 285, 288, 289, 291, 296, 310,
    318, 325, 327, 336, 356, 356
Teufelskindschaft 174, 187, 188, 203,
    295f.
Textumstellungen 205f.
Theologia crucis 17, 141
Thyen, H. 317
Tod (als Folge der Sünde) 43, 48, 52,
    53, 56, 58, 61, 103, 140, 158, 169-
    171, 202, 219, 291, 300, 301, 338f.,
    342, 346, 348, 355
Totalität (der Sünde) 129, 348, 349
Tradition/Redaktion 37-39, 40ff., 56,
    62ff., 69, 262ff., 353
Trilling, W. 82
Troeltsch, E. 311
Tun
-, des Bösen 242-244, 247
-, der Gerechtigkeit 295
-, der Wahrheit 244, 287

Überführung (der Sünde, der Welt)
    114, 196-198, 217, 223, 243, 353

Unglaube 3, 7f., 9, 11, 12, 20, 28, 30,
    31, 33, 52, 53, 56, 61, 86, 88, 92f.,
    99, 101, 102, 103, 111, 113, 114,
    160, 162ff., 166, 173, 187, 200,
    201, 204, 217, 218, 239, 240, 241,
    242-244, 245, 247, 256, 260, 302,
    325, 335, 336, 337, 338, 352, 355,
    356
unmögliche Möglichkeit 294ff., 301,
    326, 341
Urteilsspruch 102, 103, 104, 105, 114,
    196

Verdrängung (der Sünde) 3, 165ff.,
    201, 355, 358
Verkrümmung (der Welt) 227, 246, 355
Verteidigung 103f., 195f., 353
Verstockung 87, 92, 94, 100
Vollmacht
-, Gottes 252, 254, 258
-, Jesu 84, 86, 105, 151, 170, 171, 202,
    249, 254, 256, 259, 261, 270, 351
-, der Jünger 254, 262ff., 355
-, des Pilatus 250, 252, 258, 259

Wahrheit 164, 175, 178, 180, 187, 192,
    193, 199, 200, 203, 204, 227f.,
    240f., 244, 246f., 249, 255, 273,
    287f., 290, 353
Weber, M. 311
Welck, C. 57, 107f.
Welt 6f., 9, 15, 19, 23, 24, 26, 52, 81f.,
    87, 88, 94, 102, 107, 112-114, 125,
    127, 128, 129, 133f., 140ff., 156-
    158, 211ff., 223, 224ff., 229f.,
    234ff., 243, 244ff., 274f., 282, 290,
    291, 302, 305f., 306ff., 311-313,
    316, 318, 326, 327, 337, 340, 344,
    351, 353f., 355
Wengst, K. 81f., 297
Werbick, J. 1
Werke
-, Abrahams 181f., 183, 203
-, böse 164f., 233, 243f., 247, 273
-, Gottes 65, 82, 90, 109, 113
-, größere 270, 282
-, Jesu 84, 203, 217, 218, 220, 221, 243
-, des Teufels 182, 183, 203, 289, 291

Wille
-, böser 177
-, Gottes 71, 72, 79, 90, 113, 199, 204,
    258f., 261, 345f., 352, 353
Wilson, B.R. 311
Wundergeschichte 34ff., 40, 41, 43, 44,
    45, 46, 50, 60, 62, 64, 108, 112

Ysop 155

Zeugnis 118, 120, 121, 124, 125, 127,
    128, 160, 195, 196, 219ff., 245,
    275, 280, 352, 353, 354
Ziehen, das 229f., 231, 246
Zorn Gottes 275

Wissenschaftliche Untersuchungen zum Neuen Testament

Alphabetische Übersicht der ersten und zweiten Reihe

Anderson, Paul N.: The Christology of the Fourth Gospel. 1996. *Band II/78.*

Appold, Mark L.: The Oneness Motif in the Fourth Gospel. 1976. *Band II/1.*

Arnold, Clinton E.: The Colossian Syncretism. 1995. *Band II/77.*

Avemarie, Friedrich und *Hermann Lichtenberger* (Hrsg.): Bund und Tora. 1996. *Band 92.*

Bachmann, Michael: Sünder oder Übertreter. 1992. *Band 59.*

Baker, William R.: Personal Speech-Ethics in the Epistle of James. 1995. *Band II/68.*

Balla, Peter: Challenges to New Testament Theology. 1997. *Band II/95.*

Bammel, Ernst: Judaica. Band I 1986. *Band 37 –* Band II 1997. *Band 91.*

Bash, Anthony: Ambassadors for Christ. 1997. *Band II/92.*

Bauernfeind, Otto: Kommentar und Studien zur Apostelgeschichte. 1980. *Band 22.*

Bayer, Hans Friedrich: Jesus' Predictions of Vindication and Resurrection. 1986. *Band II/20.*

Bell, Richard H.: Provoked to Jealousy. 1994. *Band II/63.*

– No One Seeks for God. 1998. *Band 106.*

Bergman, Jan: siehe *Kieffer, René*

Bergmeier, Roland: Das Gesetz im Römerbrief und andere Studien zum Neuen Testament. 2000. *Band 120.*

Betz, Otto: Jesus, der Messias Israels. 1987. *Band 42.*

– Jesus, der Herr der Kirche. 1990. *Band 52.*

Beyschlag, Karlmann: Simon Magus und die christliche Gnosis. 1974. *Band 16.*

Bittner, Wolfgang J.: Jesu Zeichen im Johannesevangelium. 1987. *Band II/26.*

Bjerkelund, Carl J.: Tauta Egeneto. 1987. *Band 40.*

Blackburn, Barry Lee: Theios Aner and the Markan Miracle Traditions. 1991. *Band II/40.*

Bock, Darrell L.: Blasphemy and Exaltation in Judaism and the Final Examination of Jesus. 1998. *Band II/106.*

Bockmuehl, Markus N.A.: Revelation and Mystery in Ancient Judaism and Pauline Christianity. 1990. *Band II/36.*

Böhlig, Alexander: Gnosis und Synkretismus. Teil 1 1989. *Band 47* –Teil 2 1989. *Band 48.*

Böhm, Martina: Samarien und die Samaritai bei Lukas. 1999. *Band II/111.*

Böttrich, Christfried: Weltweisheit – Menschheitsethik – Urkult. 1992. *Band II/50.*

Bolyki, János: Jesu Tischgemeinschaften. 1997. *Band II/96.*

Büchli, Jörg: Der Poimandres – ein paganisiertes Evangelium. 1987. *Band II/27.*

Bühner, Jan A.: Der Gesandte und sein Weg im 4. Evangelium. 1977. *Band II/2.*

Burchard, Christoph: Untersuchungen zu Joseph und Aseneth. 1965. *Band 8.*

– Studien zur Theologie, Sprache und Umwelt des Neuen Testaments. Hrsg. von D. Sänger. 1998. *Band 107.*

Cancik, Hubert (Hrsg.): Markus-Philologie. 1984. *Band 33.*

Capes, David B.: Old Testament Yaweh Texts in Paul's Christology. 1992. *Band II/47.*

Caragounis, Chrys C.: The Son of Man. 1986. *Band 38.*

– siehe *Fridrichsen, Anton.*

Carleton Paget, James: The Epistle of Barnabas. 1994. *Band II/64.*

Ciampa, Roy E.: The Presence and Function of Scripture in Galatians 1 and 2. 1998. *Band II/102.*

Crump, David: Jesus the Intercessor. 1992. *Band II/49.*

Deines, Roland: Jüdische Steingefäße und pharisäische Frömmigkeit. 1993. *Band II/52.*

– Die Pharisäer. 1997. *Band 101.*

Dietzfelbinger, Christian: Der Abschied des Kommenden. 1997. *Band 95.*

Dobbeler, Axel von: Glaube als Teilhabe. 1987. *Band II/22.*

Du Toit, David S.: Theios Anthropos. 1997. *Band II/91*

Dunn , James D.G. (Hrsg.): Jews and Christians. 1992. *Band 66.*

– Paul and the Mosaic Law. 1996. *Band 89.*

Ebertz, Michael N.: Das Charisma des Gekreuzigten. 1987. *Band 45.*

Eckstein, Hans-Joachim: Der Begriff Syneidesis bei Paulus. 1983. *Band II/10.*

– Verheißung und Gesetz. 1996. *Band 86.*

Ego, Beate: Im Himmel wie auf Erden. 1989. *Band II/34*

Ego, Beate und *Lange Armin* sowie *Pilhofer, Peter(Hrsg.):* Gemeinde ohne Tempel - Community without Temple. 1999. *Band 118.*

Eisen, Ute E.: siehe *Paulsen, Henning.*

Ellis, E. Earle: Prophecy and Hermeneutic in Early Christianity. 1978. *Band 18.*

– The Old Testament in Early Christianity. 1991. *Band 54.*

Ennulat, Andreas: Die 'Minor Agreements'. 1994. *Band II/62.*

Ensor, Peter W.: Jesus and His 'Works'. 1996. *Band II/85.*

Eskola, Timo: Theodicy and Predestination in Pauline Soteriology. 1998. *Band II/100.*

Feldmeier, Reinhard: Die Krisis des Gottessohnes. 1987. *Band II/21.*
– Die Christen als Fremde. 1992. *Band 64.*
Feldmeier, Reinhard und *Ulrich Heckel* (Hrsg.): Die Heiden. 1994. *Band 70.*
Fletcher-Louis, Crispin H.T.: Luke-Acts: Angels, Christology and Soteriology. 1997. *Band II/94.*
Förster, Niclas: Marcus Magus. 1999. *Band 114.*
Forbes, Christopher Brian: Prophecy and Inspired Speech in Early Christianity and its Hellenistic Environment. 1995. *Band II/75.*
Fornberg, Tord: siehe *Fridrichsen, Anton.*
Fossum, Jarl E.: The Name of God and the Angel of the Lord. 1985. *Band 36.*
Frenschkowski, Marco: Offenbarung und Epiphanie. Band 1 1995. *Band II/79* – Band 2 1997. *Band II/80.*
Frey, Jörg: Eugen Drewermann und die biblische Exegese. 1995. *Band II/71.*
– Die johanneische Eschatologie. Band I. 1997. *Band 96.* – Band II. 1998. *Band 110.*
Fridrichsen, Anton: Exegetical Writings. Hrsg. von C.C. Caragounis und T. Fornberg. 1994. *Band 76.*
Garlington, Don B.: 'The Obedience of Faith'. 1991. *Band II/38.*
– Faith, Obedience, and Perseverance. 1994. *Band 79.*
Garnet, Paul: Salvation and Atonement in the Qumran Scrolls. 1977. *Band II/3.*
Gese, Michael: Das Vermächtnis des Apostels. 1997. *Band II/99.*
Gräßer, Erich: Der Alte Bund im Neuen. 1985. *Band 35.*
Green, Joel B.: The Death of Jesus. 1988. *Band II/33.*
Gundry Volf, Judith M.: Paul and Perseverance. 1990. *Band II/37.*
Hafemann, Scott J.: Suffering and the Spirit. 1986. *Band II/19.*
– Paul, Moses, and the History of Israel. 1995. *Band 81.*
Hannah, Darrel D.: Michael and Christ. 1999. *Band II/109.*
Hartman, Lars: Text-Centered New Testament Studies. Hrsg. von D. Hellholm. 1997. *Band 102.*
Heckel, Theo K.: Der Innere Mensch. 1993. *Band II/53.*
– Vom Evangelium des Markus zum viergestaltigen Evangelium. 1999. *Band 120.*
Heckel, Ulrich: Kraft in Schwachheit. 1993. *Band II/56.*
– siehe *Feldmeier, Reinhard.*
– siehe *Hengel, Martin.*
Heiligenthal, Roman: Werke als Zeichen. 1983. *Band II/9.*
Hellholm, D.: siehe *Hartman, Lars.*
Hemer, Colin J.: The Book of Acts in the Setting of Hellenistic History. 1989. *Band 49.*
Hengel, Martin: Judentum und Hellenismus. 1969, 1988. *Band 10.*

– Die johanneische Frage. 1993. *Band 67.*
– Judaica et Hellenistica. Band 1. 1996. *Band 90.* – Band 2. 1999. *Band 109.*
Hengel, Martin und *Ulrich Heckel* (Hrsg.): Paulus und das antike Judentum. 1991. *Band 58.*
Hengel, Martin und *Hermut Löhr* (Hrsg.): Schriftauslegung im antiken Judentum und im Urchristentum. 1994. *Band 73.*
Hengel, Martin und *Anna Maria Schwemer:* Paulus zwischen Damaskus und Antiochien. 1998. *Band 108.*
Hengel, Martin und *Anna Maria Schwemer* (Hrsg.): Königsherrschaft Gottes und himmlischer Kult. 1991. *Band 55.*
– Die Septuaginta. 1994. *Band 72.*
Herrenbrück, Fritz: Jesus und die Zöllner. 1990. *Band II/41.*
Herzer, Jens: Paulus oder Petrus? 1998. *Band 103.*
Hoegen-Rohls, Christina: Der nachösterliche Johannes. 1996. *Band II/84.*
Hofius, Otfried: Katapausis. 1970. *Band 11.*
– Der Vorhang vor dem Thron Gottes. 1972. *Band 14.*
– Der Christushymnus Philipper 2,6-11. 1976, 1991. *Band 17.*
– Paulusstudien. 1989, 1994. *Band 51.*
Hofius, Otfried und *Hans-Christian Kammler:* Johannesstudien. 1996. *Band 88.*
Holtz, Traugott: Geschichte und Theologie des Urchristentums. 1991. *Band 57.*
Hommel, Hildebrecht: Sebasmata. Band 1 1983. *Band 31* – Band 2 1984. *Band 32.*
Hvalvik, Reidar: The Struggle for Scripture and Covenant. 1996. *Band II/82.*
Kähler, Christoph: Jesu Gleichnisse als Poesie und Therapie. 1995. *Band 78.*
Kammler, Hans-Christian: siehe *Hofius, Otfried.*
Kamlah, Ehrhard: Die Form der katalogischen Paränese im Neuen Testament. 1964. *Band 7.*
Kelhoffer, James A.: Miracle and Mission. 1999. *Band II/112.*
Kieffer, René und *Jan Bergman (Hrsg.):* La Main de Dieu / Die Hand Gottes. 1997. *Band 94.*
Kim, Seyoon: The Origin of Paul's Gospel. 1981, 1984. *Band II/4.*
– "The 'Son of Man'" as the Son of God. 1983. *Band 30.*
Kleinknecht, Karl Th.: Der leidende Gerechtfertigte. 1984, 1988. *Band II/13.*
Klinghardt, Matthias: Gesetz und Volk Gottes. 1988. *Band II/32.*
Köhler, Wolf-Dietrich: Rezeption des Matthäusevangeliums in der Zeit vor Irenäus. 1987. *Band II/24.*
Korn, Manfred: Die Geschichte Jesu in veränderter Zeit. 1993. *Band II/51.*
Koskenniemi, Erkki: Apollonios von Tyana in der neutestamentlichen Exegese. 1994. *Band II/61.*
Kraus, Wolfgang: Das Volk Gottes. 1996. *Band 85.*
– siehe *Walter, Nikolaus.*

Kuhn, Karl G.: Achtzehngebet und Vaterunser und der Reim. 1950. *Band 1.*

Laansma, Jon: I Will Give You Rest. 1997. *Band II/98.*

Lange, Armin: siehe *Ego, Beate.*

Lampe, Peter: Die stadtrömischen Christen in den ersten beiden Jahrhunderten. 1987, 1989. *Band II/18.*

Landmesser, Christof: Wahrheit als Grundbegriff neutestamentlicher Wissenschaft. 1999. *Band 113.*

Lau, Andrew: Manifest in Flesh. 1996. *Band II/86.*

Lichtenberger, Hermann: siehe *Avemarie, Friedrich.*

Lieu, Samuel N.C.: Manichaeism in the Later Roman Empire and Medieval China. 1992. *Band 63.*

Loader, William R.G.: Jesus' Attitude Towards the Law. 1997. *Band II/97.*

Löhr, Gebhard: Verherrlichung Gottes durch Philosophie. 1997. *Band 97.*

Löhr, Hermut: siehe *Hengel, Martin.*

Löhr, Winrich Alfried: Basilides und seine Schule. 1995. *Band 83.*

Luomanen, Petri: Entering the Kingdom of Heaven. 1998. *Band II/101.*

Maier, Gerhard: Mensch und freier Wille. 1971. *Band 12.*

– Die Johannesoffenbarung und die Kirche. 1981. *Band 25.*

Markschies, Christoph: Valentinus Gnosticus? 1992. *Band 65.*

Marshall, Peter: Enmity in Corinth: Social Conventions in Paul's Relations with the Corinthians. 1987. *Band II/23.*

McDonough, Sean M.: YHWH at Patmos: Rev. 1:4 in its Hellenistic and Early Jewish Setting. 1999. *Band II/107.*

Meade, David G.: Pseudonymity and Canon. 1986. *Band 39.*

Meadors, Edward P.: Jesus the Messianic Herald of Salvation. 1995. *Band II/72.*

Meißner, Stefan: Die Heimholung des Ketzers. 1996. *Band II/87.*

Mell, Ulrich: Die "anderen" Winzer. 1994. *Band 77.*

Mengel, Berthold: Studien zum Philipperbrief. 1982. *Band II/8.*

Merkel, Helmut: Die Widersprüche zwischen den Evangelien. 1971. *Band 13.*

Merklein, Helmut: Studien zu Jesus und Paulus. Band 1 1987. *Band 43.* – Band 2 1998. *Band 105.*

Metzler, Karin: Der griechische Begriff des Verzeihens. 1991. *Band II/44.*

Metzner, Rainer: Die Rezeption des Matthäusevangeliums im 1. Petrusbrief. 1995. *Band II/74.*

– Das Verständnis der Sünde im Johannesevangelium. 2000. *Band 122.*

Mittmann-Richert, Ulrike: Magnifikat und Benediktus. 1996. *Band II/90.*

Mußner, Franz: Jesus von Nazareth im Umfeld Israels und der Urkirche. Hrsg. von M. Theobald. 1998. *Band 111.*

Niebuhr, Karl-Wilhelm: Gesetz und Paränese. 1987. *Band II/28.*

– Heidenapostel aus Israel. 1992. *Band 62.*

Nissen, Andreas: Gott und der Nächste im antiken Judentum. 1974. *Band 15.*

Noormann, Rolf: Irenäus als Paulusinterpret. 1994. *Band II/66.*

Obermann, Andreas: Die christologische Erfüllung der Schrift im Johannesevangelium. 1996. *Band II/83.*

Okure, Teresa: The Johannine Approach to Mission. 1988. *Band II/31.*

Paulsen, Henning: Studien zur Literatur und Geschichte des frühen Christentums. Hrsg. von Ute E. Eisen. 1997. *Band 99.*

Park, Eung Chun: The Mission Discourse in Matthew's Interpretation. 1995. *Band II/81.*

Philonenko, Marc (Hrsg.): Le Trône de Dieu. 1993. *Band 69.*

Pilhofer, Peter: Presbyteron Kreitton. 1990. *Band II/39.*

– Philippi. Band 1 1995. *Band 87.*

– siehe *Ego, Beate.*

Pöhlmann, Wolfgang: Der Verlorene Sohn und das Haus. 1993. *Band 68.*

Pokorny, Petr und *Josef B. Soucek:* Bibelauslegung als Theologie. 1997. *Band 100.*

Porter, Stanley E.: The Paul of Acts. 1999. *Band 115.*

Prieur, Alexander: Die Verkündigung der Gottesherrschaft. 1996. *Band II/89.*

Probst, Hermann: Paulus und der Brief. 1991. *Band II/45.*

Räisänen, Heikki: Paul and the Law. 1983, 1987. *Band 29.*

Rehkopf, Friedrich: Die lukanische Sonderquelle. 1959. *Band 5.*

Rein, Matthias: Die Heilung des Blindgeborenen (Joh 9). 1995. *Band II/73.*

Reinmuth, Eckart: Pseudo-Philo und Lukas. 1994. *Band 74.*

Reiser, Marius: Syntax und Stil des Markusevangeliums. 1984. *Band II/11.*

Richards, E. Randolph: The Secretary in the Letters of Paul. 1991. *Band II/42.*

Riesner, Rainer: Jesus als Lehrer. 1981, 1988. *Band II/7.*

– Die Frühzeit des Apostels Paulus. 1994. *Band 71.*

Rissi, Mathias: Die Theologie des Hebräerbriefs. 1987. *Band 41.*

Röhser, Günter: Metaphorik und Personifikation der Sünde. 1987. *Band II/25.*

Rose, Christian: Die Wolke der Zeugen. 1994. *Band II/60.*

Rüger, Hans Peter: Die Weisheitsschrift aus der Kairoer Geniza. 1991. *Band 53.*

Sänger, Dieter: Antikes Judentum und die Mysterien. 1980. *Band II/5.*

– Die Verkündigung des Gekreuzigten und Israel. 1994. *Band 75.*
– siehe *Burchard, Chr.*
Salzmann, Jorg Christian: Lehren und Ermahnen. 1994. *Band II/59.*
Sandnes, Karl Olav: Paul – One of the Prophets? 1991. *Band II/43.*
Sato, Migaku: Q und Prophetie. 1988. *Band II/29.*
Schaper, Joachim: Eschatology in the Greek Psalter. 1995. *Band II/76.*
Schimanowski, Gottfried: Weisheit und Messias. 1985. *Band II/17.*
Schlichting, Günter: Ein jüdisches Leben Jesu. 1982. *Band 24.*
Schnabel, Eckhard J.: Law and Wisdom from Ben Sira to Paul. 1985. *Band II/16.*
Schutter, William L.: Hermeneutic and Composition in I Peter. 1989. *Band II/30.*
Schwartz, Daniel R.: Studies in the Jewish Background of Christianity. 1992. *Band 60.*
Schwemer, Anna Maria: siehe *Hengel, Martin*
Scott, James M.: Adoption as Sons of God. 1992. *Band II/48.*
– Paul and the Nations. 1995. *Band 84.*
Siegert, Folker: Drei hellenistisch-jüdische Predigten. Teil I 1980. *Band 20* – Teil II 1992. *Band 61.*
– Nag-Hammadi-Register. 1982. *Band 26.*
– Argumentation bei Paulus. 1985. *Band 34.*
– Philon von Alexandrien. 1988. *Band 46.*
Simon, Marcel: Le christianisme antique et son contexte religieux I/II. 1981. *Band 23.*
Snodgrass, Klyne: The Parable of the Wicked Tenants. 1983. *Band 27.*
Söding, Thomas: Das Wort vom Kreuz. 1997. *Band 93.*
– siehe *Thüsing, Wilhelm.*
Sommer, Urs: Die Passionsgeschichte des Markusevangeliums. 1993. *Band II/58.*
Soucek, Josef B.: siehe *Pokorny, Petr.*
Spangenberg, Volker: Herrlichkeit des Neuen Bundes. 1993. *Band II/55.*
Spanje, T.E. van: Inconsistency in Paul?. 1999. *Band II/110.*
Speyer, Wolfgang: Frühes Christentum im antiken Strahlungsfeld. Band I: 1989. *Band 50.* – Band II: 1999. *Band 116.*
Stadelmann, Helge: Ben Sira als Schriftgelehrter. 1980. *Band II/6.*
Stenschke, Christoph W.: Luke's Portrait of Gentiles Prior to Their Coming to Faith. *Band II/108.*

Stettler, Hanna: Die Christologie der Pastoralbriefe. 1998. *Band II/105.*
Strobel, August: Die Stunde der Wahrheit. 1980. *Band 21.*
Stroumsa, Guy G.: Barbarian Philosophy. 1999. *Band 112.*
Stuckenbruck, Loren T.: Angel Veneration and Christology. 1995. *Band II/70.*
Stuhlmacher, Peter (Hrsg.): Das Evangelium und die Evangelien. 1983. *Band 28.*
Sung, Chong-Hyon: Vergebung der Sünden. 1993. *Band II/57.*
Tajra, Harry W.: The Trial of St. Paul. 1989. *Band II/35.*
– The Martyrdom of St.Paul. 1994. *Band II/67.*
Theißen, Gerd: Studien zur Soziologie des Urchristentums. 1979, 1989. *Band 19.*
Theobald, Michael: siehe *Mußner, Franz.*
Thornton, Claus-Jürgen: Der Zeuge des Zeugen. 1991. *Band 56.*
Thüsing, Wilhelm: Studien zur neutestamentlichen Theologie. Hrsg. von Thomas Söding. 1995. *Band 82.*
Treloar, Geoffrey R.: Lightfoot the Historian. 1998. *Band II/103.*
Tsuji, Manabu: Glaube zwischen Vollkommenheit und Verweltlichung. 1997. *Band II/93*
Twelftree, Graham H.: Jesus the Exorcist. 1993. *Band II/54.*
Visotzky, Burton L.: Fathers of the World. 1995. *Band 80.*
Wagener, Ulrike: Die Ordnung des "Hauses Gottes". 1994. *Band II/65.*
Walter, Nikolaus: Praeparatio Evangelica. Hrsg. von Wolfgang Kraus und Florian Wilk. 1997. *Band 98.*
Wander, Bernd: Gottesfürchtige und Sympathisanten. 1998. *Band 104.*
Watts, Rikki: Isaiah's New Exodus and Mark. 1997. *Band II/88.*
Wedderburn, A.J.M.: Baptism and Resurrection. 1987. *Band 44.*
Wegner, Uwe: Der Hauptmann von Kafarnaum. 1985. *Band II/14.*
Welck, Christian: Erzählte 'Zeichen'. 1994. *Band II/69.*
Wilk, Florian: siehe *Walter, Nikolaus.*
Wilson, Walter T.: Love without Pretense. 1991. *Band II/46.*
Zimmermann, Alfred E.: Die urchristlichen Lehrer. 1984, 1988. *Band II/12.*
Zimmermann, Johannes: Messianische Texte aus Qumran. 1998. *Band II/104.*

Einen Gesamtkatalog erhalten Sie gern vom Mohr Siebeck Verlag, Postfach 2040, D–72010 Tübingen. Neueste Informationen im Internet unter http://www.mohr.de.